ARMORIAL DES LANDES

ARMORIAL
DES LANDES

ET PARTIE DU BÉARN

SUIVI DE LA RELATION

DES ÉVÈNEMENTS DE LA CHALOSSE (1638-1670)

(Manuscrit de Laborde Peboué de Doazit)

PAR LE BARON DE CAUNA

TOME III

PARIS
CHEZ DUMOULIN, LIBRAIRE DE LA SOCIÉTÉ DES ANTIQUAIRES DE FRANCE
Quai des Augustins, 13.

BORDEAUX
TYPOGRAPHIE Vᵉ JUSTIN DUPUY ET COMP.
RUE GOUVION, 20.

1869

PRÉFACE

L'ouvrage livré au public présente le complément et une grande extension des travaux précédents du même auteur. La sénéchaussée des Lannes et sa nobilité ont très peu occupé les historiographes héraldiques des dix-septième et dix-huitième siècles; les pays de Dax, Saint-Sever, Bayonne, Tartas et Mont-de-Marsan composant une partie du duché de Guienne avec les domaines des maisons de Foix et d'Albret, renfermaient, de 1600 à 1790, plusieurs centaines de familles nobles, parmi lesquelles vingt ou trente au plus ont eu leur place dans d'Hozier, *Les Grands officiers,* La Chesnaye des Bois, *Le Nobiliaire de Guienne* et l'*Annuaire de la Noblesse.*

Frappé de ce silence des auteurs sur les vieilles races landaises, nous résolûmes, dans la faible mesure de nos forces, de combler cette lacune et de dissiper le préjugé qui n'admettait pas de véritable noblesse dans les pays cités. Déjà la majeure partie des familles nobles des Landes ont pris place dans les trois volumes de l'*Armorial,* à la condition : 1º D'avoir obtenu des jugements de maintenue de noblesse et fourni des preuves pour les ordres de chevalerie et les honneurs de la cour; 2º D'avoir voté avec leur ordre en 1789; d'avoir été convoquées au ban et arrière-ban de la noblesse de 1600 à 1700 ;

3° D'avoir possédé des qualifications nobles pendant plusieurs générations.

Un Nobiliaire bien fait ne doit pas être étroit et exclusif, mais donner place à toutes les maisons dont les membres se sont signalés par des services militaires, ont occupé des fonctions de magistrature et des charges municipales dont les prérogatives, aux siècles précédents, s'exerçaient plus souvent l'épée au côté et la cuirasse au dos qu'en robe de jurat. Ce choix inattaquable en droit nobiliaire a trouvé des critiques. On nous reproche de retracer les annales de la petite noblesse; on ne peut pas appeler petits les gentilshommes qui, sans être chevaliers du Saint-Esprit ou gouverneurs de provinces, ont servi leur roi avec honneur, n'ont pas trahi la cause de Dieu et de la justice, et dans les jours troublés ont suivi le droit chemin et se sont abstenus d'acheter les châteaux des nobles et des évêques émigrés et proscrits, ou de mettre la main sur les dépouilles des monastères. Hélas ! parmi les premiers acquéreurs des biens nationaux et ceux qui traitèrent avec la révolution pour l'achat des abbayes échelonnées sur les bords de l'Adour et du Gave, tous n'appartenaient pas au parti démocratique vainqueur. Les doctrines dissolvantes du dix-huitième siècle avaient affaibli le sens moral en France, et nous avons vu des élucubrations de légistes où la confiscation des propriétés ecclésiastiques par la main des rois et des grands seigneurs était érigée en droit. Heureux serions-nous de voir une de ces maisons de Dieu redevenir un lieu de prières, un foyer de science et de lumières.

Revenons à la division de l'ouvrage. Au début, les extraits de dénombrements et hommages révèlent l'existence d'un certain nombre des familles puissantes du treizième au seizième siècle, dont quelques-unes, comme les Montolieu, ont partagé la gloire des guerres saintes. Viennent ensuite les généalogies par ordre alphabétique établies d'après les titres manuscrits de la Bibliothèque impériale et des Archives de Pau et de Tarbes; les riches documents du château d'Amou ont servi à la composition de la notice de Caupenne. La filiation remonte au-delà de 1385, et si l'état de santé de l'auteur le lui eût permis, il aurait rapporté des archives d'Auch un manuscrit pour élucider et régulariser la période de 1200 à 1360.

La généalogie de Poudenx offrait de grandes difficultés par le défaut d'harmonie entre les documents recueillis. Le jugement de maintenue du cabinet d'Hozier déroule une filiation peu intelligible et difficile à admettre; plus clairs et concordants sont les titres manuscrits possédés par la famille, de 1100 à 1780, et les deux arbres généalogiques trouvés aux Archives de Tarbes et qui ont servi pour les preuves authentiques de l'Ordre du Mont-Carmel et Saint-Lazare; le premier de 1100 à 1480, et le second de 1480 à 1780, se complètent et s'éclairent l'un par l'autre. Nous n'avions pas connaissance il y a deux mois, d'une notice de Poudenx dans le *Dictionnaire de la noblesse,* de La Chesnaye des Bois.

La biographie de l'évêque de Tarbes, tirée du *Gallia Christiana,* est discrète et empreinte d'une

indulgence que nous ne pouvons laisser passer sans réserves : « François de Poudenx ne put re-
» cevoir ses bulles d'évêque de Tarbes à cause de
» la part qu'il avait prise à l'assemblée hétérodoxe
» de 1682. Les écrits contemporains nous disent
» que l'abbé de Poudenx était fils du vicomte de
» Poudenx et de Gabrielle de Monluc et parent du
» maréchal d'Albret. » (*Manuscrit. Abbé Dangeau, 1653-58.*) — « Il paraissait toujours en colère, dit
» Legendre; il bondissait pour peu qu'on lui résis-
» tât. Quelque chose de plus odieux, c'est que ra-
» rement disait-il du bien de personne; il avait quel-
» ques saillies agréables, mais..... » (*Recherches de M. Charles Gerin sur l'assemblée de 1682*, p. 241.)

Nous aimons à croire que l'abbé de Poudenx, réparant la faute d'avoir été mêlé au conciliabule hérétique gallican de 1682, fit sa soumission au Pape pour être préconisé, et se rétracta sur la trop fameuse déclaration pour devenir sur son siège de Tarbes aussi ferme défenseur des droits de l'Eglise, qu'il avait été courtisan approbateur des prétentions usurpatrices du roi Louis XIV. Les protestants eux-mêmes improuvèrent la conduite du roi très-chrétien sur la régale, et M. Charles Gerin produit à ce sujet un jugement remarquable de Leibnitz (p. 307 et 308). L'auteur ne pouvait taire son sentiment sur ces questions; sa manière de voir sur le gallicanisme ayant été formulée récemment dans un journal quotidien. *Ecris ce que dois, advienne que pourra.*

Les articles suivants ne donnent pas lieu à des observations particulières; on s'étonnera de voir figurer des généalogies de familles Béarnaises. C'est pour montrer que nos voisins d'Outre-Gave ne sont pas dépourvus de vraie noblesse comme l'insinuent avec impudeur et ignorance l'abbé de Puyo et M. Latapie d'Asfeld. Indépendamment de plusieurs races illustres, d'autres familles de Béarn ont fait prouver leur noblesse par jugements des intendants des provinces, comme les Lafutzun, les Lavigne, et ont exercé avec honneur la profession des armes. Les Poudenx, les Caupenne, les Béarn d'Ussau, les Fortisson se rattachent aussi au Béarn.

Nous terminons l'*Armorial* par une courte notice sur les Pic de Blays de la Mirandolle fixés dans les Landes dès le XVIe siècle, vivant à Labouheyre et étendant leurs rameaux ou donnant des preuves de leur existence à Mont-de-Marsan et Tartas. — L'*Armorial* de 1865 prouve bien l'attache de cette famille aux comtes et princes Pic de la Mirandolle, par la présence, dans la première ville, d'un cardinal de ce nom, parrain d'un enfant de Jean Pic de Blays de la Mirandolle.

La fin de l'*Armorial* contient une revue des morts survenues dans les trois dernières années et des mariages récents; encore quelques jours, et la chronique matrimoniale se fût accrue des noms de cinq familles de Bigorre, Landes et Périgord. Contentons-nous de faire entrevoir que ces évènements futurs intéressent les maisons de Saint-Angel et de Lataulade.

Malgré le désir de l'auteur de faire connaître les armoiries de tous les électeurs de 1789 réunis à Dax, quelques blasons tels que ceux des familles de Lubet, d'Armana, de Pemolié, de Labernade, de Pinsun, du Cros, de Soustra, de Baure, etc., lui sont restés inconnus.

La relation des évènements de la Basse-Guienne, Chalosse et sénéchaussée de Dax, de 1638 à 1670, complète notre volume. Ce document méritait une reproduction intégrale par l'intérêt et l'exactitude de ses renseignements historiques, et le tableau véridique des mœurs du temps exprimé dans une langue d'une originale naïveté.

Sa tâche étant finie, l'auteur prie ses amis et ceux auxquels ses ouvrages seront de quelque utilité, de faire au plus tôt l'acquisition du présent volume, dont le premier produit réalisé est destiné à une offrande pour Notre Saint-Père le Pape et le Concile. Il n'a garde d'oublier les dévoués collaborateurs dont le concours efficace et les encouragements continus, pendant trois années, l'ont aidé à terminer son œuvre, enrayée par les défaillances d'un organisme ébranlé par la maladie. J'ai déjà nommé M. Gustave d'Olce, M. l'abbé Jules Bonhomme, M. J. d'Aleman, M. de Domec et M. Légé; que ceux-là et les autres reçoivent l'expression de ma gratitude, avec les obligeants Archivistes de Pau et de Tarbes.

15 Août 1869.

BARON DE CAUNA.

ARMORIAL

Ire PARTIE.

DÉNOMBREMENTS, LIVRES TERRIERS, ACQUISITIONS, ETC.
(TITRES D'ALBRET, TOME I, ARCHIVES DE PAU).

E. 2. — *Livre contenant les hommages faits au sire d'Albret qui s'ensuivent :*

Jean de Cauna, mary de Marguerite de Mirail pour le bourdieu de Boloron, *alias* de Camiade d'une lanne en la vicomté de Tartas.

Le seigneur de Poyartin pour ladite seigneurie d. un paire de gands.

Le seigneur de Montgrand pour ce que tient à Rangosse d. un paire de gandz.

Carbon de Luppé pour la maison noble de la Salle, sans déclarer devoir et aussi pour le moulin appelé Saint-Aubin, et aussi pour la maison noble appelée de Lesquette (Armagnac).

François seigneur de Lanne et Charles de Barsebat (Bessabat), s'offrirent faire hommage de Montoliu, mais n'y furent repceus pour ce que Jean Mellet s'étoit aussy presenté d'en faire (1519-1536-1508-1557†. Jean de Mellet).

Le seigneur de Bignolles pour la seigneurie de Bignolles (Vignoles).

Le seigneur de Saint-Martin de Seignanx pour ladite seigneurie a. un fer de lance.

Caillet de Lanne seigneur de La Ronche Chaleuz (1) pour Tausiède Poyalers et Leba et des biens assis a Sore, et pour la tuilerye en Castelgeloux et de la Motte et moulin de Mauries en Ailhas, et pour le cornau de Lucas en Born un espervier, un levrier, un fer de lance et trois paires de gands.

Jean de Besaudun pour la couverie (caverie) d'Ages d. un paire de gands.

François de Montoliu pour la seigneurie de Carritz et pour six bourdieux dixmes et moulin désignés sans debvoir.

(1) Ou Laroche-Chalaiz.

Le sieur de Labatut et Orgnoez comme mary de Marie D..., tout ce que tenait en Tartas à un faulcon.

Le sieur d'Estivaux pour les maisons et cavaleries de Came et Ordize a un levrier blanc et un diner de quatre hommes a cheval, et pour sa part de Poyartin a une paire de gands.

L'abbé de Duvielle pour la paroisse de Gos et maison de Preischac, sans devoir.

Carbon de Luppé pour la Leugue, Bascaules, Cremen et Arbailh la Contal (Arblade Comtal), sans devoir.

Caillet de Lanne sieur de Baslade, par arrest se faict recevoir a hommage de Pissos et Ychoux, Lague, Leuze, Fresches de Mostey a un fer de lance doré.

Jean de Brederède pour Saint-Laurenx et Arssan a un espervier. Promesse de bailler son denombrement dedans trois mois, à peine qui sera communiqué au procureur du seigneur et luy ouy veriffié, autrement le tout mis sous la main du seigneur. Du huitiesme de juin mille cinq cent dix-neuf.

Le sieur de Lanne pour ladite seigneurie a une paire de gands.

Le sieur de Viaudos pour ladite seigneurie a une paire de gands.

Le sieur de Bederede pour lad. seigneurie un paire de gands et avec mesme qualité que ledit seigneur de Saint-Laurens.

Le sieur de Hinx pour ladicte seigneurie a un paire de gand.

Le sieur du Tey pour dicte seigneurie a un paire de gands.

Le sieur du Bourg pour ladicte seigneurie a un paire de gands et y est son denombrement.

Le sieur de la maison noble de Lassalle pour ladicte seigneurie a une paire de gands.

Le sieur de Morton (Norton?) pour lad. seigneurie et de la Motte, Moncuq, Maubet, Luc, Saubescure, Lengaillac a un fair de lance et un paire de gands.

Le sieur de Bassebat pour led. Bassebat, et la Bordie Molins, Ordizon, Airoux a un paire de gands èz mesmes qualités que ledit seigneur de Saint-Laurens.

Le sieur de Bonnefont pour ladite seigneurie sans devoir.

B. 10. — Un vidimus en parchemin faict par devant le lieutenant du sénéchal des Lannes au siége d'Acqs, d'un don faict par Alain sire d'Albret a messire Felix de la Baulère (*alias* de la Baulme), de la terre et seigneurie de la Harye pour en jouir par luy et ses hoirs descendants de lui et de Marguerite de Lalanne sa femme, avec réservation des foy et hommage, ressort et aydes ; et que ou ladicte lignée descendant dudit mariage faudrait, lesdits biens donnés retourneroient auxdits seigneurs d'Albret ou les siens en datte du quatorzième de décembre mille quatre cent quatre-vingt-seize, le consentement presté à ladicte donation par Jean roy de Navarre, fils dudict feu Alain, en datte du Nerac du dixhuitiesme juillet mille quatre cent quatre-vingt dix-sept, retenu par Morvilhe, et ledit vidimus faict le neufvième jour de febvrier mille cinq cent six. Signé Brocha, lieutenant, et Bodigue, greffier. Cotte B. 10.

S. 10. — La coppie d'un contrat en papier contenant le bail a nouveaux fiefs faict par Jeanne rayne de Navarre a Estienne de Norton, sieur dudict lieu, d'un moulin communément appelé de Poyane, situé en la paroisse de Soubion au viscomté de Marennes. La rente annuelle et perpetuelle de trente-cinq livres tournois, payables moitié a Noël et l'autre moitié a saint Jean. En date de Pau du vingt-sixième du mois de juin mille cinq cent soixante-et-un, retenu par Jean de Miramont, notaire dudict Pau, et ledit vidimus signé Duprat, notaire, cotté T. 10.

X. 2. — Articles contenant ce que la communauté de la ville de Saint-Sever a promis faire pour le vicomte de Tartas, pour avoir usage en la forest de Mauco mais n'il y a que demie feuille y est signé le notaire qui a escrit. Cotté ladicte feuille X. 2.

A. 3. — Livre terrier des rentes de la seigneurie de Tausiède en la vicomté de Tartas, faict par autorité de Jean de Lane sieur de Balhade, au mois de janvier mil quatre cent quatre-vingt-sept, cotté A. 3.

Opposition de Estienne Talauresse, baille de Tartas, sur l'entérinement des lettres de don de la place de Guissen, faict par le roy à la dame de Gramont, laquelle opposition dit faire au nom du sire d'Albret le seizième jour du mois d'octobre l'an mille quatre cent soixante, cotté 1. B. 3.

H. 3. — Trois hommages attachés ensemble des biens en la vicomté de Tartas. Le premier fait par Contors de Sauboères pour ce qu'il tenait au lieu de Sauboères, paroisse de Saint-Vincent de Castard, au debvoir d'un paire de gants le treizième jour du mois d'octobre mille trois cent douze ; le second fait par Gaillarde de Campanse (ou Campanhe), pour ce que tenoit au lieu du Bon, paroisse susdite, avec un paire de gants desdits jours et an, tous deux faits a messire Amanieu sire d'Albret, et le tiers faict par Guiton de Montoliu pour la seigneurie de Carrist et bourdieux y designés sans debvoir déclaré faict a messire Charles sire d'Albret l'an mille quatre cent quarante-quatre, le treizième jour du mois de janvier, cottés G. 3.

Instrument de l'an mille trois cent neuf contenant certaine sentence arbitraire baillée entre les seigneurs de Navalhes habitant de Castelnau, les habitans de Clarmont et le vicomte de Tartas pour raison du bois nommé Lucfres, cotté N. 4.

Autre hommage de Jean du Puy faict a Monsieur le vicomte de Tartas, pour raison de ce que ledit Jean tenait de luy en la paroisse de Saint-Martin de Carsen du treizième jour du mois d'aout mille trois cent douze, cotté Z. 4.

Hommage de Cibion de Montolieu sieur de Manos et de Villenave pour la quarte partie du lieu et chateau de Villenave et pour autres choses faict a Charles d'Albret vicomte de Tartas, le troisième jour du mois de janvier mille quatre cent quarante-quatre, cotté A. 5.

Autre hommage faict a Amanieu vicomte de Tartas par P..., seigneur de la paroisse Saint-Jean Gibret, et autre hommage de Na Bertrande de Meyez du douzième jour du mois de mars mil trois cent treize, cotté B. 5.

Autre hommage dudit douzième de mars année que dessus, faict par Na Guiraude dame de Serres audit vicomté, cotté C. S.

Trois hommages et une lettre de la susdite datte au mesme seigneur par Nacontre Dupuy, pour ce qu'il tenait au lieu de Carsen ; l'autre de Bernard de Gos, pour ce que tenoit en la paroisse de Saint-Jean de Lier ; l'autre de Arnaud Aramon d'Ordise, pour le village d'Ordise avec ses appartenances, cotté D. 5.

Hommage de Ramond de Montolieu de ce qu'il tenoit a Villeneufve de l'an mille quatre cent quarante-quatre, cotté E. S.

Autre hommage de Gailhard de Payries pour ce qu'il tient en la paroisse Saint-Germain de Puyartin, faict audict seigneur le jour et an que dessus, cotté F. 5.

Autre hommage de Marie et Marguerite de Campanse de ce qu'ils tiennent en la paroisse de Saint-Vincent de Castet ez autres lieux, de l'année que dessus, cotté G. 2.

Autre hommage de Amanieu de Lane sieur de Tauziède, pour ladicte seigneurie de Tauziède, pour la cavalerie de Poyalée et d'Aubaa en la baronnie de Brassenx, faict audit seigneur le dix-neufvième jour du mois de décembre mille quatre cent quarante-quatre, cotté H. 5.

Autre hommage fait par Estienne de Talauresse audit seigneur avec le dénombrement pour la terre de Boyrie appelée de Jourdaa avecques plusieurs autres terres, faict l'hommaige le vingt-deuxième jour du mois de mars mille quatre cent quarante-quatre, et le dénombrement a Tartas le sixième jour du mois d'avril 1445, cotté Y. 5.

Autre hommage du second jour du mois de mars mille trois cent treize fait par Na Guiraut de Lasserres et Bernard de Mauléon son frère pour ce qu'ils tiennent audit Serres, cotté R. 5.

L'hommaige de Na Arnaud Luz seigneur d'Estibaux, pour ce que tient a la paroisse Sainte-Marie de Noërs de ladicte datte que dessus, cotté L. 5.

Autre hommaige faict par Raymond-Bernard de Montoser seigneur de Molac, pour ce que tient aux d. Sainte-Marie de Caremon (Clermont), de ladicte datte que dessus et tous lesdits hommaiges de Tartas ont été mis dans un sac, lequel est cotté au dessus M. 5.

Transaction passée en la ville de Tartas le vingtneuf-vième jour du mois de may mil cinq cent dix-neuf entre les habitans dudit Tartas et les habitans du lieu de Vic en Auribat sur les bois et forests de Soubemage Fourt et Baudigon, cotté R. 5.

Un petit libre en parchemin ou est l'hommage du seigneur de Basaudun faict a Monsieur d'Albret, le vingt-septiesme jour du mois de décembre mille deux cent deux, avec quelques autres actes faict et passez sur ladite seigneurie de Bazaudun, cotté E. 6.

La revendition du moulin de Tartas faite a messire Alain d'Albret par Monseigneur Bertrand de Boyrie, evesque d'Acs, au nom de Monsieur de Pry (Pouy) son frère, datté a Castelgeloux le dix-septième jour du mois de febvrier mille quatre cent quatre-vingt-dix-sept, cotté F. 6.

Inquisition faicte du consentement des parties sur les fins et limites de Gosse et Seignenx à la requête de Arnaud Amanieu sire d'Albret et des manans et habitants de ladicte baronnie et *Estienne Dacqs chevallier* sieur de Gosse d'autre cotté A. 7. (1375-1380).

Un cahier de papier contenant double de l'acquisition faicte par Edouard d'Acqs, *alias* de Brutals, de Alain sire d'Albret, de la terre et seigneurie de Saubusse pour le prix et somme de deux mille francs bourdelois, du quatriesme jour du mois de juin mille quatre cent soixante et seize ; autre double du rachapt de quinze ans baillé par ledit de Brutals audit sire d'Albret, par lequel appert comme ledit seigneur d'Albret lui bailla la Bailie en Marempne jusques audit temps ou autre temps plus long, dans lequel il aurait retiré laditte seigneurie de Saubusse desdits jours mois et an. Double d'hommage fait par ledit de Brutails au sire d'Albret de ladite terre de Saubusse en la charge d'un levrier blanc ayant un collier de cuir en son col beau et honneste, datté comme les précédents. Lesdits instruments retenus par Jean de Ferrano et Pierre Albarety, nottaires au lieu de Tartas. Ledit cahier cotté I. 7.

Lettres de fondation de l'abbaye de Vielle *alias* de Pontons du dix-huitiesme jour du mois de janvier mille quatre cent cinquante-trois, retenues par Jean de Ferrand, notaire d'Acqs, faite par Tortus roy dixième. Cotté Z. 7.

Arbitrage et sentence arbitraire entre Pees d'Albret sieur de Guissen et les habitans dudit Guissen d'une part, et le seigneur de Gramont et les habitans de Gosse, Seignanx, Marempne et autres d'autre, a cause de certains padouans et excès, a cause d'iceux, de l'an mille trois cent quarante-neuf, le huitiesme jour du mois de juillet, signé Jean d'Ardie, notaire d'Acqs et cotté B. 7.

Coppie des lettres aplicquées par lesquelles le prieuré de Pontons qui estait à la presentation du sieur de Tartas fut annexé au chapitre d'Acs et en rescompense de ce fut donnée audit seigneur de Tartas la presentation des eglises de Tartas : Sancti Agani, Sancti Petri de Begario, Sancti Laurentii de Audono de Lierio de Laureda, Sancti Martini de Gussa, Sancti Laurentii de Loerio, de l'an mille quatre cent cinquante-six, signé de Airosa et cotté K. 8.

Arbitrage et sentence arbitraire entre Pierre de Contress de Bayonne et Empeys de Poylaut sieur de la Lanne, prononcée par Vidau de Castel, maire de Bayonne et l'archiprestre de Gosse, touchant le moulin d'Arransède et ses appartenances de l'an mille trois cent trente-quatre, cotté T. 7.

Sentence arbitraire par laquelle est adjugé au sire d'Albret contre le sieur de Talance le moulin appellé de Lannest et la moitié du péage ez concurrence du lieu de la Harie, du premier jour du mois de juillet mille quatre cent quinze, cotté L. 8.

Achapt de la vicomté de Tartas, de Maucor, Castel, Gamarde, Auribat, Clairmont, Minbaste, Rion, Mixe, Ostabarets et autres terres, faicte par messire Amanieu sire d'Albret de Arnaud-Ramond d'Acqs, pour le prix de cent mille francs bourdalois, du mois de janvier mille trois cent huit, cotté M. 8.

Hommage fait par Arnaud de Vianne habitant de Linxe en Marensin, au debvoir d'un faucon garni de sonnettes, gant et chapperon, de l'an mille quatre cent soixante et quinze, cotté N. 8.

Un sac ou est le rachapt de la seigneurie de Saubusse faicte en l'an mille cinq cent cinquante-deux, avec le procès-verbal des commissaires, avec le compte en liasse qu'ils en ont rendu en la chambre des comptes a Nerac, le premier jour du mois de septembre mille cinq cent cinquante-trois, cotté P. 8.

Un cahier en papier couvert de parchemin ou y a plusieurs baux a nouveaux fiefs faicts en la baronnie de Seignanx par le sieur de Bordenave, lieutenant au siége de Tartas, en l'année mil cinq cent vingt-quatre, retenus et signés par maistre François de Batz, nottaire royal de Tartas, cotté R. 8.

Sentence pour le roy de Navarre contre le sieur de Novailles concernant Saubusse, cotté T. 8.

Trois pièces attachées ensemble l'une desquelles est l'instrument d'acquisition de la seigneurie de Saubusse, Saas et Angomer faicte par le sieur de Novailles, du sieur de Brutails de l'an 1529 ; l'autre un instrument d'afferme de ladite seigneurie de Saubusse, et la troisième une procuration pour le rachapt dudit Saubusse, cotté U. S.

Le contrat de mariage entre Madame (il y a Navarrine) de Bertheuil avec Arnaud Arramon vicomte d'Orte, avec cinq cents livres de mariage et cinq cent francs de debtes, retenu par Raimond Gounault, notaire de Bazats, le dernier de juillet mille trois cent cinquante-six, cotté G. 9.

Achat faict par messire Amanieu sire d'Albret, des vicomtés, baronnies et seigneuries de Tartas, Meilhan sur Tartas, Maucor, Gamarde, Auribat, Clarmont, Minbaste, Hinragan (Hourgave), Ostebare, Arrase, Arrion, Villenabe, Fleurance en Béarn et Bug.

Arnaud Arramon d'Acz pour cent mille francs bourdelois, datté du cinquiesme de janvier mille trois cent huit et signé Jean du Prat et scellé en pendant, cotté H. 2.

Rolle en parchemin contenant les hommages de la vicomté de Tartas, bien signé et tesmoigné des hommageables qui s'ensuivent :

Arnaud-Guillem de Caupenne, pour la Lague, au devoir

d'un paire d'esperon doré, le dix-neuvième de décembre mille quatre cent quarante-quatre.

Bernardon seigneur de Cauna, pour la terre d'Escobers pres Saint-Sever, au devoir d'un paire de gands desdits an et jour.

Amanieu de Lane seigneur de Vallade, pour la seigneurie de Ponthons, avec un paire de gants desdits an et jour.

Autre Amanieu seigneur de Sainte-Croix, pour ledit Ste-Croix et le bois de Carsents, avec un paire de gands desdits an et jour.

Arnaud-Guillem de Bailenx seigneur de Poyanne, pour Lesgo et Saint-Yaguen, sans devoir desdits an et jour.

Jannot de Besaudun, pour la maison de la Mondrie, pour Lobiensa d'Arispier, sans devoir desdits an et jour.

Estienne de Talauresse, pour le bourgdieu appelé le Mas, situé à Sainte-Croix, avec cinq sols morlas desdits an et jour.

Maistre Pierre de Saubanère (ou Saubambe), pour le bourdieu du Poy et terre de Marcadès, avec un paire de gands desdits an et jour.

Arnaud Dagos de Tartas, pour le bourdieu de Cournau de Gardesse, paroisse de Begar, avec un denier morlas desdits an et jour.

Jean seigneur de Montolieu, pour iceluy villenabe (ou village) de Garrosse, le greguy de Sauciart, sans debvoir du dixiesme de decembre mille quatre cent quarante-quatre.

Amanieu de Lane (lande) seigneur de Baslade, pour Tausiède, Prialez et maison du Barsaus, sans devoir desdits an et jour.

Jean de Besaudun dit Prehon, pour la moitié d'Auros en Brassens, sans devoir desdits an et jour.

Guitardon de Besaudun, pour le lieu de Villenabe en Brassens, sans devoir desdits an et jour.

Jannot de Besaudun, pour les lieux d'Agés et Bailongue, sans devoir desdits an et jour.

Le sieur de Saincte-Croix pour ce qu'il tient a Bailongue, sans l'exprimer et sans devoir desdits an et jour.

Françoise de Sainte-Croix, pour les maisons d'Arengosse et Marcillac, sans devoir desdits an et jour.

Guiton de Montoliu, pour Manos, sans devoir desdits an et jour.

Ramonet de Montoliu, pour la maison de Saint-Simon a Bailongue, sans devoir desdits an et jour.

Guiton de Montoliu, pour la maison de Carriz en Ossè (Ousse) et pour le bourdieu de La Serre, sans devoir desdits an et jour.

Amanieu de Montoliu, pour la maison Dufourc, sans devoir desdits ans et jour.

L'abbé de Duvielle, pour la paroisse de Gos et maison de Preschac, sans devoir desdits an et jour.

Arnaud-Guillem de Bailenx seigneur de Poyanne, pour iceluy Baylenx et la futae, sans devoir desdits an et jour.

Girard de Liis, pour sa seigneurie de Bordes, sans devoir desdits an et jour.

Estienne de Talauresse, pour Castelmerlo, sans devoir desdits an et jour.

Arnaud-Guillem de Bailenx, pour Castaignos, sans devoir desdits jours et an.

Jean de Montolieu, pour la maison d'Orsan (ou Orran), sans devoir desdits jours et an ; il est cotté ledit rolle Z.

Hommage fait par messire Charles sire d'Albret a Charles fils et frère des roys ; duc de Guyenne, des seigneuries d'Albret Pissos, Born, Mimisan, Tartas, Meilhan sur Tartas, Manos, Gamarde, Auribat, Clarmont, Mimbaste, Horgabe (1), Rion, Lesperon, Laluque, Pontons, Brassenx, Ariusan, La Harie, Herbefavere, Sabres, Marinsan, Marempne, Saubusse, Gosse, Seignanx, Gussen (2) et Mirepoix (3).

Fait à Cahors, le vingt-unième de fevrier mille quatre cent soixante-dix-neuf, cotté P. 2.

K. 6. — Double d'articles que le sire d'Albret fait re-

---

(1) Horgabe, Hourgave, *alias* Ayregave (acquis du vicomte d'Acqs Aramons).

(2) Gussen, c'est-à-dire Guiche sur la Bidouze

(3) Mirepoix ou Mirepeich, ile sur l'Adour en face de Guiche et la rive de Sainte-Marie et Saint-Laurent de Gosse.

mònstrer au roy touchant les priviléges des Lannes, les comtés de l'Isle en Jourdain et d'Armagnac, la paroisse de *Houerregave*, partie de la paroisse de La Lucque et Ponthonx. Les hommages de Josse et Yosse, le village de Moscardés et autres, Langoyran, la baronnie de Seignanx et Bourg de Saint-Esprit, cotté L. 6.

Le testament de Narnault de Tartas, chanoine et chantre de Burcxz (Buch?) chanoine Dacqs, du huictiesme de may mille trois cent quinze on faict son héritier Jeannot son fils et luy substitue la vicomté de Tartas et certains (biens) que avait audit Tartas dedans ledit testament déclarez; pourra servir a la reformation dudit Tartas pour vérifier quels sont lesdits biens et qui les possèdent. Cotté R.

Achapt des paroisses de l'Esperon, d'Arrast et d'Arion faict par messire Amanieu sire d'Albret, de Amanieu Ramond vicomte de Tartas, pour la somme de vingt-cinq mille livres sols mort, et y sont descripts par le même, touttes les rentes desdictes paroisses avec le nom des tenanciers. Faict le treizième jour du mois de may mil trois cent cinq, cotté K. 2.

La possession de la baronnie de Horgabe prinse par le sire d'Albret avec le serment par luy presté aux habitans et par les mesmes habitants audit sire, le dix-septiesme jour du mois de febvrier mil quatre cent soixante, cotté O. 2.

Double de l'hommage de Thomas de Caupenne de ce qu'il tient en la duché de Guyenne, faict au duc de Guyenne roy de France de l'an mille quatre cent soixante-neuf, coppié par Dohuc. Cotté E. 7.

Hommage de Gombaud de Caupenne escuyer, fait a Gaillard de Durefort sieur de Blanquefort, de ce qu'il tient dudit seigneur en la seigneurie dudit Blanquefort, de l'an mille trois cent quarante-six, signé Raimond de Lisselier. Cotté F. 7.

Certaine sentence arbitraire prononcée par messire Amanieu sire d'Albret, entre les seigneurs de Bassebat et de Brutails, en datte sous le neufviesme de mars mille trois cent treize, cotté G. 5.

Vidimus de la bulle par laquelle le prieuré de Saint-Caprasi de Pontons fut uni a la table (mense) du chapitre d'Acqs, duquel la presentation appartenait au vicomte de Tartas et en récompense les églises de Tartas, desquelles la présentation appartenait au prieur dudit prieuré demeurèrent en la presentation dudit vicomte, du dix-septiesme jour du mois de juillet mille quatre cent soixante. Signé : de Manso, vicarius et officialis acquensis et Johannes de Porta notarius acquêns. Cotté X. 6.

(*Extraits des titres d'Albret. A. C. C.*)

Dénombrements des vicomtés de Marsan, Tursan et Gabardan (Armagnac), etc., etc. — Archives de Pau, domaines de Foix, Navarre et Albret

1538. — Commissaire Jacques de Foix seigneur évêque de Lescar.

Maistre Arnaud de Chinaus sieur de Lartigue dit Compay, Gautier de Bourdeilles, 1538.

Bernard deu Juncar a Campagne, 1538.

Bertrand de Bordenave bourgeois et jurat de la ville du Mont-de-Marsan, possède la gentillesse de Maurans, nommée la Molle de Maurans et moulin dudit lieu.

Robert de Philip prebendier de la Palide : Philip au lieu de Taler, 1538.

Noble Guiraud de Montlezun seigneur dudit lieu possède la moitié de toute la justice du lieu du Vignau, et tient l'autre moitié ledit seigneur vicomte de Marsan.

Johannot de Labarbe autrement dit Castille (Cazères).

Thomieu de Parage : Bernard de Serres seigneur du Cadrieu.

Pierre d'Aydie seigneur d'Ognoas, Arthez, Heyres et de Lyas au baillage de Villeneuve de Marsan, 1538.

Bertrande de Laburthe damoiselle seigneur de Coqueren es Coquerens.

Bernard de Fargues, a la requeste dudit d'Esgarrebaque seigneur de Guraube.

Noble François de Monlezun seigneur de Bahus.

François Pomèz d'Arrimbles, 1538.

19 février 1538, noble homme François de Monlezun seigneur de Bachen.

Jean de Bessabat sieur de Canenx; Jean de Bessabat, 26 février 1538.

Mon. p. de Lassus.

Lubat de Laminsans.

18 février 1538, Miqueu de Baradat.

Vassaux du Marsan 1538 :

Le sieur de Lucmau, de la baronnié de Capsius.
Le sieur de Marsan conseigneur de Roquefort.
Peyroton de Prugue.
Bertrand de Bordenabe du Mont.
Jean Dubois du Mont sieur de Brocas.
Le sieur de Moras de Roquefort.
Castains de Saint-Justin, pour la maison d'Escanebaque et autres.
Lo prebender de Magdeleine autrement de Caunaa.
Maitre Domenges de Prugue, escolier étudiant de l'université de Paris, commandant de la commanderie de l'hospital de S. Johan deu bourg de Lafontaine, diocèse d'Aire.
Procuration du dernier avril 1538, retenue par François Bastonneau et sieur Vincent Maupeou, clers notaires du roy de France en son Chatelet de Paris.
Meste Arnaud de Tauziède, pretre (prebendier) de Bougue.
Noble Pierre de Farbaust sieur de Meignos.
M. Ricard Fos, pretre tresorier principal de la dioceze d'Aire.
Maitre Fabien de Saint-Julien, docteur, abbé de Saint-Loubouer, vicaire général de Réverend Père en Dieu : messire Jacques de Saint-Julien, evesque d'Aire.
Noble François de Pomez seigneur d'Arrimbles.
Noble Pierre d'Aydie sieur Donñoas.
Noble Arnaud de Chinans sieur de Lartigue.
Noble Pierre de Marsan.
M. Jean de Capfaget, lieutenant du senechal de Marsan.
M. de sieur de Boust sieur de Lonquerelles en Marsan.

Nicolas de Boust, docteur en médecine, sieur de Lonquereilles.

Antoine de Baradat.

Nobles Lubat de Laminsans; présents nobles seigneurs d'Aguos; Menau du Bod. de Renung; Francés de Candalle seigneur de Doazit; Jean Dubois seigneur de Brocas; Peyrot de Saint-Aubin de Renung et *Jou* Menaut de Mauco, notaire, etc.

Sanche Diesse, habitant de Bayonne, trésorier de Navarre, tuteur maternel, gouverneur de Nicolas Dorty et Marguerite d'Orty enfants mineurs, fils et filles légitimes et naturels de feus honorable homme maître Pierre d'Orty licencié en droit, sieur de Gaillères, en son vivant juge ordinaire de Marsan, et damoiselle Marie Deysse sa femme.

(Extrait des originaux. A. C. C.)

Dénombrements de 1600 à 1754, avec les blasons des seigneurs dénombrants, 1751.

DE LABORDE SAINT-LOUBOUER.

C'est l'aveu et denombrement que baille par devant vous nos seigneurs de la chambre des comptes, aides et finances de Navarre : messire Bernard-Henry de Laborde, ecuyer, seigneur de Saint-Loubouer, habitant dans la maison de Barsac dudit lieu, en conséquence de l'hommage par lui rendu le 12 du présent mois de janvier 1751, pour raison de la troisième partie de la seigneurie dudit Saint-Loubouer au devoir d'hommage lige et serment de fidélité.

Le dénombrant déclare : haute, moyenne et basse justice dans toute l'étendue de ladite paroisse de Saint-Loubouer, droits de greffe, fiefs, cens, rentes, lods et ventes, échange, herbages et carnaux, droit de nommer les officiers pour exercer la justice, laquelle justice est par indivis avec deux autres seigneurs de ladite paroisse dont le roy et ledit sieur abbé possèdent une partie. Item par acte public du 27 août 1677, Brethous Baillet reconnut devoir à noble Jean-Jacques de Laborde ayeul du dénombrant,

4 s. 6 d. Il a trouvé le contrat de vente de la terre et seigneurie de Saint-Loubouer avec les droits en dépendant, passé en faveur de noble Jean-Jacques de Laborde son ayeul, du 6 février 1659, par la dame Dupont. Ce dernier rendit hommage devant les trésoriers de la généralité de Guienne le 15 décembre 1679, et fournit le dénombrement le 18 octobre 1679 ; le jugement et arret de vérification est du mois de septembre 1679. Signé St-Loubouer de Laborde et scellé du cachet ordinaire dudit seigneur dénombrant.

(Parti au 1 d'azur à trois besans d'argent 2 et 1, coupé d'argent à trois barres de sable ; au 2 d'azur à un lion d'or qui est de Caucabanes.)

De Ferron d'Ambrus seigneur de Carbonieux, dénombrement de 1681, porte : écartelé au 1 et 4 de gueules à un chevron abaissé d'or accompagné de trois étoiles du mesme rangées en chef et en pointe d'un croissant d'argent surmonté d'un besan d'or ; au 2 et 3 d'or à trois roses de gueules 2 et 1. *(Archives de Pau.)*

Du Camp d'Orgas et de Mellan, 1680 à Tartas : d'or à un chêne de sinople sur une terrasse de même, soutenu par deux lions affrontés de gueules, surmonté d'un croissant aussi de gueules accosté de deux étoiles de même.

Dénombrement de noble Antoine-Augustin de Poyferré seigneur de Varenne baron d'Arricau et Maignos, 1680 : Ecartelé au 1 et 4 d'argent au chevron d'azur accompagné de trois marmittes de sable 2 et 1, et un chef d'azur chargé de trois étoiles d'or qui est de Poyferré ; au 2 et 3 d'azur à deux lions affrontés d'or lampassés et armés de gueules supportant une ancre d'argent qui est de Prugue, couronne de baron. *(Archives de Pau. B. 1336.)*

Dénombrement de Jean-Charles de Castelnau seigneur de Brocas et Jupoy du 28 may 1680. « Pour laquelle seigneurie directe bien noble et fiefs, je procède tant de la succession de feu noble Bernard de Castelnau seigneur de Jupoy et Brocas mon père, que par acquisition que j'ai faite de demoiselle Thérèse de Ponsan de Lartet veuve à feu noble Bernard de Bordes vivant seigneur en sa partye de Brocas. A. 1314. »

Armes : Ecartelé au 1 et 4 de gueules au château d'or donjonné de trois pièces; au 2 et 3 d'argent au lion de gueules, casque de front avec ses lambrequins.

Du 14 février 1680, dénombrement de Joseph Deigts seigneur de Saint-Go et messire Jean Dulin au nom et comme aïeul paternel des enfants de feu messire Bertrand Dulin de Marsan son fils, en 1680.

De Pomiés. — Aveu et dénombrement de Bourdens et Rimbles en 1680. Vente de la justice de Rimbles faite par le sieur de Ravignan le 7 juin 1680 :: Contrat d'obligation passé par noble Lubat d'Aydie seigneur d'Ognoas en faveur de noble Bertranon de Pomiés seigneur de Rimbles du quatrième février 1499 :: Contrat de vente passé par noble demoiselle Bertrande de Pomiés femme de Larremont de Nabère en faveur de noble Jacques de Pomiés seigneur de Rimbles et Agnette de Pomiés dame de Maureillan des droits et prétentions qu'avait ladite Bertrande de Pomiés sur les rentes et revenus de la seigneurie de Rimbles des dix-huit février mil cinq cent huit. Autre contrat de donation fait par Bertrand de Pomiés seigneur de Rimbles, en faveur de noble Catherine de Serres Gaston sa femme, du dixième mars mille quatre cent soixante-sept :: Contrat de transaction passé entre noble Bernard de Pomiés seigneur de Rimbles, les jurats et habitants de ladite paroisse que ledit sieur de Rimbles bailla aux habitants moyennant un écu petit de rente et certaine courvées et services personnels du 12 mars 1650 :: Contrat de cession fait par ledit noble Bernard de Pomiés en faveur du sieur de Ravignan sur la dame marquise de Castelnau, 1649. Testament de feu noble Joseph de Pomiés père du dénombrant, 25 décembre 1630, prestation du serment de fidélité prêté à Sa Majesté devant M. Jean de Laborde, lieutenant au siége de Saint-Sever :: Hommage et prestation de serment de fidélité par devant Monseigneur Jacques de Foix, évesque de Lescar, commissaire délégué pour la réformation de domaine de Marsan, etc., etc., 1538. (*Archives de Pau.*)

N. B. — En résumé, nous ne connaissons de la famille de Pomiés que les degrés suivants :

1º Noble Jean de Pomiés seigneur de Rimbles, 1466. *(Archives de Barbotan.)*

2º Noble Bertrand de Pomiés seigneur de Rimbles, 1467.

2 *(bis)* Bertranon de Pomiès seigneur de Rimbles, 1499.

3º Noble Jacques de Pomiés seigneur de Rimbles, 1508.

4º Noble François de Pomiés seigneur d'Arrimbles, 1538. Dans ce dénombrement est nommée la chapellenie de Cauna près Villeneuve. *(Archives de Pau.)*

5º Noble Joseph de Pomiés seigneur d'Arrimbles, 1630, père de Bernard.

6º Noble Bernard de Pomiés seigneur de Rimbles, 1630, 1649, 1650, qualifié en 1680. ::

Noble Bernard de Pomiés, écuyer, seigneur de Rimbles, Gardens et autres lieux. *(Trésor de Pau.)*

7º Noble Jean-Marie de Pomiés seigneur de Bourdens, 1750-1764.

8º Noble Joseph de Pomiés seigneur de Bourdens, 1764, mort en 1794, condamné par le tribunal révolutionnaire de Saint-Sever. *(Voir l'Armorial de 1865, p. 494.)*

1674. Dénombrement de messire Joseph de Lobit, prébendier de Commodema (Pau).

Jean-Joseph de Captan, écuyer, seigneur de Bourouillan, 1754. Je fournis ce dénombrement procédant du chef de messire Charles de Monbeton mon auteur. Porte pour armes : Ecartelé au 1 d'azur à trois étoiles d'or ; au 2 d'azur au cygne d'argent; au 3 d'azur à un chevron d'or accompagné de cinq besans de même, 2. 1. 2. :: au 4 d'argent à trois rivières de gueules (Pau).

Dénombrement de Charles de Monbeton de Bourouillan, écuyer, 1730. Ecartelé au 1 et 4 d'azur à la croix d'or qui est Bourouillan ancien ; au 2 d'or à deux urnes antiques (vases); au 3 de gueules à deux clarines ou clochettes d'argent.

Article 51 : Plus, je dénombre avoir le droit en seul de

faire coiffer les filles dudit lieu et paroisse de Bourouillan le jour qu'elles épousent, lesquelles sont obligées de me faire avertir par un de leurs plus proches parents deux ou trois jours à l'avance, pour lequel droit l'épouse doit me donner en rendant la coiffure une paire de chapons et un ruban pour la ceinture. *(Archives de Pau.)*

Domaine de Navarre, Cazalis, Lannemas, Bonnegarde, 29 mai 1681. Sieur Matthieu Costedoat, commandant la brigade de convoi à Sault de Navailles, commis pour recevoir le dénombrement de Lannemas : Mr Maitre Arnaud-Jean de Brethous seigneur de Lannemas (Pau).

Pierre de Cloche baron d'Arthos seigneur de Lahouze et Bonnegarde, terres que je possède en qualité de fils et héritier de feu noble Pierre de Cloche seigneur baron d'Arthos, mon père, en 1681. M. de Vincens, homme d'armes, fils de feu Michel de Vincens y est mentionné.

Noble Pierre de Cloche, écuyer seigneur baron d'Arthos et de Lahouse, porte : Ecartelé au 1 et 4 d'azur à la cloche d'argent; au 2 d'or au lion de gueules ; au 3 d'or à trois rivières d'azur, casque de chevalier.

Alias : au 1 et 4 de gueules à la cloche d'argent; au 2 d'azur au lion d'or; au 3 d'azur à trois rivières d'argent.

N. B. — Dans ce blasonné, trois quartiers sont communs à la branche de Cloche Fargues de Cadrieu. (C. C.)

Noble Samuel de Taret, écuyer, seigneur de Loubens, 1680. Dénombrement de l'année 1617, fourni par devant Mr Me Jean de Laborde, conseiller du roy, lieutenant général criminel en la sénéchaussée des Lannes au siége de Saint-Sever, commissaire député par Sa Majesté pour la réformation de son ancien domaine de Navarre et viscomté de Marsan, Tursan, Gabardan et baronnie de Capsius, par feu noble Jacques de Taret seigneur dudit lieu de Loubens vivant son père, 23 juillet 1680.

Armes : Ecartelé au 1 et 4 d'argent au levrier courant de sable; au 2 et 3 de gueules au lion morné d'or.

Pour copie conforme : Pau, 2 mai 1866, B^{on} DE CAUNA.

21 mars 1708. Marsan E. 80 de l'ancien inventaire.

Ceci est l'aveu et dénombrement que je messire Jean-François Dulin baron de Marsan seigneur de Beaumont, de Gaube, de Peyrelongue, met et baille par devant vous nos seigneurs de parlement, chambre des comptes et finances de Navarre, suivant l'acte d'hommage rendu à Sa Majesté par devant vous nos seigneurs, le quinzième jour du mois de mars l'an de grâce 1695, des droits, terres et seigneuries de Gaube vicomté de Marsan, Peyrelongue, Benquet et Benquerots, château, bois, bien nobles, fiefs, rentes, justice haute, moyenne et basse et autres appartenances et dépendances que je possède en plein, foy d'hommage du roy mon souverain seigneur.

Premièrement, je possède noblement la seigneurie de Gaube, le château et maison seigneuriale ; plus, je possède noblement la métairie de la Claverie.

Plus, la métairie noble de Couchot; plus la métairie de Lacrouts ; plus les terres et prairies de la Grande Marianne.

Plus, je possède noblement la justice haute, moyenne et basse dans la paroisse de Gaube, etc.

De plus, moi seigneur de Beaumont, suis tenu à fief, foy et hommage pour raison des choses cy dessus dénombrées, faisant redevance au roy sçavoir : pour la terre et seigneurie de Gaube et bien nobles cy dessus spécifiés, un gand de fauconnier, et pour les seigneuries de Peyrelongue, Benqué et Benquerots une paire de gants blancs ; et oultre ce, je suis obligé d'aller servir le roy en cas de guerre et de payer annuellement dix-neuf sols à chaque jour de saint Remy, pour la haute justice que j'ay acquise du sieur de Ravignan, acquéreur de Sa Majesté. Lequel aveu et dénombrement je certifie véritable sauf le plus ou moins, promettant que s'il vient autre chose à ma connaissance d'en faire une déclaration au roy ou à ses officiers. En foy de quoy j'ai signé le présent aveu et dénombrement, le 21 mars 1708. De Lin Marsan.

Sceau : Sur le sceau se trouvent les armes : Ecartelé au

1 et 4 d'argent au lion de gueules; au 2 et 3 d'azur à trois merlettes d'argent, 2 et 1. Couronne de marquis, supports deux anges. *(Archives de Pau.)*

DE CLOCHE. — L'extrait du dénombrement de Gabriel de Cloche, 20 juillet 1726. Ceci est l'aveu et dénombrement que donne noble Gabriel de Cloche Fargues, écuyer, seigneur de Cadrieu en la juridiction de Duhort, en la vicomté de Marsan, par devant nos seigneurs de la chambre des comptes, aydes et finances de Navarre.

Suit un petit dénombrement d'une page avec le sceau suivant : Parti au 1 d'azur à une cloche d'argent :: au 2 d'or à un lion de gueules rampant surmonté d'une étoile ou flanchis du même, couronne de comte supports deux lions.

Dans l'arrêt de vérification on voit que M. de Cloche a produit :

1° Un dénombrement fourni le 26 février 1538, par noble Bernard de Serres sieur de Cadrieu ;

2° Un hommage prêté par noble Jacques (Deschars ?) seigneur de Cadrieu, le 25 octobre 1666 ;

3° Un dénombrement fourni le 3 décembre 1670, par Jacques d'Eschard sieur de Cadrieu ;

4° Un dénombrement fourni par noble Joseph de Cloche Fargues seigneur de Cadrieu, du 13 septembre 1680 ;

5° Un hommage prêté le 9 septembre 1673, par le sieur Fargues pour la moitié de Cadrieu ; enfin, un autre hommage d'août 1695, prêté par noble Joseph de Cloche Fargues seigneur de Cadrieu.

DE PUJOLÉ. — Le 28 septembre 1727, M. de Pujolé fournit son dénombrement pour Tachousin. Les ancêtres du seigneur de Pujolé ont déjà fait leurs preuves. Le dénombrant se qualifie de messire Joseph de Pujolé, chevalier seigneur vicomte de Juliac et d'Argelouse baron de Fieux, Tachousin et autres places, grand sénéchal des Lannes, habitant du château noble de Juliac.

De Prugue. — Le 10 juillet 1757, dénombra noble Joseph-Augustin de Prugue, écuyer, habitant de Saint-Sever au nom et comme héritier de dame Marthe-Angélique de Cloche, sa mère ; celle-ci donataire de M. Daniel de Cloche Lahitte sieur de Mauléon. son père, pour la seigneurie de Marin (en Bahus-Jusans).

De Barbotan. — Le 25 mai 1736, dénombra noble Jacques de Barbotan seigneur de Mormés, comme mari de dame Louise de Lartigue dame de Maupas. Il fournit un dénombrement fait par Antoine de Barbotan en 1538, un hommage fourni par le seigneur de Mormés le 10 avril 1669. — Un dénombrement fourni par Bernard de Barbotan seigneur de Mormés, du 20 septembre 1634. — Un dénombrement fourni par noble Simon-Charles de Lau, du 20 juin 1673, pour la terre de Maupas. — Un jugement rendu par M. Foucaut, qui autorise le dénombrement fourni par la dame Jeanne de Fouert dame de Maupas, veuve de noble Simon-Charles de Lau seigneur de Maupas, du 9 mai 1680.

Les armes sont : Ecartelé au 1 et 4 d'or à quatre pals de sable ; au 1 et 3 de sinople plein. Couronne de comte.

De Prugue. — Dénombrement d'Adam de Prugue, conseiller du roy et lieutenant général de Marsan seigneur de Cezeron, du 7 avril 1639.

Le 16 février 1739, dénombra noble Jean-Marie de Prugue seigneur de Baquera.

Le 12 décembre 1633, dénombra noble Adam de Prugue-Micarrère sieur de Vacquera en Baustens, escuyer du roy en la grande écurie de sa maison, habitant en sa maison noble de Vacquera. Dans une publication, Adam de Prugue est qualifié écuyer de Monseigneur le duc de Candalle. (*E.* 1269 *Pau.*)

De Puyolé. — Le 4 avril 1728, dénombra Messire Joseph

de Puyolé, chevalier seigneur vicomte de Juliac, Argelouse et Labatut, baron de Fieux seigneur de Tachousin, Gaillères et autres places, grand sénéchal des Lannes. Il produisit le contrat de vente de la seigneurie de Tachousin, consentie le 17 juin 1627 par (N), en faveur de noble Jean-François Puyolé vicomte de Julliacq. Un dénombrement fourni par noble Jean Olivier de Pujolé vicomte de Juillacq, le 27 octobre 1664.

Dans les armes on voit un coupé, le 1 chargé d'une étoile; le 2 d'azur au porc-épic d'or. Couronne de marquis.

Jean d'Aons baron de Hontanx (1680-1700), scelle son dénombrement de ses armes, où l'on voit : Ecartelé un léopard passant au 1 et 2, trois fasces au 3, et un sanglier au 4. Couronne de comte, supports deux anges.

Alias Jean-Bernard d'Aons baron de Hontans : Ecartelé au 1 d'azur à deux lions passants d'or ; au 2 d'or à deux levrettes de sable ; au 3 d'or à trois fasces de gueules; au 4 d'azur à un agneau pascal d'argent.

De Sarraute-Lassalle (1689, 1698, 1702). — Aujourd'hui 10 may 1702, au lieu de Poursiugues, se sont constitués en leurs personnes noble Jean-Pierre de Sarraute seigneur de Lassalle, habitant à Boucoüe d'une part, et Jean-Pierre du Sire sieur de Cardenau (Casenave), habitant au présent lieu d'autre part. — Noble Henry de Sarraute, 1694. Jean de Laudinacq, prestre et curé du présent lieu, et noble François de Bruix, écuyer seigneur baron de Miramont, habitant audit Bruix, qui ont signé. 22 may 1708.

Dubern, *not. royal.*   *Controllé* : De Bastide.

1765. — Dame Françoise de Sarraute-Lassalle baronne de Lassalle-Boucoüe partie en Pimbo, et sieur Dominique de Lafont son mari, possédant aussi la caverie de Tachouères à Clèdes, avec haute, moyenne et basse justice, moulin banal de Casautets. — (*Dénombrement.*)

Hommage de noble Dominique de Lafont, habitant de

la ville d'Arsacq, faisant tant en son propre nom qu'en qualité de mari et légitime administrateur des biens de la dame Françoise de Sarraute-Lassalle son épouse. *(Archives de Pouliac.)*

Dénombrement des biens nobles possédés par Jeanne d'Armaignac, damoiselle, en la basse comté d'Armaignac, de l'an 1554, notamment de Sainte-Cristie, cotté U. F.

Un hommage faict par noble Pierre Dieuayde seigneur de Maupas au sire d'Albret, comme comte d'Armaignac à Noguero, de l'an mil cinq cent et un, signé De Casteneto et cotté *Fructus.*

Hommage du sieur de Lapalière en Armaignac, à cause de la seigneurie de Lapalière et plusieurs autres biens nobles qu'il tient en lad. comté, du 15e jour du mois de may mil cinq cent sept, signé Daurigueresz, cotté *Libera.*

Permutation faite par le sire d'Albret avec Pierre de Laceraño *alias* de Macecolmo sieur de Bois-Luco, habitant de Surpodio en la comté de Gaure, des péages du Mas-d'Agenois avec les dixmes de Saint-Jean de la sauvetat ez en la juridiction de Sanpuy, datté du cinquiesme jour du mois de febvrier mille quatre cent quatre-vingt-un, signé Raymondus-Meyanii et cotté *debita.*

Hommage de François de Massencome (1) seigneur de Bonluc, pour ce qu'il tient en Gaure et au Mas-d'Agenois et à Puy de Gontault, de un espervier. (1519 ?)

Le sieur de Saint-Lanne, pour Moledos et Cirouzos en Bigorre, Saint-Aubin, La Terrade, Cauteran et Cantiran en la petite comté d'Armaignac, et a pris respit de faire (hommage) pour six mois, cotté ledit livre F. 3. *(Titres d'Albret.)*

Lettres de l'abbé de Saint-Sever, diocèse d'Aire, de l'excès faict par les hommes de Saint-Sever, et comment il se remet à la volonté du roi Edouard, fol. C. C. II (1269-1270), n° 33 (*Titres d'Albret*, t. II).

Lettres des jurats et commune de Saint-Sever en Gascougne, de la recognoissance par eux faicte et hommage

---

(1) Père du maréchal Blaise de Monluc.

au roy Edouard, de la chevalerie qu'ils tiennent dudit sieur, située entre Montgaillard et le fleuve de Ladou, fol. II, XXI, n° 36.

Recognoissance faicte par Anthoine de Doaizit et de Brassempuch, fol. XII, 44.

Recognoissance faicte par l'abbé de Saint-Sever du chasteau de Mourlane, avec les droits et diverses justices y appartenants et de plusieurs autres paroisses y nommées, fol. eod. 45.

Recognoissance par Arnaud de Lartigue, de la seigneurie d'Ayre et de tout ce qu'il tenait en autres paroisses y nommées, fol. X6 (47) (Ayres près Saint-Sever, et Ayres dans Arthéz ?)

Traicté de quitance et recognoissance de la somme de mille sols morlans, faicte par l'abbé et couvent de Saint-Sever en Gascougne au roy Edouard, de laquelle somme ledict Edouard est tenu payer au s. d. abbé et couvent pour raison de certain eschange, fol. mil XXXII (1308 ?), n° 50.

Lettres concédées par Ramond de Mondos et Doatus de Dado comme procureur de l'abbé et couvent de Saint-Sever, diocèse d'Aire, touchant l'eschange faict entre ledict abbé et couvent de la moitié de la justice de Saint-Sever et autres choses et le roy d'Angleterre, fol. C. 6. III (1270-1274).

Quittance faicte au roy Edouard par Garsias Arnaud, abbé de Saint-Sever, de trois mille sols morlans, pour raison de certain eschange faict par ledit abbé avec ledit sieur Edouard, fol. XXX, n° 65 (années 1308-1345) *(Titres d'Albret.)*

Après cela, les habitants de la ville de Saint-Sever n'ayant pu se soutenir longtemps en leur devoir et troublant incessamment l'exercice de la justice, obligèrent l'abbé et les religieux d'appeler le roy d'Angleterre Henri III et son fils Edouard 1er en paréage, pour la justice de Mourlane dont ils leur donnèrent le chasteau sous les clauses et conditions énoncées dans ledit paréage qui fust ratifié par le mesme Edouard 1er en 1271, confirmé sous

Edouard II en 1308, par Edouard III en 1343, par Richard II en 1383 et par le roy de France Louis XIII en 1611. *(Hist. manuscrite de St-Sever.)*

MONTOLIEU. — Estat et inventaire des papiers, titres et documents trouvés à la maison et château de Poy, qui concernent la maison et terre de Montolieu et autres terres, soit dépendantes d'icelle ou autrement ez diverses paroisses et juridictions de Brassens, Sabres et Tartas.

Premier trousseau marqué par lettre A.
Un contrat de mariage entre messire Jean de Lamothe, cavaler seignour de Castelnau, de Manos et de Navailhan, faisant pour Mademoiselle Louise de Lamothe et Jean seigneur de Montolieu. Ce dossier en datte du 7 janvier 1400, retenu par de Fargier, notaire royal.

N° 1. — Autre contrat de mariage entre noble Amanieu Dax sieur de Bongnautz (*alias* Brutailz), faisant pour noble Jean Dax son fils, d'une part, et noble Arnaud-Guillem sieur de Montolieu, faisant pour Marguerite de Montolieu sa fille, en datte du 8 juillet 1434, retenu par de Menjon-d'Arduit, signé par une grande croix.

139. — Sac trousseau marqué.
Un sac contenant trois marques par lettre F, sans autre cotte, dans l'un desquels il y a divers titres et documents produits au procès entre M. Raymond Arnal (Laval), curé de Sabres, contre les sieurs de Montolieu sur ladicte dixme de Sabres, et en l'autre, divers contrats de venthe, reventhe de la même dixme de Sabres, et au dernier une procédure contre lesd. sieurs de la Juvenie et de Guerin, curés de Sabres, avec l'arrest de maintenue des deux tierces parties de ladite dixme du 27 septembre 1622. Signé Dufau, dans laquelle même procédure y a une enqueste faite par autorité du sénéchal de Guienne afin de vérifier la propriété de la dixme de Sabres en la maison de Montolieu, pour avoyr esté concédée par le Pape, à cause des signalés

services rendus par ceux de la maison de Montolieu à l'Eglise contre les infidèles, ensemble pour faire voir que ladicte maison de Montolieu a esté bruslée par diverses fois, avec un testament de Louize de Lamothe, veuve de deffunt Jean de Mellet seigneur de Montolieu, laquelle nomme la chapelle de Montolieu du nom d'église soubz l'invocation de sainte Magdelaine. Cotté ledit sac n° 44, et marqué par lettre F.

ARMORIAL

2ᵐᵉ PARTIE.

D'Abadie d'Arboucave *seigneurs barons de Peyre, Mant, Arboucave, Maslacq et autres lieux, en Béarn et Guienne.*

D'or à un arbre de sinople et un levrier de gueules accolé d'argent, attaché à l'arbre par une chaîne de même, au chef d'azur chargé d'un croissant d'argent accosté de deux étoiles d'or.

Cette famille, qui a appartenu au Béarn pendant plusieurs siècles de son existence, tire son origine de la paroisse de Gamarde où est sa souche commune avec la maison de l'Abadie d'Aydren.

I. — Bertrand de l'Abadie, écuyer, homme d'armes de la compagnie du comte de Foix (1428, 1430). — Son fils :

II. — Arnaud Guilhem de l'Abadie, écuyer, seigneur de l'Abadie de Gamarde et de Castera, et capitaine, marié en 1463 à Jeanne (Johanète) de Bailens de Poyanne; leur fils aîné continue la descendance de l'Abadie d'Aydren; le puîné fait la souche des d'Abadie de Maslacq et d'Arboucave. — Représentés en 1560-1595 par :

III. — M. Mᵉ Gratian d'Abadie, docteur ès-droits, lieutenant général au siége de St-Sever, marié à dame Bertrande de La Lanne, dame de l'abbaye séculière de Mant, d'Arbocave et de Monget ; laquelle était descendante et héritière de noble Jean de La Lanne, seigneur abbé de Mant et d'Arboucave en 1550-1554.

IV. — Noble Daniel d'Abadie, écuyer, habitant de Maslacq, baron d'Arboucave (1640-1660).

Noble Isaac d'Abadie, conseiller au Parlement de Pau, marié avec dame Marie d'Espalungue, vivait en 1668 et 1698 (*Voir l'Armorial de Béarn*).

Pierre d'Abadie, écuyer, baron d'Arboucave et de Mant en 1670-1680, fut père de Jean-Louis, de messire Bernard d'Abadie d'Arboucave, curé de Maslacq et seigneur évêque de Dax, de 1690 à 1733.

Dame Marie d'Abadie d'Arboucave, alliée en 1716 à noble Blaise d'Arracq de Vignes, baron de Sault de Navailles, seigneur de Nassiet et Marpats.

V. — Noble Jean-Louis d'Abadie baron d'Arboucave, Mant, seigneur de Maslacq (1716).

VI. — Noble Pierre d'Abadie baron d'Arboucave, Mant, Peyre, seigneur de Maslacq, etc. (1750-1774).

VII. — Noble François d'Abadie baron d'Arboucave, chevalier, ancien chef d'escadron de carabiniers, chevalier de St-Louis, assista, du 15 au 31 mars 1789, aux assemblées de la noblesse de Dax où il avait été convoqué comme baron de Peyre et d'Arboucave.

La maison d'Abadie a produit aussi les branches d'Abadie de St-Germain, d'Abadie de Bargues dont la descendance subsiste à Bordeaux.

Tous les noms mentionnés dans cette table ont été relevés : deux degrés dans le *Nobiliaire de Guienne* ; deux autres (1680-1716) dans d'Hozier et les autres sur des titres originaux.

La famille d'Abadie s'est alliée aux Poyferré de Cère; Bordenave de Bargues; d'Espalungue; d'Armagnac de Labeyrie; de Lié d'Agès; de La Lande de Sabres; de Barbotan; de Sers; de Poudenx; d'Arracq de Sault; de Caupenne, de Dampierre; de Cours; La Borde Lassalle; de Labarre Larivaux; de Belsunce, etc. etc.

Requête à M. le Sénéchal des Lannes, par noble Daniel d'Abbadie seigneur baron d'Arboucave et autres places (31 août 1666), suivie d'une assignation à comparoir.

Du 5 janvier 1682, transaction entre sieurs Jean du Conte, habitants de la Cajunte, père et fils, et feu noble Daniel d'Abbadie baron d'Arboucave, et messire Pierre d'Abbadie baron d'Arboucave, habitant de Maslacq.

Du 27 juin 1660, acte d'aliénation et de vente fait par noble Daniel d'Abbadie, écuyer, seigneur baron d'Arboucave, habitant de Maslacq, en faveur de noble Jean de Marreing, écuyer, seigneur de Saint-Germain, habitant en la maison noble de Marreing. Dans cet acte passé à Samadet, sont nommés sieur Nicolas Dupin, sieur de Juncarot, Me Arnaud Dubourdieu, juge, habitant de Coudures, et noble Jean du Vacquier, escuyer, seigneur d'Aubaignan, témoins. — DE LABAT, *notaire royal*.

Le 27 juin 1671, furent constitués en leurs personnes noble Daniel d'Abadie, écuyer, seigneur baron d'Arboucave et autres lieux, et Me Pierre Du Junca bayle de ladite baronnie, fils de feu Me Pierre Du Junca, sergent royal, lesquels ont soumis leurs différends au jugement et arbitrage de M. Me Pierre de Lacouture et Bernard de Céés, juge de Doazit, en présence de Me Bernard Bastide, prêtre, curé de la Cajunte et Malaussanne; Pierre Darribère, chirurgien; Pierre Dubucq, sergent royal, témoins à ce appelés. Conclu le 12 décembre 1671. — DE GUILLEAUMÉS, *notaire royal.*

Du 22 may 1673, acquisition sous pacte de rachapt par noble Daniel d'Abadie baron d'Arboucave, au préjudice de Marie de Mibielle et Jean Dupré, du lieu de Mant. — DUPÉRIER, *notaire royal*.

Du 15 avril 1641, obligation et reconnaissance du sieur Jean Darricau en faveur de noble Pierre Dabadie, seigneur baron d'Arboucave.

L'an 1554 et le neuvième jour du mois de may, par devant nous Jehan Dairose, lieutenant en la sénéchaussée des Lannes au siège d'Acqs, s'est comparu Maistre François Durau, pour noble Jean de Lalanne abbé de Mant, et avec procuration dudict, qu'il tient et possède noblement une maison noble appelée l'Abbaye de Mant, ensemble une autre maison là où il fait sa résidence audict lieu de Mant, avec trente-cinq journées de terre ou environ. Le ténement desquelles peult valoir douze livres tournoises, et pour raison de ce, la partie de Maître Firmyn Dairose procureur du roy, a offert contribuer pour les sommes du ban et arrière-ban de la présente sénéchaussée.

De quoy ordonnasmes que acte en seroit fait.

Sarraulton, greffier

Le 18 mars 1661 commandement de saisies et sequestrations pour noble Daniel Dabadie seigneur baron d'Arboucave contre Messieurs les Religieux de Pontault; sçavoir Dom Pierre de Lafittau, portier du combant de Notre-Dame de Pontault.

Du 7 septembre 1661, conclusions pour décret et saisie-baillies par noble Daniel Davadie (et d'Abadie), seigneur baron d'Arboucave, contre Jean Lafourcade dit de Pédangos. Autres actes sur la même affaire du 18 octobre 1650-26 janvier 1671.

Cession pour noble Pierre d'Abbadie seigneur baron d'Arbocave et autres lieux, contre Jean Chicoy (1642).

Obligation pour noble Pierre d'Abbadie seigneur baron d'Arboucave du 6 avril 1627.

D'Andouïns de Louvigner, <i>en Béarn</i>.

D'or au lion de sinople, au chef cousu d'or chargé de trois pals de gueules. (<i>Voir</i> Gabarret et Louvigny).

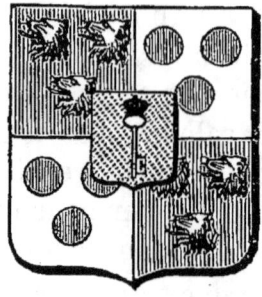

D'Antin seigneurs barons d'Antin, d'Ars, Sauveterre, Montfaucon, Bonnefont, Les Affittes, abbés de Saint-Pée, seigneurs de Hon, Orouth, Boucosse, Vielle, etc., en Bigorre, Chalosse et Albret.

Armes : écartelé au 1 et 4 de gueules à trois lions naissants d'argent; au 2 et 3 d'argent à trois tourteaux de gueules sur le tout d'or à la clef en pal couronnée de sable, qui est d'Antin de Saint-Pée (1698).

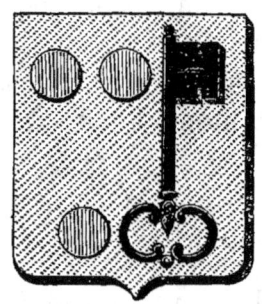

Jean de Dieu baron d'Antin : d'or à la clef de sable posée en pal adextrée de trois tourteaux de gueules 2 et 1 ; couronne de baron.

Le même blason du baron d'Antin est indiqué en 1498-1561 et 1558 dans les alliances des demoiselles d'Antin avec les seigneurs de Pardaillan Gondrin et de Castelnau Laloubère. (Voir père Anselme et Le Laboureur.)

I. — Comte Bon d'Antin premier du nom, damoiseau, seigneur d'Antin, né en 1231, était mort en 1291 ; fut marié à dame Marie de Montlezun.

1° Comte Bon ; 2° comtesse d'Antin, mariée en l'octave de Saint-Martin d'hiver 1291, avec Gensac de Montesquiou damoiseau, testa le 11 août 1340 en faveur de Raymond Aymery de Montesquiou son fils.

II. — Comte Bon d'Antin, damoiseau, seigneur d'Antin, nommé avec sa mère dans le contrat de mariage de comtesse d'Antin, sa sœur, 1291 ; compris dans un état des barons du comté de Bigorre, 1299-1300. De sa femme, dont le nom est inconnu, il laissa Claudine, mariée au seigneur d'Armagnac de Termes, 1353.

III. — Comte Bon d'Antin, dit le Jeune, seigneur d'Antin, ainsi qualifié dans le testament de comtesse d'Antin, sa tante, dame de Montesquiou en 1340. Laissa de sa femme Condorine de Pryssac : 1° comte Bon qui suivra ; 2° comtesse d'Antin, légataire de sa tante et marraine, dame de Montesquiou, 1340.

IV. — Noble et puissant homme messire comte Bon d'Antin, quatrième du nom, chevalier, sire et baron d'Antin, seigneur des Affites, Bonnefont, Sarraguzan et Bernadet, servit avec honneur dans les guerres contre les Anglais, commanda une compagnie de gens d'armes, 1369-1372 ; Prit sur les anglais les ville et château de Tarbes, fut marié en tierces noces avec comtesse de Lavedan, fille de Raymond Garsie, vicomte de Lavedan et de Castetloubon par contrat du 1er février 1392. Pierre qui a continué la descendance ; Jeanne ; Galiane ; Comtesse et Blanchefeur d'Antin. De son premier mariage contracté en 1360 avec Marcarosse de Jussan, il laissa : 1° Arnaud Ier d'Antin, chevalier, baron d'Antin et des Affittes, marié à Sybille de Manas, en eut : Arnaud II d'Antin, chevalier, seigneur baron d'Antin et de Bonnefont, testa le 2 novembre 1415, laissant deux filles de Jeanne de Castelbajac, dont l'aînée, Jeanne d'Antin, épousa Pierre d'Antin, chevalier, son grand-oncle. (*Voir* le Ve degré) ; —2° Aygline *alias* Angline d'Antin, alliée par contrat du 30 novembre 1386 à Bertrand, chevalier, seigneur baron de Pardaillan, vicomte de Juillac en St-Sever ; elle eut en douaire 4,000 florins d'or au coin de France, assignés sur la seigneurie de Mauvaisin. (*Gén. de Pardaillan*).

Comte Bon d'Antin portait pour armes trois lions à demi

corps posés deux et [un, et pour cimier une tête de lion.

V. — Noble et puissant homme Pierre d'Antin premier du nom, chevalier seigneur baron d'Antin, Ours, Poyferré, chambellan du roi, institué héritier particulier de son père, le 4 janvier 1400 et substitué à comte Bon son frère du deuxième lit. Il laissa de son épouse, Jeanne d'Antin, qu'il avait épousée avec dispense de la cour de Rome, par contrat du 22 septembre 1420 et était fille et héritière universelle de haut et puissant homme messire Arnaud d'Antin, chevalier, seigneur d'Antin et de Jeanne de Castelbajac, et petite-fille de comte Bon d'Antin IV.

1° Arnaud ; 2° Jean d'Antin, homme d'armes de la compagnie des ordonnances du roi, 1480 ; 3° Marguerite d'Antin ; 4° comtesse d'Antin, 1472.

VI. — Noble et puissant homme Arnaud d'Antin, chevalier, seigneur et baron d'Antin, des Affites de Bonnefont, 1471. Arnaud d'Antin obtint le 17 avril un arrêté du parlement contre les habitants de Bonnefont, assista au contrat de mariage de Jean d'Antin, son fils, le 20 août 1500, testa le 5 décembre 1504. Il eut de son mariage contracté le 17 février 1455 avec Catherine de Foix Carmain, fille de Jean vicomte de Carmain et d'Isabelle de Foix :

1° Jean, qui suivra ; 2° Pierre, chanoine de Tarbes ; 3° Antoine ; 4° Jean d'Antin, proto-notaire apostolique ; 5° Isabelle d'Antin, mariée le 18 septembre 1485, à noble et puissant seigneur Bertrand de Rivière, chevalier, seigneur de Labatut ;

6° Jacquette d'Antin, mariée par contrat du 13 décembre 1488, avec Arnaud de Pardaillan, chevalier, seigneur baron de Gondrin, chevalier de l'ordre du roi, fils de Jean de Pardaillan et de Marie de Rivière ; 7° Jeanne d'Antin, mariée : 1° le 7 janvier 1490, à Jean de Béarn, seigneur de Saint-Maurice ; 2° à Hugues de Galard, chevalier, seigneur de Brassac.

8° Marie d'Antin, mariée en 1500 à noble Auger de Bourouillan, seigneur dudit lieu ; 9° Anne d'Antin, mariée par contrat du 17 novembre 1506 à Jean de Caupenne, chevalier, seigneur baron d'Amou et de Saint-Cricq ;

10° Marguerite d'Antin, mariée à Bernard de Lavardac, seigneur d'Ayzieu, lequel donna quittance de sa dot le 14 mars 1524.

VII. — Jean d'Antin, chevalier, seigneur et baron d'Antin, de Bonnefont et autres places, conseiller chambellan du roi de Navarre et sénéchal de Bigorre et de Dax, institué héritier universel d'Arnaud d'Antin, son père, le 3 décembre 1504; fut pourvu le 18 décembre 1512 de l'office de sénéchal de Bigorre ; le 22 août 1516 il obtint du parlement de Toulouse un arrêt contre les habitants de Bonnefont et un second de la même cour du 13 avril 1524 qui le maintenait dans les honneurs, prérogatives et rang de deuxième baron des états de Bigorre, contre le baron de Castelbajac, opposant; Jean d'Antin, homme d'armes de la compagnie du roi de Navarre, servit dans les guerres d'Italie en 1526, ne vivait plus le 26 mars 1531 ; rappelé dans le testament de sa veuve et dans les provisions de la charge de sénéchal de Bigorre, accordée à Arnaud d'Antin son fils aîné ; Jean d'Antin avait été marié avec Anne de Roquefeuil, fille de messire Bérenger de Roquefeuil, seigneur et baron de Roquefeuil, de Blanchefort et de Castelnau ; elle testa le 4 may 1547, laissant :

VIII. — 1° Arnaud d'Antin, chevalier, seigneur et baron d'Antin, de Bonnefont, des Affites et autres lieux, capitaine de 50 hommes d'armes des ordonnances du roi, chevalier de son ordre et sénéchal de Bigorre, servit dans les compagnies d'ordonnances du roi de Navarre (1529-1530), commanda la noblesse de Bigorre contre les huguenots et se trouva au siège de Navarrenx ; marié le 14 avril 1535 avec Anne d'Andouins, fille de Gaston baron d'Andouins vicomte de Louvigny, en eut noble Jeanne d'Antin, alliée par contrat du 8 décembre 1561 à haut et puissant seigneur messire Hector de Pardaillan, seigneur de Gondrin et de Montespan, chevalier des ordres du roi, capitaine de cinquante hommes d'armes; devenue héritière de sa branche, Jeanne d'Antin porta dans la maison de Pardaillan la majeure partie des biens de sa famille et la baronnie d'Antin, érigée en marquisat par lettres-patentes des années 1612 et 1615, puis en duché-pairie au mois de mai 1711.

2º Jean d'Antin protonotaire ; 3º François-Henri qui suivra ; 4º Catherine d'Antin, mariée le 12 septembre 1519 à messire Jean de Coaraze seigneur de Bérat et de Guardères ; 5º Marguerite d'Antin épousa le 24 mars 1524 Jean de Rigaud, baron de Vaudreuil, chevalier ; 6º Jeanne d'Antin mariée par contrat du 22 novembre 1542, à Etienne de Baylens seigneur de Poyanne et autres lieux, d'où vient Bertrand de Baylens, baron de Poyanne, chevalier des ordres du roi, capitaine de cinquante hommes d'armes, sénéchal des Lannes.

VIII bis.—François-Henri d'Antin, troisième fils de Jean Ier et frère d'Arnaud; seigneur de Saint-Pée, lieutenant au gouvernement de Dax et de Saint-Sever, fut nommé exécuteur du testament d'Anne de Roquefeuil sa mère, le 4 mai 1547 ; testa le 15 juillet 1552 ; mourut avant le 7 avril 1571, laissant de Marie-Anne de Sarraguzan sa femme : 1º Germain d'Antin, écuyer, seigneur d'Ourouth, 1619, dont les petits-fils, Jean-François et Henri d'Antin d'Ourouth furent maintenus dans leur noblesse de race en 1694 et 1698 ; (voir la généalogie de Castelnau-Laloubère par Le Laboureur, t. III), 2º Dominique d'Antin seigneur de Hon, qui suivra ; et 3º Etienne d'Antin, écuyer, auteur de la branche des barons d'Ars et de Sauveterre, qui continuera la descendance masculine jusqu'à nos jours dans Les Landes.

IX. — Dominique d'Antin, chef de la branche de Saint-Pée et de Hon, établie en Albret et Bazadois, lieutenant pour le roi au gouvernement de Dax et Saint-Sever, 1582-1588, laissa de son épouse Marguerite de Cardaillac, Raymond dont l'article suit, et damoiselle Françoise d'Antin, femme d'Isaac de Lasserre seigneur de Sobrialle.

X. — Noble Raymond d'Antin, écuyer, seigneur de Hon et de Saint-Pée, lieutenant pour le roi, de Dax et St-Sever, fut marié par contrat du 22 mai 1615, avec Marthe de Borda, damoiselle, fille de messire Etienne de Borda, maréchal-de-camp et commandant de deux compagnies de gens de pied, et d'Anne Dayrosse dame de Sort.

XI. — Charles d'Antin, écuyer, seigneur de Hon et Saint-Pée, lieutenant pour le roi au gouvernement de Dax et Saint-Sever, maintenu dans sa noblesse par jugement de M. d'Aillencq, subdélégué de M. Pellot, intendant de Guienne le 30 avril 1668 ; il s'était marié par contrat du 15 janvier 1651 avec Marguerite de Biaudos, fille de noble Jean de Biaudos, écuyer, seigneur de Castéja et d'Armande de Bedorède. Il provint de ce mariage quinze enfants, entr'autres : 1° Henri d'Antin de Saint-Pée qui suivra ; 2° Isabeau d'Antin alliée à Bernard de Bourg seigneur dudit lieu ; 3° Marguerite d'Antin, mariée à noble Jean du Puy, seigneur de Sauvescure.

XII. — Henri d'Antin, écuyer, seigneur de Saint-Pée en Bigorre et de Hon en Albret, garde du corps du roi, puis lieutenant pour Sa Majesté au gouvernement des villes et châteaux de Saint-Sever et Dax, l'an 1680, par démission volontaire de son père, le 13 juin 1698 ; il fit inscrire ses armoiries en la sénéchaussée de Dax et Armorial général de France, ainsi qu'il suit : D'or à trois têtes de lions coupées de gueules 2 et 1, écartelé d'azur à trois besans d'argent 2 et 1, sur le tout d'argent à la clef de sable posée en pal. Convoqué à l'arrière-ban de la sénéchaussée de Tartas en 1693 ; laissa de Marguerite de Pemolier de Pinton qu'il avait épousée le 1er juillet 1680, fille de Raymond de Pemolier, seigneur de Pinton, Saint-Martin et Bedorède, et de Marguerite Pichot : 1° Bertrand, dont l'article suit ; 2° Jean-Paul d'Antin de Saint-Pée, écuyer, colonel d'un régiment d'infanterie de son nom, chevalier de Saint-Louis et lieutenant pour le roi des villes et châteaux de Dax et Saint-Sever, marié, le 30 mai 1718, avec Françoise de Paissan, en eut messire Joseph d'Antin, chevalier, seigneur cavier de Habas, capitaine au régiment d'Asfeld, lieutenant du roi de Dax et Saint-Sever, a formé un rameau, éteint de nos jours, en la personne de damoiselle d'Antin de Saint-Pée, mariée à noble Jean-Louis-Auguste baron de Fortisson-Habas, présent en 1789 à l'assemblée de la noblesse de Dax.

XIII. — Bertrand d'Antin, écuyer, seigneur de Saint-Pée et de Hon, capitaine en 1749, sergent-major du bataillon de milices d'Antin de Saint-Pée, en la généralité d'Auch, le 1er janvier 1734 ; épousa Marthe de Jossis, fille de Bernard de Jossis, seigneur de Tallé, dont il eut :

XIV. — Henri d'Antin de Saint-Pée, chevalier, marquis d'Antin, seigneur de Saint-Pée et de Hon, chevalier de Saint-Louis, lieutenant-colonel au régiment de Rouergue, lieutenant du roi à Bastia et brigadier des armes de Sa Majesté le 22 janvier 1769, maréchal-de-camp le 1er mars 1780, après avoir été en 1776 lieutenant des ville et châteaux de Brest ; épousa, le 31 mai 1740, dame Elisabeth de Salha, fille de Philippe, marquis de Salha, chevalier des ordres de Saint-Lazare, de Jérusalem et de Notre-Dame du Mont-Carmel, lieutenant-colonel des bandes gramontoises, et de Catherine de Larretèguy ; de cette union, Bertrand dont l'article suit ; Marthe d'Antin alliée à M. de Lonné, ancien capitaine au régiment de Flandre.

XV. — Bertrand d'Antin de Saint-Pée, IIme du nom, chevalier, marquis d'Antin, lieutenant-colonel le 13 septembre 1782, major des vaisseaux du roi le 1er mai 1786, fit ses preuves de noblesse devant Chérin au cabinet des ordres du roi, en mai 1787, pour avoir l'honneur de monter dans les carrosses de Sa Majesté. Bertrand d'Antin, major des vaisseaux du roi, seigneur de Hon, assista en cette qualité à l'assemblée de la noblesse de Tartas, le 20 et 24 avril 1789, se fit représenter le 15 et 31 mars à l'assemblée de la noblesse de Dax, et ne prit point le titre de marquis d'Antin qu'attribue le Nobiliaire de Guienne à son père et à ses descendants, et que nous transcrivons sans en voir les preuves. Bertrand de Saint-Pée d'Antin avait épousé par contrat du 9 décembre 1784, Elisabeth-Angélique de Mondenard de Roquelaure, fille de Guillaume de Mondenard de Roquelaure, chevalier, ancien lieutenant au régiment de Piémont, et de Jeanne-Angélique de Lavau, en eut : 1° Guillaume qui suivra ; 2° Pierre-François-Emile, comte d'Antin, servit dans les gardes d'honneur ; a laissé de son mariage avec Mathilde de Fontainemarie, A. Guillaume-Adolphe comte d'Antin, mort en 1856 ayant eu de Louise Feuillerade son épouse : *a*. Emile comte d'Antin ; *b*. Ignace Marcel vicomte d'Antin, âgé de 13 à 14 ans en

1867 ; *b*. Ignace-Marcel-Déodat, vicomte d'Antin ; *c*. Jeanne-Emilia d'Antin, mariée, à N. Montauroy.

XVI. — Guillaume marquis d'Antin de Saint-Pée, chef des noms et armes de sa maison ; né à Loupiac le 11 novembre 1785 ; ancien capitaine, chevalier de la légion d'honneur, entra à l'école militaire en 1806 et servit sous l'Empire. De son mariage avec Jeanne de Foxa, fille du baron de Foxa, originaire d'Espagne : 1° Pierre-Henri comte d'Antin de Saint-Pée, capitaine au 82me d'infanterie, décoré de la légion-d'honneur, du Medjidié et de la médaille d'Angleterre ; 2° Emilie d'Antin, mariée à N. Perrotte, ancien capitaine au 7me régiment d'infanterie légère ✻.

Fin de la branche aînée.

IX *bis*. — Etienne d'Antin, écuyer, 3me fils de François-Henry, servit dans les compagnies des ordonnances du roi, et testa le 20 juin 1572 ; sa femme, Catherine de Rivière, était décédée avant cette époque ; il eut deux fils : 1° François d'Antin, écuyer, héritier universel de son père, 1572 ; on ignore sa destinée. — Nicolas continue la postérité.

X. — Nicolas d'Antin, écuyer, seigneur de Boucosse, légataire particulier de son père au testament du 20 juin 1572 ; servait comme homme d'armes de la compagnie des ordonnances du roi, commandée par le seigneur de Poyanne le 14 juin 1589 ; nommé dans le testament de sa femme le 28 avril 1598 ; passa une transaction le 23 octobre de la même année en qualité de tuteur de ses enfants, avec les tuteurs de Raymond de Chambre, et prit dans ce titre la qualification de capitaine ; Nicolas d'Antin vivait encore en 1611 ; il avait épousé Marguerite de Boucosse dame de Boucosse, veuve en premières noces de Bertrand de Chambre écuyer, et mère de Raymond de Chambre, laquelle testa le 28 avril 1598. Il en eut : François qui suivra ; Jean d'Antin dont le sort est ignoré.

XI. — François d'Antin, IIme du nom, écuyer, seigneur de Boucosse, de Sauveterre et autres places, héritier universel de sa mère, le 28 avril 1598, fit un accord avec son père le 4 avril 1617, et testa le 25 août 1650. François d'Antin épousa deux femmes savoir : 1° par contrat du 13 février 1612, Henrie de Rivière, dame de Sauveterre, veuve en premières noces de François d'Antin, écuyer, seigneur de la Garde, laquelle n'ayant point d'enfants, testa le 8 février 1620, et laissa la baronnie de Sauveterre à son mari ; 2° par contrat du 12 février 1643, Jeanne de Cappus, fille de noble Raymond de Cappus et de damoiselle Françoise de Tissandier ; elle testa le 28 février 1657 en faveur de ses enfants ; 1° Jacques dont l'article suit ; 2° Catherine d'Antin, femme de Pierre de Bouloc, écuyer, seigneur de Seysses ; 3° Marguerite d'Antin décédée avant le testament de sa mère.

XII. — Jacques d'Antin, écuyer, seigneur et baron de Sauveterre, d'Ars, de Boucosse, co-seigneur de Montfaucon, fut institué héritier universel de son père, le 28 août 1650, et de sa mère, le 28 février 1657. Comme habitant de Mugron, baron de Sauveterre et seigneur de la Caverie de Boucosse, fut porté en 1693, sur la liste des gentilshommes de la sénéchaussée de Tartas sujets au ban et à l'arrière-ban. (*Erreur* : M. de Sauveterre, seigneur de Boucosse, convoqué à St-Sever en 1702. Louis d'Antin de St-Pée, seigneur de Gosse, fut inscrit sur la liste du ban d'Albret en 1693, comme fort-peu accomodé (*Armorial de 1863*). Jacques d'Antin testa le 15 janvier 1715 ; il s'était marié deux fois : 1° par contrat du 6 août 1665, avec Marguerite de Montesquiou, fille de Henri de Montesquiou, seigneur d'Artagnan et Tarasteix, lieutenant-général pour le roi au gouvernement de Bayonne, et de Jeanne de Gassion ; 2° par contrat du 22 août 1671, avec Marie de Cloche, fille de noble Jean de Cloche et de Marthe de Chèze (habitants de Saint-Sever), laquelle fit son testament le 9 juillet 1718. De ce mariage provinrent : 1° Pierre, dont l'article suit ; 2° Bernard d'Antin ; 3° Catherine d'Antin, femme de M. Destouesse ; 4° Catherine d'Antin, femme de M. de Lussy de Barros ; 5° Françoise d'Antin, religieuse à Grenade sur Garonne ; 6° Thècle d'Antin, religieuse à Tartas ; 7° Magdelaine d'Antin, mariée à Grenade, en 1718, avec N. de Bouloc, capitaine au régiment Dauphin-infanterie.

XIII. — Pierre d'Antin, écuyer, seigneur et baron de Sauveterre, Boucosse, Ars et Montfaucon, naquit à Mugron le 10 décembre 1674; émancipé le 16 juin 1705, il fut institué héritier universel de ses père et mère le 15 janvier 1713, 9 juillet 1718, et testa le 30 septembre 1750. Il laissa de son mariage, contracté le 14 février 1700, avec Marie Quitterie de Bedora, fille de noble Jean de Bedora, conseiller du roi au siége présidial de Tartas, et de Claire de Vidart : 1° Jean-Marie qui suit; 2° Bertrand d'Antin, chevalier de l'ordre royal et militaire de Saint-Louis, capitaine, commandant un bataillon au régiment de Montmorin, puis lieutenant-colonel de milices; 3° Marie-Blanche d'Antin, alliée à noble Léonard Dartiguenave, baron de Vielle.

XIV. — Jean-Marie d'Antin, seigneur et baron de Sauveterre, Boucosse, Ars et Monfaucon, est nommé avec sa femme dans l'extrait baptistère de Pierre d'Antin son fils aîné, du 18 juillet 1736 ; institué héritier universel de ses père et mère le 30 septembre 1750 et 7 décembre 1752. Jean-Marie d'Antin a laissé de son mariage contracté avec Jeanne de Roll, fille de Joachim de Roll, seigneur et baron de Lasse et d'Agnès de Mimiague, 1° Pierre, dont l'article suit.

2° Bertrand, chevalier d'Antin, né à Tartas en 1738, lieutenant au régiment de Belzunce-infanterie (1756), capitaine et chevalier de l'ordre royal et militaire de Saint-Louis, fit la campagne d'Allemagne, et prisonnier de guerre en 1760; capitaine-major au régiment de Cambrésis; commandant de l'île Rousse en Corse; assista en 1789, le 24 avril, à l'Assemblée de la noblesse de Tartas ; se maria avec Rose de Batbedat, dont il n'avait pas d'enfants en 1789.

XV. — Pierre d'Antin chevalier, seigneur et baron de Sauveterre, Ars et Montfaucon, seigneur haut justicier de Vielle, et Boucosse, capitaine au régiment de Belzunce; né le 18 juillet 1736 et baptisé le même jour en l'église St-Jacques de Tartas; fut reçu aux Etats de Bigorre d'après ses titres de noblesse en 1768 ; il présenta aussi ses preuves pour être admis aux honneurs de la cour (*Dict.*

de M. de Courcelles) et entrer dans carrosses du roi. Le baron d'Antin assista ou fut représenté aux assemblées de la noblesse de Tartas et de Dax, en 1789, comme seigneur de Camiade et baron de Vielle et de Boucosse. De son mariage, contracté le 19 mars 1760, avec Marguerite du Perrier, sont provenus :

1º Pierre-Jean de Dieu qui suit, 2º Barnabé-Léonard d'Antin, chevalier d'Antin, né en 1772, page de Monsieur frère du roi, sous-lieutenant au régiment de Monsieur en 1791, mort en émigration; 3º Marie-Catherine d'Antin, dite mademoiselle de Vielle, né le 22 mars 1769.

XVI. — Pierre-Jean de Dieu d'Antin, baron d'Antin, Sauveterre, etc., etc., né le 8 mars 1770 ; reçu page de Monsieur, frère du roi, juillet 1783 ; entra comme second sous-lieutenant au régiment du roi-infanterie; sous-lieutenant en premier en 1789.

En 1814, Monseigneur le duc d'Angoulême ayant revêtu le baron d'Antin du titre de commissaire du roi, le chargea d'organiser le gouvernement royal, dans les trois départements des Basses et Hautes-Pyrénées et des Landes. Préfet de Pau jusqu'aux Cent jours, mars 1815. Après la rentrée définitive de la maison royale, le baron d'Antin fut élu membre de la chambre des députés par le département des Landes, 1815 ; est décédé le 24 novembre 1840, (*) âgé de 70 ans, 8 mois, 16 jours ; laissant de son mariage contracté en 1790 avec Marie-Victoire de Castelnau, fille du comte Gaston de Castelnau, capitaine dans un régiment français :

1º Louis-Thomas qui suivra ;

2º Noble Bertrand-Justin d'Antin, entré en 1820 à l'école royale militaire de Saint-Cyr, sous-lieutenant au 2me de cuirassiers en 1822, passa ensuite au 1er régiment de cuirassiers de la garde royale et servait dans cet honorable corps avec le grade de lieutenant lorsque survint la révo-

---

(1) Les preuves de noblesse présentées au cabinet du Saint-Esprit pour les honneurs de la Cour, et mises sous le nom de Pierre-Jean de Dieu par M. O'Gilvy, ont pu être produites par Pierre et par Pierre Jean de Dieu son fils, conjointement. Pierre vivait encore en 1789; le chef de la famille était le premier admis aux honneurs.

lution de juillet 1830 ; donna sa démission à ce moment et à cette occasion. Marié, le 6 novembre 1832, avec Mademoiselle Georgette de Mont, fille de M. Clair de Mont, qui avait servi avant la révolution, et de Mme la comtesse de Reventlow, celle-ci fille du comte de Reventlow, allié à la maison royale de Danemark, et petite-fille par sa mère du comte de Tromelin, qui fut grand-amiral du Danemark. Plusieurs enfants, 1° demoiselle Henriette d'Antin, alliée à M. Jules de Lambert; 2° M. Albert; 3° M. Gaston; 4° M. Henry d'Antin.

3° Alexandre-Louis d'Antin, marié à l'étranger, décédé à Smyrne en 1865, laissant cinq enfants : Marie d'Antin, mariée à M. Darivo ; Mlles Blanche et Adeline d'Antin; Alexandre et Victor d'Antin.

4° Agathe d'Antin, veuve de M. René Moulas, décédée le 15 juin 1864, âgée de 74 ans, dont : MM. Norbert Moulas, Alexandre Moulas et Louis Moulas.

5° Demoiselle Victorine d'Antin, non mariée, habite Mugron.

6° Dame Blanche d'Antin, alliée à M. Bernard-Roch Domenger, chevalier de la légion-d'honneur, membre du conseil général du département des Landes, décédé le 14 avril 1865.

XVII. — Noble Louis-Thomas baron d'Antin de Sauveterre, né le 21 décembre 1798, substitut de M. le Procureur général de Pau en 1824, nommé en décembre 1827 procureur du roi près le tribunal et cour d'assises de Tarbes, donna sa démission lors de la révolution de 1830. M. le baron d'Antin s'est uni en mariage, le 14 juin 1831, avec Mademoiselle Adélaïde de Tournier de Vaillac, fille de M. Louis de Tournier comte de Vaillac et de Madame Rosalie de Belloc. Le baron Thomas d'Antin est décédé il y a environ sept ans. Ces deux noms appartiennent à des familles parlementaires de Toulouse.

1° M. le baron d'Antin suivra ;

2° Noble Marie-Joseph-Barthélemy d'Antin, né à Toulouse et baptisé à N.-D. de la Daurade, le 24 août 1845 ;

3° Marie-Charlotte-Joséphine d'Antin, née et baptisée à Sauveterre ;

4° Marie-Justine Louise-Hugues d'Antin, née et baptisée à Sauveterre, mariée à M. Fernand de Carrière ancien zouave pontifical ✠.

XVIII. — Noble Marie-Pierre-Eugène-Charles-Thérèze d'Antin, né à Sauveterre le 19 octobre 1838, baron d'Antin de Sauveterre, marié en septembre 1866 à demoiselle Adélaïde-Marie-Anne Huchet de Cintré, fille de M. Louis-Georges-Marie Huchet marquis de Cintré, et de dame Olympe-Antoinette-Marie-Ange de Derval marquise de Huchet de Cintré ; — dont : Mademoiselle Marie-Thérèse-Louise-Françoise d'Antin, née le 20 juillet 1867.

Le baron d'Antin de Sauveterre porte pour armes : — Ecartelé au 1 et 4 de gueules à trois lions naissants d'argent ; au 2 et 3 d'or à trois tourteaux de gueules 2 et 1, et sur le tout d'or à une clef de sable couronnée de même posée en pal. Couronne de baron.

PIÈCES JUSTIFICATIVES.

Claude de Castelnau, chevalier, seigneur de Castelnau, Laloubère et Corase, appelé Claude de Corase dit de Castelnau dans son contrat de mariage avec Andrée d'Antin, fille de puissant seigneur Arnaud baron d'Antin, de Bonnefons, etc., chevalier de l'ordre du roy, sénéchal de Bigorre, et d'Anne d'Andouïns sa première femme. Le dit contrat fut passé à Tarbes le 23 décembre 1558, par devant Arnaud d'Andrest et Bertrand Du Four, notaires, entre les dits seigneurs de Castelnau et d'Antin, et en présence de noble Guillaume Angos seigneur de Villeneuve ; de Jean baron de Bazillac ; de Bernard de Castelbayac, seigneur de Lagarde, et de vénérables Pierre et Jean d'Antin, archidiacre et protonotaire et chanoines en l'église cathédrale de Tarbes.

Andrée d'Antin eut pour sœur Jeanne d'Antin, femme d'Hector de Pardaillan seigneur de Montespan et de Gondrin, chevalier des ordres du roi, qui l'épousa par dispense à cause de leur parenté, parce qu'il était fils d'Antoine de Pardaillan seigneur de Gondrin, chevalier de l'ordre du roi, sénéchal d'Albret, et de Paule d'Espagne dame de Montespan, et petit-fils d'Arnaud de Pardaillan, seigneur de Gondrin, etc., et de Jacquette d'Antin, fille d'Arnaud, baron d'Antin et de Bonnefont, etc., et de Catherine de Foix, aïeule des dites Catherine-Andrée d'Antin, dame de Laloubère, et de Jeanne d'Antin, dame de Gondrin.

Anne de Castelnau Laloubère (1522-1555) épousa Menaut de Bourbon, baron de Barbazan, frère puîné d'Anne de Bourbon, vicomte de Lavedan, et fils de Jean de Bourbon vicomte de Lavedan baron de Malauze et de Barbazan, et d'Antoinette d'Anjou.

Jean de Bourbon vicomte de Lavedan, eut pour père Charles de Bourbon baron de Malauze, fils naturel de Jean II duc de Bourbon, et pour mère Louise du Lion, fille de Gaston du Lion, sénéchal de Toulouse, seigneur de Bezaudun, et de Jeanne vicomtesse de Lavedan.

De Menaud de Bourbon et d'Anne de Castelnau, naquit Anne de de Bourbon baron de Lavedan, seigneur de Barbazan, âgé de 25 ans en 1582, lequel épousa Andrée d'Antin, fille d'Arnaud baron d'Antin, sénéchal de Bigorre, et d'Anne d'Ornezan, sa seconde femme, vers 1601.

Andrée d'Antin mariée au sire de Castelnau et Andrée d'Antin mariée au seigneur de Bourbon-Lavedan, étaient sœurs; filles d'Arnaud baron d'Antin, l'une, de sa première femme, l'autre, de sa seconde.

Nos lecteurs qui voudront d'autres preuves, en recueilleront :

1° Dans la *Généalogie de Lavedan*, par Oyhenart ;

2° Celle de la Maison royale de France, par les frères Scevole et Louis de Sainte-Marthe (Bourbon Lavedan et Barbazan) ;

3° Les *Mémoires et généalogie de Michel de Castelnau*, par Le Laboureur, t. III ;

4° Le *Nobiliaire de Guienne*, t. I, 276.

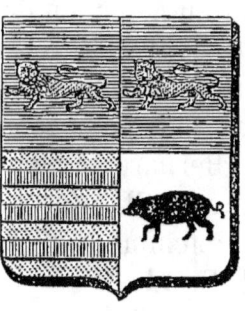

Jean d'Aons, *baron de Hontanx*.

Au 1 d'azur au léopard d'or ; au 2 d'azur au léopard d'or ; au trois d'or à trois fasces de gueules ; au 4 d'argent au sanglier de sable.

Vicomtes d'Aster *seigneurs de Gramond.*

La famille des vicomtes d'Aster ne le cède à nulle autre, dans toute l'Aquitaine, pour l'ancienneté de sa race, car il est constant qu'elle était déjà illustre au temps du roi Charles le Chauve, puisque dans un vieux manuscrit, composé au sujet du monastère de Saint-Orens, construit dans le bourg de Lavedan, on relate le souvenir de Sanctius d'Aster, envoyé (missi), c'est-à-dire vicaire ou légat du comte de Bigorre. Sur un autre titre écrit de la main de Bernard, comte de Bigorre, et de Clémence son épouse, à l'usage de l'église d'Ancizan (Aniciensis), l'an 1062, on lit le nom de Guillaume, seigneur d'Aster, qui y a été inséré. Dans l'ordre suivant se succédèrent : Arnaud-Guillaume, son fils, Auger et Hispanus, son petit-fils. Après leurs descendants, les enfants mâles étant venus à manquer, la vicomté d'Aster advint en héritage à Agnès, jeune fille qui contracta mariage avec Sance Garcie d'Aure, qui tirait son origine de Gui ou Guidon fils puîné de Bernard comte de Comminges ; de cette souche, en ligne directe et sucession masculine, descendent les vicomtes d'Aster d'aujourd'hui (1640-1867), les mêmes qui, d'un autre chef, sont seigneurs de Gramond, comtes de Louvigny et de Guiche. Maintenant, je reviens à l'arbre généalogique commencé :

Arnaud, vicomte d'Aster, vivait en l'an 1238.

Garcie-Arnaud, vicomte d'Aster, en l'année 1264.

Bernard, vicomte d'Aster, l'an 1283 ; femme, N... ; enfants : Bernard et Agnès, dame de Hinx (Hinsii).

Bernard II, l'an 1312, eut pour femme, Sabarine de Luxe ; enfants : Arnaud, Bernard, Arnaud-Guillaume.

Arnaud laissa, de sa femme N..., un fils nommé Jean.

Jean, vicomte d'Aster ; femme, Mascarosse d'Orbessan ; enfants : Garcie-Arnaud, Braïde.

Garcie-Arnaud II, vicomte d'Aster ; femme, Agnès, fille de Guillaume-Garcie d'Aster, baron de Hinx ; enfants : Jean II, Brunissinde, Agnès.

Jean II, vicomte d'Aster ; femme, Bertrande, fille de Raymond Garcie, vicomte de Lavedan ou de Castelloubon ;

enfants : Jean III, Honorée, mariée à Pierre, seigneur de Devèze, et Agnès, femme de Bertrand d'Espagne, seigneur de Romefort. Jean mourut vers l'an 1397.

Jean III, vicomte d'Aster; femme, Marie de Caupenne; fille unique, Anne.

Anne, vicomtesse d'Aster, eut pour mari Sance Garcie d'Aure, de la famille des seigneurs de Larboust, dont elle eut son fils Jean. Sance Garcie périt au siège du château de Garris, dans la Basse-Navarre, où il avait suivi Gaston de Foix, prince de Béarn, vers l'an 1458.

Jean IV d'Aster d'Aure; femme, Jeanne, fille du comte Gaston de Foix; enfants : Jean, Menaud, Catherine, Marie, alliée à Charles, seigneur de Romefort, Françoise, mariée à Antoine, seigneur de Négrepelisse, et Agnès.

Jean V mourut sans s'être marié.

Menaud d'Aure, fils de Jean V; femme, Claire de Gramond, sœur de Jean, seigneur de Gramond, laquelle hérita de son frère, mort sans enfants, et Catherine, mariée à François, baron de Mauléon. Menaut d'Aure mourut l'an 1534 et fut enseveli à Bagnères, dans le couvent des frères Dominicains qui avait été fondé par ses ancêtres.

Antoine, vicomte d'Aster, seigneur de Gramond et comte de Guiche, chevalier de l'ordre en 1560; femme, Hélène de Clermont, dame de Traves et de Toulongeon; enfants : Philibert, Jean-Antoine, qui mourut jeune, Théophile, comte de Toulongeon, Marguerite, femme du sire de Durfort baron de Duras, et Suzanne, mariée au marquis de Monpesat. Antoine mourut en l'an 1576.

Philibert, vicomte d'Aster, en l'année 1577; femme, Diane d'Andoins, dame de Lescun, comtesse de Louvigny; enfants : Antoine de Gramond et Catherine, mariée à N. de Caumon, comte de Lauzun. Philibert de Gramond mourut en 1580.

Antoine, vicomte d'Aster et seigneur de Gramond, eut deux femmes : 1° Louise de Roquelaure qui laissa pour enfants : Antoine, maréchal de France, et Roger, comte de Louvigny, mort avant son père. La seconde femme, Claude de Montmorency-Bouteville, dont il eut : Henri, comte de Toulongeon, Philibert de Gramond, et trois filles : Charlotte-Anne, Louise, et Françoise-Marguerite.

Antoine, premier du nom, premier duc de Gramond, pair et maréchal de France, comte de Guiche et Louvigny, gouverneur de Navarre et de la principauté de Béarn, chevalier des ordres du roi, naquit à Hagetmau en 1604; fut créé duc et pair de France en 1648, en prêta serment au Parlement, le 15 décembre 1663, et mourut le 12 juillet 1678; il avait épousé, le 28 novembre 1634, Françoise-Marguerite de Chivré, morte au mois d'août 1689.

Les armes des vicomtes d'Aster seigneurs de Gramond comtes de Guiche sont : au 1 d'or au lion d'azur armé et lampassé de gueules, qui est de Gramont; au 2 et 3 de gueules à trois flèches posées en pal d'or empénées et armées d'argent; au 4 d'or à une levrette de gueules accolée et bouclée d'azur à la bordure de sable chargée de huit besans d'or, qui est d'Aure; et sur le tout de gueules à quatre otelles d'argent adossées et posées en sautoir, qui est de Comminges.

Aure *ancien* : d'argent au levrier de sable.

Aure Larboust : d'or au levrier rampant de gueules, à la bordure de sable chargée de huit besans d'or.

d'Aspremont, *vicomte d'Orthe, baron de Peyrehorade, OEyregave, etc.*

Ecartelé au 1 et 4 d'or au lion de gueules, au 2 et 3 de sable à un ours d'or; sur le tout, de gueules à la croix d'argent,

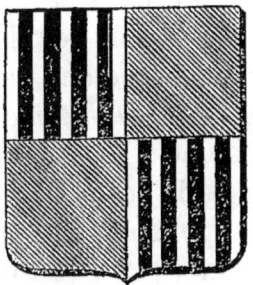

De Barbotan.

(Archives départementales des Hautes-Pyrénées).

Preuves de noblesse faites au cabinet des ordres du Roy, au mois de may 1780, par Jean-Marie de Barbotan, chevalier, appelé comte de Barbotan seigneur de Mormès et autres places, pour avoir l'honneur de monter dans les carrosses de Sa Majesté et de la suivre à la chasse.

DE BARBOTAN, *en Guyenne*, seigneurs de Barbotan, La Balle, Carits, Maupas, Mormès et autres places, comtes de Barbotan.

Armes. — Ecartelé au 1 et 4 de sinople plein ; au 2 et 3 d'argent à trois pals de gueules. (1)

Ier *degré*. — Vidau de Barbotan, né environ l'an 1250, épousa vers 1280, noble Marie dont le surnom est ignoré, et passa conjointement avec elle et Guillaume Aimeric, leur fils, un bail à cens au mois de juin 1307.

IIe *degré*. — Guillaume Aimeric de Barbotan, chevalier, passa un bail à cens conjointement avec ses père et mère; au mois de juin 1307. Il fut un des seigneurs de la Guyenne auxquels Edouard III, roy d'Angleterre, écrivit en 1327 et 1330 pour leur témoigner la satisfaction qu'il avait de leurs services et leur en demanda la continuation. Il fut nommé un des exécuteurs du testament d'Arnaud-Guillaume de Castilhon, chevalier, son beau-père, du 8' de la sortie de juillet 1327.

Femme, Gassione de Castilhon, fille d'Arnaud-Guillaume de Castilhon, chevalier, et de damé de Pouy à laquelle son

(1) L'Armorial de Gascogne dit *quatre pals*.

père fit un legs, outre sa dot, par son testament du 8 de la sortie de juillet 1327, et à Gaston son fils qui suit.

IIIme *degré*. — Gaston de Barbotan ; *alias* Barbotan, chevalier, qualifié *noble et puissant homme*, fut substitué aux héritiers d'Arnaud-Guillaume de Castilhon son ayeul maternel, par testament du 8 de la sortie de juillet 1327 ; reçut au mois de juin 1340 le supplément de dot constituée à Comtesse de Podenas sa femme, par messire Arnaud de Podenas, co-seigneur de Podenas, seigneur de Marambat, père de ladite Comtesse et acquit le 13 décembre 1346 de Guilhaume de Podenas, damoiseau, et de Sclarmonde de Pardaillan sa femme, les fiefs, services, rentes et droits utiles et honorifiques qui leur appartenaient dans la vicomté de Casaubon. Il servit en qualité d'écuyer dans la compagnie de Jourdain de l'Isle, dont la montre fut faite à Moissac, le 26 octobre 1332 ; est nommée dans la procuration passée le 14 novembre 1377 par Arnaud de Barbotan son fils, et qu'il ratifia le 22 du même mois.

Femme, Comtesse de Podenas, damoiselle, fille de noble et puissant homme messire Arnaud de Podenas, damoiseau, seigneur de Podenas et de Marambat, mariée avant le mois de juin 1340. — Arnaud de Barbotan qui suit.

IVme *degré*. — Arnaud de Barbotan ou Borbotan, damoiseau, seigneur de Barbotan, fut porteur de la procuration qui lui fut passée le 4 novembre 1377 par Gaillard de l'Isle d'Arbeyssan, damoiseau, et de celle qui lui fut donnée le 12 du même mois par Messende d'Arbeyssan, son épouse. Il ne vivait plus le 20 septembre 1466 ; qu'il est rappelé dans la donation faite par Aymeric de Barbotan, son petit-fils, des droits, cens et rentes qui lui avaient été donnés à lui-même en 1390 par noble Arnaud de Lucbon.

Femme, Messende d'Arbeyssan, fille de messire Gérard d'Arbeyssan seigneur de l'Isle. — N. de Barbotan dont on va parler.

Vme *degré*. — N. de Barbotan, seigneur de Barbotan, quoiqu'il n'ait été représenté sur ce sujet aucun acte qui fasse connaître son nom de baptême, il n'en est pas moins démontré par la donation faite le 20 septembre 1466 par

Aymeric son fils, qu'il avait eu pour père Arnaud de Barbotan, chevalier, et qu'il avait épousé noble Mabile de Barbotan, laquelle avait reçu, conjointement avec le même Arnaud son beau-père, la donation qui leur fut faite en 1390 par noble Arnaud de Luchon.

Femme, Mabile de Barbotan. — Aymeric de Barbotan, qui continue la postérité.

VIme *degré*. — Aymeric de Barbotan et Borbotan, écuyer, seigneur de Barbotan, étant uni à plusieurs gentilshommes possesseurs de fiefs dans la vicomté de Juliac, consentit un accord, le 25 avril 1445, avec Jean seigneur de Pardaillan vicomte de Juliac, passa un bail à fief le 28 novembre 1463 et fit une donation le 20 septembre 1466 en qualité d'héritier de Mabile de Barbotan, sa mère, et d'Arnaud de Barbotan son ayeul, à noble Jean de Pomès, *alias* de Rimbles, son neveu, de divers cens, rentes, etc., que noble Arnaud de Luchon avait légués audit Arnaud de Barbotan et à ladite Mabile, par son testament du 12 avril 1390 ; il est rappelé comme mort dans l'arrêt du Parlement de Toulouse, obtenu par Louise de Latrau, femme de Jean de Barbotan son fils.

Première femme, N... ; Jean de Barbotan dont on va parler. Deuxième femme, Christine de Vernède veuve de Carbonnel de Latrau.

VIIme *degré*. — Jean de Barbotan, écuyer seigneur de Barbotan et de Mormès, fit les guerres d'Italie en qualité d'homme d'armes de la compagnie de M. de Duras, à Crenne au duché de Milan, les 30 août 1509 et 23 novembre 1511. Louise de Latrau, sa femme, obtint un arrêt du Parlement de Toulouse, le 23 novembre 1510, contre les consuls de Laterrade, relativement à l'étendue de la suzeraineté du lieu de Mormès ; il assista le 22 novembre 1524 au contrat de mariage d'Antoine de Barbotan son fils ; fit hommage à François de Béarn vicomte de Juliac, le 15 janvier 1526 des fiefs qu'il possédait de sa vicomté, et obtint le 20 mars 1539, conjointement avec le même Antoine son fils, des lettres en la chancellerie du Parlement de Toulouse.

Femme, Louise de Latrau dame de Mormès, fille de noble Carbonnel de Latrau seigneur de Mormès et de Christine de Vernède, et petite-fille de Jean de Latrau, chevalier, seigneur de Laterrade, de la Veyrie et de Mormès.
— Antoine de Barbotan qui suit.

VIIIme *degré* — Antoine de Barbotan, écuyer, seigneur de Barbotan et de Mormès, fit hommage à Henry, roi de Navarre, de la dernière de ses terres; servit en qualité d'homme d'armes de la compagnie de M. de Crussol, sénéchal de Toulouse, dont la montre fut faite à Carcassonne le 20 juin 1528; obtint, conjointement avec son père, des lettres de la chancellerie du Parlement de Toulouse, le 20 mars 1539; est nommé dans l'arrêt rendu par cette cour le 24 mars 1541, en faveur du même Jean son père; reçut la donation qui lui fut faite le 18 janvier 1544; fut institué héritier universel de Thibaut de Bassabat, écuyer, seigneur de Bassabat et de Domyan, le penultième mai 1558; assista au premier contrat de mariage de Louis de Barbotan, son fils, le 22 avril 1557, et au deuxième le 4 mars 1574.

Femme, Diane de Marsan, damoiselle, fille de noble Pierre de Marsan et de Mademoiselle Jacquette de Lur, mariée par contrat du 22 novembre 1524.

1° Louis de Barbotan qui suit.

2° Jean de Barbotan servit en qualité d'homme d'armes de la compagnie de M. de Bellegarde, dont la montre fut faite à Paris le 4 mars 1568; on ignore sa destinée;

3° Jean de Barbotan servit avec Jean son frère dans la compagnie d'hommes d'armes des Ordonnances du roy en 1568.

4° François de Barbotan seigneur de Margouet eut une fille nommée Jeanne, qui était mariée en 1577 avec Jean de Lafargue.

IXme *degré*. — Louis de Barbotan, écuyer, seigneur de Barbotan, Mormès, Laballe et autres lieux, servit en qualité d'homme d'armes dans la compagnie du roi de Navarre en 1559, 1561, 1562 et dans celle de M. de Bellegarde le 4 mars 1568, dans laquelle étaient aussi Jean et Jean de

Barbotan ses frères ; il reçut la quittance qui lui fut donnée le dernier may 1577 par Jean de Lafargue, mari de Jeanne de Barbotan, sa nièce, fille de François de Barbotan seigneur de Margouet, son frère ; assista au contrat de mariage d'Alix de Barbotan sa fille, le 3 janvier 1593, et est nommé avec Jacquette de Saint-Julien sa femme, dans celui de Bertrand de Barbotan leur fils, du 8 janvier 1602.

Première femme, Jacquette de Saint-Julien, damoiselle, sœur de noble Marc-Antoine de Saint-Julien seigneur de Saint-Julien et de Robbes, et nièce de Jacques de Saint-Julien, évêque d'Aire ; mariée par contrat du 22 avril 1557.

1° Bertrand de Barbotan qui continue la postérité ;

2° Alix de Barbotan épousa par contrat du 3 janvier 1593, Gabriel de Saint-Griède, seigneur de Clarens et d'Urgosse.

Deuxième femme, Rose de Benquet, fille de noble Georges de Benquet seigneur d'Arblade le Brassal, gouverneur pour le roy de Navarre du bas-comté d'Armagnac mariée par contrat du 4 mars 1574

1° Bompart de Barbotan épousa par contrat du 17 juillet 1608, noble Françoise de Laur, fille de Jacques, chevalier de l'ordre du roy, capitaine de cinquante hommes d'armes de ses ordonnances ; on ignore s'il a laissé postérité ;

2° Arnaud de Barbotan seigneur de Sausin, dont la destinée est inconnue ;

3° Philippes de Barbotan ;

4° Antoine de Barbotan ;

5° Louis de Barbotan ;

6° Ollivier de Barbotan ;

7° Charles de Barbotan.

Xme *degré*. — Bertrand de Barbotan, écuyer, seigneur de Barbotan, de Mormès et autres places, racheta le 28 août 1597, la seigneurie de Mormès, qui avait été vendue en 1579 par Antoine et Louis de Barbotan ses père et aïeul ; il assista avec le même Louis, son père, au contrat de mariage de Philippe de Barbotan son fils, le dernier mai 1609 ; obtint un arrêt du Parlement de Toulouse le 3 évrier 1611 contre Louis, Philippes, Antoine et Ollivier de

Barbotan ses frères, et passa une transaction le 26 juin 1622 avec Bompart de Barbotan, son frère consanguin, au sujet de la succession de Louis de Barbotan leur père.

Première femme, Anne de Montlezun, damoiselle, mariée après le 23 avril 1597. — Philippe de Barbotan qui va suivre.

Deuxième femme, Catherine de Poy, damoiselle, veuve de François de Montholieu seigneur de Carrits, et fille de François de Poy, seigneur et baron dudit lieu, Pontonx, Lié, Vic, Gousse et autres lieux, mariée par contrat du 8 janvier 1602.

XIme *degré*. — Philippes de Barbotan, écuyer, seigneur et baron de Barbotan, de Carrits, de Mormès et autres lieux, obtint des lettres de la chancellerie du Parlement de Toulouse le dernier juillet 1621, contre Bompart, Philippes, Antoine, Ollivier et Charles de Barbotan, ses oncles consanguins; fit son testament le 9 février 1629 et mourut avant le 17 mars 1650; Anne de Montholieu sa veuve assista au contrat de mariage de Jacques de Barbotan leur fils.

Femme, Anne de Montholieu, damoiselle, fille unique et héritière universelle de noble François de Montholieu seigneur de Carrits et de Catherine de Poy, mariée par contrat du dernier mai 1609.

1° Bertrand de Barbotan dont on ignore le sort;

2° Jacques de Barbotan qui suit;

3° Anne de Barbotan, femme de noble Jean de la Roque seigneur dudit lieu;

4° Jeanne de Barbotan, légataire de son père en 1629.

XIIme *degré*. — Jacques de Barbotan premier du nom, écuyer, seigneur de Barbotan, Mormès, Carrits et autres places, fut substitué à Bertrand son frère aîné par le testament de son père, du 9 février 1629; reçut la quittance qui lui fut donnée le 30 mars 1654 par noble Jean-François de la Roque, seigneur dudit lieu, son beau-frère, de la dot d'Anne de Barbotan sa sœur, femme de ce dernier, et fut maintenu dans sa noblesse par jugement de M. de Lartigue, commissaire subdélégué de M. Pellot, intendant de Guyenne, rendu le 2 mai 1667, sur titres qui la prouvaient avec filiation depuis noble Jean de Barbotan son quatrième aïeul, lequel assista au contrat de mariage d'Antoine de Barbotan son fils, du 22 novembre 1524; il assista au contrat de mariage de Charles de Barbotan son fils, le 5 mai 1681, et est nommé dans le testament de Charlotte de Malvin, sa femme, du 13 du même mois.

Femme, Charlotte de Malvin, veuve en premières noces d'Antonin de Léaumont seigneur et baron d'Arsac, Momuy et autres places, mariée par contrat du 17 mars 1650.

1° Charles de Barbotan qui va suivre;

2° Anne de Barbotan mariée à Jean-Michel de Carmentra, écuyer, seigneur de la Bastide et de la Balle;

3° Paul de Barbotan;

4° Marguerite de Barbotan.

XIIIme *degré*. — Charles de Barbotan, écuyer, seigneur de Barbotan, Carrits, Mormès et autres lieux, fut institué héritier universel de Charlotte de Malvin sa mère, le 15 mai 1681; maintenu dans sa noblesse par jugement de M. Le Pelletier de la Houssaye, intendant de la généralité de Montauban, rendu le 31 mai 1698 sur titres qui la prouvaient avec filiation depuis 1524; reçut quittance le 4 février 1699, de Jean-Michel de Carmentran, écuyer, seigneur de la Bastide et de la Balle, du restant de la dot d'Anne de Barbotan sa sœur, femme de ce dernier, et assista au contrat de mariage de Jacques de Barbotan son fils, du 23 février 1715, dans lequel est rappelée Jeanne de Pujoler son épouse.

Femme, Jeanne de Pujoler, damoiselle, fille de messire Ollivier de Pujoler, seigneur vicomte de Juliac, baron de Fieux et autres places, et de Paule Quitterie de Bezolles, mariée par contrat du 5 mai 1681.

1° Jacques de Barbotan dont on va parler;

2° Jean-Marie de Barbotan, chevalier de Saint-Louis, dont le sort est ignoré;

3° Marguerite de Barbotan, mariée par contrat du 11 avril 1713 avec messire Jean-Marie de Barry seigneur de Pujo et autres places.

XIVme *degré*. — Jacques de Barbotan, écuyer, seigneur de Barbotan, Mormès et autres places, reçut au nom de son père la quittance qui lui fut donnée le 28 juillet 1716, par Jean-Marie de Barry seigneur de Pujo, mari de Marguerite de Barbotan sa sœur; assista avec Louise de Lartigue sa femme au contrat de mariage de Clair-Joseph de Barbotan leur fils, le 19 avril 1743, et fit son testament le 16 mai 1775.

Femme, Louise de Lartigue, fille de messire Jean-Armand de Lartigue seigneur de Pelesté, Maupas et autres places, et de Marie de Fouert de Sion, mariée par contrat du 23 février 1715.

1º Clair-Joseph de Barbotan qui continue la postérité;

2º Antoine-Sever de Barbotan, capitaine au régiment de Condé-cavalerie;

3º Marie de Barbotan, femme de Frix de Cours, seigneur de Monlezun;

4º Marie de Barbotan, mariée à Jean-Ignace de Cabannes baron de Cauna;

5º et 6º Marguerite et Catherine de Barbotan, religieuses;

7º Catherine de Barbotan.

XVme *degré*. — Clair-Joseph de Barbotan, chevalier, appelé comte de Barbotan, seigneur de Maupas, Mormès, Carrits et autres places, fit une acquisition au nom de son père, le 16 septembre 1747; fut institué son héritier universel le 16 mai 1775 et a été nommé député de la noblesse de la sénéchaussée de Saint-Sever aux Etats-Généraux de 1789.

Femme, Marie-Anne Darcet, fille de messire Pierre Darcet, major au régiment de Lorraine et chevalier de Saint-Louis, et de Marie-Françoise Darcet; marié par contrat du 19 avril 1743.

1º Jean-Marie de Barbotan qui suit;

2º Marie de Barbotan, femme de Jean-Baptiste de Saint-Julien, chevalier, seigneur de Cahuzac et de Tourdun, marié par contrat du 29 décembre 1765.

XVIme *degré*. — Jean-Marie de Barbotan, chevalier, appelé comte de Barbotan, seigneur de Mormès et autres places, a été mousquetaire de la garde du roi depuis 1761 juqu'en

1771 ; est nommé avec Marie-Angélique de Noé son épouse dans les extraits baptistaires de Clair-Joseph, Antoine-Charles-Gilbert-Alexandre, et Marc-Antoine-Catherine de Barbotan, leurs enfants, des 24 juillet 1771, 5 février 1778 et 21 mai 1780.

Femme, Marie-Angélique de Noé, fille du très haut et très puissant seigneur Jacques-Roger de Noé, marquis de Noé, seigneur et baron de l'Isle de Noé, Soubignan, la Chasteignère, et de la vicomté d'Estancarbon et autres lieux ; et de Jacquette-Marquette Taphanel de la Jonquière, mariée par contrat du 6 avril 1769.

1° Clair-Joseph de Barbotan est né le 24 juillet 1771, et a été baptisé le même jour dans l'église paroissiale de Saint-Sever Cap, au diocèse d'Aire, il était officier au régiment royal Navarre en 1789.

2° Antoine-Charles-Gilbert-Alexandre de Barbotan est né le 4 février 1778 et a été baptisé le lendemain dans l'église paroissiale de Saint-Clair de Mormès au diocèse d'Auch ; il fut reçu chevalier de Malte en 1789.

3° Marc-Antoine-Catherine de Barbotan est né le 20 mai 1780 et a été baptisé le lendemain dans l'église paroissiale de Saint-Clair de Mormès.

Pour copie conforme aux manuscrits déposés aur archives de la Préfecture.   MAGENTIES, *archiviste*.

XVIIme *degré*. — Clair-Joseph de Barbotan, chevalier, comte de Barbotan, seigneur de Mormès, Maupas et autres lieux, né à Saint-Sever en 1771, épousa damoiselle d'Abbadie d'Arboucave, fille de François d'Abbadie baron d'Arboucave, Peyre et Maslacq, et de dame de Gombaud Rolly, dont il eut :

1° Noble Henri de Barbotan ;

2° Louis comte de Barbotan de Carrits, n'a point laissé de postérité de son mariage avec dame Mathilde de Navailles, fille du baron Jean-Baptiste-Nicolas de Navailles-Banos.

3° et 4° Demoiselles Mathilde et Gabrielle de Barbotan, Mormès, dont l'une mourut fiancée à M. de la Hitte, l'autre mariée au comte de Mauléon aussi décédée.

XVIIIme *degré*. — Charles de Barbotan, chevalier, comte de Barbotan de Carrits, chef de nom et d'armes de sa maison, est marié à dame Anne-Louise Dufau, fille de M. Dufau, procureur général à Pau, officier de la légion-d'honneur.

Notice extraite d'un manuscrit portant pour titre
RIVIÈRE-LABATUT.

On raconte qu'il y avait toujours dispute entre les Rivière-Listo et les Barbotan-Rivière ; les premiers comme étant en ligne masculine de la maison, prétendaient que les Barbotan ne devaient pas porter ce nom, puisqu'ils n'étaient Rivière que par les femmes. Les enfants de Louis Bompart prétendaient, au contraire, avoir le pas sur eux en vertu de la clause apposée par Henrie de Rivière vicomtesse de Labatut, héritière de la branche aînée, dans le contrat de mariage de Louis Bompart avec Jeanne de Mallard. Les amis communs avaient réglé que les Listo céderaient le pas aux Barbotan-Rivière, et les salueraient les premiers. Deux enfants de Louis Bompart passèrent un jour l'un après l'autre devant un Listo qui chassait et qui, loin de les saluer, tira au contraire un coup de fusil à celui qui passa le dernier et le tua. Au bruit du coup, le premier Barbotan courut sur l'assassin, et d'un coup de pistolet lui perça le ventre, Listo eut le temps de se retirer dans sa maison et de se confesser. Il y eut information sur ce double assassinat, et pour empêcher de plus grands malheurs, le prince de Conti ordonna que les Listo vendraient leur bien au vicomte de Labatut et se retireraient ailleurs. Nicolas acheta des métairies au bas de la côte de Villefranche, et se maria avec l'héritière d'Arricau à Monségur en Béarn.

Cette anecdote pourrait remonter au milieu du XVIIme siècle. (*Archives de Tarbes*)

De Barry de Puyol, *en Armagnac* (1).

D'azur à trois éléphants d'or, deux en chef affrontés et un en pointe.

L'article de la branche aînée suivra ces preuves devant Chérin que nous avons conduites jusqu'à la génération contemporaine.

Ier *degré*. — Feu noble Pierre de Barry, écuyer, et feue demoiselle Catherine Castin sa femme, sont rappelés dans les actes de mariage de Jehan leur fils, du 7 aoust 1556.

Gaillon de Barry assista aux pactes de mariage de Jehan son neveu, du 7 aoust 1556.

IIme *degré*. — Jehan de Barry, natif du lieu de Feugar en la basse comté d'Armaignac, fut retenu contrôleur ordinaire de la maison du roi de Navarre, par lettres de ce prince, datées d'Orthès le 11 septembre 1555, signées Antoine et Jehanne. Sur le reply : Par les roy et royne de Navarre, le seigneur de la Borderie leur conseiller, et m^e d'hostel, présent Ducotoin, et scellées sur double queue de parchemin (le sceau perdu). Original en parchemin.

Nota. Quoique la reine ait signé ces lettres, elle n'est point nommée dans leur intitulé, le roi parle seul et en son nom.

Jehan de Barry, escuyer, assista aux pactes de mariage de son frère du 5 aoust 1556.

Noble Jehan du Barry, escuyer, seigneur du Thin, contrôleur de la maison du roy de Navarre, épousa par pactes passés au lieu de Feulga, en Armaignac, diocèse d'Aux, le

(1) Dressé au mois de septembre 1781, sur titres communiqués par le vicomte Lanusse.

7 aoust 1556, devant R. de la Veyrie, notaire, demoiselle Marguerite d'Estalenx, fille de feu noble Bertrand d'Estalenx, escuyer, et de feue Jehanne de La Vie damoiselle sa femme, assistés : le futur de son frère et de son oncle, et la demoiselle d'honorable homme Bertrand de La Vie son oncle, de demoiselle Marie de La Vie sa tante, de sire Bertrand de Lenterrade son cousin, et de Catherine de Lagarde, demoiselle, sa cousine, par lesquels la demoiselle se constitua en dot les biens à elle échus des successions de ses feux père et mère, situés en la ville de Bordeaux et en la juridiction du lieu de Feulga (grosse en parchemin signée du notaire).

Feu Jehan de Barry seigneur de Thin, argentier du roi de Navarre, est rappelé dans les pactes de mariage de Daniel son fils du 25 juin 1593, auxquels assista Marguerite d'Estalenx, demoiselle, sa veuve. Demoiselle Marguerite d'Estalenx, représentée par procureur, fut présente à l'insinuation des pactes de mariage de son même fils, du 12 novembre 1596.

IIIme *degré*. — M. Daniel de Barry, licencié ez-droits, épousa par pactes passés en la ville de Saint-Sever, dans la maison appelée de la Noue, diocèse d'Aire, le 25 juin 1593, devant Bernard notaire, Jehanne d'Abadie, damoiselle, fille de M. Maistre Gratian d'Abadie, docteur ez-droits, lieutenant-général en la cour de la sénéchaussée des Lannes au siège de Saint-Sever, et de feue Bertrande de La Lanne damoiselle sa femme, dame de l'abbaye séculière de Mant, d'Arboucave et de Montget; ledit futur, assisté de la demoiselle sa mère, de son beau-frère et de sa sœur, et ladite damoiselle, du sieur son père et de damoiselle Saubade de Belzunce sa belle-mère, par lesquels ladite demoiselle mère du futur époux lui fit donation et au premier enfant mâle qui naîtrait de ce mariage, de tous ses biens (grosse en parchemin signée du notaire).

Maistre Danyel de Barry, avocat en la cour du Parlement de Bordeaux, représenté par Maistre Carbon Castin avocat en ladite cour, fit insinuer au siège du Foulgua le 12 novembre 1596 ses susdits pactes de mariage en présence de sa mère aussi représentée par procureur (original mis en suite de la grosse desdits pactes et signé de la Veyrie greffier). M. Maistre Daniel de Barry, ci-devant lieutenant-général au siége de Saint-Sever, et damoiselle Jeanne d'Abadie sa femme, assistèrent au traité de mariage d'Armand leur fils du 31 janvier 1630.

Maistre Daniel de Barry, lieutenant-général au sénéchal de Saint-Sever, fut élu député du Tiers-État aux États-Généraux de 1614 par ladite ville; le député-coadjuteur était M. Arnaud de Cès, syndic de Saint-Sever (Archives de Saint-Sever Cap).

Noble Daniel de Barry cy-devant lieutenant-général au siége de la ville de Saint-Sever sénéchaussée des Lannes, fit son testament olographe en sa maison de Senjan, le 25 octobre 1640, par lequel il remit le choix de sa sépulture et le soin de ses honneurs funèbres à sa femme; déclara avoir marié cinq de ses filles et avoir payé les dots qu'il avait constituées à chacune d'elles par leurs contrats de mariage; confirma la pension viagère de 30 livres qu'il avait faite à Quitterie sa fille religieuse; légua à Bertrand son fils jésuite la somme de 1200 livres; ordonna que son héritier payât à Armand son 3me fils, la somme de 3450 livres, restant de la dot qu'il lui avait promise lors de son mariage avec l'héritière de la maison de Puyol; donna à Louis, son dernier fils, les métairies de la Peyrère et du Tourné, situées à Laterrade et à Saint-Aubin, et la somme de 6000 livres; légua l'usufruit de la moitié de ses biens à ladite demoiselle Jeanne d'Abadie sa femme, et institua son héritier universel Jean-Pierre son fils aîné.

Ce testament, signé en suite de chaque article et à la fin dudit testateur et par lui déposé le 28 octobre suivant, à Delatran, notaire royal; signé du même testateur dudit notaire et de sept témoins (original en papier).

IVme *degré (enfants de Daniel)*. — C. CAUPENNE. Monsieur Maistre Jean-Pierre de Barry conseiller du roy, lieutenant-général au siége de Saint-Sever, assista avec Jeanne-Suzanne d'Amou damoiselle sa femme au traité de mariage d'Armand son frère du 31 janvier 1630; institué héritier universel de son père le 25 octobre 1640, assista à la reconnaissance des articles de mariage de Jean son neveu du 15 février 1656.

2. Bertrand de Barry jésuite (nommé) du 25 octobre 1640.

3. Noble Armand de Barry épousa, par traité passé en la ville de Saint-Sever le dernier jour de janvier 1630, devant Labat, notaire royal, damoiselle Marguerite d'Ombs (*alias* d'Homs ou d'Ahons) fille de feu noble Carbon d'Ombs, escuyer, seigneur de Puyo et de feue damoiselle Marguerite d'Estoupignan sa femme; il y fut assisté de ses père et mère, de son frère de sa belle-sœur. (Copie collationnée par un secrétaire du roy, maison et couronne de France, collége ancien, signée de Betbeder.) Maintenu dans sa noblesse en 1667, Armand de Barry sieur de Puyo est nommé dans le testament de son père du 25 octobre 1640 : Armand de Barry escuyer.

4. Louis de Barry légataire des métairies de la Peyrère et du Tourné et de la somme de 6000 livres le 25 octobre 1640.

5. Saubade de Barry mariée le 25 octobre 1640 à Jean de Laborde, conseiller du roi, lieutenant-criminel au siége de Saint-Sever. La date du mariage est 1618; la date 25 octobre 1640 est celle du testament du père.

6. Françoise de Barry épouse du sieur Castaignes, morte avant le 25 octobre 1640.

7. Catherine de Barry mariée le 25 octobre 1640.

7 *bis*. Jeanne-Anne de Barry mariée en 1640 à noble Henri de Laborde seigneur de Pilo.

8. Marguerite de Barry mariée le 25 octobre 1640 à noble Jean-Jacques de Castaignos, avant 1634.

9. Jeanne de Barry mariée le 25 octobre 1640 (28 mars 1637) à noble Jean de Lartigue seigneur de Casautets.

10. Quitterie de Barry religieuse au couvent de Sainte-Claire du Mont-de-Marsan, du 25 octobre 1640.

Vme *degré*. — Noble Jean de Barry fils d'Armand, épousa par articles passés sous seing-privé à Saint-Sever le 3 février 1656 et reconnus le 13 suivant devant Santony notaire royal, demoiselle Marie de Navailles, fille de noble Zacharie de Navailles seigneur et baron de Banos. Il fut assisté de son père, de son frère, de Monsieur Maître Jean-Pierre de Barry conseiller du roi lieutenant-général au siége Saint-Sever son oncle; et la demoiselle dudit seigneur son père, de noble Joseph de Navailles son frère, de messire Sarran de Candalle seigneur baron de Doazit, son cousin, par lesquels le père dudit futur époux lui fit donation de la moitié de ses biens. (Copie collationnée le 27 juillet 1704 par Pierre de Marsan, conseiller du roi, lieutenant particulier, assesseur criminel du siége de Saint-Sever; assisté de Méricamp, greffier dudit siége, à la requête de Pierre de Fautoux dit Réguillem, sur son propre original représenté par ledit de Fautoux, signé de Fautoux, Marsan lieutenant et Méricamp greffier.) Demoiselle Marie de Navailles, femme de noble Jean de Barry écuyer seigneur de Lanusse, fit son testament en la maison noble de Puyo en Tursan, le 19 juin 1668, devant Du Freschon notaire royal, par lequel elle choisit sa sépulture dans celle des ancêtres et prédécesseurs de ladite maison, et laissa le soin de ses honneurs funèbres à la volonté dudit seigneur son mari; laissa à ses enfants puinés la moitié de la dot qui lui avait été promise par son contrat de mariage; donna audit seigneur son mari le tiers de la même dot et tout ce que la coutume pouvait lui permettre de donner; institua Jean-Armand son fils aîné son héritier universel, et lui substitua successivement les autres enfants (grosse en papier signée dudit notaire).

Noble Jean de Barry sieur de Lanusse fut institué héritier universel de son père, par son testament du 23 may 1674.

Jean-Pierre de Barry sieur de Bordes, légataire de son père le 23 may 1674 assista aux pactes de mariage de Jean-Armand son neveu du 19 juin 1668 (1684).

Jeanne de Barry religieuse morte le 23 may 1674.

Noble (ce mot a été substitué à celui de messire) Jean de Barry seigneur de Puyol et viscomte de Lanusse, assista aux pactes de mariage de Jean-Armand son fils du 25 avril 1684, dans lesquels est rappelée défunte damoiselle Marie de Navailles son épouse (grosse).

Jean de Barry vicomte de Lanusse et baron de Puyo ayant été condamné par forclusion comme usurpateur de noblesse à l'amende de 2000 livres et à celle de 400 livres pour restitution par ordonnance de M. de Labourdonnaye, intendant de la généralité de Bordeaux, du 25 may 1709, il fut reçu opposant par autre ordonnance du même intendant du 29 suivant à la charge de produire sous la quinzaine ses titres; après le rapport de ses dits titres au nombre de sept, y compris son arbre généalogique et sur le veu d'iceux qui prouvaient sa noblesse avec une filiation suivie jusqu'à Jean de Barry son ayeul, contrôleur de la maison du roy de Navarre, marié, le 7 août 1556 avec damoiselle Marguerite d'Estaillan (d'Estalenx), et encore sur le vu d'une ordonnance de M. de Bezons, intendant de la même généralité, rendue le 10 janvier 1698 en faveur de Jean-Pierre de Barry son cousin issu de germain, il obtint un jugement dudit sieur de la Bourdonnaye, le 24 juin de la même année 1709, par lequel il fut maintenu dans la qualité de noble, fut déchargé de la condamnation prononcée contre lui par son ordonnance de forclusion du 25 may précédent, et fut ordonné qu'il serait inscrit dans le catalogue des gentilshommes de la sénéchaussée de Saint-Sever. Ce jugement, daté de Bordeaux, signé de Labourdonnaye, et plus bas par Monseigneur Brun. (Original en papier.)

Jean de Barry, écuyer, seigneur de Puyol, viscomte de Lanusse, fit son testament olographe en son château dudit lieu de Puyol, le 23 août 1712, par lequel il demanda à être inhumé au tombeau de ses ancêtres dans l'église du même lieu de Puyol, et remit le soin de ses funérailles à la discrétion de son héritier; déclara que feu son père l'avait marié à demoiselle Marie de Navailles, que de son mariage il avait eu quatre enfants nommés : Jean-Armand, Thérèse, Joseph et Jean-Pierre; que les deux premiers étaient vivants et les deux autres morts; qu'il avait marié sa fille avec noble Hector de Pruret seigneur de Hauriet, et que ledit Jean-Armand n'avait eu de son mariage avec feue damoiselle Suzanne de Tisnès, qu'un fils et une fille;

institua son héritier universel le même Jean-Armand son fils aîné, et nomma Jean-Marie, son petit-fils, exécuteur de son testament. Ce testament, signé à chaque article et à la fin dudit testateur, suscrit le même jour devant Sarremaignan, notaire royal, signé du même testateur, dudit notaire et de sept témoins. (Original en papier.).

Messire Jean de Barry, seigneur de Puyol, assista aux articles de mariage de Marie sa petite-fille du 14 août 1712 (grosse).

Jean-Armand de Barry fut institué héritier universel de sa mère par son testament du 19 juin 1668.

V⁰ *degré*. — Noble (ce mot a été substitué à celui de messire) Jean-Armand de Barry sieur de Clèdes, épousa, par pactes passés le 25 avril 1684, devant Jean de Cazenave, notaire, demoiselle Suzanne (ce nom a été substitué à celui de Marie) de Tisnés, fille de feu messire Henri de Tisnés, conseiller du roi au parlement de Navarre et de dame Suzanne d'Arros de Soeix sa veuve ; led. futur assisté de son père, de son frère puiné, de son oncle, de messire Jean-Pierre de Barry son cousin, de messire Joseph de Tisnés son frère (de la future), de messire Henri-Auguste de Cazaux marquis de la Seube, procureur-général au même parlement, de messire Jean de Batz et Fortis de Capdeville, conseillers aud. parlement, etc., par lequel le père dud. futur époux l'institua son héritier universel en tous ses biens. La dot de la demoiselle fut fixée à 15,000 livres. (Grosse en pap., signée dud. notaire.)

Jean Armand de Barry, écuyer, fils du vicomte de Lanusse, était en 1692 capitaine de milices au régiment de Lanzac *(Archives de Bordeaux)*. C'est par erreur que dans un nobiliaire imprimé, cette qualité est donnée à Jean-Marie de Barry, fils de Jean Armand et petit-fils de Jean (1656-1712), lequel aurait été capitaine à l'âge de sept ans, son père ne s'étant marié qu'en 1684.

1. Noble Jean-Armand de Barry fut institué héritier universel par le testament de son père, du 23 août 1712.

2. Joseph de Barry, légataire de sa mère, le 19 juin 1668, mort le 23 août 1712.

3. Jean-Pierre de Barry légataire le 19 juin 1668 mort (avant) le 23 août 1712.

4. Thérèse de Barry légataire, le 19 juin 1668 était mariée avec noble Hector de Pruret seigneur du Hauriet, le 23 août 1712.

Messire Jean-Arnaud de Barry sieur de Clèdes, constitua en dot, conjointement avec son père, à Marie sa fille, la somme de 6,000 livres, non compris le legs à elle fait par dame Suzanne d'Arros de Soeix, son aieule, dans les articles de son mariage avec noble Benoît du Prat, passés sous-seing-privé au château noble de Pujol, siége de Saint-Sever, le 14 août 1712, et reconnus au même lieu le 7 novembre suivant. De Carenne, notaire royal. (Grosse en pap. signée dud. notaire.)

Messire Jean-Armand de Barry seigneur de Puiol, etc., assista aux pactes de mariage de Jean-Marie son fils, du 11 avril 1713, dans lesquels est rappelée deffunte dame Suzanne de Tisnés son épouse (grosse). Feu messire Jean-Armand de Barry est nommé dans une quittance reçue par Jean-Marie, son fils, du 19 janvier 1719.

VIIIe *degré.* — Jean-Marie de Barry fut nommé exécuteur du testament de son aïeul du 23 août 1712. Messire Jean-Marie de Barry seigneur vicomte de Lanusse assista aux articles de mariage et à leur reconnaissance, des 14 août et 7 décembre 1712 (grosse). Messire Jean-Marie de Barry épousa par pactes passés au château de Mormès, en Bas-Armagnac, diocèse d'Auch et sénéchaussée de Lectoure, le 11 avril 1713, devant Ducastaing, notaire royal, demoiselle Marguerite de Barbotan, fille de messire Charles de Barbotan, seigneur dudit lieu, de Mormès, Carritz, etc., et de feue dame Jeanne de Pujollé, son épouse; assisté ledit futur époux de son père, et ladite demoiselle aussi dudit sieur son père, de messire Jacques de Barbotan son frère, de messire Jean-Marie de Puyollé, seigneur viscomte de Juilliac, baron de Fieux et son oncle, par lesquels ledit sieur de Mormès donna en dot à la demoiselle sa fille la somme de 12,000 livres, et le père dudit futur époux lui fit donation de tous ses biens (grosse en parchemin, signée dudit notaire). Messire Jean-Marie de Barry, représenté par Paul Garralon, son procureur, fit insinuer au siége de St-Sever, le 20 mai 1713, ses susdits pactes de mariage, à cause de la donation à lui faite par son père. (Original signé de Barry, lieutenant-général ; Garralon et Girard, commis-greffier.)

Marie de Barry épousa par articles passés sous-seings-privés, le 14 août 1712, et reconnus le 7 novembre suivant, noble Benoist du Prat, fils de noble Armand du Prat et de demoiselle Jeanne de Perissault, et eut en dot la somme de 6000 livres (grosse).

Messire Jean-Marie de Barry, escuyer, seigneur de Pujol en Tursan, siége de Saint-Sever, reçut quittance le 5 aoust 1716, de noble Benoist du Prat de la somme de 6000 livres qu'il lui avait payées à différentes fois pour la dot promise à dame Marie de Barry sa sœur épouse dud. sieur du Prat, dans son contrat de mariage du 8 (erreur, 7) novembre 1712, passé devant feu Carenne, notaire royal. Cet acte reçu au château noble dud. lieu de Pujol par Dufrechou notaire royal. (Grosse en pap., signée dud. notaire.)

Messire Jean-Marie de Barry, escuyer, seigneur de Pujol, etc., paya, le 19 janvier 1719, à demoiselle Anne de Sousbie, veuve de Jacques Giroult, marchand, la somme de 352 livres pour le paiement de pareille somme que lui devait feu son père, par acte du 29 octobre 1690, et en reçut quittance au Mas d'Aire, devant Dufrechou, notaire royal. (Grosse en pap. signée dud. notaire.)

Deffunt messire Jean-Marie de Barry seigneur vicomte de Lanusse et deffunte dame Marguerite de Barbotan son épouse, furent rappelés dans les pactes de mariage de Jean-Pierre leur fils, du 27 novembre 1761.

Feu messire Jean-Marie de Barry est rappelé dans un acte consenti par Jean-Pierre son fils, du 5 décembre 1760.

VIIIe *degré*. — Messire Jean-Pierre de Barry, écuyer, seigneur de Pujol vicomte de Lanusse, passa un acte le 5 décembre 1760 avec demoiselle Marguerite de Bruix, par lequel il s'engagea de lui payer la rente de 100 livres pour la somme de 2000 livres qu'il lui devait en deux principaux : le premier de 800 livres, cédé à lad. demoiselle par dame Marie de Bruix sa sœur, veuve de messire Joseph de Germenaut, le 25 juin 1758 ; et l'autre de 1200 livres, aussi à elle cédé le même jour, par messire Jean-Baptiste de Talazacq seigneur baron de Bahus, héritier de feu messire André de Thalazacq son oncle. Cet acte passé en la paroisse de Bruix, juridiction de la ville de Gianne (c'est Gene) (neuter lege Geaune), devant Carenne, notaire royal. (Grosse en papier signée dud. notaire.)

Messire Jean-Pierre de Barry, écuyer, vicomte de Lanusse seigneur de Pujol, paya, le 12 mai 1761, à demoiselle Marguerite de Bruix, la somme de 2000 livres qu'il lui devait pour les causes énoncées en l'acte du 5 décembre 1760, et celle de 44 livres pour les arrérages de la rente de la dite somme échus jusqu'audit jour, et reçut quittance en son château noble dud. lieu de Pujol, devant Carenne, notaire royal. (Grosse en papier, signée dud. notaire.)

Messire Jean-Pierre de Barry seigneur vicomte de Lanusse baron de Pujol, épousa, par pactes passés au château noble de Lapeyroux, juridiction de la paroisse de Bahus-Soubiran, sénéchaussée des Lannes, ressort de Saint-Sever, le 27 novembre 1761, devant Papin et Carenne, notaires royaux, Marie-Louise de Thalazacq demoiselle, fille de messire Jean-Baptiste de Thalazacq, écuyer, seigneur baron de Bahus, d'Amoulens et dud. lieu de Lapeyroux, et de dame Françoise de Momas son épouse, assistés led. futur époux de ses frères et de messire Joseph de Carrits, écuyer, seigneur de Barbotan-Mormès, etc., et lad. demoiselle desd. seigneur et dame de Bahus, ses père et mère, de demoiselle Elisabeth de Thalazacq sa tante ; de demoiselle Anne-Marie-Louise de Thalazacq sa sœur et de dame Marguerite (de Pemolié) de Saint-Martin, veuve de messire Bernard de Foix de Candalle, écuyer, seigneur baron du Lau Loubens, etc., sa tante. (Grosse en parchemin, signé dud. Carenne, notaire.)

Messire Jean-Pierre de Barry vicomte de Lanusse et seigneur de Pujol, et dame Marie-Louise de Thalazacq son épouse, sont rappelés dans l'extrait baptistaire de Pierre-

Laurent leur fils, du 10 aoust 1765, et dans celui de Jean-Baptiste aussi leur fils, du 11 aoust 1770.

Messire Charles du Barry, prêtre, curé de Pujol, assista au contrat de mariage de Jean-Pierre son frère, le 5 décembre 1760, et fut présent par procureur à l'assemblée du clergé des Landes, 15 mars 1789, comme curé de Pujol et Bruix, etc.

Messire Pierre de Barry, prêtre, archiprêtre de Mauléon, fut présent au contrat de mariage de Jean-Pierre son frère, le 5 décembre 1760.

Jeanne de Barry, nommée le 5 décembre 1760.

Marie de Barry, nommée le 5 décembre 1760.

Messire Pierre-Laurent de Barry, né le 5 août 1767, fut baptisé le lendemain dans l'église paroissiale de Saint-Simon et Saint-Jude de Pujol, diocèse d'Aire, sénéchaussée des Lannes, ressort de Saint-Sever, eut pour parrain messire Pierre de Barry son oncle, archiprêtre de Mauléon, et demoiselle Marie-Elisabeth de Thalasacq sa tante. (Extrait des registres des baptêmes de lad. église, délivré le 28 août 1781, par le curé de la même église, signé Barry, curé) (original). Il est présenté pour emplir une place de sous-lieutenant de Foix. Pierre-Laurent mourut au service antérieurement à 1789.

Jean-Baptiste de Barry fut baptisé le 11 août 1770, dans la même église que le précédent, et servait en 1789 dans le régiment d'infanterie Colonel général; le 15 mars 1789, le chevalier Jean-Baptiste de Prugue seigneur de Marin, lieutenant-colonel de ce même régiment, fut chargé de la procuration de dame Marie-Louise de Talazacq, veuve de Jean-Pierre de Barry seigneur de Pujol et vicomte de Lanusse comme tutrice et administreresse de Jean-Baptiste de Barry, officier au régiment Colonel-général d'infanterie française et étrangère, pour l'assemblee de la noblesse des Landes à Dax.

Louise-Marie de Barry, sœur des précédents, s'allia à noble Etienne de Marsan seigneur de Lagouardère.

IXe *degré*.—Noble Jean-Baptiste de Barry baron de Puyo vicomte de Lanusse, chevalier de l'ordre militaire de

Saint Louis et du brassard bordelais, 1814-1815, fut convoqué, en mars 1789, à l'assemblée de la noblesse de Dax comme seigneur baron de Puyo; était à cette époque lieutenant au régiment Colonel-général d'infanterie commandé par le prince de Condé; obtint en 1781 un certificat de noblesse, délivré par le généalogiste Chérin, pour entrer au service militaire. Le vicomte de Barry émigra en 1791; fit la campagne de 1792 à l'armée des princes, et celles de 1793, 94, 95, en Espagne, sous les ordres du marquis de Saint-Simon et du lieutenant-colonel de Prugue son oncle. Revenu de l'émigration en 1800, il épousa par contrat du 18 juin 1804 demoiselle Marie-Anne-Thérèse-Sophie de Boucaud, et mourut le 11 août 1832, laissant de son dit mariage :

Xme *degré*. — Noble Jacques-Joseph-Amédée vicomte de Barry de Lanusse, qui a épousé, par contrat passé à Poitiers, devant Maître Bonnin, notaire, le 9 août 1835, mademoiselle Charlotte-Louise d'Ajot, petite-fille d'un directeur du génie du même nom à la résidence de Brest, qui fut chargé par le roi Louis XV d'une mission spéciale auprès de Marie-Thérèse.

Le vicomte de Barry a contracté une seconde alliance avec dame Gabrielle de Souhy.

Du premier lit :

1. Edouard-Georges de Barry, né à Bordeaux, paroisse Saint-André, le 7 juin 1838, mort à Poitiers en 1846.

2. Noble Jean-Baptiste-Aymard de Barry, baron de Puyo, né au château du Bousquet près Bourg-sur-Dordogne, le 11 juin 1842, marié en 1866, à demoiselle Lucy Gigounoux de Verdon, de la ville de La Rochelle.

3. Marie-Louis-Octave de Barry, né au Bousquet le 4 juin 1844.

Du second lit, Henri de Barry.

SUITE DE LA BRANCHE AÎNÉE. — POSTÉRITÉ DE DANIEL.

Noble Jean-Pierre de Barry seigneur de Toujun, écuyer, conseiller du roi, lieutenant-général au siége de Saint-Sever, fut pourvu de cette charge le 10 septembre 1625, sur la résignation de son père dont il fut héritier universel. Vers cette époque il épousa Suzanne de Caupenne d'Amou, fille de noble Jean-Paul de Caupenne, baron d'Amou, bailly de Labourd, et de dame Jeanne de Bailenx-Poyanne son épouse; assista, en 1630, avec Suzanne d'Amou son épouse, au mariage de son frère, et en 1656 aux articles de mariage de son neveu Jean de Barry; il eut pour fils :

Vme *degré*. — Noble Louis de Barry, écuyer, conseiller du roi, lieutenant-général au siége de Saint-Sever, seigneur baron de Batz, Toujun et autres places, fut pourvu de cette charge en remplacement de son père, par lettres patentes; en conséquence, y est-il dit, des services rendus à l'Etat par Daniel et Jean-Pierre de Barry ses père et ayeul et de la donation que son dit père lui en avait faite par son contrat de mariage, le 4 décembre 1674, vu sa qualité de noble et son arbre généalogique, Louis de Barry fut déchargé de la taxe du franc-fief qui lui avait été imposée selon une ordonnance de l'intendant de Montauban.

Le 16 septembre 1679, Louis de Barry fournit son dénombrement de la terre et baronnie de Batz et ses dépendances, et obtint l'arrêt de vérification signé par M. de Lachèze, le 21 décembre de la même année; il fut aussi maintenu dans sa noblesse par trois diverses ordonnances de l'intendant de Bordeaux, Bazin de Bezons, juin 1693, de l'intendant de Montauban, juillet 1693, et enfin, du même Louis de Bezons, le 10 janvier 1698. Il avait épousé avant 1660 damoiselle Marie de Batz d'Aurice, fille de noble Pierre de Batz, vicomte d'Aurice, baron de Lamothe, et de dame Catherine Leblanc de Labatut son épouse, et laissa deux fils.

VIme *degré*. — *a*. Noble Jean-Pierre de Barry, écuyer, seigneur de Batz et Castera, prêtre, conseiller du roi, lieutenant-général au sénéchal de Saint-Sever, et vicaire-général de monseigneur l'évêque d'Aire; reconnu noble et maintenu avec son père, le 10 janvier 1698, par Louis Bazin de Bezons; fit enregistrer ses armoiries à l'Armorial général de France en 1698, registre Guienne, et déclara : d'azur à trois éléphants d'or, les deux du chef affrontés;

exerçait encore ses fonctions de lieutenant-général de 1700 à 1725.

b. Messire Antoine de Barry, chevalier, capitaine de dragons au régiment du Breuil, seigneur de Toujun, en Armagnac, épousa, par contrat du 28 avril 1693, demoiselle Marie-Thérèse de Mercier de Bordeaux, fille de M. Me Jacques de Mercier, chevalier, conseiller du roi et trésorier général de France au bureau des finances de Guienne, et de dame N. Denis; cet acte qui fut signé par L. de Barry, R. de Pichard, de Batz d'Aurice, Captan, Castera, etc., constituait au futur la terre de Toujun, et à la future 23,000 francs de son père, 12,000 de la dame Denis, et 2,000 donnés par le sieur Montaudon. Antoine de Barry mourut avant le mois de juillet 1701 laissant :

VIIIme *degré.*—Dame Jeanne-Thérèse de Barry, dame de Toujun, fut mariée à Messire Mathieu de Pontac, chevalier, comte de Belhade, baron de Saubiac et autres lieux; les deux époux vendirent la terre de Toujun au sieur Lafitte du Houga, par contrat retenu le 19 août 1735, par Brun, notaire de Bordeaux. De leur mariage naquit une fille, savoir :

IXme *degré.* — Dame Marthe-Marie de Pontac-Belhade, mariée à Messire Pierre-Maurice de Fortisson, vicomte de Saint-Maurice, baron de Meilhan et autres lieux, en eut, en 1751, Jean-Godefroy de Fortisson, né à Saint-Sever, le 25 juin 1751. Ici se termine ce que nous savons de la descendance d'Antoine de Barry. Pour ne rien omettre, nous plaçons à la fin deux autres personnages de la même famille, cités par le *Nobiliaire de Guienne :*

Messire Antoine de Barry (fils de Jean-Pierre Ier et frère de Louis), capitaine dans le régiment de Monseigneur le maréchal d'Albret, en 1674, ne vivait plus en 1693, et eut pour héritier, Antoine de Barry, seigneur de Toujun, son neveu.

Mesire Bertrand de Barry (fils de Daniel), capitaine au régiment de Roquelaure ; mort et enterré en Espagne où il avait servi longtemps.

PIÈCES JUSTIFICATIVES.

Le trentième juillet mil sept cent un, à vous, Joseph de Marsan, sieur de la Gouardère, et demoiselle Isabeau de Lartigue, mariés, habitants de la ville de Saint-Sever, je, Jean Dargela, sergent royal, habitant de la ville de Saint-Sever, reçu immatriculé au sénéchal d'icelle, soussigné, procédant à la requette de dame Marie-Thérèse de Mercier, veusve à feu Messire Antoine de Barry, chevalier, capitaine de dragons, administreresse de leur fille comme habitant de la ville de Bourdeaux, je vous déclare que : ladite dame estant advertie que vous avez acquis certains biens de noble Jean de Larrhède, fils et héritier de feu M. Bernard de Larrhède, advocat, sur lesquels ladite dame dudit nom est créancière de la somme de mille livres de capital et intérêts d'icelle, suivant le contrat d'obligation solidaire dont la copie est cy-dessus, et de l'autre part escripte, et afin que vous ne puissiez imputer aucune jouïssance à l'advenir à ladite dame, elle entend vous dénoncer comme elle vous dénonce par ces présents, les hypothèques prises dudit contrat, afin que vous n'en prétendiez cause d'ignorance, et pour luy servir en telles fins que de raison. Fait dans vostre domicille, en parlant à vous susdit sieur de Marsan, tant pour vous que pour la demoiselle votre femme.—Fait par moi, DARGELA, sergent royal. *(Titres de Marsan).*

Le vingt-neuvième jour du mois de juillet 1661, dans la ville de Saint-Sever, dans mon étude, devant moi notaire royal soubsigné, présents les tesmoins bas nommés, a esté constitué en sa personne, noble Jean de Coudroy, habitant de la présente ville, lequel au nom et comme procureur constitué par noble Raymond du Roy, sieur de Meyranx et autres places, Mes Bernard de Larrhède, advocat en la cour, habitant de Saint-Sever, et Jean de Lamolié, juge de Mugron et y habitant par procuration du 19 du présent mois, retenu par moi, notaire, qu'il a dit avoir en original et comme procureur, ainsi constitué par noble Jean-Jacques de Melet, sieur de Labarthe et y habitant, estant de présent en la ville de Paris, duquel ledit sieur de Coudroy a dit avoir ordre exprès, a par les présents, cognu et confessé d'avoir donner bien et d'hument à M. M° Jean-Pierre de Barry, conseiller du roy, seigneur de Toujun, lieutenant-général au présent siége illeq présent et acceptant sçavoir est : la somme de mille livres tournoises que ledit sieur de Barry a comptée, nombrée, baillée et délivrée sur ces présents, en pièces de trois livres, de trente sous, et en monnoye que icelluy, seigneur de Coudroy audit nom, à prins et reçu et retiré manuelle ment devers lui et s'en est contenté, et a promis et promet audit nom et pour lesdits sieurs du Roy, de Larrhède, de Lamolié et de Labarthe, solidairement l'un pour l'autre, un chacun d'eux, seul pour le tout, renonçant pour eux au bénéfice de division, discussion de biens ordre et de droit qui leur a été donné entendre, par moy, dit notaire, et qu'il a dit entendu payer audit sieur de Barry, ladite somme de mille livres pendant un an prochain, venant à compter depuis ce jour avecq l'intérêt d'icelle, à raison du denier quinze, sous obligation et hypothèque solidaire de tous et chacuns les biens desdits de Labarthe, du Roy, Larrhède et Lamolié, présents et advenir, que le sieur de Coudroy audit nom, a soubmis et soubmet par ces présens solidairement, comme dit est à toute force et rigueur de justice à qui la connaissance en appartiendra.

Faict et passé en présence de Jean Duris et Jean de Sousbie, praticien, habitant de Saint-Sever, qui ont signé à l'original avec les sieurs de Barry et de Coudroy, de ce faire requis par moy, signé de Lamarque, *notaire royal*.

Pardevant les notaires à Bordeaux soubsignés, ont comparu dame Jeanne-Thérèse de Barry, épouse de messire Matthieu de Pontac, chevalier, seigneur comte de Belhade, baron de Sauviac et autres lieux, demeurant audit Bordeaux, rue du Cabernan, paroisse Sainte-Eulalie, ladite dame de Barry étant bien et duement autorisée par ledit seigneur de Pontac son époux aussi acceptant, à l'effet de la validité des présentes, lesquelles dame de Barry et seigneur de Pontac, conjointement et solidairement, ont par ces dites présentes, volontairement fait vente purement et simplement, dès maintenant et pour toujours, à sieur Jean-Baptiste Lafitte, bourgeois, habitant la ville de Houga en Armagnac, diocèse d'Auch, de presant audit Bordeaux, logé chez le sieur Arnoux, bourgeois, demeurant rue du Parlement, paroisse St-Mexans, presant et acceptant. C'est à sçavoir la maison noble appelée de Toujun, les métairies appellées Louchin, lou Soubot, lou Tourne, La Brune, Le Haüt de bas, La Beroge, situées dans les paroisses de Toujun, Saint-Aubin, (la) Hontans, le Houga, Lussaignet, avec les cens rentes droits d'exporles, les retention, prétention et autres droits et devoirs seigneuriaux, dépendants de ladite maison noble de Toujun, compris les batiaux, meubles et autres effets estant dans les bâtiments, et généralement toutes les appartenances et dépendances desdits biens situés aux dites paroisses, lesquels biens relèvent en partie de Monseigneur le duc d'Albret, et l'autre partie de Messieurs d'Esclignac, de Hontans et Lussaignet. Cette vente ainsi faicte, sçavoir : les bestiaux 2,000 livres; les meubles meublants du château et instruments de culture situés dans les autres bâtiments, 6,000 livres; et lesdits château, métairie, devoirs seigneuriaux, et autres immeubles, la somme de 30,000 livres; revenant en tout à la somme de *trente-huit mille livres*. Sont nommés dans l'acte comme eréanciers des vendeurs ou à tout autre titre : dame Eléonore Josèphe Moralès, veuve de Joseph Nunes Perreyra, escuyer, seigneur-vicomte de la Manaude et baron d'Ambès; Monseigneur Leberthon, *premier président*. Passé à Bordeaux le 9 août 1735. La minute signée Pontac, Barry de Pontac, Lafite acquéreur, Moralès de Perreyra, Brun, notaire. Controllé à Bordeaux, le 9 aoust 1735, signé Mison et Michelet, Brun notaire. Ensaisiné par nous soussigné, fondé de procuration de Mᵉ Jean-Estienne de Laborde conseiller du roy, receveur-général des domaines et bois de la généralité d'Auch, reçu 6 livres; Auch le 4 octobre 1735, Campistron signé. Enregistré au controlle général, par nous, conseiller du roi, controlleur-général ancien des finances et domaine de la généralité d'Auch, reçu trois livres. A Auch, le 4 octobre 1736. Lefournier signé. Reçu 360 livres pour le centième denier du présent acte. Nogaro, le 27 octobre 1735, Balbie, *commis*.

Le vingt-cinquième juin 1751, naquit Messire Jean-Godefroy de Fortisson, fils légitime de Messire Pierre-Maurice de Fortisson, seigneur et vicomte de Saint-Maurice, baron de Meilhan et autres lieux, et de dame Marthe-Marie de Pontac-Belhade, et fut baptisé le vingt du même (vingt-neuvième ?) mois. Parrain, Messire Jean de Fortisson, seigneur-baron de Roquefort, habitant dans son château de Fortisson, paroisse de Lasque, diocèse de Lescar; marraine, Marie-Thérèse de Mercier, veuve à feu Messire de Lavie, président au parlement de Bordeaux. Noble dame Jeanne de Salettes, habitant dans sa maison abbatialle à Six, en Béarn, diocèse de Lescar, baronne de Casteide, Saint-Médart et Jurin, a tenu, à sa place le parrain absent. Elle a signé avec moi : Broca, *prêtre*; Fortisson; Jeanne de Salettes Castéide Fortisson. (Saint-Sever 1751).

Vente de lopin de prairie appelée de La Cournère.

Saichent tous présents et advenir, que ce aujourd'hui, vingtiesme du mois d'aoust, , l'an 1598, après midi, dans la maison de noble de Puyo, sénéchaussée des Lannes, au siége de Saint-Sever, par devant moy, Guillaume du Junca, notaire royal, soubsigné du présent lieu, tesmoins bas-nommés, a esté constitué en sa personne, noble Jean d'Oms, seigneur de Puyo, lequel par son bon gré et par ces présents, vendu et alliéné à pacte de rachapt perpétuel, à Pierre du Vignau, dict de Pefarton, marchand, habitant de la paroisse de Pimbou, audict siége, illecq présent et stipulant sçavoir est : toute icelle pièce de terre, prayrie appelée la Rivère de la Cornère, avec les taillis, aubiers et arbres qui sont à l'environ, avec ses appartenances et dépendances située au terroir de Puyo, franche de fiefs, confrontant avec le ruisseau appelé le Gabas et avec le banieu et paisselle du molin dudict seigneur et avec terre prayrie de Mathieu Boucart, dit deu Baylac. Faisant ledit seigneur de Puyo vendeur, ladicte présente vente audit Pierre du Vignau, achapteur pour la somme de 147 escus sols, de quarante-neuf sols tournois, à compter soixante sols tournois par chacun écu.

Faict et passé ez présences de M. Ramond de la Mothe, praticien, habitant de la ville de Saint-Sever ; de Ramonet de Bolin dit Mouret, laboureur dudict Puyo, témoins à ce appelés et requis. Lesdits contractans et de la Motte ont signé, ce que n'a fait ledit de Bolin, ayant dit ne sçavoir écrire. Par moy, Du Junca, *notaire royal*. (*Archives de Barry*).

Le dixième de juillet de l'année susdite (1680), naquit Antoine de Barry, et fut baptisé le septiesme du même mois et an, fils de noble Louis de Barry, seigneur de Batz, Toujun, et lieutenant-général au présent siége, et à dame Marie de Batz ; les parrain et marraine, noble Antoine de Batz, et damoiselle Jeanne-Louise de Barry, présents noble Joseph de Batz, conseiller du roi et lieutenant particulier, et M. Jean Despats qui ont signé avec moi. M. DE CLOCHE, *curé*; DE BATZ, *présent*; DESPATS, *présent*; DE BARRY, *père*; DE BATZ, *parrain*; DE BARRY, *marraine*.

De Bedorède.

Armes : la maison de Bedorède porte d'argent au lion de gueules. (*Armorial général de France,* dressé en 1698 et années suivantes, pages 465 et 468). Les mêmes armes figurent à la clef de voûte de l'église de St-Laurens de Gosse, dont l'architecture fait remonter la date au XIVe ou XVe siècle).

Roles Gascons, page 43. *Membrana.*

1313. De terris et tenentiis quæ fuerunt Almaninii de Bedorède in terra de Gousse et Seigneas (au diocèse d'Acqs), in Vasconia concessis Petro Burdeli teste rege apud Westminster 3° aprilis 1313.

Certaines petites lettres scellées du sceau d'Angleterre, du huitième jour du mois de juin 1213, en la ville de Gestore, audit Angleterre, octroyées par le roi Edouard, en faveur de Amanieu sire d'Albret, pour le faire jouir des terres de Marsan, jadis possédées par Amanieu de Vedorède, lesquelles lettres fault vidimer à cause de leur vieillesse (*Catal. des titres d'Albret* à la biblioth. d'Amou).

Hommages. — Jean de Brederède (Bedorède) pour St-Laurens et d'Arssan, un épervier.

Le sieur de Brederède, pour ladite seigneurie, une paire de gants et avec la même qualité que le seigneur de St-Laurans.

Inis, le Tey, Bourcq, doivent une paire de gants.

Northon, un fer de lance et une paire de gants ; Bessabat, une paire de gants avec les mêmes qualités que le seigneur de St-Laurans (*Titres d'Albret*). Sans date, mais des premières années du XVIe siècle très probablement (1519).

1560 *Ban et arrière-ban de la Sénéchaussée des Lannes,* siège de Dacqs. — Jean sieur de Bedorède, 92livres ; Guillaume de Bedorède sieur de St-Laurent, 60 livres (Monlezun, t. VI, p. 184).

Dans tous les actes que j'ai eus sous les yeux, les divers membres de la famille de Bedorède sont constamment qualifiés de noble et d'écuyer, et le 28 janvier 1699, une ordonnance de M. Bazin de Besons, intendant de la généralité de Bordeaux, décrète l'inscription de cette famille au Catalogue des nobles de la sénéchaussée de Dax (Extrait de l'ordonnance d'inscription au Catal. de la noblesse, 28 janvier 1699) : Jean Dupoy. — Marie de Lespès — Ledit Jean en son contrat de mariage prend le titre de seigneur du Poy et de Montolieu (29 novembre 1630); il procède de l'avis de Jean Dupouy son frère. — Robert du Poy sieur de Gayrosse et Jean Dupouy, docteur en théologie, ses oncles.

Note G. — La famille de Bedorède reconnue d'ancienne noblesse sur preuves authentiques, fut inscrite au Catalogue des nobles le 29 janvier 1699.

Originaire de l'ancienne baronnie de Gosse, cette famille tire son nom d'une maison noble située dans la paroisse de St-Laurent, qui fait aujourd'hui partie du canton de St-Esprit et du département des Landes.

D'après les *Chroniques d'Acqs,* par Bertrand Compaigne, un Antoine de Bedorède était en 1392 maire électif de la ville d'Acqs ; mais les plus anciens documents renfermés dans les archives de la maison de Gayrosse remontent seulement en 1486. A cette époque, la famille était déjà séparée en deux branches dont la filiation s'établit par une foule de titres, d'après lesquels a été dressée la généalogie suivante :

GÉNÉALOGIE DE LA FAMILLE DE BEDORÈDE, *d'après les titres conservés dans les archives de Gayrosse.*

1392. Antoine, maire électif d'Acqs.

Dès 1486, cette famille est divisée en deux branches :

les Bedorède seigneurs de Bedorède, — les Bedorède seigneurs de St-Laurent.

La maison noble de Bedorède est située dans St-Laurent.

1°. — BEDORÈDE.

1er *degré* (1486). — Jean Ier sieur de Bedorède, marié à Marguerite de Biaudos.

IIe *degré* (1532). — Arnaud sieur de Bedorède, marié à Agnote de Brutailz. De ce mariage : Jean II ; Pierre sieur de Tey ; Arnaud Guillem ; Jacques ; Philippe ; Catherine ; Marguerite ; Vilote ; Marie.

IIIe *degré* (1533). — Jean II de Bedorède, marié à Marguerite de Bessabat. Un titre de 1540 donne à croire qu'il fut remarié à Franchinoye de Badie (Voir l'inventaire dressé en 1618).

IVe *degré* (1572). — Alexandre Ier sieur de Norton et de Gayrosse, marié à Adrianne de Brutailhs ou Brutailz ; — commandant pour le roy une compagnie de gens de pied (1560-1572).

Jean III, chef de la branche du Poy.

Ve *degré* (1618). — Etienne Ier marié à Arnaude de Gascq ; Alexandre II, tous deux fils d'Alexandre Ier (1604).

2°. — *Branche de* BEDORÈDE DU POY.

Ier *degré*. — Jean Ier et Marguerite de Biaudos.

IIe *degré*. — Arnaud Ier et Agnotte de Brutailz.

IIIe *degré*. — Jean II épouse 1° Marguerite de Bessabat et 2° Franchinoye de Badie.

IVe *degré* (1565). — Jean III, fils cadet du précédent, marié à Magdelaine de Benesse dame du Poy, et par ce mariage chef de la branche de Bedorède du Poy. De ce mariage :

Jean IV, marié à Suzanne de Lanne dame de Montolieu.

Alexandre, marié en 1601 à Jeanne de Bessabat,

Robert, marié en 1611 à Jeanne de Lavie, veuve de Bernard de Saint-Martin.

Pierre, marié en 1615 à Marie de Bedorède Saint-Laurent et continuateur de cette branche.

Jean, curé de St-Martin de Hinx.

Grace, mariée à Robert de St-Martin, juge royal de Gosse.

V^e *degré* (1592). — Jean IV et Suzanne de Lanne de Montholieu.

VIe *degré* (1630). — Jean V (*), fils des précédents, marié le 29 novembre 1630 à Marie de Lespès de Hureaux; fut père de Marthe, François, Pierre et Jean (1666).

VIIe *degré* (1645). — Bernard de Bedorède, marié le 16 février 1660 à une demoiselle de Chambre (Thérèse); il était en 1666 seigneur du Poy, Bessabat et Montholieu. Il eut une sœur nommée Marthe, mariée probablement à M. de Peyrecave vers 1664, et deux frères : Pierre, en 1667 enseigne colonnelle au régiment des gardes du roi; Jean du Poy de Montholieu, capitaine en 1679, était marié en 1666, le 11 octobre, à dame Catherine Vallée (de Nancy); François qui suit.

VIIIe *degré* — A. Pierre-Joseph de Bedorède Montholieu, fils de Bernard (1707); il mourut sans enfants mâles (*Procès de Bessabat.* 1720).

B. François de Bedorède Montholieu, dont Gaspard qui suit (1700).

VIIIe *degré, bis.* — Gaspard de Montholieu, capitaine de cavalerie dans le régiment de Cambresis, chevalier de St-Louis (*Procès de Bessabat,* requête du 7 janvier 1722).

N. B. — *Voir* plus loin la généologie des Montholieu de Boulogne.

3°. — *Branche des* BEDORÈDE DU POY DE GAYROSSE.

V^e *degré.* — Après avoir appartenu à la branche aînée, puis à Alexandre, marié à Jeanne de Bessabat, la caverie et seigneurie de Gayrosse vint en la possession de Robert Ier et Jeanne de Lavie sa femme en 1623. De leur mariage, Magdelaine, mariée en 1633 à Pierre de Labadie sieur du Castera, juge de Gosse.

(*) Jean V est appelé Pierre dans un acte de 1680.

Jean VI, mort sans postérité légitime.

Jean-Robert I⁰ʳ ou Robert II, marié à Jeanne de Maurian (1649).

Balthazar qui fut tué vers 1651 par Jean Leblancq seigneur de Meez.

Jeanne, mariée à M. de Guilhemanne de Tosse.

VIᵉ *degré*. — Jean-Robert de Bedorède et Jeanne de Maurian.

VIIᵉ *degré. Enfants des précédents.* — 1. Robert ; 2. Jean VII, marié en 1684 à Magdelaine de Poudenx ; 3. Suzanne ; 4. Jeanne-Marie, mariée à Pierre-Joseph de Bedorède sieur de Bessabat, d'où vint Claire de Bedorède, mariée avant 1713 à noble Bernard de Peyrecave Lamarque.

VIIIᵉ *degré. Filles de Jean VII.* — 1. Jeanne ou Suzanne de Bedorède du Poy de Gayrosse, mariée à Jean de Caupenne, chevalier, marquis d'Amou St-Pée ; 2. Magdelaine de Bedorède de Gayrosse.

La marquise d'Amou vendit Gayrosse à la famille de Vanduffel.

4°. — DE BEDORÈDE *seigneurs* DE SAINT-LAURENT.

Iᵉʳ *degré* (1486). — Bertrand de Bedorède, marié à Belote de Hoursan (Harsan ou Gurzan).

IIᵉ *degré*. — Jean Iᵉʳ sieur de Saint-Laurent et de Harsan, marié à Jeanne de Lalanne (du château de St-André en Seignanx).

IIIᵐᵉ *degré*. (1541). — Saubadotte, fille unique, mariée à Arnaud-Guillem de Bedorède, troisième fils d'Arnaud Iᵉʳ et d'Arnaude de Brutails, seigneur et dame de Bedorède.

Note. Bien que cette filiation ne soit positivement indiquée que dans une copie informe d'un contrat de mariage, j'ai cru devoir l'admettre parce qu'elle concorde avec plusieurs actes authentiques qu'il serait impossible de comprendre autrement.

IVᵐᵉ *degré*. — Alexandre Iᵉʳ marié à Anne de St-Martin.

Vᵐᵉ *degré* (1615). — Marie, fille aînée, mariée à Pierre de Bedorède du Poy, fils de Jean III ; celui-ci chef par son mariage de la branche de Bedorède du Poy.

Hélène, mariée à M. de Montgaillard (de Lanne),

VIme ***degré*** **(1627, 1642).** — Jean II seigneur de Saint-Laurent, né vers 1620, marié vers 1642 en la maison de Saint-Martin. (Jeanne de Saint-Martin). De ce mariage :

Jean II du Poy de Bedorède de Saint-Laurent qui suit.

Bernard, lieutenant dans le premier bataillon d'Auvergne, et qui fut tué à la guerre ; marié à Claire de Lalande-Favas, veuve en 1718.

VIIme ***degré*** **(1684).** — Jean III, fils de Jean II et de Jeanne de Saint-Martin, marié le 7 novembre 1684 à mademoiselle Magdelaine de Betbeder, dont il eut plusieurs enfants, dont Elisabeth, née en 1686.

Note. Pour le VIIme degré nous n'avons d'autre preuve qu'une copie informe d'une requête au roi pour faire entrer à Saint-Cyr mademoiselle Elisabeth, fille de Jean III (Dressé en 1853). (1)

4° *bis*. — (*Manuscrits de la bibliothèque impériale, extrait en* 1866). DE BEDORÈDE *en Guyenne :* D'argent à un lion de gueules.

N... DU POY. — Noble Robert du Poy, escuyer, sieur de Gayrosse, assista le 10 novembre 1641 au contrat de mariage de son neveu.

Dressé au mois d'octobre 1784 sur titres communiqués par M. de Bedorède.

VIIme ***degré.*** — Noble Jean du Poy, sieur de Saint-Laurent et Harsan, habitant de la paroisse de Saint-Laurent en la juridiction de Gosse, épousa, par contrat passé en la maison noble de Saint-Martin, paroisse de Pouillon (Poilhon), le 10 novembre 1641, devant Jean de Labaig, notaire royal, demoiselle Jeanne de Saint-Martin, fille de feu noble Balthazar de Saint-Martin, seigneur dudit lieu, et de demoiselle Marie de Luppé son épouse ; il y fut assisté de Robert son oncle et son curateur, et de noble Jean du Poy, escuyer, seigneur dudit lieu, et de Montolieu son cousin (*Grosse en parchemin signée dudit notaire*).

(1) La majeure partie de ce travail est due à M. Gustave d'Olce.

Noble Jean de Bedorède, escuyer, sieur de Saint-Laurent, fit hommage le 30 septembre 1665, à M. le duc de Bouillon duc d'Albret, de sa maison noble de Saint-Laurens, située dans la baronnie de Gosse au duché d'Albret, ressort de Tartas *(Original en parchemin signé* Morin, Tournier *et* Capot, *et scellé).*

Bertrand du Pouy de Bedorède sieur de Montaulieu, Jean Robert du Pouy de Bedorède sieur de Gayrosse et *Jean du Pouy de Bedorède* sieur de Saint-Laurens, demeurant à Saint-Martin et Sainte-Marie sénéchaussée d'Ax, élection des Lannes, produisirent leurs titres de noblesse devant M. d'Ailhencq, subdélégué de M. Pellot, lequel leur en donna acte, et sont employés dans l'état des inventaires signés au bas de chaque feuille de la main de M. Pellot (1667-1668) *(Guyenne,* vol. 1, fol. 104).

Isabeau de Bedorède, demoiselle, assista au mariage de son frère le 7 novembre 1681.

VIIIme *degré.* — Noble Jean de Bedorède seigneur de Saint-Laurens, épousa par pactes passés en la ville et cité d'Acqs le 7 novembre 1681 devant de Tilhet notaire royal, Magdelaine de Betbeder, demoiselle, fille de feu Me Jean de Betbeder (1), escuyer, conseiller, secrétaire du roi, maison et couronne de France et de demoiselle Marie de Luppé (2) son ayeule maternelle. *(Grosse en papier signée dudit notaire).*

Noble Jean de Bedorède seigneur de Saint-Laurens est nommé avec dame Magdelaine de Betbeder sa femme, dans l'extrait baptistaire de Jean leur fils, du 2 novembre 1689 (Eglise).

Noble Jean de Bedorède, escuyer, seigneur de Saint-Laurens, demeurant en sa maison dudit Saint-Laurens, juridiction de Gosse, fit hommage à Tartas le 5 décembre 1690 de sa dite maison de Saint-Laurens qu'il tenait de M. le duc de Bouillon, à cause de son duché d'Albret. *(Original en parchemin signé Chambre, et plus bas par mon dit sieur Capadauzat).*

(1) Jean de Betbéder avait épousé Marie de Saint-Martin.
(2) Marie de Luppé aïeule de Jean de Bedorède, 1641, 1681.

Jean de Bedorède, escuyer, seigneur de la maison noble de Saint-Laurens en Gosse, fit enregistrer ses armoiries en l'Armorial général de France, le 22 juin 1698. *(Original en parchemin signé d'Hozier.)* Monsieur de Saint-Laurens, habitant de la paroisse de Saint-Laurens, sénéchaussée de Tartas, lieu d'assemblée de la noblesse, en bon estat de servir, ainsi qu'on l'apprend d'un certificat de Bertrand Chambre, escuyer, lieutenant-général criminel en ladite sénéchaussée, dudit jour 24 juin (1691 ou 1693). *(Original en papier signé Chambre, plus bas par M. Dupoy et scellé).*

Feu noble Jean de Bedorède, escuyer, seigneur de Saint-Laurens, est nommé avec feu dame de Betbeder sa femme dans le contrat de mariage de Jean leur fils, du 10 juillet 1713 (Exp.).

IXme *degré*. — Noble Jean de Saint-Laurens, né le 1er novembre 1689, fut baptisé le 2 dans l'Eglise paroissiale de Saint-Laurent. Extrait délivré le 12 février 1775 par le curé de cette paroisse, signé Castaignos. Noble Jean de Bedorède, écuyer, seigneur de sieur Laurens et habitant de ladite paroisse, épousa par contrat passé au bourg du Saint-Esprit près la ville de Bayonne, le 10 juillet 1713, devant Cassoulet, notaire royal, demoiselle Catherine de Sorhainde, fille de feu sieur Laurent de Sorhainde, bourgeois et citoyen de Bayonne, et de feue demoiselle Marie Barrère son épouse *(Exp. en parchemin délivrée le 7 avril 1784 par Lambert, notaire royal au bourg du Saint-Esprit, son frère comme ayant les protocoles dudit Cassoulet; signée Lambert et légalisée).*

Noble Jean de Bedorède Saint-Laurens, écuyer, tuteur.

Elisabeth de Bedorède, baptisée le 20 octobre 1686 dans l'église de Saint-Laurent au diocèse de Dax, fit le 19 janvier 1696 ses preuves de noblesse pour être reçue à Saint-Cyr, et les remonta à Jean son cinquième ayeul, vivant en 1486. *(Original signé d'Hozier).*

5° Les preuves ci-dessus ayant été dressées à Dax, en 1784, en faveur de Jacques-Michel de Bedorède, vivant en 1768-1789, et de Jean-Remi de Bedorède, 1770, mort en 1794. Ces deux seigneurs sont fils et petit-fils de Jean de

Bedorède Saint-Laurens et de Catherine de Sorhainde, mariée en 1713, et descendants des Bedorède Saint-Laurent. Nous reproduisons les dernières générations du nom de Bedorède, usqu'à l'époque actuelle.

Xme *degré*. — Noble Jacques-Michel de Bedorède Saint-Laurent, seigneur de Mees et de Montbrun, né à Bayonne en 1726. fils de Jean de Saint-Laurens et de Catherine Sorhainde. était en 1768-1774 capitaine au régiment de la reine *(Arch. de Pau, t. III)*, chevalier de l'ordre militaire de St-Louis (1789), fut marié à dame Marie-Anne d'Estrac, héritière des seigneuries de Mees et Montbrun. M. de Bedorède assista en ces qualités à l'assemblée de la noblesse de Dax, 30 mars-15 avril 1789 *(Voir ses états de service)*.

XIme *degré*. — Jean-Remi de Bedorède, écuyer, sous-lieutenant au régiment de Vivarais-Infanterie, émigra à l'époque de la révolution et servit en Espagne dans la légion royale du marquis de Saint-Simon. Il fut tué en combattant au rocher des royalistes, le 14 juillet 1794 (Certificat délivré par le marquis de Saint-Simon, le 29 mai 1811). Il avait épousé N. d'Urthubie de Garro, dont :

XIIme *degré*. — Noble Eugène de Bedorède, qui servit dans les chevau-légers de la garde du roi Louis XVIII; mort en décembre 1852; marié à dame Adrienne de Vanduffell dame de Gayrosse.

XIIIme *degré*. — 1. Gaston de Bedorède Saint-Laurent, chef de nom et d'armes, à Gayrosse.

2. Clément, ancien officier au 2me régiment de chasseurs à cheval, marié à demoiselle Louise Lamac ou Lamaque d'Arrodes, résidence Sténay.

3. Henri de Bedorède.

4. Sophie de Bedorède baronne de Garro.

6° *Généalogie de la maison de Bedorède, de Montolieu, de Saint-Laurent, de Poy, de Gairosse, d'Harsan.*

Seigneurs de **Bedorède**. 1486.	Seigneurs de **St-Laurent**. 1486.
I. — Jean I, sieur de Bedorède, marié à Marguerite de Biaudos; d'où	I. — Bertrand de Bedorède, marié à Belotte de Hoursau ou Harsan.

1532. *Testament.*

II. — Arnaud de Bedorède, écuyer, marié à Agnote de Brutailz; d'où

Jean II; Pierre sieur du Tey; Arnaud-Guillem, etc.

1533.

III. — Jean II de Bedorède épouse Marguerite de Bessabat (1572); d'où

IV. — Alexandre I, sieur de Northon et de Gayrosse, marié à Adriane de Brutailz, et Jean III, marié à Magdelaine de Benesse dame de Poy (1565).

V. — Alexandre I et Adriane de Brutailz; Etienne I, marié à Arnaude de Gascq (1618, un an après décès).

Alexandre II, seigneur d'Orou en 1601.

Seigneurs de Gayrosse.

Enf. de Robert I et de Jeanne de Lavie.

Magdelaine, mariée le 30 janvier 1633 à Pierre de Labadie du Castera, juge de Gosse.

Jean V, mort sans postérité légitime.

Jean-Robert I, marié le 30 mai 1649 à Jeanne de Maurian.

Balthazar, mort sans postérité, tué en 1651.

Jeanne, mariée dans la maison de Guillemanne de Tosse.

De Jean-Robert et de Jeanne de Maurian et issu :

I. — Jean VI, né en 1653, marié à Marie-Magdelaine de Poudenx en 1684.

II. — Robert II (l'aîné 1685).

III. — Suzanne.

De ce mariage : Jeanne, dite aussi Suzanne, née en 1687, mariée à Jean de Caupenne, marquis d'Amou Saint-Pée (1709).

Magdelaine née en 1689.

II. — Jean de St-Laurent et de Harsan, marié à Jeanne de Lalanne; d'où

III. — Saubadotte, fille unique, mariée en 1541 à Arnaud-Guillem de Bedorède; d'où

IV. — Alexandre, marié à Anne de St-Martin; d'où

V. — Marie fille aînée, mariée en 1615 à Pierre de Bedorède du Poy, frère de Jean IV.

Hellayne dame de Montgaillard, 1642 (*Voir d'autre part*).

Branche du Poy.

Jean III, épouse Magdelaine de Benesse du Poy. 1565.

8 février 1592.

Jean IV, marié à Suzanne de Lanne dame de Montholieu.

Alexandre I, de sa branche, marié le 26 juin 1601 à Jeanne de Bessabat. *Voir*.

Robert I, marié le 6 nov. 1611 à Jeanne de Lavie. (Robert acquit Gayrosse).

Pierre, marié le 15 sept. 1615 à Marie de St-Laurens.

Jean Dupoy, curé de St-Martin de Hinx (*Voir* acte de 1649).

6° Seigneurs de St-Laurent.
(Suite).

VI. — Jean II de Bedorède de St-Laurent (testament de Pierre, 1627), né en 1620 (V. 1642), marié vers 1642 en la maison de St-Martin (*Voir généal. de St-Martin*).

Branche du Poy (Suite).

Jean IV et Suzanne de Lanne, 1592. De ce mariage :

Jean V, mineur en 1628, marié à Marie de Lespès, 1630.

De Jean V est issu : Bernard I, sieur de Montholieu, nommé au testament de Robert I sieur de Gayrosse et de Jeanne de Lavie, son grand-oncle et sa grand'tante, 13 février 1645; marié vers 1660 à une demoiselle de Chambre, fille de Pierre de Chambre, lieut.-gén., et de Marie du Boys.

7° Généalogie DE BEDORÈDE-MONTOLIEU, *tirée du Nobiliaire de Picardie.*

Gaspard de Bedorède escuier, sieur de Montaulieu, chevalier de Saint-Louis, dame Agnès de Lesseline sa femme desquels sont issus : 1. Gaspard-Louis-François de Bedorède ; 2. Françoise-Antoinette.

Contrat de mariage en papier du 6 février 1712, de Gaspard de Bedorède chevalier, seigneur de Montolieu, capitaine de cavalerie au régiment de Lamotte, assisté de François de Bedorède, chevalier, sieur de Montolieu, chevalier de l'ordre royal et militaire de Saint-Louis, capitaine d'une compagnie de cent hommes, commandant un bataillon du régiment de royal-artillerie et lieutenant de l'artillerie de France, et de Dame Antoinette de Tutel son épouse, ses père et mère ; de damoiselles Marguerite et Marie de Bedorède ses sœurs ; de Pierre de Bedorède, chevalier, sieur de Montolieu, enseigne colonelle des gardes françaises, son oncle ; de Bernard de Bedorède seigneur dudit lieu, son cousin germain et dame Jeanne-Marie de Bedorède son épouse, avec demoiselle Agnès de Lesseline de Chastillon, fille de défunt Victor de Lesseline escuier sieur de Celle, lieutenant des eaux et forêts du Boulonais, assisté de dame Françoise Auffray sa mère, signé Miellet notaire à Samer.

Commission du 27 novembre 1705 de capitaine de chevau-légers de nouvelle levée pour le sieur de Montaulieu. Provisions du 13 octobre 1712 par lesquelles le sieur de Montolieu capitaine au régiment de La Motte Houdencourt est fait chevalier de Saint-Louis.

Jugement de Louis Bazin chevalier seigneur de Besons intendant de Bordeaux du 27 avril 1799, par lequel Bernard du Poy de Bedorède escuier seigneur de Montaulieu, et dame Marie Magdelaine de Poudenx veuve de Jean du Poy de Bedorède escuyer seigneur de Gayrosse, et dame Marie de Lespès et ladite veuve de Jean du Poy de Bedorède comme fils de Jean-Robert de Bedorède sont maintenus dans leur noblesse, ledit Bernard comme fils de Jean de Bedorède et de Jeanne de Maurian, fils de noble Robert de Bedorède ancien seigneur de Gayrosse et de Jeanne de Lavie, fils de Jean de Bedorède escuyer et de Magdelaine de Benesse sa femme par contrat du 17 octobre 1565. Fils d'Arnaud de Bedorède escuyer, par son testament du 11 janvier 1532. Signé Lamoignon intendant, par duplicata.

Commission en parchemin du 1er avril 1706 de lieutenant d'artillerie en faveur du sieur de Montaulieu, commandant le 3me escadron du régiment de royal-artillerie. Signé Louis-Auguste de Bourbon, scellé.

Bedorède porte : d'argent à un lion de gueules ; supports deux lions couverts un lion naissant.

Louis de Bernage chevalier seigneur de Saint-Maurice et autres lieux, conseiller du roi en ses conseils, maître des requêtes ordinaires de son hôtel, intendant de justice police et finances en Picardie, Artois, Boulonnais pays conquis et reconquis :

Veu les déclarations du roi du 4 septembre 1696, 30 mai 1702, 30 janvier 1703, 16 janvier 1714 pour la recherche des usurpateurs du titre de noblesse, les arrêts du conseil d'Etat du 26 février 1697, 15 mai 1763, 24 décembre 1715 rendus en conséquence portant requête de François Le Ferrand subrogé au lieu et place de Monsieur Charles de la Cour de Beauval commis par Sa Majesté pour la recherche des usurpateurs du titre de noblesse de la généralité d'Amiens, à la demoiselle Tutel veuve du sieur François de Bedorède de Montaulieu, demeurant à Samer, sénéchaussée de Boulogne, à ce qu'elle fut tenue dans le mois de justifier des titres en vertu desquels elle prend la qualité de noble et veuve d'ecuier, et s'exempte du paiement de la taille et autres contributions, sinon de se voir condamnée à deux mille livres d'amende pour avoir pris et usurpé la qualité de noble et de veuve d'escuier, et en telle autre somme qui serait par vous arbitrée pour l'indue exemption des tailles, contributions et autres impositions, et aux deux sols pour livre desdites amendes : l'inventaire produit par devant nous par Gaspard de Bedorède escuyer seigneur de Moutaulieu, capitaine au régiment de la Pouange chevalier de l'ordre militaire de Saint-Louis demeurant à Samer, prenant le fait et cause de damoiselle Antoinette de Tutel sa mère veuve de François de Bedorède, escuyer, sieur de Montaulieu, par lequel, attendu la présentation des titres justificatifs de sa filiation et noblesse, il demanda d'être déchargé de l'assignation à elle donnée à la requête dudit Le Ferrand et maintenu en sa noblesse : notre ordonnance portant que ledit inventaire, ladite requête et les pièces y énoncées seraient communiquées audit Le Ferrand et montrées au procureur du roi de la commission pour leurs réponses et conclusions vues, être ordonné ce qu'il appartiendra ; les contredits dudit Le Ferrand du 3 du présent mois par lesquels il demande la représentation de la minute du contrat de mariage du 3 février 1592 pour être collationné par devant le sieur intendant de la généralité de Bordeaux ; réplique dudit sieur de Bedorède du 7 dudit mois par lequel il soutient que le jugement du 28 janvier 1799 par lui produit qui maintient Bertrand de Bedorède son oncle dans sa noblesse, où ledit contrat de mariage est maintenu avec les mêmes qualités qui sont dans la copie par lui produite rend ce contrat dans une forme des plus authentiques : les conclusions du procureur du roi : tout vu et considéré.

Nous avons déchargé ledit Gaspard de Bedorède sieur de Montaulieu de l'assignation donnée à ladite dame Antoinette de Tutel sa mère à la requête dudit Le Ferrand: ce faisant avons maintenu et gardé ledit sieur de Bedorède ensemble ses enfants successeurs et postérité nés ou à naître en légitime mariage en la possession de prendre la qualité de noble et d'escuyer ; ordonnons qu'il jouira des privilèges et exemptions dont jouissent les gentilshommes de ce royaume ; faisons défense à toutes personnes de les y troubler tant et si longuement qu'ils vivront noblement et ne feront acte de dérogeance ; et pour cet effet que le sieur de Bedorède sera inscrit dans le catalogue (des nobles) de la généralité d'Amiens, qui sera par nous arrêté en conséquence de l'arrêt du conseil du 27 février 1697.

Fait à Amiens le 7me jour de janvier 1716. DE BERNAGE.

PIÈCES JUSTIFICATIVES ET NOTES.

Le 1er août 1717 a été baptisé Pierre-Mathias de Bedora nay le jour avant, fils légitime de M. Me Jean-Hélie de Bédora conseiller du roi et son procureur au sénéchal de Tartas et dame Anne de Saint-Paul conjoints. Parrain M. Pierre-Joseph de Bedourède escuyer, et marraine dame Catherine d'Urtubie Garro épouse de noble Jean de Chambre escuyer. Présents les soussignés par moy : — BERNÈDE, *vicaire* ; — DE BEDORÈDE ; — D'URTUBIE GARRO ; — BEDORA *père* ; — DURGONS.

Le 26 avril 1718 a été enterré dans l'église de Saint-Jacques Monsieur Pierre-Joseph de Bedorède de Bessabat escuyer seigneur de Bessabat, décédé dans la foy de l'Eglise âgé de cinquante-cinq ans. Décédé le jour avant. Présens les témoins soussignés par moy : — CHAMBRE, *curé de Tartas* ; — DUPIN, *prêtre présent* ; — FARGUES *pbr*. — LAUNET *pbr*. —

N. Pierre-Joseph de Bedorède de Bessabat Montaulieu marié à sa cousine Jeanne-Marie de Bedorède du Poy ; assista en 1712 au mariage de Gaspard de Bedorède de Montaulieu dont il était cousin germain. C'est par erreur qu'on le nomme Bernard ; Bernard et François étaient fils de Jean V et Marie de Lespés.
Bernard fut père de Pierre-Joseph mort en 1718. François de Montaulieu fut père de Gaspard.

Le 18 février 1718 a été baptisée Claire-Josephe de Vios, née le 16 dudit mois, fille légitime de Me Elie de Vios advocat en parlement et dame Marié-Anne de Favas conjoints ; parrain Joseph de Vios et marraine dame Claire de Fabas espouse à feu M. de Saint-Laurent escuyer. Présents les soussignés, par moy : — DE VIOS ayant tenu l'enfant pour le parrain ; BERNÈDE, *vicaire* ; VIOS DU GAY *présent*.

Jean III de Bedorède Saint-Laurent issu de Jean II et de Jeanne de Saint-Martin 1642 eut deux frères qui étaient au service du roi en 1690-1693 ; l'un d'eux, probablement Bernard, tué à la guerre fut marié à dame Claire de La Lande Favas, sœur de Jean-Baptiste de La Lande Favas chevalier de Saint-Louis mort en 1752 lieutenant-colonel du régiment d'infanterie de Chambonas. Le testament de Jean-Baptiste et les actes de naissance de Tartas établissent avec certitude que Claire de Favas était veuve de M. de Bedorède Saint-Laurent en 1718, et vivait encore en 1752 (Voir l'Armorial, t. I pages 227 et suivantes).

Le 6 mai 1649 mariage de Jean-Robert de Bedorède et de Jeanne de Maurian en l'église paroissiale de Saint-Laurent d'Audon.

Jean-Robert était fils de Robert de Bedorède seigneur de Gayrosse et de Jeanne de La Vie; Jeanne de Maurian était fille de Bertrand de Maurian seigneur de Carsen lieutenant-général de robe courte en la sénéchaussée de Tartas et de demoiselle Marthe de Mérignac. Le contrat du 30 mai 1649 mentionne la présence de noble Bertrand de Maurian sieur de Castex ou Carcen, noble Jean de Bedorède prêtre et curé de Saint-Martin de Hinx, Bernard de Bedorède sieur de Montaulieu et du Poy, Jean de Bedorède seigneur de Norton et de Bessabat, Jean de Bedorède seigneur de Saint-Laurent, noble Pierre de Mérignac sieur de Malet.

Le 15 may 1675 Jeanne de Maurian veuve de noble Jean-Robert de Bedorède prête serment d'hommage pour la maison et caverie de Gayrosse entre les mains de Nicolas de Chambre escuyer lieutenant-général à Tartas.

Etat civil de la commune de Saint-Laurent. — Obiit de Saint-Laurent écuyer.

Le 26 de mars 1667 noble Jean de Bedorède seigneur de Saint-Laurens est décédé à l'âge de quarante-six ans six mois et six jours a été enseveli dans l'église dudit Saint-Laurens et lieu de ses prédécesseurs (inscrit à la suite). — *Signé* BIPHOR *curé.*

A ordonné une messe chaque semaine durant un an et de plus 200 livres pour messes.

MINISTÈRE DE LA GUERRE.

Par ordre du ministre secrétaire d'état de la guerre le conseiller d'état directeur certifie que des registres matricules et documents déposés aux archives de la guerre a été extrait ce qui suit :

Nom et signalement du militaire :

Jacques-Michel de Bedorède Saint-Laurens, fils de Jean et de Catherine de Sorhainde, né le 29 septembre 1726 à Bayonne.

Détail des services.

Lieutenant au régiment d'infanterie de la reine le 21 octobre 1746, capitaine le 1er juillet 1754, réformé en 1763. A obtenu une pension de retraite, par décision du 4 mars 1767.

Fait à Paris le 19 avril 1867,
Pour le Conseiller d'Etat Directeur, *le Sous-Directeur,* A. DE FORGE.

MINISTÈRE DE LA GUERRE.

De Bedorède (Jean-Rémy,) né le 22 octobre 1765, sous-lieutenant de remplacement au régiment d'infanterie de Vivarais (71me régiment en 1791), le 19 juin 1783 ; cadet-gentilhomme le 1er mai 1788, sous-lieutenant le 4 décembre 1788, démissionnaire le 13 septembre 1790.

Paris 19 avril 1867. *Le Sous-Directeur*, A. DE FORGE.

—

2 novembre 1713, transaction entre Messire Jean de Caupenne d'Amou Saint-Pée, chevalier, seigneur du château noble de Saint-Pée et de ses dépendances d'Arbonne, Gayrosse, baron de Pomarès et Castelsarrazin, habitant dans son château noble du marquisat d'Amou, au nom et comme mari de dame Jeanne de Bedorède dame de Gayrosse, héritière du sieur de Gayrosse son père, et noble Bernard de Peyrecabe-Lamarque, écuyer, habitant en la maison noble de Bessabat. Jean-Robert sieur de Gayrosse légua par son testament de 1682, à sa fille Jeanne-Marie 7000 livres. Jeanne de Maurian, épouse du sieur Gayrosse (Jean-Robert), dans le contrat de mariage de son fils aîné appelé Jean augmente de 3300 livres la part de Jeanne-Marie, laquelle avait épousé Pierre-Joseph de Bedorède sieur de Bessabat.

De ce mariage est issue Claire de Bedorède épouse de noble Bernard de Peyrecabe-Lamarque, lequel agit comme administrateur de ses enfants et le sieur de Caupenne agissant au nom de sa femme (titres de Bedorède), 1666.

—

PIÈCE QUI PROUVE QU'UN JEAN DE BEDORÈDE FUT MARIÉ A NANCY.

(Branche du Poy Montolieu).

Par devant Jean, Charles et Barthélemy Coquet, tabellions généraux du duché de Lourraine (Lorraine), résidens à Nancy, et en présence des témoings bas-nommés, fut présent en personne Messire Jean Dupuy (du Poy) sieur de Montoulieu, ci-devant premier capitaine du régiment, colonel pour le service du roy très chrestien, demeurant audit Nancy, lequel par ces présentes fait et constitue pour son procureur-général et spécial le sieur de Castetia (Castedja) Lacase. — Cette procuration est donnée pour la vente de la dixme de Sabres.

A quoi étant à ce faire et présente dame Catherine Vallée femme et épouse dudit sieur de Montoulieu,

Fait à Nancy ce 11 octobre 1666.

Généalogie de la maison de Bedorède, d'après les notes relevées sur les registres de la paroisse de Saint-Laurent de Gosse le 8 juin 1867.

Branche des seigneurs de Saint-Laurans ou Saint-Laurens.

Joseph de Saint-Laurens.

Le 1er février 1557, noble Joseph de Saint-Laurens est parrain d'un enfant de Robert de la Cousture, mais à cause de son bas âge il est représenté par Pierre de Peyresaubes ;

Le 16 Juillet 1647 il est parrain d'un autre enfant ;

Le 15 mai 1649 il est encore parrain d'un autre enfant ;

Le 26 mai 1665 parrain d'un autre enfant ;

13 décembre 1666 parrain d'un autre enfant ;

12 avril 1667 parrain d'un autre enfant.

Noble Jean de Bedorède du Poy, seigneur de Saint-Laurent, fut marié à Jeanne de Saint-Martin. De ce mariage :

1. Jeanne née le 20 juin 1647 fut baptisée le même jour ; parrain M. du Poy, curé de Saint-Martin de Hinx ; marraine damoiselle Jeanne de La Lande.

2. Jean né le 1er juillet 1648, baptisé le 29 septembre 1649 ; parrain noble Jean de Saint-Martin, chanoine d'Ax ; marraine damoiselle Jeanne du Poy autrement de Labès. C'est celle qui fut mariée à M. Duprulh seigneur de Labès, à Saint-Martin de Seignaux.

3. Jean, 2me de ce nom, né le 9 septembre 1649, baptisé le même jour que son frère le 29 septembre 1649 ; parrain, noble Jean sieur du Poy et de Montolieu ; marraine, damoiselle de la Mote de Pouillon.

4. Marie, née le 13 may 1651 ; parrain, noble Jean de Saint-Martin de Pouillon ; marraine, demoiselle Isabeau de Montgaillard.

5. Marie, 2me de ce nom, née le 9 août 1652, baptisée le lendemain jour de la fête du lieu ; parrain, Monsieur de Guillemane de Tosse ; marraine, demoiselle Marie de Beteuy.

6. Isabeau, née le 28 juin 1654, baptisée le 2 juillet suivant ; parrain, noble Jean-Jacques de Saint-Martin Castaignos ; marraine, demoiselle Marie de Beteuy.

7. Elisabeth, née le 5 avril 1656 baptisée le 9 du même mois ; parrain noble Jean de Gayrosse ; marraine demoiselle Elisabeth de Saint-Martin.

8. Jeanne, 8me de ce nom, née le 3 janvier 1660 ; parrain sieur Paul de la Journade ; marraine, demoiselle Jeanne de Brana dame de Brana.

Le Brana était une caverie sise à Saint-Jean de Marsacq, et unie à celle de Gayrosse. M. de Wandufell les possédait en 1789.

Décès. — Jean, 1ᵉʳ de ce nom en cette génération, mourut âgé de douze ans, le 16 juillet 1660 ; il était né le 1ᵉʳ juillet 1648.

9. Naissance. — Jeanne, 3ᵐᵉ de ce nom, née le 14 janvier 1661 ; parrain, noble Joseph de Saint-Laurens ; marraine, demoiselle Jeanne de Saint-Laurens, frère et sœur de l'enfant.

Décès de Marie du Poy, fille de noble Jean du Poy seigneur de Saint-Laurens et de Jeanne de Saint-Martin.

Mariage. — Le dimanche de Quasimodo et l'an 1662, demoiselle Jeanne de Saint-Laurens épousa M. Jean de Lagoeyte, habitant de Lesperon, avec dispense pour le jour et pour deux bans.

Décès. — Noble Jean de Bedorède seigneur de la maison noble de Saint-Laurens, mourut le 16 mars 1667, étant âgé de quarante-six ans, six mois et six jours (né le 20 septembre 1620 ?)

Jean de Bedorède seigneur de Saint-Laurens, fils d'autre Jean et de Jeanne de Saint-Martin, fut marié à demoiselle Magdelaine de Betbeder. De ce mariage :

Jean, né en la maison noble de Saint-Laurens, le 1ᵉʳ novembre 1689 et baptisé le lendemain ; parrain et marraine Jean de Bedorède et Isabeau de Bedorède, frère et sœur (de l'enfant ?). Jean Dupleix, chirurgien et Françoise de Caoulle tinrent l'enfant sur les fonts.

Signé MENINE, *pbr.-vicaire*.

—

Jean de Saint-Laurens, écuyer, fut marié à demoiselle Catherine de Sorhaindo, comme il est prouvé par l'article suivant, *extrait des registres de St-Laurent* : Le 25 novembre 1714 et le jour de sainte Catherine, Salvat de Saint-Laurens, fils légitime de noble Jean de Saint-Laurens, escuyer, et de demoiselle Catherine de Sorhaindo, a reçu les cérémonies du baptême, ayant esté baptisé dans l'église cathédrale de Bayonne la semaine de la Pentecôte ; parrain, maître Salvat de Betbeder, prêtre et archiprestre de Poy ; marraine, demoiselle Marie de Sorhaindo, tenu à la place et au nom dudit Salvat de Beder (*sic*). Pierre de Lagerle, curé de Saint-Laurens, tenu (*sic*) l'enfant sur les fonts baptismaux et Mademoiselle de Houche de Bruix à la place de la susdite demoiselle de Sorhaindo, de ce faire requis par moi.   Signé LAJUS, *pbre. de Biaudos*.

Ainsi s'établissent trois générations :

1647. — 1. Jean, marié à Jeanne de Saint-Martin.
1689. — 2. Jean, marié à Magdelaine de Betbeder.
1714. — 3. Jean, marié à Catherine de Sorhaindo.   (G. D'O)

P. S. Nous avons vu par ailleurs la date du mariage de Jean de

Saint-Laurans et Jeanne de Saint-Martin remontée à 1641 ; leur enfant premier-né serait Joseph de Saint-Laurens, ci-dessus parrain, en 1647.

2. Le mariage de Jean II et Magdelaine de Betbeder remonte à 1681, et Isabeau née en 1686, et Jean son frère seraient en effet les premiers nés de Jean, l'héritier, baptisé en 1689.

3. Le mariage de Jean et Catherine de Sorhaindo est de 1713, mais Jacques-Michel qui continue la descendance de Saint-Laurens naquit à Bayonne en 1726.

Du 28 avril 1486. — Bertrand de Bedorède et Belote de Hoursen ou Gnrsan, au même temps Jean de Bedorède et Marguerite de Biaudos.

Noble homme Bertrand de Bedorède et noble femme Belote de Hoursan sa femme, seigneur et dame de Saint-Laurent, prétendent, contre noble homme Jean sieur de Bedorède et Marguerite de Biaudos sa femme, être en possession du droit d'aller les premiers à l'offerte en l'église paroissiale, en qualité de seigneurs de la maison de Saint-Laurent ; ils se plaignent des troubles et empêchements apportés à l'exercice de ce droit, par ledit Jean de Bedorède et ladite Marguerite de Biaudos, lesquels disent aussi être possesseurs de ce même droit et le tenir de leurs prédécesseurs, de temps immémorial.

Par sentence rendue devant la porte de l'église, le 28 avril 1486, par Pierre de Vignes, licencié, en chacun droit, le sieur et dame de Saint-Laurent furent maintenus et réintégrés dans leur droit, et défense fut faite au sieur Jean de Bedorède et Marguerite de Biaudos d'empêcher la dame de Saint-Laurent d'aller la première à l'offrande, sous peine de cinquante marcqs d'argent au roi. De Vignes, lieutenant-général du sénéchal des Lannes, et Agrova, greffier. Colationné et extrait d'autre copie pour demoiselle Jeanne de Maurian, veuve de noble Jean-Robert du Poy de Bedorède, écuyer, sieur de Gayrosse. 10 septembre 1674. DE PINOT, *not. royal*.

22 octobre 1572. — Par devant Etienne de Bedorède, conseiller du roy, lieutenant du sénéchal des Lannes au siége présidial d'Acqs, est comparu Me Jean de Gaischar, procureur audit siége, lequel pour et avec Alexandre de Bedorède et pour Adriane de Brutailz, damoiselle sa femme, a dit que pour aucunes considérations lui convient faire attestation sur ce qu'ils sont nobles extraits de bonne et ancienne lignée ; aussy qu'ils sont de la religion catholique, apostolique, romaine, et l'ont esté sans avoir varié aucunement d'icelle et que ledit de Bedorède a toujours porté les armes pour le service du roy, commandant une compagnie de gens de pied, même durant

les derniers troubles, fut blessé par la compagnie du comte Montgommery lorsque la ville d'Orthès fut prise, à raison de laquelle blessure il demeure mutilé de l'une de ses jambes, sans espérance d'en recouvrer santé, et outre ce, fut fait prisonnier et enfin mis à rançon par ledit comte de Montgommery, pour laquelle payer il fut contraint vendre la plus part de ses biens, desquels il est aujourd'hui privé ; aussy en convient-il faire notoriété, comme feu Etienne de Brutailz, en son vivant sieur de Northon, était de la religion prétendue réformée, comme tel a porté les armes toujours contre le roy et que Catherine d'Amo damoyselle, vesve dudit feu de Brutails est de laditte religion prétendue réformée, et si a favorisé les rebelles et ennemis de Sa Majesté ; que ladite Adriane est sœur germaine dudit de Brutails, plus proche et habile à lui succéder, pour ce fait a produit à témoins : MM. Jacques de Ladouze, vicaire-général de M. l'évêque d'Acqs ; Gaspard de Lamothe d'Izeaux, lieutenant du gouverneur d'Ax ; Estienne de Laborde, capitaine et maire de la dite ville ; Bernard Laurens, prévost royal d'Ax ; Jean de Jeannin, enquesteur pour le roy audit Acqs, illecq présents. Requérant en présence de M⁰ Jean de Lalanne, avocat du roy, lesdits témoins être ouys sur ce qui dit est. Suit l'attestation par les témoins de la vérité des faits énoncés, signé par les témoins, M. le lieutenant et de Castaignet, greffier. Collationné et extrait d'autre copie pour Jeanne de Maurian, veuve de Jean Robert du Poy de Bedorède, écuyer, sieur de Gayrosse, 10 septembre 1674. DE PINOT, *not. royal*.

8 février 1592. — Pactes et accords de mariage entre demoiselle Françoise de Puyanne dame de Montholieu, pour et au nom de demoiselle Suzanne de Lanne sa fille, et de feu Bertrand de Lanne en son vivant écuyer, sieur de Montolieu, avec l'assistance de Messire Bertrand de Puyanne chevalier de l'ordre du roy, capitaine de cinquante hommes d'armes de ses ordonnances, gouverneur des villes et châteaux d'Ax, lieutenant pour Sa Majesté aux Lannes, et Charles de Poudenx écuyer, baron dudit lieu et Bertrand de Bourbon, écuyer, sieur de Rolly et d'autres lieux d'une part, et Jean de Bedorède écuyer, sieur du Poy, en son nom et comme mari et fondé de pouvoir de Magdelaine Dupoy sa femme, pour et au nom de Jean de Bedorède écuyer, leur fils aîné, avec l'assistance de noble Estienne de Bedorède escuyer, sieur dudit lieu et de Northon, et de Monsieur M⁰ Jean du Morar, conseiller du roi et lieutenant particulier au siége d'Ax, et autres parents et amis. Fait à Montolieu en présence de Guy de Goualard, écuyer sieur de Marsang, Pierre de Lamincens, écuyer, sieur de Gos, Jean et Bertrand de Montgrand, écuyer, sieur de Castillon et de Goualard ; Jean de Lagoffun, écuyer, sieur

d'Agès ; Jean de Bessabat écuyer, sieur dudit lieu ; Alexandre de Bourg écuyer, sieur dudit lieu ; M° Jean Chambre, juge de la baronnie de Brassenx et advocat au siége de Tartas, et Pobin de Lesbatz juge de Brassent, et Alexandre de Biaudos écuyer, sieur dudit lieu, habitant de Marsaing, Tartas, Brassenx, Maremne et Gosse.

DE BARREAU, *notaire royal*.

---

18 février 1730, à Amou au château seigneurial du lieu au siége de Saint-Sever.

Pactes et accords de mariage entre Messire Jean de Batz, chevalier, seigneur vicomte d'Aurice, seigneur de Lamothe, Le Luy, Saint-Arailhe, Escoubès et autres lieux, fils d'Antoine de Batz vicomte d'Aurice, conseiller au parlement de Bordeaux, et de Marguerite Dalon, d'une part ; et demoiselle Rose de Caupenne d'Amou, fille de Jean de Caupenne, marquis d'Amou, Saint-Pée, baron de Pomarés, Castelsarrazin et autres lieux, et de dame Jeanne de Bedorède-Gayrosse, habitante audit château d'Amou, d'autre part.

Le futur époux est assisté : de Messire Joseph de Puyolé, chevalier comte de Juliacq, baron de Tachousin, Fieux, Gaillères et autres lieux, et sénéchal de Dax, Bayonne et Saint-Sever, proche parent ; Antoine de Captan, chevalier de Saint-Louis, son oncle ; Jean-Pierre de Batz, son cousin germain ; Bernard du Rou, notaire royal, son curateur réel.

La future est assistée : de Jean-Baptiste de Caupenne d'Amou, marquis d'Amou, Saint-Pée, baron de Pomarés, Castelsarrasin et autres lieux, son frère germain ; dame Dorothée de Caupenne d'Amou de la Taulade, sa tante ; Henry de Caupenne d'Amou, son oncle ; Pierre de Lataulade, capitaine au régiment de Navarre, son cousin germain ; Jacques-François de Borda, conseiller du roy, président au présidial d'Acqs ; Joseph-Léonard de Borda, curé de Laluque ; Jeanne de Poudenx vicomtesse de Poudenx ; Louis de Momas seigneur de Souslens et Jeanne de Jasse sa femme ; Bernard-François de Castelnau seigneur de Brocas et Jupoy ; Anthoine de Momas seigneur de Souslens et Marie de Poymiro sa femme ; demoiselle Marie-Magdelaine et Magdelaine-Angélique de Poudenx ; demoiselle Jeanne-Marie de Lamarque ; Pierre de Bachoué de Barraute, et autres parents et amis. 31 mille livres de dot.

Pierre GARRELON, *not.*   LAFITTE, *not. royal.*

Biaudos-Castéja.

Philippe fils de noble Louis de Valier et de dame Françoise de Biaudos mariés, est né et a été baptisé le 26 octobre 1737. Parrain noble Philippe de Biaudos, capitaine dans le régiment de Lorraine; marraine dame Jeanne de Bourg de Valier, lesquels ont signé avec nous :

De Valier, *grand-père;* Biaudos, *parrain;* de Bourg de Valier *marraine;* Lamarque, *prêtre;* Dufraysse *curé.*

—

Jean-Jacques fils de noble Louis de Valier et de dame Françoise de Biaudos mariés, est né et a été baptisé le 25 d'août 1736. Parrain noble Jean-Jacques de Valier grand-père; marraine dame Laurence de Lassalle de Biaudos, tenant pour elle dame Jeanne de Bourg de Valier. En foy de quoi : — Dufraysse, *curé;* de Valier, *père;* de Valier, *grand-père, parrain;* de Bourg de Valier, *marraine* (Registres de Saint-Sever-Cap).

De Cabannes, *en Guienne.*

Nobles Monseignes écuyers, chevaliers, messires, seigneurs barons de Cauna, Mauco, Lanneplan, sieurs des Videaux, Bost, Pecomère, Luzan, Luzanet, Couhiat, Gabouillat, etc., etc., sénéchaussées de Saint-Sever et de Tartas, Condomois, Albret et Lannes.

BRANCHE AINÉE.

Ier *degré.* — Monseigne Bernard de Cabannes, premier degré connu (1480-1509-1555), dont il sera parlé à la deuxième branche, fut père de Jacques.

IIe *degré.* — Noble Jacques de Cabannes, marié en premières noces à Martine Destonnes, habitant de Lamothe en Chalosse, laissa deux fils de ce mariage : Jean et Domenge, et mourut avant 1549, ayant eu un troisième fils, Jean, d'un second mariage avec damoiselle Catherine d'Arbins.

IIIe *degré.* — Noble Jean de Cabannes (ses père et mère étant décédés), épousa, par contrat du 22 septembre 1549, honorable Catherine de Lagoffun, fille de noble Blaise de Lagoffun et de défunte Catherine de Brutails, de la paroisse Saint-André de Hinx, diocèse d'Acqs. Assisté ledit Jean de noble Monseigne Domenge de Cabannes son frère, habitant de Cauna, et noble Adam de Benquet son cousin germain ; et ladite Catherine, du consentement et assistance de noble Blayse de Lagoffun son père, et de Jean et Pierre de Lagoffun ses frères.

IVe *degré.* — Noble Sarran de Cabannes, homme d'armes, servant en 1585 dans la garde de M. de Monlucq. Son frère aîné noble Bernard de Cabannes épousa, par contrat du 9 avril 1585, damoiselle Elisabeth de Batz, fille de noble Pierre de Batz dit Batur, capitaine, et de damoiselle Sarranse Darbo, de la ville de Tartas en Albret. Assisté ledit Bernard de noble Jehan de Cabannes son père, et de noble Jehan de Cabannes son cousin ; et ladite Elisabeth assistée de ses père et mère et de plusieurs parents et amis. En présence de M⁰ Jean Darbo habitant de Tartas, et de M. Jean de Cabannes habitant de Lamothe, témoins à ce appelés. Bernard de Cabannes mourut le 4 juillet 1606. De ce mariage :

1° Jean de Cabannes, Bernard, Marie de Cabannes, Ramond et Jeanne de Cabannes. La postérité de Jean suivra.

2° Bernard de Cabannes, religieux Cordelier de la Grande-Observance à Toulouse, fit des legs à son couvent en 1623.

3° Marie de Cabannes mariée au sieur Jean Durou, décédée avant 1623.

4° Jeanne de Cabannes mentionnée dans l'acte de partage du 29 août 1633, entre ses frères Jean et Raymond.

5° Noble Ramond de Cabannes homme d'armes, né le 26 janvier 1607, habitant de Cauna, transige avec son frère Jean sur les droits de la succession paternelle le 29 août 1633 et aussi le 1ᵉʳ juin 1629, mort à Lamothe le 24 août 1655.

V⁰ *degré*. — Noble Jean de Cabannes, avocat au Parlement et conseiller au siége de Saint-Sever, marié à demoiselle Jeanne de Cloche. De ce mariage sont issus :

1° Jean-Jacques de Cabannes écuyer, dont l'article suit :

2° Pierre de Cabannes, Bénédictin au monastère de Notre-Dame de la Daurade de Toulouse, fit son testament en cette ville le 7 février 1675, en présence de M⁰ Jean de Cloche prêtre, habitant de Saint-Sever, et de noble Jean de Marsan aussi habitant de Saint-Sever, et Jean Chauvet habitant de Toulouse, et institua héritiers noble Jacques de Cabannes seigneur de Lanneplan, et ses sœurs ci-dessous nommées.

3° Demoiselle Jeanne-Marie de Cabannes femme de Benoît Dandieu écuyer, seigneur de Labarrère, légataire de son frère Pierre. Le descendant de Benoît Dandieu fut baron de Cazalis et assista aux Etats de la noblesse de Dax en 1789.

4° Demoiselle Jeanne de Cabannes, épouse de noble Guillaume de Junca écuyer, seigneur de Campaigne, légataire de Pierre, ainsi que noble Joseph de Junca son fils.

5° Demoiselle Anne de Cabannes fille aînée, mariée à noble Jean-Pierre de Caucabanes, légataire de Pierre, Bénédictin, pour sa fille Jeanne-Marie de Caucabanes.

VIe *degré*. — Noble Jean-Jacques de Cabannes écuyer, seigneur de Lanneplan, marié avec dame Marguerite de Lalanne de Diusse, habitant de Saint-Sever, fut maintenu dans sa noblesse d'extraction par ordonnance du subdélégué de M. Pellot, le 1er juillet 1667 comme descendant de Jacques Ier qui fait la souche commune, mourut sans postérité vers 1692. Sa veuve, Marguerite de Diusse, déclara le blason suivant à l'Armorial général de France le 11 août 1698 : D'azur à la tour d'argent sommée d'un lion naissant d'or lampassé et armé de gueules (qui est de Cabannes).

Deuxième branche de Cabannes de Cauna sieurs de Pitrot, Luzan et Luzanet.

Ier *degré*. — Monseigne Bernard de Cabannes aïeul de Domenge fit un testament avec les substitutions qui grevaient les biens dudit Domenge en 1555. Le nom de la femme de Bernard ne nous est point parvenu, mais son fils Jacques nommé précédemment est rappelé dans le testament de Domenge. Un acte de conseil de famille et curatelle rédigé à Lamothe en 1509 mentionne Bernard de Cabannes comme représentant la ligne paternelle auprès de Jean de Cabannes pupille (mineur), fils de défunt Videau de Cabannes mort à Lamothe en 1509 dans la maison de Cabannes.

IIe *degré*. — Noble Jacques de Cabannes Ier du nom, marié : 1° avec demoiselle Martine Destonnes et en deuxièmes noces avec demoiselle Catherine d'Arbins, laissa du premier lit Jean et Domenge et fut enseveli dans la chapelle de sa maison au côté gauche de l'église Notre-Dame du lieu de Cauna.

IIIe *degré*. — Noble Monseigne Domenge de Cabannes marié avec damoiselle Elisabeth de Maroc laissa deux fils, noble Jean de Cabannes et autre Jean de Cabannes ; fit son testament dans la seigneurie de Cauna évêché d'Aire siége de Saint-Sever sénéchaussée des Lannes, le 30 du mois de novembre 1555, nommant ses exécuteurs de dernières volontés noble Jean de Cabannes habitant de Lamothe, son frère, et noble Monseigne Adam de Benquet baron dudit lieu son cousin, recommandant à ses fils de payer les dettes faites tant pour leur nourriture et éducation que pour le service du roi son maître et voulant être enseveli à côté de son père dans la chapelle Notre-Dame de Cauna. Les témoins du testament furent noble Monseigne Dinader de Marsan et sieur Joseph de Saubusse habitans de Saint-Sever. Le 15 septembre 1559 noble Jean de Cabannes habitant de La Mothe, tuteur de Jean et autre Jean de Cabannes, fils mineurs héritiers de feu noble Domenge de Cabanes du lieu de Cauna son frère, fit vente au sieur Jacques de Bordenave, maître tailleur d'habillements d'hommes, habitant de Saint-Sever, de la maison bastide au lieu et faubourg de la Guillerie avec le jardin et la prairie qui en dépend, pour le prix et somme de onze cents francs bourdalaix. Acte en gascon retenu par Me Pascal de Garnit, notaire royal.

IVe *degré*. — Noble Jean de Cabannes et autre Jean de Cabanes hommes d'armes vivant en 1585-1617.

Noble Jean de Cabanes de Cauna, fils aîné de Domingue, assista au mariage de noble Bernard de Cabannes, son cousin germain, le 9 avril 1585, à Tartas ; épousa le 22 août 1588 damoiselle Charlotte de Moreau dont il eut cinq enfants ; fut greffier des états des Lannes réunis à Dax en 1593, 1607, etc., et se distingua par son travail et son intelligence dans les questions à l'ordre du jour de cette assemblée du pays. Jean de Cabannes fit venir à Souprosse les membres des états des Lannes et leur communiqua son secret pour rendre l'Adour navigable (Bergoing).

Après avoir exercé la charge de juge des baronnies de Cauna et de Mauco en 1600, 1607, 1640, il mourut âgé d'environ 90 ans au commencement de 1643.

V^e *degré.* — A. Noble Daniel de Cabannes de Cauna homme d'armes et seigneur de Cauna continue la descendance. *(Archives de Bordeaux).*

B. Noble Jean de Cabannes mentionné dans une cession faite par lui et Daniel son frère en faveur de noble Gabriel de Guyon leur beau-frère.

C. Marie de Cabannes damoiselle mariée par contrat du 20 novembre 1628 avec noble Gabriel de Guyon sieur de Bellevue et de Messine, habitant de la sénéchaussée de Périgord.

D. Arnaud de Cabannes écrivit deux lettres portant assurance de paiement de diverses sommes à la décharge de son père et mourut avant lui.

E. Noble Raymond de Cabannes homme d'armes sieur Pitrot, mentionné comme témoin dans la notification d'un acte de partage fait le premier juin 1629 à autre Raymond de Cabannes son cousin, habitant de La Mothe ; épousa Louise de Lannevère demoiselle de la paroisse Saint-Aubin en Chalosse; assista le 19 mars 1643 au mariage de noble Antonin de Capdeville d'Arricau avec demoiselle Jeanne de Lartigue. Raymond de Cabannes habitant à Saint-Sever assigné à produire ses titres de noblesse devant l'intendant de Guienne, lors de la recherche de 1696, en la personne de feue sa veuve, était mort depuis longtemps *(Archives de Bordeaux).* Raymond de Cabannes fut père de deux filles dont l'une Jeanne, née à La Mothe, épousa noble Christophe de Lafite, d'où naquit noble Dominique de Lafite en 1688, filleul de Dominique de Mesplès seigneur-évêque de Lescar ; Catherine de Laffite née en 1680 filleule de noble Raymond de Cabannes et de dame Catherine de La Lanne.

F. Noble Daniel de Cabannes de Cauna, écuyer, homme d'armes, etc., marié avec Anne Duglha, damoiselle, était mort en 1649 laissant sa femme administreresse de leurs communs enfants. Anne Duglha mourut à Cauna le 1er avril 1657 et fut ensevelie dans la chapelle Notre-Dame de Cauna, au collatéral appartenant aux héritiers de feu Daniel de Cabannes. Ils eurent de leur mariage Jeanne de Cabannes et Raymond qui suit.

VIme *degré*. — Noble Raymond de Cabannes de Cauna, écuyer, homme d'armes, seigneur de Luzanet et Luzan, né en 1638 marié vers 1668 avec damoiselle Jeanne d'Art de Luzanet, passa le 9 mai 1671 un contrat de partage et transaction avec demoiselle Marthe de Girard sa belle-mère, veuve de feu noble Alexandre Dart (*) sieur de Luzanet; noble Jean de Spens seigneur d'Estignols et damoiselle Auguste de Girard sa femme, et reçut pour la dot de damoiselle Jeanne d'Art, les métairies de Gerton et de Gailhat situées à Montaut et Poy, évaluées 3200 livres et 1000 livres en argent, pour les droits d'icelle Jeanne d'Art sur les seigneuries et biens d'Onnés.

Raymond de Cabannes fit enregistrer ses armoiries à l'Armorial général de France (Guienne), le 11 juin 1698 : D'azur à une tour d'argent crénelée de quatre pièces, maçonnée de sable et sommée d'un lion naissant de gueules; fut maintenu dans sa noblesse de race par jugement de M. Bazin de Besons du 11 août 1698, mourut à Cauna âgé de soixante-dix ans, le 8 juin 1708, et fut enseveli dans l'église Notre-Dame du Bourg, laissant de son mariage Françoise et Louis de Cabannes.

VIIe *degré*. — Noble Louis de Cabannes, écuyer, naquit à Cauna le 14 juillet 1676, eut pour parrain noble Louis Duhaut, habitant de Saint-Sever, et marraine demoiselle Marie Dart, jugesse de Sabre, et fut baptisé le 16 dans la chapelle de Notre-Dame de Cauna. Convoqué le 15 avril 1702 comme écuyer au ban de la noblesse de la sénéchaussée de Saint-Sever; épousa en 1710 demoiselle Jeanne-Marie de Prugue, fille de Messire Jean-Marie de Prugue, colonel, maréchal-des-logis général de la cavalerie, et de dame Catherine de Juge son épouse, et mourut le 4 fé-

---

(*) Le capitaine Dart commandait une compagnie de la garnison de Mont-de-Marsan, lorsque la ville fut prise, en 1580, par le baron de Poyanne, Lartigue son lieutenant et le capitaine de Borda, maire d'Acqs.

vrier 1741, âgé de soixante-quatre ans six mois et vingt jours ; sa veuve décéda âgée de quatre-vingts ans, le 10 juin 1770, et furent ensevelis dans la chapelle Notre-Dame de Cauna. Leurs enfants suivent :

VIIe *degré (bis)*. — Dame Françoise de Cabannes, mariée à Jean-Joseph de Carrère écuyer, seigneur de Loubère, par contrat du 21 février 1708, fut mère de noble Louis de Carrère de Loubère écuyer, et de dame Marie-Ursule de Carrère Loubère marquise du Lyon de Campet 1735-1750.

VIIIe *degré*. — 1° Noble Jean-Marie de Cabannes (fils de Louis), né le 23 septembre 1741, tenu sur les fonts baptismaux par Messire Jean-Marie de Prugue abbé de Saint-Loubouer, et dame Françoise de Cabannes épouse de noble Jean-Joseph de Carrère.

2° Noble Jean-Marie de Cabannes, né à Cauna le 22 janvier 1715, baptisé le lendemain. Parrain, noble Jean-Marie de Prugue et demoiselle Jeanne de Cabannes, mort le 2 juin 1716, enseveli dans l'église Notre-Dame du bourg de Cauna.

3° Marguerite de Cabannes, née le 13 novembre 1725, baptisée le 14 dans l'église Notre-Dame de Cauna. Parrain, Jean-Joseph de Carrère écuyer, seigneur de Loubère ; marraine, dame Marguerite de Prugue épouse de M. de Cis sieur de Baché. Présents : Messire Alexandre de Navailles prieur et abbé de Saint-Loubouer, habitant de Mont-de-Marsan, et M. Fabian de Cis sieur du Baché, ancien major de Marchienne, chevalier de l'Ordre royal et militaire de Saint-Louis, habitant de Mont-de-Marsan ; dame Françoise de Cabannes épouse dudit seigneur de Loubère.

4° Dame Marie-Ursule de Cabannes née à Saint-Sever le 31 août 1735, baptisée le 1er septembre. Parrain, noble Jean-Marie de Prugue tenant pour noble Augustin de Prugue ; marraine, demoiselle Marie-Ursule de Loubère. Mademoiselle de Cabannes se trouvait âgée de cinq ans lorsque son père étant mort depuis quelques mois, le 31 août 1741, Jeanne-Marie de Prugue se fit décerner la tutelle de sa fille unique par ordonnance du juge de Cauna rendue le 31 juillet 1741, sur l'attestation de Christophe de Cabannes écuyer, seigneur baron de Cauna et Jean-Marie de Prugue écuyer, oncles de ladite mineure (original).

Marie-Ursule de Cabannes fut mariée le 7 octobre 1760 à noble Etienne-Barthélemy de Compaigne, chevalier de Saint-Louis, capitaine commandant une compagnie de gentilshommes à l'Ecole royale et militaire de Paris, ancien capitaine et major au régiment de Lorraine-infanterie, fils de feu sieur Jean de Compaigne et dame Marthe de Cantèloup (*). M. de Compaigne mourut à Cauna le 19 janvier 1769, à l'âge de soixante-trois ans et fut inhumé le lendemain dans la chapelle de Notre-Dame de ce bourg. Sa veuve mourut en 1807 à Eyres près Saint-Sever, et fut transférée la même année dans la chapelle de sa maison en l'église Notre-Dame de Cauna où elle repose à côté de son mari et de ses prédécesseurs.

IXe *degré*. — Demoiselle Marie-Pétronille de Compaigne fille unique de Marie-Ursule et d'Etienne-Barthélemy, née le 30 mai 1762, tenue sur les fonts par noble Pierre de Compaigne, habitant de la ville de Grenade, et dame Marie de Prugue de la paroisse de Cauna, mariée le 20 octobre 1782 à Saint-Sever avec son parent, Messire Clair-Joseph de Cabannes chevalier, baron de Cauna, Mauco et Bacquera, fils de noble Jean-Ignace de Cabannes baron de Cauna et de Marguerite de Barbotan Carritz. Leur descendance se trouve dans la branche cadette de Cabannes.

DE CABANNES. — *Branche cadette.*

D'azur à une tour d'argent sommée d'un lion naissant d'or. (Armoiries déclarées en 1698 par Paul de Cabannes, lieutenant du roi au gouvernement de Charlemont, et en 1714, par Christophe de Cabannes, chevalier baron de Cauna et de Mauco).

IIIe *degré*. — Noble Jean de Cabannes, fils de Jacques et petit-fils de Bernard, transigea avec ses frères Jean, l'aîné,

---

(*) Les familles de Compaigne et de Canteloup ont été convoquées au ban de la noblesse de Marsan en 1693 *(Armorial* 1864).

et Domingue, en 1553, sur les droits successifs de Jacques de Cabannes leur père commun; tous les trois qualifiés nobles le 8 mars 1553. Contrata mariage, le 12 juin 1575, avec damoiselle Jeanne Dupin, fille de Xsans Dupin et de Jeanne de Marreing habitants de Samadet; assisté de noble Jean de Cabannes son frère aîné et de damoiselle Catherine de Lagoffun sa belle-sœur; mourut en 1594 laissant quatre fils : Raymond, Bernard, Guy et Paul.

IV° *degré*. — A. Noble Raymond de Cabannes, homme d'armes de la compagnie du seigneur de Poyanne et lieutenant de robe courte au duché d'Albret, siége de Tartas, épousa en janvier 1617 Anne de Sanguinet, damoiselle; fit son testament le 4 octobre 1617, dans la paroisse de Lamothe, maison de Cabannes, sénéchaussée des Lannes, siège de Saint-Sever; il transigea le 17 novembre 1617 avec ses frères, nobles Bernard, Guy et Paul de Cabannes, sur les droits successifs à l'héritage de noble Jean de Cabannes leur père, et mourut peu de jours après novembre 1617, laissant Anne de Sanguinet au moment de ses couches, laquelle mit au monde deux filles, Louise et Jeanne de Cabannes.

Louise mariée en 1634 à M. Bernard-Louis de Lafaysse, en eut noble Louis de Lafaysse sieur de Pérode, dont la petite-fille épousa en 1710 le baron de Doazit.

Jeanne de Cabannes mariée à M. Jean-Jacques de Laborde, fils de noble Jean de Laborde et de Saubade de Barry damoiselle, desquels sont issus les MM. de Laborde-Pedeboulan.

B. Bernard de Cabanes continue la postérité.

C. Guy de Cabannes, écuyer, hommes d'armes de la compagnie du seigneur de Poyanne, transigea en 1617 avec ses frères sur la succession de Jean de Cabannes leur père; fut marié le 25 novembre 1620 et mourut le 27 août 1622, laissant de demoiselle Quitteyre de Lartigue son épouse, Christophe de Cabannes, mort jeune. Quitteyre de Lartigue se remaria avec noble Pierre de Borrit, prévost royal de Saint-Sever.

D. Noble Paul de Cabannes, avocat au parlement de

Bordeaux, docteur ès-droits, né en 1594, transigea en 1617 avec ses frères sur la succession de leur père, noble Jean de Cabannes ; se maria le 17 novembre 1629 avec damoiselle Jeanne de Tuquoy, fille de noble Sever de Tuquoy et de Quitteyre Dembidonnes, damoiselle, et mourut en 1674 laissant quatre fils qui n'ont point eu de postérité ; son testament est du 4 septembre 1674.

1° Noble Jean-Jacques de Cabannes, seigneur de Pecomère et Bost en Lesgo (Albret), avocat en la cour du parlement de Bordeaux ; marié le 27 septembre 1676 avec sa cousine, demoiselle Marthe de Pausader, fille légitime de noble Bernard de Pausader et de demoiselle Marthe de Lartigue, en eut une fille morte en bas-âge, et mourut lui-même en 1686, léguant 2000 livres afin de dire des messes pour le repos de son âme, et en outre 3000 livres à l'hôpital de Saint-Sever, pour et avec la rente doter les jeunes filles pauvres. Il institua pour légataire particulier Jean-Jacques de Cabannes, capitaine au régiment de Louvigny, son frère puîné, et son héritier universel Paul-Calixte de Cabannes, lieutenant-colonel au même régiment, le 5 août 1586.

2° Noble Paul-Calixte de Cabannes écuyer, servit pendant 45 ans le roi Louis XIV, et fut successivement capitaine et lieutenant-colonel du régiment de Louvigny-Gramond-Guiche 1685, brigadier des armées du roi, chevalier de son ordre militaire de Saint-Louis et lieutenant pour Sa Majesté en la ville et citadelle de Charlemont. Mourut dans cette ville en 1703, instituant pour son héritier universel Christophe de Cabannes, lieutenant au régiment de Coëtquen, son cousin. En 1698, il avait déclaré les armes de la maison de Cabannes, d'azur à une tour d'argent sommée d'un lion naissant d'or (*Armorial de Flandres. Givet*).

3° Jean-Louis de Cabannes, prêtre prébendier de Lamothe, de la prébende de Saint-Hippolyte, fondée en 1537 par M. Dominge de Cabannes, fut pourvu de ce bénéfice en 1657 et mourut en 1677.

4° Noble Jean-Jacques de Cabannes capitaine au régiment de Louvigny ou Gramond-Guiche, transigea le 11 février 1688 avec Paul-Calixte, son frère aîné, sur les droits à la succession de Jean-Jacques de Cabannes sieur de Pecomère. Jean-Jacques mourut avant 1700, probablement sous les drapeaux, et ses biens revinrent à Paul-Calixte, lieutenant du roi à Charlemont.

IVe *degré (bis).* — Noble Bernard de Cabannes, avocat du roi au siége sénéchal de Saint-Sever, second fils de Jean, épousa par contrat du 1er février 1614, dans la ville de Saint-Sever, damoiselle Jeanne de Tuquoy, fille de M. Sever de Tuquoy, avocat du roi, et de Quitteyre Dembidonnes damoiselle. Le 17 novembre 1617 il transigea avec ses frères Raymond, Guy et Paul sur la succession de noble Jean de Cabannes leur père, et mourut en 1625 laissant un fils unique.

Ve *degré.* — Noble Jean de Cabannes seigneur de Gabouillat, né le 10 mai 1619, avocat au Parlement de Bordeaux, habitant de la ville de Saint-Sever, épousa par contrat du 9 avril 1640, damoiselle Catherine de Lespès, fille légitime de M. Arnaud de Lespès seigneur de Proux, bourgeois de la ville de Saint-Sever, et de Marguerite de Laborde. Il fit son testament en 1695 et mourut la même année, laissant de son mariage :

1° Pierre, dont l'article suit.

2° Christophe de Cabannes, baptisé le 18 mai 1656, filleul de messire Christophe de Tucquoy seigneur abbé de Pimbo, et de damoiselle Catherine de Benquet ; prêtre-docteur en théologie et prêtre-prébendier de la prébende de Cabannes à Lamothe, mort jeune et avant son père (1683).

3° Demoiselle Jeanne de Cabannes mariée à M. Jean de Larrieu.

4° Demoiselle Jeanne-Marie de Cabannes non mariée.

VIe *degré.* — Noble Pierre de Cabannes sieur des Videaux, avocat du Parlement de Bordeaux, né en 1643, marié le 23 février 1675 avec demoiselle Louise de Portets, fille de M. Louis de Portets et de demoiselle Françoise de Larrhède, et mourut le 10 novembre 1700, laissant de son mariage :

1° Louis de Cabannes, né le 4 janvier 1677, mort le 30 août 1738, enseveli dans l'église de Lamothe.

2° Messire Jean-Baptiste de Cabannes, né le 12 octobre 1678, vicaire de Souprosse (1704-1705), prêtre-prébendier de Cauna, curé de Goudosse (1713), d'Aurice (1726), mourut curé d'Aurice et Sainte-Eulalie le 25 mars 1737, âgé de cinquante-huit ans, cinq mois, treize jours.

3° Christophe chevalier de Cabannes, qui continue la postérité.

4° Jean-Pierre de Cabannes, né le 23 avril 1684. Parrain, Jean de Chèze écuyer, et marraine Marguerite de Larrieu.

5° Jean de Cabannes, né le 18 juin 1697, filleul de Jean de Larrhède et de dame Isabeau d'Estoupignan, étudiant à Sorrèse en 1713, bénédictin à Saint-Sever en septembre 1724.

6° Jeanne-Marie de Cabannes, née le 23 février 1681, épousa le 24 février 1699 Pierre-Isaac Dubernet sieur de Castaing, et en 1713 sieur Joseph de Marsan, et mourut le 23 septembre 1720.

7° Damoiselle Marthe de Cabannes, née le 3 février 1683, filleule de noble Jean Dupoy, baptisée en présence de noble Christophe Dupoy.

8° Demoiselle Isabeau de Cabannes, née le 29 mai 1685, mariée en février 1705 avec messire Jean Duhaut seigneur de Lanneplan son cousin.

9° Anne-Claire de Cabannes, née le 23 octobre 1686, filleule de messire Joseph de Batz, écuyer, seigneur vicomte d'Aurice, baron de Lamothe, lieutenant-particulier au siége de Saint-Sever, et demoiselle Anne de Lespès, mariée à M. Arnaud de Castaing sieur du Clecon.

10° Françoise de Cabannes, morte le 31 janvier 1702.

11° Anne de Cabannes, née le 1er août 1688, mariée le 13 mai 1726 à M. Duris, greffier en chef, morte le 25 juillet 1732.

12° Marguerite de Cabannes, née le 25 mars 1690, filleule de Joseph de Laval, conseiller du roi au sénéchal, et de demoiselle Marguerite de Portets.

13° Jeanne de Cabannes, née le 9 juin 1692, filleule de

noble Christophe du Poy et demoiselle Jeanne de Larrhède.

14° Marie-Ursule de Cabannes, née le 24 octobre 1693.

VIIe *degré*. — Noble messire Christophe de Cabannes, écuyer, chevalier seigneur baron de Cauna et Mauco, naquit à Saint-Sever le 10 septembre 1679. Dès ses plus tendres années il entra au service du roi, fut lieutenant dans le régiment de Guiche, puis passa avec le même grade dans celui de Coëtquen, où il servait en 1703. Institué héritier universel de Paul-Calixte de Cabannes son parent, qui fut le dernier survivant des quatre fils de Paul de Cabannes et de Jeanne de Tuqouy. Devenu ainsi le chef de nom et d'armes d'un rameau important de sa famille, Christophe de Cabannes se vit forcé de renoncer au service militaire pour prendre soin de ses affaires domestiques et se retira dans ses terres. Le 13 juillet 1704, Sa Majesté le pourvut de l'office de son conseiller lieutenant-général d'épée héréditaire au baillage de Saint-Sever, en considération de ses services militaires et de ceux de ses cousins Paul-Calixte et Jean-Jacques de Cabannes. Christophe de Cabannes, écuyer, fut reçu au Parlement de Bordeaux dans l'exercice de sa charge de lieutenant-général d'épée, par arrêt d'août 1704.

Par contrat du 11 décembre 1704, dressé sur articles en date du 19 août précédent, il épousa demoiselle Catherine de Poyferré de Varennes, fille de messire Antoine-Augustin de Poyferré, écuyer, seigneur baron d'Arricau, Varennes et Maignos, et de dame Suzanne de Saint-Angel son épouse. Catherine de Poyferré mourut à Saint-Sever le 8 novembre 1705 et fut ensevelie dans la sépulture de Cabannes, devant l'autel de la paroisse, ne laissant point d'enfant vivant. Le baron de Cauna se maria en secondes noces avec Magdelaine de Boyrie de Narcastet (de Pau), le 21 août 1710, et devint veuf une seconde fois le 7 juin 1725; sa femme fut enterrée dans la chapelle Notre-Dame des seigneurs de Cauna. En 1738 le 8 janvier, dame Louise de Portets mère de Christophe mourut au château âgée de quatre-vingt-cinq ans, étant née à Saint-Sever le 24 février 1652, et fut ensevelie dans le tombeau des seigneurs de

Cauna. Le baron de Cabannes de Cauna mourut le 13 mars 1753, âgé de soixante-douze ans et demi, et fut inhumé dans la chapelle des seigneurs du lieu. De son mariage avec Magdelaine de Boyrie sont issus :

1° Jean-Ignace de Cabannes, qui continue la descendance.

2° Pierre-Daniel de Cabannes dit l'abbé de Cauna, né le 8 avril 1712 au château de Cauna, filleul de Pierre-Daniel de Boyrie, écuyer, seigneur de Narcastet, et de dame Marie-Claire de Lassalle. En l'absence de ces derniers il fut tenu sur les fonts par M. Jean-Baptiste de Cabannes, prêtre-prébendier de Cauna et par demoiselle Jeanne-Marie de Cabannes Dubernet. Pierre-Daniel de Cabannes, étudiant en Sorbonne en 1733, partit comme missionnaire apostolique pour les Indes en 1738, se trouvait à Siam en 1741 et exerçait le même ministère en 1753 après la mort de son père, et lui-même termina sa vie dans les missions de l'Inde ; mort le 13 janvier 1756 à Chantebrun (*Archives des missions étrangères*).

3° Paul-Jacques de Cabannes, né le 18 juin 1714, mort à Saint-Sever le 29 mars 1727 à l'âge de 12 ans, 9 mois et 11 jours ; enseveli dans la sépulture de Cabannes devant l'autel de la paroisse.

4° Antoine-Augustin de Cabannes, né au château de Cauna le 14 août 1716, filleul de Messire Antoine-Augustin de Poyferré de Varenne baron d'Arricau, et de dame Jeanne de Poyferré de Saint-Gervasi (sa fille) ; mort à l'âge de 3 ans et 1 mois, le 30 septembre 1719 ; enseveli dans la tombe des seigneurs de Cauna.

5° Noble Benoît de Cabannes, né le 6 février 1718, filleul de M. Benoît de Castaing et de demoiselle Claire de Cabannes, étudiant en théologie en 1739, mort à Toulouse étant maître ez-arts, le 25 mars 1718, âgé de 25 ans.

6° Joseph de Cabannes, né le 7 février 1718, filleul de M. Joseph de Marsan et d'Anne de Cabannes, mort le 28 avril 1718, enseveli dans la tombe des seigneurs de Cauna (*jumeau du précédent*).

7° Pierre de Cabannes, né à Cauna le 4 mars 1721, filleul de dame Isabeau de Cabannes-Duhaut.

8° Damoiselle Jeanne-Marie de Cabannes de Cauna, née le 3 août 1715 au château de Cauna, filleule de Messire Pierre de Portets, prêtre docteur en théologie, curé de Saint-Sever, et de demoiselle Jeanne-Marie de Cabannes; mariée dans la chapelle de Cauna, le 24 février 1740, à noble François de Bordenave, écuyer, sieur de Bargues, capitaine au régiment de Montmorency, fils de feu Messire Jean de Bordenave seigneur de Bargues, et de dame Marie-Elisabeth de Prugue. Jeanne-Marie de Cabannes mourut à Mont-de-Marsan, le 9 janvier 1742, âgée de 27 ans et demi laissant : Jacques-Christophe de Bordenave qui devint maréchal-de-camp et chevalier de Saint-Louis ✠ 1816, Jean-Ignace de Bordenave, colonel et chevalier de St-Louis, mort en 1808.

VIIIe *degré*. — Noble Messire Jean-Ignace de Cabannes, écuyer, chevalier, lieutenant-général d'épée au siége de Saint-Sever, baron de Cauna et de Mauco, naquit à Cauna le 31 juillet 1711, et fut baptisé le lendemain; entra au service comme officier au régiment de Lorraine, le 26 août 1734; rejoignit l'armée au siège de Philisbourg et se comporta avec honneur dans les rudes campagnes que fit ce régiment pendant les années 1734, 1735 et 1736, *comme* le prouvent les témoignages favorables à lui rendus par M. de Captan, lieutenant-colonel du régiment de Condé, M. Augustin de Prugue, capitaine au régiment de Piémont, et Barthélemy de Compaigne, officier au même régiment de Lorraine.

Jean-Ignace étant rentré dans sa famille en 1736 se maria, par actes du 25 février, 28 avril 1743, avec dame Marguerite de Barbotan, de la ville de Saint-Sever, fille de noble Jacques de Barbotan seigneur de Carrits, et de dame Louise de Lartigue-Pelesté.

Après la mort de son père il soutint l'appel interjeté par celui-ci contre les sentences des intendants, et déféra ces ordonnances et les contraintes des traitants devant le roi en son conseil d'Etat qui déchargea Jean-Ignace de Cabannes seigneur de Cauna des droits de francfiefs pour lesquels feu Christophe de Cabannes et ledit sieur de Cauna son fils, ont été compris dans lesdites contraintes cassant les ordonnances des sieurs de Serilly et d'Aligre, intendants de Pau et d'Auch. Fait au Conseil d'Etat du roi, tenu à Versailles le 16 du mois de novembre 1756.

Jean-Ignace testa le 26 juillet 1764 et mourut au château de Cauna le 28 avril 1782, âgé d'environ soixante-onze ans, et fut enseveli dans la tombe des seigneurs de Cauna. Ses enfants sont :

1° François de Cabannes de Cauna, né à Cauna le 4 octobre 1748, baptisé le surlendemain dans l'église Notre-Dame du bourg de Cauna, filleul de noble François de Bordenave seigneur de Bargues, et de dame Louise de Lartigue de Campet. En leur absence il fut tenu par noble Christophe de Bordenave fils, et par dame Louise de Lartigue de Barbotan, en présence de noble Christophe de Cabannes baron de Cauna et demoiselle Marie-Ursule de Cabannes.

2° Noble Arnaud-Jean de Cabannes de Cauna, né le 8 février 1753, filleul de noble Jean de Batz vicomte d'Aurice, fut prébendier des prébendes de Cauna et Lamothe, curé d'Aurice et Sainte-Eulalie, fut présent à l'assemblée du clergé de Dax en 1789, et mourut peu de temps après l'Empire.

3° Clair-Joseph de Cabannes, qui continue la postérité.

4° Marie-Louise de Cabannes de Cauna, née le 14 janvier 1744, religieuse de la Visitation à Bayonne.

5° Louise de Cabannes de Cauna, née le 16 mai 1745, mariée le 19 juin 1764 à noble Joseph de Pommiers chevalier seigneur de Bourdenx et Perquie, dont la famille se rattache aux anciens sires de Pommiers de la province de Guienne. (Voir Froissard, 1346 et années suivantes.)

6° Elisabeth de Cabannes de Cauna, née le 20 septembre 1747, filleule de noble Jacques de Barbotan, écuyer, et de dame Isabeau de Cabannes Duhaut, mariée le 23 septembre 1771 à M. Pierre-Paul de Larrieu son cousin, fils de M. Pierre de Larrieu et de demoiselle Marie de Garrelon, en présence de Me Pierre du Sault, avocat, et noble Pierre de Ladoue aussi avocat en la cour.

IXe *degré*. — Messire noble Clair-Joseph de Cabannes de Cauna, écuyer, chevalier seigneur baron de Cauna et Mauco, seigneur de Bacquera et Pelague, chevalier de l'ordre royal et militaire de Saint-Louis, né à Cauna la nuit du 28 au 29 juin 1750, fut baptisé le lendemain et tenu sur les fonts par messire Clair-Joseph de Barbotan seigneur de Carritz, et dame Anne d'Arcet de Barbotan. Après avoir fait ses études à Sorèze, Clair-Joseph de Cabannes fut admis dans les mousquetaires noirs de la garde du roi, 2e compagnie, après avoir fourni préalablement ses preuves de noblesse. Le 18 novembre 1768, il est qualifié noble Clair-Joseph de Cabannes de Cauna, écuyer, servant dans la compagnie des mousquetaires noirs. Après avoir continué son service jusqu'au licenciement du corps, il épousa le 20 octobre 1782, demoiselle Marie-Perine de Compaigne, fille de feu noble Barthélemy de Compaigne, chevalier de Saint-Louis, capitaine d'une compagnie de gentilshommes à l'école royale et militaire de Paris, et de dame Marie-Ursule de Cabannes. Ce mariage opéra la fusion des deux branches de la famille de Cabannes séparées vers 1500. Le baron de Cauna fut convoqué et assista le 31 mars 1789 à l'assemblée de la noblesse des Lannes réunie à Dax et qui dès le début était composée de deux cents gentilshommes, et termina ses travaux par soixante-six signataires des cahiers. En 1791 il reçut son brevet de chevalier de l'ordre de Saint-Louis et fut persécuté et mis en réclusion en 1793. 1794, ainsi que Marie-Perine baronne de Cauna, et mourut à Cauna le 25 avril 1811, âgé de soixante-un ans, et fut enseveli dans la chapelle des seigneurs de Cauna. Ses enfants sont :

1° Jean-Arnaud-Vincent, qui continue la descendance.

2° Demoiselle Marie-Catherine-Adélaïde de Cabannes de Cauna, née à Saint-Sever le 14 septembre 1784, filleule de messire Louis-Barthélemy de Compaigne, et de demoiselle Catherine de Barbotan, morte à Cauna âgée de quarante ans, le 27 octobre 1824, ensevelie au cimetière de Saint-Barthélemy.

3° Dame Louise-Marie-Emilie de Cabannes de Cauna,

née à Saint-Sever le 22 mai 1786, religieuse ursuline, fut longtemps et avec distinction, supérieure du couvent d'Aire où elle est morte en 1858.

4º Noble Clair-Joseph de Cabannes de Cauna, né à Saint-Sever le 15 avril 1788, embrassa l'état ecclésiastique, mourut à Lamothe le 9 novembre 1840, âgé de cinquante-huit ans, enseveli dans le cimetière de la paroisse.

5º Noble Jean-Xavier de Cabannes de Cauna, chevalier, né le 3 décembre 1791, tenu sur les fonts par Jean-Arnaud-Vincent de Cabannes son frère aîné, étudia à Saint-Cyr pour l'état militaire, fit en 1810-1811 la campagne d'Espagne, blessé, fait prisonnier, retenu longtemps sur les pontons de Cadix, ne recouvra la liberté qu'en 1814, reprit son service dans la légion des Landes où il fut lieutenant-porte-drapeau, aide-de-camp du général vicomte de Barbot, capitaine d'état-major et capitaine de chasseurs, prit sa retraite en 1830, chevalier des ordres de Saint-Louis et de la Légion-d'Honneur, mort à Aire-sur-l'Adour le 13 novembre 1854, laissant de dame Joséphine de Jullien de Lassalle dont il était veuf depuis 1822 : Dame Emilie de Cabannes de Cauna, mariée le 28 août 1844 à M. le baron Charles-Léonard de Navailles-Banos.

6º Demoiselle Marie-Thérèse de Cabannes de Cauna, née le 10 janvier 1794 (an II), mariée en 1812 à M. Pierre-Laurent de Chauton, fils de Charles de Chauton, avocat du roi.

7º Messire Alexandre-Daniel de Cabannes, né à Saint-Sever le 4 juillet 1790, mort jeune.

8º Antoine Sever, né au château de Cauna le 24 mai 1796, mort en bas-âge.

9º Louis-Charles de Cabannes de Cauna, né en 1798, filleul du chevalier Charles de Cours.

10º Demoiselle Marie-Ursule de Cabannes de Cauna, née le 21 thermidor an VIII; eut pour parrain et marraine Jean-Ignace de Bordenave et Marie-Ursule de Cabannes-Compaigne; mariée à M. Pierre Dupuyau de Bouneau.

X^e *degré*. — Messire Jean-Arnaud-Vincent de Cabannes baron de Cauna et Mauco, né à Saint-Sever le 19 juillet 1783, tenu sur les fonts par Messire Jean-Pierre de Batz écuyer, et dame Marie-Ursule de Cabannes, veuve de Compaigne; fut de 1811 à 1814 maire de la commune de Cauna; en avril 1814, et sur la proposition de Monseigneur le duc d'Angoulême, une ordonnance royale l'appela à la mairie de la ville de Saint-Sever; à la fin de décembre 1814, il épousa à Labatut demoiselle Marguerite-Charlotte de Borda, fille de Messire Jean-Joseph de Borda-Labatut, chevalier, ancien capitaine commandant au régiment de Vivarais, chevalier de l'ordre royal et militaire de Saint-Louis, et de Marie-Anne de Seize; il fut aussi député par le conseil général du département des Landes pour aller complimenter le roi Louis XVIII sur son avènement à la couronne et reçut à cette occasion la décoration de l'ordre du Lys. Le baron de Cauna donna sa démission pendant les Cent jours et ne reprit ses fonctions de maire qu'après le second retour de Louis XVIII. Il fut successivement, pendant la Restauration, membre du Conseil général des Landes, sous-préfet de Saint-Sever, député de l'arrondissement (1824-27-1828) et chevalier de la Légion-d'Honneur; il est mort à Saint-Sever le 29 janvier 1829, laissant six enfants de son mariage :

1° Bernard-Augustin qui suivra;

2° Demoiselle Marie-Thérèse-Antoinette de Cabannes de Cauna, née en 1815, mariée le 10 avril 1837 à M. Charles-Roques, décédée à Cauna le 19 octobre 1851.

3° Marie-Antoinette-Elisabeth de Cabannes de Cauna, née à Saint-Sever en 1817, mariée en 1838 à M. Pierre-Edmond de Ladoüe;

4° Marie-Clotilde-Ernestine-Aurélie de Cabannes de Cauna, née en 1819, mariée à M. de Joantho en octobre 1837, veuve le 23 août 1865.

5° Catherine-Caroline-Aurélie de Cabannes de Cauna, née en 1821, mariée en 1839 à M. Barthélemy du Cor de Duprat.

6° Marie-Ursule-Marguerite-Berthe de Cabannes de Cauna, née en avril 1827, mariée en 1847 à M. Clément d'Anglade.

XI° *degré*. — Noble Bernard-Augustin-Henry-Timothée

de Cabannes baron de Cauna, né à Saint-Sever le 24 janvier 1822, tenu sur les fonts par M. le baron Bernard-Augustin de Cardenau, maréchal des camps et armées du roi, et dame Marie-Thérèse de Cabannes de Cauna, épouse de M. Chauton ; s'est marié le 14 juin 1851, avec Mademoiselle Charlotte-Albine Magdelaine, fille de M. Augustin Magdelaine, ancien ingénieur en chef, chevalier de la Légion-d'Honneur, et de dame Clémentine Lefebvre des Fontaines, de la ville d'Amiens. De ce mariage :

1° Raymond de Cabannes de Cauna, né à Saint-Sever le 12 avril 1852, décédé à Perchède le 9 novembre 1852.

2° Demoiselle Marie-Theudosie-Marguerite de Cabannes de Cauna, née le 10 juillet 1853.

3° Paul-Marie-Antoine de Cabannes de Cauna né le 30 juin 1854.

4° Marie-Alexandre-Raymond, né le 21 août 1856, décédé le 22 juillet 1857.

5° Clotilde-Hedwige de Cabannes de Cauna, née à Cauna le 4 octobre 1858.

PIÈCES JUSTIFICATIVES.

Le Conseiller d'Etat, Directeur, certifie que des registres matricules et documents déposés aux archives de la guerre a été extrait ce qui suit :

Nom et signalement du militaire : — COMPAIGNE, né en 1705 à Rochefort de Marsan (Gascogne).

Détail des services : — Cadet au régiment d'infanterie de Lorraine en 1728 ; enseigne le 1er Mars 1729 ; lieutenant le 17 juillet 1731 ; capitaine le 30 mai 1738 ; — réformé.

Commandant d'une compagnie d'élèves de l'Ecole militaire en décembre 1758 (*sans renseignements ultérieurs*).

Campagnes : — 1734. Siége de Philisbourg. — 1735. Affaire de Closerme (ou Closenne). — 1743. Affaire de Rheune-Williers. — 1744. Attaque des lignes de Wissembourg. — 1745. Siége de Fribourg. — 1746. Siége de Mons et de Charleroy ; bataille de Laufelt, — 1747. Siége de Berg. op. Zoom.

Décorations : — Chevalier de St-Louis au commencement de 1746.

Fait à Paris, le 16 Octobre, 1867.

Pour le Conseiller d'Etat directeur, le Sous-Directeur : AB. DE FORGE.

Le 7 octobre 1760 nous avons imparti la bénédiction nuptiale à noble Etienne-Barthélemy Compaigne, chevalier de l'ordre militaire de St-Louis, habitant de la paroisse de la Madeleine de la ville Lévêque, à Paris, fils légitime de feu Jean de Compaigne et de Marthe de Canteloup d'une part ; et à demoiselle Marie-Ursule de Cabannes, habitante de cette paroisse, fille légitime de feu noble Louis de Cabannes et de dame Marie de Prugues, après avoir publié leurs bans le cinquième du présent mois, jour de Dimanche, à la messe de paroisse, les parties s'étant pourvues de la dispense des deux autres publications. Après avoir vu le certificat de pareille publication faite à ladite paroisse de Ste-Madeleine de la ville Lévêque à Paris, donnée par Mgr de Beaumont, Archevêque de Paris, avec la dispense aussi des deux dernières publications accordées par ledit Sr Archevêque et avec la permission d'impartir la bénédiction nuptiale audit noble Etienne-Barthélemy Compaigne sans avoir découvert ni ici ni à Paris aucun empêchement ni civil ni canonique audit mariage, les parties s'étant d'ailleurs duement disposées au sacrement de mariage. Présents : MM. Joseph Tausin, curé de St-Sever, y habitant ; noble Jean-Ignace de Cabanes, seigneur de Cauna et Mauco, habitant de Cauna ; noble Jean-Marie de Prugue-Caillau, et noble Louis Carrère de Loubère, habitants de la ville de Mont-de-Marsan, tous parents de l'une ou l'autre des parties contractantes, ils ont signé avec elles : M. Me Louis de Compaigne, qui a fait la cérémonie et moy.

TAUSIN, *curé de St-Sever.* COMPAIGNE DE CABANES. CABANES DE CAUNA. CARRÈRE DE LOUBÈRE. COMPAIGNE, *prestre.* LÉGLISE, *curé de Cauna.*

Le 19 janvier 1769 mourut à Cauna et fut ensevely dans l'église du bourg, noble Etienne-Barthélemy de Compaigne, chevalier de St-Louis, âgé d'environ soixante-trois ans. Présent, noble Ignace de Cabanes, chevalier seigneur de Cauna et M. Me Jean-Baptiste Joannin, vicaire de Cauna, tous deux habitants de cette paroisse. Ils ont signé avec moi : CABANES DE CAUNA ; LÉGLISE, *curé de Cauna* ; JOANNIN, *vicaire de Cauna.*

Le 10 juin 1770 mourut au bourg dame Jeanne Mariee de Prugue veuve à feu Louis de Cabanes, âgée d'environ 80 ans et fut ensevelie le lendemain dans l'église du bourg, au Collatéral appartenant aux héritiers du dit Cabanes. Présent M. M⁰ François, Lafosse, curé de Goudosse, et M. Mᵉ Bernard Larrieu, vicaire de Cauna qui ont signé avec moy : LARRIEU *vic.* LAFOSSE. LÉGLISE, *curé de Cauna*.

———

Marie-Ursule fille de noble Louis de Cabannes et de dame Marie de Prugue, mariés, est née le 31 août 1735, et a été baptisée le 1ᵉʳ de septembre ; parrain noble Jean-Marie de Prugue, tenant pour noble Augustin de Prugue, capitaine dans le régiment de Piémont ; marraine demoiselle Marie-Ursule de Loubère ; en foi de quoi etc. PRUGUE CAILLAU *parrain* ; DE CLOCHE ; DARSAC DE CLOCHE ; Jehanne DE CABANNES ; CAPTAN DE BATZ ; CABANNES *père* ; Marie-Ursule DE LOUBÈRE ; Thérèse DE CLOCHE ; DUFRAYSSE, *curé*.

———

Le 13 juin 1708 receurent la bénédiction nuptiale noble Jean-Joseph de Carrère de Loubère de la paroisse de Saint-Martin, diocèse de Dax, et demoiselle Françoise de Cabannes, de la paroisse de Cauna ; toutes les formalités à ce sacrement nécessaires légitimement observées ; présens, sieur Bernard de La Chapelle et Nicolas Dupuyo, qui ont signé avec les contractans ; par moy : DUPUYO ; LOUBÈRE ; F. DE CABANNES ; LA CHAPELLE ; DUCOURNEAU, *curé*.

———

Le 3 juin 1708 décéda au bourg de Cauna noble Ramond de Cabannes, âgé de 70 ans ou environ, après avoir receu les sacrements de l'église et feust enseveli le lendemain dans l'église Notre-Dame de Cauna. Présents : Jean de Reulin, Jean de Labat et Nicolas Dupuyo qui a signé avec moi ; ce que n'ont fait ledit de Reulin ni de Labat pour ne sçavoir, ainsi qu'ils ont déclaré. Par moy, DUCOURNEAU, *curé* ; DUPUYO.

———

Extrait du contrat de mariage de noble Jean-Arnaud-Vincent de Cabannes baron de Cauna, et de dame Maguerite-Charlotte de Borda (1814).

Par devant le notaire public Pierre-Gardien-Léon Seniean aîné à la résidence de Dax, chef-lieu du troisième arrondissement du département des Landes, soussignés présents les témoins bas nommés ont comparu : Monsieur le baron Jean-Arnaud-Vincent de Cabannes de Cauna, maire de la ville de Saint-Sever, fils de Messire Clair-Joseph de Cabannes de Cauna, mousquetaire noir, décédé, et de dame Marie-Pétronille de Compaigne, son épouse, domiciliée de la commune de Cauna ; assisté de Monsieur Laurent Bernède aîné propriétaire, d'une part, et demoiselle Marguerite-Charlotte de Borda domiciliée de la commune de Labatut, fille de Messire Joseph de Borda-Labatut chevalier, et chevalier de l'ordre royal et militaire de Saint-Louis, et de dame Marie-Anne de Seize son épouse, domicilié de la même commune, procédant de l'avis, consentement et assistance desdit sieur et dame de Borda, ses père et mère ici présents ; assistée aussi de Monsieur Jean-Baptiste de Borda, chevalier, maire de cette commune, son frère, de demoiselle Catherine-Josèphe de Borda sa sœur, de demoiselle Magdelaine Bernède, de Monsieur François Darrigan, sous-préfet de cet arrondissement, et Monsieur Alexis Daleman d'autre part.

Fait et passé et lu aux parties à Labatut, maison du Conte, le 28 octobre 1814 avant midi, en présence de sieur Bernard Camain huissier et Jean Soulevent, cultivateur domiciliés de cette commune, témoins à ce appelés. Signé à la minute avec les futurs époux ; ledit sieur Chauton, procureur, constitué, lesdits sieur et dame de Borda, les assistants et le notaire.

DE CABANNES-POMIERS *mariage* (1764).

Le dix-neuvième juin 1764 nous avons imparti la bénédiction nuptiale à noble Joseph de Pomiez chevalier, seigneur de Bourdens, habitant de la paroisse de Perquie, fils légitime de feu noble Jean-Marie de Pomiez, chevalier, seigneur de Bourdens et de dame Anne Lucmajou de Barbuscau, et à Louise de Cabannes demoiselle, fille légitime de noble Jean-Ignace de Cabannes chevalier, seigneur de Cauna et Mauco, et de feue dame Marguerite de Barbotan ; après avoir publié leurs bans à la messe de paroisse, le 10, le 12, et le 17 du courant. Vu le certificat de pareille publication faite dans l'église de Perquie, par Monsieur Me Dupouy curé d'Arthez et Perquie sans avoir découvert aucun empêchement civil ni canonique, ensemble le consentement dudit sieur curé d'Arthès par sa lettre en date du 18 du présent mois, pour impartir par moi-même la bénédiction nuptiale audit sieur Pomiez son paroissien qu'il certifie suffisamment disposé au sacrement de mariage. Ladite demoiselle Louise de Cabannes m'ayant aussi paru disposée au même sacrement. Présents : Noble Jean-Ignace de Cabannes, père de l'épouse, habitant de cette paroisse ; noble Clair-Joseph de Carrits-Barbotan, seigneur de Carris Barbotan Mormès et Maupas, oncle maternel de l'épouse, habitant de la paroisse de Mormès ; sieur Jean-Marie Lavergne, seigneur de Bruillet et de Labeyrière, habitant de la ville de Mont-de-Marsan, et noble Jean-Marie Duron, capitaine dans les grenadiers royaux et chevalier de Saint-Louis, habitant de la paroisse Saint-Cricq, tous deux oncles par alliance de l'époux, lesquels ont signé avec l'époux, l'épouse et moi : — LÉGLISE, *curé de Cauna* ; BARBOTAN ; DE POMIÉS; CABANNES DE CAUNA ; LAVERNHE DU BRUILHET ; Louise DE CABANNES ; DURON.

Notes. — C'est par erreur que dans les tables de l'Armorial de 1865 on n'a pas signalé le nom de M. de Lavergne, curé, page 43 ; MM. de Lavergne, page 418 et Lavernhe de Bruilhet, page 495.

2° M. J.-Marie Duron ou d'Huron, cité page 418, n'est pas de la même maison que M. J. B. du Rou de Lanneplan.

La mention de M. Duron page 495 (*Armorial de* 1865), se rapporte au même capitaine Jean-Marie d'Huron, des Saint-Cricq de Maureillan.

Extrait des registres de l'église paroissiale de Saint-Sever, diocèse d'Aire, de l'année 1822

Le 25 janvier 1822 a été baptisé Bernard-Augustin-Henri-Timothée de Cabannes, né le jour d'hier, fils légitime de M. Jean-Arnaud-Vincent Cabannes baron de Cauna, et de dame Marguerite Charlotte de Borda. Le parrain a été Bernard-Augustin baron de Cardenau, et la marraine dame Marie-Thérèse de Cauna épouse de M. Chauton qui ont signé avec nous, ainsi signé : — DE CARDENAU ; CAUNA CHAUTON ; DE CÈS DE CAUPENNE, *curé*.

Nous soussigné curé de l'église paroissiale de Saint-Sever diocèse d'Aire, certifions que le présent extrait est véritable et tiré mot à mot des registres de ladite église paroissiale sans y avoir rien ajouté ni diminué ; en foi de quoi avons signé à Saint-Sever, le 17 du mois de mai mille huit cent cinquante-un : — DU SAULT, *prêtre ;* vu pour la législation de la signature de M. du Sault curé de Saint-Sever, Aire le 19 mai 1851, DUVIELLA, *vicaire général (Sceau).*

1704. — *Provisions de* CHRISTOPHE DE CABANNES *écuyer*.

Louis par la grâce de Dieu roi de France et de Navarre, à nos amés et féaux conseillers les gens tenants notre cour de parlement de Bordeaux, salut. Notre cher et bien-aimé Christophe de Cabannes écuyer nous a fait remontrer qu'il désirerait, sous notre bon plaisir, se faire pourvoir de l'office de notre conseiller, lieutenant-général d'épée au bailliage de Saint-Sever, généralité de Bordeaux, créé par notre édit du mois d'octobre dernier 1703, mais comme il lui manque deux mois quelques jours de 25 ans pour ce requis, suivant son extrait baptistère du 10 septembre 1679, et qu'il a pour parent prohibé par notre ordonnance le sieur de Portets, son oncle maternel lieutenant particulier audit bailliage, vous pourriez faire difficulté de le recevoir audit office, il nous a très-humblement fait supplier de lui accorder nos lettres de dispense, sur ce nécessaires; à ces causes voulant favorablement traiter ledit exposant, nous vous mandons et ordonnons par ces présentes signées de notre main, que lorsqu'il vous fera apparoir de nos lettres de provisions dudit office de notre conseiller lieutenant-général d'épée, audit bailliage de Saint-Sever, bien et duement expédiées et scellées en sa faveur, vous aurez à procéder à sa réception en icelui, nonobstant et sans vous arrêter audit défaut d'âge et degré de parenté, que nous ne voulons lui nuire ni préjudicier, et dont nous l'avons, de notre grâce spéciale, pleine puissance et autorité royale relevé et dispensé; relevons et dispensons par lesdites présentes sans tirer à conséquence à la charge que leurs voix desdits de Portets oncle et de Cabannes neveu se trouvant conformes aux opinions, elles ne seront comptées que pour une, car tel est notre plaisir. Donné à Versailles, le 17 jour de juillet l'an de grâce 1704 et de notre règne ce LXIJ ; signé Louis, et plus bas par le roi Philipeaux et scellé.

Louis par la grâce de Dieu roi de France et de Navarre, à tous ceux qui ces présentes verront salut. Par notre édit du mois d'octobre 1703, registré ou besoin a été pour les causes y contenues, nous avons créé et érigé en titre d'office formé héréditaire, un notre conseiller lieutenant- général d'épée en chaque bailliage sénéchaussée ou autres justices de notre royaume terres et pays de notre obeissance, qui ressortissement nûment en nos cours et comme notre intention a été d'en pourvoir des officiers choisis dans le nombre des nobles les plus qualifiés pour leurs services ou pour ceux de leurs ancêtres, pour conserver à leur postérité des marques de leur mérite et de notre satisfaction et voulant pourvoir à l'exécution de nos dits édits, savoir faisons : que pour le bon et louable rapport qui nous a été fait de la personne de notre cher et bien aimé Christophe de Cabannes écuyer et de ses sens suffisance prud'homie, expérience fidélité et affection à notre service, et pour marque de la satisfaction que nous avons de ses services en qualité de lieutenant au régiment de Guiche, et de ceux de Paul-Calixte de Cabannes, son cousin dont il est l'héritier, qu'il nous a rendus pendant quarante-cinq années en qualité de capitaine lieutenant-colonel dudit régiment, ensuite de lieutenant pour nous au gouvernement de Charlemont, où il est mort honoré de la croix de chevalier de Saint-Louis. Pour ces causes et autres considérations nous lui avons donné et octroyé, donnons et octroyons par ces présentes, l'office de notre conseiller lieutenant général d'épée au bailliage de Saint-Sever, généralité de Bordeaux, créé héréditaire par notre édit auquel n'a été encore pourvu pour ledit office avoir tenir et dorénavent exercer, en jouir et user héréditairement par ledit de Cabannes aux honneurs dignités, droits, autorités, prérogatives, prééminences, franchises, libertés, gages de 150 livres actuels et effectifs par chacun an, dont le fonds sera fait dans l'état de nos finances de la généralité de Bordeaux droit de comittimus au sceau de la chancellerie de notre cour du parlement dudit Bordeaux. Exécution de tutelle, curatelle, sequestre, nominations, icelles et de toutes autres charges non-convenables au caractère et à la dignité dudit office, faculté de prendre la qualité de chevalier, pouvoir de commander en l'absence et sous l'autorité du bailly de ladite ville de Saint-Sever, le ban et l'arrière-ban qui sera convoqué dans l'étendue de son ressort, et, lorsque l'assemblée de plusieurs bailliages sera assemblée pour former un corps, commander en chef sous l'autorité dudit bailli, les lieutenants d'épée dont il sera le plus ancien en réception, avec la noblesse des autres bailliages assemblée, présider en l'absence dudit bailly et en cas de partage, y décider, faire assembler la noblesse convoquée dans l'hôtel de ville, au siége dudit bailliage, pour y faire procéder, à la pluralité des voix, à l'élection d'un chef commandant du ban et arrière-ban, et autres officiers nécessaires. Et en cas que ledit sieur de Cabannes ne soit pas en état de pouvoir marcher en l'absence du bailly, sans que pour raison de ce il soit tenu d'aucune contribution, faire toutes les fonctions dudit bailly, jouir de tous les honneurs qui lui sont attribués, et faire intituler les jugements et sentences en son nom, en cas que l'office dudit bailly se trouve vacant ou non pourvu ; entrer en habit noir ordinaire, l'épée au côté dans le siège du bailliage, tant en l'audience qu'en la chambre du conseil immédiatement après le lieutenant-général, avec voix délibérative dans toutes les causes civiles, et le même rang dans toutes les cérémonies publiques où ledit bailliage sera assemblé en corps de compagnie et précéder partout ailleurs tous les officiers desdites justices et tous les autres gentilshommes dans les assemblées générales ou particulières, où il aura rang immédiatement après le bailly, le tout ainsi qu'il est plus au long porté par notre édit, avec quittance des finances payées par ledit sieur de Cabannes pour ledit office attaché sous le contrescel de notre chancellerie, pourvu toutefois que ledit de Cabannes ait atteint l'âge de vingt-quatre ans dix mois moins quelques jours suivant son extrait baptistère du 19 septembre 1679, duement légalisé, et qu'il n'ait audit siége aucun autre parent ni allié aux degrés prohibés par nos ordonnances que le sieur de Portets notre conseiller et lieutenant particulier en icelui son oncle maternel ainsi qu'il nous est apparu par les certificats du lieutenant-général et notre procureur audit siège du 17 mai dernier, ci avec ledit extrait baptistaire attaché à peine de nullité des présentes et de la perte dudit office et de sa réception ; et quant aux deux mois quelques jours qui lui manquent des 25 ans requis, et degré de parenté qui est entre lui et ledit de Portets, nous l'en avons de notre grâce spéciale relevé et dispensé par nos lettres de cejourd'hui. A la charge que leurs voix se donnant conformes aux opinions, elles ne seront comptées que pour une. Si donnons en mandement à nos amés et féaux conseillers les gens tenant notre cour du parlement de Bordeaux, qu'après leur être apparu en bonne vie mœurs, âge, susdites conversation et religion catholique apostolique et romaine dudit de Cabannes et de sa noblesse, et de lui pris et reçu le serment en tel cas requis et accoutumé, ils le reçoivent mettent et instituent de par nous en possession dudit office, l'en faisant jouir et user aux honneurs, autorités, prérogatives, prééminences privilèges, franchises, libertés, pouvoirs, fonctions, rang, séances, exemptions, gages, droits, fruits, profits, revenus et émoluments susdits pleinement, paisiblement et héréditairement, et à lui obéir et entendre de tous ceux, et ainsi qu'il appartiendra, ez choses touchant et concernant ledit office. Mandons en outre à nos amés et féaux conseillers les présidents trésoriers généraux de France à Bordeaux, que par ceux de nos officiers receveurs et payeurs comptables qu'il appartiendra, ils fassent délivrer et payer comptant audit de Cabannes les gages et droits audit office, appartenant dorénavant aux termes et en la manière accoutumée, à commencer du jour de sa réception, de laquelle rapportant copie et des présentes, duement collationnée pour une fois seulement, avec quittance sur ce suffisantes, nous voulons lesdits gages et droits être passés, et alloués en la dépense des comptes de ceux qui en auront fait le payement par nos amés et féaux conseillers, les gens de nos comptes à Paris auxquels mandons ainsi le faire sans difficulté car tel est notre plaisir. En foy de quoy nous avons fait mettre notre scel à ces présentes. Donné à Versailles le 13 juillet, l'an de grâce 1704 et de notre règne le LXIIe. Signé sur le repli par le roi, Chapuzeau et scellé de cire jaune.

Pour copie certifiée conforme à la minute inscrite au registre des provisions, page 26 et 27, déposé aux archives départementales de la Gironde sous le n° 97,

Bordeaux le 16 décembre 1858. Pour le secrétaire général, *le conseiller de Préfecture délégué*, L. LIOURD. Expédié et collationné par l'archiviste du département soussigné. Bordeaux le 13 décembre 1858, GRAS.

DE CABANNES (Registres de Lamothe).

Le sixième décembre 1644, fust baptisée Marie de Cabannes, fille légitime de Monsieur de Cabannes et de Mademoyselle de Lanevère, mariés, laquelle Marie (*) était âgée de dix-sept mois, or depuis j'ai appris que ladicte Marie était née le dernier de juin de l'année 1643. Les parrain et marraine sont M. de Cabannes avocat, et Mademoiselle Marie de Baffoigne, femme à M. de Lanevère, et ce dessus faict ez présences des susdits et moi : — DE LACOURT, *curé* ; DU POY, *présent*.

Et le même jour que dessus a esté baptisé, Jeanne de Cabannes, fille légitime des susdits de Cabannes et de Lanevère. Ses parrain et marraine sont Monsieur de Lanevère et demoyselle Jeanne de Cloche ; et de dessus ay faict ez présence des susdits et moy : — DE LACOURT, *curé* ; DU POY, *présent*.

Le 24 aoust 1655 feust enseveli dans l'église de Lamothe, noble Ramond de Cabannes, par moi, BINATIER, *curé*. Les messes ont été célébrées.

Le 7 février 1656, feust ensevelie dans l'église de Lamothe Mademoiselle de Cabannes de Sanguinet ; par moi, BINATIER, *curé*. Les messes furent célébrées.

Le 17 janvier 1638, naquit Ramon de Batz, fils légitime de Jean de Batz et de Jeanne de Moncla mariés, et feust baptisé dans l'église de Lamothe ; par moy soubsigné le vingtième dudit mois et an. Ses parrain et marraine sont Monsieur de Cabannes dit Pitrot, et Mademoyselle Louise de Cabannes de la présente paroisse. Présents, Dominique DESQUIBES ; JEAN DE CRABOS ; et moy, DE LA COURT, *pbr*. (*Registres de Lamothe*).

(*) Le parrain de Marie de Cabannes n'était autre que M. Jean de Cabannes dit le vieux, avocat, marié à demoiselle Jeanne de Cloche marraine de Jeanne. Ladite Jeanne née en 1644, nous paraît être la même que dame Jeanne de Cabannes mariée avant 1680 à noble Christophe de Lafite.

M. Raymond de Cabannes, sieur de Pitrot, est le même qui fut marié à dame Louise de Lanevère, et assista en 1643 au mariage de M. de Capdeville d'Arricau avec demoiselle de Lartigue.

Transaction sur les biens d'Onnès a Aurice.

Comme soit ainsy que par contrat retenu par X. notaire royal, passé entre feus nobles Alexandre Dart, sieur de Luzanet, faizant tant pour lui que pour Marthe de Girard damoyselle sa femme d'une part, et François de Lassalle, seigneur baron de Sarraziet aye esté fait liquidation de tous les droits et prétentions qui pouvaient appartenir à ladite de Girard, tant du costé paternel que maternel, sur la seigneurie et biens d'Onnès et autres en dépendans, lesquels droits et prétentions furent réglés et liquidés à la somme de cinq mille livres, en déduction de laquelle somme en fust payée audit sieur de Luzanet la somme de dix mille livres comme appert par quittance du... Quelques années après, le même de Luzanet passa autre contrat aveq noble Jean Despains seigneur d'Estignos, par lequel contrat ledit sieur de Luzanet relacha en faveur dudit sieur d'Estignos, en forme de donation, les arrérages d'intérêts quy estoit d'heus, de la somme de trois mille livres de reste de droits et prétentions de ladite Marthe Girard, et par le même contrat, ledit sieur d'Estignos se serait obligé de payer les trois mille livres pour se faire payer tout sur ladite seigneurie et biens d'Onnès, auquel payement n'ayant esté satisfait à cause d'un arrest de décret de ladite seigneurie et biens d'Onnès en la cour du Parlement de Bourdeaux, lequel arrêt a esté depuis cassé, et par ce moyen ledit sieur de Luzanet et ladite Girard sa femme, remis aux droits qu'il pouvait prétendre sur ladite seigneurie et biens d'Onnés. Et soit ainsy que par le contrat de mariage d'entre noble Raymond de Cabannes et Jeanne Dart damoiselle, fille dudit feu sieur de Luzanet et Marthe de Girard ; ledit feu sieur de Luzanet aye faict cession en constitution de dot en faveur dudit sieur de Cabanes et ladite Jeanne Dart de la susdite somme de 3000 livres dheue de reste de principal des droits et prétentions appartenans comme a esté dit à ladite feue Marthe de Girard, tant du costé paternel que maternel sur ladite seigneurie et biens d'Onnès, et en conséquence de ladite constitution dottalle de ladite Dart femme dudit sieur de Cabannes ; il auroit obtenu arrest sur requête en ladite cour du Parlement de Bourdeaux pour la jouissance de la quatrième partie des debtes héréditaires sans que ledit arrest ayst été exécutté à cause des grandes discutions qu'il convenoit faire sur liquidation de debtes charges héréditaires desquelles damoiselle Auguste de Girard et ledit sieur d'Estignos auroient fait divers payemens. Sur quoy ils étoient en point d'entrer en contestation et procès aveq ledit sieur de Cabanes et ladite Dart damoiselle sa femme, mais les parents et amis communs sont intervenus pour empêcher l'embarras dudit procès et entretenir la paix entre eux. Sy bien que lesdits parens et amis communs ont trouvé à propos que pour tout ce que ledit sieur de Cabanes et ladite Dart sa femme peuvent avoir ni prétendre sur ladite seigneurie et biens d'Onnès et autres en dépendens, soit du chef de ladite feue Marthe de Girard pour ces droits paternels et maternels, qu'il sera payé en biens fonds ou autrement audit Cabanes et ladite Dart mariés, la somme de quatre mille du cent livres pour les droits et prétentions de ladite feue Marthe de Girard, et que le payement de ceste somme seroit fait audit Cabanes et Jeanne Dart sa femme, tant pour eux que pour le droit et portion que Denize Dart damoiselle, aussy filhe de ladite feue Marthe de Girard, pourroit avoir et prétendre sur le dot et droits de ladite feue Marthe de Girard, présens et advenir en quoy ils puissent consister, moyennant ledit payement ledit sieur de Cabannes et Dart sa femme tant pour eux que pour ladite Denize Dart, renonçant à tous les droits et prétentions généralement quelconques qu'il pourroit prétendre sur ladite seigneurie et biens d'Onnès, pour les droits paternels et maternels de ladite feue Marthe de Girard, et en exécution de l'avis et résolution desdits parens et amis communs, a esté accordé qu'il sera baillé pour raison de ce que dit est auxdits sieurs Cabanes et Dart dus métheries appelées au Gerton et Gailhat sciutées en la paroisse de Poy et de Montaut, lesquelles les parties ont fait estimer par les nommés Pedarzacq et Dubucq dit Jeanon, experts nommés et accordés en telle sorte que ladite estimation a été faite à la somme de trois mil deux cents livres, et les mille livres restantes a esté convenu que ledit sieur d'Estignos les payerait partie en cession et le reste argent comptant, et qu'il pourra en demander son remboursement sur les autres biens de ladite seigneurie d'Onnès. Enfin demeurera subrogé au droit et hipotèque de la feue Marthe de Girard, et de tout ce dessus a esté arresté qu'il en sera passé contrat en la forme suivante :

Pour ce est-il que ce aujourd'huy bas escript par devant moy notaire royal, soubssigné présens les tesmoins bas-nommés ont été présens et constitués en leurs personnes ladite damoiselle Auguste de Girard et ledit sieur d'Estignos son fils, habitant en la maison noble d'Onnès d'une part, et lesdits sieurs Raymond de Cabanes et Jeanne Dart damoiselle sa femme, habitans de la présente ville de Saint-Sever, faisant tant pour eux que pour ladite demoiselle Denize Dart, à laquelle promettet et seront tenus de fere approuver et ratiffier ces présens pendant quinze jours ou lorsque ladite Denize Dart sera de âge compétant à peine de tous despans domaiges et intérêts et ladite demoiselle Dart procédant à l'authorité dudit sieur Cabanes son mary, lequel pour la validité des présens la dhument autorisée et donné toute puissance maritalle, lesquelles parties de leurs bon grés et volontés après avoir ouy la lecture de la susditte narrative, ont dit et déclaré estre véritable et veulent qu'elle serve de dispositive sy besoin y est, et suivant ce, ladite damoiselle Auguste de Girard et ledit sieur d'Estignos ont, par ces présents, fait venthe pure et simple sans réservation de rachapt au susdit sieur de Cabanes et ladite Jeanne Dart damoiselle sa femme, stipulans et aceptans sçavoir est toute icelle métherie appelée à Gailhat et biens en dépendans scitués en la paroisse de Montaut tout et autant de biens que ledit sieur d'Estignos et ladite Auguste de Girard en possèdent dans les paroisses de Montaut et Poy et que les métayers qui sont dans les biens en travaillent, consistant en maison, sol d'icelle, pressoir qui est en dedans ayre eyrial, jardin, vignes, terres labourables, taillis et tout ce qui en dépend ; que confronte du lepvant et nord à chemin public ; du couchant au taillis des héritiers du feu sieur Dumartin, et du midy à vigne et terre labourable de Poységur dit Bequerettes, et taillis de M. Tauzin conseiller au présent siége, plus leur ont vendu la pièce de terre lande appelée de Pouton, contenant une journade ou environ que confronte du lepvant et midy aus padouans de la communauté dudit Montaut, de couchant avec taillis de Lafaurie et de nord à taillis de Labat dit Poutons comme aussi leur font venthe comme dessus de la métherie appelée de Gerton aveq tous les biens en dépendens scitués en la paroisse de Poy, consistant en maison, sol, place, pressoir au dedans, eyrial, jardin, vigne, terre labourable, taillis et autres dépendances à un tenant qui confronte de lepvant avec vigne de Marie et Catherine du Cournau damoiselles, chemin de service, entre dus, de midy avec terre de Jean de Poyusan dit Bibeii, et de noble Alexandre de Benquet sieur baron d'Arblade ; du couchant à chemin publicq, terre des héritiers de feu M⁰ Jean de Laborde, terre de Nicolas de Joye et du nommé Pierre Despiubet ; terre de Jean Despouyx dit Marmande et de M⁰ Jean-Pierre de Laval advocat ; de nort à chemin public ; plus leur font venthe du taillis appelé au Cabada que confronte : du lepvant à taillis dudit sieur Lafaurie ; du couchant à chemin public ;

de midy avec taillis du sieur de Cabanes seigneur de Laneplan en sa partie et autres plus vraies confrontations s'il y en a auxdits biens vendus avecq leurs droits de servitude en dépendens avec réserve lesdits sieurs de Cabanes et Dart damoiselle, mariés, ou autres les représentants viendront à être troublés dans la possession et jouissance desdites métheries, outre la garantie promise de rentrer dans tous leurs droits et de se pourvoir en vertu de leurs hipothèques et arrêts, lesquels pour c'est effet demuret en leur force sans y être en rien dérogé audit cas de trouble, et laquelle vente est faite moyennant le prix et somme de trois mille dus cens livres, suivant l'estimation qui en a esté faite pour partie des droits et prétentions que pouvoit appartenir à ladite feue Marthe de Girard, damoiselle, du costé paternel et maternel sur la seigneurie et biens d'Onnès et autres en dépendens, et desquels susdits biens vendus ladite damoiselle Auguste Girard et ledit sieur d'Estignos son fils se sont demis et ont saisy ledit sieur de Cabanes et ladite Jeanne Dart et faict vrays maistres propriétaires et possesseurs par le bailh des présens, avecq consentement qu'ils en prenet la possession réelle sur les lieux, et qu'ils en jouissent tant pour eux que pour ladite Denize Dart damoiselle, ainsy que bon leur semblera, et ladite présente venthe les vendeurs promettet et seront tenus de garanthir envers et contre tous et décharger lesdits biens vendus de tous debtes charges et hipotèques jusqu'à ce jour, et néanmoins les achepteurs seront tenus de payer les fiefs et tailles dudit bien puis ce jour. Et à laquelle présente vendition noble Antoine de Girard, habitant de la présente ville illecq présent, a consenty et consent promet de ne donner jamais aucun trouble ny empêchement auxdits sieur de Cabannes et damoiselle sa femme, ny autres quy auroit droict et cause d'eux en la propriété et jouissance desdits biens vendus pour raison des sommes par luy prétendues sur la seigneurie d'Onnès et biens en dépendens ni autrement ; ains restraint ces hipotèques sur les autres biens délaissés audit sieur d'Estignos et à la demoiselle sa mère et por faire l'entier payement de ladite somme de quatre mille dus cens livres mentionnées en la susdite narrative ledit sieur d'Estignos a par ces mesmes pñs, fait cession audit sieur de Cabanes de la somme de cinq cent septente livres de principal à la prendre sur Xphle de Lartigne sieur de Bordenave en laquelle il est attenu envers ledit sieur d'Estignos par contrat du neuvième mars 1661. Coppie duquel contrat le mesme sieur d'Estignos a présentement mis en main audit sieur de Cabanes d'un costé, et les intérêts de la somme à raison du denier quinze, puis le seize septembre dernier jusques à ce jour avec consentement qu'il se fasse payer tant de ladite somme de cinq cent septente livres de principal que desdits intérêts, tout ainsi et de mesme qu'il eust fait ou peu faire sans la présente cession, le subrogeant à ces fins à son droit et hippothèque, et promet de luy garantir ladite cession, icelle tenir bonne valable et ou au cas ledit sieur de Lartigue viendrait à consigner ladite somme audit cas ledit sieur d'Estignos sera tenu de rendre jouissant ledit sieur de Cabanes de ladite somme consignée et de bailler caution s'il est ordonné que faire se doive, et pour c'est effet fournir tous les frais requis et nécessaires, et en outre ledit sieur d'Estignos a payé audit sieur de Cabanes la somme de 430 livres que ledit sieur de Cabanes a prins et resseu tant sur les pñs que avant iceux et d'icelle somme c'est tenu comptant payé et satisfait et an a acquitté ledit sieur d'Estignos aveq renonciation à tout dol fraude et autres exceptions à ce dessus contraires, et au moyen tant de la susdite venthe, cession que payements faits audit sieur de Cabanes, tant luy que ladite damoiselle Dart sa femme faisant comme a été dit ci-dessus se tiennent pour bien contans payés et satisfaits et de ladite somme de 4200 livres pour les causes et raisons exprimées cy-dessus en tiennent quitte la susdite damoiselle de Girard et ledit sieur d'Estignos et tous autres qu'il appartiendra promettant que pour raison de ce n'en sera jamais fait action, pétition ny demande, et sy aucune en estoit faite les en relepver indempne sans préjudice audit sieur d'Estignos de demander le remboursement sur les biens d'Onnès de la susdite somme de mille livres par luy payées ; et pareillement à ses fins ledit sieur de Cabanes et ladite demoiselle Dart le subrogent sans que pour raison de ladite subrogation ils soit tenus d'aucune garanthie, ny restitution de deniers, et sans laquelle renonciation expresse ladite subrogation n'aurait été faite ni le présent contrat consenty ; à laquelle garanthie ledit sieur d'Estignos a par exprès renoncé ; et d'autant que ledit sieur de Cabannes et la damoiselle Dart sont donataires de la part que demoiselle Jeanne Dauzolle peust prétendre annuellement sur les fruits et revenus de ladite seigneurie et biens d'Onnès, il a esté convenu entre les parties que pour raison de la jouissance qui avait esté leguée en faveur de ladite Dauzolle de partie desdits biens d'Onnès, ladite damoiselle Auguste de Girard et ledit sieur d'Estignos seront tenus comme ils promettent de payer annuellement audit sieur de Cabanes et sa dite femme pendant la vie de ladite Dauzolle, comme ayant elle fait donation en leur faveur, de ladite jouissance sçavoir est le nombre et quantité de treze charrettes de grain en espèce un charrest froment, quatre charrest segle, quatre charrest millet et quatre charrest panis, mesurage de la présente ville de Saint-Sever, le tout bon et marchand ; ledit grain porté et rendu en ladite présente ville au devant leur domicille, sçavoir le froment et seigle pendant le vingt-cinquième d'aoust de chacune annnée, et le millet et panis le lendemain de la feste de saint Martin aussy chaque année pendant la vie de ladite Dauzolle, et en outre seront aussi tenus de leur bailler annuellement, pendant la vie de ladite Dauzolle, six oysons et un pourceau de la valeur de six escus ledit pourceau, le tout rendu dans la maison desdits Cabanes et Dart, dans la pñs ville en mesme jour que ledit millet et panis, quey est le douzième novembre de chaque année, moyennant quoy ils renoncent et se départent de ladite jouissance à eux donnée par ladite Dauzolle qui avait été réglée en leur faveur, et ou au cas ladite damoiselle Dauzolle viendroit à rien demander aux susdits damoiselle de Girard et sieur d'Estignos mère et fils, pour raison des droits par ladite demoiselle prétendus sur ladite seigneurie et biens d'Onnès, et réserve par elle faite des fruits de la métherie de Maichon, ledit sieur de Cabanes sera tenu de la rendre tayzante ou de rendre et restituer ce qu'il aura pris desdits treze cas de grain, oysons et pourceau, jusqu'à concurrence de ce qu'ils seront adjugés à ladite damoiselle Dauzolle non excédant lesdits treze cas, et sieurs de Cabanes et demoiselle sa femme ont promis comme ils seront tenus faire, revendition et transport auxdits damoiselle Auguste de Girard et sieur d'Estignols, des susdits biens à eux ci-dessus vendus en leur payant la susdite somme de 3200 livres, loyaux couts, réparations et méliorations si aucunes n'y sont faites, et ce pendant durant le temps et espace de six ans, passé lequel à faute de faire ledit racheptement pendant le temps et terme de six ans à compter puis ce jour, ladite venthe sera tenue pour faite purement et simplement sans que lesdits sieurs d'Estignos et ladite damoiselle sa mère puissent estre receus à retirer lesdits biens par aucune voie que ce soit ; à quoy ils ont acquiescé et renoncé à pouvoir retirer lesdits biens ledit terme de six ans expiré, et pour l'entretenement de tout ce dessus les parties, après réciproques stipulations et acceptations, ont promis de tenir et entretenir chacune pour son regard, à peine de payer tous dépens, domaiges et intérêts soubs obligations et hippotecque de tous et chascuns leurs biens meubles et immeubles présens et advenir qu'ils ont soubmis aux rigueurs de tous juges auxquels la cognoissance en appartiendra, mesme de la cour de M. le sénéchal des Lannes au présent siége de Saint-Sever ; Scel royal des contrats d'icelle ; ont renoncé au renvoi de leurs domicilles et ainsi l'ont promis et juré tenir. Fait et passé en la ville de Saint-Sever dans mon estude le neuvième du mois de may 1671, ez présences de nobles Arnaud Durou, Jean Duppoy capitaine et Fortis de Gaye, présens habitans de Saint-Sever tesmoins à ce appelés et requis par moy, ainsi signés : — Estignos ; Cabanes ; de Girard ; Durou ; Dupoy ; Jeanne Dart ; Auguste de Girard ; de Gaye *présent* ; et de Lafite *notaire royal*.

Vidimé sur l'original par moy soubsigné ce réquerant noble Ramon de Cabannes sans que au présent extrait aye esté adjouté ni diminué autant que comme il est porté par ledit original qui a esté retiré par M. Jean de Lafite advocat en la cour, detempteur d'iceluy. Fait à Saint-Sever le 22 février 1674, signé de Brethous notaire royal. Visé au marge de Lafite pour avoir retiré l'original.

Vidimée et collationnée a esté la présente copie sur autre copie vidimée sur l'original par de Brethous notaire royal. Requérant la présente extraction noble Ramon de Cabanes, laquelle faite, ledit sieur de Cabannes a gardé par devers lui tant la copie extraite par le sieur de Brethous que la présente copie pour lui servir ce que de raison. A Cauna, dans ma maison, le 8 juin 1684, par moy notaire royal soubsigné sans avoir adjouté ni diminué, ez présence de Me Jean Cassaing praticien et Nicolas Dupuyo tailheur signés avec ledit de Cabanes et moy : — Cabannes, *pour avoir le tout retiré* ; Cassaing ; Dupuyo, *présent* ; Lachapelle, *notaire royal*.

De Capdeville, *de Brassempoy, de Poy, d'Arricaut, d'Auribans d'Aidie, d'Argelouse* (d'Hozier, page 55, *Indicateur*).

De Capdeville, barons de Renung, seigneurs de Bertaut, de Moustrou, Arget, Lacrauste, Cucurein, en Guienne, Béarn, Lannes, Marsan et Albret.

Ecartelé au 1er d'or à un lion de gueules ; au 2e et 3e d'azur à un bâton d'or alaisé mis en bande et acosté de deux étoiles de même, une en chef et l'autre en pointe ; au 4e d'or à un cœur de gueules percé de trois flèches de sable les pointes en haut de gueules, posées l'une en pal les deux autres en sautoir, et l'écu timbré d'un casque de trois-quarts orné de ses lambrequins.

Ier *degré*. — Noble Jean de Capdeville et Jeanne de Larribau damoiselle son épouse, rappelés en 1544 au contrat de mariage de leur fils.

IIe *degré*. — Noble Estienne de Capdeville, marié à Jeannette de La Borde damoiselle, le 30 avril 1544.

IIIe *degré*. — Noble Pierre de Capdeville, écuyer, seigneur et baron de Pouy, Brassempouy et Castera (1585-1599), allié en 1585 à Blasiotte de Larrezet, damoiselle, fille du seigneur de Horsarrieu en eut sept enfants :

1° Françoise de Capdeville damoiselle, mariée avant 1649 à noble Jérôme de Capdeville, écuyer, seigneur de Brassempouy et d'Aidie ; leur fille, Suzanne de Capdeville, épousa en 1638 noble Bertrand de Momas seigneur de Cazalon ;

2° Noble Charles de Capdeville, capitaine ;

3° Noble Bernard de Capdeville, prêtre curé de Brassempouy ;

4° Antonin ou Antoine de Capdeville seigneur de Brassempouy et de Pouy (1619-1649) ;

5° Noble Sever de Capdeville ;

6° Noble René de Capdeville sieur de Castera et d'Arricau, auteur d'une seconde branche ;

7° Le suivant.

IV° *degré*. — Noble François de Capdeville seigneur de Brassempoy, lieutenant particulier au siége présidial d'Acqs (1630-1645), marié à dame Isabeau de Gentes. Cette dernière étant veuve, a fait son testament le 5 août 1546, retenu par Degent et Duprat, notaires royaux. Leurs enfants étaient :

1° François-Antonin qui suit ;

2° Pierre de Capdeville, marié à demoiselle Charlotte de Gentes, duquel mariage il n'y a jamais eu d'enfants, a fait son testament le 16 novembre 1701 ;

3° Louise de Capdeville, mariée avec le sieur de Persillon, est décédée quelque temps après sans enfants.

V° *degré*. — Noble François-Antonin de Capdeville seigneur de Pouy, de Caplanne et de Brassempouy, marié en juillet 1658 avec dame Jeanne de Lon, et en secondes noces, en décembre 1686, avec damoiselle Jeanne-Isabeau de Compaigne ; convoqué au ban de la noblesse de Tartas en 1693. Du premier lit cinq enfants :

1° Marie-Isabeau, mariée à noble Jean-Marie Leblanc de Labatut-d'Argelouze ;

2° Bernard de Capdeville qui suit ;

3° Antonin de Capdeville, écuyer, prêtre docteur en théologie, curé de Sore et y habitant ;

4° Autre Bernard de Capdeville, écuyer, capitaine de dragons au régiment de la Vrillière ;

5° Jeanne de Capdeville, mariée à M. Georges de Cardenau. Du second lit une fille ;

6° Autre Jeanne de Capdeville.

VI° *degré*. — Noble Bernard de Capdeville seigneur de Pouy en Chalosse, chevalier de l'ordre militaire de Saint-

Louis et capitaine de dragons au régiment de Lépinay, décédé en octobre 1741. On ne lui connaît point de postérité de son mariage avec damoiselle Marguerite de Capdeville sa parente, sœur de noble Antonin de Capdeville de Bertaut, baron de Renung. Il est probable qu'après le décès de Bernard seigneur de Pouy, son neveu et beau-frère, Antonin de Capdeville-Bertaut releva les titres de baron de Pouy et de Brassempouy.

IVe *degré (bis)*.—Noble René de Capdeville, homme d'armes, seigneur d'Arricau et Castera, marié en 1617 à demoiselle Jeanne d'Estoupignan de Tingon, en eut le suivant :

Ve *degré*. — Noble Antonin de Capdeville-d'Arricau, maintenu dans sa noblesse par jugement de Daniel d'Ailhenc, subdélégué de l'intendant Pellot (1667), fut marié à Jeanne de Lartigue damoiselle, en 1645, dont :

VIe *degré*. — 1° Anne de Capdeville-d'Arricau, mariée en 1673 à noble Charles de Lobit sieur de Monval ;

2° Bertrand de Capdeville sieur de Bertaut qui suivra ;

3° Noble Antonin de Capdeville seigneur d'Arricau, marié le 16 février 1676 à demoiselle Marguerite de Lalanne, fille de M. Jean-Georges de Lalanne, juge de Castelnau et Pomarès, et de Pascalle de Cassen, desquels sont descendus les seigneurs de Capdeville-d'Arricau, éteints de nos jours.

VIe *degré (bis)*. — Noble Bertrand de Capdeville de Bertaut seigneur d'Arribans, capitaine d'infanterie, marié en 1700 à Marguerite de Lagruère damoiselle, fille de M. Bernard de Lagruère, avocat, et de demoiselle Claire de Larrey, d'où vint Antonin baron de Renung.

VIIe *degré*. — Messire Antonin de Capdeville, baron de Renung, seigneur d'Arribans et autres lieux, eut cinq enfants de damoiselle Marie-Thérèse-Apollonie de la Goueyte sa femme, savoir :

1° Pierre-Vincent de Capdeville l'aîné ;

2° Christophe-Antonin ;

3° Marguerite-Marie-Thérèse, élève de Saint-Cyr ;

4° Louise-Valérie, élève aussi de Saint-Cyr en 1758 ;

5° Claire-Justine de Capdeville, mariée à messire Raymond de Saint-Julien baron de Momuy et Casalon.

VIII° *degré*. — Pierre-Vincent de Capdeville, baron de Renung, seigneur d'Arribans et Millefleurs, page de la grande écurie du roi Louis XV, major du régiment royal Navarre-cavalerie, chevalier de Saint-Louis, épousa dame Jeanne-Thérèse de Javel, fille de Messire Jean-François de Javel, écuyer, seigneur de Bartenne, Bessarde et Chauvau, de Dole en Franche-Comté, dont il eut un fils unique qui suivra.

Le baron de Capdeville assista, en 1789, à l'assemblée de la noblesse des Lannes réunie à Dax, et y exerça les fonctions de secrétaire aux séances de son ordre.

IX° *degré*. — Messire Pierre-François-Désiré de Capdeville, baron de Renung, chevalier de Saint-Louis et officier de la Légion-d'Honneur, ancien lieutenant des gardes du corps et colonel de la légion des Hautes-Alpes, épousa, le 11 avril 1785, demoiselle Charlotte-Françoise-Valentine-Henriette-Victorine de Charritte, fille de haut et puissant seigneur Messire François marquis de Charritte, chevalier, président à mortier au Parlement de Navarre, et de haute et puissante dame Hippolyte-Euphrasie de Montillet.

Leur premier fils, Hippolyte-Joseph baron de Capdeville, chevalier de Saint-Jean de Jérusalem, après avoir servi dans les gardes Wallonnes, mourut le 20 septembre 1808, lieutenant de dragons, à l'âge de 22 ans, par suite d'une blessure qu'il reçut au siège de Sarragosse ; leur second fils forme le degré suivant.

X° *degré*. — Pierre-Félix-Vincent-Théodore baron de Capdeville, ancien supérieur du petit séminaire, chanoine honoraire de la cathédrale d'Aire, réside dans cette ville environné de la gratitude méritée par les services rendus et continuant son généreux concours à l'embellissement de l'église épiscopale.

De Capdeville, *seigneurs barons de Poy, Brassempoy, Renung, Millefleurs, Buanes, Moustrou, Caplane, Castera, Arricau, Bertaut, Arribans, Aydie et autres lieux, en Chalosse, Béarn, Albret et Tursan.*

Le dossier qui suit sur la maison de Capdeville a été réuni par le juge d'armes de France en 1750 et 1764, et contient les preuves de noblesse présentées par Pierre-Vincent de Capdeville, pour entrer comme page de la grande écurie de Louis XV. Le même Pierre-Vincent fut plus tard major de cavalerie dans le régiment Royal-Navarre et mourut sous la Restauration. Pour être admis dans les pages, il fallait prouver deux cent cinquante ans de noblesse militaire. La sœur du page de Louis XV, Marie-Thérèse-Marguerite de Capdeville, née le 20 avril 1735, fut admise par un brevet du roi, du 30 octobre 1743, pour une place de demoiselle dans la maison royale de Saint-Louis établie à Saint-Cyr. Il fallait faire des preuves de noblesse de cent quarante ans pour obtenir ces places. Louise-Valerie de Capdeville, sœur de Marguerite, était aussi élève de Saint-Cyr en 1758. Nous avons joint à l'inventaire et arbre généalogique de Pierre-Vincent, la filiation de Messire Hippolyte-Joseph, baron de Capdeville, fils aîné de François-Désiré, produite en 1799 pour son entrée comme chevalier de justice dans l'ordre souverain de Saint-Jean de Jérusalem.

Antonin de Capdeville, fils de Bertrand, seigneur de Bertaut, portait en 1758 le titre de baron de Renung, et pouvait relever les qualifications de baron de Brassempouy et de Pouy délaissées par son oncle Bernard de Capdeville de Pouy, chevalier de Saint-Louis, mort en 1700 et marié avec Marguerite de Capdeville, sœur dudit Antonin.

François-Désiré porte également le titre de baron dans ses brevets de chevalier de Saint-Louis et d'officier de la Légion-d'Honneur; et, si le roi Louis XVIII a maintenu le même seigneur dans la qualification mentionnée, c'est qu'elle s'appuyait sur des droits anciens et des preuves de possession surabondantes. A. C. C

Preuves de la noblesse de Pierre-Vincent de Capdeville, *agréé par le Roi pour être élevé Page de Sa Majesté dans sa grande écurie, sous le commandement de Son Altesse Monseigneur le Prince Charles de Lorraine, grand écuyer de France.*

Ecartelé au 1 d'or à un lion de gueules ; au 2 et 3 d'azur à un bâton d'or alaisé mis en bande et accosté de deux étoiles de même, une en chef l'autre en pointe ; au 4 d'or à un cœur de gueules percé de trois flèches de sable à pointes de gueules, posées une en pal les deux autres en sautoir, l'écu timbré d'un casque de trois quarts orné de ses lambrequins.

Ier *degré* produisant Pierre-Vincent de Capdeville (1736).

Extrait du registre des baptêmes de la paroisse de Hagetmau, diocèse d'Aire, portant que noble Pierre-Vincent de Capdeville, fils de sieur Antonin de Capdeville, écuyer, seigneur d'Arribans, et de noble dame Marie-Thérèse-Apollonie de la Goueite, naquit et fut baptisé le 2 mars mil sept cent trente-six. Cet extrait signé de Capdeville, curé de ladite paroisse et légalisé.

IIe *degré* (père et mère) Antonin de Capdeville de Bertaut, Marie-Thérèse-Apollonie de la Goeyte sa femme (1733).

D'argent à un arbre de sinople mouvant d'une terrasse de même, soutenu par deux lions de gueules affrontés.

Contrat de mariage de messire Antonin de Capdeville de Bertaut seigneur d'Arribans, fils de messire Bertrand de Capdeville, capitaine d'infanterie, et de dame Marguerite de la Gruerie, accordé le 20 novembre mil sept cent trente-trois, avec demoiselle Marie-Thérèse-Apollonie de la Goeyte, fille de noble Charles de la Goeyte, écuyer, conseiller du roy en l'élection des Lannes, et de dame Apollonie de Loustalot sa veuve. Ce contrat passé devant la Gardère, notaire de la ville d'Ax.

Extrait des registres de baptêmes de la paroisse de Saint-Cricq, diocèse d'Aire, portant que noble Antonin de Capdeville, fils de noble Bertrand de Capdeville, écuyer, et de demoiselle Marguerite de la Gruère sa femme, fut baptisé le 28 octobre mil sept cent. Cet extrait signé du Buc, curé de ladite paroisse et légalisé.

IIIe *degré* (ayeul et ayeule) Bertrand de Capdeville de Bertaut, Marguerite de la Gruère sa femme (1700).

D'argent à une grue de sable tenant dans la patte droite un scillon d'or, et posée sur une roche de sinople.

Contrat de mariage de noble Bertrand de Capdeville sieur de Bertaut, capitaine d'infanterie, fils de noble Antonin de Capdeville seigneur d'Arricau, et de dame Jeanne de Lartigue, accordé le 10 janvier mil sept cent, avec demoiselle Marguerite de la Gruère, fille de Me Bernard de la Gruère, avocat en la cour, et de demoiselle Claire de Larrey sa veuve. Ce contrat passé devant Mondon, notaire du lieu d'Arribans.

Accord fait le 10 décembre mil sept cent cinq, entre noble Antonin de Capdeville sieur d'Arricau, tant en son nom que comme fils aîné et héritier de feu noble Antonin de Capdeville, et noble Bertrand de Capdeville son frère puiné, sieur de Bertaut, au sujet de leurs intérêts communs. Cet acte reçu par la Mathe, notaire de la paroisse de Saint-Cricq.

IVe *degré* (bisayeul et bisayeule) Antonin de Capdeville-d'Arricau, Jeanne de Lartigue sa femme (1645).

D'argent à un lion de gueules écartelé d'argent, à trois aiglettes d'azur posées deux et un.

Contrat de mariage de noble Antonin de Capdeville sieur d'Arricau, fils de feu René de Capdeville sieur d'Arricau, et de feue demoiselle Jeanne d'Estoupignan, accordé le 19 mars mil six cent quarante-cinq, avec Jeanne de Lartigue demoiselle, fille de M. Me Antoine de Lartigue, conseiller et procureur du roy au siège de Saint-Sever, et de demoiselle Catherine de Barry sa femme. Ce contrat passé devant de la Fite, notaire royal, au lieu de Saint-Sever.

Accord fait le 2 septembre mil six cent quarante-un, entre noble Antonin de Capdeville sieur d'Arricau, faisant tant pour lui que pour demoiselle Jeanne d'Estoupignan sa mère, veuve de noble René de Capdeville son père, sieur d'Arricault, en qualité d'héritiers dudit feu René de Capdeville d'unepart, et Jeanne de Guimont et Jeanne de Larribau mère et fille, veuves. Cet acte reçu par le notaire et tabellion royal du bourg Saint-Esprit-lès-Bayonne.

V[e] *degré* (3es ayeul et ayeule) René de Capdeville-d'Arricau, Jeanne d'Estoupignan sa femme (1617).

D'azur à trois pommes de pin d'or, posées deux et une, les queues en haut.

Contrat de mariage de noble René de Capdeville sieur d'Arricau, homme d'armes de la compagnie du seigneur de Gramont, fils de Pierre de Capdeville seigneur de Poy et de Brassempoy, et de Blasiotte de Larrezet demoiselle, sa veuve, accordé le 11 juillet mil six cent dix-sept, avec demoiselle Jeanne d'Estoupignan, fille de noble Pierre d'Estopignan sieur de Tingon, de Bouillon, etc., prévôt royal de la ville de Saint-Sever, et de feue demoiselle Catherine de Chambre sa femme. Ce contrat passé devant d'Arribehaulde, notaire royal du lieu de Tingon.

Lettre écrite le 23 février mil six cent quinze, par le sieur de Poudenx, syndic de la noblesse, à M. de Castera (René de Capdeville), par laquelle il luy fait sçavoir que, s'étant présenté une certaine affaire fort importante pour le pays, il avait prié Messieurs de la noblesse de se trouver à Saint-Giron pour aviser aux moyens d'y pourvoir, et qu'il espérait qu'en cette occasion il témoignerait au pays sa bonne volonté. Cette lettre signée Poudenx, syndic de la noblesse.

VIe *degré* (4es ayeul et ayeule) Pierre de Capdeville de Poy, Blasiotte de Larrezet sa femme (1585).

D'argent à une montagne au naturel mouvante de la pointe de l'écu, des deux côtés de laquelle s'élèvent deux serpents de sinople à demi corps affrontés, tirant leurs dards contre un oiseau d'azur fondant du chef et l'eau sur la montagne.

Contrat de mariage de noble Pierre de Capdeville seigneur de Poy, fils de noble Etienne de Capdeville et de feue Jeannette de la Borde demoiselle, sa femme, accordé le 14 juillet mil cinq cent quatre-vingt-cinq, avec Blasiotte de Larrezet demoiselle, fille de Jean de Larrezet seigneur de Horssarieu, et de feue Jeanne du Tilh. Ce contrat passé devant de Sobaignez, notaire royal du lieu de Horssarieu.

VIIe *degré* (5es ayeul et ayeule) Etienne de Capdeville, Jeannette de la Borde sa femme (1544).

Inventaire des titres produits le 19 août 1667, devant le sieur Daillencq, commissaire subdélégué de l'intendant de Guyenne, par nobles Antoine et Sever de Capdeville, dans lequel est énoncé « le contrat de mariage de noble Etienne de Capdeville, fils de noble Jean de Capdeville, accordé le dernier jour d'avril mil cinq cent quarante-quatre, avec demoiselle Jeannette de la Borde, et passé devant de Claverie, notaire royal. »

Nous Louis-Pierre d'Hozier, juge d'armes de France, chevalier doyen de l'ordre du roy, Conseiller en ses conseils, maître ordinaire en sa chambre des comptes de Paris, généalogiste de la maison, de la chambre et des écuries de sa Majesté, de celle de la Reine et de madame la Dauphine.

Certifions au roi et à son Altesse Monseigneur le prince Charles de Lorraine grand écuyer de France, que Pierre-Vincent de Capdeville a la noblesse nécessaire pour être admis au nombre des pages que sa Majesté fait élever dans sa grande écurie, comme il est justifié par les actes énoncés dans cette preuve que nous avons dressée et vérifiée à Paris le 29e jour de may de l'an mil sept cent cinquante. (Signé) d'Hozier.

Pour copie conforme certifiée par nous, Ambroise-Louis-Marie d'Hozier chevalier, ancien président en la Cour des comptes aides et finances de Normandie, ancien juge d'armes de la noblesse de France, vérificateur des armoiries; ladite copie délivrée à Messire Pierre-François-Désiré de Capdeville, ancien lieutenant des gardes du corps de S. A. R. Monsieur, colonel de la légion des Hautes-Alpes, chevalier de l'ordre royal et militaire de Saint-Louis, officier de la Légion-d'Honneur, fils légitime dudit Messire Pierre-Vincent de Capdeville, page du roi, depuis major du régiment royal Navarre-cavalerie, chevalier de l'ordre royal et militaire de Saint-Louis.

En foi de quoi nous avons signé le présent certificat auquel nous avons fait apposer le sceau de nos armes, à Paris, le vingtième jour du mois de juin de l'an mil huit cent dix-sept. D'HOZIER.

sceau

Généalogie présentée à l'occasion de l'entrée de JOSEPH-HIPPOLYTE BARON DE CAPDEVILLE *dans l'ordre souverain de Saint-Jean de Jérusalem, en qualité de chevalier de justice.*

1. Messire Antonin (*) baron de Capdeville, capitaine d'infanterie, seigneur de la baronnie de Brassempouy, Pouey, Mille-fleurs, Aribans et autres lieux;

2. Messire Pierre-Antonin baron de Capdeville, capitaine de dragons, seigneur *ut suprà*;

3. Messire Pierre-Vincent baron de Capdeville, page du roi Louis XV, major de cavalerie au régiment Royal-Navarre, chevalier de l'ordre de Saint-Louis, seigneur des baronnies de Renung et Buanes, Mille-fleurs, Aribans et autres lieux;

4. Messire Pierre-François-Désiré baron de Capdeville, sous-lieutenant des gardes du corps de Monsieur.

5. Messire Joseph-Hippolyte baron de Capdeville, né à Pau, en Béarn, le 18 février 1786.

Le Présenté.

Nous soussignés, attestons que la présente filiation est véritablement celle de Messire Joseph-Hippolyte baron de Capdeville, présenté pour être reçu en qualité de chevalier de justice dans l'ordre souverain de Saint-Jean de Jérusalem, et que le blason joint à la filiation est celui de sa famille, dont les preuves de noblesse ainsi que les armoiries, comme cy-dessus, ont été recueillies en 1764 et

(*) On a voulu mettre Bertrand.

insérées dans l'Armorial général de France par M. d'Hozier conseiller du roi en ses conseils, et juge d'armes de France.

En foi de quoi nous avons signé et muni du sceau de nos armes la présente déclaration.

Le 21 décembre 1799.

Place du sceau.   LE BARON DE BRETEUIL.
Place du sceau.   LE DUC D'HAVRÉ ET DE CROY.
Place du sceau.   LE MARQUIS DE CHASTENAY.
LE MARQUIS DE WIGNACOURT.   Place du sceau.

Je soussigné atteste que la présente filiation a été signée en ma présence par les quatre témoins cy nommés, en foy de quoi je signe la présente.   FR. DES MOURAOUFH (*)

(*Extrait des archives de M. le baron de Capdeville, copié exactement*, 3 octobre 1867.   DE CABANNES-CAUNA.

DE CAPDEVILLE *en Guyenne.*

Du 19 août 1667, copié sur l'original en papier.

Inventaire des pièces que met et produit devers vous Monsieur M⁰ Daniel Dailhencq, advocat en la cour et commissaire subdélégué par Monseigneur l'intendant en la province de Guienne.

Les parties de noble Antoine et Sever de Capdeville assignés à requeste de M⁰ Nicolas Catel, chargé par le roy de la recherche des titres de noblesse, pour obtenir par lesdits sieurs deffendeurs leurs fins et conclusions en relaxance avec dépens, disent et produisent ce qui s'ensuit :

Et premièrement, les dictz sieurs deffendeurs remettent leur arbre généalogique par lequel il est clairement justifié que feu noble Estienne de Capdeville estoit fils de feu noble Jean de Capdeville, que noble Pierre de Capdeville estoit fils dudit noble Estienne de Capdeville, que nobles René et Sever de Capdeville estoient fils dudit noble Pierre de Capdeville, et que ledit noble Antoine de Capdeville est fils d'iceluy noble René de Capdeville, et cella estant justifié par des pièces authentiques, la relaxance desdits sieurs deffendeurs est infaillible, et pour la fonder avec plus de solidité, lesdits sieurs deffendeurs remettent leurs

(*) Il a été impossible de bien déchiffrer cette signature.

pertinants moyens de relaxance signés de Pareabe par lesquels ils ont soutenu qu'ils prouvent leur noblesse de plus de cent vingt-deux ans, ce qui excédant la possession immémoriale par laquelle l'on prescript et mesme contre le.... (ce qui manque ici est déchiré dans l'original) et suivant la jurisprudence françoise, ceste possession vault tiltre de noblesse. Et pour prouver ladicte possession, lesdits sieurs défendeurs produisent et employent le contrat de mariage passé entre feu Estienne de Capdeville et Jeannette de La Borde, damoyselle, le dernier du mois d'avril *mil cinq cent quarante-quatre*, dans lequel contract ledict Estienne princt la qualité de noble, et y est encore déclaré fils dudict feu noble Jean de Capdeville, qui assista au dit contract de mariage, promit mesme instituer héritier ledict noble Estienne de Capdeville son dict fils, en tous et chacuns ses biens à la fin de ses jours, sauf à pouvoir disposer pour faire prier Dieu pour son âme. Signé ledict contract de mariage de Claverie notaire royal, et cotté au dos par lettre A.

Pour monstrer encore du contenu auxdits moyens de relaxance et faire voir que ledit feu noble Pierre de Capdeville seigneur de Poy, Castera et Brassempouy estoit fils audict noble Estienne de Capdeville, qui mourut ab intestat dans les prisons de Néracq, comme prisonnier de guerre, pour le service du roi, ils produisent et employent le contrat de mariage d'icelluy feu noble Pierre de Capdeville avec Blaziotte de Larzet, damoyselle, en date du quatorzième juillet *mil cinq cent quatre-vingt-cinq* où il est porté qu'il estoit fils dudit Estienne de Capdevelle et de laditte Jehannette de Laborde, damoyselle, où tous les deux sont qualifiés nobles. Signé ledict contrat de Soubaigné notaire royal, et costé au dos par lettre B.—Ledict feu sieur Pierre de Capdeville estant venu à la fin de ses jours, il auroict fait son testament par lequel il se justiffie que ledict sieur Sever de Capdeville, un des assignés, estoit un de ses enfants. Il y est nommé et apportionné aussi bien que ledict feu René de Capdeville frère audict Anthonin, assigné, de sorte que lesdits sieurs, assignés pour avoir

prins la qualité de nobles, se trouvent dans la possession
de laditte qualité par lui prinse et ses ancestres puis ladicte
année mil cinq cent quarante-quatre, et par quatre différents degrés de luy, son père, son ayeul et son bisayeul,
et oultre ce, par le mesme testement ledit feu sieur Pierre
de Capdeville auraict déclairé qu'il entend, comme conseigneur de la paroisse de Brassempoy, estre ensevely au
devant le grand authel de l'église paroissielle dudict lieu
et que ladicte église feust paincte par le dedans et le dehors
avec ses armoiries qui estoient en face d'un lion, et les
solempnités requises ainsy que plus aplain apert dudit
testement, que lesdits sieurs assignés produisent et employent en datte du neuvième janvier *mille six cent neuf*.
Signé de La Borde notaire royal, pour avoir retenu ledit
testement et cotté au dos par lettre C.

Quelque temps après le décès dudit feu sieur Pierre
de Capdeville et le unzième juillet mil six cent dix sept,
feu sieur René de Capdeville père audit sieur Anthonin,
assigné, et frère audict sieur Sever, aurait contracté mariage avec demoiselle Jeanne Destoupignan, par lequel
contrat de mariage il print la qualité de noble et d'homme
d'armes de la compaignie du seigneur de Gramond, recours
audict contrat de mariage datté que dessus. Signé Daribehaulde notaire royal, et cotté au dos par lettre D.

Ledit feu noble René de Capdeville estant décédé, ledict
sieur Anthonin de Capdeville, son fils, aurait contracté
mariage avec Jehanne de Lartigue, damoyselle, et par
ledit contrat de mariage, il est qualifié noble, fils naturel
et légitime dudict feu sieur René de Capdeville et de ladite
feue damoyselle d'Estoupignan, ce qui ne justifie pas seulement sa filiation mais encore sa qualité de noble ; lequel
contrat de mariage, lesdits sieurs assignés, produisent à
cest effet, en datte du dix-neuvième mars *mille six cent
quarante-cinq*. Signé de Lafite notaire royal, et cotté au
dos par lettre E.

Pour justifier encore avec plus d'évidance que ledit sieur
Anthonin de Capdeville est fils dudict feu noble René de
Capdeville et qu'il a toujours continué prendre ceste

qualité, il produit et employe la transaction par luy passée le vingtième mars *mille six cent cinquante,* avec noble Charles de Capdeville, capitaine, son frère, pour ses droits légitimes. Signée ladite transaction de Justes notaire royal, et cottée au dos par lettre F.

Or par les pièces sy dessus produittes, il reste clairement justifié que ledit sieur Anthonin, assigné, est en la possession de noble de plus de cent vingt années, et par cinq diverses générations en droite ligne, aussy ceux de ceste maison et famille sont tenus et réputés pour nobles dans le pays, et appelés en toutes les assemblées de noblesse par les sindicqs d'icelle, comme il conste, par quatre différentes lettres écrittes : l'une audict feu René de Capdeville son père par le sieur Poudenx, scindicq de la noblesse, le vingt-cinquième février *mil six cent quinze,* et les autres trois audit sieur Anthonin de Capdeville l'une par le sieur de Candalle de Foix, le vingtième novembre *mil six cent cinquante-deux,* l'autre par le sieur Lespès, lieutenant-général criminel, du premier janvier *mille six cent soixante-six,* et la quatrième par le sieur de Barry, du vingt-cinquiesme février audit an. Que lesdits sieurs assignés produisent et employent et costé au dos par lettre G.

Lesdits sieurs assignés ont les actes de leurs possessions en toutes les occasions qui se sont offertes pour servir Sa Majesté. Ledict sieur Sever de Capdeville a passé toute sa jeunesse servant dans le régiment des gardes et ledit sieur Anthonin aurait de mesme servi dans le mesme régiment des gardes et dans la compaignie de la mestre-de-camp despuis le siége de Fontarabie où il estait jusques au dousiesme mars *mil six cent quarante* qu'il receut son congé du sieur baron de Monrevel, lieutenant de ladicte compaignie, comme appert dudict certificat qu'il produit et employe ; signé dudit sieur de Monrevel et costé au dos par lettre H.

Représente en outre ledict Anthonin de Capdeville, que noble Anthonin de Capdeville son frère aisné après avoir esté receu audict régiment des gardes, y a esté pourveu d'une lieutenance dans le régiment de Gramond et est effectivement dans le service comme il se justifie par quatre lettres écrites audit sieur assigné en datte des premier janvier et quatriesme octobre MDC soixante-cinq quatorsiesme avril et premier D.... (Décembre ; déchiré dans l'original) MDC soixante-six (1666). Costées au dos par lettre J.

Receu lesdictes pièces en communiquation à Dacqs le 9 juillet 1667. Signé, DE PONS. Veu par nous commissaire subdélégué par Monseigneur l'Intendant, les pièces mentionnées au présent inventaire ; consentement du sieur Catel. Conclusions de M. le Procureur du roi en la commission à nous donnée : Nous avons octroyé acte de la représentation desdits tiltres à nobles Anthonin et Sever de Capdeville, escuyers, pour y avoir esgard lors de la confection du cathalogue ordonné par arrest du Conseil, du vingt-deuxième mars mil six cent soixante-six. Fait à Dax le dix-neufviesme aoust mil six cent soixante-sept. Signé, D'AILENC, *commissaire subdélégué* (et plus bas), par mon dict sieur Tilhet (en marge sont peintes les armes suivantes : *Voir ci-dessus*).

Du 15 mars 1740. — Extrait du registre de baptêmes de la paroisse de Saint-Girons et Hagetmau, portant que Louise Valerie de Capdeville, fille légitime de noble Anthonin de Capdeville, écuyer, seigneur d'Arribans, et dame Thérèse de Lagoueyte ; naquit et fut baptisée le 15 mars 1740. Le parrain, de Lagoueite ; Noble Ignace de Capville prêtre curé de Hagetmau ; la marraine dame Louise de Rouard, épouse de sieur Charles Lamorère Bidalon, avocat en Parlement, représentés par sieur Barthélemy Maynadé et demoiselle Valerie Lamorère. Cet extrait délivré le 7 mars 1750 par le sieur Capdeville, curé de Saint-Girons et Hagetmau, et légalisé le 8 mars 1750, par Messire François de Sarret de Gaujac, évêque et seigneur d'Aire.

Extrait du registre des baptêmes de la paroisse de Hagetmau, diocèse d'Ayre, portant que Noble Pierre-Vincent de Capdeville, fils légitime de sieur Antonin de Capdeville, écuyer, seigneur d'Arribans, et de noble dame Marie-

Thérèse-Apollonie de la Goueite, naquit et fut baptisé le 2 mars 1736. Le parrain Mᵉ Pierre-Ignace de Lagruère, supérieur des confesseurs des dames et demoiselles de Saint-Cyr, représenté par le sieur maître Bernard Lamoure vicaire de laditte paroisse; la marraine, dame Marguerite de Lagruère de Capdeville. Cet extrait délivré le 28 novembre 1749 par le sieur de Capdeville curé de ladite paroisse de Hagetmau, et légalisé le même jour par François de Sarret de Gaujacq, évêque et seigneur d'Ayre.

Du 20 avril 1735. — Extrait des registres des baptêmes de la paroisse de Saint-Girons et Hagetmau, diocèse d'Aire, portant que Marie-Thérèse-Marguerite de Capdeville, fille de noble Antonin de Capdeville seigneur d'Arribans, et de noble dame Thérèse-Marguerite-Apollonie de la Goueite sa femme, naquit et fut baptisée le 20 avril 1735 par Capdeville, curé. Le parrain, messire Bernard de Capdeville seigneur de Poui et chevalier de l'ordre militaire de Saint-Louis, capitaine de dragons; la marraine, dame Marie-Thérèse-Apollonie de la Goueite, femme de messire Jean d'Ussaut (du Sault), conseiller au parlement de Bordeaux. Cet extrait, délivré le 11 mai 1740 par Capdeville, curé de Saint-Girons et Hagetmau, fut légalisé le 13 par François de Sarret de Gaujac, évêque et seigneur d'Aire.

Du 20 novembre 1733. — Contrat de mariage de messire Antonin de Capdeville de Bertaut seigneur d'Arribans, fils de messire Bertrand de Capdeville, capitaine d'infanterie, et de dame Marguerite de La Gruerie sa femme, accordé le 20 novembre 1733 avec demoiselle Marie-Thérèse-Apollonie de la Goeyte, fille de noble Charles de la Goeyte, écuyer conseiller du roy en l'élection des Lannes, et de dame Apollonie de Loustalot sa veuve. Les parties assistées savoir : le futur, de messire Bernard de Capdeville son oncle et son beau-frère, chevalier seigneur de Pouy, d'Argelouze et capitaine de dragons au régiment d'Epinoy, chevalier de l'ordre militaire de Saint-Louis, et de messire Christophe de Capdeville son frère, docteur en théologie, chanoine de l'église cathédrale d'Aire; et la future, de M. Mᵉ Pierre de Loustalot, prêtre-docteur en théologie, chanoine théologal de l'église cathédrale Notre-Dame de la ville d'Ax. En faveur duquel mariage la dame de Loustalot constitue en dot à la demoiselle future sa fille la somme de 20,000 livres a elle léguée par feu noble Jean de la Goeyte son grand-père, écuyer conseiller du roy, lieutenant-général d'épée au sénéchal de Tartas. En faveur de ce même mariage, le seigneur Bernard de Capdeville ratifie la donation qu'il avait faite le 9 avril 1726 au futur son neveu, par acte reçu par Lamathe, notaire à Brassempoy, et lui fait même don de la somme de 6,000 livres qu'il s'était réservée sur les biens qu'il lui avait donnés par ledit acte du 9 avril 1726. Ce contrat passé en la ville d'Ax dans la maison de Mme La Goueyte et devant Lagardère, notaire royal.

Du 7 avril 1736. — Ordonnance rendue à Auch le 7 avril 1736 par M. de Balosre, intendant des généralités d'Auch et Béarn, par laquelle sur la requeste à lui présenté par Antonin de Capdeville, écuyer seigneur d'Arribans, fils de feu sieur Bertrand de Capdeville et de dame Marguerite de la Gruère, contenant qu'attendu sa qualité de gentilhomme il lui plût le décharger de la demande de 400 livres et des 2 sous pour livre que lui avait fait M. Jean-Baptiste Leblancq, le 26 décembre, l'an dernier, pour raison des francsfiefs de la terre d'Arribans; cet intendant après avoir vu une ordonnance rendue par M. de Lesseville intendant, le 27 juin 1719; vu aussi l'extrait baptistère du suppliant le 28 octobre 1700, décharge le suppliant de la somme de 400 livres et des 2 sous pour livre à lui demandés pour le droit de franc fief dont il s'agissait. Cette ordonnance signée de Balosre.

Du 12 octobre 1735. — Vente d'une prairie appelée au Cauteron avec le jardin joignant, située au lieu de Hagetmau, faite le 12 octobre 1735 par M. Me Jean de Peyruc, prêtre chanoine de Saint-Girons, habitant audit lieu de Hagetmau, pour le prix de 1,500 livres, à noble Antonin de Capdeville, écuyer seigneur d'Arribans aussi habitant dudit lieu de Hagetmau. Cet acte passé au lieu de Hagetmau en présence de Jean du Buc, greffier de la baronnie de Hagetmau et de Jean de Labeyrie dit Chignay, marchand, habitant dudit lieu, fut reçu par Lamiq, notaire royal.

Du 28 octobre 1700. — Extrait des registres de baptêmes de l'église et paroisse de Saint-Cricq, diocèse d'Aire, portant que noble Antonin de Capdeville, fils de noble Bertrand de Capdeville écuyer, et de dame Marguerite de La Gruère sa femme, fut baptisé le 28 octobre 1700 par Martunq, curé de Saint-Cricq. Le parrain, noble Antonin de Capdeville ; la marraine, dame Claire de Larrey. Cet extrait délivré le 20 février 1729 par M. du Buc, curé de Saint-Cricq, fut légalisé le 12 mars 1740 par François de Sarret de Gaujac, évêque et seigneur d'Aire.

Du 20 janvier 1700. — Contrat de mariage de noble Bertrand de Capdeville sieur de Bertaut, capitaine d'infanterie, fils de noble Antonin de Capdeville seigneur d'Arricau, et de dame Jeanne de Lartigue sa femme, habitants de la paroisse de Ségarret, accordé le 10 janvier 1700, avec Mademoiselle Marguerite de La Gruère, fille de feu Me Bernard de La Gruère, avocat en la cour, et de demoiselle Claire de Larrey sa veuve, habitants du lieu d'Hagetmau. Les parties assistées savoir : le futur, de noble Antonin de Capdeville son frère sieur d'Arricau ; de noble Christophe de Capdeville son frère, prêtre ; de messire Léon de Candalle seigneur baron de Doazit ; de messire Alexandre de Navailles-Banos et autres, ses parents et amis ; et la future, de Me Etienne de La Gruère son oncle, prêtre et curé de Benquet, et de Madeleine de La Gruère damoiselle sa sœur. En faveur duquel mariage lad. demoiselle de Larrey constitue en dot à lad. future sa fille la somme de 6,000 livres, à elle léguée par led. feu sieur son père, pour droits paternels et maternels, par son testament le 31 octobre 1694, et lui donne outre ce, celle de 15,000 livres. En déduction desquelles sommes lad. demoiselle de Larrey fit cession auxd. futurs de celle de 300 livres, à prendre des héritiers de feu Me Bertrand Dufourq juge de Caupenne, à elle due en son particulier. En faveur de ce même mariage, led. sieur de Capdeville ratifie les donations et avantages par lui ci-devant faits en faveur dud. sieur futur son fils, par acte du 9 décembre 1693. Ce contrat passé au lieu d'Arribans siége de Saint-Sever, en présence d'Estienne de la Couthure sieur de Cruignon et d'Estienne Lamorère, écolier, habitants du lieu d'Hagetmau, devant Mondon, notaire royal, est produit par expédition collationnée le 8 janvier 1709 par Mondon, notaire royal à Hagetmau, sur l'original étant en la possession dud. notaire, et légalisé le 27 janvier 1741, par le sieur Bourdeau-Daudejos, écuyer conseiller du roy, son lieutenant-général en la sénéchaussée de Saint-Sever.

Du 10 décembre 1705. — Accord fait le 10 octobre 1705 entre noble Antonin de Capdeville sieur d'Arricau, tant en son nom que comme fils aîné et héritier de feu noble Antonin de Capdeville, et noble Bertrand de Capdeville son frère puîné sieur de Bertaut, habitant de la paroisse de Saint-Cricq juridiction de Hagetmau, par lequel, comme par la police passée entre lesd. parties le 17 mars 1693, il avait été convenu que quoique par le contrat de mariage d'entre ledit sieur Antonin de Capdeville et demoiselle Marguerite de Lalanne du 16 février 1676, ledit feu Antonin de Capdeville leur père eût reconnu audit sieur son fils aîné la somme de 9,000 livres, fesant partie de la dot de ladite demoiselle de Lalanne sur tous les biens de Bertaut, se réservant led. sieur de Capdeville père d'autres biens exempts de cette hypothèque pour légitimer tant led. sieur Bertrand de Capdeville que noble Christophe de Capdeville ses enfants. Néanmoins, led. sieur Antonin de Capdeville fils aîné consentant en faveur dud. Bertrand son frère cadet, que lesdits biens de Bertaut fussent exempts de l'hypothèque de lad. somme de 9,000 livres, et qu'en conséquence lesd. biens lui fussent baillés pour ses droits de légitime sous la charge que pour rente de lad. somme de 9,000 livres led. Bertrand lui baillerait les biens que leur père s'était réservés par led. contrat de mariage pour la susd. légitime dudit Bertrand, lesd. biens consistant en quatre métairies situées dans le territoire de Segarret juridiction dud. Hagetmau, n'entendant ledit Antonin de

Capdeville se préjudicier en rien à son droit d'aînesse pour les successions et reversions futures ; que de plus les honneurs de l'Eglise seraient communs entre eux, l'ordre de primogéniture gardé pour le premier pas et honneurs; lesquelles conventions avaient été ratifiées par [leur père, lequel, par contrat du 28 octobre 1702, transporta la propriété des susdites métairies aud. sieur Bertrand de Capdeville, auquel il était loisible de les bailler en payement ou déduction de lad. somme de 9,000 livres audit sieur Antonin de Capdeville son frère aîné, moyennant quoi led. sieur Bertrand se chargea de payer à son père la somme de 300 livres; lequel sieur de Capdeville père étant mort, il y avait environ trois mois, lesd. sieurs de Capdeville frères voulant se régler et sortir d'affaires amiablement sur l'exécution de lad. police, ce qu'ils avaient fait par la médiation de noble Bernard de Capdeville seigneur de Poy, conviennent que pour paiement desd. 9,000 livres dues aud. sieur Antonin de Capdeville, en conséquence de la susd. police sur les biens dud. feu sieur de Capdeville leur père, led. Bertrand de Capdeville lui remet et délaisse en pure propriété les susd. métairies de la Gouète, Talabot et Basta avec leurs appartenances et dépendances, avec les droits d'église appartenants auxd. métairies, estimées 6,944 livres 10 sous, et pour le parfait paiement de lad. somme de 9,000 livres lui fit cession de plusieurs sommes à lui deues par plusieurs particuliers, au moyen de quoy led. sieur Antonin de Capdeville lui cède la propriété de tous les biens de Bertaut appartenances et dépendances ensemble de la métairie de Lagourgue située dans led. territoire de Segarret, et par là led. sieur Bertrand de Capdeville quitta sondit frère de tous les droits de légitime paternelle et maternelle qui lui pouvaient appartenir, tant sur la généralité des biens délaissés par sesdits feus père et mère que parce qu'ils avaient été rejetés par lad. police sur les biens de Bertaut. Cet acte passé en la paroisse de Saint-Cricq et maison d'Arricau siége de Saint-Sever, en présence de Pierre de Lichigaray-Parrabère, bourgeois et marchand de la ville d'Orthez en Béarn, et de Simon de

Barouillet, tisserand, habitant dudit lieu de Saint-Cricq, fut reçu par de Lamathe, notaire royal.

Du 5 janvier 1691. — Ordre donné par le roi à Versailles le 5 janvier 1691, par lequel Sa Majesté ordonnait au capitaine d'Aricaut de quitter la compagnie qu'il avait dans le régiment de milice de Poudenx infanterie, pour prendre le commandement de celle qui était vacante dans ledit régiment, par le changement du capitaine Thibault le cadet à une autre compagnie. Cet ordre signé Louis et plus bas Letellier.

Du 16 février 1676. — Contrat de mariage de noble Antonin de Capdeville, écuyer, fils aîné émancipé d'Antonin de Capdeville écuyer, sieur d'Arricau, et de demoiselle Jeanne de Lartigue sa femme, habitants dud. lieu d'Arricau, accordé le 16 février 1676 avec demoiselle Marguerite de Lalanne fille de feu Mᵉ Jean-Georges de Lalanne, juge de Castelnau et Pomarés, et de Pascalle de Cassen sa veuve, demoiselle habitante en la paroisse de Castelnau. Les parties assistées savoir : la future, de noble Charles de Lobit son beau-frère sieur de Monval, et de noble Christophe de Capdeville son frère, ecuyer, habitant du lieu d'Arricau, et la future, de dame Jeanne d'Imbernard douairière de Castelnau, et de du Plantier juge royal de Montfort ; de Jeanne de Lalanne demoiselle, de Pierre de Morlanx sieur de Laserre son neveu ; de Gaillard Gaxie juge de Poyartin, et d'autres ses parents et amis ; en faveur duquel mariage ladite demoiselle de Cassen, tant en son nom que comme héritière dudit feu sieur de Lalanne son mari, constitue en dot à la future sa fille la somme de 12,000 livres pour tous droits paternels et maternels et legs à elle faits par les défunts père et frère d'icelle future. En faveur du même mariage, ledit sieur de Capdeville tant pour lui que pour ladite demoiselle de Lartigue sa femme, en conséquence de leur contrat de mariage du 19 mars 1645, passé devant de Lafitte, notaire royal, par lequel ils avaient élu pour leur héritier leur fils aîné, donne à cet effet audit futur la maison noble d'Arricau avec les appartenances et dépendances dont il se réserve l'usufruit, et en outre veut qu'il soit pris sur la dot de ladite future la somme de 6,000 liv. pour l'employer à doter ses filles et de ladite de Lartigue. Le futur s'engage en outre ce, de doter demoiselle Janetton sa sœur d'une somme de 3,000 livres lorsqu'elle aurait vingt ans, laquelle somme ainsi que celle de 6,000 livres susd., son père la reconnaissait sur les biens de Pé de Bertaut au moyen de quoy ses autres biens étaient francs et quittes de cette hypothèque pour y légitimer nobles Christophe et Bertrand de Capdeville puisnés, nommant ledit futur son héritier de tous les biens qui lui resteraient après sa mort. Ce contrat passé en la paroisse de Castelnau dans la maison de Cassen, en présence de M° Adrien Gaxie et de Pierre du Broca, marchand, habitant ez paroisses de Poyartin et Pomarés, devant de Laborde, notaire royal, et fut ratifié par la demoiselle Jeanne de Lartigue, par acte passé en la maison noble d'Arricau, en présence de Jean et Bernard de Laborde, habitants de Saint-Aubin et reçu par ledit de Laborde, notaire.

Du 20 août 1673. — Contrat de mariage de noble Charles de Lobit sieur de Monval, habitant de la ville de Mont-de-Marsan, fils de M. Charles de Lobit, prêtre docteur en théologie, promoteur du diocèse d'Aire et curé de la paroisse de Genx et Betbesé, et feue demoiselle Claire de Sebie sa femme, et assisté de noble Bernard de Colonques son beau frère sieur de Salles, habitant de ladite ville du Mont-de-Marsan, accordé le 20 août 1673 avec demoiselle Anne de Capdeville fille de noble Antonin de Capdeville écuyer, sieur d'Arricau, et de demoiselle Jeanne de Lartigue sa femme, habitants de la maison noble d'Arricau paroisse de Saint-Cricq, au siége de Saint-Sever. Ladite future assistée : de noble Bertrand de Capdeville son frère puiné, de noble Bertrand de Momas écuyer, seigneur de Souslens, et demoiselle Suzanne de Capdeville ses proches parents, et du sieur Pierre du Tournier son oncle homme d'armes. En faveur duquel mariage lesdits sieurs et demoiselle de Capdeville constituent en dot à ladite future leur fille, la somme de 5,000 livres, et ledit sieur de Lobit père fait don audit futur son fils de tous les biens à lui avenus par le décès du

sieur de la Marigue, de la ville de Roquefort son parent.
Ce contrat passé dans ladite maison noble d'Arricau devant
Dufourq ou Dutournier, notaire royal.

Du 19 *mars* 1645. — Contrat de mariage de noble Antouin de Capdeville sieur d'Arricau, fils de feu René de Capdeville sieur dudit lieu d'Arricau, et damoiselle Jeanne d'Estoupignan sa femme, accordé le 19 mars 1645 avec Jeanne de Lartigue damoiselle, fille de M. Marc-Antoine de Lartigue, conseiller et procureur du roi au siége de Saint-Sever, et de damoiselle Catherine de Barry sa femme. Les parties assistées savoir : le futur, de Charles d'Estoupignan son oncle maternel, écuyer; de Jacques de Fortisson son oncle, écuyer, sieur de Balirac ; de Joseph de Marsan sieur de Sainte-Croix ; de Me Jean-Jacques de Lespès, avocat en la cour ; de Thomas et Matthieu d'Estoupignan ses cousins ; de Mes Louis de Coudroy et de Bernard de Larrhède, avocats en la cour, et de Raimond de Cabanes sieur de Pitrot ; et la future, de demoiselle Jeanne d'Abadie, veuve de M. Me Daniel de Barry, conseiller du roi, lieutenant-général audit siége de Saint-Sever, seigneur de Tojun ; de M. Me Jean-Pierre de Barry seigneur de Tojun et de Heuga, lieutenant-général audit siége ; de damoiselle Suzanne d'Amou sa femme ; de son frère Christophe de Lartigue, religieux en l'abbaye de la ville de Saint-Sever ; de nobles Bernard de Pausader et Bernard de Castaignos, oncles de ladite future ; de Maistres Bernard de Basquiat et Jean-Jacques de la Borde, avocats en la cour ; de damoiselles Marguerite de Barry, Marthe-Madeleine et Marguerite de Lartigue ses tantes et sœurs; en faveur duquel mariage les père et mère de la future lui constituent en dot la somme de 6,000 livres ; noble Antonin de Capdeville seigneur de Poy, oncle paternel dudit futur, en faveur de ce même mariage, ratifie de nouveau la transaction passée le 28 avril 1623, entre lui et les feus sieurs René de Capdeville sieur d'Arricau, et François de Capdeville seigneur de Brassempoy ses frères, pour tous les biens donnés audit feu sieur d'Arricau, père dudit futur, et lui donne de plus la somme de 2,000 liv. comme aussi ledit sieur de Tucquoy, fondé de procuration passée à Brassempoy le 17 dudit mois, en présence de M. Luc de Lau, Bayle de Caupenne, et de Pierre de La Mathe, habitants dudit lieu de Brassempoy, et reçue par Pierre du Tournier, notaire royal, donne audit futur la somme de 300 livres. Ce contrat, pour l'insinuation duquel en la cour de M. le sénéchal des Lannes audit siége de Saint-Sever les parties constituent pour leurs procureurs : Me Zacarie de Cloche, avocat, et Arnault Durou, aussi avocat en la cour et audit siége, fut passé en la ville de Saint-Sever en présence de M. Maître d'Estremeau, maître èz-arts; de Jean de La Borde et de Bernard de Coulon, praticien, habitants de ladite ville de Saint-Sever, devant de la Fite notaire royal.

Du 13 juillet 1674. — Certificat donné au Mont-de-Marsan le 13 juillet 1674, par le maréchal d'Albret, chevalier des ordres du roi, gouverneur et lieutenant-général pour Sa Majesté en Guienne, portant que le sieur d'Arriquau servait alors auprès de lui dans la convocation de la noblesse. Ce certificat signé le maréchal d'Albret, plus bas par Monseigneur : de Courtade, et scellé du sceau de ses armes.

Du 20 novembre 1652. — Monsieur, vous êtes très humblement supplié de vouloir prendre la peyne de vous trouver dimanche prochain, vingt-quatrième de ce mois à St-Sever, à dix heures, où Messieurs de la noblesse du siége sont supliés de cy trouver ; les communautés y sont aussy assignées pour tous ensemble prendre quelque bonne résolution sur le malheur des temps où nous sommes. Vous etes cy zelé pour le (bien?) public, que j'espère avoir l'honneur de vous y voir. Je ne vous puis vous dire à présent autre chose, cy non que je seray toute ma vie, Monsieur, votre très humble et obeyssant serviteur. Signé : de Candale de Foy (Foix). La suscription est : A Monsieur d'Arricau.

Du 20 septembre 1649. — Monsieur, l'insolence des Bourdelois s'est portée jusqu'à refuser la paix que le roy leur a voulu donner, et qui avait été arrestée le plus avantageusement qu'il se pouvoit pour eux, avec les députés mesme du Parlement de Bordeaux. Ils ont pour cet effet osé prendre le courrier de Sa Majesté qui m'en apportait les ordres et les articles signés, ouvrir, voir et retenir lesdits ordres, articles, arrests et autres despêches, au lieu desquelles ils en ont supposé et débité malicieusement de toutes contraires à la vérité et à la syncérité des intentions de Sa Majesté. Ce qui me faict résoudre de partir au premier jour pour aller chastier ces rebelles, et me faict aussy espérer que dans une occasion de cette importance où il s'agit du maintien de l'auctorité royale et du restablissement du repos de cette province, vous voudrez bien comme je vous en conjure vous venir joindre à moy aussitost après que vous aurez reçu ceste lettre, pour rendre à Sa Majesté le service qu'elle doit attendre d'une personne de votre naissance et de vostre courage. Venez donc, je vous prie, le plus diligemment qu'il vous sera possible, et soyez assuré de la passion avec laquelle je suis, Monsieur,

Vostre très fidelle ami à vous rendre service,

Signé, le duc d'Espernon,

H. ESPERNON.

De Cadillac ce 10 septembre, 1649.

Du 2 may 1646. — Acte passé le 2 may 1646, par lequel Antonin de Capdeville écuyer, sieur d'Arricau, somme nobles Antonin et Sever de Capdeville ses oncles, qu'ils eussent à satisfaire pour les chefs qui restoient à être exécutés, à l'accord passé entre lesdites parties, le 11 janvier l'an dernier, pour raison de la part, des biens et sommes deues audit sieur d'Arricau, sur les biens qui avoient apartenu et été possédés par feu demoiselle Blasiote de Larrazet et son ayeule, et en conséquence lui délivrer la somme de 3840 livres et lui délaisser les biens contenus dans ledit accord, en la sorte qu'ils lui avaient été adjugés par icelui : acte passé dans la ville de St-Sever, en présence de Bernard de Vergès clerc, habitant dudit Saint-Sever, fut reçu par de Lafite, notaire royal.

Du 25 avril 1645. — Accord fait le 25 avril 1645 entre noble Antonin de Capdeville sieur d'Arricau, capitaine au régiment de Tolongon, et noble Jean d'Oyson sieur dudit lieu d'Oyson, comme fondé de procuration de noble Charles de Lataulade, seigneur dudit lieu de Lataulade, et lieutenant de gouverneur au gouvernement de Navarreinx; passée le 5 du mois dans le château noble de Poyanne, en présence de Bertrand de Marsan sergent royal, et de Jean de Mayrans praticien, habitans dudit Poyanne, et reçu par André La Gardère notaire royal, par lequel, comme par contrat du 23 décembre 1618, feu noble René de Capdeville père dudit sieur d'Arricau, avait vendu à faculté de rachat à noble Sarran de Candalle seigneur baron de Doazit, le moulin à eau appelé d'Arricau, situé en la baronie de Hagetmau et Marquevielle, pour le prix de 1700 livres duquel droit ledit sieur de Doazit s'étoit defait; en sorte que ledit sieur d'Arricau sachant que ledit droit ou partie d'iceluy estoit en main dudit sieur de Lataulade, en vertu dudit droit de rachapt, l'avait requis par acte passé en la ville de Saint-Sever, le 23 dudit mois d'avril 1645, en présence de Me Estienne de Fauthoux notaire royal, et d'Arnauld de Saint-Genes habitant de ladite ville, de lui déclarer qu'elle part il faisait audit moulin, offrant de lui délivrer les sommes qu'il aurait légitimement déboursées; laquelle sommation lui ayant été signifiée le lendemain en sa maison seigneuriale de La Taulade, en présence de Bertrand de Soarn et de Bertrand de Gaxie, habitans de ladite ville de Saint-Sever où ledit sieur d'Arricau avait élu son domicile, en la maison de noble Charles d'Estoupignan escuyer son oncle, ledit sieur d'Oyson audit nom avoit déclaré, par acte passé en présence de Me Bertrand de Boulin notaire royal, et de Mathieu de Sarraute, habitans de ladite ville de Saint-Sever, que ledit sieur de Lataulade possédait la moitié dudit moulin comme ayant le droit de feu Me François de Capdeville lieutenant particulier en la cour présidiale d'Acqs, et ledit de Capdeville comme ayant le droit du sieur de Doazit, et ce pour la somme de 960 livres, comme apparoissait du contrat du 23 avril 1620, reçu par du Tournier notaire royal, offrant de lui revendre ladite moitié de moulin au moyen de ladite somme de 900 livres, sur quoi lesdittes parties conviennent savoir : que ledit sieur d'Oyson ferait remise audit sieur d'Arricau de ladite moitié dudit moulin avec ses appartenances et dépendances, qui pouvoient appartenir audit sieur de la Taulade, en conséquence dudit contrat du 23 avril 1620, passé entre feu noble Bertrand de Lataulade père dudit Charles, et autres dénommés dans ledit contrat et ce moyennant la somme de 900 livres qui lui fut payée par ledit sieur d'Arricau, de l'argent propre que Mr Me Antoine de Lartigue conseiller et procureur du roi en la sénéchaussée des Lannes, audit siege de Saint-Sever lui avait délivré en déduction de plus grande somme qu'il avait promise audit sieur d'Arricau, pour la constitution de dot de damoiselle Jeanne de Lartigue sa fille, par le contrat de mariage de sa mère, et ledit sieur d'Arricau. Acte passé en la ville de Saint-Sever, dans la maison dudit sieur de Lartigue en présence dudit noble Charles d'Estoupignan écuyer, et de Me Martin d'Estremeau maître ez-arts, habitans de ladite ville. Fut reçu par de Martianay notaire royal.

Du 17 mars 1645. — Procuration donnée le 17 mars 1645 par Me Bernard de Capdeville prêtre et curé de Brassempoy sénéchaussée des Lannes, siége de Saint-Sever, à M. Me Jean-Jacques de Tucquoy avocat du roy, pour en son nom constituer à noble Antonin de Capdeville sieur d'Arricau son neveu, du côté paternel, la somme de 300 livres en faveur du mariage que ledit sieur d'Arricau devoit contracter avec demoiselle Jeanne de Lartigue fille de M. Me Antoine de Lartigue, procureur du roi audit siége de Saint-Sever, et de demoiselle Catherine de Barry sa femme. Cet acte passé au lieu de Brassempoy en présence de Me Luc de Lau, bayle de Caupenne et de Pierre de la Mathe habitans dudit Brassempoy, et reçu par Pierre de Tournier notaire royal.

Du 2 septembre 1641. — Accord fait le 2 septembre 1641, entre noble Antonin de Capdeville sieur d'Arricault, habitant de Saint-Cricq en Chalosse, fesant tant pour lui que pour damoiselle Jeanne d'Estoupignan sa mère, veuve de noble René de Capdeville son père, sieur dudit lieu d'Arricault en qualité d'héritiers dudit feu René de Capdeville d'une part, et Jeanne de Guimont et Jeanne de Larribau, mère et fille veuves, habitantes de la ville de Bayonne d'autre ; par lequel au moyen de la somme de 166 livres payée par le sieur d'Arricault auxdites de Guimond et de Larribau en déduction de celle de 266 livres à laquelle les parties avaient liquidé tant les intérêts qui devoient échoir à la Saint-Martin lors prochain, pour raison de la somme due par lesdites mère et fille en ladite qualité d'héritières auxdits de Guimont et de Larribau au terme porté par la sentence rendue au présidial d'Acqs, que les dépens que lesd. demoiselles d'Estoupignan et de Capdeville pouvaient devoir et auxquels ells avaient été condamnés par les sentences et appointements donnés devant M. le sénéchal de Saint-Sever au présidial d'Acqs. Lesdites de Guimont et Larribau déchargent les commissaires établis au gouvernement des biens qui avaient été saisis au préjudice desdites damoiselles d'Estoupignan et d'Arricault. Cet acte passé au bourg Saint-Esprit en la ville de Bayonne en présence de sieur noble Sever de Capdeville, fut reçu par le notaire et tabellion royal dudit lieu.

Du 7 juillet 1668.—Noble Pierre de Capdeville, écuyer, habitant de Brassempoy et y résidant, siège de Saint-Sever, élection des Lannes, faisant tant pour lui que pour noble François-Antonin de Capdeville, écuyer, sieur du Poy, porte pour armes : Ecartelé au 1 d'or au lion de gueules ; au 2 et 3 d'azur à un bâton d'or peri en bande accosté de deux étoiles du même, et au 4 d'or à un cœur de gueules, transpercé de trois flèches de sable à la pointe aussi de gueules. Fait à d'Acqs, le 7 juillet 1668. Ainsi signé Capdeville. — Signé Tilhet, greffier en la commission.

Du 11 juillet 1617. — Contrat de mariage de noble René de Capdeville, homme d'armes de la compagnie du seigneur de Gramont, fils de feu Pierre de Capdeville seigneur de Poy et de Brassempoy, et de Blasiotte de Larrezet damoiselle sa veuve, accordé le 11 juillet 1617 avec demoiselle Jeanne d'Estoupignan, fille de noble Pierre d'Estoupignan, prévost royal de la ville de Saint-Sever, sieur de Tingon de Bouillon, etc., et de feue damoiselle Catherine de Chambre sa femme, en faveur duquel mariage ledit sieur d'Estoupignan constitue en dot à ladite future sa fille pour ses droits paternels et maternels la somme de 7,000 livres, en déduction de laquelle il fit transport audit futur de la somme 1800 liv., à prendre sur Etienne du Périer, marchand à Mugron, par acte reçu par M⁰ Jean de Jusanx, notaire royal audit lieu de Mugron. Ce contrat passé dans la maison noble de Tingon, en présence de M. M⁰ Thomas Chambre, conseiller du roi et lieutenant-général au siége de Tartas ; de Jean de Broca, marchand, et d'Etienne de Lugat, Bayle dudit Tingon, habitants auxdits lieux de Tingon et de Tartas, devant d'Arribehaude, notaire-royal.

Du 28 février 1615. — Monsieur, il se présente certain afaire fort important pour le pays, qui m'oblige à prier Messieurs de la noblesse de se trouver samedy prochain à Saint-Girons, à dix heures du matin, pour adviser aulx moyens dy pourvoir et, espérant ne vouldrez pas manquer à tesmoigner au païs vostre bonne volonté en ceste occasion, je demeureré pour jamais, Monsieur, vostre plus obeyssant serviteur. Signé Poudens, sindiq de la noblesse. La suscription est à Monsieur de Castera.

Du 8 août 1661. — Donation faite le 8 août 1661 par M. M⁰ Bernard de Capdeville, prêtre et curé de Brassempoy, sénéchaussée des Lannes au siége de Saint-Sever, au profit de noble François-Antonin de Capdeville, écuyer, seigneur de Poy et de Caplane, fils de feu M. M⁰ François de Capdeville, lieutenant particulier au présidial d'Ax, à savoir de toutes les sommes qui pouvaient lui être dues sur les biens et hérédités dudit feu sieur de Capdeville, lieutenant particulier, pour raison de la somme de 3,000 livres léguées audit sieur curé, par feu noble Pierre de Capdeville son père, seigneur de Poy, ainsi que des intérêts de ladite somme liquidés à celle de 1,800 livres, entre ledit sieur curé et ledit feu sieur lieutenant particulier, par acte du 17 mars 1638, reçu par M⁰ Odet de Morlans, notaire royal, plus de ce qui lui était dû pour raison des paiements que ledit sieur curé avait faits des sommes dues à divers créanciers sur les biens délaissés par ledit feu sieur de Capdeville, lieutenant particulier, montantes à 10,012 liv., ainsi que de toutes les prétentions qu'il pouvait avoir sur lesdits biens et hérédités. Voulant pourtant que ladite cession ne peut préjudicier à noble Pierre de Capdeville frère dudit sieur de Capdeville de Poy, pour la légitime qu'il pouvait prétendre sur lesdits biens, laquelle devait être quitte des sommes ci-dessus données. Cet acte passé en la paroisse de Brassempoy dans la maison appelée de Labat, en présence de M. Pierre de Batis, bayle de Brassempoy et de Jean de Bustarret, clerc, habitants audit lieu de Brassempoy, et reçu par Desan, notaire-royal audit lieu.

Du 13 décembre 1652. — Inventaire des biens, meubles, titres et papiers de feu noble Anthonin de Capdeville seigneur de Poy, fait le 13 décembre 1652 dans la maison noble de Poy, sénéchaussée des Lannes, siége de St-Sever, par Dutournier, notaire royal, à la réquisition de noble Anthonin de Capdeville sieur d'Arricau, curateur des personnes et biens de nobles François et Pierre de Capdeville frères, enfans de feu François de Capdeville conseiller du roi, lieutenant particulier au siége présidial d'Ax. Lesdits mineurs héritiers testamentaires dudit feu noble Antonin de Capdeville seigneur de Poy, en présence de M⁰ Bernard de Capdeville prêtre curé de Brassempoy, donataire dudit feu sieur de Poy son frère germain, par acte reçu par M⁰ Jean de Morlans notaire royal, et aussi en présence du sieur René de Capdeville écuyer, frère germain dudit sieur curé, et oncle germain des mineurs et du sieur Sever de Capdeville, ledit René déclare que ledit M⁰ Bernard de Capdeville son frère l'avait plusieurs fois sommé et requis, du temps qu'il avait la charge de tuteur desdits François et Pierre ses neveux, de procéder aux inventaires, pour l'intelligence duquel ledit sieur de Capdeville curé, déclare que ledit François de Capdeville son neveu et mineur, avait vendu à M. Pierre de Capdeville prêtre habitué au lieu de Brassempoy, un manteau et un justaucorps qui avaient été estimés par Jean de Poymiro et

Etienne de Seguin maîtres tailleurs et sur le prix desquels il avait payé la somme de 15 livres pour légat pie fait par ledit sieur de Poy à Mᵉ Pierre de Capdeville prêtre; qu'il était dû par François de Paureilhe, maître boucher, la somme de 10 livres; par le sieur Jean Barbier de Hagetmau une obligation reçue par de Labat, notaire royal, et qu'il avait retiré de Jean de Laborde dit Chimanc, 4 livres 10 deniers; et de Bertrand de Laborde dit de Cabanne, 28 livres 10 deniers qu'ils devoient audit feu sieur de Poy. Les titres mentionnés audit inventaire sont entr'autres une promesse de la somme de 39 livres faite le 5 septembre 1650, au profit dudit feu seigneur de Poy, par Anthonin de..., signé du Bedoult et Philipp.

1615. — Une obligation de la somme de 268 livres faite le 3 février 1615 au profit dudit feu sieur de Poy, par Bernard de la Fourcade, fils et héritier de feu Bertrand de la Fourcade, reçue par du Tournier notaire royal.

1646. — Une autre obligation de 16 livres 4 deniers faite le 24 août 1646 au profit dudit feu sieur de Poy par Jean de Lafitte, et reçue par feu du Tournier, notaire royal.

1650. — Une autre obligation de la somme de 200 liv. par François de Larrotheure, maître chirurgien, et reçue par de Bustarret, notaire royal.

1650. — Une promesse de la somme de 24 livres faite le 24 novembre 1650, par Jean de la Couteure dit Conches, signée A. Capdeville et Camescasse.

1650. — Une autre promesse de la somme de 6 livres faite par Jean du Poy dit Laubardèe, le 8 mars 1650, signée du Broca et Montauzée.

1650. — Une autre obligation de la somme de 100 livres par feu Jean de Larrotheure, maître maçon, au profit dudit frère de Capdeville, curé, reçue par Tornier, notaire.

1634. — Une promesse de la somme de 32 livres, faite le 22 avril 1634 par Jean de Luquet et signée par Jean de Luquet.

1646. — Une autre promesse de deux mesures d'avoine faite par Amanieu de la Lanne au mois de septembre 1646, signée DE LA LANNE.

1650. — Une sommation faite le 18 octobre 1650 par Jean de Farthoac dit de Pehau, audit feu frère de Poy. Cet acte signé de Vicq, notaire royal.

1612. — Un contrat de quatre prébendes nommées de Lautrey fondées dans l'église collégialle de Saint-Girons, et assignées par feue haute et puissante dame Corisande d'Andoins, sur les dixmes de Cazalis, ledit contrat en parchemin et en latin. — *Signé*, D. ; Philippus ; E. Adurensis; en date de l'an 1612 du 1er mai, et plus bas : De Mandato dicti Reverendissimi Dñi Episcopi Adurensis sausellis, *secrétaire*. Lequel contrat avait été retiré par feu Mr de Poy de feue Mademoiselle de Gentes, femme dudit feu sieur de Brassempoy.

1644. — Un échange fait le 4 juillet 1644, entre ledit feu sieur de Poy et Pierre de Laborde homme d'armes et reçue par Jean de Sade notaire royal.

1665. — Une vente de la maison noble et cabarie (caverie) de Poy, faite le 15 décembre 1665, à sire Jean de la Vigne, moyennant la somme de 3500 francs bourdelois, par demoiselle Bertrande de Maumen, Jean de Casautets écuyer, seigneur de la dite cabarie de Poy, et par demoiselle Catherine de Baure, sous faculté de rachapt. Cet acte reçu par de Claverie notaire royal, et lesdits droits de rachat achetés par feu Pierre de Capdeville, acquéreur dudit de la Vigne pour la somme de 2,100 fr. bourdelois par acte du 23 mai 1571. Reçu par de la Claverie notaire royal.

1626. — Un livre contenant plusieurs obligations au profit de feue demoiselle Blasiotte de Larreset, datté du 19 janvier 1626 et signé la Mathe, notaire royal.

1600. — Une vente de deux journaux de terre faite le 6 février 1600 par Sarrazot et Jean d'Arricau frères habitans de Samadet, à Jean de Larrezet. Cet acte signé du Poy, notaire royal.

Plusieurs pièces concernant un procès contre la dame de Caupenne pour raison de quelque carnage fait au sieur de Casautets seigneur de Poy.

26 pièces en parchemin fort vieilles en langage gascon,

qu'on n'avait pu lire à cause de leur antiquité, concernant la noblesse de Poy et un paquet de papiers où était une instance intentée contre Pierre de Capdeville seigneur de Poy, par la demoiselle de Casautetz qui avait été déboutée avec dépends.

Un mémoire présenté au conseil sur le trouble qui avait été fait à la feue damoiselle Blaziotte de Larrezet par le capitaine Banos, avec la consultation au bas signée La Lanne et Mettivier.

Plusieurs papiers concernant le procès et jugement rendu au sénéchal de Saint-Sever, entre Marguerite de Casautets et Pierre de Casautets, duquel jugement il avait fait appel au parlement.

1649. — Une copie de relief d'appel avec assignation donnée audit feu sieur de Poy, à la requête de Pierre de Tournier, homme d'armes, le 25 octobre 1649.

1633. — Un contrat de fesandure en parchemin de la maison noble de Poy, passé par Jean de Farthoat de la Barrère, en faveur dudit feu sieur de Poy, en date du 23 novembre 1633, signé de Saa, notaire royal.

1651. — Une déclaration faite le 17 décembre 1651 par François de Commarieu, maître chirurgien, et signé dudit Commarieu.

1642. — Un acte fait le 10 juillet 1642, par du Tournier. notaire royal, qui prouvait la fausseté de certaine procédure faite par le sieur de la Borde, prétendant quelque légitime sur l'hérédité de feu Pierre de Capdeville sieur de Poy.

1646. — Une saisie faite à la requête des Jacobins de Saint-Sever, le 1er mars 1646, pour avoir payement d'un legs qui leur avait été fait par feu Jean de Larrezet.

1647. — Une assignation donnée sur défaut le 5 juillet 1647, à la requête de M. Anthonin de Gramond. Cet acte signé Floués.

1591. — Une procuration donnée le 1er janvier 1591 par feu M. le comte de Carmaing à feu Guillaume Bagoureur, son maître-d'hôtel, pour recevoir de feue Mme la comtesse de Gramond la somme de 3,000 livres. et remettre ensuite cette somme à Mme Madeleine de Bretaigne, créancière (*) de la maison d'Andoins.

1571. — Une obligation de la somme de 1,366 livres faite le 12 octobre 1571, au profit de feu Jean de la Vigne, pour feu Pierre et autre Pierre de Capdeville. Cet acte reçu par du Mora, notaire royal.

1633. — Une sommation faite le 28 août 1633, à la requête de messire Anthonin de Gramond audit feu sieur de Poy. Cet acte reçu par de la Vigne, notaire royal.

1647. — Une obligation de la somme de 32 livres faite le 28 août 1647, par Amanieu de la Lanne, au profit dudit feu sieur de Poy et reçue par du Tournier, notaire royal.

Et un état de la maison noble de Poy, à l'entrée de laquelle étaient les armes de ladite maison noble de Poy qui consistaient en un casque sur le haut, une colombe en l'air et un serpent qui lui pousse le venin sur terre. Tous lesquels titres furent remis audit sieur d'Arricau, curateur desdits mineurs, par ledit sieur curé qui, pour être valablement déchargé, somma ledit sieur d'Arricau de lui exhiber l'acte portant création de curateur devant le sénéchal de Saint-Sever, au ressort duquel les biens étaient situés. Cet inventaire clos en présence de Me Pierre de la Mathe, praticien, et Pierre de la Mathe dit Chiton, habitants dudit lieu de Brassempoy, et signé de Capdeville d'Arricau, l'abbé de Capdeville de Poy, Lamathe, de la Mathe, et du Tournier, notaire royal, est produit par expédition, collationnée le 8 août 1671 par Cenosie, notaire royal, sur la minute représentée par Jeanne du Tornier, fille de feu Pierre du Tornier, notaire royal et détenteresse de ses protocoles. A la réquisition de noble François de Capdeville, écuyer, seigneur de Poy et légalisée le 21 mai 1740 par le sieur Bourdeau d'Audejos, écuyer, conseiller du roy, lieut.-général en la sénéchaussée de St.-Sever.

Du 14 juillet 1585. — Contrat de mariage de noble Pierre de Capdeville seigneur de Poy, habitant de la paroisse de Brassempoy, fils de noble Estienne de Capdeville

(*) *Alias* douairière.

et de feue Jeannette de la Borde damoiselle sa femme, accordé le 14 juillet 1585, avec Blasiotte de Larrezet damoiselle, fille de Jean de Larrezet seigneur de Horsarrieu, en la sénéchaussée des Lannes, siége de Saint-Sever, et de feue Jeannette du Thil. La future assistée de M. M⁰ Jean-Jacques du Thil son oncle maternel, avocat audit siége de Saint-Sever, et de Bernard de Larrezet son frère, en faveur duquel mariage ledit de Larrezet assisté de Gironde de Marreing alors sa femme, constitue en dot à ladite future sa fille la somme de 2,000 livres. Ce contrat passé dans le lieu et paroisse de Horsarrieu, dans la maison dudit de Larrezet, en présence de MM. François de Puyanne, abbé ou doyen de l'église collégiale de Saint-Girons ; Jean de Castaignos, avocat pour le roi au siége de Saint-Sever ; Arnault de Castaignos et Peyroton de Claverie, tous deux marchands habitants du lieu et juridiction de Hagetmau ; de M⁰ Pierre Mant, notaire royal et procureur en la cour du sieur sénéchal des Lannes ; de Jean de Codroy, marchand, habitant en ladite ville de Saint-Sever ; de M⁰ Bernard de Lafargue, prêtre, audit Saint-Girons, et Jean de Forcan, régent audit Hagetmau, Devant de Sobaignez, notaire royal.

Du 23 août 1602. — Sentence rendue le 23 août 1602, en la cour de la sénéchaussée des Lannes au siége de Saint-Sever, entre Blasiotte de Capdeville nièce, fille et héritière en sa partie de feu Amanieu de la Borde dit Musquet, et Jean de Casautets sieur de Beyries, et demoiselle Françoise de Larrivau sa femme, respectivement demandeurs en criées et interposition de décret d'une part, et Etienne de Larrivau défendeurs ; Pierre et Jean de Larrivau frères, Jean de la Liquet, Jeanne de Lopiet, tutrice des enfants de son mariage avec feu Peyroton de la Liquet, Pierre du Perril dit de Larrivau, Jean du Poy, Jean du Lopiet dit du Candau, M⁰ Jean du Tilh, procureur au siége de la ville de Saint-Sever, Jean du Bordieu dit de Gourgue, et demoiselle Jeanne de Belcier dame de Douazit et d'Horsarrieu, tant en son nom que comme cessionnaire de Pierre de Capdeville, écuyer, seigneur et baron de Brassempoy, respectivement opposants; par laquelle sentence, après avoir vu les titres produits par les parties, entre autres le contrat de mariage desdits de Casautets et de Larrivau, en date du 1er juillet 1604, par devant d'Andieu, notaire royal; les causes d'opposition dudit Me Jean du Tilh; l'acquisition de la métairie appelée de Larrivau faite le 23 septembre 1593 avec faculté de rachat, moyennant la somme de 300 écus sol. Les causes d'opposition de ladite dame de Douazit, entre autres le contrat obligation de la somme de 906 écus sol six sols tournois, à elle cédée par Pierre de Capdeville, écuyer, sieur de Poy, en date du 24 février 1601, signé de la Borye, notaire royal, et le contrat d'acquisition de la baronnie de Brassempoy fait le 6 août 1601, par ledit sieur de Poy, signé dudit la Borye, notaire. Ladite cour joint ensemble lesdites instances des criées pour y avoir tel égard que de raison, ordonne que ladite de Capdeville demeurerait demanderesse au procès, et lesdits de Casautets et de Larrivau comme opposants, auxquels il serait fait droit suivant l'ordre de priorité et de postérité. Déclare toutes lesdites instances de criées bien et dûment faites, et ordonne que les affiches seraient mises à la porte du parquet de la ville pour être faites les enchères. Cette sentence prononcée par le sieur du Tilh, conseiller, et délivrée par de Larhède, commis greffier. Il en fut interjeté appel le 30 du même mois par ledit Etienne de Larrivau, en présence de Pierre de Marsan et Jean de Corade clercs, demeurant audit lieu de Saint-Sever, et le 7 septembre suivant, par ladite demoiselle Françoise de Larrivau, tant pour elle que pour le sieur de Casautets son mari, par acte passé en présence de Charles La Taulade sieur de Casalon (?) et Pierre de Sort, dudit lieu de Saint-Sever.

Du vendredy 12 may 1683. — Procuration donnée le vendredi 12 mai 1683, par noble Bertrand de Momas et dame Suzanne de Capdeville sa femme, à M. Me François de Capdeville, conseiller du roy et son lieutenant-général au sénéchal de Pau en Béarn, pour consentir en leurs noms à la reconnaissance des articles de mariage de noble Pierre de Momas, écuyer, leur fils, avec demoiselle Louise d'Esquille.

fille de M. d'Esquille, président au parlement de Navarre, et de dame Louise d'Ibos sa veuve.

Du 16 may 1638. — Pactes du mariage de noble Bertrand de Momas sieur de Casalon, fils de demoiselle Jeanne de Lataulade et assisté de noble François de Navailles sieur de la Roque, au nom et comme procureur de ladite dame sa mère, de nobles Jean d'Osens seigneur dudit lieu; Etienne, seigneur et baron de Poudenx ; Jean de Lataulade ; et accordés le seizième jour du mois de mai 1638, avec demoiselle Suzanne de Capdeville, fille de noble Jérôme de Capdeville seigneur et baron de Brassempoy et d'Aidie, et de demoiselle Françoise de Capdeville sa femme, et assisté de M. Me Augustin de Loyard son oncle, conseiller au Parlement de Pau, etc. Ces pactes passés devant Pierre de Pierre, notaire à Pau, en présence de MM. Jean de Claverie et d'Estienne de Brosser, conseiller du roi.

Du 6 juin 1628. — Quittance de la somme de 1,500 liv. donnée le 6 juin 1628, par noble Jean de Salinis sieur de Lème, à noble Jérôme de Capdeville sieur d'Aidie, ladite somme à lui payé tant pour le remboursement de celle de 1,200 livres, et les trois cents livres restant pour les intérêts des trois années d'icelle et au payement de laquelle ledit Jérôme de Capdeville s'était rendu caution pour le sieur de Brassempouy son beau-frère. Cet acte passé à Pau en présence de Me Jean de Baas et de Jacques la Barthe, praticiens, et reçu par Pierre de Pierre, notaire de la ville de Pau, et produit par copie collationnée le 11 août 1632 par un notaire et secrétaire du roy, sur l'original à lui exhibé et retiré par ledit sieur d'Aidie. (*)

Du 10 may 1619. — Relief donné le 10 mai 1619 par noble Pierre de Capdeville comme fondé de procuration de noble Antoine de Capdeville sieur de Brassempouy, de René de Capdeville sieur de Castera, et de François de Capdeville, écolier. Ladite procuration passée audit lieu de Bras-

---

(*) En 1789 dame Henriette-Elisabeth Labbay de Viella était mariée à M. de Capdeville d'Aydie, et mourut à Viella en 1809, le château d'Aydie ayant été confisqué et démoli pendant la Révolution (*Revue d'Auch*, tome II.)

sempouy le 9 dudit mois et an, et reçue par d'Arribehaude, notaire royal, à noble Hiérosme de Capdeville de la ville de Pau, par lequel ledit Pierre s'oblige à relever franchement ledit Hiérosme de la somme de 1,200 livres et des intérêts d'icelle, au payement de laquelle somme il s'étoit rendu caution envers Jean Salinis sieur de Lème, qui avait prêté ladite somme de 1,200 livres audit Pierre de Capdeville audit nom de procureur. Cet acte passé à Pau en présence de Me Guillaume de Pardies, avocat, et de François Remy, marchand, et reçu par Me Abraham de Camps, notaire de la ville de Pau, est produit par copie collationnée à Pau le 11 août 1632 par un notaire et secrétaire du roi, sur une expédition originale délivrée le 2 juin 1628, par Pierre de Pierre, notaire de ladite ville de Pau et représentée par ledit Jérosme de Capdeville.

Du 10 may 1619. — Obligation de la somme de 1,200 livres passée au profit de noble Jean de Salinis sieur de Lème, par noble Pierre de Capdeville de la ville de Pau, lequel comme fondé de procuration passée la veille à Brassempouy et reçue par d'Arribehaude, notaire royal, de noble Antonin de Capdeville sieur de Brassempouy, de René de Capdeville sieur de Castera, et de François de Capdeville, écolier, étudiant en l'université de Toulouse, avait emprunté dudit de Salinis ladite somme, et pour le payement de laquelle noble Jérôme de Capdeville de ladite ville de Pau se rendit caution. Cet acte passé à Pau en présence de Me Guillaume de Pardies avocat, et de François Remy, marchand de ladite ville de Pau, et reçue par Noé de Bendat, notaire, qui en retint la minute, est produit par copie collationnée le 11 août 1632 par un notaire et secrétaire du roi, sur une expédition délivrée par Abraham de Camps, notaire public de ladite ville de Pau.

Du 30 avril 1544. — Contrat de mariage de noble Etienne de Capdeville, fils légitime de noble Jehan de Capdeville et de Jeanne de Larribau damoiselle, accordé le dernier avril 1544 avec Janette de La Borde damoiselle, fille légitime d'Arnaulton de La Borde seigneur de Bourdenx et de Gratianne de Casautets damoiselle, tous habitants de la paroisse de Brassempoy. Ledit Estienne de Capdeville procédant du consentement dudit Jean de Capdeville son père, et ladite Janette de ses dicts père et mère, lesquels pour la part et portion légitime qui pouvoient lui appartenir sur leurs biens, luy constituent la somme de 1000 francs bourdalois ; et ledit Jehan de Capdeville promet instituer héritier ledit Estienne son fils en tous ses biens à la fin de ses jours. Ce contrat passé audit lieu de Brassempouy en la maison dudit de Laborde, devant Arnaulton de Claverie, notaire royal, en présence de M. Pierre de Capdeville, prêtre curé dudit Brassempouy et prébendier de Saint-Michel ; Estienne de Laborde, prêtre prébendier ; noble Jean de Casautetz ; Berthomieu Dufau, et Jacques de la Serre, régent, habitant tous dudit Brassempouy.

Testament du baron de Capdeville (1758).

Cejourd'huy, vingt-septième novembre mille sept cent cinquante-huit, au lieu de Segarret et maison appelée à Bertaut, par devant moy notaire royal soussigné, présens les témoins bas nommés, s'est personnellement constitué Messire Antonin de Capdeville baron de Renung, seigneur d'Arribans et autres lieux, résidant actuellement dans la présente maison, affligé de maladie, mais par la grâce divine dans ses bons sens, parolle, mémoire, et entendement. Considérant la certitude de la mort et l'incertitude de son heure, désirant n'en être prévenu sans avoir fait ses dernières dispositions, a fait et dicté son présent testament en la forme et manière qui suit : Premièrement, a recommandé son âme à Dieu tout puissant, luy priant par les mérites de la passion de son cher fils, de sa glorieuse mère, des bienheureux saints et de son patron, de la recevoir dans son saint paradis, lorsqu'elle sera séparée de son corps. *Item* à l'égard de sa sépulture, prières et honneurs funèbres, il s'en remet à ce que Messieurs de Capdeville chanoine d'Aire et curé de Hagetmau ses frères, et la dame Dupouy (*) sa sœur jugeront convenable. *Item* veut

(*) De Capdeville de Pouy.

ledit sieur testateur que pendant l'année de son décès il soit dit une messe chaque jour pour le repos de son âme, et pour ses autres legs pies et bonnes œuvres, il s'en remet au soin et discrétion desdits sieurs ses frères et la dame sa sœur. *Item* déclare ledit seigneur testateur avoir été joint en mariage une première fois avec dame Marie-Thérèse de la Goueyte duquel mariage sont provenus et actuellement vivants cinq enfants : Pierre-Vincent aîné ; Christophe-Antonin ; Marie-Thérèse-Marguerite, cy-devant demoiselle à la maison royalle de Saint-Cyr ; Louise-Valerie actuellement dans la même maison, et Claire-Justine ; et une seconde fois avec dame Brandelise Dumaine, duquel il n'y a point d'enfants, à laquelle dame Dumaine son épouse il lègue et laisse la jouissance de la moitié de sa présente maison de Bertaut, la moitié du jardin et piquepout... *Item* donne, lègue et laisse ledit seigneur testateur à ladite dame Dumaine, la jouissance de la métairie du Baron située au présent lieu. *Item* donne lègue et laisse ledit seigneur testateur audit sieur Christophe-Antonin son fils puîné et aux demoiselles ses trois filles, la troisième partie de tous ses biens immeubles noms et actions, partageable ladite troisième partie entr'eux quatre par portions égales, et ce pour leur tenir lieu et à chacun d'eux, de tous droits successifs et héréditaires, tant de son chef que celuy de ladite feue dame de Lagoueyte leur mère ; et aussi en faveur des puînés la troisième partie de la succession du sieur de Lagruère son oncle, divisée en quatre portions égales, et au résidu de tous ses autres biens, meubles et immeubles noms, raisons et actions, en quoy que le tout puisse consister. Ledit seigneur testateur a institué pour son héritier général et universel : Messire Pierre-Vincent de Capdeville son fils aîné, ci devant page du roi et actuellement cornette dans le régiment de Moutier cavalerie, et d'autant que ledit sieur testateur est dans l'intention de consigner pour ledit sieur son fils une somme de huit mille livres et davantage s'il lui est nécessaire, afin de lui procurer une compagnie de cavalerie, et qu'il ne peut y parvenir sans employer de ses capitaux.

S'il se trouve que cette consignation soit faite, ledit seigneur testateur veut que cette somme entre dans la fixation et évaluation de la totalité de ses biens immeubles, et au cas ou ledit sieur Pierre-Vincent de Capdeville fils et héritier vienne à décéder sans enfants de légitime mariage, ledit seigneur testateur veut que la légitime des demoiselle ses trois filles soit augmentée de la somme de deux mille livres, et pour la troisième, Claire-Justine, de la somme de trois mille livres une fois payée. Casse, révoque et annulle ledit seigneur testateur tous autres testaments et dispositions à cause de mort qu'il peut avoir ci-devant faits, voulant que celui-ci soit son unique et dernière disposition... De quoi et de tout ce dessus ledit seigneur testateur m'a requis le présent acte testamentaire que luy ay octroyé ez présence de Monsieur M⁰ Salomon Dubuc prêtre et curé de Saint-Cricq et y habitant, Jean Bidon Peplat et Jean Lafite dit Mouchon laboureurs, habitans d'Arribans et du présent lieu, témoins à ce appelés, soussignés à l'original avec ledit seigneur testateur et moy. Signé Lalaude notaire royal. L'original est controllé et insinué à Hagetmau le 1ᵉʳ septembre 1751, par de Maynadé qui a reçu 87 livres 10 sous..

Nous Pierre Dusault président du tribunal judiciaire du district de Saint-Sever, certifions la signature du sieur Lalaude notaire.

Saint-Sever le 5 vendémiaire, 4ᵉ année républicaine. — Dusault, *président*.

Extrait des registres des naissances de la commune d'Aire.

Le 23 du mois de mai mil sept cent soixante-trois, (*) est né et a été baptisé le même jour Pierre-François-Désiré fils légitime de Messire Pierre-Vincent de Capdeville écuyer, baron de Renung, capitaine de cavalerie au régiment de royal Navarre, et de dame Jeanne-Thérèse de Javel. Il a eu pour parrain Messire Jean-François de Javel écuyer, seigneur de Bartenne Bessarde et Chauvau, de Dolle en

(*) La date 1755 est plus probable.

Franche-Comté, et pour marraine dame Marguerite de Capdeville de Pouy, qui ont été représentés par demoiselle Marie-Thérèse-Marguerite de Capdeville et sieur Pierre Miressou seigneur de Saint-Agnet, qui ont signé avec ledit sieur de Capdeville et nous. Ainsi signé au registre Capdeville : — CAPDEVILLE, MIRESSOU, BARON, *curé*.

Nous soussigné Jean Piraube, détenteur des registres de naissance de la commune d'Aire département des Landes, certifions que l'extrait cy dessus a été tiré desdits registres mot pour mot sans y avoir ajouté ni diminué ; en foi de quoi à Aire, le 6 messidor an deuxième de la République française une et indivisible, PIRAUBE, *détenteur desdits registres de naissance.*

Certifié par les officiers municipaux et conseil général de la commune, 7 messidor an II. — Signés : SORBETS; DESSANS; C. LAFAILLE, *maire;* TAUSIN, *notable;* D'AON *notable;* SORBETS, *secrétaire greffier.*

Vu par les administrateurs du district de Saint-Sever, 4 vendémiaire l'an 4 : — GAYE, *administrateur ;* DUTOURNIER, *administrateur ;* BURGUERIEU, *administrateur.*

Extrait des registres de baptêmes de la ville et commune de Hagetmau.

Le duxième marx mil sept cent trente-deux, Pierre-Vincent de Capdeville fils légitime de sieur Antonin de Capdeville écuyer seigneur d'Arribans, et de noble dame Marie-Thérèse-Appolonie de La Goite, est né, et le même jour a été baptisé avec les cerremonies ordinaires de l'église. Parrain, le sieur Metre Bernard Lamore, vicaire de cette paroisse, au lieu et place de M. Metre Pierre-Ignace de Lagruerre, supérieur des confesseurs des dames et demoiselles de Saint-Cyr ; marraine, dame Marguerite Lagruerre de Capdeville. Témoins, Pierre et Jean-Pierre Daraq qui ont signé avec nous, ainsi signés sur le registre : — DARAQ, DARAQ, et CAPDEVILLE *curé.*

Jay certiffie que l'extrait a été coppié mot (à mot) sans y avoir rien aumenté ny diminué, par nous secrétaire greffier de la commune de Hagetmau, fait en la maison de laditte commune, le 28 septembre 1793, l'an deux de la République française une et indivisible. — LABEYRIE, *secrétaire*.

Nous maire et officiers municipaux de Hagetmau, certifions la signature apposée au bas de l'extrait être la véritable du citoyen Labeyrie notre secrétaire etc., etc.

Le 28 septembre 1793. — CAZABAN, *pr. de la commune;* BESSELLERE, *notable en permanence;* CAMGUILLEM prnt.

(Archives du baron Vincent-Félix de Capdeville). Pour extrait, 2 octobre 1867, DE CABANNES DE CAUNA.

PIÈCES JUSTIFICATIVES.

De Capdeville d'Arricau et Renung.

Marie-Elisabeth, fille de noble Bertrand de Capdeville d'Arricau, ancien officier de dragons, et de dame Marguerite de Valier, mariés, demeurant dans cette paroisse, est née le 21 novembre 1734, et a été baptisé le 23. Parrain, le sieur Etienne de Marsan tenant pour noble Antonin de Capdeville ; marraine, demoiselle Marguerite de Pons tenant pour dame Elisabeth de Labatut. En foy de quoi :

DUFRAYSSE, *curé;* MARGUERITE DESPONS; CAPDEVILLE D'ARRICAU; MARSAN.

1739. — Christophe Capdeville d'Arricau, fils légitime de noble Bertrand Capdeville d'Arricau et de dame Marguerite de Valier, est né le 16 août 1739 et a été baptisé le lendemain. Parrain, Messire Christophe Capdeville, prêtre et chanoine de la cathédrale d'Aire, à la place duquel a tenu M. Christophe de Laval, conseiller au sénéchal de Saint-Sever ; marraine, dame Jeanne-Marthe de Lartigue de Larrhède, lesquels ont signé avec moi :

BAROILHET, *vicaire ;* JEANNE DE LARTIGUE LARHÈDE ; LAVAL.

1773. — Pierre-Vincens de Capdeville est né le 8 et a esté baptisé le 10 novembre 1773. Il est fils légitime de messire Jean-Alexandre de Capdeville, escuyer et seigneur d'Argelouze, et de dame Magdeleine d'Agés de Capdeville. Parrain, Messire Pierre-Vincens de Capdeville baron de Renung, chevalier de l'ordre de Saint-Louis, capitaine au régiment royal Navarre cavalerie, à la place duquel a tenu Messire Pierre-François-Désiré de Capdeville son fils, (*) sous-lieutenant au régiment royal Navarre cavalerie ; marraine, dame Jeanne-Thérèse de Javel de Capdeville, qui n'a signé pour être absente ; le père a signé avec moi :

CAPDEVILLE ; CAPDEVILLE *père* ; TAUSIN, *curé de St-Sever.*

De Brosser seigneur baron de Moustrou.

Ecartelé au 1 et 4 d'azur à un soleil d'or ; au 2 et 3 deux laies affrontées ; supports deux sauvages portant des massues.

Le 19 janvier 1707, fut enterré M. de Brosser seigneur et baron de Moustrou, conseiller du roi en Guienne, lequel fut apporté de Bordeaux sur un charriot, où il mourut le 11 dudit mois.

Le 9 juin 1711, mourut de la petite vérole Messire Joseph de Candau baron de Lacadée, fils unique de M. le baron de Candau et de Mme de Layard sa femme, et fut enterré à Pau, beaucoup regretté dans ce quartier même en la ville de Pau. (*Registres de paroisse.*)

De Capdeville-Brassempoy.

Ecartelé de : à trois roses posées 2 et 1, au 1 et 4 ; au 2 et 3 à trois merlettes de sable 2 et 1 ; couronne de marquis.

PIERRE TOMBALE.

Ci-Gît
Matthieu de Capdeville baron de Brassempouy,
Moustrou, Arget et Montagut seigneur de Cucurein,
conseiller du roi au parlement de Navarre,
a rempli avec distinction les emplois de sa charge pendant huit ans
et il est mort le 13 octobre de l'année 1715,
âgé de trente-cinq ans.

Le vingt-cinquième octobre 1762 mourut dame Charlotte de Capdeville comtesse et épouse de M. le chevalier de Larroche, après avoir été munie des sacrements de l'Eglise, et âgée de vingt-trois ans ou environ, et fut inhumée le lendemain dans la chapelle de l'église de Moustrou, dans un des tombeaux de ses ancêtres, en présence de Raymond Darracq, jurat ; d'autre Raymond Sarrouelle,

(*) François de Capdeville ne pouvait pas être né le 23 mai 1763 et figurer comme officier au régiment de Navarre dix ans après.

marguillier, et d'André Bourdette, régent du lieu, qui ont signé avec moi curé de Moustrou :

 CAOURE, *prêtre* ; DARRACQ, *jurat* ; SARROUELLE ; BOURDETTE.

AU CHATEAU.

Le 15e février 1744 feut enterré par M. le curé de Garos, dans la chapelle de l'église de Moustrou, demoiselle Françoise de Capdeville, âgée d'environ sept ans ; elle fut portée de Pau où elle était morte le jour avant, en présence de Pierre de Maury et d'André de Bourdette, régent, qui ont signé avec moi curé de Moustrou :

 CADURE, *prêtre* ; MAURY ; BOURDETTE ;

Le 13 octobre 1715 mourut M. de Capdeville seigneur de Moustrou et Arget, et fut enseveli dans l'église Saint-Michel de Moustrou par nous, François de Loustau, curé de Moustrou et Piets. Présents et témoins : Lasaugue Jean et Pierre de Chedebas, sonneurs, les deux du présent lieu. (*Signatures illisibles.*)

1643. — Le 21 juin 1643 a été baptisé Charles Dutournier, fils légitime de Pierre Dutournier homme d'armes, et de Blasiotte de Capdeville damoiselle. Parrain et marraine ont été : noble Charles d'Estoupignan, habitant de la ville de Saint-Sever, et Marie de Poyanne, habitante de la présente paroisse, et naquit le 15e du même mois et an que dessus. Par moy : DESPOYS. (*Montaut.*)

Le 22 octobre 1646, naquit Marie Dutournier, fille légitime de Pierre Dutournier homme d'armes, et de Blasiotte de Capdeville damoiselle, baptisée le 1er novembre. Parrain et marraine, Marie Dutournier veuve, habitante de la paroisse de Saint-Gyrons, et noble Antoine de Capdeville, habitant de Saint-Cricq. Par moy :

 DESPOYS, *pr.* ; RIBES. (*Idem.*)

Baptême. — Jeanne de Capdeville, fille légitime de noble Antonin de Capdeville de Poy, écuyer, et damoiselle Isabeau de Compaigne, est née et a été baptisée le 29 septembre 1687. Parrain et marraine : noble Denis de Nozeille, écuyer, et damoyselle Jeanne de Gentes. Fait par moi :

 DUPOUY, *vicaire* ; NOZEILLE, *parrain* ; DE GENTES; DUSERER;
 CAPDEVILLE DE POY. (*Mont-de-Marsan.*)

Le Conseiller d'Etat, Directeur, certifie que des registres matricules et documents déposés aux archives de la guerre a été extrait ce qui suit :

Nom et signalement du militaire : — DE CAPDEVILLE (Pierre-François-Désiré), né le 23 mai 1755 à Aire (Landes).

Détail des services : — Sous-lieutenant au régiment royal Navarre (cavalerie), le 1er décembre 1771 ; rang de capitaine le 3 juin 1779 ; capitaine de remplacement le 1er septembre 1784 ; sous-lieutenant aux gardes du corps du comte d'Artois le 1er mai 1788 ; licencié le 12 septembre 1791 ; lieutenant aux gardes du corps du roi le 15 juillet 1814 ; nommé colonel par décision du 27 février 1815 ; colonel de la légion des Hautes-Alpes le 25 octobre 1815 ; mis en demi-solde le 9 avril 1817 ; retraité par ordonnance du 5 avril 1820.

Décorations : — Officier de la Légion-d'Honneur, Chevalier de St-Louis le 5 août 1814.

Services en émigration : — A fait la campagne de 1792 dans les gardes du corps du comte d'Artois ; celles de 1794 et 1795, dans le régiment d'Autichamp ; celle de 1796, aux hussards de Rohan ; a été employé à des missions particulières ; licencié le 1er octobre 1800 ; a rejoint Louis XVIII à Gand, pendant les Cent-Jours en 1815.

Fait à Paris, le 16 Octobre, 1867.

Pour le Conseiller d'Etat Directeur : *Le Sous-Directeur*, A. DE FORGE.

Le Conseiller d'Etat, Directeur, certifie que des registres matricules et documents déposés aux archives de la guerre a été extrait ce qui suit :

Nom et signalement du militaire : — DE CAPDEVILLE (Pierre-Vincent), fils d'Antonin de Capdeville, chevalier, baron de Renung, et d'Apollonie de la Goueite, né le 2 mars 1732 à Hagetmau (Election de Dax, Gascogne). (*)

Détail des services. — Page du roi en 1750 ; lieutenant réformé au régiment de Royal-Navarre, le 13 avril 1758 ; cornette le 1er octobre ; capitaine le 16 juin 1760 ; réformé en 1763 ; capitaine le 29 février 1768 ; capitaine commandant le 21 juin 1767 ; major le 8 avril 1779 ; retiré avec 1,066 livres de pension, le 4 avril 1684.

Campagnes : — 1757, 1758, 1759, 1760 et 1761 en Allemagne.

Décorations. — Chevalier de Saint-Louis le 7 avril 1773.

Fait à Paris le 16 octobre 1867.

Pour le Conseiller d'Etat Directeur : *Le Sous-Directeur*, A. DE FORGE.

(*) Décédé le 24 avril 1824.

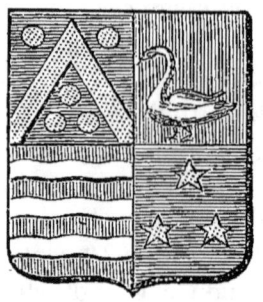

De Captan.

Ecartelé : au 1 d'azur au chevron d'or accompagné de cinq besans mal ordonnés du même posés deux en chef et trois en pointe ; au 2 de gueules au cygne d'argent ; au 3 de gueules a trois faces ondées d'argent ; au 4 d'azur à trois étoiles mal ordonnées d'or, un et deux.

Du 14 janvier 1822. Mariage entre Messire Jean-Baptiste de Borda, propriétaire, domicilié à Labatut, et demoiselle Françoise-Josèphe-Tatia de Captan, propriétaire, domiciliée à Saint-Sever.

LOUIS PAR LA GRACE DE DIEU ROI DE FRANCE ET DE NAVARRE, A TOUS CEUX QUI CES PRÉSENTES VERRONT SALUT ; FAISONS SAVOIR QUE :

Par devant M⁰ Luc Lafaurie, notaire royal résidant à Saint-Sever, deuxième arrondissement du département des Landes ;

Ont comparu Messire Jean-Baptiste de Borda, propriétaire, domicilié en la commune de Labatut, fils de Messire Jean-Joseph de Borda, chevalier de l'ordre royal et militaire de Saint-Louis, et de dame Anne-Marie de Seize, propriétaires, domiciliés de Labatut, assisté de Messire Bernard-Augustin baron de Cardenau, maréchal des camps et armées du roi, chevalier de l'ordre royal et militaire de Saint-Louis, officier de l'ordre royal de la Légion-d'Honneur, membre de la chambre des députés, domicilié à Tilh ; de Messire Jean-Arnaud-Vincent Cabanes baron de Cauna, membre du Conseil général du département des Landes, domicilié à Saint-Sever, ses beaux-frères, de dame Catherine de Borda baronne de Cardenau, épouse dudit Messire baron de Cardenau; de dame Marguerite-Charlotte de Borda, épouse dudit Messire baron de Cauna, ses sœurs ; de Messire François de Borda, propriétaire et maire de la commune de de Saint-Vincent de Saintes, chevalier de l'ordre royal et militaire de Saint-Louis, son cousin, domicilié à Saintes; de Messire Jean-Xavier Cabanes de Cauna, officier au corps royal d'état-major domicilié à Roquefort, d'une part; et demoiselle Françoise-Josèphe-Tatia de Captan, fille de Messire Joseph de Captan, ancien officier au régiment d'Aunis, chevalier de l'ordre royal et militaire de Saint-Louis, et de dame Marie-Paule-Camille Bordeaux de Castera son épouse, propriétaires, domiciliés de la ville de Saint-Sever, procédant du consentement et assistance desdits Messire et dame de Captan ici présents, et encore assistée de dame Marthe-Josèphe de Commarrieu, veuve Bordeaux de Castera, propriétaire, sa grand'mère domiciliée à Saint-Sever ; de Messire Jean-Pierre d'Abadie vicomte de Saint-Germain, ancien officier au régiment Navarre-cavalerie, chevalier de l'ordre royal et militaire de Saint-Louis, habitant à Meylis, son cousin ; de Messire Jean-Pierre-Emmanuel Despens, propriétaire domicilié à Aurice ; de Messire Jean-Baptiste baron de Navailles-Banos, membre du Conseil général du département des Landes, domicilié à Dume ; de Messire Henri de Navailles-Banos chevalier de Saint-Jean de Jérusalem, maire de la commune de Dume, y demeurant ; de Messire Louis-Honoré-François-Marie-Romain Casamajor, vicomte de Charrite, chevalier de l'ordre royal et militaire de Saint-Louis, sous-préfet du second arrondissement du département des Landes, habitant à Saint-Sever ; de Messire Joseph-Alexandre de Laborde-Lassalle, propriétaire domicilié à Saint-Sever ; de Messire Simon-Benoît Auger de Ladoue, suppléant de M. le juge de paix de Saint-Sever, y domicilié ; de M. Pierre du Sault, procureur du roi près le tribunal de première instance séant à Saint-Sever où il est domicilié ; de M. Jean-Baptiste Deyrens, chevalier de l'ordre royal et militaire de Saint Louis, maire de la commune d'Eyres, y domicilié ; de Messire Ange-Olivier-Michel de Menar, chevalier de l'ordre royal et militaire de Saint-Louis, ancien officier au régiment royal Navarre-cavalerie, domicilié à Paris département de la Seine, et Messire Jean-Pierre de Batz, propriétaire, domicilié à Saint-Sever, d'autre part, etc, etc.

Dont acte lu aux parties à Saint-Sever l'an 1822, et le 14 janvier, en présence de sieur Antoine Desclaux, propriétaire et trésorier de l'hospice civil dudit Saint-Sever, et Jacques Couder, entrepreneur des ponts et chaussées, les deux habitants Saint-Sever, témoins signés à la minute avec les parties les assistants et ledit notaire : — LAFAURIE, *notaire*.

De Caucabane.

Parti au 1 d'azur à trois besans d'argent deux et un, coupé d'argent à trois barres de sable, et au 2 d'azur au lion d'or (1698).

Alias. Parti au 1 d'azur au lion d'or, au 2 d'azur à trois besans d'argent deux et un, coupé d'argent à trois barres de sable (1753).

I. — 1775. Noble Jean-Pierre de Caucabane épousa Jeanne-Marie de Cabannes damoiselle.

II. — 1700-1701. Jean-Joseph de Caucabane, écuyer, épousa dame Anne de Captan. Leur testament mutuel des 19 et 20 avril 1739.

III. — Messire Pierre-Simon-François de Caucabane, non marié, décédé à Saint-Sever avant son frère.

III *bis*. — Pierre-Antoine de Caucabane, chevalier de Saint-Louis, marié avec dame Rose de Coudroy, décédé sans enfants.

La famille de Caucabane a été convoquée au ban de la noblesse à Cazères en 1693 et à Saint-Sever en 1702.

Ministère de la guerre. — Le Conseiller d'Etat Directeur certifie que des registres matricules et documents déposés aux archives de la guerre, a été extrait ce qui suit :

Nom et signalement du militaire : — DE CAUCABANE (Pierre-Antoine), fils de Jean-Joseph et d'Anne de Captan, né le 29 Juin 1704 à Cazères (Gascogne).

Détail des services : Lieutenant en second au régiment d'infanterie de Navarre, le 1er janvier 1734 ; lieutenant le 11 mars 1735 ; capitaine le 7 mai 1743 ; a obtenu une pension de retraite le 3 février 1758. — (mort le 5 avril 1782).

Blessé d'un coup de feu à la jambe gauche à la bataille de Rocoux le 11 octobre 1746 ; chevalier de Saint-Louis le 14 mai 1748.

Fait à Paris le 11 décembre 1865.

Pour le Conseiller d'Etat directeur,

Le Sous-Directeur, A. DE FORGE.

De Caumont Dade, *de Blachon, La Harie, Talence, etc., en Guienne, Béarn, et Poitou.*

La maison Dado, Dadou ou d'Ade a formé plusieurs branches en Guienne, en Poitou et en Béarn (*) ; elle est inscrite au livre rouge de l'évêché d'Aire, entre les maisons de l'ancienne noblesse du pays, et il est dit dans le relaxe accordé en 1671 par M. d'Aguessau, commissaire, départi pour la recherche des usurpateurs du titre de noblesse dans le ressort du Parlement de Pau, que cette maison est des plus illustres et qualifiées. La branche de la maison de Caumon Dadou ou d'Ade, du surnom de Blachon, n'a que les titres postérieurs à l'année 1529 ; ce qui existe d'antérieur à cette date a été porté dans la maison de Beynac par l'héritière de la branche aînée dite de Caumon Dadou barons de La Harie. Depuis peu ces papiers sont passés dans la maison de Beaumont, représentée par le comte Amédée

(*) Le château de *Dade* existe à Fargues, près St-Sever cap.

de Beaumont, habitant de Pau. Parmi ces papiers existant au trésor du château Dade, il y avait deux mémoires à la suite l'un de l'autre tirés des registres du domaine du roy à Saint-Sever, contenant que le dixième jour après la fête de saint Luc, l'an 1273 (folio 16 verso), Arnaud-Guillem de Dado, damoiseau, a déclaré tenir du seigneur roy et duc (Edouard Ier à son retour de Palestine l'année de son avènement), la noblesse de Dado avec ses appartenances pour laquelle il doit la fidélité et l'hommage. (Note inscrite au bas d'une vieille généalogie de la maison de Caumon Dade de Blachon, écrite de la main de César-Antoine de Caumont Dade de Blachon (*Voir* la 6e génération). C'est César-Antoine qui, pour franciser son nom de Caumon en fit *Camon*, et fit une rature sur l'*u* de son ancien nom de Caumon dans tous ses titres et papiers de famille.

1. — Marguerite de Caumon (sœur ou fille de Jean de Caumon Dade) ci-après, mariée le 15 may 1542 avec le seigneur de Soulans. L'acte en parchemin était à la tour de Dade.

Généalogie de la branche de Caumon Dade, surnommée de Navailles Blachon.

1er *degré*. — Jean de Caumon Dade seigneur de Dade baron de La Harie, Montfort, Bahus-Jusanx, Marenhz, fut marié quatre fois. En premières noces avec N…; c'est de ce mariage que l'on croit issue Jeanne de Caumon.

Jean de Caumon rendit hommage au roy de Navarre le 13 décembre 1538. L'acte en parchemin était à la tour de Dade.

Jeanne de Caumon que l'on croit issue de ce premier lit épousa le capitaine Ramon de Navailles fils d'Odet de Navailles. Raymond de Navailles avait épousé en premières noces Jeanne de Labadie dont il avait eu :

1º Jacmes, marié le 22 janvier 1566 à Jean de Caumon Dade ;

2º Joane, mariée à N… de Dessus ;

3º N…, mariée au sieur Darricau.

De son deuxième mariage Ramond eut Jean, Gabriel et Isabo.

Jean convola en secondes noces avec Françoise de Labaulme (le 30 mars 1529). Fille de Gilles de Labaulme seigneur de La Harie et de Talence, sénéchal d'Albret et chambellan du roi de Navarre. C'est sans doute par ce mariage que la baronnie de La Harie entra dans la famille de Caumon Dade. La sœur de Françoise qui fut Jacquette de Labaulme, épousa Joanot de Béarn, lequel fit une transaction avec Jean de Caumon le 20 novembre 1529. De ce mariage sont issus :

1° Pierre de Caumon Dade, auteur de la branche des Caumon Dade barons de La Harie ;

2° Jean de Caumon Dade, auteur de la branche des Caumon Dade de Navailles Blachon qui suivront.

En troisièmes noces, le 5 may 1546, avec Jeanne de Miussens, fille de En. Pierre de Miussens seigneur de Sansons et de Magdelaine de Montferrand, figurent dans le contrat comme assistants :

1° Bernard de Miussens, frère de Jeanne ; il devait épouser Françoise de Candale ;

2° François de Poudenx, cousin germain de Jane ;

3° Marguerite de Saint-Cricq, cousine germaine de Jane.

En quatrième noces avec N..., on ignore le nom de cette femme, comme de la première ; de ce mariage, est issu Benigne de Caumon Dade. (Il n'est pas parlé de sa postérité.)

Branche aînée de Talence.

II° *degré*. — Pierre de Caumon Dade seigneur de Dade baron de La Harie, Montfort, Bahus-Jusanx, Marenh, fut gouverneur de Mont-de-Marsan en 1585, fut marié le 22 novembre 1558 avec Roquette de Marsan, fille de Jean de Marsan seigneur en partie de la ville de Roquefort de Marsan et de Miramonde ou Myvermonde de Noé, sœur de Jane ou Jeanne de Marsan qui fut mariée à Annibal de Galard ou Gallard Brassac, dont le frère Jean de Gallard Brassac fut chevalier des ordres du roy, capitaine de cinquante hommes d'armes, gouverneur de Saint-Jean-d'Angely et de Chatellerault. Pierre de Caumon Dade rendit hommage au roy de Navarre en 1584. Son testament du 6 septembre 1597 était au château de Dade; il eut une fille et cinq fils qui furent : Esther ; et les fils, le premier, Jacques ; le deuxième, Théophile ; le troisième, David ; le quatrième, Jean ; le cinquième, Marc. (Voir ci-après). En l'année 1566 vivait Bertrand de Caumon seigneur de Perés en Béarn ; la même année vivait Bernard de Caumon, cousin et curateur de Jean de Caumon.

IIIe *degré*. — A. Jacques de Caumon Dade baron de Laharie, gouverneur de Tartas, marié le 15 mars 1593 avec Jeanne Darricault, fille de François Darricault et de Jeanne de Laroche seigneur et dame de Vignoles, en eut Gédéon qui suivra.

B. Théophile de Caumon, auteur des branches de Talence et de Luchardès.

C. David de Caumon, enseigne aux gardes.

Jean ou Josué de Caumon, capitaine au régiment de la Boulaye, auteur de la branche établie en Poitou, marié le 15 avril 1614 à Marie d'Aubigné, fille de Théodore-Agrippa d'Aubigné baron de Surinau, gouverneur de Maillezais, chevalier des ordres du roy, vice-amiral de Guienne, et de Suzanne de Lezay, fille d'Ambroise de Lezay et de Renée de Vivonne ; en secondes nopces avec Magdelaine Merjendeau, d'où naquit Marc-Josué.

Esther de Caumon, fille de Pierre (IIe dégré), mariée en 1579 à Jean de Lagoffun sieur d'Agès : Marc de Caumon.

Du premier lit de Jean-Josué : A. Louis de Caumon Dade ; B. Arthemise de Caumont, mariée à Louis de Nemond de Sansac ; C. N... de Caumon tué devant Fontarabie.

Deuxième lit (Jean-Josué) : Marc ou Josué de Caumont, capitaine de cavalerie, mariée le 9 juin 1659 avec Marie de Valois fille de Benjamin de Valois seigneur de Villèle et de Louise d'Aubigné sœur de Marie ci-dessus, sœur également de N... de Villèle seigneur de Murzay, lieutenant-général des armées navales et cousine-germaine de Françoise d'Aubigné marquise de Maintenon. Les descendants de Marc ont écrit leur nom Caumont et portent d'azur à deux léopards passants.

IVe *degré*. — 1° Henri-Louis de Caumont seigneur de... capitaine de vaisseau, marié avec Marie-Aimée Lehéac dame de Millaux ;

2° Marc de Caumont, gouverneur du fort de X... ;

3° Philippe Josué de Caumont, tué à Nerwinde, commandant les carabiniers du régiment de Bourbon ;

4° Jacques de Caumont, capitaine de cavalerie tué à Fleurus ;

5° Marie-Elisabeth de Caumont, mariée avec N... du Vergier seigneur de Larochejacquelein ;

6° N... de Caumont, ancien capitaine de vaisseau.

Branche de La Harie.

IVe *degré*. — Gédéon de Caumon Dade baron de La Harie, marié le 20 août 1627 avec Jeanne de Pont, fille de Gratien de Pont seigneur de Mazères, conseiller du roy en ses Conseils d'Etat et privé, doyen du Parlement de Navarre et de Marie de Laborde.

V^e *degré*. — Marie de Caumon Dade, marié le 16 janvier 1646 avec Isaac de Beynac de Comarque, etc., et de Gabrielle de Pons.

Branche cadette de Blachon.

IIe *degré*. — Jean de Caumon Dade (fils de Jean Ier) seigneur du Luc ou du Lut, mariée le 22 janvier 1566 avec Jaicmes ou Jacques de Navailles, héritière de Blachon, fille de Raymond de Navailles seigneur de Blachon, Domenjeus, Cadillon, Germenaud, Diuse, Lerm, Aubons, Séméac, Bernède, etc., et de Jaicmes (Jacquette) de Labadie de Blachon, dont la grand'mère était de la maison d'Idron. De ce mariage naquirent :

1° Jean de Caumon Dade de Blachon ;

2° Jeanne de Caumon Dade de Blachon.

Jeanne de Navailles, sœur de Jaicmes, épousa Jean de Dessus dit le capitaine Jocinte, le 20 avril 1578.

Jean de Caumon Dade alla à l'expédition de Hagetmau avec les barons d'Arros, de Lons, et Sarraziet (*Voir* d'Aubigné). Fut de 1592 à 1602 syndic d'épée de la noblesse du pays de Béarn, Marsan, Tursan en 1592 et député du Conseil d'état de Navarre et Béarn, à l'assemblée tenue en Guienne. Fut chargé avec M. de Saint-Geniez, par Henry IV de traiter avec les Morisques d'Espagne (*Voyez Mémoires de Rosny*. Sully). Son testament est du 4 mars 1603 ; il avait pour curateur en 1566 Bernard de Caumon, son cousin, gouverneur de Mont-de-Marsan.

III⁰ *degré*. — Jeanne de Caumon mariée le 4 décembre 1601 avec le capitaine Jacques de Hitton de Conchèz, dont le père annobli à Coutras par Henri IV, était Bernard de Hitton. De ce mariage naquit N... de Hitton mort sans enfants.

III. — Jean II de Caumon Dade seigneur de Blachon, Séméac aida MM. de Bénac et Pardaillan à tenir dans l'obéissance le Béarn et la Gascogne. Catherine de Navarre, sœur de Henry IV et régente en l'absence de son frère, nomme Jean sergent-major pour commander les troupes qui allaient en Gascogne. Le maréchal de Matignon le nomme gouverneur de la ville et château de Castelneau-Rivière-Basse en 1585, « à cause, est-il dit dans la commission, du bon debvoir dont il avait usé à la reprise de cette place », Il se maria le 9 avril 1600 avec Jeanne de Lons fille de Jean de Lons écuyer de Henri-le-Grand, et d'Aimée de Rivière-Labatut. Jeanne de Lons eut une sœur mariée à Pierre de Navailles Saint-Saudens. Jean de Caumon Dade de Blachon eut cinq fils : Jean, Gabriel, Pierre, Charles et Henry, et cinq filles qui sont : Fleurissante, Jeanne, Aimée, Judith et Françoise :

2° Gabriel de Caumon dit de Domengeus capitaine au régiment de Navailles ;

3° et 4° Pierre et Charles de Caumon, morts en Allemagne ;

5° Henry de Caumon, auteur d'une branche éteinte ;

6° Fleurissante de Caumon, mariée en 1624 avec Jean de Lucmau seigneur de Classun ;

7° Jeanne de Caumon, mariée avec Pierre de Baradas seigneur de Rozes, fils de Henry de Rozes, et Isabeau de Mesmes de Ravignan ;

8° Aimée de Caumon mariée avec André de Lucmau seigneur d'Arricault en 1630 ;

9° Judith de Caumon, mariée à N... de Moncaup, seigneur de Sauléma en 1651, morte sans enfants ;

10° Françoise de Caumont.

IV° *degré*. — Jean de Caumon Dade seigneur de Blachon, Séméac, Domengeus, fut marié le 4 mars 1640 à Esther Dabadie, fille de M. Dabadie secrétaire du roi, et demoiselle de Forgues. MM. de Marca et de Gassion étaient à son contrat comme parents. Jean testa le 3 juillet 1673, présida en 1679 le synode de Béarn à Lembeye ; produisit ses titres de noblesse à M. Daguesseau en 1671 ; rendit aveu et dénombrement en 1673. Il eut trois fils : Gabriel, Jean, Théophile, et cinq filles : Jeanne, Noémie, Françoise, Esther et Diane.

V° *degré*. 2. — Jean surnommé de Navailles, major au régiment de Forest inspecteur d'infanterie, marié le 26 janvier 1685 avec Anne De Badet fille de Jean de Badet et d'Isabeau de Lassalle. César son fils continue la descendance.

1° Gabriel de Caumon Dade de Blachon seigneur de Blachon, etc., capitaine au régiment d'Anjou, marié le 20 janvier 1681 avec Adriane de Béarn, fille de Jacques de Béarn d'Abère, écuyer, baron d'Ossau ou d'Ussau, et de Jeanne de Marque ; il n'eut qu'une fille morte en bas-âge.

2° Théophile tué à la tête des grenadiers au siége d'Atholone en Irlande ;

3° Jeanne, mariée avec Pierre de Pic baron d'Urgons 1669.

4° Noémie, mariée le 6 octobre 1670 avec Jean de Lafargue sieur de Lugastault. Mourut en 1690 laissant deux filles : Esther A, et Catherine B.

Esther se maria le... 1699 avec Pierre de Bezoles sieur de Couderanes ; eut deux enfants : 1° Arnaud de Bezoles ; 2° Marie de Bezoles mariée avec Joseph de la Mazelières.

Catherine se maria le 5 octobre 1699 avec François de Guichené.

5° Françoise, mariée avec Daniel de Brimon ou de Beaumont sieur de Disse.

6° Esther de Caumon mariée à Daniel de Foix en 1683 et morte la même année.

7* Diane de Caumon mariée avec N... de T...

VI⁰ *(degré César-Antoine).* — Jeanne, mariée le... avec Jacques de Moumi, ancien capitaine en premier au régiment royal, chevalier de Saint-Louis.

César Antoine de Caumon Dade de Blachon seigneur de Blachon etc., marié le 30 août 1737 avec Marie d'Espalungue fille d'Antoine d'Espalungue et de Suzanne de Maure (de Lagarde de Maure). Antoine d'Espalungue était petit-fils de Jeanne de Gassion sœur de Jean de Gassion maréchal de France.

VII⁰ *degré.* — 1° Pierre-Paul de Caumon Dade de Blachon, seigneur de Blachon, Semeac, Domenjeus et Tiles, capitaine de cavalerie au régiment Royal-cravates, marié le 17 janvier 1774 avec Marie de Lons, fille de haut et puissant seigneur Pierre-Ignace marquis de Lons, baron du Leu, lieutenant du roy en Navarre, et de noble dame Jeanne-Claude d'Abbadie baronne d'Oroignen.

VIII⁰ *degré.* — Louis-Antoine de Caumon Blachon, fils de Pierre-Paul, présenté en 1787 pour être reçu dans l'Ordre de Malthe, vivait en 1814. Philippe de Caumon Dade Blachon mort en 1829.

VII⁰ *degré.* — 2° Jacques de Caumon, ecclésiastique, a signé en 1774 le contrat de mariage de demoiselle Marie-Philippe de Lons avec Messire Jean-Baptiste de Borda Labatut, chevalier de Saint Louis;

3° Anne de Caumon Blachon, mariée avec noble Guillaume de Salinis, qui fut l'aïeul de Mgr Antoine de Salinis, décédé archevêque d'Auch, précédemment évêque d'Amiens, chevalier du Saint-Sépulcre, etc., etc.

4° Jeanne de Caumon Dade.

5° Claude morte en 1764.

VII⁰ *degré (bis).* — 6° Antoine dit le chevalier de Blachon, capitaine de vaisseau en 1782, marié en 1787 le 19 décembre avec Germaine-Charlotte de Elosier ou Elosser; fait comte de Blachon et nommé membre du Conseil de l'Amirauté par Louis XVI; il reçut le titre de contre-amiral et commandeur de St-Louis en 1846 (*); il n'eut qu'une fille :

VIII° *degré*. — Anne-Catherine-Adèle de Caumon Dade Blachon, mariée le 18 novembre 1808 avec M. le baron Joseph-François de Seissan de Marignan ; elle a eu de ce mariage ;

IX° *degré*. — 1° Armand de Marignan, mort le 7 septembre 1827 ;

2° Charles-Théophile de Seissan baron de Marignan, marié à dame Léontine de Canolle ;

3° Marie-Ernestine de Seissan de Marignan, mariée le 14 novembre 1842 à M. le vicomte Raymond de Galard Balarin ;

4° Hubert-Clément de Saissan de Marignan, marié à dame de Blanche Raffin.

ARMES. — La branche de Caumon Talence de Jupoy porte : Ecartelé au 1 et 4 d'argent à un loup-cervier de gueules armé de sable; au 2 losangé d'argent et de gueules ; au 3 d'argent à six coquilles, trois en chef de sinople et trois en pointe d'azur. (*Armorial général*, 1698, et p. 7, Monlezun, t. V.)

De Navailles Blachon porte comme de Navailles en Béarn : D'azur à la levrette d'argent colletée de gueules, accompagnée de trois bouquets ou molettes d'argent.

De Caumon en Poitou : D'azur à deux léopards passants (d'or ?)

(*) Le comte de Blachon-Camon Dade, contre-amiral honoraire et commandeur de St-Louis, promu en 1820. (Th. Anne, *Ordre de St-Louis*).

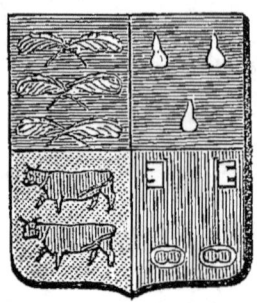

Généalogie des anciens seigneurs d'Amou.

Ecartelé au 1 d'azur à six plumes d'autruche d'argent posées en sautoir, qui est de Caupenne; au 2 aussi d'azur à trois larmes d'argent deux et une, qui est d'Amou; au 3 d'or à deux vaches passantes l'une sur l'autre de gueules, accolées et clarinées d'argent, qui est de Béarn; au 4 de gueules à deux clefs d'argent posées en pal, qui est de San-Pedro (Saint-Pée).

Jean-Raymond seigneur d'Amou vivait l'an 1200. Il fut père de :

Antoine d'Amou, duquel Gratian évêque de Dax, son oncle, était administrateur comme il est prouvé par la transaction de l'année 1232, passée entre ledit évêque et son chapitre et l'abbé et religieux de Divielle.

Guillem-Raymond seigneur d'Amou fils d'Antoine, vivait en 1270 comme il est prouvé par une concession faite par l'évêque de Dax en 1284 et par une transaction de l'année 1319. Il eut de Jeanne de Poylohault :

Anne d'Amou, qui se maria en 1319 avec Bertrand de Béarn fils du seigneur de Béarn, comme on voit par la même concession du titre de réunion des prébendes de l'année 1319. Il eut un fils appelé Bernard.

Bernard de Béarn seigneur d'Amou, fils de Bertrand et d'Anne d'Amou, qui eut de son mariage :

1° Anne l'héritière, qui fut mariée avec Guiche Arnaud de Caupenne;

2° Jeanne, qui épousa le seigneur d'Arsac et de Saint-Julien;

3° Jeannette de Béarn, mariée à Jean de Béarn seigneur de Salies et d'Osserain. Bertrand de Béarn fit son testament en 1391.

Généalogie des anciens seigneurs DE SAINT-PÉE.

Jean Damasquette seigneur de Saint-Pée, gouverneur du pays de Labour, fit son testament l'an 1440. La chronique de Bayonne fait mention des services qu'il avait rendus à Richard roi d'Angleterre. Il eut d'Isabelle de Beaumont, Augerot qui suit et Jeannette qui suit aussi :

Augerot Damasquette seigneur de Saint-Pée, fit son testament l'an 1486, par lequel il paraît qu'il avait eu quatre enfants : Augerot, Guillem, Marie et Jeanne Damasquette. Marie fut mariée dans la maison de Lahet, et tous les autres apparemment morts sans enfants.

Jeannette Damasquette, fille de Jean Damasquette et d'Isabelle de Beaumont qui succéda à Augerot son frère, eut de Gratian seigneur de Luxe comme il est prouvé par un titre de l'an 1452 :

Jeanne de Salasar fille de Jeanne de Damasquette et de Gracian de Luxe, épousa :

| En premières noces, Jean Chicon, d'où vient comme il est justifié par acte de l'an 1506. | En secondes noces, Philippe de Beaumont, comme il est justifié par le même titre. |

Jean Chicon qui suit et Marie de Chicon fille de Jean de Saint-Pée, mariée à Louis d'Urtubie, eschanson du roy et baillif de Labour. Jean Chicon dit de Saint-Pée, baillif et gouverneur de Labour, capitaine de mille hommes, entretenait deux galères pour le service du roi sur les côtes de Biscaye, épousa l'an 1514 Isabeau de Grammont, fille de Roger de Grammont et sœur du cardinal de Grammont, duquel mariage vint :

Françoise de Saint-Pée, fille de Jean Chicon seigneur de Saint-Pée et d'Isabeau de Grammont, fut mariée l'an 1535 avec Jean de Caupenne seigneur d'Amou.

Généalogie de la maison DE CAUPENNE *en la sénéchaussée des Lannes.*

M. le marquis d'Amou porte : Ecartelé, au 1 d'azur à trois plumes d'autruche d'or qui est de Caupenne ; au 2 de gueules à deux vaches d'or onglées accornées et clarinées d'azur, qui est de Béarn ; au 3 de gueules à trois larmes d'argent, qui est d'Amou ; au 4 de gueules à deux clés d'argent mises en pal, qui est de Saint-Pée.

Ier *degré*. — Archambault de Caupenne, écuyer, seigneur de Caupenne, Gaujacq, Brassempoy, etc., chambellan de Gaston-Phébus comte de Foix, vivait en 1385. Il laissa quatre enfants :

1. Raymond-Guillem ; 2. Guiche Arnaud, dont la descendance suivra jusqu'à nos jours ; 3. Jean de Caupenne seigneur de Méez ; 4. Blaise de Caupenne seigneur de Linx.

1° Raymond-Guillem seigneur de Caupenne, marié à Jeanne de Halduc, fille du seigneur de Cauna dont il eut :

I. — Thomas seigneur de Caupenne fils aîné, marié à Marguerite de Foix, fille du comte de Carmaing ; en eut : — A. Gabriel qui suit ; — B. Jeanne, non mariée ; — C. Anne, mariée avec le seigneur de Gabarroque ; — D. Marguerite de Caupenne, mariée au seigneur de Mas, mort sans enfants (1529) ; — A. Gabriel seigneur de Caupenne, marié à Françoise de Lur de la maison d'Uza, laissa : B. François seigneur de Caupenne, marié en 1500 à Françoise de Cauna, dont il eut : C. Marguerite de Caupenne, qui fut mariée avec Pierre-Bertrand de Monluc, deuxième fils du maréchal de Monluc, duquel vint Jean-Blaise de Monluc sénéchal d'Agenois, qui, de Marguerite de Balaguier dame de Monsallé et Collonges, eut Suzanne de Monluc femme d'Antoine de Thémines, fils du maréchal de ce nom, d'où est venue Suzanne de Thémines leur fille, duchesse de Ventadour qui mourut sans enfants.

II. — Gabriel seigneur de Gaujacq, marié à Anne-Marie de Foix, en eut : Jean-François de Caupenne seigneur de Gaujac, marié à Gabrielle d'Andoueins, dont : Magdeleine de Caupenne de Foix dame de Gaujacq épousa en 1518 Jean de Foix comte de Carmaing, duquel mariage vint Odet de Foix qui laissa d'Anne d'Orbessan : Jeanne de Foix qui eut d'Adrien de Monluc : Jeanne de Foix Monluc, qui épousa Charles d'Escoubleau marquis de Sourdis, dont sont venus les feus marquis d'Alvy, de Monluc et de Sourdis ; ce dernier, père de Mme de Saint-Pouange.

III. — A. Jean de Caupenne fils d'Archambault seigneur de Meez et de Heugas, marié à Jeanne d'Albret, en eut : B. Jean de Caupenne, deuxième du nom, seigneur de Meez, marié à Jehanne de Poyloault, en eut : — c. Pierre de Caupenne seigneur de Meez, marié à N. de Mongran. — D. Jean-Louis de Caupenne, fils des précédents, seigneur de Meez, marié à N. de Marsan sœur du baron de Marsan (1608). — E. Leur fils Antonin de Caupenne seigneur de Meez, mort sans enfants, de N. de Ségur.

IV.—Blaise de Caupenne (fils d'Archambault) seigneur de Linx (ou Hinx), marié à Jeanne de Labatut, testa en 1430. Son fils, Michel de Caupenne vivait en 1479 ; on ignore le nom de sa femme. Il eut : Pierre de Caupenne qui vivait en 1537, mort sans postérité, seigneur de Lys (Lynxe) et Labatut.

IIe *degré*. — Guicharnaud de Caupenne seigneur d'Amou et de Saint-Cricq, fit son testament en 1411 ; il eut d'Anne de Béarn fille de Bernard de Béarn et d'Anne d'Amou, dame d'Amou.

IIIe *degré*. — Archambaud de Caupenne seigneur d'Amou et de Saint-Cricq, marié en 1406 à Marguerite de Domesain, dont il eut : 1. Jean baron d'Amou qui suivra ; 2. Matthieu de Caupenne non marié ; 3. Jeannette de Caupenne, mariée en 1427 au seigneur de Béarn Salies ; 4. Catherine, mariée en 1427 au seigneur de Campaigne, 5. Anne, mariée en 1447 avec le seigneur de Besaudun.

IVe *degré*. — Jean Ier de Caupenne baron d'Amou épousa, en 1451-1471, Anne de Gramont dont il eut Jean II. Guillem mort sans avoir été marié, Guiche Arnaud mort sans postérité.

V^e *degré*. — Jean de Caupenne, deuxième du nom, baron d'Amou seigneur de Saint-Cricq, marié en 1490 à demoiselle Anne d'Antin de Gondrin (*), dont il eut : Jean III et Catherine de Caupenne, mariée en 1467-1497 au seigneur d'Ongova.

VIe *degré*. — Jean de Caupenne, troisième du nom, seigneur d'Amou et de Saint-Cricq du Gave, marié en 1535 à Françoise de Saint-Pée, fille de Jean Chicon seigneur de Saint-Pée et d'Isabeau de Gramond, dont il eut : Charles et Marie de Caupenne mariée au seigneur de Bedorède, Brutail et Norton. (Voir Bedorède.)

VIIe *degré*. — Charles de Caupenne baron d'Amou seigneur de Saint-Pée, chevalier de l'ordre de Saint-Michel, sénéchal des Lannes, bailli et gouverneur du pays de Labour, marié avant 1569 à Marguerite de Bezolles, en eut : 1. Jean-Paul ; 2. Françoise de Caupenne, mariée en 1572 avec Henry de Cauna seigneur d'Aberre ; 3. Jeanne, mariée au seigneur de Béarn Salies baron de Sendos en 1590 ; 4. Isabeau de Caupenne, mariée au seigneur de Meriteins en 1592.

VIIIe *degré*. — Jean-Paul de Caupenne baron d'Amou seigneur de Saint-Pée, bailli et gouverneur de Labour, capitaine de mille hommes, marié à Jeanne de Bailenx-Poyanne en 1590, en eut : 1. Jean de Caupenne IVe ; Anne de Caupenne mariée au seigneur de Castillon en 1605 ; 3. Anthonin chevalier d'Amou, qui institua pour héritier Jean-Charles de Castillon son neveu ; 4. Suzanne, mariée à Jean-Pierre de Barry, lieutenant-général de Saint-Sever en 1610 ; 5. N. de Caupenne, religieuse.

IXe *degré*. — Jean de Caupenne, quatrième du nom, baron d'Amou seigneur de Saint-Pée, baillif et gouverneur de Labour et capitaine de mille hommes, marié le 10 décembre 1633 à Madelaine de Massiot, mort en 1659 laissant : 1. Léonard marquis d'Amou ; 2. Anne de Caupenne d'Amou, mariée à Bertrand-Pascal de Borda président de Dax (1656-1658) ; 3. Marguerite d'Amou, mariée à Charles de Castelnau baron de Brocas 1662, fils de noble Bertrand de Castelnau seigneur de Jupoy et Brocas ; 4. Nicolle, mariée

(*) Voir d'Antin.

à Henry de Hitton baron de Gardrès (ou Gerderest) en 1663 ; 5. N. de Caupenne, religieuse.

X⁰ *degré*. — Léonard de Caupenne marquis d'Amou seigneur de Saint-Pée baron de Bonnut et Arsague, lieutenant du roy en Guyenne, élection des Lannes, Soule et Labour, marié en premières noces à Marie de Gassion fille de M. de Gassion, président à mortier au parlement de Pau, et nièce du feu maréchal de Gassion, en 1659 ou 16 janvier 1660, en eut : 1. Jean de Caupenne, qui continue la descendance ; 2. Madelaine, mariée en 1686 en premières noces au seigneur de Laas de Lataulade, en secondes noces au seigneur de Chambre, morte sans postérité ; 3. Anne-Marie, mariée à M. de Luppé de Lamothe (1681-1687) ; 4. Dorothée d'Amou, mariée a M. de Lataulade en 1690 ; 5. et 6. Jeanne et Magdelaine d'Amou, religieuses au couvent de Sainte-Claire d'Acqs. Léonard de Caupenne, marié en secondes noces à Rose de Poudenx-Serres l'an 1703, en eut : Henry qui suivra et Léonard de Caupenne, né en 1706, capitaine de grenadiers au régiment de Navarre, commandant de bataillon, chevalier de Saint-Louis en 1771.

XI⁰ *degré*. — Henry de Caupenne comte d'Amou, né en 1704, marié en 1736 (?) en premières noces à Madeleine de Saint-Martin, héritière, vicomtesse d'Echaux en Navarre, dont il eut : 1° Jean, né le 6 août 1738 et mort en 1747 ; 2° Jeanne, née le 30 juillet 1739, morte en 1740, 3° Bernard-Augustin, né le 28 août 1741, mort en 1745 ; 4° Dorothée, née le 24 novembre 1742, mariée à Clément baron Duhart dont postérité (voyez Uhart) ; 5° Agnès, née le 6 octobre 1744, décédée sans postérité ; 6° Marie-Charlotte, née le 30 avril 1746, mariée au comte d'Arnaud brigadier des armées du roi, dont une fille mariée à Victor Duhamel ; 7° Bernard de Caupenne vicomte d'Echaux, né le 6 juillet 1747, marié le 14 juin 1770 à Olympe Denise comtesse de Siri de Savignies dame de Charny, dont : 1. Jeanne-Marie-Marguerite de Caupenne d'Echaux, née au mois de février 1772, mariée au lieutenant-général comte Harispe, pair de France, mort maréchal de France ; 2. Marthe-Olympe, mariée à J.-Louis Autran, veuve le surlendemain de ses noces.

8° Jeanne, née le 6 avril 1749, morte le 14 septembre 1749,

9° Henri-Simon, né le 18 février 1753, officier aux gardes Wallonnes ;

10° Pierre, né en 1754 (?), officier au régiment de Bourbonnais ;

11° Marie-Louise-Sophie, née le 11 avril 1756, morte en 1758 ;

12° Henry, né le 6 février 1755 (57), mort en 1759 ;

13° Marie-Louise-Sophie, née le 17 avril 1759, morte en 1760 ;

14° Léonard, né le 25 novembre 1745 (1766), marié à Luce-Antoinette d'Aspremont en premières noces, et en secondes noces à N... d'Issoste d'Amorots (*Voir* plus bas la suite de cet article) ;

15° Dorothée, née le 12 juillet 1762, morte à Bordeaux en 1840 ;

16° Rose, non mariée, vivant encore en 1811.

XIIe *degré*. — Le comte Léonard de Caupenne d'Echaux, capitaine au régiment de dragons Royal-Auvergne, chevalier de Saint-Louis, né le 25 novembre 1766, décédé en 1840 (seigneur de Peyrehorade, vicomte d'Orthe, etc.), marié en premières noces à demoiselle d'Aspremont d'Orthe, fille de messire Melchior d'Aspremont vicomte d'Orthe. De ce mariage :

1° Comte Siméon-Henry de Caupenne d'Aspremont, ancien capitaine d'infanterie, chevalier de la Légion-d'Honneur, à Mont-de-Marsan ;

2° Eugène de Caupenne d'Aspremont, ex-capitaine d'infanterie et d'état-major, officier de la Légion-d'Honneur, décédé à Mont-de-Marsan en 1858.

Marié en secondes noces à demoiselle Jeanne d'Issoste d'Amorots, seconde fille du seigneur d'Amorots marié à demoiselle de Lacarre. De ce mariage :

1° Marguerite-Eugénie de Caupenne d'Echaux, mariée à M. Alexandre-Léon Oulié, capitaine des douanes ✻ ;

2° Victor de Caupenne d'Eschaux, mort en 1837, militaire en Afrique.

Du mariage de la dame Oulié :

Antoine-Victor-Alexandre Oulié, étudiant en médecine à Paris.

XIII° *degré*. — Henri comte de Caupenne d'Aspremont, vicomte d'Orthe, ancien officier, chevalier de la Légion-d'Honneur, retiré à Preignac (1850), réside à Mont-de-Marsan (1867). Mort le 29 février 1868.

Eugène vicomte de Caupenne d'Aspremont, ancien capitaine dans la jeune garde, officier de la Légion-d'Honneur, marié à N... de Rivière, dont il a :

1° Alfred comte de Caupenne d'Aspremont, héritier de la terre d'Echaux, marié à demoiselle Marie Lavielle ;

2° Frédéric de Caupenne d'Aspremont, décédé ;

3° Maurice de Caupenne d'Orthe, capitaine d'infanterie ✶ ;

4° Melchior de Caupenne ;

5° Albertine de Caupenne, religieuse de N.-D. de Lorette ;

6° Inès de Caupenne mariée à M. Henry Amilhau, conseiller à la cour d'Agen, chevalier de l'ordre royal de Charles III d'Espagne ;

7° Marie de Caupenne.

*Branche d'*Amou.

XI° *degré*. — Jean de Caupenne, cinquième du nom, marquis d'Amou, seigneur de Saint-Pée, baron de Pomarès, Castelsarrazin, marié en premières noces le 28 septembre 1692 à dame Olive Lecomte de La Tresne, fille du premier président au Parlement de Bordeaux, dont il n'eut pas d'enfants ; en deuxièmes noces, le 11 mai 1706, à Jeanne de Bedorède-Gayrosse dont il eut :

1° Jean-Baptiste qui suivra ;

2° Jean, né le 15 octobre 1712, mort sans postérité ;

3° Jean-Joseph, né le 18 janvier 1716, aide major aux gardes françaises ;

4° Henry d'Amou, chanoine et vicaire-général de Lescar,

abbé de Sauvelade, membre des états de Béarn, mort après 1789 ;

5° Pierre de Caupenne, officier de marine, mort en 1740 ;

6° Léonard, né en 1721, capitaine au régiment de Navarre, chevalier de Saint-Louis, assista en 1771, au mariage de son neveu, Anne Henri marquis de Caupenne ;

7° Rose de Caupenne, née le 15 juillet 1710, mariée au vicomte d'Aurice, dont : Jeanne, Antoine, autre Jeanne d'Aurice et Marie-Thérèse ;

8° Françoise, née le 11 novembre 1714, religieuse au couvent de Notre-Dame à Pau ;

9° Jeanne-Marie-Thérèse, née en 1717, mariée à Maurice de Chalon, dont : Jeanne-Henriette, Rose-Ardouin, Jean-Charlot et autre J. Ardouin de Chalon.

XIIe *degré*. — Jean-Baptiste de Caupenne marquis d'Amou, seigneur de Saint-Pée, Pomarès et Castelsarrazin, né le 24 septembre 1711, lieutenant aux gardes françaises et lieutenant du roy à Bayonne, chevalier de l'ordre royal et militaire de Saint-Louis, marié le 28 février 1740 à Marie-Charlotte de Menou, mort le... 1780. Fut père de :

1° Anne-Henri-Louis qui suivra ;

2° Rose de Caupenne morte jeune ;

3° Jacques-David-Léonard, chevalier, appelé le comte de Caupenne, né le 4 avril 1755, marié le 5 avril 1785 à Françoise-Victoire de Brethous morte en 1809.

Le comte est mort le 13 avril 1847, ayant assisté en 1789 à l'assemblée de la noblesse de Dax. Figure aussi dans la noblesse de Saintonge et Aunis comme marquis de Mirambeau. Fut père A. de Adrien Jean-Baptiste comte de Caupenne, né le 13 janvier 1786, marié le 5 décembre 1826 à Eléonore-Catherine Hens, décédé en 1867, laissant une fille. B. Louis de Caupenne né le 29 juin 1787, mort en 1808 à l'armée d'Espagne, non marié. C. Auguste de Caupenne tué à l'armée du Nord, en Silésie, non marié. D. Victor-Armand, dit le marquis de Caupenne, chef de bataillon, chevalier de la Légion-d'Honneur, non marié. E. Corisande de Caupenne mariée au baron de Garro, dont postérité ; est décédée en 1867.

4° Jean-Baptiste-Nicolas, né le 16 décembre 1756, dit le vicomte de Caupenne, marié à Suzanne de La Lanne de Castelnau. Mort le 25 décembre 1809 à Bayonne; sa femme avait divorcé pendant son émigration. Ils eurent :
F. Adolphe de Caupenne né en 1780, mort sans avoir été marié ; G. Sophie de Caupenne née en 1782, mariée à M. Dupérier de Lislefort; H. Dolly, née en 1783, mariée à N. de Bachelier de Talamon dont postérité ; I. Zélie, née en 1789, mariée à M. Desfeux de Bernilly.

5° Henri-Nicolas dit de Saint-Pée a servi en Espagne; mort à Dax en 1825 ou 1835 sans postérité légitime.

6° Henriette-Dorothée, mariée le 5 mars 1768 à Pierre d'Armendaritz, baron d'Arberats, dont postérité, trois enfants (*Voir* Arberats) :

1° Léonard, marié à Mlle de Bineu de Soule ;

2° N... Marie d'Arberats, mariée à M. de Hosta ;

3° Marie-Magdeleine-Françoise-Sophie, née en 1777, mariée en 1797 à Louis baron de Marcellus, dont six enfants ;

7° Marie-Louise-Victoire-Bayonne de Caupenne, mariée le... 1797 à Charles-Antoine baron de Piis, dont deux enfants : un fils, Jean-Baptiste, marié à demoiselle de Mons ; une fille qui a été Madame de Marcellus.

XIIIe *degré*. — Anne-Henry-Louis de Caupenne marquis d'Amou, maréchal de camp, commandant pour le roi à Bayonne, colonel du régiment du Languedoc-infanterie en 1764; marié le 3 novembre 1771 à Marie-Magdelaine-Gabrielle-Françoise-Sophie de Poudenx. La marquise d'Amou est morte au Saint-Jean en 1832. Le marquis mourut en février 1798 après avoir été détenu comme prisonnier dans la citadelle de Lourdes, il se retira au Saint-Jean et c'est là qu'il est mort par suite d'infirmités contractées dans sa captivité. De leur mariage :

XIVe *degré*. — 1° Zoé-Magdelaine-Sophie de Caupenne née au mois de juin 1774, mariée en 1800 à Jean-Paul de Claye de Girangy, dont trois enfants : Thaïs baronne de Sault; Léonce baron de Claye. Léopoldine dame de Castelmore ;

2° Adèle de Caupenne née en mars 1783, mariée en novembre 1808 à Jean-Baptiste comte de Pontac, dont trois enfants : Agénor, Gabriel et Max de Pontac.

Inventaire sommaire des titres originaux et mentions historiques. (PREMIÈRE SÉRIE.)

Entre 1074 et 1107, Arnaud de Caupène père de Pierre fut un des témoins présentés par l'archidiacre de Bernard, évêque d'Acqs, pour trancher la question de la possession de neuf paroisses en litige entre les évêchés d'Acqs et d'Oloron. (Marca, p. 319.)

Bernard de Mugron, évêque d'Acqs, occupa ce siége de 1074 à 1107. L'assemblée qui se tint à La Réole doit avoir eu lieu en 1082 ou peu après. (Voir Marca et Compaigne en sa *Chronique d'Acqs*.)

1125. — Catherine de Caupenne était mariée à Archimbault seigneur de Méés ; une de leurs filles, nommée Antoinette, fut mariée à Jean de Bessabat, du consentement de Arnaud Loup de Bessabat, évêque de Bayonne de 1125 à 1149. (Compaigne, *chronique de Bayonne*.)

Elie de Caupenne en 1289 fut nommé gouverneur de Mauléon et sénéchal de Périgueux ; dix-huit ans plus tard (1307), Arnaud de Caupenne son fils fut créé sénéchal d'Agenois. (*Revue d'Aquitaine,* 15 février 1861.)

1301. — Garcias-Arnaud de Caupenne, évêque d'Acqs (*Liste des évêques d'Acqs,* par Compaigne). (De 1301-1320, Oyhenard).

22 *novembre* 1313. — Transaction passée entre divers habitants d'Acqs, datée comme s'en suit : « Fait le 22ᵉ jour de novembre de l'an de Notre-Seigneur 1313. Régnant : Philippe roi de France, Edouard roi d'Angleterre, Monseigneur Guicharnaud de Caupenne évêque d'Acqs, Fortaner de Batz, maire, etc. » (*Arch. de St-Pée.*) — (En gascon sur parchemin.)

Transaction entre deux habitants de d'Acqs datée comme il suit : 22 novembre 1313. (Voir ci-dessus.) (En gascon.) — (*Arch. de St-Pée.*) Genestet.

1317. — Donation de mariage faite par le sieur de Caupenne et Madame Nande sa femme, de 40 livres de rente à Jeanne leur fille, épouse du sieur d'Isle et d'Escabat. (*Titres d'Albret.*)

24 septembre 1319. — Procuration portant compromis entre Guicharnaud de Caupenne évêque d'Acqs et le seigneur d'Amou, concernant les novales et la dixme d'Amou. (Parchemin en latin.)

De ce titre résulte que le seigneur d'Amou avait, dès ce temps-là, la justice haute, moyenne, basse et la dixme d'Amou. Cet acte prouve encore que Guillaume-Raymond d'Amou avait pour fils Gaillard d'Amou, marié à Agnès de Poylohault dont il n'eut que des filles. L'aînée fut mariée à Bertrand de Béarn ; elle s'appelait Estie d'Amou et porta cette terre dans la maison de Béarn ; elle eut un fils appelé Bertrand seigneur d'Amou, qui testa en 1410 et fut père d'Anne de Béarn d'Amou mariée à Guicharnaud de Caupenne (En latin.) — (*Arch. de St-Pée.*) Genestet.

1er juin 1324. — Transaction entre dame Gérarde de Navailles, mère et tutrice de noble Raymond-Guillaume de Caupenne d'une part ; et noble Arnaud-Guillaume de Poylohault au sujet de certains fiefs sur les jardins d'Armentieu de la paroisse d'Arriular. Cette pièce est datée du jour de saint Laurent, 1er juin 1324, signée Mitholon, notaire public d'Acqs. (Expédition délivrée par Jean de Pommarède, successeur de Mitholon.) — (En gascon.) — (*Arch. de St-Pée.*) Genestet.

Ibidem. — 1er juin 1324 ou 10 août 1324, jour de saint Laurent.

1337. — Testament de noble dame Nande dame de Teran et de Bussac femme du seigneur de Nouailles (ou Novailles) et de Caupenne. (*Titres d'Albret.*)

1340. — Siége de Tournay par Edouard III. Parmi les défenseurs de la ville on remarquait les comtes de Foix, de Comminges et d'Armagnac, le seigneur d'Albret, comte de Carmain, le seigneur de Copane, le seigneur de Coaraze et maints autres de Gascogne, Foix, Béarn et Albret (Froissard, tome I.).

1341. — Contrat de vente de certains fiefs sur certains habitants de la seigneurie de Caupenne dans la paroisse de Saint-Martin de Goys, consentie par noble Arnaud-Guillaume de Caupenne, en faveur de Bertrand de Béarn et Pées de Serres, exécuteurs testamentaires de feue noble Marguerite de Caupenne pour fonder une prébende pour le repos de l'âme de ladite Marguerite. (En gascon.) — (*Arch. de St-Pée.*)

Duplicata. — Vente de certains fiefs dus par certains habitants de Caupenne, etc., (*Arch. de St-Pée.*) Genestet.

Caupenne, 12 février 1343. — Gassion de Lamarque et Jeanne de Caupenne sa femme. (*Titres d'Albret.*)

1344. — Grande fête au château de Windsor, le jour de St-Georges, où furent présents les sires de Pommiers, d'Albret, le sire de Mucidan et le sire de Copane.

1345. — Le comte de Derbi, part pour la conqueste de Bergerac, ayant pour maréchal de son host messire Gautier de Mauni, et s'arrêta au château de Montquq où se tenait pour eux et en estoit capitaine et gardien un chevalier de Gascogne, qui se nommait messire Raimmon de Copane, qui rechut les Anglais liement et leur administra tout ce que il lor besongnoit.

1346. — Le comte de Derbi entreprend la conquête de Poitiers. A son appel viennent de Gascogne les sires d'Albret, de Pommiers, le sire de Copane et le sire de Mucidan, et entrèrent de deux assauts la première fois dedans Poitiers ; ce furent le sire de Copane et sa bannière, et le sire de Pommiers et sa bannière. (Après la St-Michel, 1346, Froissard.)

1er *may* 1347. — Expédition en forme de la donation faite ledit jour par Edouard III roi d'Angleterre de ses droits royaux sur Toulouzette, Saint-Edouard et Baigts, en faveur de Raymond-Guillaume (*) de Caupenne, en récompense de ses grands et signalés services. Expédition du 26 février 1460. Préambule en gascon, acte en latin. Edouard se qualifie roi de France et date de la neuvième année de son

---

(*) Raymond de Caupenne, 1347, doit être le même que Raimmon de Copane, gouverneur de Monquq.

nouveau règne (celui de France). Nom du notaire illisible.
— *(Arch. de St-Pée)*. Genestet. — Duplicata, 1er may 1347.

23 *Avril* 1361. — Sentence arbitrale rendue par noble baron Raymond-Guillaume de Caupenne, sur un différend entre dame Gérande de Poyloault, veuve de Raymond-Arnaud de Balansun et ses enfants, d'autre part. Prononcé à Dax ; règnant Edouard roi d'Angleterre, seigneur de Guienne ; Péés, évêque d'Acqs ; Johan de Casellis, maire ; Johan Dardoy, notaire public. En gascon *(Arch. de St-Pée)*.

1366. — Accord de mariage entre noble Raymond-Arnaud de Caupenne, fils de noble et puissant seigneur Raymond-Guillaume de Caupenne, et Riche... de Poiloault, du consentement de noble N... de la Lanne son tuteur; *(Titres de Saint-Pée d'Ibarens)*.

3 *Février* 1387. — A la suite de l'analyse sommaire concernant la vente de la terre d'Urdaints (Urdanche ou Ourdanx), par Jean de Perer en faveur d'Arnaud Duprat, M. Genestet ajoute : « Dans l'acte, la terre d'Urdaints est bornée par les terres de Bassussarry, d'Arcangues et de l'ousteau de Beriots. La terre d'Urdaints appartenait au commencement du XVe siècle à la famille de Caupenne, j'ignore comment elle lui est advenue n'ayant trouvé aucun titre postérieur à celui qui précède *(Arch. de St-Pée)*. C'est un point à rechercher.

1391. — Achat d'une maison dans la ville d'Orthez par le comte de Foix, vicomte de Béarn, en faveur de Guixard (Guicharnaud) de Caupenne, seigneur d'Amou, pour lui donner droit d'entrée aux états de Béarn, et ce par distinction et récompense octroyée par ledit vicomte de Béarn. (En gascon.) — *(Arch. de St-Pée)*.

29 *Novembre* 1391. — Donation de la terre de Saint-Cricq (du Gave) avec ses fermes, hôtels, jardins, plantations et dépendances, en faveur de Guicharnaud (Guixard) de Caupenne seigneur d'Amou, par Matthieu comte de Foix, vicomte de Béarn. Signé, M. Comte de Foix. (En gascon). Ensemble ratification de ladite donation par noble Archambauld comte de Foix, vicomte de Béarn, datée du 24 septembre 1402.

(DEUXIÈME SÉRIE XVe SIÈCLE. CAUPENNE).

1402. — Confirmation de la même donation par Jean comte de Foix, en faveur d'Archambauld de Caupenne, fils et héritier de Guixard (Guicharnaud) seigneur d'Amou, datée du 7 mars 1417. Prise de possession par Archambauldt de Caupenne de la terre de Saint-Cricq, le 11 mars 1447. (En gascon). — (Arch. de St-Pée).

Novembre 1400 Caupenne. — Rachat de la caverie de Hon des mains de noble Guicharnaud de Caupenne donzel (damoiseau) par noble Pierre de Hon qui l'avait ci-devant vendue audit Guicharnault moyennant 500 francs d'or. (En gascon). — (Arch. de St-Pée). Genestet.

1er mai 1402. — Nomination de Jean, seigneur baron de Caupenne d'Osserain et Fortaner seigneur de Lescun, comme tuteurs de noble Pierre seigneur de Poylohault, mineur. (En gascon). — (Arch. de St-Pée). Genestet).

27 *Octobre 1406 Caupenne.* — Acte par lequel Guiche-Arnauld de Navailles curé d'Amou, nommé évêque d'Acqs, déclare à noble Guixard de Caupenne et à Bertrand de Béarn chevaliers seigneurs d'Amou, qu'il veut garder ladite cure à cause de modicité des revenus de son évêché. Il reconnaît que le patronage de ladite cure appartient aux seigneurs d'Amou, et promet qu'il ne sera porté aucun préjudice à leurs droits de nomination à ladite cure. (En gascon). — (Arch. de St-Pée). Genestet.

5 *Février* 1410. — Testament de Bernard de Béarn seigneur d'Amou, par lequel il laisse 200 livres de capital pour augmenter la prebende d'Amou, et institue pour son héritier Matthieu de Caupenne, son petit-fils, lui substituant en cas de mort sans postérité Archambault de Caupenne, frère dudit Matthieu et après lui, Jeannette de Béarn d'Amou dame de Salies *(Arch. de St-Pée).*

1410. — Bernard de Béarn était fils de Bertrand de Béarn et d'Anne d'Amou, dame propriétaire d'Amou. Il laissa de son mariage : Anne de Béarn d'Amou, mariée à Guicharnaud de Caupenne dont Matthieu de Caupenne héritier de Bernard de Béarn.

8 octobre 1411. — Testament de noble et puissant seigneur Guicharnaud de Caupenne seigneur d'Amou. — Veut être enterré aux Frères Prêcheurs d'Orthez (chapelle Sainte-Catherine), où repose son père ; laisse à ses filles Guirautine, Agne, Mondine et Catherine, à chacune 300 écus por haber marits ; à Mariote son autre fille 600 écus, à elle promis par acte de mariage ; laisse à Archambauld son second fils la terre de Saint-Cricq et 1,000 livres que lui doit le comte d'Armagnac ; institue pour héritier universel Matthieu son fils aîné. Exécuteurs testamentaires : Raymond et Jean de Caupenne ses frères ; Mossen de Navailhes, recteur de Tilh ; Bertrand de Benesse, Sans de la Salle, etc. Sans de Casenave, notaire public. (*Arch. de St-Pée.*)

25 mars 1416, Caupenne. — Vente de plusieurs dîmes de la terre de Sarainh (Osserain), en faveur de l'évêque d'Oloron, par Messire Jean de Caupenne seigneur de Caupenne et du Sarrainh. (En gascon.) — (*Arch. de St-Pée.*) Genestet.

20 avril 1416, Caupenne. — Accords et conventions matrimoniales entre noble Archambaud de Caupenne seigneur d'Amou et de Saint-Cricq d'une part, et noble Bertrand de Domesaints, agissant comme tuteur de noble Loys de Domesaints, et faisant pour Marguerite de Domesaints sœur de Louis d'autre part. (*Arch. de St-Pée.*)

24 octobre 1423, Caupenne. — Contrat de mariage entre noble Etienne seigneur de Campaigne faisant pour lui, et noble Archambaud de Caupenne seigneur d'Amou et de Saint-Cricq, faisant pour Catherine de Caupenne sa sœur ; il lui constitue en dot 300 florins d'or d'Arragon à elle légués par Guicharnaud de Caupenne son père seigneur d'Amou. — Fait à Saint-Cricq audit jour, en présence de Bertrand de Navailles seigneur de Thil, chevalier ; de Bertrand de Caupenne seigneur de Favars ; de Bertrand seigneur de Thetiu ; Goallard de Benesse ; Raymond de Béarn archiprêtre d'Amou, etc. (*Arch. de St-Pée.*)

16 mars 1427, Caupenne. — Contrat de vente de la terre et seigneurie de Hon, consentie par noble Jean de Lescun seigneur de Casalis, en la prévôté de St-Sever, en faveur de Messire Jean de Caupenne baron de Caupenne et d'Osserain. (En gascon.) — (*Arch. de St-Pée.*) Genestet.

Un autre titre date illisible, sauf 14.. prouve que la terre de Hon était échue en partage à Thomas de Caupenne et que Jean de Caupenne seigneur de Gaujacq n'avait rien à y prétendre et voulait l'usurper. (En français.) — (*Arch. de St-Pée*). Genestet.

27 *mai* 1429, *Caupenne.* — Prise de possession de la caverie de Saint-Pandelon, communément appelée de Campaigne, par noble Catherine de Caupenne veuve de noble Steven seigneur de Campaigne et sœur d'Archambault de Caupenne seigneur d'Amou et de Saint-Cricq, pour le paiement de sa dot. (En gascon.) — (*Arch. de St-Pée.*) Genestet.

8 *décembre* 1433, *Caupenne.* — Contrat de vente de la caverie et terre de Saumont, consentie par noble N... d'Artiguemale en faveur de noble Archambaud de Caupenne seigneur d'Amou. (En gascon.) — (*Arch. de St-Pée*) Genestet.

18 *juin* 1436. — Sentence arbitrale rendue par Gaston de Foix captal de Buch, dans un différend au sujet de certaines terres entre Arnaud-Guillaume de Caupenne seigneur de Caupenne d'Osserain et de Labatut, et Bertrand de Caupenne seigneur de Favars, agissant tant pour lui que pour sa mère. Prononcée à Orthez ledit jour, en présence de noble Jean de Béarn seigneur de Miossens, Monseigneur Archambaud seigneur d'Amou et autres, et Jean de Balansun coadjuteur de maître Jean de Caresse, notaire public d'Orthez, qui a retenu l'acte. (En gascon.) — (*Arch. de St-Pée.*) Genestet.

1444, *Caupenne.* — Hommage rendu par Arnaud-Guilhem de Caupenne au vicomte de Tartas, pour la terre de la Laguë, au devoir d'une paire d'éperons d'or. (*Titres d'Albret*).

12 *juin* 1446, *Caupenne.* — Engagement et aliénation de la dixme de Tresvilles au pays de Soule, en faveur du prébendier de la prébende de Caupenne, fondée jadis par noble Guillaume-Raymond de Caupenne en l'hôpital de Berraute-Mauléon en Soule. (En gascon.) Le revenu de cette

prébende reposait dans le principe sur la salle et Potestaterie de Gotein, et avait été transportée sur la maison Casamajor de Tresville (Troisville et Treville). (*Arch. de St-Pée*). Notes de Genestet.

3 *mai* 1456, *Caupenne*. — Présentation à la prébende de Caupenne fondée en l'église Saint-Martin de Caupenne, par noble Jean de Caupenne seigneur d'Amou, en faveur de Messire Pierre-Arnaud de Caupenne, archidiacre d'Amou. (En latin.) — (*Arch. de St-Pée.*) Genestet.

12 *juillet* 1456, *Caupenne*. — Acte de vente de la caverie et gentillesse de Ceregon, en la paroisse d'Ossages, consentie en faveur de Me Jacques de Fles (ou du Flot), par noble Pierre de Caupenne seigneur de Favars et dame Catherine de Saint-Martin son épouse. (En gascon). — (*Arch. de St-Pée.*) Genestet.

26 octobre 1461, *Caupenne*. — Hommage rendu au roi devant Jean bâtard d'Armagnac, maréchal de France, lieutenant-général pour le roy en Guienne, par Jean d'Amou seigneur dudit lieu et de Saint-Cricq, pour les terres d'Amou et de Saint-Cricq. (En français.) — (*Arch. de St-Pée.*) Genestet.

18 *juin* 1467. Quittance consentie par le seigneur de Besaudun en faveur de noble homme Jean de Caupenne d'Amou, pour la dot de Agnès (ou Anne) d'Amou sa sœur, fille d'Archambauld de Caupenne et de Marguerite de Domesaints et femme dudit seigneur de Besaudun. (*Arch. de St-Pée.*)

13 *may* 1468, *Caupenne*. — Titre de la prébende de Caupenne en l'Eglise Saint-Martin de Caupenne, en faveur de Messire Pierre-Arnaud de Caupenne. (En latin) — *(Titres de St-Pée)*. Notes de Genestet.

1449, *Caupenne*. — Hommage au roi de France par Thomas de Caupenne pour tout ce qu'il tient en Guyenne (*Titres d'Albret*).

25 *février* 1471. *Caupenne*. — Contrat de mariage entre noble et puissante dame Isabeau de Gramont, dame propriétaire des seigneuries de Gramont et de Came, faisant

pour noble dame Anne de Gramont, sa sœur germaine et cadette, fille de noble homme François seigneur de Gramont, et d'Izabeau de Montferrand d'une part, et très noble homme Jean de Caupenne, seigneur d'Amou, d'autre part. — Fait à Bidache, en présence de Auger d'Anglade, chanoine de Bayonne : — Bertrand de Navailles, seigneur de Lamothe de Pouillon; Fortaner de Gramont, seigneur de Camou au pays de Mixe; Jean de Gestède; François de Gramont; Gracian de Favars; Jean d'Amou; Gaillard de Talauresse, capitaine de Clarmont (du lieu de Clermont sans doute), écuyer; Etienne de Gestède et autres; Marc-Guillaume de Martin, notaire (En gascon) *(Arch. de St-Pée).*

16 mars 1472, *Caupenne.* — Procuration consentie par noble dame Agnès de Gramont en faveur de Jean de Caupenne seigneur d'Amou son mari, au sujet du délaissement de la seigneurie de Came fait par Isabeau dame de Gramont, sa sœur (En gascon).

Ensemble 1° Délaissement de ladite seigneurie de Came par dame Isabeau de Gramont dame de Gramont, en faveur de Jean de Caupenne seigneur d'Amou, en date du 21 juillet 1473 (En gascon).

2° Consentement donné par ladite dame de Gramont audit seigneur d'Amou, de se mettre en possession de la terre et seigneurie de Came en date du 9 mars 1475 (En gascon) — *(Arch. de St-Pée).* Genestet.

23 *février* **1477,** *Caupenne.* — Acte de vente à pacte de rachat de la terre et baronnie de Castelsarrazin, consentie par noble et puissant seigneur Johan de Foix seigneur de Sault de Navailles, Samadet et Castelsarrazin, pour le prix et somme de mille sept cents écus de cent dix liards chaque, monnoie courante en faveur de noble Messire Thomas de Caupenne, chevalier, seigneur baron de Caupenne de Sarraints (Osserain) et Labatut. Petrus de Larbeix, notaire (En gascon) *(Arch. de St-Pée).* Genestet.

21 *juin* **1480.** *Caupenne.* — Quittance consentie par Roger seigneur de Gramont, et François de Pas seigneur de Talente, tuteurs des enfants de Jean de Caupenne seigneur d'Amou et de Saint-Cricq, en faveur des fermiers du moulin de Saint-Cricq (En gascon) *(Arch. de St-Pée).* Genestet.

15 *août* 1481, *Caupenne.* — Testament de noble seigneur Jehan de Caupenne, dans lequel il déclare que les dots de ses sœurs Anne-Agnès mariée au sieur de Bielenave (Villenave), et Jeannette, mariée au capitaine de Claremont, ont été payées. Il veut que Peyrot, un de ses fils naturels, soit archiprêtre d'Amou après la mort du titulaire. Fait divers legs, et entr'autres à Anne de Gramont sa femme. Il institue pour son héritier Jean de Caupenne d'Amou, son fils premier né ; laisse la tutelle et l'administration des biens de ses enfants à ladite Anne de Gramont sa femme. Le testateur était fils d'Archambauld de Caupenne d'Amou et de Marguerite de Domesaints. Il avait marié Jehannette, sa fille bâtarde, au seigneur de Monbet (*). (Acte en gascon *(Arch. de St-Pée).* Notes de Genestet de Cheyrac.

2 *juin* 1483, *Caupenne.* — Présentation et nomination à la cure d'Amou, en faveur de Jean de Puyo par noble dame Anne de Gramont, veuve de noble Jean de Caupenne seigneur d'Amou, et tutrice de noble Jean de Caupenne son fils aîné, mineur de quatorze ans. (En latin) *(Arch. de St-Pée).* Genestet.

26 *mai* 1484, *Caupenne.* — Titre du prieuré d'Ossages dont le patronat appartient aux seigneurs de Caupenne, consenti en faveur de noble Pierre de Caupenne par noble Thomas de Caupenne, seigneur dudit lieu et d'Ossages. (En latin). — *(Arch. de St-Pée).* Genestet.

22 *janvier* 1485, *Caupenne.* — Contrat de reconnaissance de la somme de 300 écus, consenti en faveur de noble Thomas seigneur de Caupenne, par le seigneur de Belloc, pour pareille somme à lui prêtée à l'occasion du mariage de sa sœur (En gascon). — *(Arch. de St-Pée).* Genestet.

5 *mai* 1486, *Caupenne.* — Testament de noble, puisssante et généreuse dame Anne de Gramont dame d'Amou. La testatrice veut être enterrée dans l'église de Monsieur Saint-Pierre d'Amou où sont enterrés les seigneurs dudit

---

(*) Catherine, sœur du testateur, avait été mariée au seigneur de Augar. Serait-ce Heugars ou Heugas ?

lieu. Elle institue pour son héritier universel noble Jean (de Caupenne) d'Amou, seigneur d'Amou et de Saint-Cricq.

Elle fait divers legs à Navarrine et Miramonde d'Amou, au cadet Bernard d'Amou et au bâtard d'Amou appelé Peyrot. Elle institue pour exécuteurs testamentaires noble et puissant seigneur Roger de Gramont, Thomas seigneur de Caupenne; François de Pas seigneur de La Lanne, prévôt d'Acqs; Jehannot seigneur de Gestède; Arnaud-Guillaume seigneur de Villenave; Guitard de Domesaints, chanoine d'Acqs et autres (En gascon) *(Arch. de St-Pée)*. Genestet.

31 mai 1486, Caupenne. — Inventaire des meubles de la maison d'Amou, fait à la réquisition des seigneurs de Gramont et de Caupenne, comme tuteurs de Jean de Caupenne d'Amou, fils d'autre noble Jean de Caupenne d'Amou et de dame Anne de Gramont (En gascon) *(Arch. de St-Pée)*. Genestet.

26 avril 1488, Caupenne. — Cession faite par Jeannot de Caupenne écuyer, à Gaillard de Caupenne son frère, de la somme de deux cents écus à lui léguée par Archambaud de Caupenne seigneur d'Amou (En gascon). — *(Arch. de St-Pée)*. Genestet.

(TROISIÈME SÉRIE XVIe SIÈCLE. CAUPENNE).

Octobre 1501. — Enquête pour connaître si la haute justice du lieu d'Amou appartient au seigneur du lieu. Il résulte de cette enquête que la haute justice appartient au seigneur dudit lieu. *(Arch. de St-Pée)*. Genestet.

23 mars 1503, Caupenne. — Transaction entre les seigneurs de Caupenne et de Poylohaut par laquelle le seigneur de Poylohaut, comme tuteur de demoiselle Eléonor de Poylohaut, demeure seigneur haut justicier de la baronnie de Poylohaut et le seigneur de Caupenne seigneur haut justicier de la seigneurie de Coufforn qui était dépendante de la maison de Poylohaut (*) *(Arch. de St-Pée)*. Genestet.

Question. — Qu'est-ce que Coufforn ? Où est située cette terre ?

12 octobre 1504, Caupenne. — Procès-verbal d'exécution d'une bulle de Rome, portant dispense de mariage entre noble Gabriel seigneur baron de Caupenne, et dame Anne de Beaupol (En latin). — *(Arch. de St-Pée)*. Genestet.

13 janvier 1512, Caupenne. — Titre d'achat d'une pièce de terre servant à prouver que dame Anne d'Antin de Montespan était femme de Messire Jean de Caupenne d'Amou.

7 septembre 1512. — Testament de noble dame Anne d'Anthin, veuve de Messire Jean de Caupenne seigneur d'Amou. Elle institue pour son héritier universel noble Jean de Caupenne seigneur d'Amou, son fils ; lègue à Marie de Caupenne, aussi sa fille légitime, 1000 livres en sus de ses droits. Exécuteurs testamentaires : noble Jean d'Anthin, son frère ; le protonotaire d'Anthin son autre frère ; Pierre d'Amou archidiacre d'Amou ; Bertrand de Béarn sénéchal de Béarn seigneur de Gest ; Noble Roger seigneur de Gramont et autres. Pierre de Domecq, notaire royal (En gascon) — *(Arch. de St-Pée)*. Genestet.

11 décembre 1512, Caupenne. — Requête présentée à la cour du sénéchal de Saint-Sever, aux fins d'accorder provision de tutelle pour les personnes et biens de nobles Jean et Marie d'Amou. Au bas, lettres de provision de ladite tutelle *(Arch. de St-Pée)*. Genestet.

13 octobre 1518, Caupenne. — Quittance de 2303 francs bordelais et 3 sols tournois consentie par noble et puissant seigneur Gaston de Foix comte de Carmaing, seigneur de Navailles, Saint-Félix, Saut, Coarrase et Alpes (ou Aspe ?) en faveur de noble dame Gabrielle d'Andouins dame de Gaujacq, (veuve de Jean-François de Caupenne seigneur de Gaujacq) Pierre de Caupenne abbé de Pouillon et Gaston, seigneur d'Andouins, en déduction de la somme promise

(*) La maison de Poyloault est à Larbey.

par lesdits seigneurs d'Andouins et de Caupenne, en traitant du mariage de Jean de Foix, fils dudit comte de Carmaing, avec demoiselle Magdelaine de Caupenne de Gaujacq, et nièce desdits d'Andouins et de Caupenne. Donnée au château de Sault (En gascon). — *(Arch. de St-Pée)*. Genestet. Jean de La Barbacane, notaire public.

21 juin 1522, *Caupenne.* — Nomination à l'abbaye de Saint-Girons faite par les chanoines de ladite abbaye, en faveur de noble Pierre d'Amou *(Arch. de St-Pée)*. Genestet.

Janvier 1524, *Caupenne.* — Bulle de Clément VII portant dispense d'âge en faveur de Guillaume de Caupenne d'Amou sous-diacre. (En latin). — *(Arch. de St-Pée)*. Genestet.

1529, *Caupenne.* — Pièces concernant le procès intenté au Parlement de Bordeaux par François de Caupenne seigneur dudit lieu, contre le seigneur de Mas, avec les lettres de restitution obtenues par ledit seigneur de Caupenne pour le retour de la dot de Marguerite de Caupenne sa sœur femme dudit seigneur de Mas, décédée sans enfants. *(Arch. de St-Pée)*. Genestet.

9 juillet 1530, *Caupenne.* — Testament de noble Pierre de Caupenne d'Amou abbé de Saint-Girons, chanoyne et grand archidiacre d'Ayre, par lequel il institue pour son héritier universel noble Jean de Caupenne d'Amou seigneur dudit lieu son neveu. Arnaud de Biano notaire royal. (En latin). — *(Arch. de St-Pée)*. Genestet.

6 juin 1532, *Caupenne.* — Dispense de mariage pour Jean (de Caupenne) d'Amou, et noble dame Françoise de Chicon dame de Saint-Pée (En latin). — *(Arch. de St-Pée)*. notes de Genestet.

La maison de Chicon, Chacon ou mieux Etchecoin, est en basse Navarre et au pays de Cize en la paroisse de Bussunaritz. C'est de là qu'était sorti Jehan de Chicon, qui épousa Jehanne de Salazar dame de Saint-Pée. Pour la note G. O.

11 février 1533. — Noble Jehan de Caupenne seigneur de Méés, assiste comme témoin à la sentence de mise en possession de la maison noble et caverie de Gayrosse, prononcée par Jean de Barreyre licencié en droit lieutenant-général en la sénéchaussée des Lannes, en faveur de noble Compaignet de Bedorède seigneur de Bourcq, agissant comme tuteur de noble Alexandre (de Bedorède) seigneur de Northon, lequel avait acquis ladite caverie de noble baron Johannot seigneur d'Audios (Audijos) et de Gayrosse, par acte du 5 janvier précédent. Signé pour l'acte en gascon : — Bertrand DE VILLA, *notaire;* et pour la sentence, BARREYRE et DE MONEUILH *(Arch. de Gayrosse).*

14 *avril* 1535, *Caupenne.* — Provisions de la charge de bailli du pays de Labourt, donnée par François Ier en faveur de Jean (de Caupenne) d'Amou, homme d'armes de la compagnie du roi de Navarre, en raison de la résignation faite par noble Jean de Chicon seigneur de Saint-Pée, beau-père dudit d'Amou.

Ensemble lettres de confirmation de ladite charge en faveur du même Jean d'Amou, données par le roi Henri II le 26 avril 1548 *(Arch. de St-Pée).* Genestet.

1er *octobre* 1540, *Caupenne.* — Dénombrement fourni par François de Caupenne seigneur baron dudit lieu et de la Fasse *(La Hosse),* des fiefs, rentes et revenus qu'il tient en la sénéchaussée de Saint-Sever. Signé, DE CAUPENNE *(Arch. de St-Pée).* Genestet.

Dernier février 1541, *Caupenne.* — Procuration en faveur de Samson de Latarrare, consentie par noble Jean de Caupenne seigneur baron d'Amou de Saint-Pée et d'Etchecon, un des cent gentilshommes de la chambre du roi, pour retirer les gages et appointements qui lui sont dus à raison de ladite charge de gentilhomme. Signé, DE JUNCAR, *notaire royal (Arch. de St-Pée).* Genestet.

23 *mai* 1541, *Caupenne.* — Commission de la charge d'un des cent gentilshommes de l'hôtel du roi, en faveur de Jean de Caupenne d'Amou seigneur baron dudit lieu et de Saint-Pée, charge dont avait joui feu noble Jean de Chicon, en son vivant aussi seigneur de Saint-Pée. Donnée à Chatelleraux. Signé par le roi : BAYARD. *(Arch. de St-Pée).* Genestet.

15 *mai* 1544. — Acte de vente à faculté de rachat de la maison et biens nobles de Etchecon ou Chicon du lieu de

Bussunaritz, au royaume de Navarre, avec ses appartenances, dépendances, honneurs et prérogatives, pour la somme de mille ducats et soixante livres monnoye de Navarre, consentie par noble Jean de Caupenne d'Amou, seigneur dudit lieu et de Saint-Pée en Labourt, et demoiselle Françoise de Saint-Pée dame propriétaire dudit lieu, et de la maison noble d'Etchecon ou Chicon, en faveur de Bertrand de Suescun. Fait à Amou. Signé Jehan ARAMPOT, *notaire royal (Arch. de St-Pée).* Genestet.

20 novembre 1551, *Caupenne.* — Exemption du logement des gens de guerre accordé à Jean (de Caupenne d'Amou) seigneur dudit lieu et de Saint-Pée, bailly du pays de Labourt par Henry roi de Navarre, gouverneur et lieutenant pour le roi en sa province de Guienne pour les lieux d'Amou, de Bonnegarde, de Nassiet, de Marpats et de Castelsarrazin. — Donné à Pau. Signé HENRY.— *(Arch. de St-Pée.* Genestet.

24 octobre 1554. — Marguerite d'Amou, épouse de noble N... de Poy, écuyer, baron de Pontonx, marie sa fille Catherine de Poy à Pierre de Spens d'Estignols, prévôt royal de Bordeaux. Marguerite d'Amou était sœur de Marie d'Amou, mariée au comte de Gramont. (*Extrait des registres du sénéchal des Lannes, par le* B^{on} DE CAUNA, *et Généalogie Despens de Lancre.*) — (*Baronnage of Scotland,* traduit de l'anglais.)

16 novembre 1562, *Caupenne.* — Arrêt du Parlement de Bordeaux, ordonnant au sénéchal de Saint-Sever de juger la cause de Guillaume d'Amou, protonotaire apostolique, archidiacre et curé d'Amou, sur les titres de dispense obtenues de Rome et nonobstant opposition. Il s'agissait de la prise de possession de la cure d'Amou, à laquelle certains particuliers s'opposaient. *(Arch. de St-Pée.)* Genestet.

20 juillet 1565, *Caupenne.* — Provision de la charge de bailli du pays de Labourt en faveur de Charles de Caupenne d'Amou chevalier seigneur de Saint-Pée, à raison de la résignation de ladite charge dont était pourvu Jean de Caupenne d'Amou, père dudit Charles. Donné à Mont-de-Marsan.

Ensemble, résignation de ladite charge consentie en faveur de son fils par Jean de Caupenne d'Amou, le 22 mai 1563, devant d'Etchegoyen, notaire royal. (*Arch. de St-Pée*). Genestet.

24 *octobre* 1565 ou 1575, *Caupenne*. — Acte de vente de la terre du Sarainh (Osserain), consentie pour la somme de 47,000 francs Bordelois, en faveur de Bertrand Daguerre-major seigneur de la maison de Moigny dudit lieu du Saraints, par noble Messire Bertrand de Monluc, gentilhomme de la chambre du roi et lieutenant de cinquante hommes d'armes, et dame Marguerite de Caupenne dame de Caupenne et du Saraints sa femme. Casenave, notaire royal. (*Arch. de St-Pée.*) Genestet.

20 *février* 1566, *Caupenne*. — Contrat de feu Messire Bertrand de Monluc surnommé le capitaine Peyrot, et la dame Marguerite de Caupène sa femme, avec les habitants et tenanciers de Cauna pour la débite des vins du crû de la terre en détail, du 20 février 1566.

Ledit seigneur capitaine Peyrot fut la même année tué en l'île de Madères, comme il est marqué dans l'histoire de France, soubz Charles IXe. (*Archives de Cabannes.*) — (Voir Varillas, tome II, année 1566. *Charles IX.*)

27 *mars* 1568, *Caupenne*. — Arrêt du Parlement de Bordeaux ordonnant pour le soulagement du peuple que les deux compagnies des gens de pied que commande le seigneur d'Amou demeureront partie à Saint-Macaire, partie en la ville de Langon, et autre partie au lieu de Cauderot. — Signé de Pontac.

Ensemble, autre arrêt du Parlement en date du 2 octobre 1551, rendu pour Françoise de Saint-Pée contre Menaud de Béarn, où l'on voit que Jean de Chicon seigneur de Saint-Pée avait fourni deux galères pour le service du roi. (*Arch. de St-Pée.*) — Notes de M. Genestet de Chayrac.

17 *octobre* 1568, *Caupenne*. — Lettres du roi Charles IX à Charles (de Caupenne) d'Amou, lui annonçant qu'en raison de ses notables services il était créé chevalier de l'ordre de Saint-Michel. — Signé Charles, et plus bas de Neufville.

19 août 1570, *Caupenne*. — Quittance de deux mille livres consentie en faveur de noble Jehan de Bezolles par Messire François de Cassaignet seigneur de Saint-Ourens, chevalier de l'ordre du roi, capitaine de cinquante hommes d'armes de ses ordonnances, pour et comme procureur fondé de Messire Charles (de Caupenne) d'Amou seigneur dudit lieu et de Saint-Pée, et de dame Marguerite de Bezolles sa femme sœur dudit seigneur de Bezolles, pour complet paiement de la somme de 15,000 livres tournoises, dot de ladite Marguerite. — De Lacoste, notaire royal.

Le mariage de Charles d'Amou et Marguerite de Bezolles datait du 17 janvier 1565. Contrat retenu par Lacoste. (*Arch. de St-Pée.*) Genestet.

20 mai 1573, *Caupenne*. — Titre de nomination à la cure de Saint-Pée d'Ibarren, vacante par le décès de Raymond de Beaumont, en faveur de M° Jean de Basteguy, présenté par noble Charles de Caupenne d'Amou seigneur de Saint-Pée. Signé G..., évêque de Bayonne (Jean de Sossionde). (*Arch. de St-Pée.*) Notes de Genestet.

2 juin 1573, *Caupenne*. — Ordonnance de Messire Charles d'Amou, bailli du pays de Labourt, portant défense de faire sortir des grains dudit pays. Signé Charles, et plus bas d'Arostéguy.

Scellé d'un cachet armorié : 1 et 4 de... à trois larmes posées deux et une ; au 2 à deux clefs d'or adossées et posées en pal ; au 3 de Béarn, l'écu entouré du cordon de Saint-Michel. (Il est à remarquer que les plumes de Caupenne ne figurent pas dans ces armes. (*Arch. de St-Pée.*) Genestet.

27 mai 1574, *Caupenne*. — Provision de la charge de sénéchal des Lannes en faveur de Messire Charles de Caupenne d'Amou, chevalier de l'ordre du roi, bailli du pays de Labourt.

Ensemble, acte de démission que donne de ladite charge Bertrand de Pardaillan seigneur de La Mothe Gondrin chevalier de l'ordre du roi, en date du 7 mai 1574. (*Arch. de St-Pée.*) Genestet.

8 novembre 1574 *Caupenne*. — Contrat de vente de la seigneurie de Leytos avec haute, moyenne et basse justice, consentie par noble Jean de Luppé écuyer seigneur de La Mothe à Pouilhon, en faveur de Messire Charles de Caupenne d'Amou seigneur dudit lieu et de Saint-Pée, et de dame Marguerite de Bezolles dame d'Amou, moyennant 3,000 livres bordelais. Passé à Capbreton en présence de Me Firmin d'Airrossa, procureur du roi au siége d'Acqs; Pierre Dangon, Pierre de Saint-Gassie et Martin de Badet, habitants de Bayonne. — De Bayle, notaire royal.

La seigneurie de Leytos appartenant à Jean de Navailles seigneur de Lamothe à Pouilhon avait été vendue à rachat perpétuel à Me Etienne de Lagarde, vicaire de Castelsarrazin. Le sieur de Lamothe étant décédé sans avoir racheté ladite seigneurie, Jean de Luppé son arrière petit-fils, fils de François de Luppé ; celui-ci fils de Bertrand de Luppé et de Marguerite de Navailles, fille aînée de Jean de Navailles seigneur de Lamothe, fut son héritier et successeur. Celui-ci racheta ladite seigneurie et la vendit à Charles de Caupenne d'Amou. Jean de Navailles avait une seconde fille appelée Madeleine, mariée le 5 janvier 1549 à Louis de Fontenays écuyer seigneur dudit lieu et autres places, ensemble prise de possession. (*Arch. de St-Pée.*) Genestet.

1575, *Caupenne*. — Contrat de mariage entre noble Eléonor de Castetja dame dudit lieu, faisant pour Catherine de Montolieu damoiselle sa fille, et noble Jean Damo (Amou ?) faisant pour soi. (*Arch. de Biarrotte-Majour, titres du Poy, inventaire dressé en 1645.*)

3 *avril* 1575, *Caupenne*. — Protestation et opposition devant notaire faite par dame Marguerite de Bezolles, épouse de Messire Charles de (Caupenne) d'Amou, contre la vente de la terre et seigneurie de Saint-Cricq, signé de Sales, notaire en la paroisse de Saint-Pée. (*Arch. de St-Pée.*) Genestet.

Septembre 1576, *Caupenne*. — Lettres patentes de Henri III, portant concession pour le lieu d'Amou d'une foire chaque année durant huit jours et d'un marché le lundi de chaque semaine. (*Arch. de St-Pée.*) Genestet.

23 *février* 1583, *Caupenne*. — Procuration donnée à Samson de Latarcarre, notaire et secrétaire du roi, par

dame Françoise de Saint-Pée, femme de Messire Jean de Caupenne d'Amou, pour recevoir les gages de feu Monsieur de Saint-Pée son père, comme gentilhomme de la chambre du roi. — De Rampé, notaire public. — (*Arch. de St-Pée.*) Genestet.

22 *juin* 1584, *Caupenne.* — Titre de nomination à la cure de Saint-Pée d'Ibarren, vacante par le décès de Jean de Basteguy en faveur de Dominique de Monduteguy, présenté par noble Charles (de Caupenne) d'Amou seigneur de Saint-Pée. — Signé Harismendy, vicaire-général, Jacques Maury étant évêque de Bayonne. (*Arch. de St-Pée.*) Genestet.

1584-1588, *Caupenne.* — Noble dame Marguerite de Caupenne dame de Labatut, Cauna, La Hontan et autres places, vendit en 1588 la terre de Labatut à Guilhem Arnaud de Saint-Cristau seigneur du Conte. (*Arch. de Borda.*)

1584, *Caupenne.* — Plaintes de Jean et Bertrand de Caunègre, habitants de Magescq, contre la dame de Caupenne et le sieur de Monluc son fils, à propos d'excès commis par les soldats entretenus à Magescq par la dame de Caupenne et le sieur de Monluc. (*Arch. de Biarrotte-Majour, dossier Magescq.*)

15 *mars* 1590, *Caupenne.* — Contrat de mariage entre Messire Bertrand de Poyanne seigneur baron dudit lieu, Gamarde, Le Nart, Castandet et autres places, chevalier des ordres du roi, capitaine de cinquante hommes d'armes et gouverneur de la ville et château d'Acqs, faisant et contractant pour demoiselle Jehanne de Poyanne, sa fille, avec l'assistance de noble Charles de Poudenx, seigneur dudit lieu d'une part, et noble Jean-Paul de Caupenne d'Amou seigneur baron dudit lieu et de Saint-Pée, faisant pour soi, assisté de noble Jean d'Aspremont, vicomte d'Orthe et Jehan de Garro seigneur dudit lieu. (*Arch. de Saint-Pée.*) Genestet.

Jehanne de Bailens Poyanne avait pour mère dame Louise de Cassagnet de Tilladet. — C. C.

4 *août* 1590, *Caupenne.* — Provision de la charge de bailly du pays de Labourt, en faveur de Jean de Caupenne d'Amou seigneur dudit lieu, charge dont était pourvu son

père. — Donné au camp de Saint-S... Signé Henry. Ensemble arrêt de réception au Parlement de Bordeaux, le 16 septembre 1591. (*Arch. de St-Pée.*) Genestet.

17 *décembre* 1590, *Caupenne*. — Quittance de 7000 livres consentie par noble Jean de Béarn, écuyer, seigneur de Salies, en faveur de Jean-Paul de Caupenne d'Amou, seigneur baron dudit lieu et de Saint-Pée, pour pareille somme donnée en dot à noble Jehannette d'Amou, fille aînée de noble Charles d'Amou et sœur dudit Jean-Paul. Passé au château d'Acqs. (*Arch. de St-Pée.*) Genestet.

26 *janvier* 1592, *Caupenne*. — Contrat de mariage entre noble Jean de Caupenne seigneur d'Amou et de Saint-Pée, vice-amiral en Guyenne et bailli du pays de Labourt, faisant pour demoiselle Isabeau d'Amou sa sœur, d'une part, et noble François de Meritaing, seigneur souverain de Nabas, de Visquey, de Donat, de Chacon et autres lieux, passé au château de Saint-Pée en présence de nobles Jean et Antoine de Garro, père et fils, du lieu de Mendionde, Jean d'Amou, capitaine, Jehan de Larue, aussi capitaine et autres; Jean d'Amou avait deux autres sœurs : 1º Jehannette; 2º Françoise, mariées avant Isabeau. (*Arch. de St-Pée.*) Genestet; Darinore, notaire royal.

12 *juin* 1592, *Caupenne*. — Quittance de 1660 escus sols consentie par noble Henry de Cauna seigneur d'Abere en Béarn, en faveur de noble Jehan (de Caupenne) d'Amou seigneur baron dudit lieu et de Saint-Pée, vice-amiral de Guyenne et bailly du pays de Labourt, pour payement de la dot de Françoise d'Amou, sœur dudit Jean d'Amou et femme de Henry de Cauna. (En français.) — De Larbourd, notaire royal. (*Arch. de St-Pée.*) Genestet.

1595-1596, *Caupenne*. — Rolle de despence et debtes que Monsieur despendit au voyage de France quand il alla trouver le roi ; c'est le cahier de la dépense de Jean-Paul de Caupenne d'Amou seigneur de Saint-Pée et bailly du pays de Labourt. Le détail de ce livre de compte est fort intéressant à lire. (*Arch. de St-Pée.*) Genestet.

19 *janvier* 1597, *Caupenne*. — Brevet de capitaine de cent hommes de pied au régiment de Piedmond en faveur

du capitaine d'Amou. Signé Henry, et par le roi le duc d'Epernon. Signé de Neufville. (*Arch. de St-Pée.*) Genestet.

Serait-ce le capitaine Hector d'Amou, marié en 1608 à demoiselle Catherine de Mauvesin, qui fit casser devant l'officialité de d'Acqs un premier mariage contracté par elle avec Jean de Laforcade ?

1598, *Caupenne*. — Dispenses de Rome obtenues par Jean-Paul (de Caupenne) d'Amou et Jehanne de Poyanne, signées Alexandre cardinal de Florence, scellées d'un sceau de cire enfermé dans une boîte de ferblanc, portant saint Pierre, saint Paul et la Vierge, et au bas l'écusson des Médicis avec les insignes du cardinalat. — Ce ne fut que huit ans après leur mariage que les époux reconnurent leur parenté au troisième degré, et demandèrent dispense. — Certificat d'épousailles du 12 août 1598 jour où les époux reçurent la bénédiction nuptiale. Présents : Jean-Paul de Caupenne d'Amou, Jeanne d'Amou, Jean-Charles et Anne de Caupenne d'Amou, leurs enfants légitimés par ce moyen. — Fait à Amou. De Brat, notaire. (*Arch. de St-Pée.*) Genestet.

21 *janvier* 1598, *Caupenne*. — Vente de la noble maison et biens d'Etchecon, du lieu de Bussunaritz au pays de Cize, consentie par noble Jean-Paul de Caupenne seigneur baron d'Amou, Saint-Pée et autres lieux, bailli du pays de Labourt et vice-amiral dudit pays, en faveur de noble François de Meritains seigneur souverain (*sic*) de Navailhes de Visquilh et autres lieux, moyennant 200 écus d'or. Jean de Garro seigneur dudit lieu et François de Morlaas témoins. Daubacquier, notaire royal, dont la signature est certifiée par les jurats d'Orthez.

Isabeau d'Amou sœur de Jean-Paul est mentionnée dans cet acte. Ladite vente fut faite pour payer sa dot. (voir 1592). — (*Arch. de St-Pée.*) Genestet.

Titres de la famille de Lalanne seigneurs de Goalard à Souston, de Sis et de Monbet à Saint-Lon, et dont est issue Françoise de Goalard héritière d'Olce, mariée à Pierre de Lalande le 26 janvier 1680.

Le 14 septembre 1608, en la paroisse de Souston et maison noble de Goalard pactes et accords de mariage par parolle de futeur, entre damoiselle Suzanne de Goalard dame dudit lieu et Jean de Montgrand, gentilhomme servant du roy son fils, faisant pour damoiselle Sara de Montgrand fille de ladite dame de Goalard et sœur dudit sieur de Montgran, à ce présente et de son consentement habitant audit Souston, avec l'advis de nobles Etienne de Bedorède escuyer, sieur dudit lieu et de Northon ; Jean-Louis de Caupenne écuyer, seigneur de Meez et de Montbrun ; Micheau de Ponteils sieur dudit lieu ; Jean de Bos escuyer sieur de Lagreulet et autres lieux, parents et amis d'une part, et noble François de Six escuyer sieur dudit lieu.

1618. — Jean-Louis de Caupenne sieur de Meez exécuteur testamentaire de Sara de Mongrand dame de Six.

A la bataille de Poitiers, le prince de Galles envoya le sire de Warwick et le seigneur Renaud de Gobehen pour savoir ce qu'était devenu le roi de France. — Sous ce nom défiguré on pourrait peut-être retrouver *Raymond-Arnaud de Caupenne*. (Renaud de Coheben était anglais). — Mais les chroniques de Froissard et les titres de famille prouvent que les seigneurs de Caupenne ont assisté à la bataille de Poitiers et aux guerres antérieures. (Voir ci-dessus, années 1340-1346.)

Le 29 du mois d'octobre 1687 naquit Jeanne de Gairosse et feut baptisée ce même jour, fille légitime de noble Jean de Gayrosse et de dame Marie-Magdelaine de Podenqs. Parrain, noble Joseph de Gayrosse ; marraine, damoiselle Jeanne de Maurian, faisant pour damoiselle Jeanne de Podenqs. — Signé Castet, prestre.

16 *septembre* 1708. — Le sezième iour du mois de septambre 1708, je soubsigné Messire Jean-Pierre de Barry, prestre vicaire-général du diocèse d'Aire et lieutenant-gé-

néral de Saint-Sever, du consentement de MM. les curés d'Amou et de Saint-Jean de Marsac, eay imparti la bénédiction nuptiale à Messire Jean de Caupenne d'Amou seigneur marquis de Saint-Pée et d'Amou baron de Pomarés et Castetsarrazin, et à Mademoiselle noble Jeanne de Bedoréde-Gairosse, après avoir veu et examiné la dispance de paranté entre les deux parties accordée par Notre Saint-Père le Pape. Toutes les formalités de l'Eglise et en pareil cas requises ayant été préalablement gardées, et ce en présence de Messire Léonard de Caupenne marquis d'Amou, lieutenant de roy de la province, père; Madame Marie-Magdelaine de Poudenx Gayrosse, mère. Dame Rose de Poudenx d'Amou (1), noble Pierre de Bedoréde écuyer, dame Jeanne-Marie de Bedoréde son épouse, Madame Anne de Poudenx Dagos, dame Jeanne de Poudenx Serres, Mademoiselle Madeleine de Bedoréde sœur, et Monsieur noble Arrenaud Darrigrand seigneur de Castera, et Monsieur Estienne de Lartigue procureur du roy, témoins, lesquels ont signé avec les parties et moy. — Signé : Damou, MM. de Poudenx, de Saint-Pée, d'Amou, de Gayrosse, de Bedoréde, de Poudenx d'Amou, de Poudenx, Jeanne-Marie de Bedoréde, de Poudenx, MM. de Bedoréde, de Bedoréde, Lartigue, pñt.; Darrigrand-Castera, pñt.; P. de Barry, pbre. — Copié à la mairie de Saint-Jean de Marsacq, le 2 mars 1866, G. O. — Les ratures et renvois fondus dans l'original, 17 octobre 1867, A. C. C.

Lettre du roi Charles IX par laquelle il crée Messire CHARLES D'AMOU *seigneur d'*AMOU *et de* SAINT-PÉE, *chevalier de Saint-Michel.*

1568. — Monsieur d'Amou, pour vos vertus, vaillances et mérites vous avez été choisi et eslu par l'assemblée des chevaliers frères et compagnons de l'ordre de Monsieur saint Michel, pour estre associé à ladite compagnie, pour laquelle élection vous nottifier et vous présenter de ma part le collier dudit ordre si vous l'avez agréable. J'envoye présen-

---

(1) Ce nom était en marge; — c'est la marquise d'Amou, deuxième femme de Léonard.

tement mémoire et pouvoir à Monsieur de Montluc, vous priant, Monsieur d'Amou, vous rendre devers luy pour cet effect et estre content d'accepter l'honneur que la compagnie vous désire faire qui sera pour augmenter de plus en plus l'affection et bonne volonté que je vous porte et nous donner occasion de persévérer en la dévotion qu'avez de me faire service ainsi que vous sera plus amplement entendre de ma part ledit sieur de Montluc, auquel je vous prie adjouter service autant de foy que vous feriez à moi-même, priant Diu, Monsieur d'Amou, vous avoir à sa sainte garde. Ecrit à Paris le 7ᵉ jour d'octobre mil cinq cent soixante-huit. — Signé CHARLES, et plus bas de NEUFVILLE. — Collationé : DE LESPÈS DE HUREAUX, *lieutenant-général et commissaire*.

Production des titres de noblesse et généalogie de Messire LÉONARD D'AMOU *Marquis dudit lieu,* SAINT-PÉE *et autres places, pardevant Monsieur de Pellot, intendant de Guienne.*

1667. — L'an mil six cents soixante-sept et le vingtième du mois de juillet, pardevant nous Claude Pellot seigneur de Port-David et Sandars, conseiller du roy en ses conseils, intendant de la justice, police et finances, ez-généralitez de Guienne, maître des requestes ordinaires de son hôtel, a comparû Messire Jean de Monmurat, procureur en la Cour du Parlement de Bourdeaux, pour et avec Messire Léonard d'Amou seigneur, marquis dedit lieu, de St-Pée et autres places, lequel a dit que ledit sieur d'Amou a esté assigné à la requeste de Monsieur Nicolas Catel, commis pour la recherche des titres de noblesse par devant le seigneur d'Aillencq nôtre commissaire subdélégué pour monstrer de sa nobilité et d'autans qu'il a ses titres en la présente ville de Bourdeaux par lesquels il prétend faire voir qu'il est gentilhomme de race d'extraction et non sujet à la peine establie contre les faux nobles. Il nous a requis qu'il nous plaise de le recevoir à les produire par devant nous, et attendu qu'il fait voir par iceux de sa qualité de le décharger de l'assignation à luy donnée.

A ces fins, ledit sieur marquis d'Amou remonstre que la maison d'Amou est une des plus anciennes de la province, que les seigneurs ses ancêtres desquels il descend en ligne directe ont été illustres par leur naissance, par la grandeur de leurs alliances et services rendus à la France, et pour le montrer produit sa généalogie sous cotte A.

Ledit sieur marquis d'Amou fut pourvu après le décèz de feu noble Jean d'Amou son père quand vivait seigneur et baron dudit lieu et bailly de Labourt, de ladite charge de bailli par lettres patentes du dix-septième novembre mil six cent cinquante-trois, qu'il produit sous cotte B.

Le même seigneur d'Amou assigné a épousé dame Marie de Gassion fille de Messire Jean de Gassion quand vivait président au Parlement de Navarre, nièce du maréchal de Gassion. Il produit son contrat de mariage sous cotte C.

Ledit seigneur marquis d'Amou est issu dudit noble Jean d'Amou quand vivait seigneur dudit lieu et bailli de Labourt et de dame Magdelaine de Massiot, lequel feu seigneur d'Amou rendit de grands services à la France lors de l'entrée de l'armée des Espagnols commandée par Velpavezo, gouverneur de Navarre. Les affaires du royaume ne pouvant fournir une armée pour résister à l'ennemy, ledit seigneur avec les mille hommes de pied qu'il commandait en ladite qualité de bailli fit une généreuse résistance et estait si redouté que les ennemis, quoique puissants, n'osèrent entreprendre à faire des incursions dans le pays de Labourt. On voulut tenter sa fidélité pour le gagner; il s'en défendit par la force des armes, demeurant ferme et inviolable au service de la France, commandant les mille hommes au siége de Fontarabie. Produit son contrat de mariage et de ladite dame de Massiot, datté du 10 aoust mil six cent trente-trois, sous cotte D.

Produit aussy ledit seigneur marquis d'Amou les provisions de ladite charge de bailli de Labourt en faveur de noble Jean d'Amou son père, dattées des derniers de may mil six cent vingt-un, et vingt-troisième janvier 1631. Sous cotte EE.

Ledit seigneur Jean d'Amou descendait de noble Jean-

Paul d'Amou et de dame Jeanne de Poyanne, fille de Messire Bertrand de Poyanne, chevalier des ordres du roy, commandant au pays des Lannes, ses père et mère, comme il se verrifie par les susdites provisions de bailli de Labourt, expédiées sur la résignation de Jean-Paul, duquel Jean-Paul d'Amou et Jeanne de Poyanne estait aussy issû noble Antoine d'Amou oncle dudit sieur marquis qui a servi longues années le roy, tant en France qu'en Hollande. Le contract de mariage des noble Jean-Paul et Jeanne de Poyanne du quinzième mars mil six cent soixante, est produit sous cotte F.

Ledit seigneur Paul d'Amou aurait été pourveu de ladite charge de bailli par lettres de provisions du 14 aoust audit an 1590, que ledit seigneur marquis d'Amou produit avec la réception du 10 de septembre audit an, sous cotte D.

Ledit noble Jean-Paul aïeul dudit seigneur marquis estait issu de Charles d'Amou bailli au pays de Labourt et sénéchal des Lannes et vice-admiral en Guienne, et de Marguerite de Bezolles fille dudit seigneur de Bezolles, lequel Charles d'Amou fut continuellement occupé au service de la France, et il fut un des principaux capitaines de l'armée française commandée par Terride contre Montgommeri, général des troupes de la reine Jeanne, devenue religionnaire, après la levée du siége de Navarrenx, en 1569, se retira à Orthez ; il vit le sanglant massacre des catholiques sortis du château par ordre de Terride avec le seigneur de Basilhac ; traita la capitulation ; demeura par les articles prisonnier de guerre, fut conduit à Navarrens. Olhagaray en l'histoire de Foix en fait mention expresse et honorable ; les notables services qu'il rendit à l'Estat et à la religion lui procurèrent le collier de l'ordre, lequel lui fut présenté de la part du roi Charles IX par le seigneur de Monluc et continuant de bien mériter de la France. Le roi ne cessa de reconnaître ses actions glorieuses, le pourveut de la charge de sénéchal des Lannes, sur la démission de Bertrand de Pardailhan sieur de la Mothe Gondrin. La filiation dudit Charles d'Amou se vérifie par la narrative des dispositions de certaine transaction passée avec les habitans d'Arbonne le 14 avril 1562, que ledit seigneur d'Amou produit sous cotte L.

Les lettres de provision expédiées audit Charles d'Amou de ladite charge de bailli de Labourt, sur la démission de noble Jean d'Amou son père, avec la prestation de serment en ladite cour du Parlement de Bourdeaux, du 23 may, 25 juillet, et 4ᵉ aoust 1565, sont produits sous cotte I.

Ledit seigneur Charles d'Amou s'occupant au service de la France, un arrest du 25 mai du Parlement de Bourdeaux du 28 mars 1568 justifie du commandement qu'il avait; témoin produit sous cotte K.

La lettre par laquelle le roy l'honorait d'un collier de l'ordre, laquelle marque assez l'estime que sa Majesté faisait de sa personne et de sa fidélité, est produite sous cotte L.

Le mariage de Messire Charles d'Amou et Marguerite de Bezolles, bisaïeul et bisaïeule dudit seigneur marquis d'Amou, est encore vériffié par un contract portant quittance d'une partie de la dot de ladite dame, datté du 19 aoust 1570 qu'il produit sur cotte M.

Les provisions de la charge de sénéchal des Lannes sur la démission dudit seigneur La Mothe Gondrin avec la prestation du serment, dattées du 27 mai 1575, sont produites sous cotte N.

Ledit mariage dudit Messire Charles d'Amou et Marguerite de Bezolles demeure encore vériffié par un contract de vente par eux passé en faveur de Laurens de Larrozole du 13 juillet aux ans 1575. Produit sous cotte O.

Ledit Charles d'Amou était issu du mariage de noble Jean d'Amou et de demoiselle Francoise de Saint-Pée, ses père et mère, lequel Jean d'Amou fut pourveu de la charge de bailli de Labourt par la résignation qu'en fit en sa faveur noble Messire Jean Chicon seigneur de Saint-Pée, père de ladite Françoise de Saint-Pée. Cela se vérifie par la démission de ladite charge de bailli de Labourt, faite par ledit Jean en faveur dudit Charles son fils, qui est en dessus, produit. Le contrat de mariage desdits Jean d'Amou et Françoise de Saint-Pée est célèbre par le grand nombre de parents illustres communs des parties contractantes présents au passement de celluy, entr'autres Charles de Gramont archevêque de Bourdeaux, frère de Gabriel cardinal de Gramont ; les seigneurs vicomtes de Lux, de Beaumont, de Poy, d'Etchaux, de Caupène, de Belsunce, de Gaujac, de Domezain, de Viella, de Saint-Esteben, d'Armendaritz y sont nommés. Il est datté du 29 décembre mil cinq cent trente-cinq, produit sous cotte P.

Par la résignation que fit ledit Chicon de Saint-Pée de ladite charge de bailli de Saint-Pée, Labourt, en faveur de Jean d'Amou son gendre.

Les provisions de ladite charge lui furent expédiées comme après des lestres que ledit sieur marquis d'Amou produit avec ledit acte de résignation, les actes de réception et autres pièces contenant cette charge, en date des 14 avril 1535, 13 novembre 1537, le 28 avril 1548, que ledit sieur d'Amou produit sous cotte Q.

Il fallait bien que ledit sieur Jean d'Amou fut d'une condition noble et distinguée puisqu'il mérita l'alliance de cette demoiselle de Saint-Pée, laquelle descendait des rois de Navarre, pour preuve : Jeanne de Saint-Pée ayant recueilli environ l'an 1491 la succession de la maison de Saint-Pée, épousa, la susdite année, Raymond de Beaumont, lequel ainsi qu'il est justiffié par une enquête faite sur la requisition de l'authorité de l'empereur Charles V roi des Espagnes descendait du sang royal de Navarre, les témoins de ceste enqueste nommez : Jean Rugner, roy d'armes du royaume de Navarre ; Martin de Labayen commandeur de Sainte-Eulalie de Pampellune ; Michel Arthe secrétaire des Comptes ; Jean Cubin procureur de Pampellune, et Tristan de Beaumont témoins numéraires dépozèrent que le susdit Raymond de Beaumont estait fils de Philippe de Beaumont et celui de Louis de Beaumont comte de Lerin, et de Jeanne de Navarre, fille de Charles, second de nom, roi de Navarre. Ils rendent raison de ce qu'ils déposaient devant le commissaire député par sa Majesté impériale, de sorte que ce qu'ils ont déposé ils le savent par la relation des anciens ou par les titres des archives de Pampellune desquels ils avaient une parfaite connaissance. La susdite enqueste est produite sous coste R.

Le susdit noble Jean d'Amou estait issu d'autre noble Jean de Caupène d'Amou et de demoiselle Anne d'Anthin issue des seigneurs de Gondrin ce qui se vérifie en premier lieu par le testament de ladite demoiselle Anne d'Anthin sa mère, décédée avant le père. Datté du septième septembre mil cinq cent onze par lequel elle institua héritier ledit noble Jean d'Amou son fils, lequel testament est produit sous cotte S.

En second lieu par le testament dudit noble Jean de Caupenne d'Amou son père, dasté du 4e aoust 1512, par lequel il est fait mention de son mariage et de ladite d'Antin sa femme à laquelle il fit quelques avantages et du nombre de ses enfants entr'autre de noble Jean d'Amou, lequel il institua son héritier. Ledit testament produit sous cotte X.

Ledit noble Jean de Caupène d'Amou père dudit noble Jean d'Amou précité, estait issu d'autre noble Jean de Caupène d'Amou son père. La filiation est prouvée par un contract portant quittance de la dot d'Annette sa sœur mariée avec Arnaud Guilhen de Besaudun seigneur de Villeneuve, octroyée audit noble Jean de Caupène d'Amou, dattée du dix-huitième jour mil quatre cent soixante-sept, produit sous cotte V.

Ledit noble Jean de Caupenne d'Amou rendit hommage au roi en la ville de Bayonne, de vingt-sixième octobre mil quatre cent soixante-un, lequel hommage fut reçu par Jean bâtard d'Armaignac gouverneur de Guyenne, par lequel ledit Jean d'Amou prend la qualité de noble. Il est produit sous cotte X.

Il épousa demoiselle Anne de Gramont fille de François seigneur de Gramont Blaye, Mussidan et Blaignac et d'Izabeau de Monferran, ainsi qu'il est justifié par le contract de mariage desdits seigneurs d'Amou et Anne de Gramont du vingt-cinquième février mil quatre cent septente, produit sur cotte Y.

Prouvé encore par son testament du quinzième aoust mil

quatre cent huitante-un, par lequel il institua son héritier ledit Jean d'Amou son fils et de dame Anne de Gramont à laquelle laissa l'administration de ses enfants, et par un acte tenu devant le sénéchal de Saint-Sever sur la réquisition de ladite dame Anne de Gramond, du vingtième octobre audit an. Lesdites deux pièces attachées ensemble produites sous cotte Z.

Le testament de ladite Anne de Gramond le prouve pareillement par lequel il se justifie son mariage avec ledit noble Jean de Caupène d'Amou, et que ledit autre Jean de Caupène d'Amou estait son fils qu'elle institua son héritier. Datté de l'an mil quatre cent huitante-six. Il est produit sous cotte AA.

Ledit noble Jean de Caupenne d'Amou fils fut pendant son bas-âge sous l'administration de Roger seigneur de Gramond et de Thomas seigneur de Caupène, lesquels firent faire inventaire des biens, le trente-unième mars mil quatre cent huitante-six, lequel inventaire est produit sous cotte BB.

Lesdits seigneurs de Gramont et de Caupène, en qualité de tuteurs dudit noble Jean d'Amou de Caupène, reçurent une quittance de reconnaissance de noble Arnaud-Guilhen seigneur d'Augar pour raison de la dot d'une sœur, dattée du 8 novembre mil quatre cent nonante. Cottée CC.

Ledit noble Jean de Caupenne d'Amou précité estait issu du mariage d'entre noble Archambaud de Caupène seigneur d'Amou et demoiselle Marguerite de Domezain, ses père et mère, pour preuve de ce ledit seigneur marquis d'Amou produit en présent lieu un contract de l'an mil quatre cent seize duquel appert que noble Bertrand de Domezain, en qualité de tuteur de noble Louis seigneur de Domezain, s'obligea de payer audit Archambaud de Caupène, la dot de Marguerite de Domezain sa femme. Cotte DD.

En second lieu produit pour preuve de ladite filiation le contract de mariage de Catherine, sœur dudit noble Archambaut de Caupène, avec le sieur de Campaigne auquel mariage ledit Archambaut son frère consentit. Datté du vingt-quatrième d'octobre mil quatre cent vingt-trois. Cotté EE.

Le susdit noble Archambaut de Caupène d'Amou estait issu de noble Gaixarnaut de Caupène et de demoiselle Annette d'Amou. Ledit noble Guixarnaud de Caupène fit son testament le 29 d'octobre 1411 portant institution en faveur de Mathieu son fils, et légua la seigneurie de Saint-Cric en faveur dudit Archambaut son deuxième fils, lequel Mathieu desadvenu sans enfants ledit Archambaut recueillit la seigneurie d'Amou soit pour avoir succédé audit Matthieu son frère, ou en vertu de la substitution faite en faveur dudit Archambaud par le testament de feu noble Bernard de Béarn son beau-père, en faveur dudit Archambaut son deuxième fils. Ledit testament dudit Gaixarnaut de Caupenne; est produit sur cotte FF.

Laditte Annette d'Amou estait issue de noble Bernard de Béarn, issu de l'ancienne et illustre maison des Béarn, seigneurs d'Amou, lequel n'ayant enfants masles, maria ladite Annette d'Amou sa fille avec ledit noble Guicharnaud de Caupenne, duquel mariage naquirent entr'autres enfants lesdits nobles Matthieu et Archambaut de Caupenne, ledit noble Bernard de Béarn, par son testament du vingt-cinquième février mil quatre cent dix, institua son héritier ledit Matthieu; il substitua ledit Archambaut comme appert par ledit testament produit sous cotte GG.

Veu les titres enoncez au présent inventaire n'empêchons qu'il soit donné acte au sieur Léonard d'Amou marquis dudit lieu, de la représentation d'iceux, et qu'il soit inscrit dans le catalogue des nobles suivant l'arrest du Conseil, du 22 mars 1666. Fait à Bourdeaux, ce 27 juillet 1667. Signé Dupuy, *procureur du roi*.

Veu les titres énoncés au présent inventaire paraphés par le sieur d'Aillenc notre subdélégué, nous, du consentement du procureur du roi, avons donné acte audit sieur Léonard d'Amou, marquis dudit lieu, de la représentation d'iceux, et ordonné qu'il sera inscrit dans le cathalogue des nobles de la sénéchaussée de Dax, suivant l'arrest du Conseil du 22 mars 1666. Fait à Bordeaux, le vingt-septième juillet mil six cent soixante-sept. — Signé, PELLOT, et plus bas par mondit seigneur; de Gennes.

Collationné DE LESPÈS DE HUREAUX, *lieutenant-général, commissaire.*

1693. — *Testament de feu dame* MARIE DE GASSION, *épouse de Messire* LÉONARD *marquis d'Amou.*

Au nom de Dieu soit sachent tous présens et advenir que ce jourd'hui seizième du mois de juin mille six cent quatre-vingt-treize, avant midy, au lieu d'Amou sénéchaussée de Saint-Sever, pardevant moy notaire royal soussigné, présens les témoins bas nommés, a été constituée en sa personne dame Marie de Gassion marquise du présent lieu, épouze de Messire Léonard d'Amou, marquis du présent lieu et autres places, lieutenant pour le roy en Guienne, pays de Labourd et Soule, habitante en son château au présent lieu, laquelle de son bon gré estant en ses bon sens, mémoire et entendement et considérant qu'il faut mourir et que l'heure d'icelle est incertaine, a voulu pourvoir au salut de son âme et distribution de ses biens par son présent testament comme s'ensuit : premièrement a recommandé son âme à Dieu et père tout puissant, le suppliant que pour la mort et passion de son Fils Jésus et intercession de la glorieuse Vierge Marie de vouloir après sa mort recevoir son âme au nombre des Bienheureux et luy faire pardon et miséricorde de ses fautes et péchés, et veut qu'après son décès il soit dit et célébré à l'intention et pour le salut de son âme, le nombre de trois cent soixante messes par monsieur le curé du présent lieu et autres qu'il choisira et payées après qu'elles auront été dites, par Monsieur le marquis son époux, aux dépens de ses biens, et veut son corps et cadavre après son décès estre inhumé et enseveli dans leur chapelle au présent lieu et ses honneurs et devoirs funèbres luy soient faits aussi aux dépens de ses biens par ledit seigneur ainsi qu'il jugera, et lègue et laisse ladite dame à l'église du présent lieu pour la réparation d'icelle, la somme de cent livres et celle de septante cinq livres encore, pour estre distribuées aux femmes plus nécessiteuses du présent lieu leur en faisant légat, lesquelles cent livres pour ladite église et susdits septente cinq livres d'autre seront payés par ledit seigneur son époux aux despens de ses biens, le priant d'en avoir ce soin. — *Item.* A dit ladite dame qu'elle a eu l'honneur d'être conjointe en mariage avec ledit seigneur Messire Léonard d'Amou son époux, et depuis leur heureux mariage, a reçu toutes les preuves d'une amitié et considération particulières, le suppliant de continuer et se souvenir d'elle ; et de leur loyal mariage y est procréé divers enfants, parmi lesquels il y en a des vivants sept, savoir : cinq filles et deux garçons ; nommées, les filles : la première dame Magdelaine d'Amou de Chambre, espouse de Monsieur de Chambre ; la seconde dame Anne-Marie d'Amou de Lupé, espouse de Monsieur de Lupé ; et la troisième dame Dorothée d'Amou de Lataulade, espouse de Monsieur de Lataulade ; et les deux restantes Jeanne et Madeleine d'Amou, dames religieuses de Sainte-Claire à Dax ; et les deux masles : Messires Jean et Henry d'Amou ses fils, lequel Jean fils aîné a été marié avec dame Olive de la Tresne son espouse, et par son contrat de mariage et procuration inséré dans iceluy ; ladite dame a fait des avantages et dispositions en sa faveur, desquelles il veut qu'elle se contente sans autre chose pouvoir demander ny prétendre de même que lesdites dames Magdelaine, Anne, Marie Dorothée et encore autre Magdelaine et Jeanne ses filles, au-delà de ce qui leur a été constitué pour leurs droits par leur contrat de mariage et aumônes dotalles sans autre chose pouvoir demander ny prétendre, et audit seigneur marquis d'Amou son époux se trouvant obligée de luy donner quelque retour aux bons sentiments qu'il a toujours eu pour elle, le supplie avec beaucoup de tendresse d'agréer qu'elle lui lègue et laisse dès à présent tous ses meubles et immeubles qu'elle a ou peut avoir à elle appartenir de son chef ou libre disposition, voulant que du tout il s'en prevalle et en fasse à son plaisir et volonté, en outre luy laisse et lègue toute icelle terre et seigneurie et baronnie de Bonnut et Arsague, appartenances et dépendances d'icelle. Et autant qu'elle est en droit d'en donner, laisser et léguer, et lui appartient de sa libre disposition, voulant que du tout il s'en prevalle et en fasse de même qu'elle en avait fait sous ces présents. Et parce que institution héréditaire est chef et fondement de tout bon ordre et testament, ladite dame a créé et nommé de sa propre bouche pour son héritier général et universel en tous les autres biens et de sa libre disposition ledit Henri d'Amou son fils puisné, en accomplissant le présent testament; cassant, annulant tous autres testaments, codiciles, donations et autres dispositions qu'elle pourrait avoir fait soit de bouche ou par écrit, voulant que celui-cy ayt une entière efficace et valleur et sorte son plein et entier effet, comme contenant sa dernière et finale volonté, et s'il ne peut valoir pour testament qu'il serve pour codicile et autrement en la meilleure forme que faire se pourra, nonobstant que toutes les formalités de droit de coustume ne s'y trouvassent observées, et d'autant que par ledit contrat de mariage qui a esté passé entre ledit seigneur Jean d'Amou son fils et ladite dame de la Tresne son épouse. Ladite dame testatrisse a fait beaucoup d'avantages et donations en faveur de son dit fils sous la réserve de vingt mille livres à disposer sur les biens donnés en faveur dudit sieur Henry d'Amou son fils puisné. A cette veüe, ladite dame testatrisse donne et lègue audit sieur Henry d'Amou son fils, ladite somme de vingt mille livres pour lui être payée sur les biens donnés en contemplation dudit mariage, et icelle somme de vingt mille livres pour luy tenir de toute portion de légitime sur lesdits biens donnés en faveur dudit sieur son fils aîné de quoy et de tout ce dessus. Ladite dame m'a requis à moi notaire luy faire et retenir acte après que le présent testament luy a été lu mot à mot, et qu'elle luy a déclaré estre sa volonté que luy ay octroyé. — Ez présences de Messieurs Mes Jean du Touron, curé du présent lieu; Antoine du Sault, vicaire du présent lieu; Vincent Guiraut, greffier; et Pierre de Letchegaray, docteur en médecine, témoins du présent lieu Donzac et Hortès, en Béarn : signés à l'original avec ladite dame et moy;

et luy ayant présenté le présent testament avec une plume et de l'encre. Ladite dame, après un effort comme il est notoire, au bas des présents n'a pu former son sceing que de la manière qu'il est souscrit ; après elle n'a pu signer ez présences desdits témoins signés à l'original des présents à cause de sa faiblesse, de ce interpellé. Ainsi signé à l'original : — DU TOURON, DU SAULT, ETCHEGARAY, GIRAUT, présents et approuvant le renvoi. Controllé et enregistré à Amou le 25 juin 1693, reçu 40 livres. — Signé DE BRAT. — Scellé à Amou le 10 septembre 1703. Signé BOUSQUET. — Signé DE VIGNOLLES, *notaire royal*. — Collationné DE LESPÈS DE HUREAUX, *lieutenant-général et commissaire*.

1687. — *Mariage d'entre Messire* BERNARD DE LUPÉ *baron de La Mothe, et demoiselle* ANNE-MARIE D'AMOU.

Au nom de Dieu soit sachent tous présent et advenir que ce jourd'hui septième du mois de septembre mil six cent quatre-vingt-sept après midi, au lieu et bourg d'Amou et dans la maison appelée de Casaux, par devant moi notaire royal soussigné, présents les tesmoins bas nommés, pactes et accords de mariage ont été faits, traités et accordés par parole de futur entre noble Bernard de Lupé écuyer, fils légitime et naturel de noble Blaise de Lupé écuyer seigneur baron de Lamothe et de dame Isabeau d'Arracq-Vignes ; et demoiselle Marie-Anne d'Amou, fille légitime et naturelle de Messire Léonard d'Amou chevalier, seigneur marquis dudit lieu, Saint-Pée en Labourd, baron de Bonnut, Arsaque et autres places, et de dame Marie de Gassion marquise dudit Amou ses père et mère. En telle manière que ledit seignenr de Lupé avec le vouloir et assistance et consentement desdits sieurs de Lupé et d'Arracq ses père et mère ; Messire Gabriel de Vignes chevalier, seigneur baron de Sault, Nassiet, Marpats et autres lieux, son oncle et autres ses parents et amis, a promis de prendre pour sa femme et légitime épouse ladite demoiselle Anne-Marie d'Amou et pareillement icelle demoiselle d'Amou, avec l'assistance vouloir et consentement desdits seigneurs marquis et dame d'Amou ses père et mère, de haut et puissant seigneur Messire François d'Escoubleau de Sourdis lieutenant-général des armées du roi, seigneur d'Estillac, Gaujacq et autres places; Messire Pierre de Gassion chevalier, conseiller du roi en ses conseils, et grand président au Parlement de Navarre ; de Messire Henry de Poudenx chevalier, seigneur vicomte dudit lieu et autres places, ses oncles et autres parents et amis soubsignés ; a aussi promis prendre ledit sieur de Luppé pour son mari et légitime époux, et toutes parties réciproquement ont promis de venir à solempnisation dudit mariage par nopces à tout jours et heures que l'une partie en sera par l'autre requise en temps licite et permis, en face de notre sainte mère Eglise catholique apostolique et romaine, et pour le support et charges dudit mariage et affin qu'il vienne à meilleure perfection, lesdits seigneur et dame d'Amou ont promis et constitué en dot à ladite demoiselle leur fille, pour tous droits paternels et maternels, qu'elle peut avoir et prétendre sur leurs biens la somme de quinze mille livres, et icelle porter et payer auxdits seigneurs et dame de La Mothe, et audit sieur futur conjoint savoir la somme de neuf mille livres la veille des nopces desdits futurs conjoints en cession et effets exigibles desquels lesdits seigneurs et dame d'Amou seront tenus garantir, et les six mille livres restant, en argent comptant, trois ans après, sans aucun intérêt jusques audit terme, et icelluy passé, avec l'intérêt au denier dix-huit pour être lesdites sommes employées à l'acquittement des debtes plus anciens et priviligiés de leur maison.

Mariage passé entre Messire JEAN DE CAUPENNE *chevalier, marquis* D'AMOU, SAINT-PÉE, *et demoiselle* JEANNE DE BEDORÈDE *dame de* GAYROSSE.

1708. — Articles de mariage qui s'accompliront moyennant la grâce de Dieu, entre Messire Jean de Caupenne chevalier, marquis d'Amou et de Saint-Pée, seigneur d'Arbonne, baron de Castet-Sarrazin, Pomarès et autres places, faisant pour luy d'une part ; et demoiselle Jeanne de Bédourède dame de Gayrosse d'autre. Ledit seigneur de Caupenne, du consentement et avis de Messire Léonard de Caupenne d'Amou chevalier, marquis dudit lieu, lieutenant du roy en Guienne son père, habitants dans leur château d'Amou ; de dame Françoize Roze de Poudenx, épouse dudit seigneur marquis d'Amou et Anne d'Amou épouze de Monsieur de Lupé ; de dame Dorothée d'Amou veuve de feu Messire Joseph de la Taulade ses sœurs ; de dame Mariane d'Amou veuve de fû Messire Bertrand Pascal de Borda, conseiller du roy, président et lieutenant-général au présidial Dax ; de Messire Jean de Gassion, lieutenant-général des armées du roy ; de dame Madelaine de Colbert marquize de Moneins, veuve à feu Messire Pierre de Gassion, président à morthier au Parlement de Navarre ; et dame Angélique de Sourdis marquize de Chabannes ; et Messire Jean marquis d'Avaray, lieutenant-général des armées du roy ; et Messire Antoine marquis de Poyanne, colonel d'infanterie ; et Messire Jean chevalier d'Amou, capitaine des vaisseaux du roy ; Messire Philippe de Béarn baron de Sendos ; Messire Jacques de Biodos chevalier, colonel d'infanterie ; de Messire de Gassion, président à morthier au Parlement de Navarre ; de Messire Jacques de Pomiers seigneur baron de Gassat, conseiller du roy et ses conseils, président au Parlement de Bourdeaux ; Joseph de Chambre seigneur d'Urgons et Saint-Genez, conseiller du roy, lieutenant-général au siége de Tartas ; de Messire Gabriel de Lupé seigneur de la Mothe, Bonnefont et autres places ; de Messire Léonard Charles de la Taulade baron seigneur de la Taulade son neveu ; de Messire François de Borda, conseiller du roy, président ; Messire Jean-Pierre de Barry, conseiller du roy, lieutenant-général au siége de Saint-Sever ; de Messire de Castelnau baron de Jupoy, de Brocas ; de Messire N... ; de Hitton seigneur de St-Jean-Pouge et autres, ses parents. Et ladite demoiselle de Bedourède et l'avis et conseil de dame Marie-Maddelaine de Poudenx veuve à fû Messire Jean de Bedourède seigneur de Gayrosse père et mère ; de Messire Jean-Robert de Bedourède, mosquetaire du roy, et de Messire Joseph de Bedourède, lieutenant aux gardes françaizes, ses oncles paternel ; de Messire Henry marquis de Poudenx chevalier, brigadier des armées du roy, et Jeanne-Esther de Gassion, épouse dudit seigneur marquis de Poudenx ; de Messire Jean-François de Poudenx, évêque de Tarbes; de Messire Bernard de Poudenx, évêque de Marseille; de Messire Anthoine de Poudenx chevalier, capitaine des vaisseaux du roy; de Messire Bernard d'Arboucave, évêque d'Ax ; de Messire Henry de Poudenx chevalier, seigneur de Serres et de Saint-Cric ; de dame Jeanne de Poudenx, épouse dudit sieur de Poudenx ; de Messire Pierre-Joseph de Bedourède seigneur du Poy, Bessabat; de dame ....., de Bedourède, épouse du susdit seigneur de Bedourède; de demoiselle Marie-Maddelaine de Poudenx ; de Messire Pierre d'Abadie seigneur baron d'Arboucave, Maslac et autres places. Les sus nommez oncles, beaux-frères et proches parents desdits futurs époux; de dame Anne d'Agos de Poudenx, en telle sorte que lesdits seigneur de Caupenne et demoiselle de Bedourède, de l'avis susdit ont promis soi prendre réciproquement l'un l'autre pour mary et femme et légitime époux, et entre eux solenniser le sacrement de mariage en face de notre mère sainte Eglise catholique, apostolique et romaine, à toute heure que l'une partie en sera requise par l'autre, même de faire rédiger les présents articles en acte public à la première réquisition que l'une partie en fera à l'autre à peine de tous dépens, dommages et intérêts; et pour supporter les charges duquel mariage, ladite demoiselle de Bedourède procédant comme dit est de l'avis et conseil de ladite dame de Poudenx sa mère, et des sudits seigneurs ses parents, s'est constitué et promis en dot audit seigneur de Caupenne tous et chacuns ses biens droits noms raisons et actions généralement quelconques, en quoy que le tout puisse consister en quelques lieux qu'ils soient et situez, à elle obvenus tant par le décèz dudit fû seigneur de Bedourède son père, que par celluy de la demoiselle de Maurian, et autrement et de quelle manière que lesdits biens puissent être pour après la consommation dudit mariage, ledit seigneur futur époux en puisse disposer comme bon lui semblera, et d'autant que du mariage d'entre ladite dame de Poudenx il reste encore une sœur cadette nommée Marie-Maddelaine de Bedorède demoiselle; pour éviter les contestations entre eux, ladite dame de Poudenx leur mère entend pourvoir par ces présents au règlement des droits légitimaires qui pourraient estre dus de son chef à ladite demoiselle de Bedourède sa fille cadette.

Et pour cet effet, elle lui donne et règle pour lesdits droits maternels qu'elle pourrait avoir et prétendre sur ses biens, savoir est la somme de trois mil sept cent cinquante livres, laquelle somme lui sera payée lorsqu'elle aura atteint l'âge de vingt-cinq ans ou pris parti de mariage aux termes et conditions dont il sera parlé cy-après et à l'égard des droits paternels de ladite demoiselle de Bedourède. Il est convenu entre ledit seigneur de Gayrosse et ladite demoiselle de Bedourède future épouse, que ladite demoiselle procédant comme dit est de l'avis de ladite dame de Poudenx sa mère et des susdits seigneurs et parents qu'avant que les présents articles soient rédigez en contrat public, il sera fait une estimation des biens paternels et ce par les seigneurs . . . . . . et autres parents paternels de ladite demoiselle, pour estre pris la légitime de droit et de coustume d'hue à ladite demoiselle de Bedourède cadette, et au cas que par l'évaluation qui sera faite des biens paternels, il se trouve que les biens de ladite demoiselle de Bedourède cadette ne montent pas à la somme de 2,250 livres, il sera pris sur la donation qui sera ci après faite par ladite dame de Poudenx mère ce qu'il faudra pour parfaire ladite somme de 28,250 livres, sans laquelle expresse condition ladite dame de Poudenx ne se serait engagée à faire la donation cy après en payement de laquelle somme de 30,000 livres des susdits droits paternels et maternels, lesdits seigneur et demoiselle futurs époux seront tenus, comme ils promettent de donner à ladite demoiselle de Bedourède la somme de 15,000 livres en argent ou en obligations du chef de ladite dame de Poudenx, à l'obtenir dudit seigneur futur époux dans six ans à deux termes égaux, à compter du jour que ladite demoiselle de Bedourède sera parvenue à sa majorité ou aura pris parti de mariage, et au cas que ladite demoiselle de Bedourède cadette ou autres ayant cause d'elle ne voulût aquiescer audit terme de six ans ou qu'elle voulût impugner la succession de la légitime paternelle qui a estée réglée à ladite somme de 26,250 livres. En l'un ou l'autre des susdits cas, ladite demoiselle de Bedourède cadette sera obligée de rendre ce qu'elle aura reçu en argent ou en obligations ou de prendre et de recevoir tout le montant de sa légitime paternelle et bien fond du corps héréditaire, lesdits futurs époux ne s'obligeant de payer lesdites 15,000 livres en argent ou en obligations que pour procurer la paix dans la famille et faire cesser toute matière de procez et à l'égard des 15,000 livres restantes pour parfaire ladite somme de 30,000 livres pour lesdits droits paternels maternels. Iceux seigneur et demoiselle futurs époux seront tenus ainsi qu'ils promettent de délaisser à ladite demoiselle de Bedourède les biens advenus à la demoiselle future épouse par le décez de ladite feue demoiselle de Maurian et encore qu'ils ne soient pas suffisants et de la valeur de 15,000 livres. Lesdits seigneurs et demoiselle futurs époux seront tenus de luy donner du bien fonds de ladite hérédité paternelle jusqu'à concurrence de ladite somme de 15,000 livres, bien entendu qu'ils jouiront de tout jusques à la majorité de ladite demoiselle de Bedourède ou qu'elle aura pris parti de mariage; seront aussy tenus lesdits seigneurs et demoiselle de la vêtir le jour de ses noces, selon son estat et condition. Au surplus, il a été convenu que de ladite somme de 30,000 liv. qui sera donnée à ladite demoiselle en obligations ou en argent et biens fonds aux susdites conditions, il sera rendu et restitué à ladite demoiselle future épouse ou à ses enfants ce qui se trouvera devoir estre restitué suivant droit et coutume, et en cas que ladite demoiselle de Bedourède vienne à mourir sans enfants, en faveur et en contemplation duquel présent mariage et pour ayde d'icelluy, ladite dame de Poudenx mère de ladite demoiselle future épouse de sa libre volonté a, par ces présents, fait don et donation pure et simple entre vifs et irrévocable en faveur de ladite demoiselle de Bedourède sa fille aynée future épouse, ce acceptante, savoir est de tous et chacuns ses biens présents et advenir, acquets meubles, immeubles et choses censées meubles, de quelle nature que ce soit ou puissent estre en quels lieux qu'ils soient dus et scituez même et par exprès de la somme de 4,000 livres d'agencement par ladite dame, gagnée par le prédecès du seigneur de Bedourède son mary, elizant à ces fins ladite demoiselle de Bedourède future épouse pour les recouvrer. A cet effect, ladite dame de Poudenx promet comme elle sera tenue de remettre audit seigneur futur époux, lorsque lesdits présents articles seront rédigez en contract public tant les quittances des payements qu'elle a faits à la décharge de ladite hérédité paternelle, qu'autres titres, obligations et promesses conçues en sa faveur qui établissent ses droits tant sur ladite hérédité que sur divers particuliers et qui font partie de la présente donation, desquels susdits titres il sera fait estat dans ledit contrat de mariage et du montant d'iceux pour par lesdits seigneur et demoiselle futurs époux jouir et disposer du tout comme bon leur semblera, le mettant et subrogeant dore et déjà en son droit, privilége et hipotèque, se réservant seulement ladite dame de Poudenx la somme de 6,000 livres pour en disposer soit pour œuvres pies ou autrement comme bon luy semblera; et au cas que le montant des susdites obligations et promesses que ladite dame de Poudenx s'est obligée ci-dessus de remettre auxdits seigneurs qui font partie de la présente donation, ne montent pas à la somme de dix-huit mille livres, audit cas, ladite dame de Poudenx promet de parfournir en argent comptant le surplus jusqu'à concurrence de ladite somme de 18,000 livres, et ce lors de la remise des dites obligations et promesses; pacte accordé entre lesdits seigneur et demoiselle futurs époux et ladite dame de Poudenx, que tant eux que ladite demoiselle de Bedourède vivront et cohabiteront ensemble, et lesdits seigneur et demoiselle futurs époux seront tenus de nourrir tant ladite dame de Poudenx que ladite demoiselle de Bedourède et leurs domestiques, et seront en outre lesdits seigneur et demoiselle futurs épous obligéz de donner annuellement à ladite dame de Poudenx, pendant sa vie, la somme de 500 fr. pour son entretien et celuy de ses domestiques, et d'entretenir aussy laditte demoiselle de Bedourède selon sa condition pendant le temps qu'elle restera en compagnie, c'est-à-dire jusques à ce qu'elle aura l'âge de vingt-cinq ans ou pris parti de mariage, et en cas d'incompatibilité entr'eux, led. seigneur et demoiselle futurs époux seront tenus comme ils promettent de délaisser à ladite dame de Poudenx tant pour sa nourriture et entretien que celuy de ladite demoiselle de Bedourède sa fille cadette la jouissance des biens de la maison noble de Tosse, ceux qui appartiennent à ladite maison de Gayrosse. — Fait à Gayrosse le 21 mars mil sept cent huit. Signez : Caupenne de Saint-Pée d'Amou ; Marie-Magdelaine de Poudenx ; Henry de Poudenx, évêque de Marseille ; Esther de Gassion de Poudenx ; Jean de Gassion ; Bernard, évêque de Dax ; de Pomièz ; Colbert de Gassion ; Gassion de Moneins ; de Poudenx d'Amou ; de Poudenx Jasses ; de Mommas ; Anne de Poudenx ; Marie-Magdelaine de Bedorède ; Marie de Poudenx d'Amou, de Lupé, d'Amou, de la Taulade, de Bedourède ; de Bedourède Saint-Laurens, de Pomiez, de Borda ; de Poudenx, de Barry, de Borda ; Béarn de Sendos, Saint-Martin Bethuy, Chambre, Saint-Martin, Biodos, et s'ensuit la teneur du contrat.

Au nom de Dieu soit aujourd'huy vingt-septième du mois d'aoust mil sept cent huit après midy, en la paroisse de St-Jean de Marzac et dans la maison noble de Gayrosse, par devant le notaire royal soussigné, présents les témoins bas nommez ont esté présents : Messire Jean de Caupenne chevalier, marquis d'Amou et de Saint-Pée, seigneur d'Arbonne, baron de Pomarès, Castet-Sarrazin et autres lieux, faisant pour luy de l'avis et conseil de Messire Léonard de Caupenne d'Amou chevalier, marquis dudit lieu, lieutenant pour le roy en Guienne son père, habitants dans leur château paroisse d'Amou d'une part ; et demoiselle Jeane de Bedourède dame de Gayrosse, faisant aussy pour elle de l'avis et consentement de dame Marie-Magdelaine de Poudenx, veuve de Messire Jean de Bedourède Dupoy écuyer, seigneur de Saint-Laurens ; Jean-Jacques de Saint-Martin, seigneur de Bettuy.

1740. — Jean-Baptiste de Caupenne. — Charlotte de Menou.

Du 28 février 1740. — Entre Messire Jean-Baptiste de Caupenne chevalier, marquis d'Amou et autres lieux, lieutenant aux gardes françaises, fils de feu Messire Jean-Baptiste de Caupenne chevalier, marquis d'Amou, et de dame Jeanne de Bedorède d'une part, et Messire Louis-Joseph comte de Menou, chevalier, seigneur de Cussy, brigadier des armées du roi, commandant pour Sa Majesté à Nantes, stipulant pour demoiselle Marie-Charlotte de Menou sa fille, et de feue dame Marie-Louise de Charrite son épouse. La future épouse assistée de dame Marie-Louise de Laboudard de Beaumanoir son ayeule maternelle, à présent épouse de Messire Bernard de Verdelin d'autre part. Fait et passé à Paris en présence de très haut et très puissant seigneur Monseigneur le duc de Gramont colonel du régiment des gardes françaises, gouverneur pour le roi en Navarre et pays de Béarn, chevalier de l'ordre de Saint-Esprit; de Madame son épouse; de Madame la duchesse de Lesparre; de Madame la comtesse de Brion; de très haut et très puissant seigneur Monseigneur Louis marquis de Brancas comte de Forcalquier, grand d'Espagne, chevalier de la Toison d'or et du Saint-Esprit, lieutenant-général en Provence, commandant en chef la province de Bretagne, et Messire Jean de Caupenne chevalier, enseigne du régiment des gardes françaises, frère; de M. le comte de Gassion, oncle maternel, de Messire Charles-Léonard de Lataulade, chevalier de Saint-Louis, capitaine de grenadiers au régiment de Navarre, cousin germain; de Messire Charles-Léonard marquis de Poyanne, mestre-de-camp de cavalerie et premier guide des gendarmes de la garde ordinaire du roi, cousin; de Messire Claude-Théophile de Besiade chevalier, marquis d'Avaray, lieutenant-général des armées du roi, chevalier de l'ordre du Saint-Esprit, cousin; de Messire Charles de Besiade d'Avaray, colonel du régiment de Nivernais-infanterie; de Messire Bernard-Augustin de La Lande d'Olce lieutenant au régiment des gardes françaises, cousin; de M. le vicomte d'Urtubie ami; et de la part de la future épouse : de M. le marquis de Menou brigadier des armées du roi, enseigne des gardes du corps, oncle ; de Messire Louis chevalier de Menou, mestre-de-camp de cavalerie, exempt des gardes du corps, oncle ; de dame Jeanne de Pilliers son épouse ; de M l'abbé de Menou, abbé de Bonrepos et grand-vicaire de Nantes ; de M. de Jumilhac commandant la première compagnie de mousquetaires ; de dame Françoise-Armande de Menou son épouse, cousine ; etc. etc., Perret et de Lair, notaires royaux.

---

4 novembre 1771. — Mariage à Castillon de haut et puissant seigneur Messire Louis-Henri de Caupenne marquis de Caupenne, colonel du régiment de Bourbonnois et chevalier de l'ordre royal et militaire de Saint-Louis, âgé de vingt-neuf ans, fils de haut et puissant seigneur Messire Jean-Baptiste de Caupenne, marquis d'Amou et de Saint-Pée, lieutenant du roi et commandant à Bayonne, chevalier de l'ordre royal et militaire de Saint-Louis, et de feue haute et puissante dame Louise-Marie-Charlotte de Menou d'une part, et haute et puissante dame damoiselle Marie-Magdelaine-Sophie de Poudenx, âgée de vingt ans, domiciliée d'Arengosse, fille légitime de haut et puissant seigneur Messire Henri de Poudenx vicomte de Poudenx, seigneur de Castillon, maréchal des camps et armées du roi et chevalier de l'ordre royal et militaire de Saint-Louis, et de feue haute et puissante dame Marie-Marguerite-Françoise Bazin de Bezons. La dispense de double parenté au quatrième degré de consanguinité fut obtenue par les soins de Monseigneur l'évêque de Dax et de Bayonne.

Furent témoins à ce mariage Messire Jean-Baptiste de Caupenne marquis d'Amou, père de l'époux, et Messire Henri de Poudenx vicomte de Poudenx, père de l'épouse ; Messire François-Léonard de Poudenx vicomte de Poudenx, capitaine au régiment royal des carabiniers, frère de l'épouse ; Messire Léonard de Caupenne chevalier de Caupenne, commandant un bataillon du régiment de Navarre, chevalier de l'ordre royal et militaire de Saint-Louis, oncle de l'époux ; Messire Léonard de Caupenne chevalier de Caupenne, lieutenant au régiment de Bourbonnais, son frère, ainsi que M. d'Arboucave, M. d'Arberats.

Ainsi constaté par M. Comarieu curé d'Arengosse et de Bezaudun, et par M. Dominique Dupuyau de Bouneau lieutenant assesseur au sénéchal de Tartas.

—

27 juin 1774. — Baptême de Magdelaine-Sophie de Caupenne d'Amou, née au château de Castillon, de légitime mariage de haut et puissant seigneur Messire Henry-Louis de Caupenne d'Amou, marquis de Saint-Pée, colonel du régiment du Bourbonnais, chevalier de l'ordre royal et militaire de Saint-Louis, et de haute et puissante dame Magdelaine-Gabrielle de Poudenx, marquise de Caupenne. Le parrain fut haut et puissant seigneur Messire Henri de Poudenx, vicomte de Poudenx, maréchal des camps et armées du roy, gouverneur de la ville et citadelle de Saint-Jean-Pied-de-Port, chevalier de l'ordre royal et militaire de Saint-Louis, grand'père de l'enfant, et la marraine fut haute et puissante dame Magdelaine-Angélique de Poudenx, baronne d'Arboucave, grand'tante de l'enfant, ainsi signés : Poudenx, Poudenx d'Arboucave, de Borda, Labèque, Caupenne, *père de l'enfant;* Comarieu, *curé d'Arengosse.*

Délibérations du Conseil municipal de Duhort.

24 fructidor an II. — La citoyenne Poudenx, épouse du citoyen Caupenne l'aîné à Duhort, sollicite sa mise en liberté, étant détenue à Saint-Sever. Vu le certificat de civisme du 8 floréal délivré par la commune de Duhort, vu son état de maladie grave, elle rentrera à Duhort en son domicile pour y rester sous la surveillance de la commune.

Le 23 frimaire an III, le citoyen Monestier met en liberté le citoyen Henri Caupenne détenu à Lourdes, qui se retirera à Duhort.

Anne-Henri-Louis de Caupenne aîné, époux de Marie-Magdelaine-Sophie de Poudenx, mort le 26 pluviôse an VI, à sept heures du matin, en sa maison de Saint-Jean, fils de feu Jean-Baptiste de Caupenne et de Marie Charlotte de Menou. (*Acte civil.*)

Le 3 avril 1832 est décédée dans la commune de l'église Magdelaine-Sophie de Poudenx dame de Caupenne, et a été inhumée le cinquième jour du même mois dans la chapelle du Saint-Jean, âgée d'environ quatre-vingt-deux ans. (*Registres paroissiaux.*)

Dame Marie-Magdelaine de Poudenx, âgée de quatre-vingt-deux ans, veuve, fille de M. Henri comte de Poudenx et de dame Marguerite de Bezons, décédée le 3 avril 1832, à trois heures de relevée. (*Acte civil.*)

La famille de Caupenne fut représentée en 1789, aux assemblées pour nommer aux Etats généraux, par :

1° Anne-Henri-Louis marquis de Caupenne d'Amou, seigneur de Saint-Pée et d'Arbonne, maréchal-de-camp, convoqué et présent aux états de Dax et aux états de Labourd.

2° Jacques-David-Léonard comte de Caupenne, marquis de Mirambeau, aux états des Lannes et de Saintonge.

3° Jean-Baptiste-Nicolas vicomte de Caupenne, seigneur haut-justicier de Castelnau et Donzacq, états de Dax.

4° Henri-Nicolas chevalier de Caupenne Saint-Pée, seigneur de Pomarès et Castelsarrazin, états de Dax, 1789.

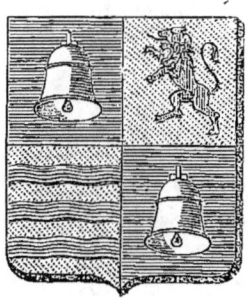

De Cloche Lahouse seigneur de Mauléon, Marin, Espaigne et Bonnegarde. (Registres de Mugron et St-Sever.)

Pierre de Cloche baron d'Artos (page 18) : au 1 et 4 d'azur à la cloche d'argent; au 2 d'or au lion de gueules; au 3 d'or à trois fasces ondées d'azur.

257. *Guyenne*, N° 84. — Joseph de Closche escuier, seigneur de Cadrieu, porte : D'azur à une closche d'argent

bataillée de sable, escartellé d'or avec lion de gueules surmonté d'un sautoir ou croix de Saint-André de même.

335, N° 67. — DANIEL DE CLOCHE sieur de Mauléon, porte : D'azur à une cloche d'argent bataillée de même.

835, *Poitou*, N° 75. — JEAN CLOCHE, conseiller du roy, président trésorier-général des finances de France au bureau de la généralité de Poitiers : D'or à une cloche d'argent et le battant de sable.

1674. — Pierre d'Antin, fils de noble Jacques d'Antin et de dame Marie de Cloche, naquit le 10 décembre 1674 et fut baptisé le 16 desdits mois et an. Son parrain a été noble Pierre de Cloche, capitaine, et sa marraine noble Saubade de Cloche.

Marie d'Antin, fille de Jacques d'Antin et de Marie de Cloche, naquit le 5 janvier 1684. Parrain, M. René d'Arbo, et marraine Marie de Labeyrie. (*Mugron.*)

1680. — Le onzième mars de l'année susdite (1680), naquit Isabeau de Chèze, et fust baptisée le 15 du même mois et an, fille légitime à noble Jean de Chèze et à demoiselle Françoise de Portets. Les parrain et marraine, noble Jacques d'Antin seigneur baron de Saubeterre, et dame Isabeau d'Estoupignan. Présents : noble Pierre de Cloche et M. Arnault de Lartigue qui ont signé avec moy.

M. DE CLOCHE, *curé*; CHÈZE, *père*; DE SAUVETERRE; I. DE TINGON; CLOCHE, *présent*; LARTIGUE, *présent*.

Le seizème (16) juillet mil six cent quatre-vingt, naquit Tècle d'Antin, fille de noble Charles d'Antin escuyer, et de dame Marie de Cloche, et fut baptisée le 18ᵉ du même mois et an. Parrain et marraine noble Jean de Chèze et demoiselle Tècle de Marreinh. Présents : noble Pierre de Cloche, jurat de la présente ville, et Pierre de Sort escolier, qui ont signé avec moy.

M. DE CLOCHE, *curé*; CHÈZE, *parrin*; THÈCLE DE MARRINH; DE SAUBETERRE, *père*; CLOCHE *présent*; PIERRE DE SORT, *présent*.

1680. — Demoiselle Josèphe de Cloche, demoiselle Ursule de Cloche mariée à noble Jean de Laborde. — M. DE CLOCHE, *curé*.

22 mars 1681. — Noble Pierre de Cloche et damoiselle Anne de Cloche. — CLOCHE, *curé*; LARTIGUE, *vicaire*.

Le 13 avril 1681 naquit Pierre de Cloche et fut baptisé le 15 du même mois et an, fils à noble Pierre de Cloche capitaine, et à demoiselle Thècle de Marreinh. Parrain et marraine, noble Pierre de Cloche et demoiselle Marguerite de Cloche. Présents : Me Jean de Cloche prestre, et Me Philibert de Campet, qui ont signé avec moi.

M. DE CLOCHE ; CLOCHE, *père ;* DE CLOCHE, *chanoine théologal ;* LAHOUSE, *parrain ;* MARGUERITE DE (CLOCHE), *marraine ;* CAMPET, *présent.*

—

23 octobre 1681. Josephe de Cloche demoiselle, mariée à M. Christophe de Mora ; demoiselle Ursule de Cloche, 1681 ; Angélique de Cloche demoiselle, 3 janvier 1682.

—

Le 2 février de l'année susdite 1682 naquit Bernard d'Antin et fut baptisé le 4e du même mois et an, fils à noble Jacques d'Antin seigneur baron de Sauveterre et Bouquosse, et dame Marie de Cloche. Parrain et marraine, Me Bernard Dabadie sieur du Castaignet, et demoiselle Jeanne de Cheze. Présents : M. Jean de Lespès et Pierre de Brethous, qui ont signé avec moi.

LARTIGUE, *vicaire ;* DABADIE, *parrain ;* JEANNE DE CHÈZE, BRETHOUS, DE SAUBETERRE, LESPÈS.

—

Le treizième juin de l'année susdite naquit Marguerite de Cloche et fut baptisée le 14 du même mois et an, fille à noble Pierre de Cloche et à demoiselle Thècle de Marrainh. Les parrain et marraine, noble Jacques de Cabanes seigneur de Laneplan, et demoiselle Marguerite Darbo. Présents : noble Pierre de Castera et Bernard Dabadié qui ont signé avec moy.

M. DE CLOCHE, *curé ;* CLOCHE, *père ;* CABANES, MARGUERITE D'ARBO, CASTERA, *présent ;* DABADIE, *présent.*

—

Le troisième juillet de l'année susdite 1683 naquit Jean de Cloche et fut baptisé le 4e du même mois et an, fils légitime à noble Pierre de Cloche et à demoiselle Thècle de Marrainh. Les parrain et marraine, M. Jean de Basquiat et dame Jeanne de Cabannes. Présents : nobles Christophe de Lafitte et J.-J. de Borrit, qui ont signé avec moy.

LARTIGUE, *vicaire ;* CLOCHE, *père ;* J. DE BASQUIAT, G. DE CABANES, J.-J. BORRIT, *présent ;* LAFITTE, *présent.*

—

Le onzième janvier 1684 naquit Pierre de Lafitte et fut baptisé le 14e du même mois et an, fille à noble Christophe de Lafitte, capitaine au régiment royal, et à dame Jeanne de Cabanes. Parrain et marraine, noble Pierre de Lanebère, et demoiselle Josephe de Cloche. Présents : noble Louis de Lafitte, capitaine au régiment royal, et Jean de Joye escolier, qui ont signé avec moy.

M. DE CLOCHE, *curé*; LAFITE, *père*; LANEVÈRE, *parrain*; JOSEPHE DE CLOCHE, LOUIS DE LAFITTE, DE JOYE, *présent*.

—

Le 23 août 1682 naquit Marguerite de Lafitte et fut baptisée le 24 du même mois et an, fille de noble Louis de Lafitte, capitaine servant au régiment royal, et de Mademoiselle Catherine de Lalanne. Parrain et marraine, noble Bertrand de Lafitte, et demoiselle Marguerite de Brethous. Présents : noble Jean-Jacques de Cabanes seigneur de Pecomère, et noble Daniel de Cloche, qui ont signé avec moy.

M. DE CLOCHE, *curé*; LAFITE, *parrain*; MARGUERITE DE BRETHOUS, *marraine*; CABANNES, *présent*; DE CLOCHE, *présent*.

—

Le 21 mars de l'année susdite (1684), naquit Jacques-Benoît de Chèze et fut baptisé le 24 du même mois et an, fils légitime à noble Jean de Chèze et à demoiselle Françoise de Portets. Parrain et marraine, M. J.-J. de Lalanne du Bousquet, et demoyselle Catherine Destenave. Présents : M. Jean Dupoy et Pierre de Cabanes qui ont signé avec moy.

LARTIGUE, *vicaire*; CHÈZE, *père*; DE LALANNE, *parrain*; CATHERINE DESTENAVE, CABANES, DUPOY.

—

Le 19 novembre de l'année susdite 1684 naquit Joseph-François Dupoy et fut baptisé le 21 du même mois et an, fils légitime de noble Christophe Dupoy et demoiselle Marguerite de Larrieu. Les parrain et marraine, M. Bernard de Perès, et dame Quitterie de Dupoy religieuse ; et ladite enfant a été tenue en l'absence desdit parrain et marraine par noble Jean de Chèze et demoyselle Marie Dupoy quy ont signé avec moy. Présents : M. Arnaud, Lartigue prestre, et Ambroise Duperré.

M. DE CLOCHE, *curé*; DUPOY, *père*; CHEZE, *substitué*; MARIE DUPOY, AMBROISE DUPÉRÉ, LARTIGUE, *présent*.

—

Le 28 juin 1683 naquit et fut baptisé Bernard de Larrieu, fils légitime de M. Jean de Larrieu, advocat ez la cour, et demoyselle Jeanne de Cabanes. Parrain et marraine, M. Bernard de Perès escolier, et demoyselle Marguerite de Larrieu. Présents : MM. Bernard de Labat et Pierre de Tauzin, prestres, qui ont signé avec moy.

LARTIGUE, *vicaire;* LARRIEU, *père;* PERÈS, *parrain;* TAUZIN, LABAT, *présents.*

Le quinzième de décembre de la même année 1681 naquit et fut baptisé Arnaud de Laborde, fils légitime à noble Pierre de Laborde et à Catherine de Mibielle. Parrain et marraine, noble Arnaud de Laborde et demoiselle Catherine de Soarn. Présents : noble Pierre Dabany et noble Audet Dembidonnes, qui ont signé avec moi.

M. DE CLOCHE, *curé;* LABORDE, CATHERINE DE SOARN ; ODET DEMBIDONNES, *présent.*

Le 25 février 1685 naquit Sainte de Laborde et fut baptisée le dernier du même mois et an, fille légitime à noble Joseph de Laborde et à demoyselle Catherine de Prugue. Les parrain et marraine, M. Joseph de Batz escuyer, conseiller du-roi et son lieutenant particulier et vicomte d'Aurice, et dame Sainte de Laborde. Présents : M. Pierre de Tauzin et Lartigue, prestres, qui ont signé avec moy.

M. DE CLOCHE, *curé* ; DE TAUSIN, *présent, prestre ;* DE LABORDE PEDEVOLAN, *père;* DE BATZ, *parrain* ; LARTIGUE, *présent.*

Le 9 septembre 1732 est née et a été baptisée Marie-Paule de Cabanes, fille légitime de M. noble Louis de Cabannes et de dame Marie de Prugue. Parrain, Dominique Cartier ; marraine, Paule de Laborde. Présents : MM. de Cloche père et fils.

SABAZAN, *curé;* CABANES, *père;* DE CLOCHE, DE CLOCHE.

Desperiers de Lagelouse sieurs *de Sainte-Croix et de Bastannés, seigneurs d'Esleix, de Bordenave et de Mente à Habas, Hinx et Cauneille.*

D'azur au lion d'argent surmonté de deux croissants de même; supports deux lions; couronne de comte et de marquis, croix de Saint-Louis. (Armes déclarées et enregistrées par Jean Desperiers sieur de Sainte-Croix, le 3 juillet 1697. *Signé* D'HOZIER.)

La famille Desperiers ou des Periers, car le nom s'est écrit souvent des deux manières, est originaire des Landes, mais presque tous ses membres, depuis plus de trois siècles, ont occupé des places à la cour, rempli des charges dans la maison du roi et dans ses armées.

Elle compte un lieutenant de cent hommes d'armes; un mestre de camp dans les gardes du corps commandant en leur hôtel à Versailles; plusieurs brigadiers et lieutenants des gardes du corps; d'autres officiers de tous grades et quatre chevaliers de Saint-Louis.

Cette famille est ancienne dans la Gascogne, puisqu'on trouve dans les Rôles de cette province conservés à la tour de Londres, un acte dont voici le sommaire :

De confirmatione pro Johanne de Pereriis de officio scriptoriæ præpositurœ Regiæ Civitatis Baïonicæ. Teste Rege apud Westiminster, 12 junii anno 1451. Rotulus Vasconiæ de anno 30 Henrici VI... (Catalogue des Rôles gascons, normands et français conservés à la tour de Londres, 2 vol. in-folio à la Bibliothèque royale.)

La famille Desperiers possédait plusieurs terres nobles, dont ses membres étaient seigneurs :

Esleix, seigneurie qui comprenait la moitié de la commune de Habas ;

Lagelouse, situé dans la commune de Habas, dont les aînés de la famille portaient le nom il y a plus de deux cent cinquante ans ;

Bordenave, aussi dans la commune de Habas, acquis en 1574 ;

Bastannes, dont plusieurs Desperiers portent le nom, ainsi que celui de Sainte-Croix ;

Isabelle, situé dans la commune de OEyre-Gave, apporté en dot par Jeanne de Hunard en 1726 ;

Mente, baronnie dans la commune de Cauneille ; ce domaine appartenait à la famille de Lamothe, et fut annobli en 1555 par le roi Antoine de Navarre et la reine Jeanne d'Albret son épouse, en faveur de leur secrétaire particulier, Jean d'Appatte de Lamothe.

Le contrat de mariage d'un sire de Lamothe, l'arbre généalogique commun des Messieurs d'Appate Desperiers et de Cocorron (*Armorial de* 1864), plusieurs papiers concernant cette famille étant mêlés à ceux des Desperiers, il est probable qu'ils étaient proches parents par l'union de Jeanne de Lamothe avec Jean Desperiers en 1607, et que Pierre Desperiers en rachetant ce domaine en 1775, rentra en possession d'une terre de famille. La famille Desperiers habita pendant plusieurs siècles la ville de Habas ; elle avait droit de halles, de terrage, fiefs, arrérages sur le marché de cette ville.

Ier *degré*. — Guillem-Arnaut Desperiers épousa en 1500 Jehanne du Gassiat, dont il n'eut qu'une fille, Bernanine Desperiers.

IIe *degré*. — Bernanine Despériers mariée en premières noces au sire d'Imbernard, n'eut qu'une fille nommée Agnette. Le 21 décembre 1531 elle épousa en secondes noces Blandin Dupin, et leur fils qui suit fut tenu de porter le nom de Desperiers.

Le même jour, 21 décembre 1531, Bernanine Desperiers donna en mariage Agnette d'Imbernard sa fille (1) à Arnaud Du Pin, fils du premier lit de Blandin Du Pin.

IIIe *degré*. — Arnaud Desperiers Du Pin, marié le 29 mars 1559 à Françoise fille de N... du Bosq seigneur de Pouillon et de Jehanne de Lacroix. Deux fils naquirent de cette union.

IVe *degré*. — Jean Desperiers homme d'épée, épousa en premières noces Etiennette du Cocourron, fille de Messire Gratian du Cocourron et de Marie de Lucat. Il en eut deux fils qui suivront.

Catherine de Cocorron, sœur d'Estiennette, épousa Bernard de Saint-Cristau (fils de Guillem-Arnaud de Saint-Cristau seigneur du Conte, en 1588), dont elle eut une fille qui fut mariée au sire Isaac Dapatte, écuyer et capitaine. Une fille unique issue de ce mariage épousa, en 1614, Pierre de Lalande écuyer, baron de Montaut. (*Voir* le contrat de mariage de Denis d'Appate Lamothe écuyer, et Gratienne Doyhenard du 10 février 1658. — *Armorial* 1864.)

Jean Desperiers épousa en secondes noces, en 1607, Jeanne de Lamothe, fille d'Etienne de Lamothe seigneur de Pouilhon de la maison de Lamothe Lupé ; il en eut un fils, Pierre Desperiers, mort à Paris à l'âge de vingt-cinq ans, attaché aux finances, et deux filles, dont l'une épousa M. Darrigan, l'autre M. Dubecq.

Noble homme Jean-François Desperiers frère de Jean, fut secrétaire de la chambre du roi et mourut investi de cette charge à Paris en 1648, sans avoir été marié. (Son testament, *Armorial*, t. II.)

V^e *degré*. — François Desperiers de Lagelouse escuyer, fils de Jean Desperiers et d'Etiennette du Cocorron, fut nommé en 1624 à la recommandation du comte de Guiche, lieutenant de M. le duc de Larocheguyon (grand louvetier de France), c'est-à-dire lieutenant louvetier veneur en la sénéchaussée des Lannes, siége de Dax, Bayonne, Saint-Sever et Tartas.

---

(1) En 1676, dame Jeanne d'Imbernard douairière de Castelnau-Chalosse, assista au mariage de noble Antonin de Capdeville d'Arricau avec Marguerite de Lalanne, de la famille des Lalanne de Castelnau.

En 1636, il servit en qualité de lieutenant de cent hommes d'armes fournis par l'ordre du duc d'Epernon par les villes de Habas, Misson et Estibeaux pour secourir la ville de Bayonne. Il fut nommé en 1637 par commission du duc de Lavalette expédiée du camp d'Ustarits, commissaire des guerres pour faire les revues des régiments de Béarn; et la guerre terminée, il fut pourvu de la charge de commissaire de la marine du Ponant, dont il mourut revêtu en 1668. Il avait épousé, en 1628, à Caupenne, damoiselle Domenge de Bergeron, fille de Messire Pierre de Bergeron et de Marie de Conègre, dont deux enfants qui suivront.

Son frère, Jean Desperiers, marié à Magdelaine de Faget.

VIe *degré*. — Arnaud Desperiers, écuyer, servit dans l'infanterie et fut tué en combat singulier par le chevalier de Belmont en 1664. Il avait épousé en 1658, à Belloc, damoiselle Isabeau de Sainte-Croix, fille du sire de Sainte-Croix et d'Isabeau de Castres, dont les parents présents au contrat étaient : MM. de Lescar, de Paraige et de Salles.

1. Jean de Sainte-Croix frère d'Isabeau, habitait l'Espagne.

2. Louise Desperiers fille d'Arnaud, épousa le 31 décembre 1682 Jacques de Saint-Cristau. — Arnaud Desperiers laissa deux fils.

VIIe *degré*. — Jean-Pierre Desperiers de Lagelouse écuyer, seigneur d'Esleix, né le 23 mai 1665, quelques jours après la mort de son père, et baptisé à Habas par M. de Lacroix, curé; tenu sur les fonts par Jean Darrigan et Jeanne Desperiers, fut formé à l'étude du droit de 1684 à 1690; en 1692 nommé président à l'élection des Lannes siége de Dax, puis en 1692, conseiller du roi au Parlement de Bordeaux. Le 1er juillet 1706 il fut nommé conseiller, maire alternatif et my-triennal de la ville de Habas.

Il épousa en 1693 à Bordeaux Thérèse de Casenoue, dont la mère était Magdelaine de Serignac. Magdelaine de Casenoue sœur de Thérèse épousa, en 1708, noble Jean d'Anglade. Deux fils naquirent de cette union.

Son frère, noble Jean Desperiers de Sainte-Croix, fils aîné d'Arnaud Desperiers, mourut sans enfants, ayant épousé Catherine Gobert dame de Beaujeu. Le 16 février 1698 il fut nommé gentilhomme servant de Madame la duchesse de Bourgogne et prêta serment le 23 de ce mois entre les mains de Monseigneur le marquis de Dangeau. En 1707 il fut nommé gentilhomme servant le roi, sur la démission du sieur de la Terrasse ; il prêta serment le 23 janvier 1708 entre les mains de Son Altesse sérénissime le prince de Condé. Trois certificats signés de ce prince en 1711, 1713 et 1719 sont ainsi conçus :

« Le duc de Bourbon prince de sang, etc., certifions à tous qu'il appartiendra que le sieur Desperiers de Ste-Croix gentilhomme servant du roi a bien et fidèlement servi Sa Majesté pendant les quartiers de janvier, février et mars de la présente année, etc. »

VIIIe *degré*. — François-Joseph Desperiers de Lagelouse escuyer, seigneur de Bordenave, naquit à Bordeaux le 16 septembre 1694 et fut baptisé à l'église Saint-André. Il servit fort jeune dans les gardes du corps où il acquit plusieurs grades. Le 26 novembre 1746, le duc de Gramont le nomma par ordre du roi lieutenant de la compagnie Louvigny dans les bandes Gramontoises.

« Nous avons cru, porte le brevet, ne pouvoir faire un meilleur choix que celuy de votre personne pour le louable rapport qui nous a été fait de votre bon sens, courage, prudence, profession de la religion catholique, zèle et affection pour le service du roy et expérience en l'art militaire. »

En 1758, les côtes du royaume étant menacées d'une descente de la part des Anglais, on reconstitua le régiment des grenadiers de la vicomté d'Orthe, et il en fut nommé capitaine le 1er novembre de la même année par brevet signé du duc de Richelieu. Le 2 novembre 1726 il avait épousé Jeanne de Hunard qui lui apporta en dot le bien noble d'Isabelle situé à Œyre-Gave, et lui donna quatre fils qui suivront et une fille mariée à M. de Villemayan.

François Desperiers mourut à Cauneille le 4 octobre

1774 et fut enterré dans l'église. Sa femme lui survécut longtemps, mourut dans un âge avancé et fut inhumée dans le sanctuaire de l'église de Cauneille.

Pierre Desperiers de Lagelouse frère du précédent, naquit à Bordeaux le 13 septembre 1695; il entra dans les gardes du corps en 1717, à l'âge de vingt-deux ans, obtint des lettres d'ancien garde en 1734; fut nommé chevalier de Saint-Louis le 10 janvier 1745; fut brigadier et capitaine de cavalerie la même année, eut en 1756 une survivance d'exempt, sous-aide major des quatre compagnies des gardes du corps; brevet d'enseigne-garde en 1764, titre fort rare, le second seulement que le roi ait accordé depuis quarante-sept ans; en 1764, on lui accorda une gratification annuelle de 600 livres. Il se retira en 1765 avec des lettres de vétérance et une pension de 4,000 livres comme enseigne, sous-aide major général, reversible de 1,000 liv. à sa mort sur la tête de sa femme dame Charlotte-Léonard de Beaujeu; il avait quarante-cinq ans de services militaires. Pierre Desperiers eut trois enfants, un fils et deux filles. Le fils objet de toutes ses espérances devait monter dans les carrosses du roi, mais il mourut à la fleur de son âge.

Sa fille aînée épousa en 1764 le comte de Strada, gouverneur des pages du roi, d'une des plus anciennes familles d'Auvergne. M. de Strada mourut en 1773 à l'âge de cinquante-quatre ans; il avait demandé sa retraite peu de temps auparavant.

La seconde fille de Pierre Desperiers de Lagelouse, nommée Mademoiselle de Sainte-Croix, épousa le 6 mai 1765 M. de Latour, chevalier de Saint-Louis, mestre de camp de cavalerie, exempt, sous-aide major militaire des quatre compagnies des gardes du corps, commandant de leur hôtel, âgé de quarante-deux ans, d'une ancienne famille du Lyonnais.

Jacques Desperiers autre frère de Pierre Desperiers, né à Habas le 15 mai 1706, mort en 1743.

IX*e degré*. — Pierre Desperiers de Lagelouse escuyer, chevalier de Saint-Louis, seigneur de Bordenave et de Mente, naquit à Habas le 3 janvier 1733. Il entra dans les gardes du roi en 1754, à l'âge de dix-huit ans ; fut nommé chevalier de Saint-Louis le 9 mars 1776 et brigadier de la compagnie de Villeroi pour tenir rang de capitaine dans la cavalerie le 19 janvier 1777, et se retira en 1781 avec une pension de 800 livres ; il avait fait deux campagnes. Ayant été convoqué à l'assemblée de la noblesse de Dax en 1789 comme seigneur de Mente, il ne s'y présenta point.

Arrêté sous la terreur comme gentilhomme royaliste, père d'émigré, frère de deux prêtres, titres dont un seul suffisait pour envoyer à l'échafaud, il fut jeté dans les prisons de Mont-de-Marsan, puis transféré dans celles de Pau, et ne dut son salut qu'au 9 thermidor. Dix lettres de Pierre Desperiers sont conservées dans la famille ; elles contiennent sur ces temps de sinistre mémoire des détails pleins d'intérêt et sont adressées à son fils, Jacques Desperiers, sous le pseudonyme de Ferdinand Talamon. Nous en extrayons ce qui suit :

« On dit qu'il doit se former un corps d'armée sur les frontières d'Espagne, mais on ne sçait pas encore l'endroit. M. le marquis de Lons y a passé avec 400 Béarnais. MM. de Borda Seize, Duclercq de Benesse, Mauvoisin, Cardonne, ont émigré ; il y a six semaines qu'ils ont passé en Espagne. — A. C., le 11 avril 1792. »

« Monsieur votre ami m'a fait part de votre lettre écrite le 9 de ce mois de novembre ; vous ne devez pas douter du plaisir qu'elle m'a fait. Je fus mis comme père d'émigré, le mois de mai 1793, en arrestation au Mont-de-Marsan, et tous mes biens sequestrés au profit de la république ; on m'a retenu sept mois au Mont-de-Marsan, deux aux Capucins de Dax et dix à Pau, dans la maison de Pouey. Nous y fûmes conduits 87, tant hommes que femmes, tous en partye habitants de Dax, qui étaient Borda-Labatut et Gosse (*), Poudenx, deux frères de Larrey, Lonné, chevalier Ducros et Belepeyre, Laluque, de Laas, de Cis, Siets, Ducamp, d'Olce, les deux frères d'Argoubet et Peymau de Clermont, et toutes les dames qu'on avait cru de condition, ainsi que les aristocrates, Mme Labacque à la tête ainsi que Mme de

---

(*) Sans doute Borda-Josse.

Borda-Labatut. Mme et Mlle de Laneverre se sont échappées à la faveur de ce qu'elles ont passé pour folles. (Le père du général Cavaignac épris de Mlle de Laneverre la sauva, ainsi que sa mère, en affirmant qu'elle était privée de raison.) Tous les reclus de Dax furent conduits à Pau par vingt-cinq gendarmes; ils trouvèrent bonne compagnie à la maison du Pouey. Une partie des officiers du Parlement étaient du nombre : le père de Fanget, et Caupenne, marié à Mlle de Bretous de Bayonne, M. de Navailles... Votre oncle, prêtre, est en arrestation à Sainte-Claire au Mont-de-Marsan... Votre oncle le prieur est en Espagne.

» Neurice a été guillotiné pour quelques lettres qu'on lui a trouvées de son fils émigré ; Labarrère, pour quelque relation ; Grateloup et sa servante ; le médecin, et le curé de Pommarès fameux patriote, pour avoir écrit au curé de Tilh qu'il faisait mépris des assignats, et ce dernier pour n'avoir pas rapporté au comité sa lettre que l'on trouva sur la cheminée de sa chambre.—Bayonne, 15 janvier 1796. »

Pierre Desperiers avait épousé le 17 janvier 1765 Jeanne du Becq, dont il eut trois fils qui suivront. Il fit construire en 1789 le château de Cauneille à peu près sur l'emplacement de l'ancien château de Mente, et mourut à Clermont le 12 septembre 1808. Ses frères :

1° Etienne Desperiers, garde du roi. Comme il se rendait à Vesel pour la campagne de Hanovre, il fut saisi d'une fièvre délirante ; son valet l'assassina pendant son délire et le pilla ;

2° Limoge Desperiers, gendarme de la garde, chevalier de Saint-Louis en 1790 ; on ignore l'époque de sa mort. (Sa qualité est indiquée dans l'*Histoire des Chevaliers de Saint-Louis*, de M. Th. Anne);

3° Jean Desperiers de Lagelouse, chapelain de la communauté des dames religieuses d'Orthez, puis curé de Moliets, incarcéré sous la terreur pour refus de serment. Il mourut en réclusion en 1799 ;

4° François Desperiers de Lagelouse ; il naquit le 2 août 1735, entra dans l'ordre religieux des Prémontrés et devint prieur mîtré de l'abbaye d'Arthous près de Peyrehorade ; il assista le 31 mars 1789 à l'assemblée du clergé des Landes comme représentant de son monastère et de son ordre. Il fut déporté en Espagne, pour refus de serment, sous la terreur ; tous ses biens furent sequestrés.

Rentré en France après le 9 thermidor, et l'ordre des Prémontrés y étant aboli, il desservit la paroisse de Hastingues et mourut au château de Cauneille entre les bras de son neveu Jacques Desperiers, en 1816, âgé de quatre-vingt-un ans.

Le prieur d'Arthous portait pour armes : D'azur au saint de carnation vêtu d'or, couronne de comte accompagnée de la mitre à dextre et de la crosse à senestre. Légende : ARTHOUS en chef de l'écu.

X[e] degré. — Etienne Desperiers de Lagelouse, né à Clermont le 2 mars 1772, épousa en 1800 Marguerite Minvielle dont il eut deux fils qui suivront. Il fut nommé louvetier du département des Landes, administra pendant trente-cinq ans comme maire la commune de Clermont et mourut à Garrey le 26 octobre 1866, à l'âge de quatre-vingt-treize ans.

Son frère, Jacques Desperiers de Lagelouse, otage de Louis XVI, chevalier de Saint-Louis, du Lys et de la Légion-d'Honneur, naquit à Clermont le 27 décembre 1767. Il entra dans les gardes du corps en 1786, fut otage de Louis XVI, émigra en 1791 et prit du service dans l'armée de Condé le 2 mars 1792. Le 23 mai 1793, il reçut de M. le duc de Broglie, général en chef des armées du roi, un certificat daté de Dusseldorf, attestant qu'il a fait avec honneur et distinction la campagne de 1792 dans l'armée des oncles du roi ; il y fut blessé au cou par une balle ; en 1794-1795 il servit dans le régiment de Sa Majesté britannique, commandé par le comte de Plaff de Plaffenhoffer, où il fut nommé lieutenant. Jacques Desperiers passa tout le temps de l'émigration en Amérique où il était réduit à donner des leçons de mathématiques et à fabriquer des bretelles pour subvenir à son existence. En 1802, son père le rappela en France où le régime de la terreur était passé. A peine le drapeau blanc fut-il arboré dans notre pays qu'il rentra dans les gardes du corps comme brigadier (capitaine de cavalerie), le 2 juillet 1814 ; il fut nommé chevalier de l'ordre royal et militaire de Saint-Louis, et chevalier du Lys le 28 octobre de la même année ; le 1er novembre 1815 on lui donna le grade de maréchal-des-logis dans la compagnie de Gramont ; le 1er juillet même année il obtint le grade de sous-lieutenant, répondant à celui de lieutenant-colonel dans la cavalerie, de chef d'escadron le 19 mars 1817, et enfin le 1er juillet 1820 celui de lieutenant-colonel, le dernier auquel on pût aspirer, le roi étant lui-même colonel de ce corps d'élite. Le 23 mai 1827 nommé chevalier de la Légion-d'Honneur, il se retira en 1827 après quarante-un ans de services militaires, plusieurs campagnes et une pension de 2,400 liv. que le gouvernement de juillet lui supprima deux ans après. Il fut pendant vingt années député du département des Landes, et finit sa carrière législative en 1830, à la chûte de la monarchie à laquelle il avait consacré son cœur et sa vie. Jacques Desperiers de Lagelouse mourut au château de Cauneille le 14 mars 1842.

Son frère, Jacques Desperiers, naquit à Clermont le 8 novembre 1778, et mourut en 1846 sans enfants. Pour le distinguer de ses frères on le nommait Desperiers du Becq, du chef de sa mère. La famille du Becq était fort ancienne dans le pays ; la mère de Jeanne dame Desperiers était Mlle de Lannevère ; son frère, M. de Lannevère, épousa en

1765 Mlle de Saint-Genez, fille de M. de Saint-Genez, conseiller du roi, lieutenant criminel au sénéchal des Lannes, siège de Dax, et de dame Nicole de Saint-Cristau. (Leur contrat de mariage est dans notre ouvrage : *Clergé, Noblesse, Armorial*, p. 87, 1864.) Les plus proches parents des Lannevère qui le signèrent étaient : Mme Cécile de Borda veuve de M. de Laluque ; M. de Borda seigneur de Labatut ; MM. de Bedorède seigneur de Meés et Montbrun ; de Chapotot écuyer, seigneur d'Agés.

M. de Lannevère avait servi dans les mousquetaires du roi de Prusse dont il mérita les faveurs ; il en reçut une épée enrichie de diamants. Une correspondance s'établit entre le grand Frédéric et lui. (Les lettres disparurent pendant la révolution), et l'épée royale devint, après sa mort, la proie de sa cuisinière qui la vendit à un joaillier espagnol.

M. de Lannevère ne laissa qu'une fille d'une rare beauté qui renonça au monde, vécut retirée avec sa mère dans une maison qui lui appartenait à Dax et mourut fort jeune. Jacques Desperiers son neveu à la mode de Bretagne hérita de sa terre de Hinx.

Les armes de M. de Lannevère sont : Ecartelé à trois chevrons de gueules sur le 1 et 4, et un lion rampant (*rapiens*) sur le 2 et 3 ; couronne de comte.

X^e *degré*.—Bernard Desperiers de Lagelouse fils d'Etienne, né à Clermont et marié le 30 août 183... à Cécile de Vidart, fille de noble Achille de Vidart qui était frère de Messire Jean-Joseph de Vidart seigneur d'Estibes, dont deux filles qui suivent.

Les armes de la famille de Vidart sont : Ecartelé au 1 et 4 de gueules au sanglier de sable passant devant un cyprez de sinople, accompagné de huit croix de Saint-André d'or posées 3. 2. 3 ; au 2 de gueules à trois dards d'argent futés et empennés d'or, l'un en pal et les deux autres posées en sautoir la pointe en bas ; au 3 de gueules à trois dards rangés en pal futés et empennés d'argent la pointe en bas. (*Annuaire de la Noblesse et autres.*)

Son frère, Jacques Desperiers de Lagelouse, né à Clermont le 30 décembre 18.., marié le 12 septembre 1850 à dame Marie-Magdelaine Huchet de la Bédoyère, fille du comte Henri Huchet de la Bédoyère, chevalier de Saint-Louis.

Les armes de la famille Huchet de la Bédoyère sont : D'argent à trois huchets de sable posés 2 et 1, écartelé d'azur à six billettes d'or ; supports deux lions, couronne de marquis, croix de Saint-Louis et de la Légion-d'Honneur.

Armes de la famille d'Estampes (Ambroisine d'Estampes, épouse du comte de la Bédoyère) : D'azur au chevron d'or, chef d'argent à trois couronnes ducales de gueules, couronne de marquis, supports deux lions, croix de St-Louis. Légende : *Fidelis fortis que simul*.

Armes de la famille de Beaujeu (Charlotte Liénard de Beaujeu dame Desperiers de Lagelouse attachée à Madame Victoire de France) : Tiercé en fasce au 1 de gueules à deux têtes d'aigle d'or ; au 2 de gueules au chevron d'or accompagné d'une aigle naissante ; champagne d'argent à trois étoiles de sable. (*Armorial de* 1865.)

FILLES DE BERNARD DESPERIERS DE LAGELOUSE.

X[e] *degré*. — Anne-Hortense Desperiers de Lagelouse née à Clermont le 11 septembre 18.., mariée le 16 avril 1863 à Wladimir de Lucmau de Classun.

Armes de la famille de Classun : Ecartelé au 1 et 4 de gueules, à la montagne de trois copeaux d'argent ; au 3 d'azur à la merlette d'or ; au 2 d'argent à un oiseau de sable mis en barre volant la tête en bas ; couronne de comte.

Seconde fille de Bernard : Marie Desperiers de Lagelouse, née à Clermont le... juin 18.., mariée le 9 novembre 1858 à Armand Dufaur de Gavardie, fils puîné du baron de Gavardie, chevalier de Saint-Louis.

Guienne, 1149. — Charles DE CHEVERRY, avocat à Bayonne : D'azur à trois aigles éployées d'or 2 et 1.

Famille représentée à Bordeaux par M. Emile-Augustin D'ETCHEVERRY, organiste de Saint-Paul, chevalier de l'ordre du Christ de Portugal. Mêmes armes, couronne de baron.

Toulouse, Montauban, 59. — Michel DE CHEURY (*sic*) de Rivières, habitant de la ville de Gaillac, porte : Ecartelé au 1 et 4 d'argent à une tête de more ; au 2 et 3 de gueules à trois billettes d'or.

Ibidem, 335. — Charles DE CHEVERRY seigneur de Lareule et Magdelaine de Chabange-Cussy sa femme, portent : Ecartelé au 1 et 4 de gueules à trois billettes d'argent deux et une ; au 2 et 3 d'argent à une tête de more de sable tortillée et accollée (ou colletée) d'argent, accolé d'azur à un lion d'or couronné de même lampassé de gueules tenant une épée d'argent la garde et poignée d'or, la pointe en bas, accompagné de trois besans d'argent deux en chef et un en pointe.

Versailles, 1146. — Estienne DE CHEVERRY chef du gobelet du roi, porte : D'argent à un croissant de sable et un chef d'azur chargé de trois étoiles d'or.

Paris, 1723. — Claude DE CHEVERRY bourgeois, porte : D'azur à une tour d'or soutenue à dextre d'un lion contourné de même et lampassé de gueules, et à senestre d'une levrette rampante d'or avec son collier d'argent bordé de gueules et bouclé d'or.

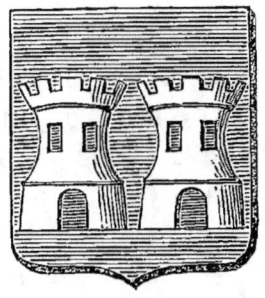

De Fortisson. *Alias* du Souil de Fortisson, de Cazalis, de Taxhauzin, de Balirac, de Roquefort. (d'Hozier, *Indicat. Nobil.*)

D'azur à deux tours rangées d'argent. Devise : *Deus Fortitudo mea.* Cri : *Fortis sum*. Ordres : Croix de commandeur de Saint-Louis.

Les documents peu complets que nous avons recueillis sur cette famille se composent : 1° de notes du cabinet d'Hozier ; 2° d'un extrait du *Dictionnaire de la Noblesse*, de Lachesnaye des Bois ; 3° d'un arbre généalogique dressé par le baron de Caplane, maître considérable dans la science héraldique, et enfin de divers actes d'état-civil et autres extraits.

1° A Versailles, le 29 de may 1775, devant deux notaires au baillage royal de ladite ville, par lequel Messire Pierre-Maurice de Fortisson chevalier, vicomte de Saint-Maurice, baron de Meillan sur Tartás, Casteyde, Juren et Saint-Medart, abbé de l'abbaye séculière de Casteyde sise en Béarn, déclare et reconnaît que Messire Pierre-Laurent Taixosin ou Tachusin du Souilh, capitaine de cavalerie, sous-brigadier des gardes du corps du roi et fourrier-major de la compagnie de Villeroy, descend de noble Enjoboan Tacxosin ou Tachusin leur souche. (L'auteur a soutenu la même thèse dans l'*Armorial de* 1865, sur des titres de 1662.) C. C.

---

de Fortisson (*branche de Cazalis*).

Jean Godefroy de Fortisson sieur de Casalis du Claux Nauselle, maréchal-des-logis, ayde major des chevau-légers de la garde, maréchal de camp, commandeur de

Saint-Louis, épousa Marie-Françoise de Vayre dame de Claux, morte en 1737.

Louis-Auguste de Fortisson né en 1711, ayde-major de brigade des chevau-légers de la garde du roy avec un brevet de mestre de camp de cavalerie, épousa en 1738 seconde fille de François Chicoyneau, premier médecin de Louis XV.

Le 11 septembre 1738. — Louis-Auguste de Fortisson né le 18 décembre 1711, ayde-major de brigade de la compagnie des chevau-légers de la garde ordinaire du roy, mestre de camp de cavalerie, fils de Jean-Godefroy de Fortisson seigneur de Cazalis du Claux Nauselle, maréchal-des-logis et ayde-major en chef de la même compagnie des chevau-légers de la garde, maréchal des camps et armées du roy et commandeur de l'ordre royal et militaire de Saint-Louis, et de défunte dame Marie-Françoise de Vayre du Claux morte le 20 octobre 1737, fut marié à Versailles dans la chapelle de l'hôtel des chevau-légers avec la seconde fille de François Chicoyneau, conseiller du roy en tous ses conseils, premier médecin de Sa Majesté, chevalier de son ordre de Saint-Michel, et de sa seconde femme fille unique de feu Pierre Cherac, mort premier médecin du roy, etc.

Décembre 1734. — Jean-Godefroy de Fortisson seigneur de Casalis de Claus Nausselles, successivement maréchal-des-logis, aide-major et major de la compagnie des chevau-légers de la garde ordinaire du roy, mestre de camp de cavalerie à Brein, chevalier en 1707 et depuis commandeur de l'ordre militaire de Saint Louis, brigadier en octobre 1719, a esté fait maréchal de camp le 1er août dernier. — D'HOZIER.

Suit Lachesnaye des Bois : Fortisson, famille noble de Guyenne ; Pierre de Fortisson écuyer, baron de Roquefort (terre située dans la sénéchaussée de Saint-Sever, possédée depuis longtemps par cette famille) épouse Françoise de Cablane dont il eut pour fils aîné : Pierre de Fortisson, deuxième du nom, baron de Roquefort, qui s'allia avec Camille de Brosser qui était veuve en 1682, et mère de N... de Fortisson, lequel, de son mariage avec N... d'Arros, laissa : N... de Fortisson baron de Roquefort, allié 1° avec N... de Vernon du Haget, dont un garçon dit le baron de Roquefort et trois filles, et 2° avec Marie-Sylvie d'Aspremont héritière d'une branche cadette des vicomtes d'Orthez (*sic*, lisez d'Orthe) et de laquelle sont issus un garçon et des filles.

Il y a encore de cette famille la branche des seigneurs de Saint-Maurice formée par un cadet de Pierre de Fortisson premier du nom, seigneur de Roquefort, dont le petit-fils N... de Fortisson a épousé N... de Pontac Belhade (*Voir* notice de Barry), de laquelle il a un fils. De cette branche était issu Jean-Godefroy de Fortisson seigneur de Cazalis, etc., qui, après avoir été cornette, lieutenant et capitaine de dragons dans le régiment du comte d'Albert, fut appelé en 1706 par le même comte d'Albert pour être aide-major et maréchal-des-logis avec brevet de mestre de camp de cavalerie des chevau-légers de la garde, dont il venait d'être nommé capitaine-lieutenant à la place du duc de Chaulnes son père ; il fut fait brigadier le 1er février 1719, commandeur de l'ordre de Saint-Louis le 20 avril suivant et maréchal de camp le 1er août 1734. Il est mort en 1745 et avait épousé Marie-Françoise de Vayre dame du Claux près d'Aurillac, morte le 20 octobre 1735, dont il a eu 1° Louis-Auguste de Fortisson né le 18 décembre 1711, marié le 11 septembre 1738 à N... Chicoyneau fille de N... Chicoyneau, premier médecin du roi, de laquelle il n'a point d'enfants, et 2° N... de Fortisson, alliée en 1767 à Henri marquis de Montlezun Saint-Lary.

C'est tout ce que nous savons, faute de mémoires, sur cette famille dont les armes sont : D'azur à deux tours d'argent, posées sur une même ligne. (*Dictionnaire de la Noblesse*, p. 394, t. VIII.)

On lit dans la *Vie de Sœur Magdelaine-du-Saint-Sacrement, religieuse Carmélite*, née en 1617, morte en 1697 (par Dom Martianay, p. 210-220) :

« J'ai encore appris depuis peu de jours que Monsieur le chevalier de Fortisson, officier de distinction dans les chevau-légers de la maison du roy, reçut un coup de mousquet dans un combat et que les balles lui firent une grosse contusion qui n'eut aucune fâcheuse suite. Il avait alors un scapulaire que sœur Magdelaine sa proche parente lui avait autrefois donné lorsqu'il était fort jeune, le priant de s'en servir et de ne point mépriser ces petits monuments de dévotion envers la sainte Vierge. Les balles s'aplatirent donc et tombèrent à terre sans faire aucun mal à l'officier dont nous parlons. C'est Mademoiselle du Claux sœur de Madame de Fortisson qui m'a appris ce que je viens de rapporter ; elles se trouvent si honorées d'être alliées et d'être entrées dans la famille d'une sainte carmélite qu'elles ne peuvent se lasser d'en parler ni d'en lire la vie. C'est qu'elles savent que la véritable noblesse consiste dans la vertu et la liberté des enfants de Dieu. »

Notice par M. le Bon de Caplane.

De Fortisson barons de Roquefort en Tursan, dont le nom primitif était Taxosen (ou Tachousin), famille originaire de la petite commune de Marquesteau, voisine de Lias, canton de Cazaubon. Cette famille se transplanta vers le milieu du XIVe siècle à Renung, sur le bord de l'Adour, fit l'acquisition de cette terre. Jean II de Tachoezen se maria avec l'héritière du Souil, à la condition qu'il ajouterait à son nom le nom de du Souil. Son fils, Fortis Tachouzin-Dussouil se distingua au siége de Mont-de-Marsan du temps de la ligue sous les ordres du marquis de Poyanne qui lui donna le commandement du château. Il prit alors le nom de Fortisson et obtint pour armoiries : Deux tours d'argent crénelées et maçonnées de sable (1) avec cette devise : *Fortissum*, dont lui vient le nom de Fortisson. Le petit-fils de celui

(1) Selon toute vraisemblance *Fortis du Souil* vassal du roi Henri IV vicomte de Marsan, à raison des terres de Renung et du Souil situées en Marsan dans le domaine de Navarre, Fortis du Souil, dis-je, autrement le capitaine Fortisson, eut successivement le commandement du château de Tartas en 1581, et la charge importante de gouverneur de Mont-de-Marsan en 1584, par commission du roi de Navarre comme il semble résulter des lettres de ce prince de 1581 à 1588.

là, Pierre Ier de Fortisson épousa le 11 avril 1609 Françoise de Caplane dont il y eut postérité. Le frère cadet Jacques de Fortisson s'était marié en 1607 avec l'héritière du vicomte de Fortisson (lisez vicomte de Saint-Maurice) et a formé une branche qui s'est éteinte dans les mâles par la mort de M. de Fortisson Saint-Maurice qui n'a laissé que des filles. La branche aînée s'est perpétuée jusqu'à nos jours. Pierre Ier de Fortisson laissa deux enfants : son fils aîné Pierre deuxième du nom, se maria en 1642 avec Camille de Brosser fille du seigneur d'Arget et Moustrou en Béarn, dont il y a eu aussi postérité. Son fils Estienne marié en 1697 à Marie d'Arros d'Argelos a eu pour fils aîné Jean-Baptiste de Fortisson capitaine de cavalerie, chevalier de Saint-Louis, marié en 1722 à Madelaine de Vernon du Haget dont quatre enfants : du premier mariage un garçon Pierre IIIe de Fortisson, colonel, mestre de camp du régiment de Languedoc, chevalier de Saint-Louis en 1771, mort sans enfants en 1795 au château de Fortisson ; il avait épousé Jeanne-Françoise de Caplane, décédée au château de Sensacq en janvier 1830. Ses sœurs n'ont jamais été mariées. De son second mariage du 1er de février 1743 (de Jean-Baptiste) avec Marie-Sylvie d'Aspremont de la famille des d'Aspremont d'Orthe, dont un fils Louis-Auguste de Fortisson page du roi Louis XV, marié en 1770 à Mademoiselle d'Antin de Habas dont postérité éteinte aujourd'hui. Il y a postérité féminine des deux branches de Roquefort et Saint-Maurice.

Extrait des registres de la paroisse de Casteide Candau.

Le 19 juillet 1718 est décédé Messire Jean-Louis de Fortisson, seigneur et baron de Casteide, Saint-Maurice et autres lieux, et fut

La famille de Fortisson fut représentée en 1789 aux Etats de la noblesse de Dax par :

1º Philippe-Louis vicomte de Saint-Maurice, fils du vicomte de Fortisson et de Mlle de Pontacq Belhade ;

2º Jean-Louis-Auguste de Fortisson seigneur baron cavier de Habas ;

3º Pierre de Fortisson baron de Roquefort, colonel d'infanterie.

C. C.

enterré le 20 dudit mois dans l'église, après avoir reçu les sacrements. — Signé : LUSSAGNET, *curé*.

Ce jourd'hui quinzième aoust 1719, nous Jean-Pierre de Labour, curé, biquaire général du diocèse de Lescar, avons baillé la bénédiction nuptiale à Messire Jean-Louis de Fortisson vicomte de Saint-Maurice du diocèse d'Aire, et damoiselle Jeanne de Salettes Casteide, et ce en conséquence des dispenses et permissions accordées par les seigneurs evesques de Lescar et d'Aire, en présence de St-Gassie, Cazenave curé de Morlanne, et Bernard de Perés curé de Saint-Médard, qui ont signé avec nous :

LABOURT; SAINT-GASSIE ; CAZENAVE, *curé de Morlanne* ; PERÉS, *curé*. (Ainsi signé.)

Mariage (1768) en l'église Saint-Jean de Pouliacq.

L'an mil sept cent soixante-huit et le seizième jour du mois d'aoust, la publication des bans ayant été faite pendant trois dimanches consécutifs dont le dernier fut le 4e après la Pentecoste 19e juin, aux prônes de la messe paroissiale de Pouliacq, entre Messire Jean-Jacob de Béarn baron d'Aussau, fils légitime majeur de feu Cyrus de Béarn et de dame Marie de Fecheux, et demoiselle Marie-Jeanne-Françoise de Caplane fille légitime mineure de Messire François-Guillhaume de Caplane baron de Mondebat, etc., et de dame Marie-Peronne de Talazac Sansac, sans opposition ni empêchement qui soient venus à notre connaissance, semblable publication ayant été faite par M. le curé de Saint-Jean Poutge et Aussau, aussi sans opposition ni empêchement, comme il conste par son certificat. Lesdites parties s'étant disposées à la bénédiction nuptiale par les sacrements de pénitence et eucharistie, je soussigné Louis de Hiton, chanoine de Lescar la leur ay impartie dans l'église de Pouliac, en présence de Messire François-Guillaume Caplane baron de Mondebat, etc., père de l'épouse ; de Messire Jean-Baptiste baron de Fortisson cousin de l'épouse ; Messire Dominique-François Dumoulin chevalier, seigneur de Labarthète, brigadier des armées du roy et pour lui commandant dans la ville d'Ayre ; de noble Daniel de Labernade seigneur de Marieulet et Vignotes, et de M. Jean Ducunq, prêtre et curé de Garlin et Pouliacq, qui ont signé avec les époux. En foy de quoy :

J. DUCUNQ, *curé de Pouliacq* ; CAPLANE, *père* ; J.-J. DE BÉARN ; DE CAPLÁNE ; TALAZAC CAPLANE, LABARTÈTE ; FORTISSON ; LABERNADE MARIOLET ; l'abbé DE HITON, C. DE L.

DE BÉARN DE MIUSSENS BARONS D'USSAU.

Extraits faits sur les originaux au mois d'octobre 1770 (d'Hozier).

Lettres original d'érection de la terre, fief et seigneurie d'Ussau, l'un des anciens fiefs de la souveraineté de Béarn en dignité de baronnie accordées par le feu roy au mois d'avril 1672, à Jacques de Béarn seigneur d'Ussau, et en considération de l'ancienne noblesse de la famille de Béarn en la province de Béarn, sortie de l'ancienne et illustre maison des vicomtes souverains de Béarn de laquelle étaient issus de très grands et vertueux personnages. Pierre de Béarn de Miussens ayant servi le roy Charles VII aux guerres qu'il eut contre les Anglais, n'ayant eu de son mariage avec Christine Conduilh (que) deux enfants, savoir : François de Béarn baron de Miüssenx son fils aîné, qui fit la branche de Miüssenx et servit pareillement Charles VII aux mêmes guerres contre les Anglais et notamment au siége de Libourne où il donna des marques de sa valeur et de son courage ; et Roger de Béarn son cadet, lequel servit le roy Jean de Navarre en toutes ses guerres en qualité de son premier écuyer et sénéchal en ses vicomtés de Marsan, Gabardan et baronnie de Capsius, du mariage duquel Roger avec Gratianne héritière des châteaux de Saint-Martin de Salies sortit Jean de Béarn qui servit Henri II roy de Navarre en ses guerres de Navarre, notamment aux siéges reprises de Fontarabie et Pampelonne sous le sire de Lesparre où il se signala, et de son mariage avec Bertranne de Poey eut Jacques de Béarn seigneur desdits châteaux de Salies, ledit Jacques ayant servi le roy Henri IV en ses guerres, en qualité de son premier gentilhomme aussi bien que Jean de Béarn son fils aîné et Timothée de Béarn seigneur d'Abère son fils cadet, procréés du mariage contracté entre lui et Claude de Larmandie de la province de Périgord, particulièrement ledit Timothée à la bataille de Coutras et depuis en qualité de maréchal de camp dans l'armée dudit roy Henry IV commandée en la province de Béarn par le sieur de la Force, lequel Timothée de Béarn ayant eu cinq enfants de son mariage avec dame Jeanne de Neis, sçavoir : Théophile, Adrien, David-Jean et Jacques de Béarn ; ils ont, à l'exemple de leurs prédécesseurs, suivi le parti des armes ayant tous cinq commencé par servir en qualité de volontaires aux guerres d'Allemagne et de Hollande dans les troupes entretenues par le roy Louis XIII ; ledit Jean en qualité de capitaine d'infanterie et faisant la charge d'ayde de camp à la reprise de Bréda et à l'assaut qui fut donné au siége de laditte ville où il fut tué d'un coup de canon ; ledit Jacques de Béarn seigneur d'Ussau ayant fait seize campagnes, savoir : dans les troupes françaises en Hollande sous le prince d'Orange s'étant trouvé aux siéges et prises de Groles, de Bolduc, de Vezel, Buricq, Veneloo, Ruremonde, Mastrict, Linbourg, Estrale, Rembergue, Orsoy, Trolemont et du fort Desquin, et en France aux siéges et prises de Corbie, de Landrecie, commandant dans celuy-ci la compagnie de chevau-légers de la feue reine mère de Sa Majesté en qualité de cornette, par commission de même qu'à la prise de la Capelle sous les sieurs de la Meilleraye de Renty, et le Catel, et sous les sieurs de la Force et du Hallier, comme aussi à la prise de Sals et Rivesaltes et Canet en Roussillon sous le prince de Condé, et en Catalogne en qualité de capitaine d'infanterie au régiment de Tonenx et de major de brigade composé de la moitié de l'armée sous le sieur de Lamothe Houdancourt aux prises de Villeneuve, Vails, Reus et Constantin. Sa Majesté ne pouvant mieux reconnaître de si grands services rendus (tant) par les ancêtres dudit exposant que par luy qui, par ses actions, s'était rendu digne fils et successeur de leur vertu en soutenant le rang que lui donnait son illustre naissance, qu'en l'honorant de ce titre d'honneur. Ces lettres, signées Louis ; sur le ply, par le roy, Arnaud, *Visa Louis* et scellées en cire verte, furent registrées au greffe des expéditions de la chancellerie de France, par acte signé Bouchet. (En marge) on lit au dos mais sans signature : Enregistré au registre de rétablissement ordonné par la cour à Pau, le 4 décembre 1717.

—

Il a été produit en original le contrat de mariage de Messire Jean-Jacob de Béarn seigneur baron d'Ussau, procédant du consentement de Madame Marie de Fecheux sa mère, veuve de Messire *** (on croit lire Cirus) de Béarn baron d'Ussau, accordé le 15 août 1768 avec Mademoiselle Marie-Jeanne-Françoise de Caplane, assistée de Messire François-Guillaume de Caplane chevalier, seigneur baron de Mondebat, Garlède et la Lonquette, et de Madame Marie-Peronne de Talazacq dame de Sansac, Mauries, Pimbo et Boucoue, ses pères et mère ; de demoiselle Marie-Jeanne-Elisabeth de Caplane sa sœur et autres ses parents et amis. En faveur de ce mariage, les père et mère de laditte future luy constituent en dot la somme de 30,000: livres y comprise celle de 8,000 livres qui avait été léguée à laditte future par Madame Elisabeth Aimable de Seigneur son ayeule paternelle par son testament du 10 avril 1747, reçu à Paris par M. Soyen de Tereuse. Ce contrat passé à Mondebat devant Laire, notaire royal garde nottes à Thèze, et en présence de Messire Dominique-François Du Moulin ; chevalier seigneur de la Bartète ; chevalier de l'ordre militaire de Saint-Louis, brigadier des armées du roy, commandant de la ville d'Aire et y demeurant ; de noble Daniel de la Bernade seigneur de Marieulet et Vignotes y demeurant, et de Messire Louis-Bernard de Hiton, chanoine de la cathédrale de Lescar.

Il a été produit en original le testament de Messire Jean-Jacob de Béarn seigneur baron d'Ussau, fait le 22 novembre 1768, par lequel fait différents legs à la dame de Fescheux de Béarn d'Ussau sa mère. Il déclare qu'il était marié depuis peu de jours avec dame Jeanne-Marie-Françoise de Caplane, ignorant si elle était enceinte, et il institue son héritier universel, au cas que son épouse ne le fût pas, le sieur noble Martin Perier de Saint-Jean de Luz qu'il croit être son héritier de sang. Cet acte reçu par Blandin, notaire royal de l'arrondissement de Conchez et de la paroisse d'Ussau. -- (*Titres de la Bibliothèque impériale.*) — Du PÉRIER, habitant de Saint-Jean-de-Luz, seigneur de Bentayou. — (Voir le *Nobil. de Guienne*, t. II.)

ARMES : D'or à deux vaches passant de gueules onglées accornées et clarinées d'azur.

La famille de Béarn Salies et d'Abère s'est alliée aux maisons d'Amou, de Bordenave, de Caumon d'Ade, etc., etc.

A la famille de Béarn Salies, branche de Miossens, appartenaient noble Antonin de Béarn baron de Sendos, en 1670-1700 ; messire Philippe de Béarn baron de Sendos, 1708-1710 (*Titres de Bedorède et de Caupenne*).

—

1786. — *Mariage de Messire Pierre de Fortisson et de dame Marie-Jeanne-Françoise de Caplane.*

L'an mil sept cent quatre-vingt-six et huitième février, la publication des bans ayant été faite le cinquième dimanche de l'Epiphanie, cinquième du courant, aux prônes de la messe paroissiale de Pouliacq, pour la première deuxième et dernière publication, et ayant averti que les parties étaient dans le dessein de s'adresser à Mgr l'Evêque pour obtenir dispense des deux autres, qu'ils ont obtenu comme il conste par les lettres ci jointes entre Messire Pierre de Fortisson chevalier de l'ordre royal et militaire de Saint-Louis, mestre-de-camp, baron de Roquefort, fils légitime majeur de feu M. Jean-Baptiste de Fortisson capitaine de cavalerie, baron de Roquefort, et dame Magdelaine du Haget, habitans de la paroisse de Lasque, et de dame Marie-Jeanne-Françoise de Caplanne, veuve de feu M. Jean-Jacob de Béarn baron d'Aussau ; habitante de la la paroisse de Pouliacq, sans opposition ni empeschement qui soient venus à notre connaissance. Semblable publication ayant été faite par M. le curé de Lasque, aussi sans opposition ni empeschement comme il conste par son certificat. Lesdites parties s'étant disposées à la bénédiction nuptiale par les sacrements de pénitence et eucharistie, elle leur a été impartie dans la chapelle de Caplanne, avec la permission de Monseigneur l'évêque, par M. l'abbé de Mesplès Esquieule, chanoine théologal et vicaire-général de Monseigneur l'évêque d'Oloron, en présence de Messieurs François-Guillaume de Caplanne père de l'épouse; de Gabriel-François-Marie frère de l'épouse; de Jean-Louis-Auguste de Fortisson, et de Jean-Louis de Fortisson; de Louis-Bernard abbé de Hitton, chanoine de Lescar, seigneur de Clarac, conseiller au Parlement de Navarre; de Jean Ducunq curé de Garlin et Pouliacq ; de Laurents Ayrine curé de Lasque qui ont signé avec les époux. En foy de quoy : — FORTISSON ; E. DE CAPLANNE FORTISSON ; CAPLANNE *père*; DE CAPLANNE *fils* ; J. DUCUNG *curé de Garlin et Pouliac* ; FORTISSON *frère de l'époux* ; FORTISSON ; l'abbé DE HITTON ; AYRINE, *curé de Lasque* ; l'abbé de MESPLÈS.

VICOMTES DE GABARRET ET LOUVIGNY.

Roger vicomte de Gabarret, au temps de Guillaume Astanove comte de Fézensac, vers l'an 1050, eut deux fils, Pierre et Arnauld Roger.

Pierre lui succéda ; celui-ci eut d'Agnès son épouse un fils appelé Pierre comme lui.

Pierre II se maria à Guiscarde fille de Gaston vicomte de Béarn, laquelle remplaça dans cette dernière seigneurie son frère Centulle mort sans postérité, et c'est ainsi que les enfants et héritiers de Pierre et de Guiscarde furent à la fois vicomtes de Gabarret et de Béarn; ils durent posséder aussi la seigneurie de Brulois qui était déjà annexée à celle de Gabarret.

Les noms des descendants de Pierre et de Guiscarde seront donnés plus loin dans la généalogie des vicomtes de Béarn.

Si les vicomtés de Juliac et de Tursan furent célèbres, les noms de leurs titulaires furent obscurs. A peine quelques-uns sont parvenus à notre connaissance; nous les omettrons.

Les vicomtes de Louvigner ou Louvigny méritent au contraire toute notre attention. Alliés aux très nobles familles des barons de Lescun, des vicomtes de Lautrec, des seigneurs d'Andoins et des comtes de Grammont, ils donnèrent à leur vicomté une telle renommée qu'ils méritèrent d'être élevés par le roi Charles IX à la dignité de comte.

Fortanier de Lescun fils d'Arnauld, petit-fils de Fortanier eut pour bisaïeul Bernard, pour trisaïeuls Fortanier et Condore de Gabaston. Il fut vicomte de Louvigner et seigneur de Marsan en 1276. Il fut marié à Sybille fille du baron de Navailles, et mourut en 1297 ne laissant qu'une fille, qui devint femme d'Arnauld-Guillaume de Béarn.

VICOMTES DE LOUVIGNY SEIGNEURS DE LESCUN.

Arnauld-Guillaume de Béarn baron de Lescun et de Hagetmau, vicomte de Louvigner, eut de N... de Lescun sa femme un fils, Fortanier, et une fille, Clairmonde, qui fut unie par mariage à Raimond-Arnauld de Quarase.

Fortanier II, en 1323 épousa Mathilde fille du baron de Quarase, et en eut une fille unique, Marguerite Coarase, qui eut pour mari Jean de Pommier. Jean de Pommier et Marguerite de Lescun étaient maîtres du Louvigner en 1350. Leurs enfants furent Fortanier leur héritier, et Jeannette qui devint la femme de Guilhaume-Arnauld, seigneur de Morlane.

Fortanier III eut de sa femme N... Fortanier qui lui succéda dans le Louvigner, Catherine mariée à Guilhaume-Arnauton seigneur de Meritens, et Marguerite qui, en 1407, s'unit à Jean baron d'Andoins. La postérité de celle-ci, après plusieurs générations, finit par posséder le Louvigner par l'extinction de la descendance de Fortanier frère de cette dame, comme il sera dit plus bas.

Fortanier IV contracta mariage avec Jeanne de Castillon sœur et héritière de Pons de Castillon seigneur dans le Médoc, et laissa d'elle Mathieu et Archambauld; il mourut en 1439.

Mathieu qui succéda à Fortanier son père, s'allia à Diane de Béarn, et de cette alliance survinrent deux filles, Marie et Bertrande, et celle-ci eut pour mari Roger de Foix seigneur de Rabat. Mathieu mourut en 1572.

Marie sa fille aînée et son héritière prit pour mari, en 1457, Odet d'Aidie, et le fit ainsi baron de Lescun et vicomte de Louvigner. Odet fut un brave guerrier, distingué par ses hauts faits. Aussi, sous le roi Louis XI, il parvint aux plus grands honneurs et aux dignités les plus élevées, et reçut en don le comté de (Comminges) qu'à sa mort il transmit à ses enfants. Il avait eu de Marie deux filles : Jeanne épouse de Jean de Foix de Lautrec, et Magdelaine qui s'unit à Louis de Grammont et lui porta en dot le vicomté de Castillon.

Jeanne héritière d'Odet et de Marie, donna à son mari Jean de Foix de Lautrec trois fils : Odet qui eut la succession de son père et de sa mère ; Thomas qui devint maréchal de France ; André seigneur de Lesparre ; et une fille, Françoise, mariée à Jean de Laval seigneur de Châteaubriand.

Odet de Foix de Lautrec dont la renommée s'étendit sur toute la terre, après des fiançailles célébrées avec Germaine de Foix sa parente, se maria cependant avec Charlotte d'Albret, qui lui donna trois fils : François mort avant son père ; Gaston et Henri, et une fille Claudie mariée d'abord à Guidon comte de Laval, et ensuite à Charles de Luxembourg vicomte de Martigue dont elle eut un fils nommé Henri. Henri vicomte de Louvigner étant mort en 1348, la baronie de Lescun et le vicomté de Louvigner revinrent par droit coutumier à un descendant de Marguerite fille de Fortanier III, et épouse de Jean d'Andoins, de laquelle nous avons parlé plus haut, et ce descendant était Paul d'Andoins, qui laissa ces deux seigneuries à Diane d'Andoins sa fille unique, qu'il avait eue de sa première femme, Marguerite de Cauna, et Diane les transmit à son tour à Antoine comte de Grammont qu'elle avait eu de son mari Philibert de Grammont.

D'ANDOUINS.

Il résulte d'un acte authentique passé le 3 octobre 1514 au château de Mussidan, que dame Catherine d'Andouins veuve de Messire François de Gramont, était mère et tutrice de Jean de Gramont né au mois d'août 1499 au château de Bidache, et qui avait pour aïeul paternel Rogier de Gramont, et pour oncle Charles de Gramont pourvu de l'évêché de Paris. (Note de M. E. Labeyrie.)

Diane d'Andoins vicomtesse de Louvigny, était fille unique de Paul de Louvigny seigneur de Lescun et de Marguerite de Cauna; elle était née à Hagetmau en 1554 et avait à peine treize ans quand elle épousa, le 7 août 1567, Philibert de Gramond et Toulougeon comte de Gramont, dit le comte de Guiche vicomte d'Aster, maire de Bordeaux et gouverneur de Bayonne. (*Ibidem.*)

L'acte de 1514 et la notice de Oyhenart ci-dessus, établissent plusieurs affinités de sang entre les seigneurs de Gramond d'Aster et les vicomtes de Louvigny de Lescun, après avoir dressé page 45 l'arbre généalogique de la maison d'Aster, complété dans le présent chapitre par la chronologie des vicomtes de Louvigny barons de Lescun, nous renvoyons le lecteur aux notices historiques sur les ducs de Gramont, par M. Borel d'Hauterive, *Annuaire de* 1844. Lachesnaye des Bois, Moreri et les grands officiers de la couronne; l'état de la France de 1749, etc., etc.

Le plan de l'auteur de l'*Armorial* embrasse principalement les familles du pays qui ont voté en 1789 et n'ont point de généalogies imprimées dans d'Hozier, le *Dictionnaire de la Noblesse* et le P. Anselme. Parmi ces familles dont la filiation n'a jamais été publiée, il en est de très illustres par leurs services et leurs possessions territoriales. Telles sont : Caupenne, Poudenx, Pujollé de Juilliac, de Lons, de Bedorède, etc., etc.

D'Huron.

Le Conseiller d'Etat directeur certifie que des registres matricules et documents a été extrait ce qui suit :

Nom et signalement du militaire : — DURON (Jean-Marie) (Quelquefois D'HURON) né le 11 mars 1719 à Saint-Cricq de Maurillan (Généralité d'Auch).

Détail des services : — Volontaire au régiment d'infanterie de Lorraine, le 12 septembre 1741 ; lieutenant au bataillon de Corbeil (Généralité de Paris) le 10 octobre 1742 ; lieutenant en second au régiment d'infanterie de Ponthieu en février 1746 ; lieutenant en pied le 12 mars 1746 ; fait prisonnier de guerre par les Anglais le 11 décembre 1746 ; rentré à son régiment le 8 avril 1747 ; réformé le 20 janvier 1749.

Lieutenant en premier au bataillon de Saint-Gaudens (Généralité d'Auch) le 1er avril 1750 ; commissionné capitaine le 1er septembre 1759 ; capitaine au 1er de grenadiers postiches du bataillon de Saint-Gaudens, le 10 décembre 1761 ; capitaine en second le 1er janvier 1762 ; officier volontaire pour commander un des six piquets de grenadiers royaux désignés pour Saint-Domingue, le 1er juillet 1762 ; rentré en France en 1763.

Capitaine de grenadiers au régiment provincial d'Auch le 23 novembre 1771 ; passé au régiment provincial de Bordeaux 1er juin 1775 ; réformé et placé au bataillon de garnison du régiment de Médoc-infanterie le 1er juin 1778, présent en mai 1783 (Sans renseignements depuis cette époque jusqu'à la suppression des troupes provinciales qui eut lieu en 1791).

Campagnes : — 1746, sur la frégate la *Renommée*, a assisté à un combat naval en vue du port de Chibouktoof, et a obtenu à cette occasion 200 livres de gratification ; 1747, Bretagne ; 1748, Flandre ; siége de Maestricht ; 1762-1763, Saint-Domingue ; chevalier de Saint-Louis le 28 avril 1763.

Fait à Paris le 27 novembre 1865.

Pour le Conseiller d'Etat directeur, *le Sous-Directeur,*

A. DE FORGE.

Jean-Marie d'Huron assista en 1764 au mariage de demoiselle Louise de Cabannes avec noble Joseph de Pomiers (*Voy. Cabannes*).

De La Borde, *à Saint-Sever Cap de Gascogne.*

Dressé le 22 février 1786 sur titres communiqués par M. de Vergennes

Ecartelé au 1 et 4 d'azur au chevron d'or accompagné en pointe d'un lion de même ; au 2 et 3 d'azur à trois pommes de pin d'or posées deux et un, qui est d'Estoupignan. Croix de Saint-Louis. — *Alias* : D'or au chevron de gueules accompagné en pointe d'un levrier ou lion d'argent.

I.

Feu noble Christophe de La Borde, vivant conseiller au siége de Saint-Sever, est rappelé dans le contrat de mariage de Jean son fils, du 23 février 1610. — (Grosse.)

II.

1° Jean de La Borde escuyer, habitant de la ville de Saint-Sever, épousa par contrat passé le 28 février 1610, devant Bordenave notaire royal, Françoise de Girard damoiselle, fille légitime et naturelle de Jean de Girard escuyer, sieur d'Onnez et de damoiselle Marguerite de Larhède. Les parties furent assistées savoir : le futur, de ses frères ; de sieur Bernard de Cloche homme d'armes de la compagnie du sieur de Poyanne, son oncle maternel ; de noble Jean de Laborde conseiller du roy et lieutenant-général criminel au siége de Saint-Sever, son cousin germain. Et la future, de ses père et mère ; d'Antoine de Girard écuyer, son frère germain ; de M. M° Jean de Laborde (*id est* Jean de Larhède) advocat en la cour, son oncle maternel, par lequel lesdits sieur et demoiselle de Girard ont constitué en dot à la future épouse leur fille la somme de 3,000 livres. — (Grosse en papier signée dudit notaire) ;

2° Noble Sever de La Borde conseiller du roy au siége

et sénéchal de Saint-Sever, assista au contrat de mariage de Jean son frère, du 28 février 1610 ;

3° Noble Bernard de La Borde advocat en la cour du Parlement, assista au contrat de mariage de Jean son frère, du 28 février 1610.

III.

1° Bernard de La Borde (1) désirant aller servir le roy dans ses armées, fit son testament olographe en la ville de Saint-Sever, le 24 février 1651, par lequel il fait plusieurs dispositions pieuses : lègue à Madeleine de La Borde sa sœur la somme de 1,000 livres ; à sa cousine Audise (Odette) de Basquiat les meubles qu'il avait dans la maison de son oncle et dans ses maisons de ladite ville de Saint-Sever ; à Marte, Marguerite et Quiteire de Basquiat ses tantes maternelles, la somme de 1,000 livres partageable entr'elles ; à Messire Bernard de Basquiat advocat en la cour, son oncle maternel, la troisième partie de tous ses biens et institua pour son héritier universel Antoine de La Borde son frère. — (Original en papier signé dudit testateur) ;

2° Antoine de La Borde fut institué héritier universel de son frère, le 24 février 1651 ;

3° Noble Jean-Jacques de La Borde sieur du Saint-Loubouer, est nommé avec Bernard son frère dans une enquête du 18 septembre 1683 ;

4° Madelaine de La Borde femme du sieur de Serres, fut légataire d'une somme de 1,000 livres, par le testament de son frère du 24 février 1651.

Saubade d'Estoupignan étant à la veille de ses couches, fit son testament olographe dans la ville de Saint-Sever, le 3 mars 1655, par lequel elle demanda d'être enterrée dans l'église des Révérends Pères Prêcheurs, et fait divers legs pieux, et a institué son héritier général le garçon ou la fille dont elle était enceinte, et dans le cas que ledit enfant vint à décéder, elle lui substitue M. de La Borde son mary. — (Original en papier signé de ladite testatrice.)

(1) Bernard de La Borde était fils de Jean de La Borde écuyer (2e degré) et de Marthe de Basquiat sa seconde femme.

C.

Messire Bernard de La Borde écuyer et Mademoiselle Saubade d'Estoupignan sa femme, sont nommés dans l'extrait baptistère de Joseph leur fils, du 26 juin 1657. — (Extrait légalisé.)

Bernard de La Borde écuyer, habitant de la ville de Saint-Sever, donna à bail à François d'Aberat, marchand, habitant au lieu de Mugron une maison appelée à Langlèze située audit lieu avec le jardin en dépendant, ensemble la vigne appelée au Pin située en la juridiction du même lieu, pour l'espace de huit années et moyennant la somme de 70 livres tournoises pour chacune. Ce bail fut passé le 4 novembre 1661 devant Jean Franque, notaire royal audit Saint-Sever. — (Grosse en papier signée dudit notaire.)

Noble Bernard de La Borde cappitaine, habitant de la ville de Saint-Sever, acquit par acte passé en ladite ville le 2 mars 1662 devant Brethous notaire royal d'icelle, de Matthieu de Lescung écuyer, sieur de Porteraison, habitant de la paroisse d'Eyres : dix journades, dix-sept lattes ou environ de terre noble consistant en terres labourables, vignes, landes et taillys, située en la paroisse d'Eires, moyennant la somme de 1,240 livres tournoises de 20 sols chacune. — (Expédition en papier, délivrée le 14 octobre 1684, par le détenteur de l'original. Signé Brethous, notaire royal.)

Noble Bernard de La Borde cappitaine, habitant de la ville de Saint-Sever, vendit par acte passé le 12 juin 1667, devant de Brethous notaire royal de la ville, à Jean de Lataste (Lastase) dit de Petaches, vigneron, habitant de la paroisse de Mugron, une pièce de terre, vigne et taillis, appelée la vigne grosse de Darré-Petarbe, de la contenance de dix-neuf lattes et demie, et ledit taillis neuf lattes, dix-huit escats, le tout situé en la paroisse de Mugron, moyennant la somme de 650 livres tournoises de 20 sols chacune. — (Grosse en papier signée dudit notaire.)

Noble Bernard de La Borde sieur de La Salle, obtint le 15 mars 1668 un jugement (1) de M. Dailenc commissaire sub-

---

(1) Ce jugement ne se trouve point au cabinet.

délégué par M. l'intendant (de Guyenne), par lequel il lui a donné acte de la représentation de ses titres. — (Copie collationnée par un secrétaire du roy audiencier ez-chancellerie de Guyenne. Signé Pellot.)

Noble Bernard de La Borde sieur de Clergat, habitant de la ville de Saint-Sever, consentit une obligation de 104 livres 1 sol 3 deniers au profit de Me Auger de Martianay procureur au siége de ladite ville, par acte passé le 13 février 1673 devant de Mericamp notaire royal de la même ville, pour prêt de pareille somme, laquelle ledit sieur de La Borde promet de lui rendre à la fête de saint Martin lors prochaine. — (Grosse en papier signée dudit notaire.)

Noble Bernard de La Borde est nommé dans l'enquête que fit faire Antoine de La Borde sieur du Bon, habitant de la ville de Saint-Sever, son cousin germain, le 11 septembre 1683, devant Louis de Barry écuyer, lieutenant-général au siége de ladite ville, à l'effet de constater la noblesse de sa famille, pour faire recevoir noble Thomas de La Borde son fils dans l'une compagnie des gentilshommes nouvellement faites par le roy ; dans le préambule de laquelle il est dit que sa noblesse est suffisamment établie par ses anciens titres et par les jugements du commissaire subdélégué par M. Pellot pour la recherche de la noblesse, obtenus par nobles Jean-Jacques de La Borde seigneur de Saint-Loubouer et ledit Bernard frères ses cousins, dans laquelle enquête il fit entendre Pierre de Castaignos écuyer, premier jurat de ladite ville, et nobles Joseph du Sault et Christophe de Lafitte capitaine, qui ont unanimement déclaré connaître ledit sieur de La Borde pour être gentilhomme et vivant noblement, et savoir de plus que lors de la recherche de la noblesse faite par ordre du roy pour laquelle le sieur Dailhenq fut commissaire subdélégué par M. de Pellot lors intendant de la province sur le vu de leurs titres. — (Original signé desdits témoins, du juge et de Marsan greffier.)

Demoiselle Saubade d'Estoupignan veuve de feu noble Bernard de La Borde capitaine, assista au contrat de mariage de Joseph de La Borde leur fils, du 5 avril 1690. — (Copie collationnée.)

Feu noble Bernard de La Borde sieur de Clergat, est rappelé dans une commission donnée contre son fils, le 5 janvier 1693. — (Original.)

Feu noble Bernard de La Borde escuyer, est rappelé dans une obligation consentie par Joseph son fils, le 19 may 1703. — (Grosse.)

IV.

1° Joseph de La Borde né le 20 juin 1657, a été baptisé le 26 du même mois dans l'église paroissiale de la ville de Saint-Sever Cap diocèse d'Aire. — (Extrait délivré le 2 octobre 1782, par le curé de la paroisse. Signé Tauzin et légalisé.)

2° Demoiselle Marie de La Borde épouse de M. Bernard de La Marque avocat en la cour, assista au contrat de mariage de Joseph son frère, du 5 avril 1690. — (Expédition.);

3° Demoiselle Jeanne de La Borde épouse de M. Antoine de La Marque avocat en la cour, assista au contrat de mariage de Joseph son frère, du 5 avril 1690. (Expédition.)

Noble Joseph de La Borde écuyer, sieur de La Salle, habitant de la ville de Saint-Sever, épousa par contrat passé le 5 avril 1690 devant Mericamp notaire royal de ladite ville, demoiselle Barthelemie de Tournier, fille légitime de feu M. Bernard de Tournier et de demoiselle Catherine de Jegun. Ils y furent assistés, sçavoir : le futur, de la demoiselle sa mère ; de M. M⁰ Joseph de Madaune, conseiller du roy au siége de la même ville, son oncle ; de demoiselle Madelaine de La Borde veuve de feu noble (Jacques) de Serres, sa tante ; de MM. Bernard et Antoine de La Marque avocats en la cour, et demoiselles Marie et Jeanne de La Borde ses beaux-frères et sœurs ; de noble François de La Borde sieur du Bon ; de noble Joseph de La Borde seigneur de Maignos et Arcet ; de noble Pierre de La Borde ; de noble Charles d'Estoupignan seigneur de Balazin et autres ses parents. Et la future, de sieur Joseph de Tournier son frère, maître ez-arts ; de M⁰ Bernard Carmentran notaire royal, son cousin germain et curateur et autres, par lequel contrat ledit sieur de Carmentran a constitué en dot à la future épouse la somme de 12,000 livres et 500 livres pour son habillement. — (Copie collationnée par Laffitte notaire royal de Saint-Sever, le 2 juin 1781, sur l'original représenté par le sieur Laurent Trabay et par lui retiré et légalisé.)

Noble Joseph de La Borde sieur de La Salle, au nom et comme fils et héritier de Bernard, est nommé dans la contrainte décernée contre lui le 5 janvier 1693 par Jean-Louis de Pardaillan chevalier, comte de Gondrin, marquis de Serignac, sénéchal des Lannes, à l'effet de le contraindre à payer sans délay à noble Marc-Antoine de Coudroy et demoiselle Agne de Lespés mariés, la somme de 104 livres 1 sol et intérêts d'icelle qu'il leur devait. — (Expédition originale signée Pons, commis greffier.)

Joseph de La Borde écuyer, sieur de La Salle, et Jean-Jacques de La Borde écuyer, ci-devant capitaine au régiment de La Motte-Houdancourt, commandant pour le roy au fort Barbacca en Catalogne, et Victor de La Borde son fils, écuyer, ses parents, obtinrent le 10 octobre 1696 un jugement des commissaires généraux députés par Sa Majesté pour le recouvrement des droits de franc-fiefs, franc-alleu, etc., par lequel sur le vu des ordonnances de maintenue obtenue par lesdits sieur de La Borde, du subdélégué de M. Pellot intendant de Guyenne, le 5 mars 1668 ; lesdits sieurs commissaires les déchargèrent du payement des sommes auxquelles ils avaient été taxés par les rolles des 31 mars et dernier juin 1693, pour raison de leurs biens et héritages, et ordonne que ce qu'ils avaient été contraints de payer pour raison de ce lieu serait rendu et restitué. Datté de Fontainebleau, signé Arvault. — (Expédition originale.)

Joseph de La Borde sieur de La Salle écuyer, fils et héritier de feu Bernard, fit un accord le 19 may 1703 devant Destouet notaire royal de la ville de Saint-Sever, avec M. Daniel de Cloche avocat en la cour, sieur de Mauléon, au nom et comme procureur sindicq des Dames de la Charité de ladite ville au sujet de l'obligation de la somme de 104 livres 1 sol 3 deniers, consentie par led. feu Bernard de La Borde au profit de M. Auger Martianay procureur au siége de la même ville, laquelle obligation était passée entre les mains de demoiselle Anne de Lespès qui en avait fait don aux Dames de la Charité. Par lequel il fut accordé que la somme de 104 livres 1 sol 3 deniers resterait entre les mains dudit sieur de La Salle pour la tenir en rente constituée et remboursable à sa volonté sans pouvoir y être contraint. — (Grosse en papier signé du notaire.)

Noble Joseph de La Borde écuyer, et Barthélemie de Tournier sa femme sont nommés dans l'extrait baptistaire de Jean-Charles leur fils, du 9 may 1692. — (Extrait légalisé.)

Joseph de La Borde sieur de La Salle écuyer, et demoiselle Barthélemie de Tournier sa femme, habitants de la ville de Saint-Sever, assistèrent au contrat de mariage de Jean-Charles leur fils, du 26 avril 1724. — (Original sousseing privé.)

Joseph de La Borde écuyer, seigneur de La Salle et dame Barthélemie de Tournier sa femme sont nommés dans un certificat donné le 23 décembre 1728 à Messire Joseph de La Borde son fils, par Antoine de Captan escuyer, ancien capitaine de cavalerie et chevalier de l'ordre militaire de Saint-Louis ; Pierre de Girard d'Onnès écuyer, ancien major d'infanterie ; Augustin de Prugue écuyer, seigneur de Marrens, et Jean-Joseph d'Estignols d'Espans écuyer, seigneur d'Onnès, habitants de la ville de Saint-Sever, portant que ledit sieur de La Borde est d'une ancienne et noble extraction, dont la noblesse a été confirmée par un arrêt du conseil contradictoire, du 10 octobre 1696. — (Copie collationnée par deux notaires royaux de Saint-Sever, le 24 juin 1729. Signé Mericamp et Girard.)

Noble Joseph de La Borde écuyer, sieur de La Salle, habitant de la ville de Saint-Sever, fit son testament le 19 juin 1736 devant Destouet notaire royal de ladite ville, déclara être conjoint en mariage avec demoiselle Barthélemie de Tournier, duquel il avait six enfants vivants, quatre garçons et deux filles, nommés : Jean-Charles, Antoine, Benoist, Joseph, Marie et Marthe ; lègue à ladite de Tournier sa femme tous les meubles de sa maison et les fruits de tous ses biens ; fait des legs à tous ses enfants et institue pour son héritier universel noble Jean-Charles de La Borde écuyer, son fils aîné. — (Grosse en papier signé du notaire.)

V.

1° Jean-Charles de La Borde né le 8 may 1692, a été baptisé le lendemain dans l'église paroissiale de la ville de Saint-Sever Cap diocèse d'Aire. — (Extrait légalisé.) ;

2° Antoine de La Borde est nommé dans le testament de son père du 19 juin 1736 ;

3° Benoist de La Borde est nommé dans le testament de son père du 19 juin 1736 ;

4° Joseph de La Borde est nommé dans le testament de son père du 19 juin 1736 ;

5° Marie de La Borde est nommée dans le testament de son père du 19 juin 1736 ;

6° Marthe de La Borde est nommée dans le testament de son père du 19 juin 1736 ;

Jean-Charles de La Borde écuyer, épousa, par articles passés sous-seings-privés à Saint-Sever le 26 avril 1733, demoiselle Françoise d'Audignon fille légitime de feu sieur Pierre d'Audignon avocat, et de demoiselle Marguerite de Borrit. Le futur y fut assisté des sieur et dame ses père et mère, par lesquels la future se maria avec tous les droits à elle échus par le décès de son père, et lesdits sieur et dame de La Borde font donation au futur époux leur fils, des maisons du Pont de Mugron, de la maison du Barbe autrement Cadillac avec les vignes et terres en dépendants. — (Original en papier signé des parties.)

Noble Jean-Charles de La Borde écuyer, fut institué héritier universel par le testament de son père du 19 juin 1736. — (Grosse.)

Noble Jean-Charles de La Borde de La Salle écuyer, et dame Louise d'Audignon mariés, sont nommés dans l'extrait baptistaire de Joseph leur fils, du 17 août 1737. — (Extrait légalisé.)

Noble Jean-Charles de La Borde écuyer, sieur de La Salle, fit dresser le 9 janvier 1750 par M. de Bourdeau Daudejos écuyer, lieutenant-général au siége de Saint-Sever, un procès-verbal à l'effet de constater que sa maison avait été incendiée ; dans le réquisitoire duquel ledit sieur de La Borde expose que tous les appartements de ladite maison furent brûlés ainsi que les meubles qui s'y trouvaient, et que tous ses papiers de famille, sa généalogie, ses titres de noblesse et plusieurs autres pièces et papiers essentiels qu'il tenait dans une armoire au milieu de la maison furent également brûlés, ce qui fut constaté par ledit procès-verbal. — (Expédition originale, signée Estrabeau, greffier.)

Messire Jean-Charles de La Borde chevalier, seigneur de La Salle, assista au contrat de mariage de Joseph son fils, du 10 may 1769, dans lequel feue dame Françoise d'Audignon sa femme est rappelée. — (Grosse.)

Le sieur Jean-Charles de La Borde chevalier, obtint le 5 août 1779 un arrêt du Parlement de Navarre qui le décharge de fournir son dénombrement pour raison de la seigneurie de la maison de La Salle et biens nobles en dépendants, ordonne que l'hommage par lui prêté le 11 décembre 1777 en tiendra lieu et l'a maintenu dans la possession d'iceux. — (Original en papier, signé Dilon.)

VI.

Joseph de La Borde né le 16 août 1737, a été baptisé le lendemain dans l'église paroissiale de Saint-Sever Cap diocèse d'Aire. — (Extrait légalisé.)

Messire Joseph de La Borde Lassalle chevalier, lieutenant des vaisseaux du roy, habitant de la ville de Saint-Sever, épousa par contrat passé dans la maison noble de Labeyrie le 10 may 1769, devant Bustarret notaire royal de ladite ville, Marie-Hippolite-Rosalie d'Abadie Saint-Germain demoiselle, fille naturelle et légitime de Messire Bertrand d'Abadie de Saint-Germain chevalier, seigneur de

Saint-Germain et Labeyrie, ancien lieutenant de vaisseau, chevalier de l'ordre royal et militaire de Saint-Louis, et de dame Aimée-Rozalie-Marguerite de Labarre de Larivaux. Les parties furent assistées, savoir : le futur, de son père ; de Messire Joseph de La Borde chevalier de l'ordre militaire de Saint-Louis et commandant du bataillon de milice de Saint-Sever, son oncle ; de demoiselle Anne Duris sa cousine ; de M. Me Pierre-Joseph de La Marque conseiller du roy et son procureur au sénéchal de Saint-Sever. Et la demoiselle future épouse, desdits sieur et dame ses père et mère ; de Thérèse, Uranie et Anne-Rozalie d'Abadie de Saint-Germain demoiselles, ses sœurs ; de M. le marquis de Candalle et de la dame son épouse ; de M. Me Bernard de Busquet conseiller du roy audit sénéchal, son parent. Par lequel lesdits sieur et dame de Saint-Germain constituent en dot à la future épouse leur fille la somme de 15,000 livres. — (Grosse en parchemin, signée dudit notaire.)

Messire Joseph de La Borde chevalier, seigneur de Lassalle, chevalier de l'ordre royal et militaire de Saint-Louis, cy-devant lieutenant de vaisseau, acquit par acte passé le 2 juin 1781 devant Laville, notaire royal de Saint-Sever, d'André Tastet dit Chinon vigneron, habitant de Poyanne, une pièce de terre prés appelée au Petit-Lahille, de la contenance d'environ une journade, située dans la paroisse de Larbey, moyennant la somme de 50 livres. — (Grosse en parchemin, signée dudit notaire.)

Messire Joseph de La Borde Lassalle chevalier, lieutenant des vaisseaux, et de dame Marie Hypolite-Rosalie d'Abadie de Saint-Germain sa femme, sont nommés dans l'extrait baptistaire de Bertrand-Louis leur fils du 25 août 1773, et dans celui de Joseph-Alexandre leur autre fils, du 6 novembre 1776.

VII.

Bertrand-Louis de La Borde né le 25 août 1773, fut baptisé le même jour dans l'église paroissiale de la ville de Saint-Sever Cap de Gascogne, diocèse d'Aire. — (Extrait légalisé.)

Messire Joseph-Alexandre de La Borde né le 6 novembre 1776, fut baptisé le même jour dans l'église paroissiale de la ville de Saint-Sever Cap de Gascogne, au diocèse d'Aire. — (Extrait légalisé.)

VIII.

Jean-Gratien-Théodore de La Borde Lassalle, fils de noble Joseph-Alexandre et de Françoise-Angélique de Laborde Nogués, marié en 1839 à dame Aricie de Cés Caupenne, décédé en 1853, en a eu André qui suivra ;

2° Dame Elisabeth de Laborde Lassalle, mariée à M. G. de Saint-Léger capitaine, chevalier de la Légion-d'Honneur ; d'où Mathilde et Yvonne de Saint-Légier ;

3° Marie-Marguerite-Anne de Laborde Lassalle ;

4° Victorine-Marie de Laborde Lassalle ;

5° Elie de Laborde Lassalle.

IX.

Noble André de Laborde Lassalle né le 22 novembre 1846, fut tenu sur les fonts baptismaux par son grand-oncle, André de La Borde Nogués. (*Manuscrits de la Bibliothèque impériale, jusqu'au VIIe degré*).

Famille convoquée au ban de la noblesse de 1702, et à l'assemblée de Dax pour les Etats-généraux en 1789.

Lachabanne *(Armorial Guienne 85)*.

André-Louis de la Chabanne, conseiller au Parlement de Bordeaux, porte : de gueules à un lion d'hermines couronné d'argent.

Guillaume-Gaston de la Chabanne trésorier de France au bureau des finances de Bordeaux *(Mêmes armes. Guienne n° 111.)*

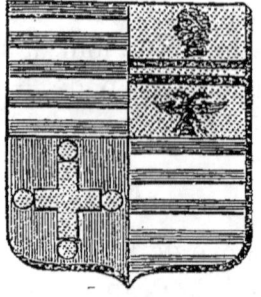

De Lalande Lamothe-Labatut.

Écartelé au 1 et 4 d'azur à quatre fasces d'argent; au 2 d'or à une jumelle de sable accompagnée en chef d'une tête de more tortillée d'argent, et en pointe d'un aigle à deux têtes de sable; au 3 de gueules à une croix pommetée d'or. (*Armorial* 1698.)

De La Lande baron d'*Olce et de Magesc, seigneur de Montolieu*.

Écartelé au 1 et 4 d'azur à quatre fasces d'argent, qui est de Lalande; au 2 et 3 de gueules à trois chevrons d'or avec une étoile d'argent au premier canton, qui est d'Olce en Basse-Navarre. Ordre de Saint-Louis.

Lannevère de Hinx.

D'argent à trois chevrons de gueules écartelé du même à un lion au naturel. Couronne de comte.

Achapt par Monsieur de Cabannes de Cauna contre Jean de Castaignet, comme procureur constitué de Madamoyselle de Lannevère de Hinx (1678).

Le 12 avril 1704, le sieur Marsan habitant de Montaut estant au droit de feu Michel Despois fermier des droits seigneuriaux de la Caverie de Ségas appartenant à l'église de Brocas, reconnaît avoir été payé par Monsieur de Cabannes des fiefs de quinze années échues à la saint Martin 1688, et des lots et venthes qui lui estoient dheus à cause de la venthe du taillis appellé de Lanevère à lui fait par Pierre de Castaignet, procureur constitué de Catherine de Lanevère damoiselle, suivant le contrat du 3 décembre 1676, retenu par Durou, notaire royal.

Procuration. — Le 12 novembre 1678, paroisse de Hinx et maison de Mariette, a esté en sa personne Catherine de Lannevère demoyselle, tant en son nom que comme procuratrice, constituée par sieur Pierre de Lanevère lieutenant au régiment d'Orléans, laquelle donne procuration à Jean de Castaignet vigneron, dit Mousquet, habitant de Montaut, pour et au nom de la constituante passer et stipuler un contrat de vente de trois quarts de journade de taillis de l'héritage de Mousqué ou Lanevère dudit Montault, et ce en faveur de Monsieur de Cabannes de Cauna, pour le prix et somme qui sera entre eux accordé, et qu'il octroye quittance audit sieur de Cabanes telle que ladite constituante pourrait faire... le prix de laquelle vente ladite demoyselle constituante veut employer pour payer partie de certaine somme que l'hérédité dudit sieur de Lanevère et de la constituante doibt donner à Monsieur de Lalande seigneur baron dudit Hinx. Témoins de ce : Jean Dufour; Jean de Laborde, laboureur ; et Estienne Dufour, tailleur, habitants de Hinx. — Ainsi signé : C. DE LANEVÈRE, *constituante ;* DE TESTEMALE, *notaire royal.* — (Original.)

Vente. — Le 3 décembre 1678 en la ville de Saint-Sever, fut constitué en personne Jean de Castaignet dit du Mousqué vigneron, habitant de Montault, procureur constitué de Catherine de Lanevère damoyselle, habitante de Hinx, elle-même fondée de procuration du sieur Pierre de Lanevère lieutenant au régiment d'Orléans son frère, par acte du 23 mars dernier, retenu par de Testemale notaire, lequel a vendu aliéné sans aucune reservation en faveur de noble Ramond de Cabannes escuyer, habitant de la présente ville, ici présent, un lopin de taillis de chastaignerai de la contenance de trois quarts de journade appellé communément au Tausia de Lanebère, scitué en la paroisse de Montault, confrontant du levant à terre, vignes et tailhis de M. Pierre de Lanevère prestre; du midi à chemin public; du couchant à taillis de ladite demoiselle; du nord à vigne dudit sieur de Lanevère prestre, moyennant le prix et somme de 180 livres tournoyses de 20 sols pièce présentement payés dont quittance, en présence de : Dominique Tauzin praticien, habitant de Lamothe; M⁰ François de Laborde prestre, curé dudit Lamothe et y habitant; Jean-Ciprian Baratte Mᵉ chirurgien, habitant de Saint-Yaguen, témoins à ce appelés qui ont signé à l'original avec ledit sieur Cabannes acquéreur, ce que n'a fait ledit sieur Castaignet pour ne sçavoir de ce requis par moy. Durou, *notaire royal.*

Du 20 mars 1678, procuration du sieur Pierre de Lanevère lieutenant au régiment d'Orléans, habitant de la paroisse de Hinx, donnant pouvoir à ladite demoiselle de Lanevère de vendre du bien fonds pour payer les dettes de l'hérédité, conjointement avec M. Mᵉ Bernard du Sint prestre, curateur nommé, en présence de : Mᵉ Pierre de Guardelanne prestre et curé de Hinx; de Mᵉ Louis Darrose, notaire royal; Pierre de Bastère greffier audit Hinx, habitants de la paroisse de Hinx, témoins à ce appelés. Signés à l'original avec ledit sieur constituant, par moy : DE TESTEMALE, *notaire royal;* Durou, *notaire royal.* — (Titres de Cabannes.)

De Larrhède, *à Saint-Sever Cap,* porte : D'argent chappé de sable.

Iᵉʳ *degré.* — N... de Larrhède auteur commun, fut père de : M. Jean de Larrhède avocat au Parlement, vivant en 1580-1610;

M. Bernard de Larrhède prêtre, vicaire de Nerbis, (1600-1630);

Damoiselle Marguerite de Larrhède, mariée à noble Jean de Girard écuyer, seigneur d'Onnès, fut mère de Françoise de Girard, mariée à noble Jean de Laborde (1610), et de noble Antoine de Girard d'Onnès écuyer.

II° *degré*. — Jean de Larrhède avocat, eut pour successeur Pierre qui suivra. Jean assista en 1610 au mariage de Françoise de Girard sa nièce avec noble Jean de La Borde.

III° *degré*. — Pierre de Larrhède avocat au sénéchal de Saint-Sever, vivait en 1620-1655 et assista à la première date au mariage de Gui de Cabannes écuyer, avec Quitteire de Lartigue; son fils Bernard continue la descendance, et sa fille Françoise de Larrhède épousa à Saint-Sever en 1640-1650, le sieur Louis de Portets. Pierre souscrivit en 1655 un emprunt pour lequel il s'engagea personnellement en faveur de la ville de Saint-Sever, conjointement et solidairement avec les notables habitants de cette ville.

IV° *degré*. — Bernard de Larrhède avocat au Parlement (1650-1680), eut plusieurs enfants, entre autres, Jean qui continue la postérité et Joseph prêtre. Messire Joseph de Larrhède prêtre, assista en 1700 au mariage de Jean son frère, et était en 1730 chanoine et seigneur abbé de Pimbo.

V° *degré*. — Noble Jean de Larrhède sieur de Labarrère lieutenant du maire de Saint-Sever, fut convoqué en 1702 comme écuyer au ban de la noblesse de la sénéchaussée; se maria le 25 avril 1700 avec dame Jeanne-Marthe de Lartigue, dont il eut plusieurs enfants, entre autres Dominique continuateur de la descendance.

VI° *degré*. — Noble Dominique de Larrhède de Labarrère marié vers 1735 à dame Marguerite d'Abadie d'Espaunic, fut père de Jacques de Larrhède qui continue la postérité.

VII° *degré*. — Noble Jacques-Christophe de Larrhède officier d'infanterie, fut marié vers 1770 à dame Claire de Junca, et assista en 1782 au mariage de Clair-Joseph de Cabannes de Cauna avec demoiselle Perine de Compaigne; ses enfants suivent :

VIII° *degré*. — 1° Noble Bernard-Pierre de Larrhède né en 1776, dont on ne connaît pas la destinée ;

2° Demoiselle Marie de Larrhède, mariée à noble Jean-Baptiste de Castaignos-Guibat ;

3° Demoiselle Jeanne-Marie de Larrhède, décédée à St-Sever en 1861, âgée de 88 ans.

4° Marie-Claire de Larrhède née en 1775.

P. S. — La famille de Larrhède s'est alliée directement à plusieurs autres familles de la province, notamment aux Montalier de Bordeaux.

PIÈCES JUSTIFICATIVES.

Le 25 avril 1700, après la publication des bans de mariage par trois dimanches consécutifs aux messes de paroisse sans aucun empêchement canonique, et après qu'il nous avait apparu de la dispense de la parenté insinuation d'icelle, controlle des bans en date du 21 du même mois, receurent la bénédiction nuptiale noble Jean de Larrhède et Jeanne-Marthe de Lartigue. Présents : M. Joseph de Larrhède, prêtre ; Joseph de Laval ; M. M° Jean-Louis de Portets, conseiller et sieur Joseph de Marsan.

DE MORA, *curé* ; C. DE TUQUOY ; PORTETS ; DE LARRHÈDE ; JEANNE-MARTHE DE LARTIGUE ; LAVAL ; JOSEPH DE LARRHÈDE, *présent*.

———

Françoise-Romaine fille du sieur Dominique de Larrhède Labarrère et de dame Marguerite d'Abadie Despaunic, mariés demeurant dans cette paroisse, est née le 14 décembre 1734 et a été baptisée le 15. Parrain le sieur Bernard d'Abadie Despaunic ; tenant pour lui le sieur Bernard d'Abadie Despaunic, chanoine de Saint-Girons. Marraine dame Françoise de Montalier Larrhède, tenant pour elle, dame Romaine de Larrhède Darbo. En foy de quoy avons signé :

DUFRAYSSE, *curé* ; BERNARD DABADIE DESPAUNIC ; FRANÇOISE MONTALIER DE LARRÈDE ; LARRHÈDE, *grand-père* ; DARBO.

———

Jean-Cezar fils du sieur Dominique de Larrhède-Labarrère et de dame Marguerite Dabadie d'Espaunicq mariés, est né le 7 de février 1736 et a été baptisé le 8. Parrain, le sieur Jean-Cezar Dabadie Despaunic, chanoine de Saint-Girons ; marraine, dame Romaine de Larrède de Lespès-Coulet. En foy de quoy :

DUFRAYSSE, *curé* ; DABADIE, *chanoine, parrain* ; ROMÈNE DE LARhède de Lespès, *marraine ;* Larhède, *grand-père ;* de Cès Horsarrieu ; Larhède.

—

Jacques-Christophe fils de sieur Dominique de Larrhède-Labarrère et de dame Marguerite d'Abadie d'Espaunic, naquit à Saint-Sever, le 13 février 1737. Parrain, sieur Jean de Lespès-Coulet ; marraine Etiennette d'Abadie d'Espaunic. En foi de quoy :

Larrhède, *père ;* Dufraysse, *curé ;* Lespès, *parrain ;* Etiennette Dabadie Despaunic.

Marie-Jeanne de Larrhède fille de noble Jacques-Christophe de Larrhède et de dame Claire de Junca, naquit le 29 janvier 1772. Parrain noble Antoine de Junca ; marraine dame Marie-Anne de Laborde et ont signé :

Tausin, *curé ;* Marsan ; Laborde Larrède.

—

Le 6 juin 1776 est né noble Bernard-Pierre Norbert de Larrhède fils légitime de noble Jacques de Larrhède et de dame Claire de Junca, et a été baptisé le lendemain. Parrain Bernard de Larrhède prêtre, tenant pour lui M. Pierre Dussault advocat en Parlement, et marraine dame Marguerite d'Onnès de Junca, tenant pour elle dame Marguerite de Borrit de Junca. Témoins : D. de Lille et J. Brettes, qui ont signé avec nous, et le père :

Larrhède, *prêtre délégué ;* Dussault ; Larrhède *père ;* de Lille ; Brethous ; Borrit de Junca.

—

Marie-Claire de Larrhède est née et a esté baptisée le 25 may 1775. Elle est fille légitime de M. Jacques de Larrhède et de dame Claire de Junca. Parrain M. Jean-César de Larrhède, marraine dame Claire de Borrit St-Germain. A la place du parrain et de la marraine ont tenu : Noble Joseph Bonnehé et dame Marie de Laborde Abany qui ont signé avec nous :

Bonnehé ; Marie de Laborde Larrhède ; Tausin *curé de Saint-Sever.*

Jeanne de Larrhède célibataire âgée de 86 ans, native de Saint-Sever, fille de feu Jacques de Larrhède et de Claire de Junca est décédée en 1861.

—

De Larrieu.

Magdelaine de Larrieu est née et a été baptisée le 22 octobre 1774 ; elle est fille légitime de Messire Michel-Grégoire Boniface de Larrieu, aide-major au régiment d'Orléans dragons, et de dame Jeanne Dumartin. Parrain, Messire Joseph de Podenas de Montaignan, à la place duquel a tenu Messire Pierre-François Du Martin baron de Benquet ; marraine, demoiselle Magdelaine Du Martin qui ont signé avec nous ;

Tausin, *curé de St-Sever* ; Benquet, Dumartin. (*Arch. de St-Sever.*)

MINISTÈRE DE LA GUERRE. — *Bureau des archives et décorations.*

Le conseiller d'Etat directeur, certifie que des registres matricules et documents déposés aux archives de la guerre a été extrait ce qui suit :

Nom et signalement du militaire. — Larrieu (Jean-Michel-Grégoire-Boniface), fils de Jean-Baptiste et de Marie Dufaur, né le 8 mai 1735 à Riscle (Gers).

Détail des services. — Dragon au régiment d'Orléans le 3 février 1753 ; maréchal-des-logis le 20 mars 1737 ; cornette le 19 mai 1761 ; lieutenant le 6 février 1762 ; sous-aide-major le 1er mars 1771 ; capitaine le 28 avril 1778 ; aide-major à Saint-Malo le 4 avril 1781 ; adjudant de place à Bayonne le 1er août 1791 ; nommé commandant à Bayonne par le général en chef de l'armée des Pyrénées le 15 juin 1793 ; nommé commandant de la citadelle de Bayonne le 5 fructidor an II ; réformé le 2 thermidor an IX ; retraité par arrêté du 26 prairial an II.

Campagnes. — De 1757 à 1762 Hanovre.

Fait à Paris le 16 octobre 1867.

Pour le conseiller d'Etat Directeur :

Le Sous-Directeur, A. de Forge.

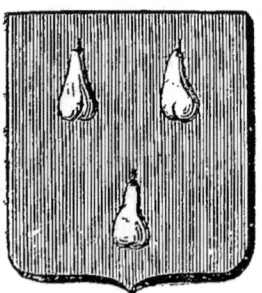

De Lataulade, *barons dudit lieu, de Laas, d'Issor, d'Ossages, d'Agès, d'Urgons, de Marquebielle, en Béarn et Chalosse.*

De gueules à trois poires d'argent deux et une. Couronne de comte ; supports, deux lions ; croix de Saint-Louis en sautoir.

De Lavigne *en Béarn.*

François de Lavigne *abbé de Pardières :* — D'azur fretté d'argent à une fasce de gueules broschant sur le tout. (Béarn, n° 102).

Du 20 aoust 1774 (Généralité de Pau).

Finances. — Bureau de Courrèges d'Agnan, 10 écus sols. Tresarieu subs. 10 livres 12 sols. Une requête levée le 23 dudit.

Extrait des registres du Parlement de Navarre.

Vu par la Cour la requette à elle présentée par Pierre-Martin de Lavigne abbé laïque de Pardières, résidant au Moule isle de la Guadeloupe, par laquelle il expose que les circonstances dans lesquelles il se trouve exigent qu'après avoir mis sous les yeux de la Cour les preuves écrites de l'ancienneté de sa noblesse, il la supplie de rendre un arrêt qui le maintienne dans le droit de jouir des honneurs, priviléges et exemptions qui y sont attachées ; que ses autheurs ont toujours pris avec raison la qualité de noble. Mais le malheur des temps, les querelles élevées en Béarn au sujet de la religion, les troubles, les excès et les incendies qui en furent la suitte l'empêchent, nonobstant ses recherches, qu'il puisse remonter au-delà de 1538 ; que ce fut le 27 janvier de cette année que noble Jean de Lavigne, après avoir prêté à Henri II roy de Navarre seigneur souverain de Béarn, entre les mains de Jacques de Foix, évêque de Lescar et commissaire député par Sa Majesté, son hommage pour les maisons nobles et abbatialles de Bezingran et de Pardières ; fournit son dénombrement dans lequel, indépendamment des domaines dont il y est parlé, il comprit aussi les censives qui lui étaient dues par plusieurs particuliers ; qu'à noble Jean de Lavigne dut succéder noble Arnaud-Guillem faisant son testament le 29 septembre 1555. Il prit la qualité de seigneur de Mont et celle d'abbé de Pardières et de Bezingran ; il y parla aussy de ses enfants, dont il fixa la légitime et institua son héritier. Bernard de Lavigne son fils aîné qui se maria le 22 avril 1575 avec noble Catherine d'Abidos, qui fut assistée de noble Louise de Gravessou sa mère, et de noble Antoine d'Abidos son frère, et consentit en leur faveur le 5 may 1597 une quittance contenant tournedot de la somme par eux constituée et promise dans le contrat de 1575. Que de ce mariage issut autre Bernard de Lavigne qui obtint du conseil souverain de Béarn, le 23 février 1601, une sentence par laquelle il lui fut permis de vendre du bien pour payer les dettes contractées par son père, dans laquelle sentence il y est qualifié de sieur de Mont ; la vente lui fut permise en qualité d'héritier de Bernard son père, et il fut dit qu'il y serait procédé en présence et sous l'assistance de Catherine sa mère, de ses curateurs et ses proches parents, en exécution de laquelle sentence ledit Bernard de Lavigne consentit divers contrats dont il joint les collationnés avec les autres pièces justificatives de tout ce qui a déjà été dit. Il va l'être encore que ledit Bernard avait été marié avec demoiselle Suzanne de Philippe d'Audaux, ce qui se recueille soit de la quittance par lui consentie le 8 janvier 1616, soit de son testament du 11 janvier 1659, qui apprend encore qu'alors il restait sept enfants de leur mariage, quatre mâles et trois femelles qui y sont tous dénommés et leurs droits de légitime fixés à mille francs pour chacun des mâles, et dix-huit cent pour chacune des filles ; qu'il institua héritier Pierre son fils aîné, et au cas (où) il vint à décéder sans enfants, il substitua Jean son cadet, puis Izaac et enfin Samuel qui était le dernier des mâles, lequel prit le parti du service et fut capitaine dans le régiment de Louvigner ; que Pierre qui était absent de la province lors du testament se retira quelque temps après et ne vécut pas longtemps puisque Jean qui lui était substitué se maria comme maître des biens de Lavigne le 28 janvier 1668, avec demoiselle Marguerite de Guiraud de Monein, stipula et consentit divers contrats dans lesquels, ainsi que ses auteurs, il prit la qualité de noble. Ces actes sont également produits. Izaac de Lavigne s'était déjà marié le douzième février 1661 avec Jeanne de Claverie. On ne sçait la raison pour laquelle Bernard son père ne voulut point être présent au contrat. Pierre frère aîné d'Izaac y assista et tous y prirent la qualité de noble. Izaac la prit encore dans les actes qu'il passa en particulier, ainsi que la chose est établie par la remise des collationnés, quoyque Jean de Lavigne et Marguerite de Guiraud eussent procréés plusieurs enfants, il n'en restait néanmoins aucun le 12 février 1690, époque du testament de Jean qui contient des avantages considérables en faveur de son épouse et institution héréditaire en faveur de François de Lavigne son neveu, celui-ci était fils d'Isaac. Ledit François avait été marié déjà le quatre décembre 1685, avec Suzanne de Guiraud de Pardies. Il fut assisté par noble Jean de Lavigne abbé de Pardières et Samuel de Lavigne capitaine au régiment de Louvigner ses oncles. Isaac son père était mort le 20 avril de la même année. De ce mariage issut trois enfants mâles : Jean-François, Joseph et Pierre de Lavigne.

« Jean-François qui était l'aîné, fut marié le 20 février 1721 avec Jeanne de Dufau de Denguin. Ce sont les père et mère de luy suppliant qui est aussy l'aîné de sa famille ; que les actes dont il vient d'être parlé apprennent que déjà en 1538, ses auteurs prirent la qualité de noble, et il demeure toujours que la noblesse de race luy est acquise ; il doit ajouter encore que Sa Majesté ayant donné des ordres pour la recherche des usurpateurs de noblesse, Jean et Izaac de Lavigne frères furent assignés en 1670 devant M. Jean de Lartigue commissaire subdélégué par M. d'Aguesseau, devant lesquels ils produisirent leurs titres, à la vue desquels ledit sieur de Lartigue donna son avis pour les maintenir dans la possession de leur noblesse avec pouvoir de porter des armes timbrées et de jouir de tous les privilèges accordés aux véritables nobles ; qu'au reste il a prêté son hommage devant la cour, pour raison de ladite abbaye de Pardières, le 27 mai 1767, par le ministère du sieur Jean-Paul de Lavigne son frère cadet ; par laquelle requette ledit sieur de Lavigne a demandé le déclarer noble et issu de noble race. En conséquence que lui et ses enfants nés et à naître en loyal mariage, jouiront des privilèges et exemptions dont jouissent les gentilshommes du royaume, tant qu'ils vivront noblement et ne feront acte de dérogeance à la noblesse. L'appointement de soit montré au procureur-général du roi, rendu sur ladite requette, le 19 août 1771 ; les pièces justificatives de l'état et qualité dudit sieur Pierre Martin de Lavigne savoir : 1° L'extrait du dénombrement fourni le 25 janvier 1538 devant Jacques de Foix par Jean de Lavigne, seigneur des noblesses de Bezingran et de Pardières ; 2° Le collationné du testament fait le 29 septembre 1555, par noble Arnaud-Guilhem de Lavigne seigneur de Mont et abbé de Pardières et Bezingran ; 3° Un contrat d'engagement consenti en faveur du sieur Guilhamot-Claverie jurat de Lahourcade, par noble Bernard de Lavigne seigneur de Mont en 1567 ; 4° le contrat de mariage d'entre le même Bernard de Lavigne seigneur de Mont, et noble Catherine d'Abidos, du 22 avril 1575 ; 5° La quittance contenant tournedot consentie le 5 mai 1597 par ledit Bernard de Lavigne seigneur de Mont, en faveur de noble Louise de Gravessous et Antoine son fils seigneur d'Abidos ; 6° La sentence rendue le 23 février 1601 par le conseil souverain, sur la demande formée par autre Bernard de Lavigne seigneur de Mont, fils et héritier du précédent, en permission de vendre des biens de l'hérédité pour payer les dettes ; 7° Deux contracts d'engagement consentis les 14 mars et 14 juillet 1601, par lesdits nobles Bernard de Lavigne, en faveur de Jean-Laulher de Mourenx et de Jeannot Perron de Pardies ; 8° La quittance consentie le 8 janvier 1611 par ledit noble Bernard de Lavigne, en faveur de demoiselle Hélène de Burette, la somme de 6,000 francs, constituée à demoiselle Suzanne Philippe Daudaux en 1613, dans son contract de mariage avec ledit sieur de Lavigne ; 9° Le contract de vente sous faculté de rachapt consenti par le même noble Bernard de Lavigne, le 31 juillet 1613, en faveur de Samuel-Rémy ministre de Pardies ; 10° Autre contract de vente du 20 février 1639, en faveur de Montaller dudit lieu ; 11° Autre contract de vente de l'Abbaye de Bezingran, consenti le 14 août 1558, par ledit noble Bernard de Lavigne en faveur de noble Jean de Bordères d'Oloron ; 12° Deux obligations stipulées par noble Isaac de Lavigne le 13 janvier 1653 et 26 mars 1657 ; 13° Le testament fait le 11 janvier 1659 par noble Bernard de Lavigne sieur de Mont ; 14° Un contract de vente consenti le 13 décembre 1660, par Raymond et Guillaume Trouy de Noguères en faveur de noble Isaac de Lavigne ; 15° son contract de mariage avec Jeanne Claveraa, du 12 février 1661 ; 16° Autre contract de mariage du 28 juin 1668, entre noble Jean de Lavigne et demoiselle Marguerite de Guiraud de Monein ; 17° L'extrait mortuaire de noble Isaac de Lavigne, du 20 avril 1685 ; 18° Le contrat de mariage passé le 4 décembre 1685 entre François de Lavigne et Suzanne Guiraud de Pardies ; 19° Le testament de noble Jean de Lavigne abbé de Pardières, du 12 février 1690 ; 20° Un contract passé le 1er avril 1694 entre noble Jean de Lavigne, Joël Casenave et consorts, au sujet du rachapt de deux pièces de terre, 21° Les articles monitoires impetrés devant l'official de Lescar par noble Jean de Lavigne abbé de Pardières et François de Lavigne avec trois lettres expédiées par l'official les 25 février, 13 avril et 25 mai 1694 pour la publication ; 22° L'extrait du censier de la paroisse de Noguères pour quelques pièces de terre possédées dans le territoire par noble François de Lavigne en 1714; 23° Le collationné du contract de mariage, du 20 février 1721, entre Jean-François de Lavigne et Jeanne Dufau de Danguin; 24° L'extrait du livre terrier de Pardies de l'année 1727 concernant certains fonds possédés par noble Jean-François de Lavigne; 25° Le contract de mariage passé le 16 janvier 1760 entre Pierre Loustalet dit d'Andoins de Mourenx et Jeanne St-Pée de Pardières, auquel contrat assista noble Jean-François de Lavigne comme administrateur du revenu des pauvres filles ; 26° L'extrait mortuaire dudit noble Jean-François de Lavigne, du 7 octobre 1761; 27° le collationné de l'hommage prêté par Pierre-Martin de Lavigne suppliant le 27 mars 1767, pour raison de la maison noble et abbatialle de Pardières ; 28° Le procès-verbal dressé le 28 février 1670 par M. de Lartigue conseiller du roy, lieutenant particulier au siège présidial de Condom, et subdélégué par M. Daguesseau pour la recherche des usurpateurs de la noblesse dans le ressort de la cour, sur la remise des titres faite devant lui par nobles Jean et Isaac de Lavigne frères; à suite dudit procès-verbal est l'avis dudit sieur Lartigue tendant à la maintenue ; 29° Un parchemin contenant les armes timbrées, au bas duquel on trouve : Veu Lartigue lieutenant particulier et commissaire ; enfin la lettre écrite, le 23 mai 1698, au sieur de Lavigne abbé de Pardières par le sieur d'Arthez dans l'objet de l'enregistrement de ses armoiries à l'Armorial général, avec la déclaration du sieur Munier contenant que François de Lavigne apporta dans son bureau ses armoiries, le 16 octobre suivant pour être enregistrées; les conclusions du procureur-général du roy données à la vue de ladite requête et pièces justificatives, par lesquelles il déclare n'empêcher l'adjudication des conclusions prises par ledit Pierre-Martin de Lavigne, la présentation au greffe de Seguinote procureur pour ledit sieur de Lavigne, autre requête aux mêmes fins, la distribution faite au sieur de Courrèges d'Agnos conseiller. Ouy son rapport et le tout vu, DIT A ÉTÉ que la cour déclare ledit Pierre-Martin de Lavigne noble et issu de noble race ; en conséquence ordonne que tant lui que ses enfants nés et qui naîtront en loyal mariage, jouiront des privilèges et exemptions dont jouissent les gentilshommes du royaume, tandis qu'ils vivront noblement et qu'ils ne feront pas des actes de dérogeance à la noblesse.

Prononcé à Pau, en Parlement, Grand chambre comptes aydes et finances, le vingtième août, mil sept cent soixante-onze.

Collationné pour copie le 27 décembre 1774 :

LACADE, *greffier*.

A nostre ben amat lo senhor d'Abidos, nostre castelan de Pau.

La regina senhora de Béarn, ben amat nostre nos transmetem (ou) trametem par dequera per augunes nostros besonhes... l'abat de la Reula nostre ben amat conselher auquoau avem mandat (fare) entende au conselh de Madame Anne, nostre cara et très amade filhe... et fau residence en aquet nostre castet et loc de Pau lo pluus que bonnement poyra. Per so volem et vos mandam que tant que (il) demorera, lo fassatz administrar la despense per luy et sous (servidors).. que apertendra non obstant lo rollo per nos balhat a nostre particular (thesaurer) deus personadges ordinaris qui avem ordenat part dequera.

Diu sie am vos. Dada à Pampelone le XXIII jorn de janer l'an mil IIIIe LXXXXIII (1493). — Signé : Catalina, et plus bas, de Castaineht. (*Archives de la maison de Lavigne à Pardies*).

Ledoulx de Sainte-Croix.

De gueules à un arbre d'argent terrassé de même supporté à senestre d'un lion et accosté à dextre d'un agneau pascal d'argent contourné et passant sur la terrasse, et un chef d'azur chargé de trois étoiles d'or. — Couronne de baron une croix en cimier. Cri : *Sainte Croix !*

Du Lion.

Armes : D'or au lion rampant d'azur armé et lampassé de même. — Devise : *Leo rugiet et non timebit.*

Archives départementales des Hautes-Pyrénées.

Preuves de la noblesse faites au cabinet des ordres du roy au mois de novembre 1786, par Laurens-Marc-Antoine du Lion chevalier, appelé marquis du Lion, sous-lieutenant au régiment des gardes-françaises, pour avoir l'honneur de monter dans les carrosses de Sa Majesté et de la suivre à la chasse.

Du Lion, *en Béarn* seigneurs du Lyon, de l'abbaye Laye de la ville d'Orthez, marquis du Lion et de Campet, barons de Gelos et autres places, maison d'ancienne chevalerie de la province de Béarn où sont assis les châteaux et terre du Lion, d'où elle paraît avoir pris son nom au diocèse de Lescar sénéchaussée de Morlas.

Les seigneurs du Lyon florissaient déjà sur la fin du XIVe siècle par les charges, les emplois, les services militaires auprès des comtes de Foix, vicomtes de Béarn, du roi Charles VI et successivement de Charles VII, de Louis XI, Charles VIII, Louis XII, etc.

Son nom se trouve diversement écrit dans les titres français ou vulgaires, du Leu, de Leon ou du Lyon et en latin de Leone.

Premiers sujets connus par titres originaux.

Arnaud-Raimond du Lion fut présent en 1150 avec les seigneurs de Gramond et de Luxe et toute la cour de Béarn à la fondation du prieuré d'Orduos, faite par Pierre vicomte de Béarn.

Guillaume du Lion damoiseau fut témoin d'un bail à fief, passé au mois de mars 1301, par Seguin d'Estang seigneur et baron d'Estang.

Guillaume du Lion chevalier, châtelain et garde du chastel Gaillard, donna quittance de ses gages et des hommes d'armes et arbalétriers de la garnison dudit château, à Nicolas Odet trésorier des guerres, le 12 avril 1360.

Ier *degré*. — Espan du Lion premier du nom, chevalier, gouverneur du comté de Foix et du château d'Orthez, seigneur du Lion, abbé lay d'Orthez en Béarn, qualifié noble et puissant homme, fit hommage de ces deux terres conjointement avec Espan son fils, à Gaston comte de Foix et vicomte de Béarn, le 24 janvier 1389.

Froissard dans son histoire dit qu'il fut gouverneur du Mont-de-Marsan, de Pamiers et de Saverdun ; il conféra avec le Pape sur le mariage du duc de Berry, oncle du roi Charles VI avec l'héritière de Boulogne et mourut peu après.

Femme, Antoinette de Navailles, sœur de Manaud seigneur de Navailles.

1° Vital du Lion, lequel fut évêque de Rieux.

2° Espan du Lion, dont on va parler.

IIe *degré*. — Espan du Lion IIe du nom, chevalier, seigneur abbé lay d'Orthez, fit hommage de cette terre conjointement avec son père, le 21 janvier 1389, et passa un bail à rente avec madame Bertranne sa femme, le dernier septembre 1393.

Femme, Bertranne ...

1° Espan du Lion qui suit ;

2° Bertranne du Lion était mariée en 1430 avec Arnaud de Navailles seigneur de Serres.

IIIe *degré*. — Espan du Lion chevalier, IIIe du nom, seigneur de Viane, Villeségur, abbé lay d'Orthez, gouverneur des bois et forêts du Béarn, fit hommage, le 15 juin 1428, à Jean comte de Foix, vicomte de Béarn, de ce qu'il possédait dans ce dernier pays ; reçut la quittance qui lui fut donnée en 1430 par Arnaud de Navailles seigneur de Serres son beau-frère de la dot de Bertranne du Lion sa sœur, et celle du 20 juillet 1436, qui lui fut donnée par Jean seigneur de Garosse, chevalier, d'une somme de 300 francs que feu noble et puissant homme Span ou Espan du Lion avait empruntée audit seigneur de Gayrosse, et fit un arrentement le 12 juin 1451.

Femme, Marguerite de Besaudun.

1° Pierre du Lion fut archevêque de Toulouse ;

2° Gaston du Lion chevalier, seigneur de Besaudun, vicomte de l'Isle et de Canet, chambellan de Louis XI, capitaine de 50 lances des ordonnances de Sa Majesté, fut successivement sénéchal de Saintes, des Lannes, de Bazadois et de Toulouse. Le roy lui fit don des capitaineries de Cintegabelle (1), de Sufforet, Thurie et du Puy. Il était un des généraux de l'armée de Normandie et commandait un quartier au siège de Nantes en 1447, et une compagnie d'hommes d'armes à la bataille de Saint-Aubin, en 1488, et conserva sa compagnie jusqu'à sa mort. Il fut un des seigneurs du royaume qui scellèrent la paix d'Ancenis, con-

(1) A l'original, Sainte-Gavelle.

clue par les ducs de Berri et de Bretagne avec Louis XI, et député aux états que ce prince convoqua à Tours la même année. Il épousa Jeanne de Lavedan, fille aînée et héritière de Raimond Garcies de Lavedan et de Bellegarde de Montesquiou, de laquelle il n'eut qu'une fille nommée Louise qui fut mariée à Charles de Bourbon, fils naturel de Jean II duc de Bourbon, d'où sont sortis les derniers vicomtes de Lavedan et les marquis de Malauze. (V. d'Antin).

3° Jean du Lion qui suit ;

4° Catherine du Lion épousa par contrat du 24 juin 1450 noble Fortaner seigneur d'Arsac ;

5° Brunette du Lion femme de noble Jean de Béarn seigneur de Saint-Maurice ;

6° Anne du Lion fut mariée à noble Etienne de Talauresse seigneur de Saumont, sénéchal de Carcassonne.

IVᵉ *degré*. — Jean du Lion Iᵉʳ du nom, chevalier seigneur de Campet, écuyer d'écurie du roi, son chambellan, consentit une obligation le 29 mars 1488 avec Pierre, archevêque de Toulouse, Gaston du Lion, chevalier, ses frères ; reçut la quittance qui lui fut donnée, le 4 may 1493, par Anne du Lion sa sœur ; fit une acquisition le 29 juillet de la même année, et mourut avant le penultième may 1506 ; qu'il est rappelé dans une vente faite par Marguerite de Luxe, sa veuve, et Jean du Lion, son fils, ainsi que dans le retrait fait par cette dame et le même Jean le 15 juin 1508.

Femme, Marguerite de Luxe, fille de noble et puissant seigneur Monseigneur Jean seigneur de Luxe chevalier, et de Marie de Péralte. Elle avait épousé en premières noces, par contrat du dernier février 1472, Monseigneur Gilles, bâtard d'Albret chevalier.

1° Jean du Lion dit Brun seigneur de Campet et de Gelos épousa noble Jeanne de Béarn fille de Pierre baron de Miossenx, sénéchal de Marsan, et sœur de Françoise de Béarn dame de Miossens, femme d'Estienne bâtard d'Albret et n'eurent point d'enfants ;

2° Bernard du Lion dont le sort est ignoré ;

3° Jean du Lion qui continue la postérité ;

4° Marguerite du Lion.

V⁰ *degré*. — Jean du Lion II⁰ du nom, dit David, écuyer, seigneur de Campet, de Casaux, de Viane et de Gelos, chambellan du roi et de la reine de Navarre, sénéchal de Marsan, fut substitué à Bernard son frère dans les biens d'Anne du Lion sa tante, le 4 mai 1493, fit une vente conjointement avec Marguerite du Lion sa sœur, le 8 novembre 1514, passa un bail à fief le 6 janvier 1556, et est rappelé dans une donation faite par Bernard du Lion son frère, le 10 mars 1564.

Première femme, Eléonore de Baylens de Poyanne fille de noble Guillaume de Baylens seigneur de Poyanne, mariée par contract du 20 avril 1526.

Marguerite du Lion dont la destinée est inconnue ;

Deuxième femme, Alice de Bergoignan fille de Géraud seigneur de Bergoignan.

1° Bernard du Lion écuyer, seigneur de Campet, dont la destinée est inconnue ;

2° Gaston du Lion dont on va parler ;

3° Dominges du Lion écuyer, seigneur de Campet, testa le 28 mars 1567, et paraît être mort sans enfants ;

5° 6° 7°. Létice, Izabeau et Marie du Lion.

VI⁰ *degré*. — Gaston du Lion écuyer, seigneur de Campet et de Gelos, servit dans les guerres civiles pour le parti de la religion prétendue réformée ; il est nommé dans le procès-verbal de la prise de possession de la terre de Gelos par Bernard son frère aîné, du 8 novembre 1563 ; reçut la donation qui lui fut faite le 10 mars 1564, par le même Bernard, des droits qu'il avait sur les terres de Gelos et de Campet; fut institué héritier universel et exécuteur du testament de Jacques du Lion écuyer, seigneur de Campet son frère, du 28 mars 1563, et assista au contrat de mariage de Jean son fils, du 12 mai 1604.

Femme, Marguerite de Pelaty mariée par contrat du 15 septembre 1573.

1° Jean du Lion qui suit ;

2° Tabita du Lion épousa noble Paul d'Espans seigneur d'Estignols ;

3° Sébastien du Lion écuyer, eut d'une alliance inconnue

Bernard du Lion écuyer, seigneur du Boscq, dont le sort est ignoré ;

4° Sylvie du Lion fut mariée avec noble Bertrand de Pouïlhaut écuyer, seigneur de Saint-André.

VII° *degré*. — Jean du Lion, III° du nom, écuyer, seigneur de Campet et de Gelos, passa, conjointement avec Catherine de Ségur sa femme une transaction, le dernier août 1605, avec noble Bertrand de Bourbon seigneur et baron de Rollié, mari de Clémence Françoise de Bouchier mère de ladite Catherine. Il reçut le don qui lui fut fait par le roi, le 30 mars 1606 d'une somme de 1500 livres en considération de ses services ; fit échange le 6 décembre 1614, reçut la quittance qui lui fut donnée le 29 juin 1624 par Tabita du Lion sa sœur, veuve de noble Paul d'Espans seigneur d'Estignols, et est rappelé dans l'inventaire de ses biens fait à la requête de Catherine de Ségur sa veuve, tutrice de leurs enfants, le 15 avril 1625, et dans le contrat de mariage de Jacques du Lion leur fils, le 21 août 1637 auquel ladite dame assista.

Femme, Catherine de Ségur, fille d'Etienne de Ségur seigneur de Trans et de Clémence-Françoise de Bouchier, mariée par contrat du 12 mai 1604.

1° Jacques du Lion qui suit ;

2° Alexandre du Lion qui parait être mort sans alliance.

3° 4° Clémence et Suzanne du Lion,

VIII° *degré*. — Jacques du Lion écuyer, seigneur de Campet et de Gelos, fut présent à l'inventaire des biens de Jean son père le 15 avril 1625, passa un accord avec Catherine de Ségur sa mère le 12 août 1638, fit une vente le 8 mars 1640 et était mort avant le 23 décembre 1642 ; qu'il est rappelé avec Catherine Sacriste sa femme dans l'acte de curatelle d'Alexandre du Lion leur fils et dans une quittance reçue le 19 février 1666 par le même Alexandre.

Femme Catherine Sacriste de Malvirade, fille de noble Gabriel Sacriste seigneur de Malvirade et du Gresset et de demoiselle Catherine de La Lande, mariée par contrat du 21 août 1638.

1° Alexandre du Lion qui continue la postérité ;

2° Pierre du Lion écuyer, dont la destinée est inconnue;

3° Anne du Lion, dont l'alliance est inconnue.

IX⁰ *degré*. — Alexandre du Lion chevalier, seigneur de Campet et de Gelos, se choisit pour curateur noble Jean du Lion seigneur de Besle son oncle, à la mode de Bretagne, le 23 décembre 1652; il fit une vente le 8 avril 1659; reçut la quittance qui lui fut donnée le 19 février 1666 par noble Bernard du Lion écuyer, seigneur de Boscq son cousin; fit faire un acte de notoriété le 8 janvier 1667, et fit son testament le 10 janvier 1679.

Femme Jeanne de Mesmes, fille de noble Jean-Pierre de Mesmes sieur de Garain, et de Jeanne Louise de La Lande, mariée par contrat du 9 février 1663.

1° Pierre du Lion qui continue la postérité;

2° Henri du Lion capitaine au régiment de la marine, fit son testament le 17 septembre 1689; on ignore s'il a laissé postérité;

3° Marie du Lion fut mariée par contrat du 4 mars 1693 avec Messire Pierre de Prugue fils de Jean de Prugue, colonel maréchal-des-logis de la cavalerie, et de Catherine de Juges.

X⁰ *degré*. — Pierre du Lion chevalier, seigneur et baron de Campet, de Gelos et Garain, fut institué héritier universel d'Alexandre son père le 19 janvier 1679, et de noble Henri du Lion capitaine au régiment de la marine son frère, le 17 septembre 1689; assista au contrat de mariage de Marie du Lion sa sœur, le 4 mars 1693; fut maintenu dans sa noblesse par jugement de M. Bazin de Bezons intendant de la généralité de Bordeaux, rendu le 9 décembre 1699, sur titres qui la prouvaient avec filiation depuis David du Lion son quatrième ayeul, qui épousa le 20 avril 1526 Éléonore de Baylens du Poyanne, et obtint au mois de novembre 1731 l'érection des terres et seigneuries de Campet, Sainte-Croix, Rague, Saint-Martin et Gelos, en marquisat sous la dénomination de marquisat de Campet.

Femme Ursule de Lasalle, fille de François de Lasalle écuyer, seigneur de Canenx, Castelmerle et Saint-Go, lieutenant-général criminel en la sénéchaussée de Marsan, et de Jeanne de Tastet, mariée par contrat du 22 novembre 1682.

1° Alexandre qui suit ;
2° Jacques du Lion seigneur de Garain ;
3° N... du Lion qui fut mariée à Messire Barthélemy d'Aons chevalier, baron de Hontanx ;
4° Marie du Lion épousa Messire Pierre de Prugue.

XI° *degré*. — Alexandre du Lion II° du nom chevalier, marquis de Campet, baron de Gelos seigneur de Garain et autres lieux, grand sénéchal de Marsan, Tursan et Gavardan, fut pourvu de cette charge le 1ᵉʳ avril 1733 ; assista au contrat de mariage de Pierre-Gaston du Lion son fils du premier lit, et fit son testament le 5 avril 1742.

Première femme, Marie-Corisandre de Lons, fille de haut et puissant seigneur Messire Antoine marquis de Lons comte de Sansons, baron des Angles, lieutenant-général du roy de Navarre et Bearn, et de haute et puissante dame Angélique de Miossens, mariée par contrat du 9 avril 1714.

1° Pierre-Gaston du Lion dont on va parler ;
2° Marie-Angélique du Lion épousa Jean-Marie de Prugue.

Deuxième femme, Marie-Ursule de Loubère, fille de noble Joseph de Loubère officier au régiment de Piedmont et de Françoise de Cabannes, mariée par contrat du 27 juillet 1740.

XII° *degré*. — Pierre-Gaston du Lion comte du Lion, marquis de Campet, reçut la donation qui lui fut faite le 15 juillet 1740 par Pierre du Lion marquis de Campet et Ursule de Lasalle ses ayeul et ayeule, et est nommé avec dame Marie de Gourgue sa femme, dans l'extrait baptistère de Laurent-Marc-Antoine du Lion leur fils, du 20 juillet 1762.

Première femme, Louise de Pujoller, fille de haut et puissant seigneur Messire Joseph de Pujoller vicomte de Juilliac, grand sénéchal des Lannes, et de Marguerite de Belrieu, mariée par contrat du 2 février 1740.

1° Pierre du Lion fut substitué à Pierre-Gaston son père par la donation d'Alexandre son ayeul, du 15 juillet 1740.

Deuxième femme, Marie de Gourgue, fille de Jean-Michel

de Gourgue chevalier, conseiller du roy en ses conseils, président à mortier au Parlement de Bordeaux et de Marie de Mons vicomtesse de Lanquais dame de Touars.

1° Laurent-Marc-Antoine du Lion qui suit.

XIII° *degré*. — Laurent-Marc-Antoine du Lion marquis du Lion est né le 26 juillet 1762 et a été baptisé le même jour dans l'église paroissiale de Sainte-Marie-Madeleine du Mont-de-Marsan, au diocèse d'Aire; il a été pourvu de la charge d'enseigne surnuméraire au régiment des gardes-françaises le 26 avril 1778; de celle d'enseigne dans la compagnie de Vigny le 16 avril 1780; de sous-lieutenant dans la compagnie de Courteille le 15 décembre 1782 et de sous-lieutenant en premier dans celle de Gaillac le 1er may 1786. Il a eu l'honneur de monter dans les carosses du roy et de suivre Sa Majesté à la chasse le 15 décembre 1786.

Pour copie conforme aux manuscrits déposés aux archives de la préfecture des Hautes-Pyrénées : — Magenties, *archiviste*.

Lobit de Monval, *en Marsan et Lannes, seigneurs de Monval, de Maillerès, de Boaret, etc., hauts justiciers de Bascons.*

D'azur à trois seaux d'argent posés deux et un, écartelé d'or à un lion de gueules, l'écu timbré d'un casque de chevalier avec ses lambrequins d'azur, argent, or et gueules.

(*Archives de Pau.*) C. 334. Première lettre de M. de Ségur à Mme de Lobit, veuve d'un ancien capitaine au régiment de Bourbonnais, pour lui dire que le roi lui accorde une pension de 200 livres et que lorsque l'un de ses deux fils aura atteint l'âge, il le fera entrer à l'école militaire. Du 28 décembre 1782.

Deuxième pièce. — Lettre de Lefranc, subdélégué de l'intendant de Néville, pour lui dire qu'il envoit l'acte de naissance de Christophe de Lobit ; le passage le plus intéressant de sa lettre est celui-ci : « La famille de Lobit est » fort ancienne et a toujours joui de père en fils avec » distinction de l'état de condition. »

Troisième pièce. — Extrait des registres de baptême de l'église paroissiale Sainte-Marie-Madeleine du Mont-de-Marsan, au diocèse d'Aire, 1777. Christophe de Lobit. fils légitime de noble Bernard de Lobit, chevalier de l'ordre royal et militaire de Saint-Louis, et de dame Jeanne-Marie Durou, sa femme, naquit et fut baptisé le 22 juillet 1777. Parrain a été messire Christophe Durou, chevalier seigneur de Durou et de Lanneplan ; marraine, dame Catherine Lobit de Porages, à la place de laquelle a tenu dame Elizabeth Durou de Compagne. Présents : M. Jean-Baptiste Durou et M. Louis de Compagne, qui ont signé avec le père. — LABEYRIE, *curé ;* DUROU LANNEPLAN ; DUROU DE COMPAIGNE ; DUROU ; COMPAIGNE ; LOBIT, *père.*

Certificat de Jean-Pierre du Nogué, lieutenant-général.

Quatrième pièce. — Extrait des registres des actes mortuaires de l'église collégiale et paroissiale Saint-Sevrin-lès-Bordeaux.

L'an 1782 et le 26 juin, a été enseveli Messire Bernard de Lobit chevalier de l'ordre de Saint-Louis, époux de Jeanne-Marie Durou, demeurant à Mont-de-Marsan ; il est mort d'hier en cette paroisse, âgé d'environ soixante ans, après avoir reçu tous les sacrements. Présents : Pierre Baritaut et Vincent Broyé qui n'ont pu signer. — LOUBÈRES, *vicaire.* Collationné à l'original et expédié par Maubourguet, vicaire de Saint-Sevrin de Bordeaux.

Certificat de Joseph-Sébastien de Laroze, lieutenant-général, etc., de Bordeaux.

Bernard de Lobit, écuyer, chevalier de l'ordre royal et militaire de Saint-Louis, ancien capitaine au régiment de Bourbonnais, assista le 23 mai 1768 à une assemblée de la noblesse de Mont-de-Marsan (*Nobiliaire de Guienne*, t. I, page 212). et mourut à Bordeaux le 25 juin 1782. De son mariage avec dame Jeanne-Marie Durou, il laissa

1° Noble Christophe de Lobit, né en 1777, chevalier de la Légion-d'Honneur, marié à demoiselle Verdier (de Montguillem), a laissé demoiselle Irma de Lobit.

2° Noble Henry de Lobit, marié à demoiselle Labeyrie, a laissé :

M. Hector de Lobit, marié à demoiselle Louise Gaüzere;

M. Albert de Lobit, marié à demoiselle Guerrier, dont postérité.

De Lons, *en Béarn.*

Armoiries : D'argent au pin de sinople sur une terrasse de même, côtoyé à dextre d'une étoile d'azur et à senestre d'une ourse de gueules.

Autre blason : Deux écus accolés, le premier de Lons : écartelé au 1, contre-écartelé au 1 et 4 de Gramond (d'or au lion d'azur) ; au 2 et 3 d'Aure (d'or à une levrette de gueules et une bordure de sable chargée de huit besans d'or) ; au 2 contre-écartelé aussi ; au 1 et 4 de gueules plein (Albret) ; au 2 et 3 de France ; au 3 de Montmorency (d'or à la croix de gueules cantonnée de seize alerions d'azur) ; au 4 contre-écartelé, le 1 et 4 d'azur au lion d'or ; le 2 et 3 de gueules plein (qui est de Miossens-Albret) et sur le tout de Lons. — Le deuxième écu porte : d'azur au chevron d'or accompagné de trois étoiles, deux en chef et une en pointe et un croissant au dessus du chevron. Couronne de duc ; supports, deux lions. — C'est le cachet d'alliance de dame Claude baronne d'Abadie d'Oroignen marquise de Lons.

En Bernard, seigneur de Laoos, fit un traité de paix à Lescar, le 10 août 1306, avec les jurats, consuls et habitants de la cité de Lescar pour terminer les guerres qui s'étaient élevées entr'eux, d'où étaient venues plusieurs morts, etc. Ce traité fut ratifié le dimanche après l'Ascension 1308, par Marguerite comtesse de Foix vicomtesse de Béarn.

Arnaud, seigneur de Laos, fit hommage le lundi avant la fête de l'Epiphanie 1343 à la comtesse de Foix vicomtesse de Béarn, et protesta contre celui qu'Arnaud-Guillaume fit le même jour.

Narnaud, seigneur du Domec de Laos, est instancié dans une sentence rendue le 6 novembre 1355 entre lui et Arnaud-Guillem, sur ce qu'il prétendait contre celui-ci que l'Ostau de la Salle (*) faisait partie de l'Ostau du Domec qui avait été donné en partage à un fils Esterlo, et qu'il y avait droit à 12 deniers morlas de devoir par an.

Arnaud-Guillaume, seigneur de Las Salle de Loos, fit hommage à la comtesse de Foix, le lundi avant la fête de l'Epiphanie 1343 et Arnaud protesta contre cet hommage; Arnaud-Guillem, seigneur de la Salle du lieu de Laos obtint, le 6 novembre 1355, une sentence contre Narnaut, par laquelle il fut déclaré que son Ostau de la Salle était du domaine de la cour de Flayoo en la main du Baile de Pau.

Arnaud senhor de Leos fit hommage le 14 septembre 1391 à Mathieu comte de Foix.

I*er degré*. — Noble Guilhem-Arnaud, seigneur de Laossio, patron d'une prébende érigée en l'église de Saint-Jean de Laossio consentit la collation qu'en fit l'évêque de Lescar, le 27 may 1399.

(*) La seigneurie de Laoos, Loos ou Lons, dut être partagée entre Narnaud et Arnaud Guillem de Lons, descendants ou fils de Bernard I*er* Narnaut eut pour sa part la principale maison noble, ou Domec de Laos; Arnaud-Guillem, comme puîné, eut la Salle de Laos, suivant le droit féodal. — Il existe dans le sud-ouest, nombre de seigneuries du nom de Salle; la noble Salle et baronnie d'Olce en Iholdy; la Caverie et Salle d'Onnés à Aurice, la Salle de Bardos

Guilhem-Arnaud, seigneur du Domec de Laos, fit un traité de paix avec les habitants de Lescar, le 23 février 1410 ; le traité du 10 août 1306 est inséré dans celui-ci.

En Guillaume-Arnaud, seigneur de Laoos, reçut le 8 mars 1424 une quittance de la dot de Margalide sa fille.

Guillem-Arnaud, seigneur de Loos, fit hommage le 26 juin 1428, à Jean comte de Foix, du lieu de Los.

En Guillem-Arnaud, seigneur de Laoos, est nommé dans un acte de serment de fidélité fait à Jehan son fils aîné, le 29 juillet 1445.

II*e degré*. — Noble Jehan seigneur de Loos obtint le 27 septembre 1438 une sentence de la cour de Pau par laquelle il fut maintenu dans ses droits de justice et juridiction d'avoir Bayle audit lieu de Loos, etc.

Na Margalide de Laoos (domina Margarita) était mariée avec En seigneur de Bisanos le 8 mars 1424.

En Jehan seigneur de Laoos reçut le 29 juillet 1443 le serment de fidélité des habitants et communautés de Laos et promit de les maintenir dans leurs coutumes ainsi que ses ancêtres avaient fait.

Lo Honorable En Jehan seigneur de Laoos fut mis en possession le 26 mars 1455 des revenus et seigneuries appartenant à M. R. A. de Salier, recteur de Laoos, son oncle. (Il est fait mention d'Artigueloutan ; voir l'aveu du 26 janvier 1538.)

L'honorable En Jehan, seigneur du lieu de Laoos, reçut le 27 janvier 1460 une quittance de la dot de Guiraudine sa fille.

Les honorables En Jehan seigneurs de Lahos (plus bas Laoos) et Manauton son premier fils et héritier firent une vente le 19 mars 1460.

En Jehan, seigneur de Laoos, approuva une vente faite par un de ses vassaux le 5 juillet 1460.

Noble Jehan seigneur de Laossio, patron de l'église de Saint-Jean de Laossio, présenta à cette cure un sujet qui fut pourvu le 3 janvier 1464.

III*e degré*. — Manauton de Laoos fut présent avec son père à une vente faite le 5 juillet 1460.

Manauton de Lahos fit une vente avec son père le 19 mars 1460.

Honorable En Manauton de Laoos, sieur de Laoos, consentit le 15 août 1473 une transaction au nom des habitants de Laoos avec ceux de la ville de Pau et de la vallée d'Ossau.

Johannot de Laoos présent le 3 août 1473.

Noble Jean de Laossio, clerc, fut nommé à la cure de Saint-Jean de Laossio le 23 juillet 1476.

Jehan de Laossio avait résigné la cure de Saint-Jean de Laossio, le 3 janvier 1464.

Guirautine de Laos était mariée avec Jehan sieur de Labadie de Bordères, le 24 janvier 1460, qu'il donna quittance de sa dot.

Lo noble En Menauton seigneur de Loos passa un bail à fief le 10 décembre 1473.

Noble Menaut seigneur du lieu de Laossio, présenta à l'église de Saint-Jean de Laossio, Jean, son frère, qui en fut pourvu le 23 juillet 1476.

Feu Menauton de Loos avait épousé Magdelaine d'Arribère (de Rivière) de la maison de *Punctoos*, suivant un acte de notoriété passé le 24 février 1604 à la requête de Jehan son petit-fils.

IVe *degré*. — Jehan de Loos (frère de Ramon) nommé dans l'enquête du 24 février 1604.

Le seigneur de Laoos était mineur le 15 juin 1500 que Bayle de Laoos protesta contre un habitant dudit lieu qui avait conclu le mariage de sa fille sans la permission dudit seigneur, ce qu'il ne pouvait faire.

Le sieur de Loos est compris au nombre des gentilshommes dans un rôle des états de Béarn, du mois d'août 1520, suivant lequel il était obligé de fournir un homme d'armes.

Noble Ramon-Arnaud de Loos et de Lucgarier affranchit un de ses vassaux de 12 sols jaqués de fief qu'il lui devait, le 16 décembre 1529.

Noble Ramon-Arnaud, sieur de Loos, rendit aveu au roy de Navarre, le 26 janvier 1538, de la terre et seigneurie de Loos, dont il est seigneur immédiat, où il a Bayle, jurats, etc., ainsi que les gentilshommes et barons dudit pays qui sont seigneurs immédiats ; de la moitié... de celle d'Artigueloutan et de Nousti, de celle de Lucgarier, etc.

Nobles Ramon-Arnaud sieur de Loos et Cataline de Begola, sa femme, assistèrent le 13 avril 1538 au contrat de mariage de Gabrielle leur fille. — Raimond-Arnaud de Loos est compris au rolle des gentilshommes qui firent hommage en Béarn, en 1548 ; il est aussi compris dans celui des barons qui furent envoyés à Navarrens la même année.

Noble Catherine de Begolle fut présente à un hommage fait le 5 juin 1553 à Jehan son fils ; noble Jean de Begolle, seigneur de Begolle au comté de Bigorre, son frère, y fut aussi présent.

Noble Ramon-Arnaud de Loos est nommé dans un acte de notoriété passé le 24 février 1604 à la requête de Jehan son fils.

Gabrielle de Loos, fille de Ramon, épousa par contrat du 13 avril 1538 noble Antoine d'Avescat, maréchal des logis du roy de Navarre, fils de noble Peyroton d'Avescat capitaine d'Oleron.

V^e *degré*. — Noble Jehan seigneur immédiat de Loos reçut le 5 juin 1553 le serment de fidélité et l'hommage des habitants dudit lieu de Loos.

Jehan de Lons, sieur dudit lieu, écuyer d'écurie du prince de Navarre ; il fait un voyage de l'ordre de ce prince, de Paris en Basque en 1562 ; obtint le dernier avril 1562, des roi et reine de Navarre, ses père et mère, des lettres sur l'exposé qu'il avait fait à leurs Majestés, qu'à cause de ses prédécesseurs il lui appartenait la terre et l'abbaye laye dudit lieu de Lons qu'il tenait d'elles à foi et hommage, à la charge de les servir personnellement en équipage d'hommes d'armes ; que ses prédécesseurs en avaient joui paisiblement même devant le concile de Latran ; que pendant la minorité et absence d'aucuns de ses prédécesseurs pour la guerre et le service du prédécesseurs de leurs Majestés, les évêques et chapitre de Lescar s'étaient emparés de la dixme dudit lieu.

Noble Jehan de Lons, sieur dudit lieu et autres places, épousa par contrat du 14 juin 1565 demoiselle Aymée de Rivière, fille aînée de Messire Jean de Rivière, vicomte de Rivière, seigneur de Labatut et autres places, et de feue demoiselle Paule d'Espaigne. Le sieur de Lons obtint le 16 juin 1570 une commission pour être mis en possession du gouvernement du comté de Pardiac, château de Monlezun et autres lieux dont la reine de Navarre l'avait pourvu.

Noble Jehan, seigneur de Loos, reçut le 23 octobre 1571 une cession et fit le même jour un rachat.

Jehan de Lons, l'un des cinquante-neuf hommes d'armes de la compagnie de soixante lances des ordonnances du roi, étant sous la conduite de monseigneur le prince de Navarre, revue en robes à Thonenx, le 8 mai 1572.

Le sieur de Lons fut fait premier écuyer d'écurie d'Henry roi de Navarre, par brevet du 28 septembre 1576.

Jehan, sieur de Lons, obtint du roi de Navarre le 30 décembre 1576 des lettres de relief et laps de temps.

Noble Jehan, sieur de Lons et en partie d'Artigaloutan et de Nosti, produit ses titres contre le procureur-général de Navarre, en vertu des lettres par lui obtenues le 30 décembre 1576, et fut mis en possession au mois de décembre de l'année suivante des droits seigneuriaux desdits lieux d'Artigaloutan et de Nosti, après avoir prouvé que ses ancêtres en étaient en possession depuis l'an 1360.

Le sieur de Longs, premier écuyer de l'écurie du roi de Navarre, fut nommé par ce prince le 25 mai 1577 pour commander dans les ville et château du Mont-de-Marsan et ès autres villes et places du pays et sénéchaussées de Lannes et des vicomtés de Marsan, Tursan et Gavardan, avec pouvoir d'instituer et destituer gouverneurs et capitaines, de commander en campagne et de lever une compagnie de cavalerie de quarante salades. Ce prince lui fit part de la paix par une lettre du 24 septembre 1577, signée : « Votre bon maistre et assuré amy, Henry. »

Les seigneurs de Lons et de Begole, capitaines de la garnison de Marciac, s'étant emparés le 22 février 1579 de ladite ville par escalade, firent un traité avec le syndic d'icelle le 28 avril suivant, par lequel ils promirent de l'évacuer ; il s'engagea à leur payer 2,000 écus.

Le sieur de Lons, cher et féal conseiller et premier écuyer de l'écurie du roi de Navarre, est nommé dans des lettres de don fait par ce prince à Henry, son fils, le 1er août 1589.

Le sieur de Lons fut retenu l'un des chambellans ordinaires du roi le 22 février 1591.

Le sieur de Lons, conseiller et chambellan ordinaire du roy, fut nommé le 22 mars 1591 colonel-général de l'infanterie et grand-maître de l'artillerie du royaume de Navarre.

Jehan, seigneur de Lons, obtint du roi, le 17 mai 1592, l'érection de la seigneurie de Lons en baronnie, Sa Majesté étant informée de l'ancienne ligne de noblesse dont il était descendu et mettant en considération sa prouesse, hardiesse et vaillantise, ses grands et recommandables services en l'exercice des armes où il a acquis le titre et degré de chevalerie, suivant les guerres continuellement depuis son enfance en bas âge. (Lettre donnée au camp devant Rouen.)

Noble Jean, seigneur et baron de Lons, est nommé avec demoiselle Aymée d'Arrivère, autrement de Labatut, sa femme, dans le contrat de mariage de Marguerite, leur fille, du 17 février 1595.

Le sieur de Lons, chambellan du roi, colonel-général de l'infanterie de Navarre et Béarn, fut fait conseiller d'Etat par brevet du 8 août 1603. Sa Majesté lui accorda une pension de 2,000 livres par an, le 10 du même mois.

Noble Jehan, seigneur et baron de Lons, conseiller du roi en son conseil, fit faire le 24 février 1604, un acte de notoriété pour constater dans un procès qu'il avait au parlement de Navarre contre le seigneur baron de Benacq qu'il était proche, descendu de feu Bernard d'Arribère sieur de Punthos ; que Menauton, son aïeul, avait épousé Magdelaine d'Arribère, de la maison de Punthos ; que de leur mariage était né Ramon-Arnaud, son père, etc.

Messire Jean, seigneur de Lons, conseiller du roi en ses

conseils, disposa de ses biens le 3 août 1606, nomma Jean, son fils aîné, son héritier universel et légua 4,000 écus à Henry son autre fils.

Feu Messire Jehan, seigneur et baron de Lons, est nommé avec demoiselle Aymée d'Arribère, sa veuve, dans le contrat de mariage de Jehan leur fils, du 16 février 1612, auquel elle assista.

Noble Jehan de Lons fut institué héritier universel par son père le 3 août 1606.

VIe *degré*. — Jean de Lons fut nommé colonel-général de l'infanterie du royaume de Navarre sur la résignation de son père le 13 novembre 1610.

Le sieur de Lons, colonel-général de l'infanterie de Navarre et de Béarn, fut gratifié par le roi le 30 novembre 1610, des 2,000 livres de pension dont son père jouissait et dont il s'était désisté en sa faveur.

Messire Jean, seigneur et baron de Lons, épousa par contrat du 16 février 1612, demoiselle Françoise de Saint-Cricq, fille aînée d'Egrége messire Jehan de Saint-Cricq, procureur-général, et de demoiselle Cathaline de Neys.

Noble Jehan, seigneur et baron de Lons, reçut le 6 septembre 1612 une quittance de la dot de Jeane sa sœur.

Messire Jean, seigneur et baron de Lons, Poydarrius et autres places, fit son testament le 21 août 1640, dans lequel sa femme et ses enfants sont nommés.

Feu le sieur Jean de Lons, gouverneur du comté de Pardiac et capitaine du château de Montlezun, est nommé dans les provisions de la charge accordée à son fils le 12 septembre 1640.

Henry de Lons, filleul d'Henry roi de Navarre, fut gratifié par ce prince, le 1er août 1509, d'une pension de 400 écus; ces lettres datées du Pont de Saint-Cloud. Légataire 3 août 1606. Noble Henry de Lons présent 16 février 1612.

Demoiselle Marguerite de Lons épousa par contrat du 17 février 1595, noble Pierre de Navailles, seigneur de Saint-Saudens, présent 16 février 1612.

Demoiselle Jeane de Lons était mariée avec noble Jehan

de Dado, seigneur de Blaxon, le 6 septembre 1612, qu'il donnna quittance de partie de sa dot.

VIIe *degré*. — 1° Noble Philippe de Lons qui suivra ;

2° Jean de Lons, 21 août 1640 ;

3° Louis de Lons, 21 août 1640. — Noble Louis de Lons de Sauvagnon, présent a mariage de son neveu, du 10 mars 1676 ;

4° Demoiselle Aymée de Lons accordée avec messire Anthonin d'Aspremont, chevalier, vicomte d'Orthe, le 24 août 1629. Ils étaient mariés le 21 août 1640 ;

5° Jeanne de Lons, légataire 21 août 1640 ; elle était mariée le 16 avril 1654 avec messire Jacques de Laur, baron de Lescun et de Bonnegarde, qui donna quittance de sa dot ;

6° Françoise de Lons, légataire 21 août 1640 ; elle épousa par contrat du 4 mai 1650 messire Jean Antoine d'Uzer, baron dudit lieu, fils de Pierre vicomte d'Uzer, gentilhomme ordinaire de la chambre du roi et de Catherine de Durfort de Castelbajac ;

7° Esther de Lons, légataire 21 août 1640.

Noble Philippe de Lons fut institué héritier universel par testament de son père, du 21 août 1640, dans lequel il est dit être au siége d'Arras, pour le service du roy. Philippe de Lons fut pourvu par le roi, le 12 septembre 1640, de la charge de gouverneur du comté de Pardiac et capitaine du château de Montlezun, vacante par la mort de son père.

Messire Philippe de Lons, seigneur et baron dudit lieu, Puydarrieux et autres places, gouverneur et lieutenant général du roi au comté de Pardiac et château de Monlezun, épousa par contrat du 24 janvier 1648 demoiselle Françoise de Gramont, fille de feu Antonin duc de Gramont et de Claude de Montmorency.

Philippe de Lons, seigneur et baron dudit lieu, obtint au mois de mai 1648 l'érection de cette baronnie et de douze autres terres en marquisat, tant en considération de ses père et aïeul que des siens aux siéges de Fontarabie, d'Arras et de Salces.

Messire Philippe seigneur et marquis de Lons, assista le 4 mai 1650 au contrat de mariage de Françoise sa sœur; il reçut une quittance du baron de Laur, son beau-frère, le 16 avril 1654.

Feu messire Philippe, seigneur et marquis de Lons, est nommé dans une transaction passée le 15 juillet 1659 par haute et puissante dame Francoise-Marguerite de Gramont sa veuve, tutrice de leurs enfants. — Feu haut et puissant seigneur, messire Philippe de Lons, marquis dudit lieu, gouverneur de la comté de Pardiac, et château de Monlezun, est nommé avec haute et puissante dame Françoise-Marguerite de Gramont, sa femme, dans le contrat de mariage d'Antoine leur fils, du 10 mars 1676.

VIIIe *degré*. — Haut et puissant seigneur messire Antoine de Lons, seigneur et marquis dudit lieu de la Clau, d'Anoye, Baleix, Bielepeinte, Sauvagnon, Loulou, Castillon, Artigueloutan, Nousty et baron des Angles et autres places, épousa par contrat du 10 mars 1676 demoiselle Angélique de Miossens, fille de haut et puissant seigneur messire Henry de Miossens comte de Sadiracq et premier capitaine commandant le régiment de cavalerie d'Albret, et de dame Françoise d'Albret; il y fut assisté du maréchal duc de Gramont, son oncle, etc.

Arnaud de Lons, présent au contrat de mariage de son frère du 10 mars 1676. — Le chevalier de Lons, ci-devant capitaine de cavalerie dans le régiment de Richelieu et à présent gentilhomme de S. A. R. Monsieur, fut élu grand vicaire d'épée de l'ancien ordre militaire et hospitalier du Saint-Esprit le 13 avril 1693. Le sieur chevalier de Lons fut fait chambellan de Philippe, petit-fils de France, duc d'Orléans, le 31 juillet 1701.

Antoine de Lons marquis dudit lieu fut pourvu le 9 février 1693 de la charge de lieutenant de roi ez pays de Béarn et Navarre.

Le sieur marquis de Lons, lieutenant de roi au royaume de Navarre et pays de Béarn, fut nommé par Sa Majesté le 18 mai 1698 pour convoquer et tenir les Etats-généraux desdits royaume et pays en l'absence de M. le duc de Gramont, gouverneur et lieutenant-général d'iceux ; il en reçut de pareilles le 26 mars 1707 et le 20 avril 1716.

Haut et puissant seigneur messire Antoine marquis de Lons baron des Angles et autres lieux, lieutenant de roi en ses royaumes de Navarre et pays de Béarn, et haute et puissante dame Angélique de Miossens dame de Sansons, sa femme, assistèrent le 7 septembre 1713 au contrat de mariage d'Henry-Bernard leur fils ; il était mort le 21 février 1717.

IXe *degré*. — 1° Le capitaine de Lons fut fait capitaine au régiment de dragons d'Avray le 5 février 1701. Messire Henry-Bernard comte de Lons, épousa par contrat du 7 septembre 1713 demoiselle Marie de Saint-Macary, fille de messire Pierre de Saint-Macary baron du Leu seigneur de Port-Marmon, Magret, etc., conseiller du roi, doyen du Parlement de Navarre et de feue dame Françoise-Ursule de Marmon.

Le sieur Henry-Bernard de Lons fut pourvu le 21 février 1717 de la charge de lieutenant de Roy en Navarre et Béarn, vacante par la mort de son père, en considération des services de ses ancêtres et des siens, tant en qualité de mousquetaire noir pendant plusieurs années que de capitaine de dragons.

Le sieur marquis de Lons, lieutenant de roi au royaume de Navarre et pays de Béarn, eut ordre le 23 février 1717 de convoquer les Etats-généraux et de les retenir comme représentant la personne de Sa Majesté ; il était mort le 5 janvier 1732.

Feu haut et puissant seigneur Henry-Bernard marquis de Lons comte de Sansons, lieutenant pour le roy en Navarre et Béarn, est nommé avec haute et puissante dame Marie de Saint-Macary sa veuve, dans le contrat de mariage de Pierre-Ignace leur fils, du 13 juin 1737.

2° Messire Louis-Joseph de Lons, capitaine au régiment de Brie, présent le 7 septembre 1713, abbé de Saint-Pée, chanoine de l'église de Lescar et vicaire-général du diocèse, présent 13 juin 1737.

3° Le chevalier de Lons fut employé le 1er mai 1705 sur la liste des gardes de la marine de Rochefort. Henry-Eugène chevalier de Lons, sous-lieutenant dans les gardes, présent 7 septembre 1713. Feu messire Henry-Eugène comte de Lons nommé 13 juin 1737.

4° Dame Diane-Françoise de Lons, mariée avec messire Antoine-Charles vicomte de Saint-Martin, présent 7 septembre 1713, présent 13 juin 1737.

5° Demoiselle Marie-Corisande de Lons, présente 7 septembre 1713, mariée en 1714 avec noble Alexandre du Lyon chevalier marquis de Campet et seigneur de Geloux. (*Armorial* d'Hozier, preuves de Cherin, etc.)

6° Demoiselle Paule-Thérèse de Lons, présente 7 septembre 1713, mariée avec haut et puissant seigneur messire de Hiton 13 juin 1737.

X° *degré* — Le sieur Pierre-Ignace de Lons fut baptisé le 7 novembre 1715; il était âgé de seize ans deux mois, le 5 janvier 1732 qu'il fut pourvu de la charge de lieutenant de roi en Béarn et Navarre, vacante par la mort de son père.

Haut et puissant seigneur messire Pierre-Ignace marquis de Lons comte de Sansons, lieutenant pour le roy en Navarre et Béarn, épousa par contrat du 13 juin 1737 haute et puissante demoiselle Jeanne-Claude d'Abbadie d'Oroignen, fille de haut et puissant seigneur messire Mathieu-Philippe d'Abbadie d'Oroignen baron du même lieu, conseiller du roi en ses conseils, président à mortier au Parlement de Navarre et dame Marie de Pas de Rébenacq Feuquières.

Le marquis de Lons, lieutenant du roi au royaume de Navarre et pays de Béarn eut ordre du roi le 28 février 1739 d'en assembler et tenir les Etats; il passa le 4 février 1771 un acte pour supplier Sa Majesté d'agréer que son fils fût pourvu de sa charge en survivance.

Marie-Angélique de Lons, épouse de haut et puissant seigneur messire Paul de Roux des comtes de Laricq marquis de Gaubert et de Courbons, chevalier, conseiller du roi en ses conseils, premier président du Parlement de Navarre, présents 13 juin 1737.

Marie-Angélique de Lons, veuve de messire Paul de

Roux, premier président au Parlement de Navarre, assista avec ses enfants au contrat de mariage de demoiselle Marie Philippe de Lons, sa nièce, avec J.-B. de Borda-Labatut, chevalier de Saint-Louis, 7 février 1774.

Le marquis de Lons, lieutenant du roy au royaume de Navarre et pays de Béarn, eut ordre de Sa Majesté, le 20 mars 1772, de convoquer les Etats-Généraux.

Du mariage du marquis Pierre-Ignace de Lons et de Claude baronne d'Oroignen sont issus :

1° Philippe-Matthieu qui suivra ;

2° Demoiselle Marie de Lons, mariée le 17 janvier 1774 à noble Pierre-Paul de Caumont-Blachon seigneur de Séméac, capitaine de cavalerie ;

3° Marie-Philippe de Lons, mariée le 7 février 1774 à Messire J.-B. de Borda ;

4° Demoiselle Auguste ou Augustine de Lons non mariée.

XIe *degré*. — Philippe-Matthieu-Marie de Lons, né le 17 may 1738, fut baptisé le même jour. Messire Philippe-Matthieu-Marie comte de Lons, colonel du régiment royal la Marine est nommé dans un acte passé par son père le 4 février 1771,

Le sieur Philippe-Matthieu-Marie de Lons, colonel du régiment royal la Marine fut pourvu en survivance de son père le 27 février 1771 de la charge de lieutenant de roy en Navarre et Béarn.

Le comte de Lons, colonel du régiment royal la Marine, fut reçu chevalier de l'ordre royal et militaire de Saint-Louis en 1770. (*Histoire des Chevaliers de Saint-Louis*, t. I.)

En 1780, brigadier des armées du roi ; en 1784, maréchal-de-camp, du 1er janvier (*Almanach royal*) ; en 1815, Philippe-Matthieu marquis de Lons, lieutenant-général des armées du roi, fut créé commandeur de l'ordre de Saint-Louis, gouverneur du château de Pau en 1818, décédé en 1819, s'était marié vers 1786 avec dame Marie-Françoise de Joussineau de Tourdonnet fille du comte de Tourdonnet, dont il eut :

1° Marie-Joséphine-Louise de Lons, 1788 ;

2° Marie-Thérèse-Augustine de Lons qui suivra ;

3° N... comte de Lons émigré avec son père vivait encore en 1808, alors que sa tante Philippe de Lons dame de Borda l'institua son héritier universel, et à son défaut M. de Camou-Dade son autre neveu. On croit que M. le comte de Lons perdit la vie au second siége de Sarragosse.

XII° *degré*. — Demoiselle Marie-Thérèse-Augustine de Lons habitant au château de Biscay avait aussi une maison à Labastide-Villefranche, où elle est décédée sans alliance en 1863.

Pour copie conforme aux manuscrits déposés aux archives de la Préfecture des Hautes-Pyrénées. — MAGENTIES, *archiviste*.

Reproduit exactement la copie de M. Magenties en complétant la descendance de Pierre-Ignace et de Philippe-Matthieu.

4 novembre 1867. B.-A. DE CABANNES.

Contrat de mariage de Monsieur JEAN-BAPTISTE DE BORDA *seigneur de Labatut, avec Mademoiselle* MARIE-PHILIPPE DE LONS.

Accords de mariage ont été faits et passés sous le bon plaisir de Dieu devant le notaire royal et témoins bas-nommés, entre haut et puissant seigneur Jean-Baptiste de Borda seigneur de Labatut, chevalier de l'ordre royal et militaire de Saint-Louis, d'une part ; et demoiselle Marie-Philippe de Lons, d'autre ; en la forme et manière suivante, sçavoir : Que ledit seigneur de Borda assisté et du consentement de haut et puissant seigneur de Borda, chanoine de l'église cathédrale de Dax ; de haut et puissant seigneur Charles de Borda, lieutenant des vaisseaux du roy et membre de l'Académie des Sciences ; de hauts et puissants seigneurs Joseph de Borda, officiers au régiment de Vivarais, ses frères ; de demoiselles Marie-Marguerite-Thérèse, Marguerite, Geneviève et Marie-Anne de Borda, ses sœurs ; de haut et puissant seigneur Jacques-François de Borda seigneur d'Oro et Montpribat, son cousin ; de haut et puissant seigneur Jean-Louis de Borda seigneur de Josse et Gourby, aussi son cousin ; de haut et puissant seigneur Baptiste de Borda seigneur Duchange, aussi son cousin ; de haut et puissant seigneur de Neurisse baron de Laluque et lieutenant-général au présidial de Tartas ; de haut et puissant seigneur Henry d'Oro marquis de Pontonx, baron de Rion et Laharie ; de haut et puissant seigneur Jean de Saint-Paul, ancien capitaine d'infanterie ; de haut et puissant seigneur de Bedouich seigneur de Castéide-Camy et Lignac, et autres ses parents et amis, a promis de prendre pour femme et légitime épouze ladite demoiselle Marie-Philippe de Lons, laquelle du consentement et assistance de haut et puissant seigneur Pierre-Ignace marquis de Lons baron du Leu et autres places, lieutenant du roi en Navarre et Béarn, et de haute et puissante dame Jeanne-Claude Dabbadie, baronne d'Oroignen et autres lieux, ses père et mère, et de l'agrément de haut et puissant seigneur Philippe-Mathieu-Marie de Lons chevalier de l'ordre royal et militaire de Saint-Louis et colonel du régiment Royal-marine, son frère ; de haute et puissante dame Marie de Lons sa sœur ; de haut et puissant seigneur (Pierre-Paul) de Camon-Dadou, capitaine de cavalerie, son époux ; de demoiselle Augustine de Lons sa sœur ; de haute et puissante dame Marie-Angélique de Lons, veuve de haut et puissant seigneur Paul de Roux des comtes de Laricq, marquis de Gaubert Courbons, premier président du Parlement de Navarre, sa tante germaine ; de haute et puissante dame de Gaubert de Courbons sa cousine germaine ; de haut et puissant seigneur marquis de Mesplès son époux ; de haute et puissante dame de Gaubert de Courbons sa cousine germaine, et de Messire de Gaubert de Courbons son époux ; de haut et puissant seigneur marquis d'Esquille ; de haut et puissant seigneur d'Esquille chevalier de l'ordre royal et militaire de Saint-Louis ; de haut et puissant seigneur l'abbé baron de Hiton, chanoine de l'église cathédrale de Lescar ; de haut et puissant seigneur marquis du Lyon ; de haute et puissante dame de Letellier veuve de haut et puissant seigneur de Brulard, chevalier des ordres du roi et ministre d'Etat ; de haute et puissante dame de Brulard de Puysieulx, veuve de haut et puissant seigneur de Letellier duc d'Estrées, maréchal de France et chevalier des ordres du roi ; de haut et puissant seigneur de Letellier marquis de Louvois, chevalier de l'ordre royal et militaire de Saint-Louis et colonel du régiment royal de Roussillon ; de haute et puissante dame de Letellier, épouse de haut et puissant seigneur marquis de Saint-Chamans, lieutenant-général des armées du roi ; de haute et puissante dame de Letellier épouse de haut et puissant seigneur de Sailly, maréchal des camps et armées du roi ; de haut et puissant seigneur marquis d'Ossun chevalier des ordres du roi, grand d'Espagne, maréchal des camps et armées de Sa Majesté, et son ambassadeur auprès de Sa Majesté catholique ; de haute et puissante dame d'Ossun, veuve de haut et puissant seigneur marquis de Caux ; de demoiselle d'Ossun ; de haut et puissant seigneur comte d'Ossun, colonel du régiment de la couronne ; de haute et puissante dame de Gramont son épouse ; de haute et puissante dame de Hiton ; de haut et puissant seigneur vicomte de Mont d'Uzer son époux ; de haute et puissante dame de Hiton ; de haut et puissant seigneur baron de Diussé son époux ; de haute et puissante dame de Hiton ; de haut et puissant seigneur (Antoine) de Batz chevalier de l'ordre royal et militaire de Saint-Louis, son époux ; de haut et puissant seigneur de Sorberio, capitaine au régiment du roi et chevalier de l'ordre royal et militaire de Saint-Louis ; de haut et puissant seigneur du Bouzet marquis de Mareins ; de haut et puissant seigneur Antoine Antonin duc de Gramont, pair de France, brigadier des armées du roy, gouverneur de Navarre et Béarn ; de haute et puissante dame de Choiseuil duchesse de Gramont, son épouse ; de haut et puissant seigneur de Montmorency duc de Luxembourg, pair de France, colonel du régiment de Haynaut ; de haut et puissant seigneur prince de Tingry, duc de Beaumont, chevalier des ordre du roi, lieutenant-général de ses armées et capitaine d'une des compagnies de ses gardes ; de haut et puissant seigneur duc de Luynes, colonel du régiment, mestre-de-camp dragons; de haut et puissant seigneur de Marrenx Montgaillard baron de Sus, sindic général du pays de Béarn, et de haute et puissante dame de Day son épouse; de haut et puissant seigneur de Monbarrey lieutenant-général des armées du roi; de haute et puissante dame de Mailly son épouse; de haute et puissante demoiselle d'Apremont vicomtesse d'Orthe; de haut et puissant baron de Navailles vicomte de Saint-Martin; de haute et puissante dame d'Assat son épouse; de haut et puissant seigneur de Laur baron de Lescun et autres, ses parents et amis, a pareillement promis de prendre pour mari et légitime époux ledit seigneur de Borda, et les parties ont convenu de se faire impartir incessamment la bénédiction nuptiale. En faveur duquel mariage et des enfants qui en descendront lesdits seigneur et dame de Lons père et mère ont constitué en dot à ladite demoiselle Marie-Philippe de Lons leur seconde fille, la somme de cinquante mille livres à la prendre vingt-cinq mille livres sur les biens dudit seigneur marquis de Lons et les autres vingt-cinq mille livres sur les biens de ladite dame d'Abbadie baronne d'Oroignen, laquelle somme de cinquante mille livres tiendra lieu à ladite demoiselle de Lons de toute portion de légitime qui pourra lui compéter sur les biens paternels et maternels; ils ont d'ailleurs donné et delivré à ladite demoiselle de Lons leur fille, future épouse, un trousseau de noces assortissant à son état et à sa condition, dont elle aura la libre disposition. Pour le paiement de laquelle somme de cinquante mille livres, il est expressément convenu qu'il sera payé sur les biens desdits seigneur et dame constituants, un an après le décès de chacun d'eux et pas plus tôt. En attendant le paiement de ladite somme de cinquante mille livres, il sera payé audit seigneur de Borda une rente annuelle de deux mille livres, dont mille sur les biens du marquis de Lons, mille sur ceux de la dame Dabbadie; dans les cas de désavènement du mariage sans enfants ou par le décès de ceux-ci et de leurs descendants, ladite somme de cinquante mille livres fera retour au profit desdits seigneur et dame constituant leurs héritiers et successeurs aux termes portés par la coutume de Béarn (suit une page de considérations peu intéressantes. — On n'y parle pas des biens du seigneur de Borda). Et pour l'observation de ce dessus, les parties ont fait les obligations, soumissions et renonciations nécessaires.

Fait et passé à Pau, le septième février mil sept cent soixante et quatorze, ez présence de noble Bernard Dandoins lieutenant des gardes dudit seigneur duc de Gramont et de Jean-Vincent de Peyret conseiller du roi, garde-marteau des eaux et forêts, et moi, Daniel Bergeret, notaire susdit, qui le présent ai retenu et signé avec les parties, les parents et amis assistants et les témoins. Signés sur le registre : de Borda-Labatut. — M. Ph. de Lons ; Lons ; Oroignen de Lons ; le comte de Lons ; Lons de Camou Blachon ; Auguste de Lons ; de Borda chanoine Dacqs ; le chevalier de Borda ; Lons de Courbons ; Camou Blachon ; d'Esquille ; d'Esquille ; d'Esquille ; l'abbé de Hiton ; Sorbério ; Sus ; de Day ; Sus ; Bedouich ; Desquille ; Dassat de Navailles ; l'abbé de Blachon ; Peiré ; de Bœil Peyré ; Laur ; Dassats ; le chanoine de Blachon ; Dargagnon ; Dargagnon ; d'Arnaudat ; Dandoins ; Peyret présent ; Bergeret notaire royal.

Controllé et insinué à Pau le 18 février 1774, receu 324 livres seize sols, signé Bazin. Duquel registre moi notaire ai fait cette expédition pour M. et Mme de Lons. Bergeret, *notaire royal*.

Certifié conforme à l'original déposé aux archives de Pau et classé E. 1017 de l'inventaire.

Pour copie conforme A. C. C. — Joachin d'Aleman.

Extraits des registres de l'état-civil de la mairie de Pau.

19 janvier 1774. — Acte de mariage entre haut et puissant seigneur Pierre-Paul de Camou Dadou seigneur de Blachon, capitaine de cavalerie dans le régiment royal des cravates, fils de haut et puissant seigneur César-Antoine de Camou Dadou et de dame Marie d'Espalungue, d'une part, et demoiselle Marie de Lons, fille de haut et puissant seigneur messire Pierre-Ignace marquis de Lons, etc., et de dame Jeanne-Claude d'Abbadie baronne d'Oroignen, d'autre ; assistés de messire Philippe Matthieu comte de Lons, chevalier de

Saint-Louis, colonel du régiment royal-marine, frère de l'épouse; de demoiselles Philippe et Augustine de Lons, sœurs de l'épouse ; de messire Jean-Baptiste de Borda-Labatut, chevalier de Saint-Louis, futur époux de la demoiselle Philippe de Lons ; de dame Marie-Angélique de Lons, tante germaine de l'épouse, veuve de messire de Gaubert de Courbons, premier président au Parlement de Navarre, etc.

8 février 1774. — Acte de mariage entre haut et puissant seigneur messire Jean-Baptiste de Borda-Labatut, fils de feu haut et puissant seigneur Jean-Antoine (*) de Borda-Labatut et de dame Marguerite de Lacroits *(sic)* avec Marie-Philippe de Lons.

3 juin 1788. — Baptême de Marie-Philippe-Joséphine-Louise fille de messire Matthieu-Marie marquis de Lons, maréchal des camps et armées du roi, lieutenant pour le roi en Navarre et Béarn, chevalier de Saint-Louis, comte de Sansons baron de Lons, du Leu, d'Oroignen, etc., et de haute et puissante dame Marie-Françoise de Joussineau de Tourdonnet, son épouse. Parrain : haut et puissant seigneur messire François-Joseph de Jousssineau comte de Tourdonnet, capitaine au régiment Lorraine dragons, maître de la garde-robe de Monseigneur comte d'Artois, représenté par haut et puissant seigneur messire Louis-Antoine-Marie chevalier de Camou Dadou de Blachon ; marraine : haute et puissante dame Marie-Philippe de Lons, épouse de haut et puissant seigneur Jean-Baptiste de Borda, chevalier de Saint-Louis, seigneur de Labatut et autres lieux, représentée par haute et puissante dame Marie de Lons, veuve de haut et puissant seigneur Pierre-Paul de Camou Dadou de Blachon, capitaine au régiment royal de cravates cavalerie, seigneur de Blachon, Séméac, etc.; en présence de haut et puissant seigneur Jean-César marquis de Mesplès, président à mortier au parlement de Navarre ; de demoiselle Marie-Augustine de Lons ; de haute et puissante dame Marie-Angélique de Roux de Gaubert, qui ont signé avec nous : Lons; de Camou Blachon, chevalier de Camou ; le marquis de Lons *père*; Tourdonnet marquise de Lons ; Mesplès ; Gaubert de Mesplès ; Lamarque, *curé*.

Le 11 avril 1791, mourut dame Marie-Angélique de Lons, âgée d'environ soixante-quinze ans, veuve de feu M. de Courbons, premier président au parlement de Navarre.

Le 12 mai 1824, mourut Marie-Françoise de Joussineau de Tourdonnet marquise de Lons.

(*) On a écrit Baptiste.

Le 28 août 1748, est née et a été baptisée le 29 demoiselle Augustine, fille de messire Pierre-Ignace marquis de Lons et de dame Jeanne-Claude d'Abbadie d'Orcignen son épouse.

Le 18 septembre 1828, mourut Augustine de Lons, native de Pau, âgée d'environ quatre-vingts ans, fille de feu Pierre-Ignace marquis de Lons et de dame Marie-Claude d'Oroignen son épouse.

Le 16 septembre 1829, mourut Philippe de Dadou Camou de Blachon, fils de messire Pierre-Paul de Camou Blachon et de Marie de Lons. (L'orthographe béarnaise écrivait Camou, mais elle conservait Blachon. Voir généalogie de Camou Dade Blachon.)

De Melet.

Parti d'azur au cerf passant d'or lozangé d'or et de gueules.

Extrait des titres que noble Jean de Melet *écuyer, seigneur de Labarthe et Ségas m'a produit, qui mettent à évidence l'ancienneté de la noblesse de sa famille.*

Hommage rendu le 4 avril 1518 par noble Jean de Melet, pour raison de la maison de Larroche-Marais, dans lequel est fait mention d'autre hommage par noble Jean de Melet en l'an 1039, et un autre hommage rendu par Gaston de Melet en l'an 1363 ; testament de Jean de Melet en 1481 ; divers contrats de vente et reconnaissance, et autres actes de Jean de Melet, sénéchal d'Albret et gouverneur de Tartas, des années 1536, 1547, 1557, 1561.

Cette noble et ancienne maison a produit diverses branches : celle de Fr. de Melet seigneur des lieux Laroche-Marais, de Gontaud ; celle de Jean-Pierre de Melet sieur de la Conqueste, et Jean-Pierre de Melet sieur de Faudon, frères ; celle de Robert de Melet seigneur de Fondelin, président de l'élection de Condom, et Laurent de Melet seigneur de Saintorens, président au siége présidial de Condom, frères ; celle d'Isaac de Melet sieur de Laubesq et de Castelviel ; celle de Jean de Melet seigneur de Sainte-Livrade et de Sarrau ; celle de Thomas de Melet seigneur de Maupas et Labrouste ; celle de Jean-Jacques de Melet seigneur de Labarthe et de Ségas.

Généalogie de J.-J. DE MELET *seigneur de Labarthe et Ségas.*

Cette branche est établie à Mugron. Il faut remarquer qu'Etienne de Cauna seigneur de Cauna et autres lieux, fut marié deux fois : la première, avec Eléonore de Pouylehaut, duquel mariage est issue Françoise de Cauna, ladite Françoise de Cauna mariée avec le seigneur de Caupenne, dont Marguerite de Caupenne mariée à Peyrot de Monluc, dont Blaize de Monluc qui fut père de Suzanne de Monluc mariée à Messire Antoine de Lauzières-Themines, dont Suzanne de Themines mariée au seigneur de Ventadour, duquel il n'y eut pas d'enfants.

Etienne de Cauna fut marié en secondes noces avec Jeanne d'Abzac de Ladouze, dont trois filles : 1. Jeanne, 2. Marguerite et 3. Claire.

1° Jeanne mariée au seigneur de Bassillon, duquel mariage est issue Thabita de Bassillon. Thabita fut mariée au seigneur de Bénac, duquel mariage est issu Philippe de Montaut marquis de Bénac, etc.;

2° Marguerite de Cauna deuxième fille du second lit, fut mariée au seigneur d'Andouins, duquel mariage est issue Corisande mariée au comte de Gramont, d'où Antoine de Gramont;

3° Claire fut mariée à Bernard de Melet seigneur de Labarthe, comme est prouvé par le contrat de délaissement de la terre et seigneurie de Labarthe et Mellan, fait en faveur de B. de Melet comme mari et procureur constitué de ladite Claire de Cauna, et ce pour le paiement des droits légitimaires de ladite Claire de Cauna, le contrat daté du 22 août 1580. Pour prouver que lesdites Jeanne-Marguerite et Claire de Cauna étaient sœurs et filles d'Etienne de Cauna et de Jeanne de Ladouze, on rapporte un arrêt du 22 mai 1578 portant entérinement de certaines lettres royaux obtenues par ladite Claire de Cauna, outre une transaction du 24 décembre 1569, qui prouve les mêmes faits. Pour preuve qu'Anne de Melet était fils de Claire de Cauna et de Bernard de Melet, on rapporte le testament de Bernard de Melet et de Claire de Cauna. Pour preuve que Jean-Jacques de Melet était fils dudit Anne de Melet, on rapporte le testament dudit Anne de Melet du 22 aoust 1631. Ensemble le contrat de mariage dudit Jean-Jacques de Melet du 15 mars 1655. Pour preuve que Jean de Melet était fils dudit Jean-Jacques de Melet, on emploie le testament de Jean-Jacques de Melet du 16 février 1683. Ensemble le contrat de mariage dudit Jean de Melet du 27 mai 1679, où il se dit fils de noble Jean-Jacques de Melet. Pour prouver que Pierre de Melet présentement vivant est fils de Jean de Melet, on rapporte le contrat de mariage dudit Pierre de Melet et de feue Thérèse de Lavigne, où il est assisté de Jean de Melet son père, ledit contrat en date du 6 avril 1725.

Pour copie conforme à un vieux manuscrit transcrit littéralement : A. Dompnier. — 8 avril 1867. Bon de Cauna.

De Muret.

D'argent chargé d'une corne d'abondance de sable d'où sort une grenade de gueules, feuilles de sinople, accompagnée d'un lion de sable tenant une hache de même. Devise : *Coupe*.

De Navailles-Banos.

Au 1 et 4 d'azur à un lion d'or, écartelé au 2 et 3 de losanges d'argent et de sable. Ordre de Malte. (*Nobiliaire de Guienne*, t. I.)

De Peyrecave *seigneur de Pomés, du Pouy, Lamarque, Bessabat, Le Tey, Saint-Pée et Lamothe en Condomois et Albret.*

D'or à un chêne de sinople accosté au pied de deux canes essorantes et affrontées de sable, un chef d'azur chargé de trois étoiles d'or.

Note généalogique sur la famille DE PEYRECAVE.

Cette famille est originaire du Condomois. Son chef, Guillaume de Peyrecave écuyer, seigneur de Pomés, commandait en 1541 quatre-vingts arquebusiers à cheval à la bataille de Cérisoles où, d'après l'historien Dupleix, il se distingua. Il suivit Monluc dans les guerres de religion (*Commentaires du maréchal de Monluc*), et fut, à diverses époques, gouverneur de Condom, qui lui rendit les honneurs funèbres en cette qualité. (*Arch. de Condom. Jurades de* 1584).

Samson de Peyrecave écuyer, sieur de Pomés et fils de Guillaume se maria en 1595 avec Jeanne de Bure; il eut plusieurs enfants et entre autres :

Charles de Peyrecave-Pomés écuyer, seigneur du Pouy et premier consul de Condom en 1669, lequel avait épousé en 1641 Magdelaine de Casterens. De ce mariage :

IVe *degré*.—Gaston de Peyrecave-Pomés écuyer, seigneur de Lamarque, qui se maria deux fois : la première, avec Marthe de Bedorède de Montaulieu, dont il eut deux fils :

Bernard de Peyrecave écuyer, seigneur de Lamarque et de Pomés ;

Et Joseph de Peyrecave, prêtre de l'oratoire, lequel était en 1713 professeur de théologie à l'Université de Nantes.

La seconde, avec Marie de Loze, dont il eut aussi deux fils :

Bernard de Peyrecave et Joseph de Peyrecave, sur les descendants desquels M. Louis de Peyrecave demeurant à Condom et représentant aujourd'hui la branche cadette de la famille, pourrait seul donner des renseignements complets.

Nota. — On est autorisé à penser que Jeanne-Marie de Peyrecave devenue femme de Prugue était sœur consanguine de Bernard et Joseph de Peyrecave. On la voit, à la date de 1740, époque à laquelle le premier habitait déjà depuis longtemps Saubrigues aujourd'hui l'une des communes de l'arrondissement de Dax, figurer comme marraine sur les registres de baptême de cette paroisse. Voici la mention qui la concerne : *Marraine, dame Jeanne-Marie de Peyrecave de Prugues, de Saint-Sever*. Il est à remarquer que le second mariage de Gaston de Peyrecave remonte à 1677.

V^e *degré.* — Bernard de Peyrecave écuyer, qui représentait la branche aînée de la famille, quitta le Condomois dans les premières années du XVIIIe siècle pour s'établir à Saubrigues et s'y maria avec Claire de Bedorède de Montaulieu, dont le père était seigneur de Bessabat. Ce titre de seigneur de Bessabat demeura acquis à Bernard de Peyrecave à la mort de son beau-père, et les aînés de la famille l'ont toujours pris jusqu'au moment de la Révolution. Du mariage de Bernard de Peyrecave et de Claire de Bedorède de Montaulieu naquirent deux fils :

VIe *degré.* — Gabriel de Peyrecave écuyer,

Et Pierre de Peyrecave.

Le premier s'unit en mariage avec Gracy de Lartigue, fille d'un avocat au Parlement de Paris. Ils eurent un grand nombre d'enfants, et notamment deux fils :

VIIe *degré.* — Salvat de Peyrecave-Lamarque,

Et Pierre-Paul-Bernard de Peyrecave dit le chevalier de Peyrecave, tous les deux présents à l'assemblée de la noblesse de Tartas en 1789, sous le nom de Salvat de Bessabat et chevalier de Bessabat.

Salvat de Peyrecave n'eut qu'une fille devenue plus tard la femme de M. Henry Duprulh, et dont les descendants habitent encore en partie la commune de Saubrigues.

Quant à Pierre-Paul-Bernard de Peyrecave reste en possession du nom et du titre d'écuyer, il mourut en 1814; il eut deux fils dont l'aîné décédé avant lui se trouve aujourd'hui comme lui-même représenté par :

Bernard de Peyrecave, président du tribunal de Bayonne (1863).

Conformément à la déclaration du roy du 4 septembre 1696 relative à la recherche de la noblesse, Gaston de Peyrecave fut, le 27 janvier 1669, mis en demeure de représenter les titres en vertu desquels il avait pris la qualité de noble et d'écuyer, et le 11 avril 1713 Bernard de Peyrecave obtint de M. de Lamoignon, intendant de justice de la généralité de Bordeaux, une décision qui, le déchargeant de l'assignation donnée à son père, le maintenait lui-même dans sa qualité de noble et d'écuyer, dont il fut reconnu qu'il avait justifié depuis l'année 1545.

Si l'on consulte l'*Armorial général de France* (généralité de Bordeaux, n° 102, f° 916), on y lit :

« Gaston de Peyrecave-Pomés sieur de Lamarque écuyer, d'or à son arbre de sinople accosté au pied de deux canes essorantes et affrontées de sable et au chef d'azur chargé de trois étoiles d'or. »

Etat présent de la famille.

VIIe *degré*. — Pierre-Paul-Bernard mort en 1814.

VIIIe *degré*. — Son fils, Bernard de Peyrecave né à Bayonne le 25 novembre 1802, président du tribunal civil de cette ville, décédé le 30 mai 1866 dans sa maison de Bastot à Saubrigues, a laissé :

IXe *degré*. — Louis de Peyrecave, avocat stagiaire ;

Demoiselle Marie de Peyrecave mariée à M. Vasserot, juge-de-paix à Bayonne.

Pour copie conforme de la note de M. le président de Peyrecave.

17 juin 1867.   B^{on} DE CAUNA.

PIÈCES JUSTIFICATIVES.

25 janvier 1752. — Assignation à la requête de Messire Pierre-Paul-Bernard de Lalande baron d'Olce et de Magescq, donnée à Messire Gabriel Pommès-Peyrecave seigneur de Tey et Bessabat patron de l'église de Saubrigues demeurant en cette paroisse. — (*Procès de Bessabat 1660-1752.*)

Augustin-Dominique, fils de noble Joseph-Augustin de Prugue et de dame Jeanne-Marie de Peyrecave de Lamarque mariés, est né le 4 août 1738 et a été baptisé le 6. Parrain, noble Augustin de Prugue ; marraine, dame Jeanne de Guairosse de Saint-Pée, tenant pour elle dame Rose d'Amou d'Aurice, lesquels ont signé avec le père et nous : (*)

Dufraysse, *curé*; de Prugue, *père*; Captan de Batz ; d'Amou d'Aurice ; Dalon.

Marie-Anne fille de noble Joseph-Augustin de Prugue et de dame Jeanne-Marie de Peyrecave-Lamarque mariés, est née le 12 d'octobre 1739 et a été baptisée le 13. Parrain, sieur Gabriel de Peyrecave-Lamarque, tenant pour lui noble Joseph-Daniel de Prugue ; marraine, demoiselle Marie-Anne de Prugue, lesquels et le père ont signé avec nous :

Dufraysse, *curé*; de Prugue, *père*; Marie-Anne de Prugue; Chevalier de Prugue.

Jean-Baptiste fils de noble Augustin de Prugue et de dame Jeanne-Marie de Peyrecave-Lamarque mariés, est né le 29 de janvier 1741 et a été baptisé le 30 du même mois et an. Parrain, noble Jean-Baptiste de Prugue, lieutenant dans le régiment de Piedmont, tenant pour lui noble Joseph-Daniel de Prugue ; marraine, dame Graci de Lartigue de Lamarque, lesquels et le père ont signé avec nous :

Dufraysse, *curé*; de Prugue ; Lartigue de Peyrecave ; Chevalier de Prugue tenant pour mon frère.

1741. — Dame Jeanne-Marie de Lamarque de Prugue, âgée d'environ quarante-cinq ans, est décédée dans la communion des fidèles le quinzième février 1741 et a été enterrée dans l'église des Frères Prêcheurs le 16 dudit mois. Présent, M. Me Antoine Castera prêtre, et Jean Barrouillet prêtre, qui ont signé avec nous :

Dufraysse, *curé*; Castera, *pbr.*; Barouilhet.

Catherine-Gérarde de Captan Bourouillan, mariée au chevalier Jean-Pierre de Batz.
Rose de Caupenne vicomtesse d'Aurice née en 1710, fille du marquis Jean de Caupenne d'Amou de Saint-Pée et de Jeanne de Bedorède Gayrosse, sa seconde femme.

Du 22 novembre 1719.—Assignation à la requête de Pierre de Lalande baron d'Olce, demeurant à Iholdy, à noble Bernard de Peyrecave sieur de Lamarque, comme héritier testamentaire de Pierre-Joseph de Bedorède vivant seigneur de Bessabat, habitant à Saubrigues, maison noble de Bessabat. Signé : Dutrouy, *serg. royal.*

Du 21-29 août 1720. — Assignation à la requête de Pierre Lalande baron de Magescq et d'Olce à M. Me Joseph de Peyrecave-Lamarque prêtre, docteur en théologie, tuteur testamentaire des enfants délaissés par feu noble Bernard de Peyrecave sieur de Lamarque son frère. Signé : de Camiade, *s. r.*

Du 10 janvier 1671. — Autre acte pour 5,000 liv. entre les mêmes, laquelle somme est comptée par le sieur de Bedorède de Montaulieu à Messieurs noble Pierre de Bedorède écuyer, enseigne colonel au régiment des gardes du roy, et noble François de Bedorède, capitaine au régiment de la Reyne, ses frères, habitants de Paris et Montreuil en Picardie, en ce moment résidant à Saubrigues maison noble de Bessabat, 3,000 liv. à Pierre, 2,000 liv. à François, à valoir sur leur légitime, le sieur de Lalande subrogé à leurs droits pour cette somme. Témoins : M. Pierre de Beaulieu (Benesse Beaulieu) pr. curé de Saint-Martin de Hinx ; Pierre de Claverie pbr. et curé de Biaudos. Signé : de Neurisse, *notaire royal.* Extraits signé de La Lande. (*Extrait du procès de Bessabat.*)

De Peyrecave, 1731. — Mademoiselle Jeanne-Marie-Thérèse de Batz, fille de Messire Jean de Batz vicomte d'Aurice et seigneur de Lamothe et de Madame Rose de Caupenne d'Amou mariés, nos paroissiens, naquit le 13 octobre 1731, fut baptisée le 15 du même mois et an, et a été parrain Messire Pierre d'Arche-Lassalle écuyer ; marraine, Madame Jeanne de Bedourède de Gayrosse d'Amou, tous les deux absents, mais Messire Antoine de Captan, chevalier de l'ordre militaire de Saint-Louis et Mademoiselle Jeanne-Marie de Peyrecave, fondés de procuration, ont tenu sur les fonts-baptismaux pour ledit sieur d'Arche et ladite dame de Bedourède qui ont signé avec moi : Cavaré, *curé de Lamothe ;* Captan ; Jeanne-Marie Peyrecave.

Noble Joseph de Pomés-Lamarque (Peyrecave) prêtre de l'oratoire et procureur du roy de ce siége (Tartas). (*Procès de Bessabat* 1710).

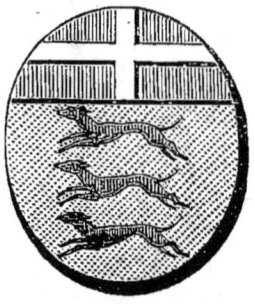

De Poudenx, *en Guyenne et Béarn, seigneurs barons vicomtes et marquis de Poudenx, barons de Saint-Cricq, de Sabres, seigneurs de Serreslous, Souslenx, Projean, Hauriet, Serres-Castets, Basserques, Castelnau, Toulousette, Castillon, Lalanne, etc., etc.*

D'or à trois chiens courants l'un sur l'autre de gueules, et un chef de gueules à la croix d'argent qui est la bannière des religions de Saint-Lazare de Jérusalem et Saint-Jean de Jérusalem.

Ordres : de Saint-Louis, Cincinnatus, Légion-d'Honneur, Saint-Jean de Jérusalem, Saint-Michel, Saint-Maurice et Saint-Lazare ; et du Saint-Esprit pour les Poudenx-Baylens.

Cette famille compte : un lieutenant-général des armées du roi, quatre maréchaux de camp, deux colonels ou mestres de camp, un lieutenant-colonel, un capitaine de vaisseau major de la marine à Toulon, deux chevaliers de Malthe, un chevalier de Saint-Maurice et Saint-Lazare et Cincinnatus, plusieurs baillis et châtelains sous les rois d'Angleterre, trois syndics généraux du pays de Béarn, plusieurs syndics de la noblesse du siége de Saint-Sever, un commandant de 500 hommes de pied, trois évêques, un aumônier de la Dauphine et de la comtesse de Provence, plusieurs abbés de La Sauve, de Rigny, de Bernay, de Pontault, de Bonnefont, et des chevaliers commandant des compagnies d'hommes d'armes et sergents tant à pied qu'à cheval, des chanoines de Lescar, de Dax, d'Orléans, agents généraux du clergé de France et officiers de tous grades.

Extraits faits en février 1775 sur titres communiqués par M. le comte DE POUDENX, *capitaine au régiment des gardes.*

Premier degré.

Bernardus de Podenx fut présent à une donation faite à l'abbaye de Saint-Sever (cap de Gascogne), par Pierre fils de Guillaume-Raymond de Saltu, le vendredi 6 des ides de juin de l'an 1067. (Extrait d'un ancien Cartulaire de cette abbaye, cotté Layette Ier, liasse Ire, charte 7, délivré par le prieur de ladite abbaye le 28 mars 1768, signé Fr. Joseph d'Auga, contresigné Revest, secrétaire du Chapitre et signé.)

Bernardus de Podenx ayant deffendu aux habitants *Villæ capuæ mortuæ* le paturage des prés et landes dudit lieu, pour leurs bestiaux, eut guerre (*bellum*) avec Arnaud, abbé de Saint-Sever, et par l'accord qu'il fit avec cet abbé *cum consilio Centuli vicecomitis*, il permit auxdits habitants le paturage au-delà du fleuve *quod dicitur Luy*. (Extrait du même Cartulaire, charte id. délivré et signé comme le précédent).

Nota. — Arnaud d'Estios était abbé de Saint-Sever en 1072, et l'était encore en 1084. (Voy. *Gallia Christiana*, tome I, col. 1176.)

Accord passé vers l'an 1072 entre Bernard de Podenx avec Arnald (noble Arnald d'Estios abbé de Saint-Sever en 1072), abbé de Saint-Sever, au sujet des forêts (*sylvis*), landes, prés, paturages cultes et incultes, qui appartenaient à la ville *capuæ mortuæ*, dont ledit de Podens disputait la possession audit abbé. Les garants de ce traité furent Guillem Raimondi de Banos et Bernard de Artigas. (D'après une note extraite d'un fragment d'un abrégé de cartulaire ancien contenant donations et autres actes en faveur de l'abbaye de St-Sever, cotté Layette Ier, liasse id., charte 7. Cet extrait délivré le 28 mars 1768 par ordre de Dom Joseph d'Auga, prieur de ladite abbaye, signé de lui et contresigné par F.-A. Revest, secrétaire dudit Chapitre et scellé en placard.)

Deuxième degré.

Arnaud de Podens, caution avec le vicomte Centulle V, d'une donation. (Voy. *Histoire de Béarn*, par Marca, p. 453, années 1120 à 1130.)

Troisième degré.

1° Sansaverius de Podenx du nombre des seigneurs de Gascogne, de la cour de Saint-Sever, à qui Edouard Ier roi d'Angleterre écrivit pour recouvrer la Gascogne en 1294. (*Recueil de Rymer*, t. II, p. 648.)

Sanssanerius de Podenc fut présent à l'acte de constitution de dot passé le 1er octobre 1308 par Mre Hélie de Caupenne chevalier, dame Aude sa femme, et Arnaud de Caupenne leur fils, en faveur de Jeanne leur fille, sœur dudit Arnaud, à l'occasion de son mariage contracté avec Arnaud de Luessâ damoiseau, sieur d'Estabats et de Luessâ. (Expédition du Trésor des Chartes de Pau, titre en parchemin cotté O. 9. au chapitre des dons du vieux inventaire d'Albret, délivré par le conseiller du roy, garde dudit trésor, signé Feschens.

2° Dominus Guilhermus Arnaldi de Podenc, Miles, assista avec Sanceaner son frère à l'acte du 1er octobre 1308.

Guilhem Arnaud de Podings, Arnaud de Caupenne et Guilclara de Saint-Paul seigneurs de Seros, pourvuiés par le roi Edouard II pour traiter avec le roi de Castille en 1309. (*Rymer*, t. III, p. 179.)

Dominus Guillelmus Arnaldi de Podenx, Miles, fut présent avec plusieurs autres seigneurs et damoiseaux, à l'accord passé le 8 décembre 1320 entre Garcias Arnaud, évêque d'Acqs et Amanieu d'Albret seigneur de Marennes, etc. (Copie collationnée le 25 juin 1714 par Vatry et Fromond, notaires du roi à Paris, sur l'extrait fait par M. de Doat le 10 décembre 1667 et conservé dans un livre cotté 18 de la Bibliothèque Colbertine (maintenant, je crois, à la Bibliothèque du Roi), possédée par M. l'abbé de Seignelay.

Dominus Guillelmus Arnaldi de Podenx, Miles, fut présent avec Messire Hélie de Talayrand des comtes (Dominus

Hélie Talayrandi nobilis com. Petrag.) de Périgord et autres, à l'acte dressé le mardi avant la fête de saint Jacques de l'an 1310, du duel juridique d'entre noble homme Aymeri de Biron seigneur en partie de Montferrand, et Hugues de Saint-Germain damoiseau, où ce dernier fut tué par le premier. Cet acte reçu par Pierre Larna, notaire dans tout le duché d'Aquitaine.

Il est nommé avec les mêmes qualifications dans un acte du même jour, relatif au même duel. (Original en parchemin scellé.)

3° Augers de Podenx seigneur de Bayleins, acquit par acte passé le vendredi *in festo* de saint Etienne martyr, au mois de décembre 1320, d'Arnaud Ramon seigneur de Labadie de Horau de la paroisse de Saint-Pey de Horau, plusieurs rentes en argent moyennant la somme de 16 livres. Cet acte reçu par Arnaud de Lane, notaire royal de Montfort. (Expédition en parchemin faite le 24 janvier 1466 d'après les registres dudit P. Arnaud, par Johan dou Plantey, notaire royal, à la requête de Johan de Vignolles seigneur de Montprivat, Bayle, pour le roi, de Montfort, comme gouverneur de noble homme Ramon de Baylens dit de Poyanne son *nebot*. Celui-ci intéressé à la recherche de tout ce qui regarde l'ostau de Puyanne et de Baylens. Signé de la marque dudit notaire. Nauger de Podens sieur de Baylenx en Auribat et dame Na Tomase (*) de Molher, dame d'Aquet medis loc, acquirent par acte passé à Baylencx le lundi après la fête de saint Pierre et de saint Paul de l'an 1326, devant Pey-Arnaud de Lane, notaire royal de Montfort, de Gulharde *deus mortes* et Guilhem son fils, de la paroisse de Saint-Pey d'Orrau, vingt journaux de terre au lieu appelé de Castanhet en ladite paroisse. (Expédition en parchemin faite le 14 février 1466, d'après les registres dudit notaire, par Mᵉ Johan de Plantey notaire royal de la cour de l'official d'Ax, en vertu de commandement à lui fait et à la requête de Moss. Esteven deu Beyriou comme procureur de noble et honorable homme Bertrand sieur de Puyanne, intéressé à la recherche des instruments appartenant à

(*) On a voulu mettre Sa Molher

l'ostau mayson de Puyane et de Baylenxs, et signé de la marque dudit notaire.

Messire Nauger de Podenx seinhor de Baylenx, étant en procès avec Guiraud de La Come, sur ce que ledit seigneur exigeait de celui-ci le serment de fidélité et d'obéissance. Sages et discrets hommes Me Pelegry de Finxis et Me Domengs de Fazar, juges commissaires à ce nommés par noble et puissant seigneur Messire Bernardeitz seigneur de Labrit (d'Albret) vicomte de Tartas, prononcèrent en faveur dudit seigneur de Baylenx par leur sentence du 8 mai 1355. Cet acte reçu par Me Pes de Lane, notaire de Montfort.

Quatrième degré.

Bernat de Baylenxs, fils et héritier de Nauger de Podenx suivant la sentence du 8 mai 1355, que son père s'engagea de lui faire ratifier.

Montre de la compagnie de Martinon de Poudens écuyer, composée de vingt-deux gens d'armes et de trente-un sergents, faite à Angoulême le 19 juin 1351.

Lo senhor de Podenxs fut du nombre des barons Gentius, Domengers et Barruers, qui se présentèrent le 2 août 1376 devant Mossen Arnaud-Guillem de Béarn, en l'église des Frères Mineurs de Morlas, Manats (Mandés) per armar que son en Béarn et en Marsan. (Extrait d'un livre déposé au Trésor des Chartes du roi au château de Pau, intitulé : *Devoirs deubs au seigneur de Béarn*, fait en l'an 1375, c. 97, délivré par le conseiller du roi, garde dudit trésor. Signé Fescheux.

Fondation faite par noble Bertrand de Baylens damoiseau (domicellus), du diocèse d'Acqs, dans le couvent des Frères Mineurs à Saint-Antonin, diocèse de Rhodez, pour le salut de son âme ; de celle de noble Jean de Baylenx son frère, enseveli dans ledit couvent ; de Madame sa mère (Madona) de son épouse ; d'Arnauld son frère, et de tous ceux du lignage de Baylenxs, pour être bâtie à ses frais et dépens sous le nom de la Vierge, à condition qu'elle serait toujours de l'hôtel de Baylenxs, que les armes y seraient peintes et mises sur les vases et ornements, et que lui et ses successeurs en auraient le patronage. Cet acte passé à Senne en Albigeois le 28 décembre 1385, accepté par lesdits Frères Mineurs le 27 décembre 1386. (Original en parchemin signé du nom et de la marque de Pierre de Calomonte, notaire de ladite ville de Saint-Antonin, communiqué en août 1776, par M. le baron de Poudenx.)

Sentence arbitralle prononcée au lieu de Guissen le 14 apvril 1358, par noble homme lo seinhor en Peys de La Brit, senhor de Guissen et Messire Johan d'Arimbès, recteur de l'église de Fouzorge en l'évêché d'Ax, sur les différents qui s'étaient élevés; devant l'évêque d'Ax, juge et conservateur des priviléges de l'ordre de Saint-Jean de Jérusalem, entre Hondrat et Saby religios Mossenher et frais Guillem Rodger, commandeur de l'hôpital de Saint-Jean dou Cap dou Pont de Bayhone et de Gruer, d'une part, et lo noble home Mossen Nauger de Podens cabaler senhor de Baylex en Auribat, d'autre; sur ce que ladite maison de Gruer en la paroisse de Bic en Auribat, avait été donnée en fief par un ancien commandeur de cette maison, sous la redevance de 10 sols de bons morlans. En quoi ledit frère Guillaume-Roger prétendait que l'ordre avoit été lésé. Les arbitres prononcent qu'Auger de Poudenx payra 15 sols de redevance annuelle. Cet acte reçu par Jean de Boreto, notaire public, en présence de Raymond Dossadgers, damoiseau, etc., avec la confirmation de frère M. de Goyono, prieur de la maison de l'hôpital de Saint-Jean de Jérusalem à Thoulouse, dans le chapitre seigneurial, le 16 mai de cette même année. (Communiqué en août 1776 par M. le baron de Poudens.)

Vente faite à Puyane le 9ᵉ jour en l'entran de septembre de l'an 1390 par lo noble Bertrand de Baylens senhor de Puyane et lo noble Ard (Arn) de Baylens son fray, et la noble dame Na Miremonde de Puyane, done de Baylens, leur mère, à Jean de Vivent, paroissien de Saint-Jean de Preschat, d'une pièce de vigne située en ladite paroisse moyennant le prix de 20 francs d'or; cet acte reçu par Mᵉ P. de Saint-Martin, notaire de Poyanne (grosse en parchemin délivrée après la mort dudit notaire, sur ses registres confiés par Alain seigneur d'Albret à Jean d'Estressa, notaire en Auribat et signé de la marque de ce notaire). Communiquè en août 1776 par M. le baron de Poudens.

I. — Guillelmus Arnaldus de Podeyns Miles avait été nommé maire de la ville d'Acqs par le sénéchal de Gascogne suivant des lettres de Edouard II roi d'Angleterre, du 1er janvier 1313. (Expédition de M. de Brequigny.)

II. — Ogerus de Podenx à la Baillie de Bellegarde et de Auribail en Aquitaine, par lettres de Edouard II roi d'Angleterre, du 14 mai 1315. (Expédition de M. de Brequigny.)

Oger de Podens sire de Baylenx, homme lige du roi d'Angleterre au duché de Guienne, expose à ce prince qu'ayant eu la garde de son château de Pountonus, tout le temps entre le roi son père et le roi de France, les gens du roi de France ont brûlé ses maisons, ses moulins, ses châteaux, tué les gens de son hôtel, ravagé ses biens, etc., et qu'il est réduit à grand mechifs et poverté, demande une chatellenie, une baillie, etc. Le roi lui donna 20 livres tournois en attendant, outre ses gages vers 1320.

Ogerius de Podens et Thomasia uxor ejus obtiennent le 29 novembre 1329 un mandement du roi d'Angleterre pour être payé des gages qui étaient dus à Bertrand de Bailens oncle de ladite Thomasse.

Augerus de Podenx obtient, le 2 décembre 1329 d'Edouard III roi d'Angleterre, sous un cens annuel, la baillie de Pontonus et Brassent, en considération de ses pertes et de ses services.

Augerus de Podenx obtient le 18 août 1329, un mandement du roi d'Angleterre pour être payé de ses gages militaires.

Augerus de Podenx (qualifié) *Dilectus Valletus noster*, obtient le 22 septembre 1329 du roi d'Angleterre le moulin d'Agusan et ses dépendances pour trois ans, afin de le dédommager des pertes qu'il avait faites dans les dernières guerres contre le roi de France, ayant perdu tous ses biens *nec habeat ubi habitare possit*, et relever son état.

Augerus de Podens obtint du roi d'Angleterre le 2 mars

1333 un mandement pour se faire rendre le moulin d'Agüsan que ce prince lui avait donné pour trois ans, et qu'on lui avait ôté au bout de deux mois.

III — Vitalis Dominus de Podenx obtient le 18 août 1329, un mandement du roi d'Angleterre pour être payé de ses gages militaires qui lui étaient dus des dernières guerres. (Expédition de M. de Brequigny.)

Vidallus Dominus de Podenx qualifié Dilectus Valletus noster, obtient du roi d'Angleterre, le 3 novembre 1331, la baillie de la Prévôté de Saint-Sever *pro salvâ et securâ morâ sua et hominum suorum.*

Vidallus Dominus de Podynges obtint, le 28 octobre 1331 un mandat du roi d'Angleterre pour être payé des arrérages de ses gages, et le 3 novembre des lettres au sénéchal de Gascogne pour lui faire justice des voyes de fait commises à main armée contre lui, ses maisons et ses hommes par Raymond-Arnaud bâtard de Béarn, avec des lettres de protection et sauvegarde dudit jour.

Vitalis Dominus de Podens obtint un mandement du roi d'Angleterre le 1er juin 1344 pour être dédommagé de la perte de ses chevaux, du temps qu'il était en l'obéissance de ce prince, autre du même jour pour être payé de ses gages et de ceux de ses hommes d'armes tant à cheval qu'à pied.

Guillaume Arnaud senhor de Podenx ayant saisi sur Gaysio (ou Guaxioo) de Salies en lo temps qu'il vivait les maisons, terres et héritages qu'il avait en la seigneurie de Podens, par qu'il s'était absenté dudit lieu, et les ayant tenu dans sa main pendant quatre ans (est ainsi figuré IIII ans) ou plus, les rendit par considération pour la mot noble Madone na Guiraute vescomptesse de Castelbon, done de Navailhs, à Gaysiot fils et héritier dudit feu Gaysiot qui s'était fait homme de ladite dame de Navailles ainsi que tous les devoirs dont il était tenu envers ledit seigneur de Poudenx et envers ses prédécessors. Cet acte passé en la chapelle de Poudens le 16 mars 1390, en présence de Odet de Castel-Puyo, Donsel, et reçu par Arnaud de Casso-Arramer, notaire du Saut. (Fragment de minutes originales dudit notaire, en papier, p. 8, v° d'une cotte moderne.)

Noble Guilhem-Arnaud senhor de Podenx Donzel du diocèse de Lescar, épousa par contrat du 16 juillet 1402, Agnès de Caunar (parchemin original).

Nobilis Guillelmus Arnaldi de Podenx, en qualité de patron de l'église paroissiale de Podenx, présenta à la cure de cette église le dernier novembre 1418. (Extrait du livre ou registre Ier des collations des églises paroissiales et des bénéfices du diocèse de Lescar, fol. 10 v°, et fol. 13 v°, délivré par le secrétaire de l'évêché de Lescar, le 24 août 1774. Signé Costadoat.)

Moss[n] En G[m] Ar. Senhor de Podenxs confirma en cette qualité une vente faite le 9 mars 1421, *selon les fors et costumes de Podenx*, au lieu de Bazolhet et ses appartenances, dépendants de sa seigneurie, et reçut 4me pour le droit du seigneur. Cet acte passé à Podenx devant Jo. Ar. de Saramone notaire public en la sénéchaussée des Lannes.

Noble Guillem-Arnault, seignor de Podenx et de Projan, fit un accord le 4 novembre 1428 avec l'abbé et le couvent de Saint-Sever, diocèse d'Aire en Gascogne.

Nobilis Guilhelmus-Arnaldi-Dominus de Podenxis en qualité de patron de l'église paroissiale de Poudens, présenta à la cure dudit lieu vacante par la mort du dernier recteur, le 13 avril 1435. (Extrait délivré comme celui de l'acte du dernier novembre 1418, rapporté ci-dessus, id. registre col. 73 v° et signé de même.

Noble Guilhem-Arnaud senhor qui fo de Podenx est rappellé dans le contrat de mariage de Bertrane sa fille naturelle, du 11 février 1449.

Cinquième degré.

I. — Lo noble Bernad senhor de Podenxs donna en dot à Bertrane sa sœur naturelle 100 écus d'or, pour laquelle somme il lui assigne 40 morlans de rente (fief noble), par son contrat de mariage du 11 février 1449.

Bernard de Podenx fit un accord avec les habitants de Tholosette le 2 juin 1454, à l'occasion d'un moulin sur la rivière de la Doue qu'ils s'engagèrent à réédifier à frais communs suivant des lettres de la chancellerie de Bordeaux données le dernier juin 1540 en faveur de de François de Poudens seigneur de Poudens et de Projan.

Nota. — On a gratté et effacé avec de l'encre le mot qui caractérisait la parenté d'entre Bernard et François de Poudenx. Cet acte a été apporté au cabinet des ordres du roi le 23 février 1775 avec ceux de l'année 1310 et du 8 mai 1355.

Noble Brt. (Bernard) de Podenxs la Douxs senhor deud. Podenxs mourut quelque temps après avoir fait bâtir le moulin de Toulousette à frais communs avec les habitants de cette ville, et eut pour fils autre Bernard de Podenx, suivant un acte passé le 13 juin 1531 entre lesdits habitants relativement au même moulin, et François de Poudenx fils dudit Bernard (II) et petit-fils dudit Bernard I.

II. — Bertrane de Podenxs fille naturelle, épousa par contrat du 11 février 1449 Johannicot de Fazar Vesin de Toulousette. Bernard seigneur de Poudenx constitua à ladite Bertrane sa sœur naturelle 100 écus et lui donna ses habits nuptiaux. Cet acte reçu par Guix-Arnaud de Cardona, notaire impérial de Toulousette, est inséré dans un acte de vente faite le 7 juin 1488 par ledit Mᵉ Jean de Fazar notaire dudit lieu de Toulouzette au diocèse d'Aire, à honorable homme Steben de Capdeville bourgeois et marchand de la ville d'Ax de 40 merlans de rente en fief qui avaient été l'assignation de dot de ladite Bertrane, et confirmée le 25 du même mois par Peyroton de Fazar, fils aîné dudit Jean de Fazar et de feue ladite Bertrane de Poudenx. Cet acte de vente passé devant Arnaud deu Perolh, notaire de St-Sever.

III. — Gerard de Podenx abbé de Sauve-Majeure diocèse de Bordeaux, depuis l'an 1435 jusqu'en 1474. (Voy. *Gallia Christiana*, 2ᵉ vol. col. 875.)

Accord passé le 4 août 1464 par vénérable et scientifique homme Mossen Benedeyt de Guiton, docteur en décret, abbé de l'abbaye de Nᵉ Dᵉ de la Seuba-Mayor entre deux mers, tant en son nom qu'en celui de Révérend Père en Christ, Mossen Guiraud de Poudenx abbé de ladite abbaye son prédécesseur absent qui l'avait résignée en sa faveur entre les mains de N° S¹ P° le Pape, avec noble homme Bertrand de Casaus écuyer, familier et serviteur de Monseigneur le comte de Comminges maréchal de France, qui avait eu commission dudit maréchal et de Monseigneur l'archevêque d'Auch son frère, pour faire la recette des fruits et biens de ladite abbaye. Cet acte passé devant Jean de Beussa, clerc du diocèse de Condom, notaire royal impérial et de l'official de Bordeaux.

Petrus Dominus de Podenxs étant en procès avec Guillerme Raymond seigneur de Caunar écuyer, au sujet de l'hommage qu'ils prétendaient l'un et l'autre des habitants de Projan, etc., obtint un arrêt du Parlement de Bordeaux en sa faveur le 23 février 1475.

Noble homme Pierre seigneur de Podenx et de Projan était en procès avec les abbés et religieux du monastère de Saint-Sever au sujet du péage de Projan, et le perdit par sentence du 14 août 1477.

Noble homme Pierre seigneur de Poudens et de Projan, tant en son nom qu'en celui de Jean de Pomède et Etienne de Fazaa jurats dudit lieu de Projan, ses vassaux, sujets et feudataires ayant appelé devant le grand sénéchal de Guyenne, des Lannes et Bazadès, de l'emprisonnement des dits jurats fait par noble homme Guitte (ce mot retouché) Raymond seigneur de Caunar. Ce sénéchal, par sa sentence du 17 septembre 1476, ordonna audit seigneur de Caunar d'élargir lesdits jurats.

Sixième degré.

Noble Brt. (Bernard) de Podenxs est dit fils d'autre Bernard et père de François de Poudenx dans un acte passé par celui-ci avec les habitants de Toulouzette le 13 juin 1531. Il y est dit qu'il confirma les pactes faits par son père avec lesdits habitants et qu'il partagea avec eux les charges et les profits du moulin de Toulouzette.

Lo noble en Ber... (le reste de ce mot qui se trouve à la fin d'une ligne est emporté) Scuder senhor de Podenxs (N° le nom se trouve répété et est en entier vers les deux tiers de cet acte c'est Bertrand) (1) vendit par acte du 3 septembre 1483 à las costumes et usances de la ville de Saint-Sever, à honorables homes Mossen? Ar. G^m de Cassanhe, recteur de l'église de Saint-Médard diocèse de Lescar et aux clavers (c'est ce que l'on a depuis appelé marguilliers) de ladite église, 7 florins de rente qu'il avait sur ladite seigneurie de Podenx et que lui payent Ramonet de la Marca, Doat de la Batie, Johannico de Busquet, etc., pour la somme de 70 florins. Cet acte reçu par Jean de Barbacana, clerc du diocèse de Lescar, notaire public en la ville de Sault.

Nobilis Bernardus Dominus de Podents, patron de l'église de Saint-Jean de Poudens, présenta en cette qualité au vicariat de cette église le 12 septembre 1484 :

Nobilis Bernardus Dominus de Podenxis, fit deux présentations à ladite église paroissiale de Poudenx en 1488.

Noble senhor Bernadou senhor de Podens autorisa un acte de vente faite le 23 février 1491, selon les coutumes dudit lieu de Poudens par Perraon dou Labassin, habitant dudit, à vénérable homme Mre Arnaud Doinen, prêtre du lieu de Morgans. Cet acte reçu audit lieu de Poudens en la maison dudit seigneur par Johan de Casaugaxion, clerc du diocèse d'Aire, notaire royal de Poudens. Fut aussi présent à cet acte lo noble Bertrand bastart de Podenx.

Noble Bernard Senhor de Podenx assista le 1er de septembre 1494 au contrat de mariage d'Isabel sa sœur, et lui constitua une dot d'une somme de 250 écus. Cet acte passé à Poudens, diocèse de Lescar, devant Guiraud de Mayre clerc, notaire royal de Hagetmau.

Noble Bernadou senhor de Podenx en qualité de patron de la prébende appelée de Poudenx, fondée en l'église paroissiale de Poudenx et représenté par Doat de Costadoat, vesin (habitant) dudit lieu, passa une obligation le 9 janvier 1496 en faveur de vénérable Messire Johan de l'Abadie, prébendier de ladite prébende, de la somme de 4 flo-

(1) Une note Mss. de M. l'abbé de Vergès qui se trouve au dos de cet acte, annonce que c'est par erreur qu'on y trouve ce nom de *Bertrand* au lieu de celui de *Bernard* qu'il devrait y avoir. (Vérifié par l'acte du 21 février 1508.)

rins et demi qu'il promit de lui payer dans un terme fixe. Cet acte reçu par Pies de la Bayrie notaire royal et public, et passé audit lieu de Poudens.

Nota. — Il y a quatre autres actes du même jour, reçus par le même notaire relatifs au même objet, où ledit seigneur de Poudens prend également la qualification de Bernadoo senhor de Podenx, patroo de la prébende aperade de Podenx fondada en la gleisa propiale de Podenx. (Original en parchemin signé de la marque dudit notaire.)

Pour copie conforme au manuscrit déposé aux archives départementales :

L'Archiviste des Hautes-Pyrénées, Magenties.

Extrait des titres produits par Messire Henry-François-Léonard de Poudenx, *appelé* vicomte de Poudenx, *chevalier, mestre de camp, commandant du régiment de Touraine infanterie, chevalier de l'Ordre royal et militaire de Saint-Louis, nommé chevalier des Ordres royaux, militaires et hospitaliers de N.-D. du Mont-Carmel et de Saint-Lazare de Jérusalem, pour les preuves de son âge et de sa noblesse, devant Monsieur le chevalier de Boisgelin et Monsieur le chevalier d'Artaignan :*

Armes : D'or à trois chiens courants l'un sur l'autre de gueules. — Devise : *Atavis et armis.*

Neuvième degré.

Septièmes ayeux du produisant : Bernard de Poudenx escuier, seigneur de Poudenx, Serrescastets, Projan, etc.; dame Jeanne de Montferrand son épouse. (Montferrand.)

Lausime accordée le 23 février 1491 devant Jean de Casaugaxion clerc, du diocèse d'Aire, notaire royal et ordinaire du lieu de Poudenx, par noble seigneur Bernadou, seigneur de Poudenx, à vénérable homme Messire Arnaud de Meung prestre, habitant du lieu de Morgans, d'une pièce de terre qu'il a acquise dans ladite seigneurie.

Contrat de mariage passé au château de Biron au diocèse

de Sarlat, le 18 mars 1504, devant Jean Bouquet, notaire royal, habitant de la ville de Montpazier, de noble et puissant homme Jean de Montferrand seigneur dudit lieu. Ladite demoiselle assistée dudit seigneur son père; de noble et puissant homme Messire Pons de Gontaut chevalier, baron de Biron; de Révérend Père en Jésus-Christ et seigneur Armand de Gontaut, évêque de Sarlat, par lequel ledit seigneur de Montferrand constitue en dot à ladite demoiselle sa fille 1,700 écus, et promet de la mener audit seigneur futur époux honnêtement habillée à l'honneur de la maison d'où elle sort et où elle va.

Ascensement fait au lieu de Podenx le 25 may 1514 devant Jean de Baradot clerc, notaire royal et apostolique, par noble homme Bernard de Podenx seigneur dudit lieu, à Peyrot de Labat Peyrée et Agnète de Costadoat, habitants du même lieu, d'une pièce de terre qui y est située, pour en jouir par eux selon les coutumes dudit lieu de Podenx et sous diverses redevances.

(*En idiôme gascon*) : Testament fait à Podenx le 2 jeney (juin) 1517, devant Jehan du Baradot clerc, notaire royal et apostolique, par le noble homme escuyer Bernard de Podenx seigneur dudit lieu de Podenx, Hauriet, Proyan, en la prévosté de Saint-Sever, de Serres-Castets et Bernadetz, en Béarn, au diocèse de Lescar, par lequel il élit sa sépulture dans l'église de Saint-Jean de Podenx; fait divers legs pieux; laisse l'usufruit de ses biens à noble damoyselle Johanne de Montferrand sa femme; fait des legs à Anthonine de Podenx sa sœur dame de Cohin, à Ysabeau de Podenx sa sœur, femme de Monsieur Dehau de Berenxs (Duhau de Berenxs); à Agnète de Podenx sa sœur. Lègue à Roger, son fils légitime et naturel, 300 écus tournois petits une fois payés; pareille somme à François son fils; pareille somme à Gabriel aussi son fils; institue son héritier universel Jehan son fils aîné.

Huitième degré.

Sixièmes ayeux : François de Poudenx écuyer, seigneur de Poudenx, chevalier de l'ordre du roy, capitaine d'une compagnie de 300 hommes d'infanterie ; dame Marguerite de Saint-Cricq son épouse (Saint-Cricq).

Cession faite dans le château de Podenx le 27 juin 1531 devant Fortaner de Lazeret, notaire royal et apostolique et ordinaire audit lieu de Podenx, par noble François de Podenx seigneur de Podenx, seigneur dudit lieu, fils de feu noble Bernadou de Podenx seigneur de Podenx et de Serres-Castets, et petit-fils de noble demoiselle Agnète de Navailles, à noble Arnaud de Navailhes bastard de la maison de Serres-Castets, d'une pièce de terre en vigne, située audit lieu de Serres-Castets, pour s'acquitter envers lui d'une somme de 40 écus qu'il a prêtée à feu noble Jehan de Navailhes seigneur de Serres-Castet, son frère aîné, dont ladite Agnète sa sœur germaine a été héritière.

Contrat de mariage passé dans la maison noble de Saint-Cricq le 22 apvril 1539, devant Arnault Guilhem du Tastet, notaire royal, de noble François de Podenx seigneur dudit lieu et autres terres et seigneuries, avec Marguerite de Saint-Cricq damoyselle, dame dudit lieu, par lequel ledit seigneur futur époux donne à ladite damoyselle sa future épouse la tierce partie de tous ses biens, seigneuries et gentillesses de Podenxs, Serres, de Saint-Estèpve (Esthève), Proyans, Bernadet et Hauriet ; et ladite damoyselle lui assure pour son douaire une somme de 5,000 livres tournoises.

Testament fait en la maison noble de Saint-Cricq le 15 juillet 1556, devant de Cès notaire royal, par noble Marguerite de Saint-Cricq damoyselle, dame dudit lieu, épouse de noble François de Podenx escuyer, seigneur dudit lieu, par lequel elle élit sa sépulture dans l'église paroissiale de Saint-Cricq, au tombeau de ses ancêtres et prédécesseurs, ordonne que ses honneurs et funérailles soient faites selon son état. Laisse à Agnète de Saint-Cricq, sa sœur bastarde, 100 écus petits ; déclare que, de son mariage avec ledit seigneur de Podenx, sont procédés et existants : Charles, Louys, Jehan et Adrian de Podenx ; leur lègue tous les meubles qui lui appartiennent excepté ceux qui sont portés en l'inventaire fait après le décès de feu noble Aymery de

Bazilhac son premier mari, lesquels doivent retourner à ses héritiers suivant la coutume ; lègue à noble Estienne de Bazilhac son fils aîné la moitié de tous ses biens, et institue son héritier universel en l'autre moitié Charles de Poudenx.

Commission de capitaine de 300 hommes de pied aventuriers, accordée le 20 juing 1542 par Henry, roy de Navarre, lieutenant-général du roy et gouverneur ès-pays et duché de Guienne, au seigneur de Podenx en considération de son expérience au fait de la guerre.

Commission donnée le 27 novembre 1569 par loys de Saint-Gelays seigneur de Lanssac, chevalier de l'ordre du roy, conseiller de son conseil privé, capitaine de 100 gentilshommes de sa maison, commandant pour le service de Sa Majesté à Bourdeaulx et au pays circonvoisin, au sieur de Podenx pour assembler au plus tôt que faire se pourra la noblesse et commune des pays où il est, et avec toutes les forces qu'il pourra mettre ensemble, courir sus aux ennemis du roy dans le pays de Béarn, essayer de remettre en l'obéissance de Sa Majesté, Saint-Sever, Tartas et autres lieux par eux occupés.

Lettre du roy à Monsieur de Podenx dattée de Saint-Germain-des-Préz, le dernier d'octobre 1570, par laquelle Sa Majesté lui mande qu'il a été élu pour être associé à l'ordre Monseigneur Saint Michel, et qu'elle envoie pouvoir à son cousin le marquis de Villars, son lieutenant-général en Guienne, en l'absence de son très cher frère le prince de Navarre, pour lui bailler de sa part le collier dudit ordre. Signé : CHARLES.

Septième degré.

Cinquièmes ayeux : Charles de Poudenx escuyer, seigneur et baron de Poudenx et autres lieux ; dame Anne de Baylens de Poyanne, son épouse.

Baylens de Poyanne : D'or au levrier de gueules colleté d'argent, écartelé d'azur à trois canettes d'argent.

Bulle du Pape Grégoire VIII, donnée à Rome à Saint-Pierre aux calendes de janvier 1583, par laquelle Sa Sainteté dispense son cher fils Charles de Poudenx, laïc du diocèse de Lescar, et sa chère fille en Jésus-Christ, Anne de Baylenx du diocèse d'Acqs, du troisième degré de consanguinité qui est entre eux, nonobstant lequel et en ignorance d'icelui, ils ont contracté mariage dans leur paroisse.

Pactes de mariage passés au chasteau de Poyanne le 9 mars 1564, devant Destouesse, notaire royal, de Charles de Podenxs escuyer, fils aîné de noble François de Podenxs seigneur dudit lieu, et de feue Marguerite de Saint-Cricq, damoyselle, dame dudit lieu, avec Anne de Baylenx, damoyselle, fille aînée de feu Estienne de Baylenxs escuyer, seigneur de Poyanne, et de noble Jehanne d'Antin damoyselle sa veuve, assistés sçavoir : ledit futur époux, dudit seigneur son père et de Messire Françoys de Pardaillan, abbé de Dieuvielle, son oncle ; et ladite demoiselle future épouse, de ladite dame sa mère, stipulant en qualité d'administresse de Bertrand de Baylenxs, seigneur baron de Poyanne son fils, frère germain de ladite demoiselle.

Quittance donnée à Tartas le 22 juing 1574, devant Bernard de Ryeutort, notaire royal, par noble Jean de Podenx, fils de feu noble Francoys de Podenx seigneur dudit lieu, à noble Charles de Podenx, seigneur dudit lieu son frère, de la somme de 3,300 livres tournois qu'il en a reçue à compte de celle de 3,500 livres, au moyen de laquelle il a renoncé à tous droits paternels et maternels, par acte du 5 décembre 1573, passé devant Bernard d'Arrac, notaire royal.

Testament fait dans la maison noble de Poudenx le 15 novembre 1606 devant Pierre du Tournier, notaire royal en la sénéchaussée des Lannes, par illustre homme Charles de Podenxs escuyer, sieur dudit lieu et autres places, par lequel il élit sa sépulture dans l'une ou l'autre des églises de Poudenx ou de Saint-Cricq, déclare avoir été marié avec Anne de Puyanne autrement de Baylens damoiselle, par contrat passé le 9 mars 1564 devant M° Germain Destouesse notaire royal, et que feu noble François de Podenx écuyer, sieur dudit lieu son père, lui a fait donation des maisons nobles et seigneuries de Podenx, Proyan,

Hauriet, Serres, Saincteschéaulx, Bernadet et de tous les droits sur les biens de Marguerite de Saint-Cricq son épouse, mère de lui testateur ; que de leur mariage est né noble François de Poudenx baron dudit lieu son fils unique, lequel a esté marié avec Françoise de Meriteing demoiselle, lègue à Bertrand de Podenx escuier, son petit-fils, fils aîné dudit François, la maison et seigneurie de Saint-Cricq, outre la donation portée dans le contrat de mariage de ses père et mère, nomme exécuteur de ses dernières volontés Louys de Podenx seigneur de Serresloux son frère, et Messire Bertrand de Puyanne sieur dudit lieu et autres places, chevalier des deux ordres du roy et gouverneur des ville et château d'Acqs.

Lettres patentes d'Henry roy de Navarre seigneur souverain de Béarn du 10 décembre 1578, par lesquelles ce prince enjoint à son sénéchal d'Albret ou son lieutenant au siége de Tartas de faire insinuer la donation qu'il a faite naguères à son cher et bien amé Charles de Podenx escuier, seigneur dudit lieu, de la terre, seigneurie et baronnie de Sabres, située au duché d'Albret, en considération de ses mérites et de l'affection qu'il a toujours montrée au bien de son service, datée de Nérac, signée Henry, et par le roy duc d'Albret.

Lettre d'Henry roy de Navarre à Monsieur de Poudenx, datée de Nérac le 7 juillet 1581, par laquelle ce prince lui marque qu'il demeure satisfaict du service qu'il lui a rendu en la charge qu'il lui a commise durant les troubles et voudrait avoir autant de commodité de le reconnaître comme il en a la volonté ; que quant aux deux couleuvrines qu'il a conduites en sa ville haulte de Tartas, il ne sen mette point en peine. Votre byen bon et asseuré amy Henry. (Souscrite de la main du prince.)

Sixième degré.

Quatrièmes ayeux : François de Poudenx escuier et seigneur baron de Poudenx, syndic général des Etats de Béarn ; demoiselle Françoise de Meritein son épouse.

Meritein de Lago : D'argent à l'arbre de sinople et un

levrier de gueules attaché au fust de l'arbre. Meritein de Béarn porte : D'azur au levrier d'argent arrêté contre un arbre de sinople.

Pactes de mariage passés à Poudenx le 4 octobre 1592, devant Henry de Noguiès, notaire royal des Lannes, de François de Poudenx, fils naturel et légitime de noble homme Charles de Poudenx escuier, sieur dudit lieu, Castetné, Baserques et autres places, et de demoiselle Anne de Baylenx sa femme; avec demoiselle Françoise de Mériteing fille de feu Messire Raymond de Meriteing, chevalier de l'ordre du roy, seigneur et baron de Gayrosse, et de noble Marguerite de Navailhes dame de Peyre, Arbus et autres places, assistés savoir : ledit futur époux, desdits seigneur et dame ses père et mère; de Messire Bertrand de Puyanne seigneur et baron dudit lieu, chevalier de l'ordre du roy, capitaine de cinquante hommes d'armes de ses ordonnances, gouverneur de la ville d'Acqs et commandant pour Sa Majesté au pays des Lannes ; de Messire Estienne de Bazilhac seigneur et baron de Saint-Cricq, chevalier de l'ordre du roy, et de noble Loys de Podenx escuier seigneur de Serresloux ses oncles, et ladite future épouse, de ladite dame sa mère, de Jacques de Meriteing sieur et baron de Gairosse son frère.

Donation faite dans la maison noble de Podenx le 15 décembre 1592 devant de Noguiés, notaire royal, par noble homme Charles de Podenx seigneur baron dudit lieu et autres places, mari de demoiselle Anne de Puyanne, à noble François de Podenxs leur fils aîné, des seigneuries de Proyan, Hauriet Serres-Castetz et Bernadets, en considération de son mariage avec Damoyselle Françoise de Mériteing.

Quittance donnée à Morlana en la maison seigneuriale le 29 juillet 1596 devant Joan deus Pruetz, notaire de la notarie de Sobestre, par noble François de Podenxs escuyer, fils naturel et légitime de noble Charles de Podenxs escuyer, seigneur dudit lieu, de Castelner, Basercles et autres places et de Agne de Bailhenxs damoiselle, et par ledit seigneur de Podenx son père, à noble dame Margalide de

Navalhes dame de Peyre, Arbus et autres places, veuve de Messire Ramon de Meritenh, chevalier de l'ordre du roy, seigneur et baron de Gayrosse, d'une somme de 4,666 écus d'un tiers, constituée en dot à demoiselle Françoise de Meritenh leur fille par son contrat de mariage avec ledit François de Podenxs, du 14 octobre 1592.

Délibération des Etats-Généraux de Béarn du 26 aoust 1622, portant que, nonobstant la nomination qui a été faite par Mgr d'Espernon, de M. de Podenx à la place de syndic, ledit sieur de Podenx a déclaré qu'il se soumet au jugement des Etats pour en dépendre entièrement et qu'il ne peut être ni demeurer syndic dudit pays en vertu de la création dudit seigneur d'Espernon; et que cependant, attendu la qualité et le mérite dudit sieur de Podenxs, M. de Colom syndic, a été d'avis qu'il fut nommé syndic et pourvu de ladite charge. Sur quoi les seigneurs au Tiers-Etat ont décidé que l'un et l'autre demeureraient en ladite charge, conformément au commandement du roy, et qu'à l'avance Sa Majesté serait suppliée d'en laisser la nomination aux Etats ou de déclarer qu'elle leur appartient.

Cinquième degré.

Trisayeux : Bernard de Poudenx écuier seigneur de Serresloux et de Soulenx, capitaine enseigne de la compagnie de M. de Poyanne; demoiselle Marie de Candau son épouse. (Candau.)

Pactes de mariage passés au lieu de Montaut le 7 novembre 1632 devant Pierre de Tournier, notaire royal, de noble Bernard de Poudenx sieur de Souslenx, fils légitime et naturel de feuz nobles François de Poudenx et de Françoise de Meritaing, avec Marie de Candau damoyselle, fille de feu Pierre du Candau et de Françoise du Tournier damoyselle son épouse. Ledit futur époux assisté de nobles Etienne, Charles et Jean-Pol de Poudenx ses frères. Joint l'acte d'insinuation desdits pactes en la sénéchaussée des Lannes. 12 février 1633.

Transaction passée au lieu de Montségur, siège de Saint-Sever, le dernier juillet 1641, devant deux témoins, entre noble Bernard de Poudenx, capitaine enseigne du seigneur de Pouyanne, en la garnison de Navarreinx, fils de feu noble François de Poudenx et de feue Françoise de Meritaing son épouse d'une part ; et noble Estienne de Poudenx seigneur de Poudenx et autres lieux, fils aîné desdits seigneur et dame d'autre part, sur les droits légitimaires appartenants audit Bernard, tant dans les successions de ses dits père et mère que dans celle de feue noble damoiselle Anne de Poyanne son ayeule, lesquelles ont été estimées à la somme de 5,518 liv. 16 sols 8 den , par laquelle ledit Bernard s'engage à payer une somme d'argent pour dégager les biens dudit seigneur de Poudenx son frère aîné, et celui-ci lui abandonne une partie de ses biens de la métairie de Souslenx.

Testament fait au bourg de Morganx le 17 février 1646 devant Descaillats, notaire royal, par Françoise de Tournier damoiselle, veuve à feu sieur Pierre de Candau, par lequel elle charga du soin de ses honneurs funèbres noble Bernard de Poudenx sieur de Souslenx son gendre, déclare avoir fait une donation à demoiselle Marie de Candau sa fille par son contrat de mariage avec ledit Bernard de Poudenx, passé le 7 novembre 1632 devant du Tournier, notaire royal.

Testament fait au lieu et bourg de Morganx dans la maison appelée à Candau, le 19 octobre 1655 devant Descaillatz, notaire royal, par demoyzelle Marie de Candau femme de noble Bernard de Poudenx seigneur de Souslenx, par lequel elle élit sa sépulture dans l'église paroissiale de Madame Sainte-Eugénie de Morganx, dans la chapelle ou ses ancêtres sont inhumés, déclare que de leur mariage sont nés nobles Charles, Jacques et Thomas, Paulle, Gabrielle, Françoise, Angélique, Jeanne et autre Françoise de Poudenx, leur fait des legs et institue son héritier universel ledit Charles.

Quatrième degré.

Bisayeux : Charles de Poudenx escuier, seigneur de Serresloux ; dame Catherine de Lafutsun son épouse.

Lafutsun de la Carre : Ecartelé au 1 et 4 de Navarre qui est de gueules aux chaînes d'or posées en orle, en croix et en sautoir, au 2 et 3 d'argent au lion d'azur lampassé et viléné de gueules.

Pactes de mariage passés à Mesplède le 15 avril 1663, devant Jean de Marque, notaire d'Arthez, de noble Charles de Poudens sieur de Serreloux, fils de noble Bernard de Poudens sieur de Serrelous et de Souslenx, avec damoiselle Catherine d'Abbadie d'Araux (Catherine de La Futsun), fille aînée de feu noble Guaston de la Futsun abbé d'Araux, assistés sçavoir : ledit futur époux dudit seigneur son père, et ladite demoiselle future épouse de Messire Daniel d'Abbadie seigneur et baron d'Arboucave, son oncle maternel et procureur constitué, par noble Daniel de la Futsun abbé d'Araux son frère.

Sentence rendue à Saint-Sever le samedi 5 juin 1666, au profit de Bernard de Poudenx escuyer, seigneur de Serreloux, agissant tant pour lui que pour Charles de Poudenx escuyer son fils, par lequel il leur est donné acte de la représentation d'une quittance de 1,000 livres par eux payées à Dominique de Castaing sieur de Luyo, en déduction de la dot de feue demoiselle Paule de Poudenx sa femme.

Inventaire fait le 22 aoust 1668 par Dufour, notaire royal, des biens tant meubles qu'immeubles, titres, papiers et documents trouvés dans la maison seigneuriale de Serresloux au siége de Saint-Sever, après le décès de noble Bernard de Poudenx seigneur dudit Serresloux, arrivé le 8 du même mois à la requête de noble Charles de Poudenx seigneur du même lieu de Serresloux, lequel déclare qu'étant séparé dudit deffunt (son père), depuis certaines années et faisant sa résidence à Morgans ; il ne sait en quoi consistent les biens de la ditte hérédité, ni quelle qualité il sera obligé de prendre.

Certificat du curé de Morganx au diocèse d'Aire du 14 juin 1675, portant qu'il a cherché parmi les livres baptistères de ladite église celui de Monsieur Charles de Poudenx fils de feu noble Bernard de Poudenx et de demoiselle Marie de Candau, et qu'il n'a pu le trouver.

Acte de notoriété tait en la cour de la sénéchaussée des Lannes au siége de Saint-Sever, le 18 juin 1675, à la requête de Charles de Poudenx escuier, demandeur en lettres royaux contre noble Hector de Prueret et Françoise de Poudenx demoiselle son épouse deffendeurs, aux fins de voir procéder à l'attestation de l'âge dudit seigneur Charles de Poudenx, pour servir dans un procès qu'il a contre le lieutenant géneral et particulier de Marsan, *à cause qu'il n'y a point sur les lieux libre* (livre) *baptistaire,* duquel il résulte, d'après les dépositions des témoins, que ledit Charles naquit en l'année 1639, au mois d'avril ou may, dans la maison de Candau où demeuraient ses défunts père et mère.

Troisième degré.

Ayeux : Henry de Poudenx, IIe du nom, chevalier vicomte de Poudenx baron de Saint-Cricq, seigneur de Serresloux, capitaine au régiment de Gatinois ; dame Jeanne de Poudenx son épouse.

Poudenx : D'or à trois chiens courants l'un sur l'autre de gueules.

Contrat de mariage passé au lieu de Morganx le 22 janvier 1703, de Messire Léonard de Caupenne d'Amou, lieutenant du roy dans la province de Guyenne, seigneur marquis dudit Amou baron de Bonnut, Arsague et autres lieux, fils aîné de feus Messire Jean d'Amou, baillif du pays de Labourt, et de dame Madelenne de Massiot, avec demoiselle Roze de Poudenx, fille de noble Charles de Poudenx seigneur de Serresloux et de feue dame Catherine de la Futsun. Ladite future épouse assistée dudit seigneur son père, de noble Henri de Poudenx, capitaine au régiment de Gatinois son frère, de demoiselle Madelenne de Poudenx sa sœur, etc., etc.

Bulle de Sa Sainteté, datée de Rome à Saint-Pierre aux ides d'avril 1704, portant dispense de la consanguinité aux troisième et quatrième degrés qui est entre son amé fils Henry de Poudenx laïc du diocèse d'Aire et sa chère fille en Jésus-Christ, Jeanne de Poudenx, du diocèse d'Acqs.

Cette bulle dhûment signée et certifiée véritable par les conseillers du roi expéditionnaires en cour de Rome le 24 mai 1704.

Lettres de l'official général du diocèse d'Acqs du 5 juin 1704 portant permission de solemniser ledit mariage suivant les cérémonies ordonnées par le Concile de Trente.

Contrat de mariage passé au château noble de Saint-Cricq, diocèse d'Aire siége de Saint-Sever, le 4 juin 1704, devant Barthez notaire royal, de Messire Henri de Poudenx seigneur de Serresloux, fils légitime de feus Messire Charles de Poudenx et de dame Catherine de la Futsun. Ledit Charles fils de Messire Bernard de Poudenx et ledit Bernard fils de Messire François de Poudenx, avec demoiselle Jeanne de Poudenx, habitante de Castillon, fille légitime de Messire Henri Ier du nom, vicomte de Poudenx baron de Saint-Cricq, seigneur de Bassercles, Castelner Sendède, Castillon, Besaudun, Tourziède, Sarra, Moureaux, Auros, Beauregard et autres lieux, brigadier des armées du roy et chevalier de l'ordre royal de Saint-Louis, et de dame Ester de Gàssion son épouse. Ladite demoiselle future épouse assistée desdits seigneur et dame ses père et mère, par lequel ledit seigneur vicomte de Poudenx et ladite dame son épouse constituent en dot à ladite demoiselle par preciput et sauf future succession une somme de 100,000 liv. jusqu'au payement de laquelle ils lui donnent la jouissance de la terre et seigneurie de Saint-Cricq. Le même seigneur vicomte institue la même demoiselle son héritière universelle, et attendu que la substitution graduelle opposée par noble François de Poudenx à la donation par lui faite aux enfants de noble Charles de Poudenx, son fils expire sur la tête dudit seigneur vicomte de Poudenx, ce qui laisse lesdits biens libres de substitution après son décès ; ledit seigneur désirant qu'ils se conservent dans sa famille, il substitue à sa dite fille dans les terres et seigneuries de Poudenx, Saint-Cricq, Castelner, Bassercle et Sendède et aux seigneuries et terres nobles fiefs de Castillon en Arengosse et Bailongue, Tausiède, Sarra, Dagest, Mourceaux (Morcens?) d'Auros, Beauregard et Besaudun, etc., le premier mâle et à défaut de mâle la première fille à naître du présent mariage, et ainsi de degré en degré jusqu'au quatrième, et le même seigneur substitue à ladite demoiselle sa fille en cas de mort sans enfants, Messire Antoine de Poudenx capitaine de vaisseaux son frère.

Testament mystique fait à Bordeaux le 14 juillet 1710 et déposé le même jour à Fauga, notaire royal en cette ville, par Messire Antoine chevalier de Poudenx, capitaine des vaisseaux du roy, par lequel il élit sa sépulture dans l'église paroissiale sur laquelle il décèdera ; lègue 5,000 liv. pour être employées en aumônes et 10,000 livres pour faire une fondation pour le repos de son âme et de celle de feu Messire Bernard de Poudenx, évêque de Marseille, son frère, lègue à Messire Henry marquis de Poudenx son frère tous ses biens paternels et maternels, et veut qu'après son décès ils reviennent à la dame de Serres, fille dudit seigneur marquis et à ses enfants, et institue son héritier universel en tous ses biens acquis Messire François de Poudenx abbé de Pontault son frère.

Procès-verbal dressé le 18 septembre 1714 dans la ville de Pau en Béarn, par frères François-Joseph Doria, commandeur de Saint-Blaise de Mons, et Jacques de Vilages Lachassagne chevalier de Saint-Jean de Jérusalem, commissaires à ce députés des preuves littérales et testimoniales de la noblesse paternelle et maternelle de noble Antoine de Poudenx, présenté pour être reçu chevalier de justice dudit ordre dans la vénérable langue de Provence, duquel il résulte qu'il est né le 19 février 1709, du mariage de Messire Henry de Poudenx seigneur de Serres et de dame Jeanne de Poudenx ; qu'il a pour ayeul et ayeule noble Charles de Poudenx seigneur de Serresloux et dame Catherine de Lafutzun ; bisayeul et bisayeule, noble Bernard de Poudenx seigneur de Soulenx, capitaine enseigne du seigneur de Poyanne et dame Marie de Candau ; trisayeul et trisayeule, noble François de Poudenx et Françoise de Meritein ; quatrièmes ayeux, illustre homme Charles de Poudenx écuyer, seigneur dudit lieu et demoiselle

Anne de Poyanne de Baylenx ; cinquièmes ayeux, François de Poudenx écuyer, seigneur dudit lieu, et noble Marguerite de Saint-Cricq. (Original signé des gentilshommes assistants et des commissaires.)

Lettre du roy au vicomte de Poudenx du 1ᵉʳ janvier 1689, pour qu'il ait à recevoir de Serres Poudenx en la charge d'enseigne en la compagnie colonelle du régiment de milice d'infanterie qu'il commande.

Autre lettre du roy à Monsieur le vicomte de Poudenx, colonel d'un régiment de milice d'infanterie du 12 août 1690, par lequel Sa Majesté lui mande qu'ayant donné à de Serres Poudenx la charge de lieutenant en la compagnie de Pascal audit régiment, il ait à le faire reconnaître en ladite charge.

Commission de capitaine d'une compagnie dans le régiment d'infanterie de Poudens dans la généralité de Bordeaux, accordée par Sa Majesté le 16 août 1692, à son cher et bien-aimé le capitaine de Serre de Poudenx.

Commission de capitaine d'une compagnie dans le régiment d'infanterie du Gatinais, accordée par le roi le 24 février 1693, à son cher et bien aimé le capitaine Serre de Poudenx.

Deuxième degré.

Père et mère : Henry de Poudenx IIIᵉ du nom, chevalier comte de Poudenx baron de Saint-Cricq, etc., et lieutenant général des armées du roy, gouverneur de Saint-Jean-Pied-de-Port, chevalier de Saint-Louis ; dame Marie-Marguerite-Françoise Bazin de Bezons son épouse.

Bazin de Bezons porte : D'azur à trois couronnes ducales d'or.

Extrait du registre des baptêmes de l'église paroissiale de Notre-Dame d'Arengosse, portant qu'Henry de Poudenx fils de Messire Henry de Poudenx et de dame Jeanne de Poudenx, né le 2 janvier 1708, y a été baptisé le même jour et a eu pour parrain et marraine Messire Henry de Poudenx, brigadier des armées du roy et dame Esther de

Gassion ses ayeul et ayeule maternels. (Délivré le 25 novembre 1722.)

Testament olographe fait dans la maison noble de Castillon le 5 octobre 1723, par dame Esther de Gassion, épouse de feu Messire Henry de Poudenx, par lequel elle élit sa sépulture dans l'église d'Arengosse, charge du soin de ses honneurs funèbres dame Jeanne de Poudenx sa fille et son héritière; lègue à demoiselle Madelaine de Poudenx sa petite fille, aînée de M. de Serres et de Madame de Serres, une somme de 4,000 livres, outre les 6,000 livres qui lui ont été léguées par feu Messire Henry de Poudenx son grand père; institue son héritière universelle ladite dame de Poudenx sa fille unique, épouse de M. de Serres; lui substitue en tous ses biens Henry son petit-fils. Ce testament déposé clos et cacheté le 10 décembre 1723, chez Lacassaigne, notaire, signé de la dame, de sept témoins et dudit notaire.

Contrat de mariage passé au lieu de Saint-Cricq, sénéchaussée des Lannes le 28 décembre 1738, devant Gaxie, notaire royal; de Messire Pierre d'Abadie chevalier, baron d'Arboucave, lieutenant dans les gardes françaises, seigneur de Maslacq, Sarpourenx, Biron, Louvieng, Castaniers et Ausenx, fils de Messire Jean-Louis d'Abadie d'Arboucave baron dudit lieu, et de dame Marie de Brassalay son épouse, avec demoiselle Madelainne-Angélique de Poudenx fille de Messire Henry de Poudenx chevalier vicomte dudit lieu, baron de Saint-Cricq, Segaret, Serreloux et autres lieux, et de dame Jeanne vicomtesse dudit Poudenx, baronne de Saint-Cricq, dame de Castilhon et autres lieux son épouse. Ladite demoiselle assistée desdits seigneur et dame ses père et mère; de Messire Henry vicomte de Poudenx chevalier, enseigne des grenadiers aux gardes françaises; son frère aîné représenté par Messire Anthoine de Poudenx, chevalier de l'ordre de Saint-Jean de Jérusalem, capitaine au régiment de Bourbonnais son frère cadet.

Contrat de mariage passé le 16 mars 1743 devant Laideguive et son confrère, notaires au Chastelet de Paris, de haut et puissant seigneur Messire Henry vicomte de Poudenx, chevalier seigneur de Serreloux et autres lieux, chevalier de Saint-Louis, lieutenant au régiment des gardes françaises, fils de feu Messire haut et puissant seigneur M. Henry de Poudenx chevalier, vicomte dudit lieu baron de Saint-Cricq seigneur de Serreloux, Segarret et autres lieux, et de haute et puissante dame Jeanne vicomtesse de Poudenx son épouse, avec demoiselle Marie-Marguerite-Françoise Bazin de Bezons, fille de haut et puissant seigneur Messire Louis-Gabriel Bazin marquis de Bezons et de Maisons, maréchal des camps et armées du roy, gouverneur de la ville et citadelle de Cambray et pays Cambrésis, et de feue haute et puissante dame Marie-Anne-Bernard de Maisons son épouse. Ledit seigneur futur époux assisté de ladite dame sa mère, représentée par procureur de Messire Jean-Louis de Poudenx, sous-diacre de l'église d'Aire son frère, par lequel ladite dame vicomtesse de Poudenx fait donation audit seigneur futur époux son fils des vicomté de Poudenx, baronnie de Saint-Cricq, terre et seigneurie de Castellené, Basserolles et Segarret avec toutes leurs appartenances et dépendances et tous les autres biens qui lui appartiennent en la sénéchaussée des Lannes et ressort du siége de Saint-Sever, à la charge par lui d'acquitter les légitimes maternelles de Messire Antoine de Poudenx chevalier, non profès de l'ordre de (Saint-Jean) de Jérusalem, capitaine au régiment de Bourbonnais; de Messire François de Poudenx capitaine au même régiment; de Messire Jean-Léonard de Poudenx, prêtre docteur de Sorbonne, chanoine de l'église d'Acqs, et de Messire Jean-Louis de Poudenx sous-diacre de l'église d'Aire, ses frères puinés, et de payer le reste des dots constituées tant à dame Marie-Madelaine de Poudenx sa sœur, épouse de Messire Bernard de Navailles baron de Banos, qu'à dame Madelaine-Angélique de Poudenx aussi sa sœur, épouse de Messire Pierre d'Abbadie, seigneur baron d'Arboucave.

Certificat de M. de Beringhen, premier écuyer du roy, du 1er avril 1727, portant que le sieur de Poudenx a été page du roy en sa petite écurie pendant le temps de trois mois qui ont fini de 31 mars dernier. (Original.)

Lettre du roy à son cousin le duc de Biron, colonel du régiment de ses gardes françaises, du 11 may 1753, par laquelle Sa Majesté lui mande qu'ayant donné au seigneur Henry vicomte de Poudenx capitaine, la compagnie de grenadiers, vacante dans ledit régiment par la démission du sieur Charles de Courtomer, il ait à le recevoir et faire reconnaître en ladite qualité.

Brevet de maréchal de camp dans les armées du roy, accordé par Sa Majesté le 20 février 1761, au seigneur Henry vicomte de Poudenx brigadier en son infanterie, capitaine au régiment de ses gardes françaises. Signé, contre : duc de Choiseul.

Lettres patentes du roy chef souverain et grand maître de l'ordre militaire de Saint-Louis, du 15 may 1773, par lesquelles Sa Majesté accorde au sieur Henry de Poudenx, ci-devant capitaine de grenadiers dans le régiment des gardes françaises, la pension de 1,000 livres vacante dans ledit régiment et ordre, par la mort du sieur d'Obsonville.

Lettres de relief de prestation de serment accordées par le roy le 14 janvier 1174, à son très cher et bien aimé le comte de Poudenx, maréchal de camp en ses armées pour la charge de gouverneur de la ville de Saint-Jean-Pied-de-Port, dont Sa Majesté l'a pourvu par lettres du 17 juin 1770, en survivance du sieur vicomte de Suzy, dattées de Versailles, signées Louis, plus bas par le roy Montagnard, enregistrées en la chambre des comptes le 16 juillet 1774, signées Marsolan.

Pouvoir de lieutenant-général dans les armes du roy accordé par Sa Majesté le 1er mars 1780, à son cher et bien aimé Henry vicomte de Poudens, maréchal de camp en ses armées, en considération de ses bons et fidèles services, daté de Versailles. Signé Louis, sur le repli par le roy, le prince de Montbarey.

Premier degré.

Henry-François-Léonard de Poudenx appelé vicomte de Poudenx chevalier, mestre de camp, commandant du régiment de Touraine, chevalier de l'ordre de Saint-Louis, nommé chevalier des ordres de Notre-Dame du Mont-Carmel et de Saint-Lazare ; dame Charlotte-Marguerite de Sacriste de Rolie son épouse, Sacriste de Rolie.

Extrait des registres des baptêmes de l'église paroissiale d'Arengosse au diocèse d'Acqs, portant qu'Henry-François-Léonard de Poudenx, fils de Messire Henry de Poudenx, capitaine aux gardes françaises et de dame Marie-Marguerite Françoise de Bezons son épouse, demeurant en cette paroisse, y a esté baptisé le 3 aoust 1747 et a eu pour parrain Messire Léonard de Poudenx abbé de Rigny, chanoine et grand vicaire de Dax et aumônier de Madame la Dauphine, délivré le 27 décembre 1767 par le curé de cette paroisse. Signé Comarrieu et légalisé.

Contrat de mariage passé au chasteau noble de Pontenx sénéchaussée de Tartas, le 17 février 1770, devant Sallebert notaire royal, de haut et puissant seigneur Messire Henry-François-Léonard vicomte de Poudenx, capitaine au régiment royal des carabiniers, habitant dans le château noble de Castillon paroisse d'Arengosse, fils de haut et puissant seigneur Messire Henry de Poudenx maréchal des camps et armées du roy, chevalier de Saint-Louis, capitaine commandant de bataillon au régiment des gardes françaises, seigneur comte de Poudenx, Castillon, Besaudun, Sarra, Tamière, Auros, Morsens, Beauregard, Batsercles, Castelner, Saint-Cricq, Serres, Segaret et autres lieux, et de haute et puissante dame Marie-Marguerite-Françoise de Bezons son épouse, avec haute et puissante demoiselle Charlotte-Marguerite de Sacriste de Rolie, fille de haut et puissant seigneur Jean de Sacriste comte de Rolli, seigneur de Pountenx, Bardes et Malvirade, et de haute et puissante dame Marie-Henriette de Matthieu de Molinet. Ledit seigneur futur époux assisté desdits seigneur et dame ses père et mère ; de demoiselle Marie-Magdelaine de Poudenx sa sœur, et de Messire Jean-Louis-Léonard de Poudenx son oncle paternel, abbé commendataire de l'abbaye de Bernay et aumônier ordinaire de feu Madame la Dauphine.

Contract de mariage passé dans le château noble de Castillon paroisse d'Arengosse, le 30 octobre 1771, devant

Sallebert notaire royal, de haut et puissant seigneur Messire Louis-Henry de Caupenne marquis d'Amou et de Saint-Pée, colonel du régiment de Bourbonnais, chevalier de Saint-Louis, fils de haut et puissant seigneur Messire Jean-Baptiste de Caupenne marquis d'Amou et de Saint-Pée, seigneur de Pomarés, Castet-Sarrazin et autres lieux, lieutenant et commandant du roi de la ville de Bayonne, chevalier de Saint-Louis, et de feue haute et puissante dame Marie-Louise-Charlotte de Menouson épouse ; avec haute et puissante demoiselle Marie-Madelaine-Sophie de Poudens, fille de haut et puissant seigneur Messire Henry comte de Poudenx, baron de Saint-Cricq, seigneur de Castillon, Serres, Tamière, Besaudun et autres lieux, maréchal des camps et armées du roi, chevalier de Saint-Louis et de feue haute et puissante dame Marie-Marguerite-Françoise de Bezons son épouse. Ladite demoiselle assistée dudit seigneur son père, de haut et puissant seigneur Messire Henry-François-Léonard vicomte de Poudenx son frère, capitaine commandant d'une compagnie dans le régiment royal des carabiniers, et de haute et puissante dame Charlotte-Rozalie (Marguerite) Sacriste de Rolie son épouse.

Certificat de M. le marquis de Segur, ministre et secrétaire d'Etat ayant le département de la guerre, du 27 avril 1783, portant que, suivant les registres qui sont entre ses mains M. Henry-François-Léonard vicomte de Poudenx, à présent mestre de camp, commandant du régiment de Touraine, est entré à l'école des chevau-légers en 1760, a été fait sous-lieutenant du régiment des carabiniers le 28 avril 1764; lieutenant avec rang de capitaine le 28 avril 1768; capitaine commandant le 21 may 1771 ; y a obtenu le rang de mestre de camp le 14 mars 1774; a été fait colonel en second du régiment de Gatinois le 18 avril 1776 ; colonel du régiment provincial de Vesoul le 7 août 1778, et mestre de camp commandant celui de Touraine le 13 avril 1780, daté de Versailles, signé Ségur.

Pour copie conforme au manuscrit déposé aux archives des Hautes-Pyrénées.

L'Archiviste du département, MAGENTIES.

Le vicomte de Poudenx s'est embarqué pour l'Amérique avec le premier bataillon du régiment de Gatinois qui y avait son second depuis un an ; en juillet 1777 y a fait toute la guerre, s'est trouvé à cinq combats navaux aux siéges de Savannah, York, Saint-Christophe et n'a jamais quitté le drapeau des régiments de Gatinois et de Touraine jusqu'à leur retour en France le 13 juillet 1783, époque de la paix ; fut fait maréchal de camp le 9 mars 1788 ; nommé colonel du régiment de *Toul* ou *Vesoul*. Il ne put rejoindre en 1778 étant employé en Amérique où il consomma une notable partie de sa fortune. Veuf depuis quelque temps de dame Charlotte-Marguerite de Sacriste Rolli, il convola en secondes noces avec dame veuve Leleu (1780-1783.)

TITRES DE FAMILLE.

POUDENX ou PODENX, maison d'ancienne chevalere, l'une des premières et des plus distinguées du pays et sénéchaussée des Lannes en Guyenne, où sont assis les château, terre et seigneurie de son nom, au diocèse de Lescar.

La paroisse de Poudenx avait ses fors et coutumes particulières mentionnées en 1421 et 1491.

Porte d'or à trois chiens courants de gueules l'un sur l'autre.

Henry de Poudenx chevalier, marquis de Poudenx baron de Saint-Cricq, brigadier des armées du roi (1698), mêmes armes. (Guienne 259.)

Charles de Poudenx seigneur de Serres (Dax 473) : D'or à trois chiens courants de gueules l'un sur l'autre.

L'ancienneté de la maison de Poudenx se perd dans l'obscurité des siècles les plus reculés. Le brûlement et sacagement du château et terre de Poudenx par les Anglais en 1452, lorsqu'ils furent obligés d'évacuer entièrement la province de Guienne, et par le comte de Montgommery, chef des religionnaires en 1569, en haine des services, de la valeur et de la fidélité des seigneurs de Poudenx envers les rois de France, sont deux époques constatées funestes pour les titres et actes anciens de cette maison qui, malgré ces malheurs, est toujours restée en possession de la baronnie et vicomté de Poudenx depuis plus de huit cents ans. Elle ajoute à cet avantage celui d'avoir constamment servi de père en fils depuis plus de six cents ans, et d'avoir contracté de grandes alliances.

Le premier seigneur de cette maison que l'on connaisse par titres est :

I. — Bernard de Poudenx qualifié du titre de chevalier, seigneur de Poudenx dès l'an 1050. En 1060 et le 6 des ides de juin (I. *Cartulaire de l'abbaye de St-Sever*), il souscrivit la charte de donation de l'église de Lirac, faite à l'abbé et aux religieux de l'abbaye de Saint-Sever en Guienne, ordre de Saint-Benoît, par Pierre de Sault, fils de Guillaume-Raymond vicomte de Sault.

En 1062, Bernard seigneur de Poudenx eut un long différend avec Arnaud d'Estios, abbé de Saint-Sever, sur les confrontations de sa terre de Poudenx avec celle des Morgans appartenant au monastère. Enfin en 1072 (*ibidem*), Centulle vicomte souverain de Béarn se rendit le médiateur de leur querelle, la pacifia et les accorda.

II. — On trouve ensuite vers l'an 1130 : Arnaud de Poudenx, chevalier seigneur de Poudenx, Basercles, Castelner, Hauriet, Projan, et qui fut pleige et caution avec Centulle vicomte de Béarn, de la donation de l'église de Saint-Martin de Thiure, faite à l'église et au chapitre de Lescar par Gilles de Gans et dame Mirambée son épouse.

III. — En 1238, 1240 et 1260, vivait Bertrand de Poudenx seigneur de Poudenx, Basercles, Hauriet, Castelner, Proyan, mort avant l'an 1270. Il conste qu'il avait épousé demoiselle de Morlanne fille du seigneur ds Morlanne, une des premières maisons du Béarn dont était Raymond de Morlanne évêque d'Oloron en 1238, et Arnaud de Morlanne évêque de Lescar en 1286. Elle avait eu pour sa dot les terres et domaines de Lousso, de Plassy et de Caplane ; elle eut du seigneur de Poudenx son mari entr'autres enfants, Vital qui suit.

IV. — En 1273 (*), Vital de Poudenx chevalier, seigneur de Poudenx, fit foy et hommage à Edouard roy d'Angleterre duc de Guienne, des terres et châteaux de Poudenx, de Hauriet et de Proyan et autres domaines au pays de Chalosse, le tout provenant de la succession de ses pères, pour lesquelles il déclara être tenu au service d'un chevalier et de trois écuyers ; il fit en même temps hommage pour les terres de Lauso (ou Loussou) de Plassi et de Caplanne comme héritier de la dame de Morlanne sa mère ; il dit avoir aliéné depuis environ sept ans la terre de Ponthous, la forêt et domaine de Baillens. De sa femme dont le nom est ignoré, il eut Sansaner, Guillaume-Arnaud de Poudenx et probablement Auger, tous lesquels furent en relation intime avec le roy Edouard d'Angleterre.

V. — 1° Sans Aner de Poudenx chevalier, fut pleige et caution avec son frère, par acte passé à Bordeaux devant Arnaud du Conte notaire, le 1er octobre 1308 (*Arch. de Poudenx, trésor des chartres à Pau*), de la dot de noble Jeanne de Caupenne épouse d'Arnaud de Luxe chevalier, seigneur de Luxe et d'Ostabat en Basse-Navarre, et fille d'Hélie de de Caupenne chevalier, sénéchal de Périgord, Limousin et Quercy et d'Aude de Tyran, dame de Tyran et de Bussac dans le Bordelais ;

2° Guillaume-Arnaud de Poudenx chevalier, seigneur de Poudenx, Hauriet, Projan, paraît avoir succédé à Sansaner son frère ; en 1310 (*Arch. de Poudenx*) il fut un des seigneurs chevaliers qui, avec Arnaud de Caupenne, sénéchal de Périgord et Hélie de Taleyrand comte de Périgord, attestèrent qu'Aymery de Biron seigneur de Montferrand avait vaincu et tué d'un coup de lance en toute loyauté, Hugues de Saint-Germain chevalier, qu'il combattit en champs clos dans la ville de Molières, avec permission dudit sénéchal, en présence dudit seigneur de Poudenx, du comte de Périgord et de la principale noblesse du pays.

Le 8 décembre 1320 (*Arch. de Poudenx*), le même Guil-

(*) Archives de M. le comte de Poudenx, chambre des finances de Bordeaux.

laume-Arnaud seigneur de Poudenx chevalier, assista à un compromis et transaction passée devant Pierre de Jusson, notaire de Bayonne, entre Garsie-Arnaud de Caupenne évêque de Dacqs, d'une part, Aymery de Tredon sénéchal de Guienne, el Amanieu d'Albret vicomte de Marennes, au sujet de la juridiction et droit d'aubaine que l'évêque prétendait lui appartenir sur les hôpitaux et biens des lépreux assis dans l'étendue de la vicomté de Marennes ;

3° En 1315 (*Titres de la Tour de Londres*), Edouard III° roy d'Angleterre duc de Guienne, permit et accorda à Auger de Poudenx chevalier, en récompense de ses services, de construire et édifier un château et maison forte au lieu de Baillenx. Le même prince luy fit don par lettres de l'an 1329 de la Baylie de Pontons et de Brassens.

C'est ici principalement qu'on peut s'apercevoir des malheurs arrivés aux archives de la maison de Poudenx, qui empêchent de savoir qui de ces deux seigneurs, de Guillaume-Arnaud ou d'Auger, a continué la postérité qui est incontestablement prouvée depuis 1380. (*Archives.*)

Augier de Podenx seigneur de Baylens, dans les années 1315, 1329 et 1355, fut la souche masculine des seigneurs de Baylenx-Poyanne, par son mariage avec Na Thomase de Baylenx dame dudit lieu, Uxor et Molher ejus (*Arch. de Tarbes*) et par le mariage de son fils avec l'héritière de Poyanne. Par conséquent son frère aîné Guillaume-Arnaud héritier de Sanctius Aner continue la descendance et fut père du suivant. (*L'Auteur.*)

VI. — En 1373 (*Trésor des chartres à Pau*) 1371 et 1377, etc., on trouve le seigneur de Poudenx servir dans la guerre contre les Anglais, avec la principale noblesse de Guienne et de Gascogne. (Le seigneur de Poyanne combattit pour les Français à Poitiers (Froissard), mais à la même époque, les seigneurs de Caupenne, de Cauna, de Montolieu furent plus longtemps fidèles aux Anglais.)

Son nom patronymique est omis dans le rôle des chevaliers et écuyers qui servaient avec lui; il était mort avant l'an 1400. Il est certain qu'il a été le père de Guillaume-Arnaud qui suit.

VII. — Guillaume-Arnaud de Poudenx chevalier, seigneur de Poudenx, Hauriet, Proyan, depuis lequel la filiation et prouvée par titres originaux jusqu'à nos jours, était né incontestablement environ l'an 1380. En 1402 le 16 juillet, il épousa par contrat passé devant Arnaud-Guillaume de Morlans notaire de Hagetmau, en présence de Pierre de Lescun abbé de Saint-Sever, Agnès de Cauna sœur de Louis seigneur de Cauna, qui était pour lors une des plus illustres maisons d'ancienne chevalerie de la province fondue successivement dans celle de Caupenne, de Monluc, Themines, Estrées et Ventadour. Agnès eut 800 florins d'or, des habits et joyaux pour dot, de laquelle Guillaume de Lescun chevalier, et Bertrand de Baylenx seigneur de Poyanne se rendirent garants et cautions; il servit dans les guerres contre les Anglais en 1410, 1415, 1424 et 1431; il vivait encore en 1434. Il vint de ce mariage le suivant et Geraud de Poudenx abbé de la Seube (*salva major*) en 1435, évêque de Tybur dans la campagne de Rome en 1463, mort en 1474.

VIII. — N. de Poudenx seigneur de Poudenx, Hauriet et Projan, servit contre les Anglais en 1434, 1440 et 1450. Ce fut contre lui que les Anglais prirent et brûlèrent les château et terre de Poudenx lorsqu'ils partirent de la Guienne. (Bernard) de Poudenx était mort en 1470; il avait épousé vers 1445 Annette de Navailles (la maison de Navailles la première du Béarn, dont la branche aînée se fondit vers l'an 1356 dans celle des comtes de Foix) fille d'Arnaud seigneur de Serres-Castets, capitaine, châtelain et gouverneur de la ville d'Orthez, et de Catherine d'Estaing et sœur de Jean de Navailles capitaine châtelain de la ville de Morlas dont elle devint l'héritière par la mort sans enfants de Marie de Coarase son épouse. Le seigneur de Poudenx fut père de :

1° Pierre qui servit avec distinction dans les guerres de Bourgogne et de Bretagne, et mourut sans postérité masculine en 1480;

2° Bernard qui suit;

3° Antoinette;

4° Isabeau mariée au seigneur du Haü de Berens (Salies);

5º Annette mariée 1º à François seigneur de Soulens, et 2º avec le seigneur du Sault dans le Vicbil.

IX. — Bernard de Poudenx né vers 1448 qualifié noble et puissant chevalier seigneur de Poudenx, Hauriet, Projan, Bassercles, Castelner et des lieux de Serres-Castets et Bernadets du chef de sa mère, succéda à Pierre de Poudenx son frère aîné dès l'an 1482, servit dans les guerres de Bourgogne, de Bretagne et d'Italie, fit le voyage de Milan avec Odet d'Aydie comte de Comminges, fut lieutenant puis capitaine de la compagnie de mille hommes de pied du seigneur de Gramont tué à la bataille de Ravennes; mentionné dans des actes de 1490, 1491 et 1496 en qualité de patron de la chapelle et prebende fondée par ses pères dans l'église de Poudenx. Il fit son testament à son retour d'Italie au château de Poudenx devant Jean de Baradat, notaire, le 7 juin 1517, et mourut la même année âgé de soixante-dix ans. Il avait environ cinquante ans lorsqu'il épousa par contrat passé au château de Biron devant Jean Boquety notaire, le 5 février 1504, Jeanne de Montferrand fille de Jean baron de Montferrand en Périgord et de Bernardine de Lavedan et sœur de Marguerite femme de Pons de Gontaud baron de Biron; elle avait pour aïeule maternelle Roze d'Albret, ce qui forme une parenté entre la maison de Poudenx et la maison régnante. Etant restée veuve, elle se remaria avec Pierre de Pardaillan seigneur de Lamothe dont elle eut des enfants.

Bernard de Poudenx fut père de :

1º Jean de Poudenx seigneur de Poudenx sous la tutelle de sa mère, le 23 avril 1518, qu'il reçut par acte passé devant Salefranque notaire, le serment de fidélité des habitants de Serres-Castets; ceux de Poudenx lui rendirent le même devoir par acte passé le 17 décembre 1524, devant de Baradat notaire. Il mourut jeune et sans avoir pris d'alliance;

2º Roger mort jeune;

3º François qui suit;

4º Gabriel de Poudenx reçu chevalier de Saint-Jean de Jérusalem en 1534.

X. — François de Poudenx seigneur de Poudenx, Bassercles, Castelner, Hauriet, Projan, Serres-Castets, Bernadets et Saint-Cricq, chevalier de l'ordre du roi, fit ses premières armes en Piedmont sous M. d'Ossun, capitaine des chevau-légers, puis gouverneur de Turin ; il servit ensuite sous M. le comte de Bury ; il fut fait capitaine de trois cents hommes de pied par commission du roi de Navarre du 21 janvier 1542 ; il se distingua aux siéges de Navarreinx et de Tarbes ; il s'opposa aux troupes du comte de Montgommery, commanda la noblesse du pays et remit sous l'obéissance du roy les villes d'Orthez, de Tartas, de Mugron, etc. Le roi Charles IX lui écrivit le 1er de novembre 1570, pour lui apprendre qu'il l'avait nommé chevalier de son ordre de Monseigneur Saint-Michel. Il avait l'estime et l'amitié du connétable de Montmorency comme il conste de plusieurs de ses lettres, par lesquelles il le traite de son entier et bon amy, et fait l'éloge de sa maison et des services de ces ancêtres.

François de Poudenx fit foy et hommage des terres de Serres-Castets, de Bernadets et fiefs à Morlas, au roy de Navarre en 1538. Il avait épousé par contrat passé le 22 avril 1539, devant du Tastet notaire, Marguerite de Saint-Cricq, dame héritière de Saint-Cricq veuve d'Emery de Bazillac, chevalier de l'ordre du roy, petite-fille d'Amanieu de Saint-Cricq, chevalier baron de Saint-Cricq, capitaine chatelain de la ville de Saint-Sever, par lettres de Charles duc de Guienne du 20 juillet 1469. Elle fit son testament devant de Cès notaire, le 15 juillet 1565. Il vint de ce mariage :

1° Charles qui suit ;

2° Jean capitaine de cent hommes, seigneur de Lamothe qui épousa en 1575 Jeanne de Biran ;

3e Louis de Poudenx capitaine, était en 1580-1600 seigneur de Serresloux ;

4° Adrien capitaine. Les quatres frères transigèrent par acte de partage des successions paternelles et maternelles, le 5 décembre 1573. — DUBROCA, *notaire*.

XI. — Charles de Poudenx chevalier, baron de Poudenx

et de Saint-Cricq, seigneur de Basercles, Castelner, Hauriet, Projan, Saint-Echaux, Serres-Castets, Bernadet, fut un des principaux seigneurs catholiques attachés à Henri IV, roy de Navarre (voyez les *Mémoires de M. de Sully*, t. I, p. 90, et l'*Histoire de Daubigné*, ch. XVIII, 2 h., t. II.), à qui il rendit des services signalés, qui lui méritèrent l'estime et les bontés de ce grand roy, qui lui fit don de la baronnie de Sabres au pays d'Albret par lettres du 11 may 1578. Il lui écrivit de sa main le 7 juillet 1581 qu'il voudrait être en état de lui faire autant de bien qu'il en aurait la volonté. La reyne Marguerite luy témoigna aussi en plusieurs occasions ses bontés et la satisfaction de ses services. Il fit publier et observer en 1581 par ordre du duc d'Alençon les articles convenus entre le roy et les députés de la religion prétendue réformée. Il fit son testament devant du Tournier, notaire, le 15 novembre 1606; il avait épousé avec dispense de cour de Rome, par contrat passé devant d'Estouesse, notaire, le 9 mars 1564, Anne de Baylenx sa cousine, fille d'Etienne seigneur baron de Poyanne et de Jeanne d'Antin, et sœur de Bertrand seigneur de Poyanne nommé chevalier des ordres du roy à la promotion de 1596. Ils eurent pour fils unique François qui suit.

XII. — François de Poudenx 2me du nom, chevalier seigneur baron de Poudenx, de Basercles, Castelner, Hauriet, Projan, Serres-Castets, Saint-Cricq, Saint-Echaux, Soulens, etc., syndic de la noblesse de Béarn, servit auprès du duc d'Epernon. Il avait épousé par contrat du 4 octobre 1592, devant de Noguier notaire, Françoise de Meriteins fille de Raymond seigneur de Lago baron de Gayrosse, chevalier de l'ordre du roy, d'une des plus anciennes maisons de Béarn, et de Marguerite de Navailles dame héritière de Peyre et d'Arbus. Ils eurent pour enfants :

1º Etienne qui suit ;

2º Bertrand page du roy de la grande écurie, mort jeune à Paris ;

3º Louis de Poudenx écuyer, entra à l'âge de treize ou quatorze ans dans le régiment de Beaumont en la compagnie de M. de Peyre son oncle, fut successivement enseigne, lieutenant, capitaine et lieutenant-colonel dans ce régiment, appelle Chastellier, Bertot, Bellenave, Villaudry et Poudenx, et enfin mestre de camp ; reçut commission le 26 novembre 1639 pour commander dans la ville de Livas et gouverneur de la ville et comté d'Ast (Aost), avec pension de 2,000 livres par brevet du 1er décembre 1642, mort au service du roi vers l'an 1644 ;

4° Bernard qui a formé la branche des seigneurs de Serresloux, qui sera rapportée plus loin ;

5° Autre Bernard capitaine d'infanterie au régiment de Tonneinx, capitaine des gardes du duc de Laforce tué d'un coup de mousquet à la tranchée de Fontarabie ;

6° Autre Louis lieutenant-colonel d'infanterie mort en Italie ;

7° Jacques capitaine d'infanterie tué au siége de La Rochelle :

8° Charles chanoine, vicaire-général et official de l'église de Lescar, député à l'assemblée générale du clergé en 1630 ;

9° Paul de Poudenx chanoine de l'église de Conserans, mort jeune ;

10° Magdelaine de Poudenx mariée au seigneur de Salettes en Béarn.

XIII. — Etienne de Poudenx chevalier, seigneur baron et vicomte de Poudenx, Saint-Cricq, Hauriet, Projan, syndic de la noblesse du Béarn, etc., fut d'abord lieutenant de la compagnie des gendarmes du duc d'Epernon, servit aux siéges de La Rochelle et de Fontarabie, se distingua au siége de Bellegarde dont il fut nommé gouverneur, fut créé maréchal des camps et armées du roy le 15 juin 1643, et les 1er avril et 4 may 1651. Le roy Louis XIII, en récompense de ses services, lui fit don de la haute justice des terres de Poudenx, Castelner, Bassercles, par lettres du mois d'avril 1640. Erigea lesdites terres en titre et dignité de vicomté, sans que ladite érection pût préjudicier à celle de baron de Poudenx, par autres lettres du mois d'avril 1646, enregistrées au parlement de Bordeaux et lui donna la même année une pension de 2,000 livres. Il avait épousé par contrat du 5 octobre 1622 Paule-Gabrielle de Massencomme fille de Pierre de Montesquiou Massencomme Monluc seigneur de Lagarde capitaine de 50 hommes d'armes et chevalier de l'ordre du roy, et d'Anne de Marestang dame de Dours. De ce mariage :

1° Bernard de Poudenx qui suivra ;

2° Clément chanoine de l'église de Lescar et archidiacre de celle de Tarbes.

3° Messire François de Poudenx fils d'Etienne vicomte de Poudenx et de Gabrielle de Monluc de Lagarde de Castillon, docteur et associé de Sorbonne est nommé à la place d'Anne Tristan (de la Baume de Suze), au mois d'octobre 1677 (alias 17 janvier 1678), évêque de Tarbes. Mais Innocent XI et Alexandre XIII n'ayant pas approuvé la translation de Tristan au siége de Saint-Omer, François, durant le règne de ces deux papes, ne put obtenir ses bulles. Ce fut seulement en 1692 qu'il fut sacré le 24 août. Il a le goût des lettres et des recherches archéologiques (*Gallia Christiana*). Les documents des archives de Tarbes fixent le sacre de François au 24 août 1694, et sa mort au 24 juin 1716;

3° Anne mariée à N... d'Abbadie seigneur baron d'Arboucave dont un fils seigneur d'Arboucave, et Bernard d'Abbadie évêque de Dax, mort en 1732 ;

3° Angélique mariée au seigneur d'Arros en Béarn, dont deux filles.

XIV. — Bernard de Poudenx chevalier vicomte de Poudenx, baron de Saint-Cricq et syndic de la noblesse des Etats de Béarn, fut d'abord capitaine dans le régiment de Louis de Poudenx son oncle, par commission du 23 février 1643, puis guidon de la compagnie de gendarmes du duc d'Epernon en 1665. Le roy Louis XIV lui donna ordre de se saisir du sieur Audigeos qui s'opposait vigoureusement à l'établissement de la gabelle en Chalosse et en Béarn. Il épousa en 1645 Jeanne de Baffoigne fille de Bernard ou Bertrand de Baffoigne écuyer, seigneur de Castillon, Lalanne en Seignanx et autres places, et de Jeanne de Caupenne d'Amou. Elle testa le 20 mars 1685. Ce mariage fut célébré après avoir obtenu dispense en cour de Rome, de l'empêchement du troisième degré de parenté qui existait entre les futurs époux. Leurs enfants furent :

1° Henry vicomte et marquis de Poudenx qui suivra ;

2° François de Poudenx succéda à Pontaut, à Messire Gilbert Bayard du Terrail, originaire de Castres en Languedoc, lequel ayant pris possession de l'abbaye le 5 avril 1692, mourut en 1709. François chanoine de Lescar associé de Sorbonne, fut nommé par le roy abbé de Pontault le 18 mai 1709 et prit possession par procureur la même année. En 1724 il était supérieur du séminaire d'Orléans ;

3° Bernard-François de Poudenx de Castillon eut pour père le vicomte de Poudenx d'une noble famille de Bigorre (?), commandant du régiment des gendarmes du duc d'Epernon, gouverneur d'Aquitaine (qualité qui se rapporte mieux à Etienne), et pour mère N. de Baffoigne Castillon, d'une race non moins noble ; il fut vicaire général de son oncle François de Poudenx, évêque de Tarbes en 1705, élu agent général du clergé de France ; en janvier 1708 nommé par le Pape abbé commandataire du monastère de Bonnefond, ordre de Citeaux, diocèse de Couserans ; en 1708 le 22 février, il est nommé par le roi au siége de Marseille, consacré évêque le 26 août dans l'église du noviciat des Jésuites de Paris (St-Paul-St-Louis), par l'archevêque de cette ville le cardinal de Noailles, assisté des évêques de Condom et d'Orléans. Il prêta serment le 4 octobre et mourut de douleurs d'entrailles le 19 janvier suivant, profondément regretté des Marseillais qu'il secourait d'abondantes aumônes. Au milieu des souffrances atroces et incessantes de sa maladie, il garda une patience et une tranquillité d'âme admirables, ne voulant chercher de soulagement que dans le Sacrement de l'Eucharistie qu'il recevait tous les jours. (*Gallia Christiana*.)

4° Antoine chevalier de Poudenx, lieutenant des vaisseaux du roi en 1696 et major de la marine à Toulon ; en 1704 capitaine de vaisseau, chevalier de l'ordre royal et militaire de Saint-Louis, reçut en cette qualité le 1er février 1705 une commission d'inspecteur des compagnies franches de la marine au département de Rochefort par lettre patente signée de Louis XIV, contresignée Philippeaux, et fit testament en 1710 ;

5° Nicolle mariée avec le seigneur de Gaces ;

6° Marie-Madeleine mariée avec le seigneur de Bedorède Gayrosse ;

7° Anne de Poudenx épouse du seigneur d'Agos de Levincens.

XV. — Henry de Poudenx chevalier vicomte et marquis de Poudenx, baron de Saint-Cricq seigneur de Castillon, maréchal des camps et armées du roy, chevalier de Saint-Louis en 1704, enseigne de la colonelle du régiment de Navarre, ayde de camp de M. le maréchal d'Albret, puis colonel du régiment de Poudenx de la généralité de Bordeaux parlement du 1er janvier 1689, à la tête duquel il emporta d'assaut une redoute en Piémont que d'autres n'avaient pu prendre ; colonel du régiment de Gatinois en 1692-93, fit la campagne d'Italie sous le maréchal de Catinat et combattit à la Marseille ; fit en 1694-95 les campagnes de la Catalogne sous M. le duc de Vendôme qui lui donna une brigade d'infanterie à commander en 1701. Lors de la déclaration de la guerre il fut attaqué d'une paralysie qui l'obligea à se retirer en mars 1704. Il avait épousé par contrat reçu par Lamothe notaire, le 6 janvier 1679, Esther de Gassion fille de Jean président au Parlement de Navarre et de Marie de Beziade d'Havaray et nièce du maréchal Jean de Gassion. Henry testa en 1723 et mourut bientôt après. Ils laissèrent pour fille unique Jeanne de Poudenx qui fut mariée en 1704 avec Henry de Poudenx son cousin, seigneur de Serresloux, dont il sera parlé.

Deuxième branche : seigneurs de Serresloux, Souslens, aujourd'hui vicomtes de Poudenx (1704-1868).

XIII. — Bernard de Poudenx écuyer, seigneur de Serresloux, fils puîné de François II baron de Poudenx et de Françoise de Meriteins, fut capitaine major de la ville et citadelle de Navarreinx sous la charge de M. de Poyanne son cousin ; transigea avec Etienne de Poudenx son frère aîné, et eut en partage la terre de Souslenx par acte passé devant Destaillats notaire, le 8 septembre 1637 ; il avait épousé le 7 octobre 1632 Marie de Candau qui le fit père de Charles qui suit.

XIV. — Charles de Poudenx seigneur de Serresloux, Soulens, capitaine d'infanterie, fit foy et hommage aussi de la terre de Serresloux le 15 janvier 1671 ; il épousa, du consentement de Bernard son père, par acte reçu par Maroque notaire, le 15 avril 1663, Catherine de Lafutsun, fille de Gaston seigneur d'Araux (voir la note Lafutsun plus loin) et de Jeanne d'Abbadie d'Arboucave, de laquelle il eut :

1° Henry qui suit ;

2° Rose de Poudenx Serres mariée en 1703 avec Léonard de Caupenne marquis d'Amou, lieutenant du roy de la province de Guienne ;

3° Magdelaine de Poudenx mariée avec Pierre de Bachoué seigneur de Barraute.

XV. — Henry de Poudenx 2me du nom, seigneur de Serresloux, Souslenx vicomte de Poudenx, capitaine de grenadiers au régiment de Gatinois, du vicomte de Poudenxs son cousin, par commission du 4 février 1693, épousa avec dispense de la cour de Rome le 4 juin 1704 Jeanne de Poudenx sa cousine, fille héritière d'Henry marquis de Poudenx, maréchal de camp, et d'Esther de Gassion, mourut à Castillon en 1739, dont :

1° Henri qui suit ;

2° Antoine de Poudenx né en 1709, fut reçu en 1712 chevalier de l'ordre hospitalier de Saint-Jean de Jérusalem. Plusieurs brefs de 1733-1738 lui accordent dispense et prorogation de ses vœux ; le 1er avril 1738, Mgr de Gaujacq évêque d'Aire le nomma à la prébende de Sainte-Eugénie de Morgans, sur la présentation de Henri de Poudenx baron de Saint-Cricq ; fut aussi page du roy en 1714, puis capitaine au régiment de Bourbonnais (1747), mort en Bavière en mars 1748 ;

3° François baron de Poudenx chevalier de Saint-Louis,

maréchal des camps et armées du roi, premier maître d'hôtel de Son Altesse Sérénissime Mgr le duc d'Orléans ; entre jeune au service ; enseigne au régiment de Perche en 1723 ; lieutenant et capitaine au régiment de Bourbonnais en 1736 et 1743 ; enseigne et lieutenant ayde-major au régiment des gardes françaises en 1748 et colonel du régiment royal Cantabre en 1760, reçut du roi en 1762 4,000 livres d'appointements de retraite ;

4° Messire Jean-Louis de Poudenx né en 1718, mourut le 8 octobre 1748 âgé de trente ans, prêtre et bachelier de Sorbonne ;

5° Messire Jean-Léonard de Poudenx prêtre docteur de Sorbonne, chanoine et grand-vicaire de Dax, aumônier de Madame la Dauphine le 20 décembre 1741, abbé de Rigny, ordre de Citeaux, diocèse d'Auxerre de 1744 à 1754, fut pourvu de l'abbaye de Bernay diocèse de Lisieux ordre de Saint-Benoît (1754-1771) ; aumônier ordinaire de Madame la Dauphine, par commission signée Marie-Josèphe ; et de Madame la comtesse de Provence le 30 mars 1771 ;

6° Marie-Magdelaine Esther de Poudenx filleule d'Henri marquis de Poudenx et de dame Esther de Gassion, née en 1705, fut mariée en 1732 à Messire Bernard de Navailles baron de Banos.

7° Magdelaine-Angélique de Poudenx mariée en 1738 à noble Pierre d'Abbadie chevalier baron d'Arboucave.

XVI. — Henri de Poudenx 3me du nom, chevalier comte de Poudenx baron de Saint-Cricq, Serresloux, Saint-Echaux seigneur de Castillon, Auros, Morsens et autres lieux, né en 1708, fut d'abord page du roi durant trois années, enseigne aux gardes françaises en 1727, sous-lieutenant de la compagnie colonelle en 1740-1741, capitaine d'une compagnie de grenadiers en 1745, commandant un bataillon de gardes françaises, brigadier des armées du roi en 1761, maréchal des camps et armées du roi, gouverneur de la ville et citadelle de Saint-Jean-Pied-de-Port en 1773, obtint le 8 novembre 1778 un brevet d'une pension de 4,075 livres ; fut nommé en 1780 lieutenant-général des armées du roi ; a épousé par contrat du 16 mars 1743 Marguerite-Françoise de Bazin de Besons, fille légitime de Louis-Gabriel, maréchal des camps et armées du roi, gouverneur de la ville et citadelle de Cambray et Cambresis, et de Marie-Anne de Bernard des Maisons, et sœur d'Armand de Besons, évêque de Carcassonne, dont : — 1° Henri-François-Léonard qui suit, né en 1747 ; — 2° dame Marie-Magdelaine-Françoise de Poudenx, née le 29 avril 1750, eut pour parrain messire Jacques-Gabriel de Besons, et marraine dame Marie-Magdelaine de Poudenx baronne de Navailles-Banos.

Magdeleine-Sophie se maria le 4 novembre 1771 avec messire Anne-Henri-Louis de Caupenne marquis d'Amou, colonel du régiment de Bourbonnais (*voir Caupenne*).

XVII. — Messire Henri-François-Léonard comte de Poudenx, mestre-de-camp, commandant le régiment de Touraine, maréchal-de-camp, chevalier de St-Louis, St-Lazare, du Mont-Carmel et de l'ordre militaire de Cincinnatus, assista en 1789 à l'assemblée de la noblesse des Landes, réunie à Dax du 31 mars au 14 avril. Mourut en 1814, laissant de son troisième mariage contracté avec dame Joséphine-Anne Cocard d'Orly :

XVIII. — 1. Louis-Henri-Léonard, dit le comte Henri de Poudenx, 4e du nom, savant lettré, décédé à Dax, sans alliance ;

2. Dame Henriette Emilie de Poudenx, mariée au général baron d'Ismer ;

3. Henri-Louis-François dit Léonard, vicomte de Poudenx, ancien capitaine de cavalerie, chevalier de la Légion-d'Honneur, aide-de-camp du général Maximilien Lamarque, marié à Dame Dyzès, nièce du sénateur comte Jean Dyzès, ancien conseiller-clerc au Parlement de Navarre, est décédé il y a peu d'années, laissant Henri de Poudenx et le vicomte Paul de Poudenx mort sans alliance.

XIXe *degré*. — Noble Henri comte de Poudenx, 5e du nom, devenu chef de nom et d'armes de sa maison depuis la mort de son oncle et de son père, est décédé au château de Saint-Cricq, le 2 novembre 1863, âgé de 46 ans, laissant de son mariage avec dame Attala Dufau : demoiselle Esther de Poudenx; Paul de Poudenx; demoiselle Blanche de Poudenx.

Certifié conforme aux archives de la maison de Poudenx, 13 juin 1868.

Baron de Cabannes Cauna.

INVENTAIRE SOMMAIRE.
(1273-1324-1622-1689-1704.)

Contrat de mariage entre noble Etienne de Poudenx et damoyselle Paule-Gabrielle de Massencomme 1622.

Au nom de Dieu sachent tous présents et advenir que aujourd'hui cinquième du mois d'octobre, deux heures après-midi, l'an de grâce 1622 : Louis, très-chrétien prince par la grâce de Dieu, roy de France et de Navarre, régnant; dans le chasteau et maison seigneuriale du lieu de Dours au pays de Bigorre, diocèse de Tarbes, par-devant nous notaire et témoins bas nommés, les pactes et conventions de mariage d'entre noble Estienne de Poudenx, seigneur et baron dudit lieu et autres places, d'une part ; et de damoiselle Paule-Gabrielle de Massencomme d'autre, ont été faits, passés et accordés comme s'ensuit : 1° ledit seigneur de Poudenx, avec l'avis et assistance de noble Rainé de Navailles sieur de Labatut-Higuères, son cousin, noble Jean de Mauré seigneur dudit lieu, noble Jean Darracq sieur de Vignes, ses parents, et de Martin de Lafitau, faisant pour demoiselle Anne de Poyanne et Françoise de Meriteing, ayeulle et mère dudit seigneur de Poudenx, a promis et promet prendre pour femme et sa légitime épouse, ladite demoiselle de Massencomme et n'en épouser autre durant sa vie ; et ladite demoiselle de Massencomme, de son gré, avis, vouloir et assistance de Messire Pierre-André de Massencomme, son père, seigneur de Lagarde, conseiller du roy en ses conseil d'Etat et privé, chevalier de son ordre, capitaine de cinquante hommes d'armes, gentilhomme ordinaire de la chambre de Sa Majesté, sergent-major de la ville de Paris, gouverneur pour Sa Majesté en la ville et chasteau d'Orthez en Béarn, damoiselle Gabrielle de Massencomme, dame de Dours, sa tante, noble Bernard de Massencomme, sieur de Moncla, son cousin, a promis de prendre pour son mari ledit sieur de Poudenx, et non autre tant qu'il vivra.

En faveur et contemplation duquel mariage ledit seigneur de Lagarde a constitué en dot à la demoiselle future épouse sa fille, la somme de 30,000 livres tournoises, savoir : 20,000 pour les droits de la demoiselle future épouse, tant en la succession de feue demoiselle Anne de Marestaing, sa mère, que en celle de damoiselle Magdelaine de Ciza, son ayeule, et la somme de 10,000 livres du propre chef dudit seigneur de Lagarde, père de la damoiselle de Massencomme.

Procuration du 16 juin 1662 donnée au sieur Martin Lafitau, habitant de Monségur, par nobles Anne de Poyanne damoiselle veuve à feu noble Charles de Poudenx vivant, seigneur dudit lieu de Poudenx et autres places ; Françoise de Meritaing, femme de noble François de Poudenx seigneur dudit lieu, de lui dhument autorisée, pour au nom desdites constituantes faire donation pure et simple par preciput, à noble Estienne de Poudenx, seigneur et baron dudit lieu, et aux enfants qui descendront de lui et de noble Paule-Gabrielle de Masssencomme dont le contrat de mariage doit se faire. Sçavoir est la moitié des tierces des dots constituées auxdites demoiselles Anne et Françoise et à chacune d'elle par leurs contrats de mariage, ainsi l'ont promis et juré tenir en présence d'Estienne du Bourdieu et René de Capdeville, sieurs de Castera et Arricau, habitants audit Saint-Cricq.   Signé Dutournier, *not. royal.*

Le contrat passé en présence de messire Jacques de Soutilhes, conseiller du roy en la sénéchaussée de Bigorre; Jacques Dufour, recteur du présent lieu de Dours, et Guillaume Lartigue, soldat, de Lalanne, témoins à ce appelés signés à la cède avec les parties contractantes, les assistants ; avec moy, Pierrre de Saugles, notaire garde-nottes et tabellion royal héréditaire de la ville de Castelnau-Maignoacq.   De Saugles, *notaire.*

Ordre adressé à M. le comte de Poudenx par son Altesse Sérénissime M. le Prince de Conty, en l'année 1658, touchant un accommodement entre M. de Barry, lieutenant-général de Saint-Sever et MM. de Lartet et Pausader-Destoupignan.

S. A. S. Monseigneur le prince de Conty ayant appris les différents intervenus entre le sieur de Barry, lieutenant-général au siège de St-Sever, et le sieur d'Estoupignan, assisté des sieurs Lartet et Poyzader ; ladite Altesse s'étant fait représenter le fonds et les circonstances desdits différends, a ordonné ce que s'ensuit :

Que ledit sieur d'Estoupignan et ses amis qui l'ont assisté contre ledit sieur lieutenant-général faisant sa charge, exécutant des actes de justice, iront dans la maison dudit sieur lieutenant-général, où se trouveront le sieur procureur du roy, trois ou quatre autres officiers dudit siège et les sieurs Captan Beaumon, La Borde, Basquiat et autres bourgeois qui estoient en sa compagnie, en présence desquels le sieur Destoupignan dira qu'il est marry de s'être emporté contre ledit sieur lieutenant-général faisant sa charge ; qu'il est venu chez luy avec ses amis pour luy tesmoigner le desplaisir qu'il en a et pour le prier d'oublier le passé et de vouloir estre son amy, il en priera lesdits sieurs qui estoient avec luy et qui sont là présents.

Lesdits sieurs Lartet et Poizader diront aussy qu'ils prient ledit sieur lieutenant-général d'oublier ce qui se passa, lorsqu'ils estoient en compagnie dudit d'Estoupignan, et protesteront audit sieur lieutenant qu'ils en sont très marris.

Et ledit sieur lieutenant-général dira ensuite qu'il ne se souvient plus du passé, et qu'il prie tous ceux qui estoient avec luy d'en faire de même, sur quoi les parties et les amis s'embrasseront avec protestation réciproque d'agir aux poursuites de leurs affaires, civilement sans aigreur et dans l'ordre de la justice.

S. A. S. prie Monsieur le comte de Poudenx de tenir la main à l'exécution de tout ce que dessus ; d'indiquer le jour pour faire les satisfactions, de faire embrasser les parties et de leur enjoindre de la part de S. A. S. de n'avoir jamais rien à se demander pour raison de ce que dessus.

Et en cas, ledit sieur de Poudenx ne peut s'y trouver, S. A. S. mande au sieur Pastel, exempt des gardes du roy, à présent dans l'élection des Lannes, de faire exécuter le contenu cy-dessus, et ainsi que le sieur de Poudenx aurait fait s'il s'y fut trouvé.

Faict à Bourdeaux, le vingt-deux Juillet 1658.

ARMAND DE BOURBON.

Sceau
armes Bourbon-Condé.

Par Monseigneur,

DECHANAY.

(Original).

Brevets du marquis de Poudenx Henri I.

Du 1ᵉʳ Janvier 1689. Commission de colonel du régiment de milice d'infanterie dans la généralité de Bordeaux, pour le sieur vicomte de Poudenx, par laquelle le sieur vicomte de Poudenx est nommé colonel du régiment de milice d'infanterie et cappitaine de la première compagnie d'icelui, laquelle il lèvera et mettra sur pied le plus diligemment qu'il lui sera possible du nombre de cinquante hommes à pied, français, des plus vaillants et aguerris soldats qu'il pourra trouver.

Versailles, le 1ᵉʳ jour de janvier, 1689. *Signé,* LOUIS.

Contresigné, LETELLIER.

Monsieur le comte de Poudenx. Ayant choisi Campet du Lion pour remplir la charge de lieutenant en la compagnie colonnelle du régiment de milice d'infanterie dont je vous ai donné le commandement, je vous écris cette lettre pour vous dire que vous ayez à le recevoir et faire connaître en ladite charge de tous ceux et ainsi qu'il appartiendra, et la présente n'estant à autre fin. Je prie Dieu qu'il vous ayt, Monsieur le comte de Poudenx, en sa sainte garde.

Ecrit à Versailles, le 1ᵉʳ janvier 1689,

LOUIS.

(Original) LETELLIER.

—

A Versailles, le 28 août 1690.

Monsieur

Lorsque la lettre que vous avez pris la peine de m'escrire le 10 de ce mois m'a esté rendue, le roy avoist déja appris avec beaucoup de plaisir la valeur avec laquelle vous aviez emporté le poste que d'autres régiments n'avaient pu prendre, et Sa Majesté m'a commandé de vous faire savoir qu'elle vous donnera des marques, dans les prochaines occasions, du gré qu'elle vous en sait.

Je suis, Monsieur, votre très humble et dévoué serviteur,

(Original.) DE LOUVOIS.

—

L'an 1324 et le quinzième de mai (ou de mars), Révérends Isaugier de Podenx seinhor de Bailenx, d'Auribat, et pes de Badz seinhor de Mansestat, estudiant à Dasqs, donsedz (damoiseau) figurent comme témoins à l'acte par lequel Pitri (Pierre) seinhor de Sent Pau auprès Ax vend aux chanoines et chapitre de la cathédrale d'Acqs les rentes, guestes, aubergades, podans, herms, raisons et actions et devoirs de seigneurie qu'il a et est accoutumé prendre en la paroisse de Mihescq (Magescq). L'acte retenu par Nicholau du Medout, notaire public Dax. (*En gascon*).

Produit encore ledit assigné une copie des déclarations faites par feu Vital de Poudenx, écuyer, comme il tenait à foi et hommage d'Edouard roi d'Angleterre et duc de Guienne le château de Poudens avec toutes ses appartenances, ensemble les maison nobles et terre de Hauriet et Projean, avec le résidu du bien qu'il possédait en Chalosse, et pour les possessions qu'il avait dans la paroisse de Lousson, Capblanne et Plassis, déclarait qu'il en était possesseur du chef de sa mère. — Cotté G. G. (1273). *Maintenue de noblesse.*

—

Le 30 août 1617, Jeanne d'Amou, fille d'Hector d'Amou, épouse Pierre de Poudenx, dont un fils nommé Jean de Poudenx.

Du 30 juillet 1659, mariage de Messire Léonard d'Amou chevalier et Marie de Gassion. Présents : Messire de Baffoigne seigneur de Castillon, Lalanne et autres places, Messire Bernard de Poudenx seigneur vicomte dudit lieu, baron de St-Cric, Castelné et autres places, noble Bernard de Poudenx écuyer seigneur de Serresloux-Soulenx et autres lieux.

21 janvier 1703, Rose de Poudenx, fille de Charles de Poudenx seigneur de Serresloux et de Catherine de Lafutsun, épouse Léonard de Caupenne marquis d'Amou, assistée de noble Henry de Poudenx, capitaine au régiment de Gatinois, son frère, Madeleine de Poudenx, sa sœur.

6 novembre 1689. — Jean Dupruilh, dit Lataillade, laboureur, habitant de Biaudos, ayant acquis la maison de Casillon à St-André, qui relève de la maison noble de Lalanne, en fait présentation au seigneur de Poudenx, colonel, vicomte de Poudenx seigneur de Castillon et autres places, en la personne de noble Jean de Bedorède seigneur de Gayrosse fondé de procuration du seigneur Henry de Poudenx pour les affaires de la maison noble de Lalanne.

(Archives de Gayrosse.)   Signé : DE LAFAURIE, *not. royal.*

1705. — Baptême à Castillon. Le 30 d'avril naquit et fut baptisé à Arengosse, Esther de Poudenx, fille de Messire Henry de Poudenx seigneur de Serres, et de Jeanne de Poudenx dame de Serres, Parrain, messire Henri vicomte de Poudenx ; marraine, Esther de Gassion. — DE LA GOEYTE, *curé ;* LAUSIER, *vicaire ;* DE POUDENX ; ESTHER DE GASSION ; DE POUDENX.

Madame Madeleine-Esther de Gassion, agée de 75 ans, mourut à Castillon le 9 août 1727, après avoir reçu les sacrements de l'église fut inhumée dans l'église de Notre-Dame d'Arengosse.

DUCASSE, *curé.*

Aujourd'hui 25 septembre 1732, j'ai béni le mariage de messire Bernard de Navailles, de Dumes, près d'Audignon, et de demoiselle Marie-Madeleine de Poudenx, domiciliée d'Arengosse, en présence de messire Henri de Caupenne comte d'Amou, lieutenant pour le roy en Guienne, et lieutenant aux gardes-françaises, et messire Bernard de la Lande baron d'Olce et de Magescq, et messire Bernard de la Lande d'Olce, chevalier, enseigne de grenadiers dans le 4º régiment des gardes-françaises. Tous ont signé. — Ducasse, curé d'Arengosse et Bezaudun.

Le 16 décembre 1739, mourut messire Henri de Poudenx, lieutenant des armées d'Espagne, âgé de 65 ans, inhumé dans l'église d'Arengosse.

20 août 1743. — Parrain : messire Léonard de Poudenx, chanoine de Dax et grand-vicaire de ce diocèse ; marraine, dame Marie-Françoise de Bezons comtesse de Poudenx.

Le 4 janvier 1744, j'ai baptisé Jeanne-Armande, fille de messire Henri de Poudenx comte d'Arengosse, et de dame Marie-Marguerite-Françoise de Bezons comtesse de Poudenx. Le parrain fut Monseigneur Armand Bazin de Bezons, évêque de Carcassonne, et la marraine dame Jeanne de Poudenx vicomtesse dudit lieu.

Ducasse, *curé*.

6 mai 1744. — Mort de ladite même Jeanne-Armande, ensevelie dans l'église de la paroisse d'Arengosse.

6 mars 1745. — Baptême de Henri-François, fils de messire Henri de Poudenx, capitaine aux gardes-françaises, et de dame Marie-Marguerite-Françoise de Bezons. Le parrain fut messire François de Poudenx, sous-lieutenant aux gardes-françaises, et la marraine Marguerite-Marie Maréchale de Bezons.

24 juillet 1746. — Baptême de Vincent-Henri-Léonard, fils de messire Henri de Poudenx, capitaine aux gardes-françaises et de dame Marie-Marguerite-Françoise de Bezons. Le parrain fut messire Léonard de Poudenx, abbé de Rigni, grand-vicaire et chanoine de Dax ; la marraine fut dame Marie-Madeleine de Sabine marquise de Bezons.

Cet enfant mourut le 25 août 1746, inhumé dans l'église d'Arengosse.

Le 30 vovembre 1747, baptême du fils de messire Henri de Poudenx, capitaine aux gardes-françaises et de dame Marie-Marguerite-Françoise de Bezons ; on donna à l'enfant le nom de Henri-François-Léonard. Le parrain fut messire Léonard de Poudenx, abbé de

Rigni, chanoine et grand-vicaire de Dax et aumônier de la Dauphine ; la marraine fut dame Marie-Madeleine de Sabine marquise de Bezons, habitante de Paris.

Ainsi signé : l'abbé DE POUDENX ; DUCASSE, *curé*.

8 novembre 1748. — Mort de messire Jean-Louis de Poudenx, prêtre et bachelier de Sorbonne, âgé de 30 ans. Son corps fut inhumé dans l'église de la paroisse d'Arengosse, au caveau de la famille des seigneurs de Castillon.

13 septembre 1771. — Mort de dame Marie-Marguerite-Françoise de Bezons comtesse de Poudenx, âgée de 46 ans. Son corps fut déposé dans le caveau des sépultures du château de Castillon, en l'église d'Arengosse. Témoins : M. Thomas, M. Mathis, prêtre-vicaire d'Arjusanx, M. François Lescarret, diacre d'Arjusanx et Commarrieu curé d'Arengosse.

30 juillet 1785. — Baptême de Louis-Henri-François-Léonard, né à Castillon, de messire Henri-François-Léonard de Poudenx comte de Poudenx, colonel du régiment de Lorraine, chevalier de Saint-Louis, brigadier des armées du roi, commandant de Saint-Lazare, et chevalier de l'ordre militaire de Cincinnatus, et de Anne-Joséphine d'Orly. — Ont signé : GAUDEBERT, *parrain*; THOMAS, *chirurgien*; le comte DE POUDENX ; COMMARRIEU, *curé de la paroisse*.

25 mai 1787. — Baptême à Castillon de Henri-François-Léonard né du même comte de Poudenx, mestre de camp, et de dame Anne-Joséphine d'Orly. Parrain, messire Henri d'Oro chevalier marquis de Pontonx baron de Rion-Laharie ; marraine dame Françoise Guignet de Laborde. — COMMARRIEU, *curé*.

3 juin 1789. — Baptême de Henriette-Emilie, fille de Léonard comte de Poudenx, maréchal de camp, etc., et de dame Anne-Joséphine d'Orly. — THOMAS LESTAGE, *parrain*; JEANNE LAGOFFUN, et M. VIVERON, *vicaire*.

Armes :

François de Poudenx, conseiller du roy, évêque de Tarbes, d'or à trois chiens courant de gueules.

Charles de Poudenx seigneur de Serresloux (Dax), *ibidem*.

L'évêché de Tarbes porte comme l'évêque, trois chiens courant de gueules sur champ d'or. — (*Guienne, 382.*)

Lettre du roi Edouard Ier à Sans Aner de Poudenx. (Rymer, t. I. — Montlezun, t. III, p. 65.)

1316. — Guerre d'Ecosse : Sansamon de Poudenx (Sansanerius) (Montlezun, t. III, p. 151.)

1319, 8 et 19 mai. — André (Aner) de Poudenx combat sous les drapeaux d'Edouard. (192 ibid.)

Roger de Poudenx combat sous Edouard III, 1326. (Ibid. 211.)

23 juin 1337. — Edouard III écrit au seigneur de Poudenx.

1340. — Le seigneur de Poudenx (p. 345).

Le 5 mai 1383, Guillaume de Poudenx, abbé d'Idrac, diocèse d'Auch. (Montlezun, t. IV, p. 5.)

Roger et Vital de Poudenx prennent part aux faits accomplis dans la province, de 1337 à 1340. Rymer (Bourdeau, de Riscle, p. 378.)

Du 4 octobre 1698. — Commission de colonel du régiment d'infanterie de Gatinois et capitaine de la première compagnie d'icelui pour le vicomte de Poudenx. — Signé, LOUIS. — LETELLIER.

Du 3 janvier 1696. — Brevet de brigadier d'infanterie dans les armées du roi, en faveur du sieur de Poudenx. — LOUIS. — LETELLIER.

Du 17 janvier 1704. — Le roi associe M. de Poudenx à l'ordre militaire de Saint-Louis, mais son éloignement ne permettant pas de faire le voyage pour être par Sa Majesté reçu audit ordre, M. le chevalier du Repaire, commandant le château Trompette, est commis pour recevoir et admettre M. de Poudenx à la dignité de chevalier de Saint-Louis. Le nouveau chevalier prêtera le serment entre les mains dudit du Repaire, et en recevra l'accolade et la croix.

LOUIS. — LETELLIER.

A Versailles, ce 31 Janvier 1704.

Monsieur,

Jay rendu compte au roy de ce que vous me mandez dans la lettre que vous avez pris la peine de m'escrire, le 5e de ce mois du mauvais estat de votre santé qui ne vous permet plus de continuer vos services. Sa Majesté qui est contente de ceux que vous lui avez rendus, veut bien vous permettre de disposer du régiment de Gastinois. Vous n'avez qu'à chercher quelqu'un qui veuille l'achepter et me mander son nom, et je vous feray sçavoir si le Roy l'aura agréé.

Je suis, Monsieur, votre très humble et affectionné serviteur,

CHAMILLARD.

M. le Vicomte de Poudenx, 31 janvier 1704.

—

Lettre du Ministre de la guerre par laquelle il conste que Messire Henry de Poudenx vicomte dudit lieu, ci-devant colonel du régiment de Gatinois et brigadier des armées du roy a été fait maréchal des camps et armées du roy en l'année 1704, 22 mars 1704 (Suscription) suit la lettre :

A Versailles, le 22ᵉ mars 1704.

Monsieur,

J'ay reçu la lettre que vous avez pris la peine de m'escrire le 13ᵉ de ce mois, sur le brevet de maréchal-de-camp que vous demandez, vous avez esté employé en cette qualité sur la liste que le roy a envoyé à M. de Vendôme, mais avant qui l'eust reçu, ayant rendu compte à Sa Majesté sur la lettre de Monseigneur l'évesque de Tarbes, de la permission de vous deffaire de vostre régiment, n'estant plus en estat de servir : C'est la cause pour laquelle le roy a donné des ordres pour que le brevet ne fust pas expédié.

Je suis, Monsieur, votre très humble et très affectionné serviteur,

CHAMILLARD.

M. de Poudenx.

—

Novembre 1682. — Haut et puissant seigneur Messire François baron de Poudenx, colonel d'infanterie, premier maître d'hôtel de Monseigneur le duc d'Orléans, figure comme témoin à l'acte de mariage de Jean-Nicolas de La Lande, baron d'Olce et de Magescq, et Marie-Louise-Hyacinthe Hocquart. Il est qualifié cousin de l'époux.

—

CATHERINE D'ABADIE D'ARBOUCAVE, du 16 février 1668.
(*Archives de Poudenx*).

2º LAFUTSUN. — Daniel de Lafutsun abbé d'Arraux fut marié en février à Jeanne-Marie d'Arbide baronne de Lacarre. En 1670, il demanda au Parlement la permission de vendre la terre d'Arraux, en Béarn, pour acheter dans le pays basque. Catherine de Lafutsun, épouse de *Charles de Poudenx*, y consentit, ainsi que le frère, Jean de Lafutsun, vicaire-général d'Acqs. Mme de Poudenx devait être ainsi sœur de Daniel. Le curé d'Igos se nommait Anthonin, (Voir la note) ou plutôt il dut en avoir deux, car Jean était frère de Daniel et de Mme de Poudenx et aussi curé d'Igos. Ils avaient encore une sœur, Magdeleine, mariée au capitaine Henri de Lassalle abbé de Lendresse. Ils eurent pour auteur Gaston d'Abadie de La Futsun abbé d'Araux marié le 15 mars 1640 à Jeanne d'Abadie d'Arboucave.

G. O. Extrait des cartons de V. Genestet de Chairac.

D'ABADIE, LAFUTSUN DE LA CARRE. — Béarn et Navarre.

Noble Jean de Lafutsun d'Abadie curé d'Igos 1697. — Porte d'or à un pin de sinople et un levrier de gueules passant devant le pied de l'arbre (Armorial de Guienne).

Du jugement de maintenue de noblesse rendu le 2 juillet 1689 par Mgr Louis Bazin de Bezons, intendant de la généralité de Bordeaux, en faveur de Jean de La Futsun d'Abbadie, écuyer, vicaire-général du diocèse d'Ax, nous extrayons la filiation suivante :

Contrat de vente fait par Jeannot de La Futsun, comme procureur constitué de damoiselle Bernadine de la Salle sa femme, à Bertrand de Colommès seigneur de la maison de Casaubon, d'une pièce de enpeins, dans lequel contract ledit sieur Jeannot de Lafutsun a pris la qualité de noble seigneur de la maison de Lafutsun. Du 20 mars 1556, testament dudit Jeannot de La Futsun dans lequel il prend la qualité de noble seigneur de la maison du lieu de Charre, et déclare qu'il a prins femme Bernadine de Lassalle et qu'il a pour enfants Samuel et Pierron d'Abadie de la Futsun, et qu'il institue Samuel pour son héritier. Du 29 octobre 1565. Acte passé entre ledit Samuel d'Abbadie Lafutsun avec Arnaud de Cameigtz, dans lequel il prend la qualité de noble, par lequel acte il lui délaisse un droit de passage qu'il a dans ses biens. Du 19 Juin 1601. Contrat de délaissement fait par Gaston de la Futsun à Raimond de Lamaison, d'une pièce de peins, dans lequel il prend la qualité de noble et se dit fils et héritier de noble Samuel de Lafutsun de Charre, fils de deffunte Bernadine de Lassalle. Du 24 juillet 1617. Lettres de tonsure accordées à Jean d'Abbadie Lafutsun, produisant par M. l'évesque d'Oloron, dans

---

N.-B. — Un petit-fils de Daniel nommé Antonin, fut curé d'Igos, et vicaire-général d'Acqs.

lesquelles il se justifie qu'il est fils de Gaston d'Abbadie de Lafutsun et de Catherine d'Abadie d'Arboucave, du 16 février 1668. (*Archives de Poudenx*).

De Poyanne.

(*Extrait des archives départementales des Hautes-Pyrénées*).

Bailenx, diocèse de Dax, marquis de Poyanne : D'or au levrier de gueules accolé d'argent; le collier cloué, bordé et bouclé d'or. Supports, deux levriers; cimier, un levrier naissant; devise : *Probata fides*.

Baylenx est un château situé dans les landes de Bourdeaux, qui a été souvent pillé, tantôt par les Anglais, tantôt par les Français.

I. — Arnaud seigneur de Baylenx.

II. — Bernard Ier seigneur de Baylenx, gouverneur de Saint-Sever Cap de Gascogne.

III. — Guillaume Ier seigneur de Baylenx.

IV. — Bertrand Ier seigneur de Baylenx, vivait en 1334; il prenoit en 1317 la qualité de Donzel. Il épousa Miramonde fille et héritière de Guette seigneur de Poyanne, nièce d'un Bénédictin évêque de Pampelune, puis cardinal. Elle était issue de Pierre seigneur de Poyanne en 1050. Ce fut à l'occasion de ce mariage qu'il écartela d'azur à trois merlettes d'argent 2 et 1. Bertrand fut maire de Dax selon la fondation de Talence.

Commencement des preuves pour l'ordre du Saint-Esprit en 1597.

V. — Guillaume II Donzel seigneur de Baylenx et de Poyanne en 1417.

VI. — Bertrand II de Baylenx écuyer, seigneur de Baylenx et de Poyanne, rendit hommage au roi en 1456 pour Sengresse et la moitié de la gentillesse de Came, à Charles de France duc de Guienne, frère du roi Louis XI, pour Roquefort de Marsan, Sengresse, Lamotte et dans la sénéchaussée des Lannes. Il épousa Jouine de Gramont (1) dame de Roquefort, laquelle fit testament le 16 décembre 1510.

Guillaume III de Baylenx seigneur de Baylenx et de Poyanne, épousa Marguerite de Lamynsans. Il en eut :

1° Etienne qui suit ;

2° Jouyne ou Jeanne, alliée avec noble Jean de Mellet écuyer, sénéchal d'Albret en 1535.

Etienne de Baylenx baron de Poyanne et de Gamarde, eut pour femme Jeanne d'Antin, fille de noble Jean d'Antin sénéchal de Bigorre, et d'Anne de Roquefeuil. Il en eut :

1° Bertrand qui suit ;

Etienne testa le 3 d'aoust 1557.

Bertrand III fils aîné d'Etienne, fut enseigne de la compagnie des gendarmes du seigneur de Gramont, lieutenant de celle de Saint-Orens, enfin capitaine lui-même ; il fut fait chevalier des ordres du roi en 1596 et fit ses preuves en 1598. Henri IV lui écrivit la lettre suivante : « Monsieur
» le baron de Poyanne, je vous dépêche le sieur Labatut
» d'Argelouse pour vous dire de ma part mes intentions.
» Comme il est votre parent et ami particulier, vous aurez
» plus de créance en lui que dans tout autre. Au demeu-
» rant, je voudrais que le bien de mes affaires vous per-
» missent de venir me trouver pour voir si nous faisons
» aussi bien la guerre que vous la faites du côté de delà ;
» mais si vous ne le pouvez, allez vous faire lanlère. —
» Du camp devant Castillon le 1ᵉʳ juin 1596.   HENRY. »

Il fut marié avec Louise de Cassagnet de Tilladet. Les preuves pour le cordon bleu finissent à Bertrand III.

Bertrand IV de Baylens baron de Poyanne, eut pour

---

(1) Antoine de Gramont était seigneur de Roquefort, sénéchaussée de Saint-Sever, en 1560 (Monlezun). Il n'y avait d'autre Roquefort en Saint-Sever que Roquefort de Tursan, paroisse de Lasque-Boueilh-Bouilho.

femme Anne de Bassabat de Pordeac. Il fit des merveilles au siége d'Aire en 1616.

Henri de Baylenx baron de Poyanne fut marié en 1639 avec Jeanne-Marie de Castille, héritière d'Antonin, marquis de Castelnau de Tursan. Il en eut :

1° Antoine qui suit ;

2° Jeanne-Marie-Josèphe qui eut pour mari le comte de Gondrin.

Henri fut fait chevalier des ordres du roi à la promotion du ..... (1661); il était lieutenant-général pour le roi en Navarre et Béarn, sénéchal des Landes, gouverneur de Dax, Saint-Sever et de Navarreinx.

Il mourut à Saint-Sever Cap, s'étant retiré sans prendre congé de la cour, pour n'avoir pas obtenu un régiment que le roi destinait au vicomte de Turenne. Lorsqu'il eut cessé de bouder, il sollicita la permission de retourner. Le roi lui fit dire qu'il pouvait rester où il était.

Philippe-Louis-Antoine de Baylenx marquis de Poyanne et de Castelnau fut marié avec Marie de Gassion (1715 ?)

Léonard de Baylens marquis de Poyanne, chevalier des ordres du roi, lieutenant-général de ses armées, capitaine, né le 13 mars 1718, épousa en premières noces... Olivier de Leuville.

Pour copie conforme au manuscrit déposé aux archives :

L'Archiviste des Hautes-Pyrénées, MAGENTIES.

P. S. — Afin de réparer les omissions des cinq derniers degrés, l'auteur reproduit la filiation qui résulte des grands officiers de la couronne et de l'état de la France.

1. — Bertrand (III) de Baylenx baron de Poyanne, capitaine de cinquante hommes d'armes, maréchal de camp, gouverneur de la ville et château d'Acqs, sénéchal des Landes de Bordeaux, épousa Louise de Cassagnet, reçut le collier de l'ordre du Saint-Esprit le 2 janvier 1599. Son fils :

2. — Bernard de Baylenx baron de Poyanne, conseiller d'État, lieutenant-général au pays de Béarn, gouverneur de Navarrenx, chevalier du Saint-Esprit en 1633, épousa Anne de Bassabat Pordeac. Son fils :

3. — Henry de Baylenx marquis de Poyanne, sénéchal des landes de Bordeaux, gouverneur de Navarrenx et Dax, lieutenant-général de la principauté de Béarn, chevalier du St-Esprit et St-Michel en 1664, mourut en mars 1667. De Jeanne-Marie de Castille, qu'il épousa en 1639, il laissa :

1° Marie-Josèphe de Baylenx, mariée en 1682 à Louis de Pardaillan comte de Cère et de Gondrin, sénéchal des Lannes;

2° Antoine qui suit.

4. — Antoine de Baylenx marquis de Poyanne, gouverneur de Navarrenx et Dax, sénéchal des Landes de Bordeaux, épousa en 1684 Marie-Bérénice Avice, fille d'Aubin Avice seigneur de Montgon, et d'Artémise de Nesmond petite-fille de Marie d'Aubigné Surineau. (*Voir Caumon d'Ade.*) De ce mariage est sorti Philippe marquis de Poyanne.

5. — Philippe-Louis-Antoine de Baylenx marquis de Poyanne, colonel d'infanterie en 1708, marié en 1710 à N. Martin fille de Jean-Louis-Martin seigneur d'Auzielle, fermier-général, épousa en secondes noces Marie de Gassion vers 1716-1717, dont il eut :

6. — Léonard de Baylenx marquis de Poyanne, gouverneur de Dax, était en 1749 maréchal de camp et mestre de camp du régiment de Bretagne-Cavalerie, en 1754 lieutenant-général des armées du roi, inspecteur-général de la cavalerie et des dragons, chevalier de St-Michel et du St-Esprit le 7 juin 1767, mort sans postérité masculine.—C.C.

Henriette-Rosalie de Baylenx Poyanne mariée le 17 février 1767 à Maximilien-Alexis de Bethune duc de Sully, mort sans hoirs, était fille de Bernard marquis de Poyanne, lieutenant-général et chevalier des ordres, et de Charlotte-Louise du Bois de Leuville (*Père Anselme.* — *Didot*, p. 222).

ARMES : Ecartelé au 1 et 4 d'or au levrier rampant de gueules colleté d'argent qui est de Baylenx, au 2 et 3 d'azur à trois canettes d'argent qui est Poyanne.

On trouvera de plus amples renseignements dans la *Chronique du diocèse de Dax,* par M. Dompnier de Sauviac; Froissard, *Bataille de Poitiers,* et l'abbé Monlezun, *Histoire de Gascogne.*

Du Poy de Monicane.

D'azur au cœur de gueules accompagné de trois croix, deux en chef et une en pointe du second émail.

De Prugue.

D'azur à deux lions affrontés d'or lampassés de gueules supportant une ancre d'argent.

Sous ce titre nous donnons les actes de filiation de la famille DE PRUGUE et de ses alliées, de 1630 à 1700, en terminant par la situation présente de cette maison.

Archives de Mont-de-Marsan de 1630 à 1700.

Le 10ᵉ jour du mois d'avril 1630 a esté baptisée Odette de Vallier, fille du sieur Isays de Vallier et de damoiselle Odette de Capfaget sa femme. Parrain a esté sieur Joseph de Lassalle, conseiller du roy, lieutenant particulier au siége de Marsan, et marraine Odette de Prugue damoiselle. Par moy : DU MARTIN, *pbr. vicaire perpétuel.*

1630. — Hélie-Joseph de Sanguinet, archiprestre de Tartas).

Le premier du mois d'avril 1631 a esté baptisé Pierre de Prugue, fils de M⁰ Adam de Prugue, conseiller du roi, lieutenant-général au siége de Marsan, et de Ester de Beauregard, damoiselle sa femme. Parrain, M. Pierre de Prugue, prestre abbé de Blazimont, et marraine, Magdelaine de Prugue, damoiselle. Par moy : DE BURGUERIEU.

Le 23 juillet 1631, Jean-Marie de Bordenave, bourgeois et jurat de la présente ville.

Le même jour et an que dessus (23 juillet 1631), a esté baptisé Bernard de Lassalle, âgé d'un an au mois de juin passé, fils à Joseph de Lassalle écuyer, sieur dudit lieu de Cère, et de Catherine de Lartigue damoiselle. Parrain, M. Bernard du Cassou, ad¹. en la cour du Parlement, et marraine, Odette de Poyferré, damoiselle. Par moy : DE BURGUERIEU.

1630. — Françoise de Bordenave, fille à François de Bordenave et à Quitterie de Bordenave sa femme, naquit en 1630. Parrain, noble Jean de Vallier escuyer, sieur de la Crauste ; marraine, Françoise de Bordenave. Par moy : V..., *pbr*.

M. Joseph de Lassalle écuyer, mayre de la présente ville (1630) ; Adam de Fayet (1630) ; M⁰ Jean-Marie de Bordenave, prestre.

Le cinquième du mois d'août 1631 a esté baptisé Pierre de Prugue, fils à Joseph de Prugue, conseiller du roi et lieutenant-général au présent siége, et de noble Françoise de Castelnau, damoiselle. Parrain, noble Pierre de Castelnau, sieur de Jupoy, et marraine, Françoise de Castera, damoiselle, femme à M. de Caillau. Par moy : DE BURGUERIEU.

Le 8 septembre 1631 naquit Adam. Parrain, Samuel de Prugue sieur de Baquera ; marraine, Magdelaine de Prugue.

Le 5 janvier 1632 naquit Jeanne de Tastet, fille de Jean-François de Tastet, advocat en parlement, et de Jeanne de Faure. Parrain, Jean du Tastet escuyer et jurat de la ville ; marraine, Jeanne de Begua. Par moy : DE BURGUERIEU.

15 février 1632, fut baptisé Sever du Tastet, fils légitime de Arnaud du Tastet écuyer et jurat de la présente

ville, et de Marie de Faure, damoiselle. Parrain, Audet Hody, et marraine, Jeanne de Begua, damoiselle. Par moy : DU MARTIN, *rector*.

Le 16 juin 1632, M. Bernard Castera maire, et demoiselle Magdelaine de Prugue.

Le quatorzième du mois d'octobre mil six cent trente-deux, a été baptisée Marie de Prugue, fille de M. Joseph de Prugue, conseiller du roi et lieutenant particulier au siége de Marsan, et de Françoise de Castelnau, damoiselle sa femme. Parrain a esté sieur Daniel de Prugue sieur de Caillau, son aïeul, et marraine, Madame de Labatut, religieuse, tenue par damoiselle Catherine de Labatut sa sœur. Par moy : DU MARTIN, *rector*.

Le 18 mai 1633 après midi, a esté baptisée Saubade de Castera, fille de sieur Cellestin de Castera et de Françoise Duhau, damoiselle, mariés. Parrain a esté M. François de Castera, advocat du roy, lieutenant particulier, assesseur au siége de Marsan, frère dudit sieur Cellestin ; marraine a esté Saubade de Cabannes, damoiselle, mère de ladite Duhau, femme audit sieur Cellestin, de la ville de Saint-Sever. Par moi : DU MARTIN, *rector*.

Le 28 de juillet 1633 a esté baptisée Françoise de Junca, fille à noble Jean de Junca sieur de Pelecagot, et de Jeanne de Batz damoiselle, de laquelle a esté parrain M. Daniel de Nercamp, procureur au siége de Marsan, et Françoise Doureau, damoiselle, femme à M. de Cist. Par moy : VERNIER, *vicaire*.

1635. — Parrain, M. Jean-François Tastet, advocat du roi au siége de Marsan, et marraine, damoiselle Marie de Poyferré, femme à M⁰ Jean Lobit, procureur du roy audit siége. Par moy : DE BURGUERIEU.

Le 22 aoust 1633 a esté baptisé Jehan de Lassalle, fils à M. Joseph de Lassalle, lieutenant criminel de Marsan, et de Jehanne de Mehari. Parrain a esté Jean Lobit, procureur du roy audit siége ; marraine, Marie de Lassalle. Par moy : DE VURGUERIEU.

Le 7ᵉ du mois de novembre 1633 a esté baptisé Jean de Bourdenave, fils à Jean-Marie de Bourdenave et à Jeanne-

Marie de Pouyfairé, duquel ont esté parrain Jean de Bourdenave et Françoise de Barry. Par moy : BERNÈDE.

Juin 1643.—Magdelaine de Lartigue, damoiselle. M. Bernard Landrieu.

Le 28e jour de janvier 1633 a esté baptisé Jean-Jacques de Prugue, fils de Jean de Prugue escuyer, et de Magdelaine de Bordenave. Parrain a été sieur Jacques de Prugue; marraine, Marie de Bordenave. Par moy : DE VULGUERIEU.

1633. — Le 22e jour dudit mois de janvier a esté baptisée Jeanne Caffaget, fille à M. Charles de Caffaget escuyer, sieur de Hournieux, et à Marie Bordenave damoiselle. Parrain a esté M. Maître Joseph de Lachèze, conseiller du roy en la Cour du Parlement de Bordeaux ; marraine, Jeanne de Bordenave, femme à M. de la Crauste, damoiselle.

1633.— Noble Jean de Junca sieur de Pelecagot et Jeanne de Batz, damoiselle sa femme.

1635. — Baptême de M Jean de Lassalle, fils de M. Joseph de Lassalle, lieutenant criminel, et de Jeanne de Mehari sa femme. Le 22 août 1632. DE BURGUERIEU.

5 juin 1633, naquit Anne de Lassalle, fille de Jean-Joseph de Lassalle et de Catherine de Lartigue, damoiselle sa femme. Parrain, M. Christophe de Lartigue, religieux de l'ordre de Saint-Benoît, et marraine, Roquette de Lassalle. DU MARTIN, *rector*.

Juin 1643. — Jean de Prugue capitaine.

12 septembre 1643. — Marguerite de Valier damoiselle, femme de M. Jean de Lafargue, advocat en la cour: BURGUERIEU.

Octobre 1643. — M. Joseph de Lassalle sieur de Plaisance.

1643. — Me Jean de Lissalde prêtre et curé de Bergonce.

Février 1641, fut baptisé François de Lassalle, né le 16 octobre 1639, fils à Joseph de Lassalle et de Marguerite de Prugue. Parrain, François de Lassalle ; marraine Ester de Beauregard. Par moy : BURGUERIEU.

1641. — Naquit Hierosme de Mesmes, fille de Pierre de Mesmes et d'Anne de Labasse. Parrain, Hierosme de Labasse et Jeanne-Marie de Mesmes. 26 mars 1641. DU BROCA.

1644. — Françoise du Hault, damoiselle, fille d'Estienne du Hault, advocat, et de Saubade de Cabannes, damoiselle. (Voir *Armorial* de 1864.)

1644. — Joseph de Lassalle escuyer, et Anne de Corneillan damoiselle.

Le 23ᵉ du mois de novembre 1644 a esté baptisé Charles de Junca, fils à M. Guillaume de Junca et à Marie de Prugue. Parrain, M. de Codroy, fils aîné de M. de Codroy lieutenant criminel de Saint-Sever ; marraine, Mademoyselle de Prugue, femme à M. de Romatet. DU MARTIN, *rector*.

Le 5 du mois de janvier 1645, a esté baptisé Joseph de Mesmes, fils à noble Joseph de Mesmes sieur de Patience, et de Magdelaine de Lassalle, damoiselle. Parrain a esté noble François de Lassalle sieur de Canenx et Castelmerle, et lieutenant général criminel au siége de Marsan, et marraine, noble Léonor de Marsan, damoiselle, sa grande mère. Par moy : DU MARTIN, *prêtre*.

Février 1645.—M. Jean de Nicellis pbre et curé du Luy.

1645. — Sieur Joseph de Poyferré et Anne de Racle, damoiselle.

Le cinquième du mois d'avril 1645 a été baptisé Joseph Darmé, fils de M. Mᵉ Jacob Darmé, conseiller du roy, lieutenant-général au siége de Marsan, et de Louyse de Laffargue, damoiselle sa femme. Ledit Joseph naquit le 5ᵉ may de l'année 1644. Parrain a esté Joseph de Mesmes sieur de Laqui, et marraine Jeanne du Junca, damoiselle. Par moy : DU MARTIN, *rector*.

1645. — Le onzième du mois d'apvril 1643 a esté baptisé Charles de Lobit, fils de M. Charles de Lobit, advocat, et de demoiselle Claire de Sebie sa femme, et ledit Ch. de Lobit naquit le 12 de febvrier de la même année 1645. Parrain a esté Henry de Lobit, et marraine Françoise de Sebie, damoiselle. Par moy : VULGUERIEU.

1645. — Françoise de Sebie mariée à Pierre de Prugue.

Le 12ᵉ du mois de juillet 1645, a esté baptisée Isabeau de Lassalle, fille de M. Mᵉ François de Lassalle, lieutenant général criminel au siége de Marsan, et de Jeanne Darbo, damoiselle sa femme. Parrain a esté sieur Joseph de Mesmes sieur de Patience, et marraine, Isabeau Dartiguenave. Ladite fille naquit le 23ᵉ d'aoust 1644. Par moy : DUMARTIN, *rector*.

1646. — Madamoiselle Magdelaine de Bordenave femme de M. de Prugue, maire de la présente ville. VERNIER, *pbr*.

1645. — M. Annet de Landrieu auditeur du conseil, Jeanne de Nicellis, M. de Nicellis pbre.

1643. — M. de Romat recepveur des saisies.

Le 22 mars 1646 a esté baptisé M. Jean Darmé, fils de Monsieur Maître Jacob Darmé conseiller du roy et lieutenant-général à ce siège, et de Mademoiselle Louyse de Laffargue sa femme. Parrain a esté M. Mᵉ Jean de Serres avocat du roy audit siége ; marraine, Madame Jeanne Darbo. Par moy : VERNIER, *pbr*.

Le 26 may 1646 a esté baptisé Antoine de Lassalle qui naquit le 3ᵉ septembre dernier, fils naturel et légitime de noble François de Lassalle seigneur de Canenx et Castelmerle, conseiller du roy et lieutenant-général et criminel au siége de la présente ville, et de Jeanne Darbo de Castelmerle, damoiselle, conjoints, (parrain ?) qui a esté M. Mᵉ Jean de Sarrus (Serres ?) conseiller et advocat du roy audit siége, et marraine, damoiselle Magdelaine de Lassalle, femme à M. de Mesmes sieur de Patience. Par moy : DE NICELLIS, *curé*.

Apvril 1646. — Le dix-septième jour du mois que dessus ont reçu les cérémonies du baptême, Jean-Philippe et Joseph-Estienne, frères; fils de Monsieur Jean-Marie de Bordenave sieur de Bargues, et de demoiselle Jeanne-Marie de Poyferré, qui naquirent savoir : Jean-Philippe le 28 janvier 1639, et Joseph le 13 may 1642, et reçurent l'eau baptismale seulement lesdits jours, et les cérémonies leur ont été appliquées le jour que dessus. Parrain ont esté M. Jean-Philippe de Poyferré pbre ; marraine Mademoiselle Marie de Capfaget. Par moy : R. LA BURTHE, *pbr*.

Apvril 1646. — Le même jour que dessus ont esté baptisés Marthe de Bordenave, fille de Monsieur Jean-Marie de Bordenave sieur de Bargues, et de demoiselle Jeanne-Marie de Poyferré qui nasquit le 15ᵉ dudit mois. Parrain a esté M. Joseph de Prugue, lieutenant particulier ; marraine, Marie-Silvie de Poyferré. Par moy : R. DE LARURTHE, *pbr*.

1645. — M. Jacques Compaigne prestre et curé de Campaigne.

Le 31 janvier 1647 a esté baptisé François de Mesmes, fils de noble Joseph de Mesmes et de damoiselle Magdelaine de Lassalle sa femme. Parrain a esté noble Joseph de Lassalle sieur de Plasence, et marraine, Mademoizelle Roquette de Mesmes. Par moy : DE NICELLIS, *curé*.

Le 14 août 1647 a été baptisée Claire de Prugue, fille de M. Pierre de Prugue et de Françoise de Sebie. Parrain et marraine ont été M. Joseph de Prugue sieur de Bacquera, et Claire de Sebie, et nasquit le dixième dudit mois. Par moy soussigné : A. DE CIST.

Le même jour a esté baptisée Marie de Prugue, fille à M. Pierre de Prugue et à Françoise de Sebie. Parrain et marraine ont esté M. Adam de Prugue sieur de Micarrère (et naquit le dixième dudit mois) et Isabeau d'Artiguenave, marraine. Par moy soussigné : A. DE CIST.

Le 25 aoust 1647 a esté baptisé Jean-Louis de Mesmes, fils à noble Jean-Pierre de Mesmes escuyer, sieur de Lafourest, et Anne de Labasse, damoiselle. Parrain, M. Mᵉ Jean de Serres, conseiller du roy et son advocat au siége de Marsan ; marraine, Eléonor de Marsan, damoiselle, lequel Jean-Louis naquit le 23ᵉ jour du présent mois. Par moy : DUBROCA.

1648. — Jean de Prugue sieur de Cezeron.

1668. — Marie de Barhenne, fille légitime à M. Louis Barhenne homme d'armes, et à Françoise de Cazault, conjoints, naquit le sixième février mil six cent soixante-huit ; et a esté baptisée lesdits mois et an que dessus, estant parrain sieur Nicolas de Bordenave homme d'armes ; marraine, damoiselle Marie de Candau de cette ville, lesquels se sont signés avec PIERRE GROS, MARIE DE CANDAU, N. DE BORDENAVE.

Ursule de Lassalle et Jean-François de Lassalle, enfants légitimes à M. Mᵉ François de Lassalle écuyer, sieur de

Canenx et Castelmerle, conseiller du roy, lieutenant-général et criminel au présent siége, et à Jeanne du Tastet, damoiselle, conjoints, naquirent sçavoir : laditte Ursule, le mardi 19ᵉ octobre 1655 ; et ledit Jean-François, le judy 26ᵉ septembre 1658, et furent lesdits jours de leur naissance baptisés dans la présente église, sans avoir reçu les cérémonies accoutumées jusques à ce jour 27 février 1668, estant parrain à ladite Ursule noble Jean de Lassalle mayre, et marraine defuncte dame Françoise du Tastet, religieuse; et dudit sieur Jean-François noble Joseph de Lassalle son frère, et marraine sœur Isabeau de Lassalle religieuse de Sainte-Ursule, sa sœur. Ledit sieur Jean Lassalle mayre, ayant tenu la place dudit sieur Joseph absent, lesquels ont signé avec moy : D'ARLON, *pbr. vicaire ;* DE LASSALLE, *père ;* JEANNE DU TASTET, *mère ;* DE LASSALLE, *parrain ;* URSULE DE LASSALLE, *baptisée.*

Marie Dagès, fille légitime à M. Cyprien Dagès escuyer, et damoiselle Marie de Junca, conjoints, naquit le 31 janvier 1668, et a été baptisée le 1ᵉʳ février dudit an, estant parrain M. Alexandre Junca, et marraine Marie de Laferrère, de cette ville. — D'ARLON, *vicaire.*

1679. — Marie-Trèse de Prugue, fille légitime de nohple Jean-Marie de Prugue et d'Anne de Lachapelle, damoiselle, père et mère, naquit le vingtiesme d'aoust 1679, et fust baptisée le vingt-deuxième du même mois et an. Parrain a esté noble Jean de Bordenave de Bargues, et demoiselle Marie de Lartigue, marraine ; ez présence de Messire François de Lachapelle advocat en la cour, et Pierre Duval. Tous les demeurants en la présente paroisse et ont signé, sauf Duval pour ne sçavoir de ce interpellé. Par moy : DANDURAN, *pbr., vicaire ;* Chevalier DE PRUGUE ; MARIE DE LARTIGUE.

Octobre 1679. — François-Adam de Prugue escuyer, seigneur de Cezeron, et noble Jean-Charles de Lassalle escuyer. — LASSALLE, *pnt ;* PRUGUE CEZERON, *parrain.*

1679. — Pierre de Tastet homme d'armes ; Jean de Tastet conseiller du roi au sénéchal de Marsan.

Catherine de Laborde Tampoy, fille légitime de noble Victor de Laborde, sieur de Tampoy, et de demoiselle Anne de Poy, naquit le 6ᵉ du mois de décembre 1679, et a été baptisé le douzième du même mois. Parrain, M. Jacques de Brassenx, et marraine, Catherine de Cursol dame d'Arriaup. Fait par moy : Junca, *pnt :* Tampoy ; H. de Cursol ; Brassen.

Joseph de Hauriet (de Beyries), fils légitime de noble Charles de Hauriet, et à Catherine de Labasse, damoiselle, naquit le 6 de janvier 1680 et a esté baptisé le 9 dudit mois et an. Parrain a esté noble Joseph de Cafaget, et marraine, demoiselle Jeanne de Moinas. — Gros, *curé ;* Hauriet, *père ;* Labatut, *pnt. ;* Lassalle, *pnt. ;* Capfaget ; Jeanne de Maumas.

Joseph de Lassalle, fils légitime à noble Jean-Charles de Lassalle et à demoiselle Catherine de Nozeilles, naquit le 23 août 1680, baptisé le 25 du même mois et an. Parrain a esté noble Jean-Charles de Lassalle seigneur de Caseau. Par moy : Ducos, *pbr. ;* Lassalle ; Marie de Lassalle.

Jeanne-Marie de Mesmes, fille légitime de Messire Joseph de Mesmes escuyer, seigneur de Patience, et de dame Marie-Henriette Leblanc, habitants de la présente ville, est née le 16 avril 1681 et a esté baptisée le 19ᵉ en suivant. Parrain a esté noble Joseph de Lassalle écuyer, et marraine dame Marie de Capfaget veuve à feu Messire Joseph Leblanc escuyer, vicomte d'Argelouze, habitants de la présente ville qui ont signé, non ledit sieur de Mesmes père, pour être absent de ce faire interpellé. Fait par moy : Danduran, *prêtre vicaire ;* Lassalle, *parrain ;* N. de Capfaget.

Noble François de Prugue seigneur de Cezeron, et demoiselle Isabeau de Compaigne, femme à noble M. de Lassalle. Fait par moy : Ducos, *pbr. vicaire ;* Prugue Cezeron, *parrain ;* Is. de Compagne, *marraine.*

1680. — Joseph de Beyries de Hauriet, fils légitime de noble Charles de Beyries seigneur de Hauriet, et de dame Catherine de la Basse, naquit et fut baptisé. Parrain, noble Joseph Alcibiade de Mesmes écuyer, seigneur de Laforest, et marraine, demoiselle Anne de Labasse, veuve à feu noble Jean-Marie de Bordenave seigneur de Noncareilles, habitants de la présente ville. — DANDURAN, *pbr. vicaire;* BEDOURET, *prêtre;* HAURIET, *père;* DE MESMES LAFORET, *parrain;* ANNE DE LABASSE, *marraine.*

M. Jean-Jacques de Prugue conseiller du roi, marié à Ursule de Barthenne.

Marie d'Argelouze Leblanc, épouse de noble Joseph de Mesmes seigneur de Patience.

1680. — Jacques-Armand de Prugue, fils légitime de noble Jean-Marie de Prugue escuyer, lieutenant-colonel et maréchal des logis général de la cavalerie, et de dame Catherine de Juge, demeurant en la présente ville, est né le huit de juin 1680 et a esté baptisé le 12 en suivant. Son parrain a esté Messire Jacques-Armand de Gourgues marquis de Vaires, conseiller du roi en ses conseils et maître ordinaire des requêtes de son hôtel à Paris, tenant en son nom Jean-Marie de Prugue écuyer, et sa marraine dame Marie-Isabelle Leclerc marquise de Vaires, espouse audit seigneur de Gourgues, tenant en sa place mademoiselle Marthe de Prugues, en présence de sieur Jean Benac, Mᵉ ez-arts et Pierre Duval sacristain, habitant de la présente ville. Ledit Duval n'a signé pour ne sçavoir, mais bien ledit sieur de Prugue et ladite demoiselle de Prugue tenant au nom de dame Marie Leclerc marquise de Gourgues, avec ledit Monsieur de Prugue père, de ce interpellé. Par moy : DANDURAN, *pbr. vicaire;* PRUGUE, *père;* PRUGUE, *parrain;* MARTHE DE PRUGUE; BENAC, *pnt.*

Jean-Jacques de Lasègue fils légitime de noble Pierre de Lasègue et demoiselle Marie Oüalet de Lagarenne, né le 14 août 1671. Présent : M. Mᵉ Jean-Jacques de Prugue, conseiller du roy.

Jean-Marie de Prugue, fils légitime de noble Joseph de Prugue écuyer, sieur de Baquera, et de dame Marie-Anne de Prugue mariés, de la présente ville, est né le 19 janvier 1682 et a été baptisé le lendemain. Son parrain a esté noble Jean-Marie de Prugue escuyer, lieutenant-colonel de cavalerie, et sa marraine dame Marie de Capdan, veuve à feu noble Adam de Prugue sieur de Micarrère et de Baquera, habitants de ladite ville, lesquels ont signé. Fait par moy : Prugue, *parrain ;* Prugue du Baquera, *parrain ;* A. Captan, *marraine.*

Noble Bertrand de Castelnau escuyer (parrain), fils à Messire Charles de Castelnau escuyer, seigneur de Jupouy et Brocas, et marraine demoiselle Marie-Magdelaine de Castelnau, fille audit M. de Castelnau et sœur audit Bertrand de Castelnau. — Danduran, *prestre ;* B. de Castelnau ; Mag. de Castelnau.

Jeanne-Marie de Mesmes, fille légitime à noble Joseph de Mesmes sieur de Patience, et à Henriette d'Argelouze, naquit le 10 may 1682, baptisé le 11 dudit mois et an. Parrain a esté noble Joseph de Prugue sieur de Micarrère ; marraine, dame Jeanne-Marie de Guichaner, femme à noble Jean de Beauregard seigneur de Benquet. — de Mesmes Passiance, *père ;* Prugue du Baquera, *parrain ;* J.-M. de Guichaner, *marraine.*

François de Prugue, fils de noble Jean-Marie de Prugue et de demoiselle Anne de la Chapelle, né le 22 novembre 1682. — Prugue, *père.*

Marie-Elisabeth, fille légitime de François-Adam de Prugue écuyer, et de demoiselle Catherine de Valier, est née ce matin 23 avril 1683, baptisée lesdits jour mois et an. Parrain a esté M. Maistre Jean-Marie de Prugue docteur en théologie, abbé de Saint-Loubouer et vicaire-général au présent diocèse (évêque nommé de Dax, 1688-1690) ; marraine est Isabeau d'Estoupignan, habitants de Saint-Sever. — Prugue Cezeron, *père ;* J.-M. de Prugue ; I. d'Estoupignan, *marraine.*

1688. — Marie de Compaigne.

Marie de Lartigue, fille légitime de noble Jean-Marie de Lartigue sieur de Nonères et de Marguerite de la Voute, né le 14 décembre 1688. Parrain, M. Thomas du Nogué ; marraine, demoiselle Marie de Prugue. — Gros, *curé ;* Lartigue, *père ;* Noble Bertrand de Lartigue, *son grand père,* du Nogué ; M. de Prugue.

Messire Adam de Beauregard abbé de Benquet 1686-1688.

1686. — Jean-Marie de Prugue Cezeron (fils de François-Adam).

1686. — Noble Matthieu d'Estoupignan lieutenant de roi de la citadelle de Tournay; sa sœur Isabeau d'Estoupignan de Tingon demoiselle, et Saincte de Laborde sa femme.

1694. — Dame Marie-Marguerite d'Amou veuve de feu noble Jean-Charles de Castelnau seigneur de Brocas et Jupoy. — D'Amou de Jupoy.

Noble Pierre de Junca et dame Magdelaine de Castelnau Jupoy de Brocas, 14 décembre 1692.

Dame Isabeau de Compaigne de Poy (Capdeville) 1695.

Noble Estienne de Fortisson baron de Roquefort, et dame Marthe de Lassalle, le 20 février 1692.

Noble Joseph de Mesmes et dame Marie-Henriette Leblanc d'Argelouze.

1692. — Joseph Leblanc, fils légitime à noble Jean-Marie Leblanc seigneur de Labatut, et à dame Marie-Elisabeth de Capdeville, naquit le 16 août 1691, baptisé le 6 septembre. Parrain, noble Joseph de Mesmes seigneur de Patience, et marraine, dame Jeanne de Gentes. — Boyer, *pbr. ricaire;* Labatut, *père;* de Mesmes Passiance, *parrain;* de Gentes; Noble François de Lassalle et Pierre Duval, *pnt.*

1689. — Noble Denis de Nozeilles; Marie-Anne de Cours; Madame Marie de Lescours.

Noble Augustin de Prugue, major au régiment de Clerambault.

Dame Jeanne de Gentes dame de Caplane, 1689.

Noble François-Antonin de Capdeville seigneur de Pouy. (Extraits de Mont-de-Marsan.)

Antoine-Henri de Lartigue, fils de noble Jean-Marie de Lartigue et de demoiselle Marguerite de la Voute, naquit le 17 août 1694, baptisé le 19 du même mois. Parrain, M le marquis de Poyanne qui l'a fait tenir par M. Jean-Marie Dunogué, parrain, et demoiselle Jeanne de la Voute, marraine. Faict le baptême par moy: Dupouy, *curé;* Lartigue de la Voute; Dunogué Prugue (Mont-de-Marsan); Ogier Dulau et Pierre Duval, *présents.*

Le 11 may 1712, dans l'église de Saint-Jacques de la ville de Tartas, ont reçu la bénédiction nuptiale Monsieur Jean-Marie de Prugue Cezeron écuyer, conseiller du roy, maire perpétuel de la ville de Mont-de-Marsan, et demoiselle Claire de Vidart, fille mineure, tous les deux habitants de Mont-de-Marsan, assistés de leurs proches parents et amis, en présence des témoins et des parties contractantes. Par moy : DE CHAMBRE, *archiprêtre et curé de Tartas;* BERNÈDE, *pnt.;* DE PRUGUE ; CLAIRE DE VIDART ; VIDART DU PLESIR ; VIDART ; CLAIRE DE VIDART BEDORA ; D'ANTIN DE SAUVETERRE ; MARIE QUITERIE DE BEDORA DARS DE SAUVETERRE ; DARBLADE ; VIOS DUGAY.

A. — François-Adam de Prugue écuyer, seigneur de Cezeron, 1675-1698, épouse N. de Vallier.

B. — Jean-Marie de Prugue écuyer, seigneur de Cezeron, 1712.

C. — Pierre de Prugue seigneur de Cezeron, assiste en 1768 à une assemblée de la noblesse de Mont-de-Marsan.

D. — 1789. — Noble François de Prugue seigneur de Cezeron, présent à l'assemblée de la noblesse des Lannes à Dax, le 15-31 mars 1789.

E. — Augustin de Prugue officier d'infanterie, 1814, a laissé dame de Prugue, religieuse hospitalière de Saint-Vincent de Paul, supérieure à Dax; M. Louis Vital de Prugue, capitaine au 56e régiment de ligne, chevalier de la Légion-d'Honneur, marié en août 1866 à dame Marie-Thérèse Desbordes, fille de M. Léonard Desbordes et de dame Aricie de Chauton.

De Pujolé ou Pujoller, *vicomtes de Julliac, seigneurs barons de Fieux, de Saint-Martin de Seignanx, Gaillères, etc., etc., grands sénéchaux héréditaires des Lannes, en Condomois (Lannes, Marsan et Albret).*

De gueules au porc-épic d'or.

Ier *degré.* — Noble Jean de Pujolerio damoiseau, habitant de Bomont, au diocèse de Condom, acquit par acte passé le 16 janvier 1416 devant Dieuzayda de Libario, notaire public habitant de la ville de Vicfezensac, de noble dame Gailharde d'Espagne, femme de noble et puissant homme Messire Ayssin de Montesquiou, un hôtel scitué au lieu de Volpilhono, au même diocèse, avec les terres cultes et incultes, prés, paturages et autres droits y appartenant, moyennant la somme de cent vingt-neuf florins d'or.

Feu noble Jean de Pujolerio co-seigneur de Fieux, est rappelé dans l'hommage rendu le 28 octobre 1475 par noble Louis de Pujolerio son fils.

Noble homme Guillaume-Raymond de Pujolerio capitaine de Sarino, fut présent à la reconnaissance donnée au lieu de Castelgelos, le 1er janvier 1433, devant notaire, par noble homme Gérard de Lars damoiseau, de la dot de noble damoiselle Jeanne del Feugar, fille de noble homme Barthélemy del Feugar damoiseau.

Noble Guillaume-Raymond de Pujolé fut témoin de la vente faite au lieu de Castelgelos, le 27 avril 1435, devant Jean de Lestudey clerc, notaire public, habitant dudit lieu, par Jean del Bedoret Borgues de Castelgelos, à Maître Jean de Moralhez aussi Borgues dudit lieu.

IIe *degré*. — Noble damoiseau Louis de Pujolerio fils et héritier de noble feu Jehan de Pujolerio co-seigneur du lieu de Fieux, passa un acte audit lieu de Fieux, diocèse de Condom, le 8 juin 1457, devant Guy Toquine, clerc du diocèse de Rennes (Redonensis), notaire public habitant au lieu de Pluma, avec les consuls et habitants dudit lieu de Fieux, par lequel il s'engagea et jura de les garantir de toute violence et de maintenir leurs usages, et ceux-ci lui prêtèrent serment de fidélité.

Noble Loys de Pujollé, demeurant au lieu de Vopilhon et co-seigneur de Fieux, fit hommage au roi, le 13 may 1460, devant du Mas notaire, tant pour raison de certains fieux (pour fiefs), cens, rentes, oblies et acaptes qu'il avait ez lieux et mandements de la Salle, de Volpilhou et de Francescas que autres choses.

Noble Loys de Pujolé écuyer, demeurant à lieu de Voupillon, fit hommage au roi, entre les mains de Pierre de Ramond seigneur du Saulmont, maître d'hôtel chambellan et conseiller de Sa Majesté, son sénéchal de Quercy et d'Agenois, commissaire à ce député par lettres du 9 janvier 1461 pour raison de certaines fiefs cens rentes oblies et acaptes qu'il avait ez lieux et mandements de la Salle de Voupillon et de Francescas. Cet hommage rendu le 13 may 1466, fut délivré à la requête du seigneur de Pujoller escuyer, seigneur de Fieux et de la Salle noble de Voupillon, le mardi 15 février 1535, par le lieutenant de la sénéchaussée d'Agen. Signé : A. CAMYNADE, *greffier*.

Noble Louis de Pujolio damoiseau, co-seigneur de Fieux, fils légitime et naturel et héritier universel de feu noble Jean de Puojlio, co-seigneur dudit lieu de Fieux, fit hommage le 27 octobre 1473, devant Pierre Marchandi notaire royal et public, habitant au lieu de Marsolan, à égrége et puissant homme Messire Odon de Lomagne chevalier, seigneur dudit lieu, et de Fimarcon, co-seigneur de Fieux, représenté par vénérable et circonspect homme Messire Bertrand de Rulhia licencié ez-lois, juge de ladite terre de Fimarcon, de la quatrième partie dudit lieu de Fieux, avec la justice haute et basse, mer et mixte imper, qu'il tenait noblement et en fief noble et honorable dudit seigneur de Fimarcon, sous le devoir d'une lance à fer blanc.

Noble Louis de Pujolerio co-seigneur du lieu de Fieux au diocèse de Condom, donna reconnaissance finale de la dot constituée à noble et honnête femme Marguerite de Montesquiou sa femme, fille légitime et naturelle de feu noble Georges de Montesquiou. Par acte passé à Condom le 27 juin 1477, devant Raymond de Cintreriés notaire royal et public de ladite ville, à noble Bernard de Montesquiou, seigneur de Beaumont, frère de ladite Marguerite, et fils et héritier dudit George.

Noble Louis de Pujolio damoiseau, co-seigneur dudit lieu de Fieux, stipulant en qualité de fils naturel et légitime et d'héritier universel de feu noble Jean de Pujolé co-seigneur du même lieu, fit hommage, par acte passé audit lieu le 3 juillet 1482, devant Guillaume Vergieri, notaire royal et public, habitant de la ville de Romeno, à égrége et puissant homme Gilles de Lomagne, seigneur des baronnies de Correzan et de Monthenac, et co-seigneur de Fieux, de la quatrième partie, avec haute et basse justice, mer et mixte imper dudit lieu de Fieux, qu'il tenoit noblement en fief noble et honorable dudit seigneur de Lomagne, sous la redevance d'une lance armée d'un fer blanc.

Noble Louis de Pujollé écuyer, seigneur de Fieux, fit son testament le 28 décembre 1507, par lequel il institua son héritier universel noble Raymond de Pujollé son fils. Ce testament se trouve inséré dans le jugement de maintenue de noblesse, rendu le 2 avril 1667, en faveur de Jean-Ollivier de Pujollé, vicomte de Julliac, et dans une décharge de francs fiefs obtenue le 26 juin 1694, par Jean-Marie de Pujollé vicomte de Julliac, rapportés ci-après.

Louis de Pujollé reçut conjointement avec Raymond de Pujollé son fils une constitution de rente le 2 juillet 1492.

Cet acte se trouve inséré dans un inventaire original de papiers, fait le 11 juillet 1596, après le décès de feu noble François de Pujoller, devant le lieutenant-général d'Albret.

Noble Louis de Pujollé est nommé dans une vente faite par noble Raymond de Pujollé son fils, l'an 14...

IIIe *degré*. — Noble Raymond de Pujollé reçut une constitution de rente conjointement avec Louis de Pujoller son père, le 2 juillet 1492, et fit une vente en 14... dans laquelle il nomme le même Louis son père.

Noble Raymond de Pujollé co-seigneur de Fieux et de Vopilhon, au diocèse de Condom, donna quittance par acte passé au château de Cedilhac, vicomté de Lomagne, diocèse de Lectoure, le 4 may 1508, devant Jean Lastovr notaire public de ladite ville, de la somme de trois cents écus constitués en dot à noble Bertrande de Preyssac, fille légitime et naturelle de noble Mathe de Cedilhac, et sœur de noble Gérard de Preyssac seigneur de Cédilhan, lors de son mariage avec noble señoret de Pujolé fils dudit Raymond.

Noble Raymond de Pujolé co-seigneur de Fieux, au diocèse de Condom, uni à noble senhoret de Pujolé son fils, donna quittance par acte passé au château de Cédilhac, vicomté de Lomagne, diocèse de Lectoure, devant Jean Lastour, notaire public dudit lieu, le 24 janvier 1508, à noble Mathe de Cédilhac, veuve de noble Jean de Preyssac, et à noble Gérard de Preyssac seigneur de Cedilhan, son fils, de la somme de dix livres tournois et des habits constitués à noble Bertrande de Preyssac, femme dudit noble senhoret fille dudit feu Jean de Preyssac et de ladite Mathe dame de Cédilhac, et sœur dudit Gérard.

Noble Raymond de Pujolé co-seigneur dudit lieu de Fieux, fit hommage par acte passé audit lieu, sénéchaussée d'Agen, diocèse de Condom, le 22 octobre 1510, devant Nicolas Ouzeimonti, notaire public de la ville de Pluma, à noble et puissant homme Messire François de Lomagne seigneur de Montaignac et dudit lieu de Fieux, de la quatrième partie dudit lieu, avec haute et basse justice, mer et mixte imper, qu'il tenait noblement et en fief noble dudit François de Lomagne fils légitime et naturel de feu noble et puissant homme Messire Gilles de Lomagne chevalier, seigneur desdits lieux, sous la redevance d'une lance armée d'un fer blanc.

Noble Raymond de Pujollé seigneur de Vopilhon, co-seigneur de Fieux, assista au contrat de mariage de noble senhoret de Pujollé, son fils naturel et légitime, le 4 may 1508.

Noble Raymond de Pujollé reçut la quittance qui lui fut donnée le 20 février 1530, par François Dupleix et Géraude de Pujollé sa femme, fille du même Raymond.

IVe *degré*. — Noble senhoret de Puyollé épousa, par contrat passé au château de Cedilhac, vicomté de Lomagne, évêché de Lectoure, le 4 may 1508, devant Leymarie et Faget notaires publics, noble Bertrande de Preissac, fille légitime et naturelle de feu noble Jean de Preissac, seigneur de Cedilhac et de noble Mathe de Cedilhac dame dudit lieu. Ledit seigneur futur époux fut assisté de noble Bertrand de Pujollé son frère, et ladite demoiselle future épouse de ladite Dame de Cédilhac sa mère, et de noble Gerard de Preyssac, seigneur de Cedillan son frère, qui lui constituèrent en dot la somme de 500 livres tournois, etc.

Noble senhoret de Pujollé est nommé avec Bertrande de Preyssac sa femme, dans la quittance donnée le 4 may 1508 par noble Raymond de Pujolé, seigneur de Vopilhon, son père, à noble Mathe de Cédilhac, mère de ladite Bertrande, et à noble Gérard Preyssac, seigneur de Cadilhan son frère.

Noble senhoret de Pujollé, uni à noble Raymond de Pujolé son père, donna quittance, le 24 janvier 1508 de partie de la dot constituée à noble Bertrande de Preyssac sa femme, par noble Mathe de Cedilhac dame de Cadilhan, veuve de noble Jean de Preyssac, sa mère, et par noble Gérard de Preyssac seigneur de Cadilhan, son frère.

Seignoret de Pujollé écuyer, seigneur de Fieux donna dénombrement au roy ez mains de Me Jacques Sevin, licencié ez-lois, lieutenant-général de la sénéchaussée d'Agen ez Gascoigne, commissaire du roy en cette partie, de la quatrième partie de la terre et seigneurie de Fieux, avec justice haute, moyenne et basse, appartenances et dépendances de la maison noble de Vopilhon, avec ses appartenances et dépendances, et généralement de tous fiefs et rentes qu'il possédait en ladite sénéchaussée d'Agenois.

Noble Seignoret de Pujolé conseigneur de Fieux, est nommé dans une attestation donnée le pénultième jour du mois d'août 1547, à noble Guirauld de Pujoulé son fils. Noble Seignoret de Pujolé seigneur de Fieux et damoiselle Bertrande de Preyssac sa femme, assistèrent au contrat de mariage de noble Jehan de Pujollé leur fils aîné, le 22 juillet 1551.

Seignoret de Pujollé, seigneur de la maison noble de La Roque et conseigneur de Fieux, est rappelé dans une transaction passée le 18 juin 1556 entre nobles Jehannot et Jehan de Pujollé ses fils.

1º Noble Jehannot suivra ;

2º Noble Guiraud de Pujollé obtint une attestation des habitans et consuls de Francescas, le 2 août 1560.

Noble Giraud de Pujollé seigneur de Vaupilhon, assista au contrat de mariage de Rose de Pujollé sa nièce, le 18 août 1596.

Noble Géraud de Pujollé sieur de Vaupilhon assista à l'inventaire des biens de François de Pujollé son neveu, le 22 mai 1596, et au contract de mariage de Rose de Pujollé sa nièce, le 18 août suivant.

3º Noble Jehan de Pujollé transigea le 18 juin 1556 avec noble Jehannot de Pujollé son frère aîné.

Vᵉ *degré*. — Noble Jean de Pujollé épousa, par contrat passé au château de Rouquelaure, le 22 juillet 1551, devant du Puy notaire royal, Jeanne de Mondanar (Mondenard), fille légitime et naturelle de noble Jehan de Mondanar, seigneur de Rouquelaure, et de damoiselle Agne de Baran sa femme. Ledit seigneur futur époux fut assisté des seigneur et dame ses père et mère, qui lui firent donation de la moitié de tous leurs biens présents et avenir, et ladite demoiselle future épouse, desdits seigneur et dame de Rouquelaure ses père et mère, qui lui constituèrent en dot la somme de 800 livres tournois, payables à divers termes, avec ses habits nuptiaux, etc.

Noble Jehannot de Pujollé conseigneur de Fieux, diocèse de Condom, sénéchaussée d'Agenois en Gascoigne, passa un acte avec les habitants et consuls dudit lieu de Fieux, dans l'église du même lieu, le 6 may 1554, par lequel il s'engagea à les soutenir, et promit de maintenir leurs coutumes et usages, ainsi qu'avaient fait ses prédécesseurs, et ceux-ci lui prêtèrent serment de fidélité et promirent également de lui payer les services, cens, rentes et autres droits dont ils étaient tenus envers lui.

Noble Jehannot de Pujollé seigneur de Fieux, donne dénombrement au roy, ez mains de François du Franc, licencié ez-droits, seigneur de Gaillère, lieutenant-général par autorité royale en la sénéchaussée d'Agenois, en Gascoigne, au siége présidial de Condom, et commissaire député par le roy en cette partie, des fiefs et terres nobles qu'il avait en ladite sénéchaussée. Par acte passé à Condom, le 7 apvril 1555.

Noble Jeannot de Pujollé seigneur de Fieux, transigea par acte passé à Condom le 18 juin 1556, devant François Loyard notaire public de ladite ville, avec Jean de Pujollé son frère, au sujet de la somme de 500 livres, léguée audit Jean par Seignoret de Pujollé seigneur de la maison noble de La Roque et ses appartenances, et co-seigneur dudit lieu de Fieux, son père.

Par cette transaction, ledit Jeannot abandonne audit Jean son frère, en paiement de ladite somme, une métairie située en la juridiction de Francescas, au lieu appelé Mora, autrement au Casso (Expédition délivrée le 14 décembre 1666 sur la minute originale, par saint Tlestèphe ou Estèphe, notaire public à Condom, acquéreur de l'office dudit Loyard et des papiers attribués à l'office de garde-notte général des anciens notaires de toute la sénéchaussée de Condom), à la requête de noble Jean-Ollivier de Pujollé seigneur et vicomte de Julhiac et conseigneur de Fieux.

Noble Jean de Pujollé écuyer, co-seigneur dudit lieu de Fieux, est nommé dans les lettres d'exécutoire obtenues contre lui, le 9 août 1560, par noble Guiraud de Pujollé écuyer, sieur de la maison noble de Voupilhon. Signées de François de Raffin chevalier sénéchal d'Agenois.

Feu noble Jehannot de Pujollé et damoiselle Jeanne de Mondenard sa femme, sont rappelés dans la transaction passée le 24 janvier 1613, entre damoiselle Antoinette de Pujollé leur fille, et noble Jean-François de Pujollé leur petit-fils, fils de François de Pujollé leur fils.

VIe *degré*. — 1° Noble François de Pujollé co-seigneur du lieu de Fieux, acquit par acte passé dans la maison noble de Lassalle, juridiction de Fieux, au duché d'Albret, le 11 septembre 1583, devant Loip de Figues, notaire dudit lieu de Fieux, de Guichande Guillauma, veuve de Vidal de Saint-Pé et de Pierre de Saint-Pé son fils, de la juridiction de Francescas, une pièce de terre labourable avec ses appartenances et dépendances, située dans ladite juridiction de Francescas, au lieu appelé à la Causade, moyennant la somme de sept vingt francs bourdallois. Cet acte passé en présence de Noble Jehan de Pujollé seigneur de Voupilhon en Condomois.

Noble François de Pujollé seigneur de Fieux, au duché d'Albret, épousa par contract passé dans la maison de Veroy, en la viscomté de Juliac, devant Jehan de Baldy notaire royal, le 6 septembre 1593, damoiselle Marie de Los fille de feu Alidus de Los et de damoiselle Clarianne Dorty. Ledit seigneur futur époux fut assisté de nobles Jehan de Bouzet, seigneur de Podenas, Jehan de Monlezun seigneur de Busca, Pierre de La Barthe, Pierre de Sarran sieur de Sotenx, Jean-Marie Juibert et Raynaud de Lupé seigneur de Gueyse ; et laditte damoiselle future épouse du consentement de laditte dame sa mère, par lequel la même demoiselle future épouse, du consentement de ladite dame sa mère, se constitua en dot tous les biens, meubles et immeubles, droits qui lui appartenaient de feu son père et de feu Jehan de Los son frère, etc.

Noble François de Pujollé sieur de Fieux et autres places, reçut la quittance qui lui fut donnée dans la maison noble de Fieux appelée de La Salle, juridiction du même lieu, duché d'Albret, le 12 février 1596, devant de Figues, notaire, par noble Arnaud de Lavardac sieur de Lagardère en Armagnac, de la somme de deux cents escus, en déduction de celle de 3500 livres tournois, constituée en dot par ledit sieur de Fieux à noble Bertrande de Pujollé femme dudit sieur de La Gardère.

Noble Marie de Los damoiselle, vesve de feu noble François de Pujollé, seigneur du lieu et juridiction de Fieux, assistée de noble Jehan de Gouzel (pour du Bouzet) sieur de Poudenas ; noble Guiraud de Pujollé sieur de Voupilhon, oncle paternel dudit feu François ; noble Jean de Monlezun seigneur de Busqua ; noble Pierre de Sarra, seigneur de Souleinc ; noble Pierre de La Barthe sieur de Paychart ; noble François de Mondenard sieur de Roquelaure et noble Arnaud de Lavardac sieur de La Gardère, fit faire l'inventaire des meubles, immeubles, effets et papiers dudit feu sieur de Fieux son mari, par acte passé le 22 may 1596, devant de Figuez, notaire.

Dans le nombre des papiers inventoriés se trouve le codicille de feu noble Jehan de Pujollé sieur dudit lieu de Fieux, du 26 octobre 1572.

Feu noble François de Pujollé sieur de Fieux, est rappelé dans le contract de mariage de noble Roze de Pujollé damoiselle sa sœur, femme de noble Estienne d'Ollivié seigneur de Berganin du 4 avril 1598.

Feu noble François de Pujollé co-seigneur de Fieux au duché et sénéchaussée d'Albret, est rappelé dans le contract de mariage de noble Anthoingue de Pujollé damoiselle sa sœur avec noble Alexandre de Faudoas, seigneur de Saint-Aubin, passé audit lieu de Fieux, le 12 octobre 1603, devant de Figuez, notaire du même lieu, dans lequel ladite demoiselle future épouse fut assistée de noble Bernard de Pujollé sieur de Thomas ; noble Jehan de Pujollé seigneur de Voupilhon, ses cousins germains paternels, et de noble Arnaud de Lavardac escuyer, seigneur de La Gardère. tuteur des enfants dudit François de Pujollé.

Noble François de Pujollé, conseigneur de Fieux, est rappelé dans la transaction passée le 24 janvier 1613 entre noble Jean-François de Pujollé son fils et demoiselle Anthoine de Pujollé sa sœur.

2° Noble Bertrande de Pujollé femme de Noble Arnaud de

Lavardac sieur de Lagardère, est nommée dans la quittance donnée par son mary à noble François de Pujollé son père, le 12 février 1596, elle fut instituée héritière particulière de Rose sa sœur, le 4 avril 1598.

3º Noble Rose de Pujollé damoiselle, épousa par contract passé le 18 avril 1596, noble Estienne-Olivier seigneur de Verquin, et fit son testament le 4 avril 1598.

4º Anne de Pujollé, damoiselle, fut faite légataire de noble Roze de Pujollé sa sœur du 4 avril 1598.

Damoiselle Anthoinne de Pujollé fut instituée légataire particulière de noble Rose de Pujollé sa sœur, le 4 avril 1598. Elle épousa le 12 octobre 1603 noble Alexandre de Faudoas seigneur de Saint-Aubin. Elle transigea le 24 janvier 1613.

VIIᵉ *degré*. — Noble François de Pujollé fut institué héritier universel de demoiselle Rose de Pujollé sa tante, le 12 octobre 1603.

Noble Jean-François de Pujollé conseigneur de Fieux, fils et héritier de feu noble François de Pujollé aussi seigneur de Fieux, stipulant sous l'autorité et du consentement de noble Jehan du Bouzet seigneur et baron de Poudenas son curateur, transigea par acte passé à Condom, le 24 janvier 1616, devant Arnaud Bezian notaire tabellion royal, garde-notte héréditaire de ladite ville, avec noble Alexandre de Faudoas, baron de Saint-Aubin, mari de demoiselle Anthonie de Pujollé, tante dudit seigneur de Fieux, au sujet du restant de la somme de 3750 livres à laquelle avait été réglée la légitime de ladite demoiselle Anthonÿe et celle de damoiselle Rose de Pujollée, fille légitime et naturelle de feu noble Jehannot de Pujollé et de damoiselle Jehanne de Mondenard son épouse, ayeul et ayeule dudit Jean-François de Pujollé. Par acte passé le 27 juillet 1596 entre lesdites Roze et Anthonie de Pujollé d'une part, et noble Arnaud de Lavardac seigneur de Lagardère, curateur du même seigneur de Fieux, en présence de noble Geraud de Puyollé seigneur de Voupilhon, et noble Jehan de Puyollé son fils. Par cette transaction ledit seigneur de Fieux s'engage à payer audit seigneur de Saint-Aubin et à ladite Anthonye sa femme, la somme de 2000 livres restante de ladite légitime.

Noble Jean-François de Pujollé seigneur vicomte de Julliac, baron de Fieux et autres places, reçut la quittance qui lui fut donnée dans la ville de Montfort, le 14 apvril 1624, devant de Figues notaire royal de laditte ville, par noble Anthonie de Pujollé damoiselle, femme de noble Alexandre de Faudoas sieur de Saint-Aubin, en la sénéchaussée d'Armagnac, d'une somme de 75 livres qui lui avait été léguée par feue Roze de Puyollé damoiselle, femme du feu sieur de Verquin, par son testament du 5 apvril 1598.

Noble Jean-François de Pujollé seigneur vicomte de Julliac, baron de Fieux et autres places, fit hommage au roy ez mains du lieutenant-général au siége présidial de Condom et sénéchaussée de Condoumois, commisaire en cette partie, député par lettres patentes du roy, du 3 septembre 1609 pour raison de la terre et seigneurie de Fieux, fiefs et trins nobles qu'il possédait en icelle. Ensemble pour autres fiefs et trins nobles qu'il possédait dans la terre de Francescas relevant de Sa Majesté à cause de son duché de Guienne.

Messire Jean-François de Pujollé seigneur vicomte de Julliac, baron de Fieux, Gailhère et autres places, habitant audit Julliac sénéchaussée des Lanes, prévosté de Saint-Sévère, épousa, par contract passé à Bordeaux le 8 juin 1626, devant Jean de Tartas notaire et tabellion royal de laditte ville, dame Marie de Raguanau (Ragueneau), fille de M. Maistre Pierre de Raguanau conseiller du roy en la cour du Parlement de Bordeaux, seigneur de la maison de Labatu et de Lalanne Saint-Jehan, et de demoiselle Jeanne de Suerin son épouse, et veuve de Messire Guabriel d'Arrerac, chevalier conseiller du roy, son trésorier général de ses finances en la généralité de Guienne. Ledit seigneur futur époux fut assisté de M. Maître Jehan de Sauvaige, seigneur d'Armajan et de Lamothe, conseiller du roy en son grand Conseil; M. Maistre Isaac de Lalanne conseiller du roy en ladite cour de Parlement; noble

Maurice de Brossier seigneur de Valade et de Saint-Simon, ses cousins et autres, et ladite demoiselle future épouse desdits seigneur et dame ses père et mère; Monsieur Maître Charles de Chimbault conseiller du roy en laditte cour, son oncle; M. Maistre Emmanuel de Tarrangue, aussi conseiller du roy en ladite cour; noble Pierre de Cruzeau escuyer; Maître Jehan Tortaty conseiller du roy et sénéchal de... en Bretagne, et de Jehan de Guichenère sieur de Gentils et autres ses cousins; par lequel lesdits seigneur et dame de Raguanau constituent en dot à laditte demoiselle future épouse la somme de 34,000 livres tournoises, etc.

Noble Jean-François de Pujollé seigneur viscomte de Julliac, seigneur de Fieux, transigea, par acte passé en la maison de Courallet, en la juridiction d'Arroulhe, susdit vicomté de Julliac, le 17 juin 1627, devant Dupont notaire royal héréditaire, avec Isaac du Corn sieur de Rivière, fils et héritier de feu Jehan du Corn cappitaine, au sujet de l'administration des biens dudit seigneur vicomte de Julliac, dont avait été nommé tuteur ledit Jehan du Corn conjointement avec Bernard Cheberry, en vertu du testament de feue Marie de Los damoiselle, veufve de feu noble François de Pujollé seigneur de Fieux, mère dudit seigneur vicomte de Julliac. Par cette transaction les parties demeurèrent d'accord, moyennant la somme de douze mille livres tournois, que ledit seigneur de Corn promit de payer audit seigneur de Julhiac.

Messire Jean-François de Pujollé vicomte de Julliac, est nommé dans le testament de Marie de Raguanau son épouse, fait à Juliac le 30 décembre 1638, devant Ducos notaire royal, par lequel ladite dame fit divers legs : légua audit seigneur son mari la jouissance de tous ses biens; à Françoise et Agne ses filles, à chacune la somme de 7000 livres, pareille somme au posthume dont elle était enceinte, et institua son héritier universel Jean-Ollivié de Pujollé son fils. Ce testament fut ouvert après la mort de ladite dame testatrice, le 1er mars 1639, par ledit notaire, à la requête dudit noble Jean-François de Pujollé seigneur vicomte de Juilhac.

Feu Jehan-François-Ollivié de Pujollé seigneur vicomte de Juilhac et dame Marie de Ragueneau son épouse, sont rappelés dans la transaction passée le 1er août 1657 entre Jean-Ollivié leur fils et Jeanne Seurin, mère de ladite Marie.

VIIIe *degré.* — 1° Jean-Ollivier de Puyollé fut institué héritier universel de Marie de Ragueneau sa mère, par son testament du 30 décembre 1638. Haut et puissant seigneur Messire Jean-Ollivier vicompte de Julliac, seigneur de Fieux, en Albret, épousa par contract passé au château noble de Mochan, en Armagnac le 22 juin 1642, devant Foublanc notaire royal, damoiselle Quitterie Paule de Bezolles fille naturelle et légitime de haut et puissant seigneur Messire Jean de Bezolles compte dudit lieu, seigneur de Beaumont, Mochant, Lageanlas (ou Lagraulas) et Aiguetinte, et de haute et puissante dame Anne de Rieux comtesse de Bezolles. Ledit seigneur futur époux fut assisté de noble Segand de Brossié seigneur de Ballade ; Jean de Pujollé, seigneur de Voupilhon ; Jean de Monlezun et autre Jean-Hector de Monlezun sieur de Busca, et autres ses proches parents ; et ladite demoiselle future épouse, desdits seigneur et dame ses père et mère ; haut et puissant seigneur Messire François de Lasseran seigneur de Massencome et autres places ; haut et puissant seigneur Messire Frédéric de Lambès, seigneur et baron de Marambat ; Michel de Castillon seigneur de Maubezin ; noble Jean de la Roche seigneur de Foussaries, et autres aussi ses proches parents ; par lequel lesdits seigneur et dame comte et comtesse de Bezolles constituèrent en dot à ladite demoiselle future épouse leur fille, la somme de 30,000 livres tournois.

Jean-Ollivier de Pujollé seigneur viscomte de Juilhac paroisse de Betbezé, sénéchaussée de Saint-Sever, transigea par acte passé à Bordeaux le 1er aoust 1657, devant Léon de Rougiez notaire et tabellion royal, garde-notte héréditaire de ladite ville, avec dame Jeanne Seurin, au sujet de prétentions de laditte dame sur la légitime de damoiselle Françoise de Pujollée, religieuse au couvent de Sainte-Catherine de Sienne à Bordeaux, laquelle légitime leur avait été assignée ainsi qu'à damoiselle Anne de Pujollé sa sœur: par dame Marie de Ragueneau leur mère, et dudit seigneur Jean-Ollivier laquelle Marie était fille de feu M. Maistre Pierre de Ragueneau conseiller du roy en la cour du Parle- du Parlement de Bordeaux, et de ladite Jeanne Seurin, et avait été mariée à feu Jean-François Ollivier de Pujollé, seigneur viscomte de Juilhac.

Par cette transaction, ledit seigneur vicomte de Juilhac, attendu que ladite dame de Seurin sa grand'mère avait gardé chez elle lesdites Françoise et Anne ses sœurs, s'engagea à lui payer une somme de quatre mille livres.

Messire Jean-Ollivier de Pujollé seigneur vicomte de Juilhac, de Fieux et autres places, fut maintenu dans sa noblesse par jugement de M. d'Ailhenc, commissaire subdélégué à M. Pellot, intendant de la généralité de Guienne, rendu le 2 avril 1667 sur titres qui la prouvaient avec filiation, depuis noble Louis de Pujollé écuyer, seigneur de Fieux, son cinquième ayeul, lequel fit son testament (la date n'est point énoncée) par lequel il institua son héritier Raymond de Pujollé son fils.

Messire Jean-Ollivier de Pujollé seigneur vicomte de Juilhac baron de Fieux, Tachousin Gailhères et autres places, fit son testament le 19 mai 1684 devant de la Beyrie (la Beyzie) notaire royal par lequel il demande à être inhumé dans l'église de Betbezé, au tombeau de feu M. le vicomte de Julliac son père. Fit divers legs pieux, declara que de son mariage avec dame Paule de Bezolles son épouse, étaient restés vivants de leurs enfants : dame Jeanne de Pujollé épouse de Messire Jean-Charles de Barboutan, et Jean-Marie de Pujollé. Ordonna que ladite Jeanne se contentât de la somme de 2200 livres, qu'il lui avait été constituée par son contract de mariage, et institua son héritier universel ledit seigneur Jean-Marie de Pujollé son fils.

Dame Paule Quitterie de Bezolles, veuve de feu Messire Jean-Ollivier de Pujollé, seigneur viscomte de Julliac, habitante au château de Beroy, paroisse de Betbezé, viscomté de Julliac en Saint-Sever, fit son testament le 22 mars 1694, devant de Coley notaire royal, par lequel elle demanda à être inhumée dans l'église paroissiale de Betbezé, au même tombeau que ledit feu seigneur son mary.

Déclara que de son mariage avec le même feu seigneur son mari étoient restés deux enfants vivants, sçavoir : dame Jeanne de Pujollé et Messire Jean-Marie de Pujollé seigneur viscomte de Julliac; laquelle Jeanne avait été mariée avec Messire Charles de Barbotan seigneur de Caritz, et avait été dotée d'une somme de 6000 livres du chef de ladite dame testatrice, au moyen de laquelle elle l'institua son héritière particulière. Déclara avoir donné audit Jean-Marie de Pujollé son fils, par son contract de mariage avec dame Marie Le Blanc de Labatut d'Argelouze, la somme de 12,000 livres de son chef, au moyen de laquelle elle l'institua pareillement son héritier particulier et institua son héritier universel Messire Joseph de Pujollé son petit-fils, fils du même seigneur Jean-Marie Pujollé et de ladite dame d'Argelouze. Feu Messire Jean-Ollivier de Pujollé seigneur vicomte de Juliac est rappelé avec dame Paule de Bezolles son épouse, dans la transaction passée le 2 mars 1685 par Jean-Marie de Pujollé leur fils.

Dame Quitteyre-Paule de Bezolles veuve de haut et puissant seigneur Messire Jean-Ollivier de Pujollé seigneur viscomte de Juliac, assista au contrat de mariage de Jean-Marie de Pujollé leur fils et dudit feu seigneur vicomte de Juliac, le 20 mai 1692.

2° Françoise de Pujollé fut faite légataire particulière de sa mère, le 30 décembre 1638.

Damoiselle Françoise de Pujollé, religieuse au couvent de Sainte-Catherine de Sienne à Bordeaux est nommée dans la transaction passée le 1er août 1657.

3° Anne de Pujollé fut instituée légataire particulière de Marie de Ragueneau sa mère, le 30 décembre 1638.

Damoiselle Anne de Pujollé est nommée dans la transaction passée le 1er août 1657, entre Jean-Ollivier son frère, et Jeanne Seurin son ayeule maternelle.

IXe *degré*. — 1° Messire Jean-Marie de Pujollé seigneur vicomte de Juliac, transigea par acte passé dans la ville de Condom, le 2 mars 1685, devant la Goupillière notaire royal de ladite ville avec Messire Bernard de Bezolles seigneur compte dudit lieu, au sujet des arrérages et du principal de la somme de treize cents livres restante à payer de celle de trente mille livres constituée en dot à dame Paule de Bezolles mère dudit seigneur comte de Juliac, lors de son contrat de mariage avec feu Messire Jean-Ollivier de Pujollé seigneur vicomte de Juliac son père, par cette transaction, il fut arrangé que ledit seigneur comte de Bezolles payerait audit seigneur vicomte de Juliac une somme de 4200 livres.

Jean-Marie de Pujollé fut institué héritier universel de Messire Jean-Ollivier de Pujollé seigneur vicomte de Juliac son père, par son testament du 19 mai 1684.

Haut et puissant seigneur Messire Jean-Marie de Pujollé seigneur vicomte de Juliac baron de Fieux, Tachousin, Gaillère et autres places, épousa, par contrat passé dans la juridiction de Saint-Justin, le 20 mai 1692, devant Jean-Pierre La Beirie notaire royal, haute et puissante damoiselle Marie Le Blanc de Labatut, vicomtesse d'Argelouze, fille majeure de feu haut et puissant seigneur Messire Henri Le Blanc de Labatut vicomte d'Argelouze, et de dame Marie de la Ville. Ledit seigneur futur époux fut assisté de dame Quitterie Paule de Bezolles, sa mère; de Messire Jean-Marie de Bezolles, seigneur de Lagraulas son oncle et parrain; de Messire Jean-Charles de Barbotan seigneur de Carritz, Mormès et autres places son beau-frère; dame Elisabeth Daulin d'Audissart comtesse de Bezolles sa tante; Messire Jean-Louis de Bezolles seigneur comte dudit lieu Beaumont et autres places; Messire Jean-Marie de Bezolles seigneur de Beaumont et Gaube ses cousins germains; et ladite demoiselle future épouse, de demoiselle Marie Henriette Le Blanc de Labatut sa sœur; Messire Jean de Mesmes seigneur de Patience son oncle; par lequel ledite future épouse se constitua en dot tous ses biens meubles et immeubles, présents et avenir, paternels maternels et autres.

Messire Jean-Marie de Pujollé seigneur vicomte de Juliac, fut institué légataire particulier de dame Paule Quitterie de Bezolles sa mère, suivant le testament de cette dame, du

22 mars 1694, dans lequel est nommée dame Marie Le Blanc de Labatut d'Argelouze son épouse.

Dame Marie Le Blanc, épouse de Messire Jean-Marie de Pujollé seigneur vicomte de Julliac et fille de dame Marie de la Ville, de son second mariage avec Messire Henri Le Blanc seigneur vicomte d'Argelouse, transigea par acte passé dans la ville du Mont-de-Marsan, le 2 octobre 1693, devant de Manès notaire royal de ladite ville, avec noble Pierre de Junca écuyer, seigneur de Pélecagot, fils de ladite feue Marie de la Ville, de son premier mariage, au sujet de la somme de 20,000 livres donnée au premier enfant mâle ou femelle à naître du mariage de ladite Marie de la Ville avec ledit feu seigneur vicomte d'Argelouse, laquelle se trouvait dévolue de droit à ladite Marie Le Blanc vicomtesse de Juliac, en sa qualité de leur fille aisnée. Par cette transaction, ledit seigneur de Junca se reconnut débiteur de la somme de 15,000 livres envers ladite dame vicomtesse de Juliacq. Les 5000 livres restant de la susdite somme de 20,000 livres devant être pris sur la portion héréditaire de Marie-Henriette Le Blanc, sœur de ladite Marie, etc.

Messire Jean-Marie de Pujollé écuyer, seigneur vicomte de Juliac, fut déchargé du droit de francfiefs par ordonnance de M. du Nogué lieutenant particulier civil et criminel au sénéchal de Marsan, et commissaire subdélégué de M. Bazin de Bezons intendant de la généralité de Guyenne, rendue le 26 juin 1694 sur les titres de noblesse qu'il avait produits et qu'il a remontés avec filiation à noble Louis de Pujollé son sixième ayeul, qui fit hommage de la maison noble de la Salle, fief et bien noble dépendant de Francescas, le 13 mai 1460, et fit son testament le 28 décembre 1507 par lequel il institua son héritier noble Raymond de Pujollé son fils (Signé du Nogué commissaire subdélégué; plus bas par mondit sieur Laurens, greffier).

Le sieur Jean-Marie de Pujollé vicomte de Julliac fut pourvu de la charge de sénéchal des Lannes en la province de Guienne, vacante par la démission volontaire du sieur de Pardaillan de Gondrin, par lettres données à Marly le 13 may 1715, signées Louis, sur le reply par le roy Phelipeaux, avec l'acte de sa réception audit office au Parlement de Bordeaux, le 13 août de la même année. Signé, de Voyer. Elles furent enregistrées aux greffes du Parlement de ladite ville, le lendemain 14, signé Voyer ; au bureau des finances de la généralité de la même ville, le 19 suivant ; signé F. Tronquoy ; et à la chambre des comptes, le 22 octobre 1716, signé, Cables.

Messire Jean-Marie de Pujollé seigneur vicomte de Juliac est nommé dans la donation faite le 23 mars 1694, par dame Paule Quitterie de Bezolles veuve de Messire Jean-Ollivier de Pujoller sa mère, à Messire Joseph de Pujollé son fils.

Messire Jean-Marie de Pujollé seigneur vicomte de Julliac baron de Fieux, Gailhère Tachouzin (il y a Touchodin) tant en son nom que comme procureur de dame Marie Le Blanc d'Argelouze son épouse, assista au contrat de mariage de Joseph de Pujollé leur fils, le 5 mars 1712.

2° Dame Jeanne de Pujollé épouse de Messire Jean-Charles de Barbotan seigneur de Carritz, fut insituée héritière particulière de ses père et mère, les 17 may 1684 et 22 mars 1694, et assista au contrat de mariage de Jean-Marie de Pujollé son frère, le 20 mai 1692.

X^e *degré*. — Messire Joseph de Pujollé fut institué héritier universel de dame Quitterie Paule de Bezolles son ayeule, suivant le testament de cette dame du 22 mars 1694. Messire Joseph de Pujollé, fils de Messire Jean-Marie de Pujollé seigneur vicomte de Juliac, reçut la donation qui lui fut faite au château de Beroy, paroisse de Belbezé, viscomté de Juliac en Saint-Sever, le 23 mars 1694, devant de Coley, notaire royal, par dame Paule Quitterie de Bezolles, veuve de feu Messire Jean-Ollivier de Pujollé seigneur viscomte de Julliac, habitante audit château, son ayeule paternelle, de tous ses biens présents et à venir sous la réserve de l'usufruit. Le sieur de Juliac fut pourvu de la charge de cornette au régiment de Berry-cavalerie, par brevet du 4 janvier 1710, datté de Versailles. Signé Louis et plus bas Voysin.

Le sieur de Juliac fut pourvu de la charge de cornette

au régiment de cavalerie de Hesche, par brevet du 28 janvier 1710 daté de Versailles. Signé Louis, et plus bas Voysin.

Messire Joseph de Pujollé fils unique, épousa par contrat passé dans la maison noble de Campréal, paroisse de Saint-Martin de Bergerac en Périgord, le 5 mars 1712, devant La Barthe notaire royal, demoiselle Marguerite de Belrieu fille unique naturelle et légitime de Messire Alexandre de Belrieu, seigneur de Dommartin, la Planchette, Campréal et autres lieux, brigadier des armées du roy, colonel du régiment du Maine-infanterie, chevalier de l'ordre royal et militaire de Saint-Louis, et de feue dame Jeanne le Sobre son épouse. Ledit seigneur futur époux fut assisté des seigneur et dame vicomte et vicomtesse de Julliac ses père et mère; et ladite demoiselle future épouse dudit seigneur son père, de dame Marie de Garrisson, veuve de Messire Charles d'Aujeart président à mortier au Parlement de Bordeaux, son grand oncle; de dame Henrie d'Aujeard sa tante; de dame Magdeleine d'Aujeard sa cousine. Par ce contract, ledit seigneur vicomte de Julliac nomme ledit seigneur futur époux son fils pour recueillir la donation de la moitié de tous ses biens, qu'il avait faite par son contract de mariage au premier enfant qui naîtrait de leur mariage, et ledit seigneur de Belrieu constitua en dot à ladite demoiselle future épouse sa fille, la maison de Campréal, la maison noble de Malbernard avec toutes leurs appartenances et dépendances, la métairie appelée de la Beyline, et les biens et possessions qu'il avait au lieu de la Bargirounette, et généralement tous ceux qui lui appartenaient dans les paroisses de Saint-Martin, la Madelaine, Creysse et dans toute l'étendue du Périgord, etc.

Le sieur de Juliac lieutenant de la compagnie de Caubons dans le régiment d'infanterie du Maine, reçut ordre de passer à la charge de lieutenant de la compagnie colonelle du même régiment, le 14 may 1712; daté de Versailles, signé Louis, et plus bas Voysin. Le sieur de Juliac lieutenant dans la compagnie colonelle du régiment d'infanterie du Mayne obtint une commission du roy le 19 juillet

1712 pour tenir rang de capitaine au même régiment, et dans les troupes d'infanterie. Datté de Fontainebleau, signé Louis, et plus bas par le Roy Voysin et scellé.

Joseph de Pujollé comte de Juliac, capitaine au régiment du Maine-Infanterie, fut pourvu par lettres du 20 janvier 1718 de la charge de sénéchal des Lannes au pays de Guyenne qu'exerçait Jean-Marie de Pujollé vicomte de Julliac, son père. Ces lettres datées de Paris signées Louis: sur le reply par le Roy, le duc d'Orléans régent, présent Phelipeaux, et enregistrées aux greffes du Parlement de Bordeaux, le 15 juin 1718, signé Roux ; et au bureau des finances de la généralité de Guyenne le 22 du même mois, signé Faydieu avec l'acte de réception dans ladite charge de sénéchal des Lanes faite au Parlement de Bordeaux, ledit jour 15 juin, signé Roux.

XIe *degré*. — Le sieur de Julliac (Joseph-Marie de Pujollé) fut nommé à la charge de lieutenant en la compagnie de Lalande, au régiment du Roy-infanterie, par lettre du 24 février 1739, datée de Versailles signée Louis, et plus bas Baugen.

Julliac lieutenant en second fut nommé à la charge de lieutenant en la compagnie de Valence, dans le régiment du Roy-infanterie, par lettre du 8 mai 1743, datée de Versailles, signée Louis, et plus bas de Voyer d'Argenson.

Le sieur Joseph-Marie de Pujollé de Juliac reçut ordre du roy, le 5 janvier 1753, de quitter le commandement de la compagnie à pied dont il était pourvu dans le régiment de dragons d'Apchon, et de prendre celui de la compagnie à cheval, vacante dans le même régiment. Dattée de Bellevue, signées Louis et plus bas M. de Voyer d'Argenson.

Le capitaine Julliac, lieutenant dans le régiment du Roy-infanterie, fut pourvu de la charge de capitaine au régiment de dragons de Bartillac, par commission du 19 février 1745. Signé Louis, plus bas par le roy M. de Voyer d'Argenson, avec l'attache de M. le Comte de Coigny colonel général des dragons de France, du 5 octobre de la même année. Signé le comte de Coigny, et plus bas, par Monseigneur colonel-général du : Mont.

Haut et puissant seigneur Messire Joseph Marie de Pujollé, vicomte de Juliac et Argelouze, seigneur baron de Fieux, Tachousin, Gailhère, etc., cy devant capitaine de dragons, chevalier de Saint-Louis et grand sénéchal des Lannes, et dame Jeanne Marie Baptiste Jacquette de Casenave de Gaujac son épouse, vicomtesse de Juliac et Argelouze sont nommés dans l'acte d'ondoyement de noble Pierre Orens de Pujollé, leur fils légitime du 8 janvier 1765.

XIIe *degré*. — Noble Pierre Orens de Pujollé, né le 8 janvier 1765, fut ondoyé au château de Juliac le même jour par le curé de l'église paroissiale de Betbezer, vicomté de Juliac, au diocèse d'Aire. Extrait des registres de ladite église, délivré le 25 avril 1788 par le curé, signé Lavernhe et légalisé (original).

Pour copie conforme aux manuscrits déposés aux archives de la Préfecture des Hautes-Pyrénées,

MAGENTIES *archiviste*.

Transcrit sans y rien ajouter 16 novembre 1867,

BARON DE CABANNES CAUNA.

Ici finissent les documents généalogiques sur la puissante maison de Pujollé de Julliac. Une première lacune déjà observée par nos lecteurs dans la généalogie du Lyon par M. d'Hozier se reproduit ici. On ne mentionne pas dame Louise de Pujollé de Julliac, mariée en 1738 avec le marquis du Lyon de Campet (Pierre-Gaston). L'acte de baptême de Pierre du Lyon leur fils, novembre 1738, constate la présence du bisayeul de l'enfant, Messire Pierre du Lyon marquis de Campet du côté paternel, et de sa bisayeule Marie-Henriette Le Blanc comtesse de Julliac représentée par dame Marie du Lyon de Prugue; par conséquent, Louise de Pujollé de Julliac était fille du vicomte Joseph de Pujollé de Julliac et de dame Marguerite de Belrieu, mariés en 1712 (*Voir* les Armoriaux de 1863, 1864, et 1865).

XII *bis*. — Haut et puissant seigneur Pierre Orens de

Pujollé, comte de Juliacq, grand sénéchal des Lannes, baron de Seignanx, vicomte de Juliacq et autres lieux, officier au régiment du Roy-infanterie, était en 1789 orphelin et mineur, et fut représenté en ces qualités à l'assemblée de la noblesse de Dax, par le comte Clair-Joseph de Barbotan son curateur, après la mort tragique de son père ; le comte Pierre Orens émigra, retourna en France sous l'empire. Dépouillé de ses immenses domaines et n'ayant point contracté d'alliance, il décéda avant d'avoir vu dans les meilleurs jours de la royauté légitime les réparations d'une juste indemnité.

Bon A. DE C. C.

VICOMTÉ DE JULIAC.

Ce qu'il y a de bourgs et de chasteaux en la vicomté de Juliac.

Le nom de ce vicomté de Juliac semble avoir grande conformité avec celui de *Vico Julius Adurensium* qui seulement depuis la guerre de Jules-César, et non auparavant, a été receu dans le païs. Il est sans difficulté l'endroit où Crassus séjourna lorsqu'il fit la guerre dans la province ; aussi voit-on des campements, près de Créon, sur les confins de ce diocèse, près de Casaubon, au diocèse d'Auch, qui semblent être des Romains. Celui de Créon est appelé la Sale et Sallet et autrement chasteau Sarrazin (peut-être à cause que les Sarrazins y ont aussi campé). Celui de Casaubon est nommé la Gayère.

Ce viscomté a ci-devant esté de plus grande estendùe, avant que les paroisses d'Arolhes, d'Argelose ou Argelouse et Sauboëres en fussent démembrées (1) ; il consiste pourtant en quatre places qui autrefois ont été plus considérables.

Mauvesin, Betvezé, Créon, Saint-Julian.

Mauvesin est la capitale du viscomté accompagné de son chasteau, où la Douze forme plusieurs canaux, qui rendent

(1) Les Pujollé possédaient les sept paroisses de la vicomté.

la terre extrêmement grasse, et font moudre plusieurs moulins, dont le plus voisin de la ville est bien basti et mérite d'être mentionné, puisqu'il donne moyen à ceux de Mauvezin de faire le meilleur pain de la province.

Betvesé (Betbezer) est ainsi appelé à cause de sa belle vue : ses terrasses et ses fossés témoignent qu'il a été autrefois de défense.

Créon fut autrefois meilleur n'estant plus aujourd'hui qu'une bicoque en fort mauvais estat située pourtant avantageusement, ayant d'un costé des marais et de l'autre de vieux retranchements.

Saint-Julian est sur une butte et ressent plus à présent son village que son bourg.

Le chasteau de Beroi, près de Betvesé, est la demeure des vicomtes et semble avoir eu ce nom de sa belle assiette en un pays de chasse, et où des bois, des vignobles, des allées, des jardins et des estangs contribuent à l'embellir.

La Grange de Juliac est la paroisse qui porte aussi le nom du vicomté, avec un moulin et une chaussée fort ancienne. Bastie en pierres de taille, par ordre d'un Edouard roi d'Angleterre et d'un Gaston de Foix, son église est d'autant plus vénérable, qu'on y conserve des reliques de sainte Radegonde, de saint Antoine, de saint Jean et d'autres.

(*Description de l'évêché d'Aire en Gascogne*, par Duval d'Abbeville, géographe du roi, 1651).

Notre tâche serait incomplète si nous ne groupions pas les preuves de nobilité de la famille de Pujollé dans un court résumé :

Dénombrements de terres nobles fournis à diverses époques, aux XVe, XVIe et XVIIe siècle où les dénombrants ont la qualité de noble et leur blason (Pau).

Convocation au ban de la noblesse dans la sénéchaussée de Marsan et des Lannes (St-Sever, en 1692 1694, et 1702. Présence de cette famille aux états des Landes en 1789, assemblée de la noblesse de Dax.

Plusieurs jugements de maintenue de noblesse et décharges de francfief en 1667 et 1694.

Enfin, admission des seigneurs de Pujollé de Juliac aux honneurs de la cour, au XVIIIe siècle, où l'un d'eux monta dans les carrosses du roi.

On objectera que les Pujollé ne sont devenus puissants qu'en achetant la vicomté de Juliac et en s'alliant à une riche héritière des Casenave de Gaujac.

Je réponds que les barons de Fieux paraissent être devenus possesseurs de ladite vicomté par le mariage de François de Pujollé avec demoiselle Marie de Los. Le contrat passé en la maison de Veroy, en la viscomté de Juilhac, dont la noble dame Marie de Los était propriétaire (1593). Clarianne d'Orty, mère de la dame de Juliac, était probablement descendante des d'Orty et Diesse seigneurs de Gailhères en 1538. Ce mariage a porté aux Pujollé la vicomté de Julliac et la baronnie de Gaillères. Dans la seconde moitié du dix-huitième siècle, les Pujollé seigneurs de deux vicomtés, trois ou quatre baronnies (toutes terres évaluées en 1820 à 1,600,000 livres), n'ont recherché ni richesses, ni noblesse (dont ils étaient pourvus depuis longtemps), en s'alliant à une demoiselle de Casenave de Gaujac, famille opulente, dont les membres possédaient plusieurs baronnies (Gaujac, Cazalou, Saint-Cricq du Gave, etc., etc.), s'étaient alliés aux plus nobles maisons du Pays, et exerçaient de hautes charges dans les Lannes et aux Colonies. Est-il besoin de rappeler les malheurs de M. de Labarrère, grand prévôt de la maréchaussée, mort sur l'échafaud, et de sa parente la vicomtesse de Diusse (Françoise Casenave Labarrère), chassée et depouillée de son château d'Onnès, et morte en exil pendant la révolution.

(*Voir nos tables de noms propres des Armoriaux de* 1863 *et* 1865.

Généalogie de la famille noble De Puyau (Béarn).

Ier *degré*. — Noble Jean-Blaise de Puyau conseiller du roy et son procureur au Parsan de Sauvestre, épousa demoiselle Catherine de Castera, fille de noble Pierre de Castera chevalier de Saint-Louis, et de dame Thérèse de Lendresse-Castera de la ville d'Orthez, dont il eut :

1° Noble Bernard de Puyau, né en 1734 et décédé le 20 janvier 1739 ;

2° Noble Jean-Baptiste de Puyau, né en 1736, décédé le 18 frimaire an III de la république française, qui continue la descendance ;

3° Noble Jean-Blaise de Puyau, né le 21 mars 1737. Parrain, noble Jean-Blaise de Laforcade avocat au Parlement ; marraine, demoiselle de Laforcade du lieu de Louvigny. Il passa aux îles où il mourut probablement ;

4° Noble Henry de Puyau, né le 10 juin 1739. Parrain, sieur Henry de Candau ; marraine, demoiselle Magdelaine de Puyau ;

5° Demoiselle Françoise de Puyau, née le 23 juillet 1740. Parrain, noble Jean-Etienne de Lubet capitaine dans les bandes Béarnaises ; marraine, demoiselle Françoise de Lubet.

IIe *degré*. — Noble Jean-Baptiste de Puyau conseiller du roy et son procureur au Persan de Sauvestre, épousa demoiselle Marie-Andronic *(alias* Andronique de Brethous-Lanemas), fille de noble Jean-Baptiste de Brethous seigneur de Lanemas, et de dame Marie-Paule de Toulouzette. Il en eut :

1° Demoiselle Marie-Anne-Paule de Puyau, née le 24 mai 1773. Parrain, noble Jean-Baptiste de Brethous seigneur de Lanemas ; marraine, dame Marie-Anne-Paule de Toulouzette ; elle fut présentée par noble Henry de Puyau et demoiselle Elisabeth de Brethous ;

2° Rose de Puyau, née le 11 août 1774. Parrain, noble Jean-Blaise de Puyau, habitant aux îles, présentée par noble Pierre de Domec écuyer et capitaine de grenadiers au régiment des bandes Béarnaises ;

3° Noble Henry-Gabriel de Puyau, né le 23 septembre 1775. Parrain, noble Henry-Gabriel cadet de Puyau ; marraine, demoiselle Izabeau de Brethous-Lanemas ;

4° Demoiselle Thérèse de Puyau, née le 20 décembre 1776. Parrain, noble Pierre de Castera chevalier de Saint-Louis ; marraine, dame Thérèse de Lendresse-Castera ; elle fut présentée par noble Henry de Puyau et demoiselle Marie-Paule-Anne de Puyau ;

5° Demoiselle Noéline de Puyau, née en 1777, décédée le 3 juin 1781 ;

6° Noble Thomas-Hippolyte de Puyau, né le 1er mai 1778. Parrain, noble Thomas-Hippolyte de Lespès, de St-Sever ; marraine, demoiselle Paule de Puyau ;

7° Noble Louis de Puyau, né le 8 juin 1785, qui continue la descendance. Parrain, noble Louis de Louboey seigneur de Bouillon ; marraine, dame Thérèse de Montgorin sa femme ; présenté par Thérèse de Puyau dite de Laugaré.

III° *degré*. — Noble Louis de Puyau, né le 8 juin 1785, épousa demoiselle Jeanne Mazon, dont il eut :

IV° *degré*.— M. Jean-Baptiste de Puyau, représentant de la famille, devant le nom duquel un jugement du tribunal civil d'Orthez, en date du 8 novembre 1861, a rétabli la particule DE omise dans son acte de naissance, en date du 24 février 1816.

M. J.-B. de Puyau était, en 1866, brigadier des Douanes, rue Désirade, 20, à Bordeaux.

Du Rou de Lanneplan.

Extrait des registres du Conseil d'Etat, 5 décembre 1741, (copie collationnée en 1763).

Requeste de JEAN-BAPTISTE DU ROU *escuyer, seigneur de Lanneplan, contre les fermiers qui ont imposé la terre de Lanneplan, cite les pièces suivantes* (contrats de mariage) :

1287. — Donation du comte de Saramon ou Naramon (Naramon Robert vicomte de Tartas), trois cents journaux de terre en faveur de Lorans du Rou juge mage de Tartas.

1334. — Contrat de mariage de Lorans du Rou avec Marie Dembidonnes.

1474. — Contrat de mariage de Arnaud du Rou homme d'armes, fils de Lorans et de Magdelaine de Muret avec Marie Darbo Sainte-Croix.

1512. — Jacques du Rou, fils du précédent mariage avec Marie Dembidonnes.

1550. — Contrat de Arnaud du Rou, fils du précédent, avec Isabeau du Thil.

1591. — Jacques du Rou, fils du précédent, avec Marie Dupin.

1621. — Arnaud du Rou avocat en Parlement, marié avec Marie de Laborde fille de Jean-Jacques de Laborde lieutenant particulier au siége de Saint-Sever, et de Sarranzine de Basquiat. (D'Hozier met en note pour ces trois contrats : il *est* faux.)

1651. — Arnaud du Rou, fils du précédent, marié avec Marguerite de Lartigue. (J'ai vu ce contrat. Arnaud est qualifié noble, mais son père y est qualifié *maître* et *avocat*, lequel mot maître on a déchiré. — D'HOZIER.)

L'auteur a vu plusieurs actes originaux où Arnaud du Rou juge royal de Manco, est qualifié noble en 1671, 1686, 1690, 1692. (C. C.)

1er février 1688. — Christophe du Rou écuyer, mousquetaire de la garde du roy, fils du précédent, marié avec Jeanne de Busquet, fille légitime de maître Pierre de Busquet et de demoiselle Magdelaine de Cabannes.

13 décembre 1719. — Noble Jean-Baptiste du Rou écuyer, lieutenant d'infanterie au régiment de Lorraine (fils du précédent), marié avec demoiselle Isabeau de Castelnau de Brocas.

20 septembre 1748. — Messire Christophe du Rou escuyer, fils ayné et légitime du précédent, seigneur de Lanneplan, marié avec demoiselle de Mongauses des Moulins, fille d'un conseiller au Parlement de Bordeaux. — Signé : DU ROU, 3 juillet 1762.

Le 5 décembre 1741, par arrêt du Conseil d'Etat, le fermier d'Auch, Leblanc, fut débouté de sa prétention, et le sieur Jean-Baptiste du Rou déchargé de l'impôt de franc-fief malgré les quelques difficultés soulevées pour ses titres. La copie légalisée est du 10 mars 1763.

Du mariage de Christophe du Rou et de demoiselle de Mongauses sont issus :

1° Dame Jeanne-Marie du Rou, mariée à noble Bernard de Lobit, chevalier de Saint-Louis ;

2° Messire Jean-Baptiste du Rou chevalier, capitaine de cavalerie, marié à dame Esther-Sidonie d'Esmé du Buisson, fut père de Henri-Frédéric du Rou, marié avec demoiselle Papin, mort sans postérité en 1829 ;

3° Dame Ursule de Durou, mariée à M. de Lafitte. M. du Rou seigneur de Lanneplan, comparut en cette qualité à l'assemblée de la noblesse des Lannes, réunie à Dax le 15-31 mars 1789.

Les trois bans de mariage publiés par trois dimanches consécutifs de M. Jean-Baptiste Durou lieutenant dans le régiment de Lorraine, et de demoiselle Elisabeth de Castelnau. Veu la dispense du temps prohibé obtenue de Monseigneur de Montmorin évêque d'Aire, du 1er mars. Toutes les autres formalités requises duement observées, la bénédiction nuptiale leur a été impartie par Messire Mathieu de Lespès docteur en théologie, curé de Mugron, en présence de Monsieur de Laval conseiller au sénéchal, de Bernard de Castera vicaire de Saint-Sever, et de M. Antonin de Meilhan major de cette ville, et de M. Lubet prêtre. — DE LESPES, *curé de Nervis ;* JEAN DUROU ; ELISABETH DE CASTELNAU ; CASTERA, *pnt. ;* DE MEILHAN.

Jean-Baptiste du Rou était fils de Christophe du Rou écuyer, mousquetaire ; Elisabeth de Castelnau était fille de Bertrand de Castelnau écuyer, baron de Brocas et Jupoy, et de dame Jeanne-Marie de Lespès.

On ajoute que noble Jean du Rou fut admis aux honneurs de la cour et présenté au roi Louis XVI dans les dernières années de son règne.

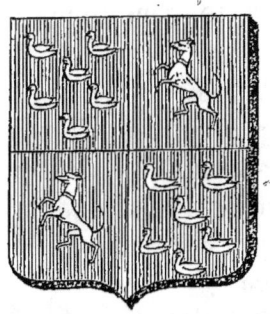

De Saint-Felix, *à Aire et Dieppe.*

Les armes de la famille de Saint-Felix qui était originaire de la Lorraine, et dont un des membres fut appelé en Gascogne vers l'année 1630, sont : De gueules écartelé au 1 et 4 de six merlettes de sable 2 et 1, 2 et 1 ; au 2 et 3 de la levrette d'or grimpante.

Cette branche éteinte dans les Landes depuis la mort de M. Jean-François de Saint-Felix, dernier survivant, est représentée par M. Gabriel de Saint-Felix, à Dieppe, et par M. Léon de Saint-Felix, à Darnetal-les-Rouen (Seine-Inférieure).

Ier *degré*. — Noble Bertrand de Saint-Felix nommé capitaine au régiment de Monsicourt le 7 février 1630 ; nommé major de la place de Dax le 9 novembre 1663 ; marié le 14 janvier 1671 à Mademoiselle Hieronyme de Laffitte d'Aire, de laquelle il eut quatre enfants :

II° *degré*. — 1° Jean-François de Saint-Felix marié le 22 février 1702 à Marie-Gracie Destenabes de Coudures, sous-lieutenant au régiment royal le 12 juillet 1693 ; lieutenant le 27 juin 1697 ; convoqué le 26 mai 1706 au ban de la noblesse à Saint-Sever ; capitaine le 15 mai 1719 au régiment des bandes Gramontoises. Il laissa Jean-Gabriel et Jean-Pierre qui suivront, de sa femme qui était fille de Bertrand Destenabes et de Marie de Saint-Espès son épouse. Gracie fut assistée dans son contrat de mariage, en date du 22 février 1702, par M. de Saint-Espès sieur de Lichandre, et demoiselle Marie de Cès ses oncle et tante ; damoiselle Magdelaine de Saint-Espès sa tante, ainsi que par noble

Jean-Pierre de Sarraute seigneur de Lassalle, son cousin ;

2° Jean-Gabriel de Saint-Felix de Monceaux marié à Madelaine de la Couot (de Coudures), lieutenant au régiment royal sons le maréchal Catinat.

Par acte du 3 septembre 1706, Madelaine de la Couot fit donation des deux tiers de ses biens à Jean-François de Saint-Felix son beau-frère.

3° Pierre-Louis de Saint-Felix, lieutenant au régiment royal, mort sans postérité ;

4° Marie-Hieronyme de Saint-Felix, mariée à Jean du Fossé (de Barcelonne), capitaine au régiment Irlandais de Richard Butler.

III° *degré*. — Jean-Gabriel de Saint-Felix marié le 3 novembre 1740 à Mademoiselle Thérèse du Cournau d'Antichamp, à Grenade. Capitaine le 1er décembre 1755 au régiment des bandes Gramontoises, fut père d'Arnaud, Louis, etc. Mademoiselle Thérèse du Cournau d'Antichamp était fille de M. Joseph du Cournau d'Antichamp, ancien capitaine au régiment, et de demoiselle Jeanne Dosque. Elle fut assistée, dans son contrat de mariage, par Marie du Cournau, sa sœur, et Jean-Pierre de Cazalets, homme d'armes, son beau-frère. Les familles d'Antichamp et Dosque furent convoquées au ban de la noblesse de Marsan en 1693-1694.

II. — Jean-Pierre de Saint-Felix, lieutenant de milices au bataillon de Saumur, capitaine retraité avec une pension de 300 livres.

III. — Thérèse de Saint-Felix, célibataire.

IV° *degré*. — Arnaud de Saint-Felix, fils aîné de Jean-Gabriel, lieutenant du 28 juillet 1756 au 15 mars 1761, marié à dame Claire du Magen, fille de dame Marie d'Esparbès de Lussan et veuve en premières noces de Messire de Ferragut, laissa :

5° Jean-François de Saint-Felix, né en 1774, décédé à Aire le 3 février 1865 sans postérité, après avoir institué pour son légataire universel M. François-Emile Labeyrie son neveu à la mode de Bretagne ;

5° (*bis*) Mélanie de Saint-Felix, religieuse au couvent de Sainte-Ursule à Aire, décédée avant son frère.

IV° *degré* (*bis*). — Louis de Saint-Felix (puîné de Jean-Gabriel) à Dieppe, fut père de M. Gabriel de Saint-Felix, chevalier de la Légion-d'Honneur, né en 1790 à Dieppe, qui a pour fils Léon de Saint-Felix à Darnetal-les-Rouen (Seine-Inférieure), seuls survivants de la ligne masculine.

IV° *degré* (*ter*). — Jeanne-Marie, fille de Jean-Gabriel de Saint-Felix, a épousé François Mimot, et sa sœur Gracie de Saint-Felix, célibataire. Du mariage précité est née :

V° *degré*. — Marie-Thérèse-Hyacinthe Mimot, veuve en premières noces de Matthieu Labeyrie, et remariée à Paul-Vincent Cadroy de Pelanne, ancien capitaine au 6° régiment de dragons du roi. De son premier mariage sont issus :

VI° *degré*. — 1° François-Emile Labeyrie, officier commandeur de la Légion-d'Honneur, marié le 14 mai 1839 à Mademoiselle Pierre-Louis Marceul de Toulouse, dont :

2° Henri Labeyrie, né le 31 août 1844 ;

Marie-Thérèse-Emilie Labeyrie, veuve de Joseph-Marie Morlan, substitut du procureur général à la cour impériale de Pau ;

Sosthène Morlan, capitaine au 62° régiment d'infanterie, chevalier de la Légion-d'Honneur ;

Inès Morlan, mariée à M. Vincent Cibiel, à Alby ;

Pedre Morlan.

De Saint-Julien.

De gueules à deux lions affrontés d'or.

De Martin-Domec.

Losangé d'or et d'azur à un pal d'argent.

Saint-Martin-Lacaze.

D'argent au chêne de sinople senestré d'un lion de gueules rampant contre le fût.

Alias. — Ecartelé au 1 et 4 d'or au lion de gueules; au 2 et 3 de sable à un ours d'or; sur le tout de gueules à la croix d'argent.

De Salha.

Ecartelé au 1 et 4 d'azur à trois colombes d'argent posées 2 et 1; au 2 et 3 de gueules à la croix d'argent; sur le tout de gueules à trois chevrons d'or.

Alexandre de Sanguinet, *escuyer, advocat.*

D'or à un olivier terrassé de sinople adextré de deux aigles de sable volants et partant des angles, et senestré d'un lionceau de gueules en pointe. (D'HOZIER.)

De Taret de Loubens.

Ecartelé au 1 et 4 d'azur au levrier courant de sable, au 2 et 3 de gueules au lion d'or morné.

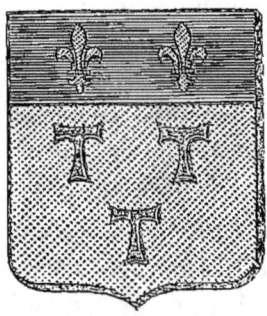

De Tastet *ou* **Du Tastet.**

D'or à trois T de sable posés 2 et 1, et un chef d'azur chargé de fleurs de lys d'or rangées. Croix de Saint-Louis.

La famille de Tastet connue à Mont-de-Marsan sous

les rois Louis XIII, Louis XIV et Louis XV par ses services militaires, convoquée au ban de la noblesse en 1680-1692. présente aux assemblées de 1789 à Mont-de-Marsan, est représentée dans ce siècle ainsi qu'il suit :

1. M. Léon du Tastet, marié à dame Françoise-Henriette de Neurisse Laluque ; cette dernière décédée le 27 octobre 1867, veuve et âgée de 98 ans ;
2. M. du Tastet, juge ou tribunal de première instance, veuf de dame de Rivière, décédée en octobre 1866 ;
3. M. Henry du Tastet, marié à demoiselle d'Armau de Pouydraguin ;

Dame Ernestine du Tastet, mariée à M. Charles d'Anglade ;

Dame Louise du Tastet, mariée à M. d'Armau de Bernède

Dame Françoise-Henriette de Laluque veuve de M. Léon du Tastet, âgée de 98 ans, native de Tartas (Landes), domiciliée à Mont-de-Marsan, fille de M. le baron Salvat de Neurisse de Laluque et de dame de Chambre d'Urgons, est décédée à Bougue (Landes), le 27 octobre 1867.

Lettre portant permission de mettre deux fleurs de lys aux armes du sieur RICHARD DE TASTET, *du mois d'avril* 1692.

Louis, par la grâce de Dieu roy de France et de Navarre, à touts présents et à venir salut. Comme on ne peut éterniser la mémoire des belles actions, ni les récompenser par la gratitude des biens et richesses périssables, et qu'il faut quelque chose de plus solide pour satisfaire ceux qui n'ont travaillé que pour se rendre recommandables aux siècles à venir ; c'est aussi pourquoi nos prédécesseurs rois ont en beaucoup d'occasions rendues participantes les personnes douées de ces illustres qualités, de titres et marques d'honneur qu'ils ont tirés de leurs plus singulières prérogatives de leur royauté, qui sont encore à présent les vivants témoins de leurs vertus, ce qui excite non-seulement leurs successeurs, mais encore tous ceux qui ont assez de cœur pour espérer de parvenir à de si glorieuses récompenses à faire des actions de cette estime. A l'exemple desquels bien informés de la noblesse et du mérite particulier de notre très cher bien-aimé Richard de Tastet, de l'ancienne famille de Tastet de la ville de Mont-de-Marsan, commandant un bataillon de notre régiment des fusiliers, lequel voulait se rendre digne de nous servir, et Thimothée de Tastet son frère, pour apprendre le métier de la guerre, après avoir été chercher de l'emploi dans les pays où elle était allumée, où ils ont servi jusqu'à la déclaration de la guerre entre notre couronne et celle d'Espagne, auquel temps ils se rangèrent tous sous nos enseignes pour y servir, ce qu'ils ont fait depuis avec beaucoup de zèle, de fidélité et d'affection. Ce notamment, ledit Richard de Tastet qui s'est trouvé en plusieurs et diverses rencontres, combats, attaques, assauts et batailles générales et particulières, et même en siéges où nous nous sommes trouvés en personne, et entre autres en 1667 en ceux de Charleroy, Tournay et Lille ; en 1668 à celui de Dôle, en ceux de Orsoy, d'Imbergue, Burich, Utrech, d'Overbourg, Nimègue et autres places conquises sur la Hollande en 1672; en 1673 au siége de Maëstrich ; en 1674 à la sanglante bataille de Senef où, ayant vu notre très cher et bien-aimé cousin le prince de Condé jeté par son cheval et blessé dans un fossé, il courut, perça la foule, le dégagea, retira et remit entre les mains de notre très cher et bien-aimé le duc d'Enghien son fils unique, qui eut la gloire de le remonter à cheval, où il fut blessé au genouil ; en 1675 au siège de Dinan, de la ville d'Huy et ledit château où ledit sieur de Tastet fut blessé à la tête. Il fut au siège de Limbourg ; fut commandé et se trouva à l'assaut qui y fut donné en 1676. Il fut au siège de Condé et fut commandé à l'attaque de la demi-lune, au siège d'Aire et du fort de Linets, à la levée du siége de Maëstrich, assiégée par les ennemis ; en 1677, au siege de Valenciennes où il fut blessé d'un éclat de grenade à la joue ; au siége de Cambray où il fut blessé d'un coup de mousquet; en 1678 au siége de Gand, d'Ypres, à la bataille de Saint-Denis et du Castau en Flandre; en 1679 à la prise par assaut de la ville de Ninbs païs de Cologne, près du Rhin et d'Estochem. En 1685 il fut estropié au siége de Gironne où il eut le bonheur, la nuit de l'avant, de dégager dans la ville un drapeau du régiment semé de fleurs de lys, du milieu de dix cavaliers des ennemis qui l'avaient environné. S'étant ledit sieur de Tastet fait jour à coups d'épée et de sabre pour écarter les chevaux, comme il fit et ayant joint le lieutenant qui portait le drapeau, il le ramena au gros des soldats qui étaient descendus dans la place, et la vue du comte de Chaleron commandant pour nous en Roussillon et lieutenant-général de jour en la tranchée, qui le vit mêlé parmi les ennemis comme son certificat le porte, après lesquels exploits et après avoir passé par les degrés et charges militaires, nous l'avons honoré du commandement d'un bataillon de seize compagnies de régiment d'infanterie de nos fusiliers avec un brevet de lieutenant-colonel, et ledit sieur son frère d'une commission d'infanterie; de tous lesquels services ledit sieur de Tastet n'ayant prétendu d'autre récompense que l'honneur de nous les avoir rendus et à sa patrie, et voulant lui donner des marques de la satisfaction que nous en avons, nous avons estimé que nous ne pouvions le faire plus avantageusement que d'illustrer les armes et le blason de sa famille d'un chef en champ d'azur chargé de fleurs de lys de France, honneur, lequel passant à la postérité, leur apprendra la vertu de leurs ancêtres, pour l'imiter avec le même cœur.

A ces causes et autres, à ce nous mouvans de notre grâce spéciale pleine puissance et autorité royalles, nous avons permis et concédé et octroyé, permettons et octroyons par ces présentes signées de notre main audit sieur Richard de Tastet, à ses enfants et postérité en loyal mariage, audit sieur Thimothée de Tastet son frère et à Françoise et Jeanne de Tastet sa sœur, de porter et d'ajouter à l'écusson de leurs armes qui sont celles de l'ancienne et noble famille de Tastet de la ville de Mont-de-Marsan qui sont en champ d'or de trois tef (tau) d'azur ou croix de St-Antoine deux et une, un chef d'azur chargé de deux de nos fleurs de lys de France, telles qu'elles sont ci-après empreintes.

Si donnons en mandement à nos amés et feaux conseillers les gens tenant notre cour de Parlement et Chambre des Comptes à Paris et autres nos officiers qu'il appartiendra, que ledit sieur de Tastet, son frère et ses deux sœurs en leur postérité née en loyal mariage, ils fassent souffrent et laissent jouir du contenu en ces présentes de nos lettres de permission et octroy, pleinement et paisiblement et perpétuellement sans permettre qu'il leur soit fait, mis ou donné aucun trouble et empêchement, car tel est notre plaisir; et afin que ce soit chose et ferme et stable à toujours, nous avons fait mettre notre scel à ces dites présentes. Donné à Versailles, au mois d'avril de l'an de grâce 1692 et de notre règne le 49e. Signé : LOUIS; et sur le reply, par le roy : COLBERT; et à côté visa BOUCHERAT, pour lettres patentes portant permission de mettre deux fleurs de lys aux armes de sieur Richard de Tastet et scellé du grand sceau de cire verte en queue de lace, de soye rouge et verte.

Collationné par nous Jean-Pierre du Nogué, conseiller du roy, lieutenant-général en la sénéchaussée de Marsan, sur copie conforme à nous représentée par B. du Tastet, conseiller du roy. En foy de quoi avons signé. Au Mont-de-Marsan, le 1er novembre 1773, DUNOGUÉ

THIMOTHÉE DE TASTET SIEUR DE LAGRAVE (1698), porte :

D'or à trois tours ou croix de Saint-Antoine d'azur posées 2 et 1, et un chef d'azur chargé de deux fleurs de lys d'or, l'écu avec une bordure de gueules.

Le *T* ou *tau* tour de Saint-Antoine, est un signe de chevalerie. — Les Chevaliers de Saint-Antoine avaient leur siège à Toulouse dans la rue Saint-Antoine du T. — (*Voir* D'HOZIER.)

De Trenqualie.

D'argent à un lion de gueules tenant un rameau d'olivier de sinople.

Sur la cloche de l'église de Perchède (Gers), année 1784 :

Parrain, Messire JEAN-HENRI-FRANÇOIS-CYPRIEN DE TRENQUALIE, conseiller au Parlement de Toulouse ; — marraine, Madame SUZANNE DE CLAVERIE sa mère, seigneuresse du présent lieu.

Me BERNARD DE BARCIET natif d'Auch, curé de Toujun et Perchède ; — LAFONTAN, consul (1784).

De Tuquoy, *écuyer, seigneur de Puits et de Tingon, baron de Montaut.*

D'azur à un pélican d'or dans un nid d'argent.

Notes nécrologiques.

Pendant la composition de cet ouvrage, la mo... des vides au sein des familles dont les annales et filiations y sont retracées.

Le 13 février 1867 est décédée à Bayonne : Rose-Corisandre de Caupenne, veuve d'Urtubie baronne de Garro, âgée de 75 ans. — Son frère, Victor-Armand de Caupenne, né à Pau, âgé de 72 ans, chef de bataillon en retraite, chevalier de la Légion-d'Honneur, mort le 23 mai 1868 à Bayonne, avait hérité depuis peu du titre de marquis de Caupenne d'Amou comme étant le plus proche mâle du marquis Anne-Henri-Louis, mort en 1798, son oncle. Désormais les dignité et honneurs ci-dessus énoncés reposeront sur la branche de Caupenne d'Echaux d'Aspremont, qui descend directement de Léonard de Caupenne marquis d'Amou et de Rose de Poudenx sa seconde femme; ce qui exclut et rend vaines les prétentions publiques de Monsieur A. T. de Bayonne aux nom et titre de marquis de Caupenne d'Amou.

Le 25 mai 1868 est décédé à Eyres, près Saint-Sever, à l'âge de 85 ans, le dernier chevalier de Saint-Louis du département des Landes, Monsieur Jean-Sever-Martial Brethous-Lasserre, capitaine, aide-de-camp du maréchal duc de Conegliano, nommé membre de l'ordre en 1827, plus tard chef d'escadron d'état-major et officier de la Légion-d'honneur,

Le 22 juin 1867 est décédé à Mont-de-Marsan demoiselle Marie de Pomiés, âgée de 93 ans, native de Perquie (Landes), fille de défunts Joseph de Pomiés et de Louise de Cabannes Cauna. — Signé par les témoins : A. Leblond, J. Maurès et Adrien Lacroix, *adjoint.*

Marie de Pomiés était la dernière survivante de la noble famille de Pomiés Bourdens dont il a été parlé plus haut.

Le dimanche 28 juin 1868 est décédé à Pimbo, à l'âge de 68 ans, M. Xavier de Portets, marié à dame de Larrey, fils de M. Michel de Portets et de dame Marie-Catherine de Batz, lequel Michel de Portets était fils de Jean-Marie de

Portets chevalier, seigneur de Poursiugues, ancien capitaine et chevalier de Saint-Louis, et de dame Gracie-Constance de Cousteau-Barenne. M. de Portets seigneur de Poursiugues fut convoqué à l'assemblée de la noblesse de Dax le 31 mars 1789. (*Armorial*, p. 32, 2865.) Un dossier sur cette famille existe à Pau ; nous en extrayons ce qui suit du 2 février 1785 :

Jean-Marie de Portets, chevalier de Saint-Louis, âgé de 62 ans depuis le 29 mai 1784, a commencé ses services en qualité d'enseigne de la compagnie colonelle du régiment de Luxembourg en 1744 ; nommé lieutenant de la Compagnie de Morbault le 10 août 1745 ; enseigne de la colonelle du régiment de Vastan le 1er janvier 1750 ; lieutenant de la compagnie du chevalier Daluchaux le 25 novembre 1752 ; capitaine le 1er novembre 1756, après avoir consigné 200 louis pour la retraite de M. Viguier, « qui me laissa sa compagnie où il manquait quinze hommes que je recrutais et équippais à mes frais » ; blessé à l'épaule et au genou le 1er aoust 1759, ce qui l'obligea de prendre sa retraite en 1768 ; chevalier de Saint-Louis en 1762 ; il a été à la Martinique ; ses fils s'appellent Raymond et Michel. M. de Portets n'a pas de proche parent au service du roy ; mais un de ses ayeux Pierre Portets, capitaine aide-major au régiment de Guiche reçut quatre coups de feu le 29 juillet 1693, à la bataille de Nerwinde et mourut à Namur où il est enterré sous la nef de l'église Saint-Pierre.

(*Registre de la paroisse de Pimbo.*)

Le 20 janvier 1774 naquit et fut baptisé le lendemain Raymond, fils légitime de Messire Jean-Marie de Portets, chevalier de l'ordre militaire de Saint-Louis, et de dame Grace de Coustau, habitants de Pimbo. Parrain, sieur Raimond de Coustau-Prouères seigneur de Barenes et y habitant ; marraine, dame Marie-Marguerite de Basquiat-Mugriet de Portets habitante à Sainte-Sever, représentée par dame Sauveur de Béhic de Lichandre qui ont signé avec nous. Ainsi signé : Broustet, *curé;* de Béhic de Lichandre; Coustau Pruères. (Certificat donné par Jean-Pierre de Basquiat chevalier, seigneur de Mugriet et Horsarrieu, etc.)

Le 14 novembre 1775 naquit et fut baptisé Michel, fils légitime de Messire Jean-Marie de Portets, chevalier de l'ordre militaire de Saint-Louis, et de dame Grace de Coustau. Parrain, dame Marie de Portets de Laborde, habitant à Doazit absente, suppléée par dame Marie-Louise de Talasac de Barry de Puyo qui a signé avec nous : Broustet, *curé;* Talasac-Barry; Portets.

Jean-Marie était fils de M. Me Jean-Baptiste de Portets, lieutenant-général de police au siége de Saint-Sever, et de dame Marie de Maumen ; ladite Marie fille de feu M. de Maumen, président au présidial d'Acqs.

Jean-Baptiste issu probablement de Jean-Louis de Portets, conseiller du roi et lieutenant particulier au siége de Saint-Sever en 1675, 1680 et 1704, qui était fils de Louis de Portets et de Françoise de Larrhède vivant en 1640-1660.

La famille de Portets est représentée par le fils de M. Xavier de Portets et par M. Marc de Portets, marié à demoiselle Louise de Morancy.

Le 5 juillet 1868 est décédé à Samadet Monsieur Hippolyte Lamarque de Sort, dont le nom représentait deux vieilles races de robe et d'épée de la ville de Saint-Sever, qui ont fourni des capitaines et des consuls à la Cité et des conseillers au Parlement de Pau et à la Cour royale.

Le 25 août 1868 est décédé au château de Marignan, près Mirande (Gers), Monsieur Jean-Charles-Louis-Théophile de Seissan, baron de Marignan, inscrit dans l'arbre filiatif de Caumon-Dade (page 190). Il a laissé : 1° Thérèse de Marignan ; 2° Marguerite de Marignan ; 3° Lucie de Marignan ; 4° Antoine de Marignan, sous la tutelle de la noble descendante du vaillant Robert Knolle.

Le 30 août 1868 est décédée à Carcarès (château de Malet), dame Marie-Thérèse de Cabannes de Cauna veuve de M. Pierre Laurent de Chauton, née au mois de janvier 1794 de Messire Clair-Joseph de Cabannes baron de Cauna et de dame Marie-Perine de Compaigne baronne de Cauna.

---

*Lettre autographé d'*Henry IV *où l'on n'a observé que l'orthographe.*

Monsr de Saint-Geniés, jay attendu a vous escrire jusques a ce que jeusse certaines nouvelles de l'acheminement de la Royne mère de par deca, mais ayant sceu qu'elle sen retournoit à Blois pour estre aux estats, et d'autant qu'il est de besoing que je me conseille auec mes afectionnés seruiteurs et amys de ce que jay a faire proposer et demander aux dicts estats, je vous prie bien fort comme celuy de qui entrautres je veux croire le conseil et l'aduis, de me venir trouver incontinent ceste cy receue, et vous me ferez un bien grand plaisir priant Dieu vous donner ce que vous desire.

Je vous prie de vous acheminer incontinent la presente receue.

Votre bon maistre et amy, Henry.

(Cette lettre est en ma possession. Moulinié, *prêtre*.)

---

*Lettre autographe d'*Henry IV *où l'on a conservé autant que possible l'écriture et l'orthographe.*

Monsr de Saynt-Genyes, je seu qu'on auoyt mis des soldats au chateau de Pau comme ma seur est partye crenyent que l'on se fut alarmé de mon arryvée en cette ville ie ne pense pas quyl soyt besoin de ley laysser pouruoyes y ie vous prie. Javoy enuoyé Byssouse vers M. le Marechal pour fère retyrer la garnyson de Basas, mes il sescuse iusques quil est nouvelles du Roy. M. Bellyeure sy est achemyné Cependant ie vous manderé toutes nouvelles.

S. adyeu, je suy votre plus afetyone amy.   Henry.

Sur le dos : à Moñs^r de Saynt-Genyes.

Par une main étrangère : du Roy, d'environ le 5 décembre 1583.

(L'autographe de cette lettre est aux Archives de Pau; c'est un don que j'ai fait à M. Raymond, archiviste. — Moulinié, *prêtre*.)

RELATION VÉRITABLE

Des choses les plus mémorables passées en la Basse-Guienne depuis le siége de Fontarabie, qui fut en l'an 1638, et particulièrement des désordres et troubles arrivés aux siéges de Saint-Sever, Tartas, Ax ou Dax depuis ledit jour.

PAR HENRY DE LABORDE PEBOUÉ DE DOAZIT.

Le 15 juin 1638, M. le prince de Conti fesait descendre ses armées pour aller assiéger Fontarabie. Le régiment de Tournay passa à Doazit et y font de grands ravages en passant, et logèrent à Larbey et à Caupenne. Ces gens violèrent femmes et filles et maltraitèrent et attachèrent plusieurs personnes, et prenant ce qu'ils trouvaient dans leurs maisons. Alors la barrique de vin valait 18 livres et dans deux mois valut 30 liv. {Le siége de Fontarabie.}

Le siége se posa à Fontarabie le 26 de juin, et y demeura trois mois, à cause d'une continuelle pluie et le grand secours qu'à l'ennemi donna. M. le Prince et M. Labalette, fils à M. d'Epernon, furent contraints de lever le siége et se retirer. Et en retournant, les cavaliers de M. d'Epernon demeurèrent à Doazit dix-huit jours et y firent de grands dommages, car il fallait faire tous les jours cotises pour les nourrir.

Le roy de France était pour lors conseillé par M. le Cardinal de Richelieu qui étoit un fort bon esprit. En ladite année 1638 il y eut assez de vin; il se vendait pour la Toussaint à 16 liv. la barrique; mesure froment à 14 s.; blé à 18 s.; mais la pluie continua jusqu'au 15 de décembre dudit an, ce qui fut cause que à peine pouvait-on semer le froment, mais Dieu permit qu'il fit beau temps et qu'il y eut assez de froment en l'année 1639.

Les raisins brûlés

En ladite année 1639, le temps était si fort et si chaud que les raisins se brûlèrent par les vignes ; la barrique de vin se vendait au mois d'août 24 liv. Il y demeura grande quantité de vin vieux, mais il y en eut fort peu de nouveau en cette année 1639. La barrique de vin se vendait du commencement à 24 liv., et à Noël la barrique de vin valait 30 liv. ; tout le monde criait la rareté du vin. La mesure de froment se vendait 20 s., mesure blé à 15 s.

L'argent se trouve rogné.

Au commencement de l'an 1640 il y eut bien des cris d'argent, et c'est à cause qu'une partie de l'argent se trouva rogné. Il y eut plusieurs personnes d'accusées, et à Pau furent accusés un prêtre et un orfèvre. On commença alors à peser l'or et l'argent, et continua longtemps.

Le vin fort cher.

Au mois d'août 1640 la barrique de vin valait 44 liv., et mesure de froment 20 s., mesure de blé 15 s. ; il n'y avait alors d'argent qu'en pièces d'Espagne, et le tout se pesait. En cette année 1640 il y avait eu assez de froment mais il y eut peu de millet à cause du débordement des rivières qui les gâta, ce qui fut cause qu'il devint cher, car mesure de froment valait à Saint-Martin 25 s., mesure de blé 20 s en l'an 1640 il y eut assez de vin et se vendait la première barrique à 27 liv. et après, au mois d'avril de l'an 1641, il s'en trouva à 25 liv. Mesure de froment à 30 s. mesure de blé valait alors 24 s.

Le 19 avril 1641 il y eut une grande gelée qui fit un grand dommage aux vins, mais il n'y eut pas autant de mal qu'on le croyait.

Au mois de mai 1641, le grain haussa, car mesure de froment valait 40 s., et mesure blé 31 s. Mais, par la grâce de Dieu, ça ne dura que 15 jours, et se retourna peu à peu. Au mois d'août 1641, la barrique de vin ne valait que 15 liv. et mesure de froment 22. Mais en septembre, mesure froment valait 32 s. mesure blé 27 s.

La vendange de l'an 1641 il y eut assez de vin et en y demeura grande quantité du vieux. Il y eut assez de millet en Chalosse, mais en la Lande il y en eut que fort peu. Mesure de blé valait à Saint-Sever 20 s. le 19 octobre, mais personne n'achetait point de vin.

Au commencement de l'an 1642, la barrique de vin valait 12 liv., mesure de blé de Saint-Sever à 18 s., et à l'avril 1642, la barrique de vin ne valait que 10 liv.; et en juillet 1642 barrique de vin valait 12 liv.; mesure de froment à 38 s., mesure de blé à 23 s. Pour lors fit une longue pluie qu'on ne put y semer le millet, car il dura longtemps qu'il pleuvait toujours sans en passer un seul jour.

En septembre 1642, la barrique de vin de vendange 15 liv. et l'on fit une grande quantité de vin sur le pays, qui fut cause que le vin se vendit tout.

Cette année il y eut fort peu de millet, qui fut cause que le vin haussa un peu; mais il y eut bien assez de vin. A St-Martin 1642 mesure de froment à 32 s., mesure blé, 23 s., mesure millet 18 s., barrique de vin 15 liv. mais il n'y eut point du tout du vin qui fut cause qu'il n'y avait point d'argent sur le pays de Chalosse.

En ce temps, M. le cardinal Richelieu mourut, ce qui fut cause que la France souffrit de grands maux. *Mort du Cardinal Richelieu.*

En janvier 1643, mesure de froment valait 35 s., mesure de blé 25 s., mesure de millet 23 s.; et si passa grandes famines, car barrique de vin ne valait que 10 liv., et personne n'en achetait aucune pièce.

En février 1643, il y eut un grand débordement des rivières qui emporta tous les ponts de Bayonne et fit grand domage. En ce temps, un marchand bladier de campagne qui venait du marché de Montaut, fut tué par des gens inconnus qu'on n'a jamais seu trouver. Mesure de blé valait pour lors 38 s. *Débordement des rivières.*

En mars 1643, mesure de blé valait 20 s. à Saint-Sever, la barrique de vin à 13 livres. Sur la fin dudit mars, mesure de blé valait à Saint-Sever 37 s.; barrique de vin 14 liv. et il y avait déjà grande pauvreté dans le pays, car en la moitié des maisons il n'y avait point de pain, et en mai 1643, mesure de froment valait 3 liv., mesure de blé 45 s. et si passait déjà grand faim.

En ce temps là le roi Louis XIII mourut et Louis XIV succéda, qui était fort jeune. En juin 1643, la mesure blé valut déjà 24 s., et la barrique de vin à 16 liv.. et en juillet *Mort du roi Louis XIII.*

1643, barrique de vin valut 22 liv., mesure de blé 27 s. Pour lors, le millet était fort beau par les champs et y avait eu assez de froment. A la fin d'août 1643, mesure de froment valait 35 s., mesure blé 32 s., barrique de vin à 16 liv.

Sur la fin d'août on refusa les *doubles*, et personne n'en voulait aucun que pour deniers.

On parla de rabaisser l'argent, qui fut cause que mesure de froment valut 45 s. et mesure de blé 40 ; mais, par la grâce de Dieu ne dura guères.

Au commencement du mois d'octobre 1643, la barrique de vin valait 20 liv., mesure de froment 38 s. mesure de blé 32, et y avait assez de millet qui valait 20 s. Il n'y demeura que fort peu de vin vieux, en n'en y eut que fort peu du nouveau, tellement qu'on criait la rareté du vin.

En ce temps, M. de Labalette retourna en son gouvernement, lequel avait demeuré depuis le siège de Fontarabie, à cause qu'il avait été accusé de trahison audit siége. En novembre 1643, la barrique de vin valait 24 liv., mesure de froment 48 s., mesure de blé 40 s. En décembre 1643, la barrique de vin valait 28 liv.

<small>Emprisonnement des sorciers.</small>
En ce temps, l'on parla grandement de faire mourir les sorciers, et arriva un commissaire en Chalosse qui en fit mettre grande quantité en prison, mais ce fut une grande affronterie qu'il n'en mourut pas aucun.

En ce temps, on tourna aussi parler de rabaisser l'argent, ce qui fut cause que le vin et le grain haussa un peu. En janvier 1644, barrique de vin valait 30 liv., mesure de froment 58 s., mesure de blé 50 s., mesure de millet 38 s. En février 1644 la barrique vin valait 27 liv., mesure de froment à 46 s., mesure de blé à 35 s., mesure de millet à 28 s.; mais l'argent ne rabaissa point.

<small>Grêle à Doazit.</small>
A l'avril 1644 il fit forte grêle qui emporta une partie du vin en Doazit. Au 1er juin 1644, mesure de froment 3 liv. 5 s., mesure de blé 52 s., mesure de millet 45 s. et s'y passait de la grande faim ; mais il s'y trouvait du grain à vendre avec argent.

En l'an 1644, il y eut assez de froment, grâces à Dieu ; il se vendait du commencement à 40 s. la mesure, et bientôt après valut 45 s. la mesure, et mesure blé 40 s. En ce temps le millet était fort beau par les champs.

Le 29 de juillet 1644, fit grandement grêle pour tout Doazit qui emporta casi tout le vin en Doazit et en quelque autres lieux. Alors barrique de vin valait 12 liv. et ne s'en vendit plus de toute cette année.

<small>Grande grêle à Doazit.</small>

En l'an 1644, il y eut assez de vin et tout à fait grandes vendanges, c'est à dire où il n'y avait point grelé. Mesure de froment valait 40 s., mesure de blé 36 s.; il y eut assez de millet. En octobre 1644, mesure de millet valait 20 s., et en novembre 1644 mesure de froment valait 32 s , mesure de blé 30 s., la barrique vin à 16 liv.

En mars 1645, barrique de vin ne valait que 12 liv., mesure de froment 30 s., mesure de blé 24 s., mesure de millet 16 s. Le temps était fort beau et personne n'achetait point de vin et n'y avait point de vin en Chalosse.

En avril 1645, mesure de froment à 24 s., mesure de blé 17 s., mesure millet 14 s., barrique de vin 16 liv. et le froment était fort beau par les champs.

En juillet 1645, mesure de froment à 20 s., mesure de blé à 15 s., barrique de vin 14 liv. et fesait beau temps. Les vins étaient fort beaux ; la bouteille du vin valait 45 s., et y eut assez de froment.

A la vendange 1645 il y eut grande abondance du vin et n'y demeura point de vin vieux. Le bois de barrique se vendait à 4 liv. 10 s., et le vin vieux valait 20 liv., mesure de froment 24 s., mesure de blé 18 s. Personne n'achetait point du vin nouveau ; en Chalosse, n'avait point d'argent que fort rarement et n'y eut que peu de millet.

En mars 1646, la barrique du vin ne balait que 8 liv. mesure froment 23 s., mesure de blé 15 s., mesure de millet 13 s. et fesait pour lors fort bon vivre.

<small>Bon marché du vin</small>

En mai 1646, barrique du vin ne valait que 7 liv. 10 s., froment 24 s., mesure de blé 14 s. Cette année 1646 fit de grandes chaleurs jusqu'à sécher les fontaines.

Au mois d'août la barrique de vin valait 10 liv.; il y eut

assez de froment et se vendait à 22 s. la mesure, mesure de blé à 15 s., mesure de millet 12 s.

Longue pluie.

En septembre 1646, il plut fort toute la vendange, tellement qu'il fit fort mal amasser le vin et le millet; il n'y eut que peu de millet et était fort mauvais; il y eut assez de vin. Le bois de barrique valait 4 liv., mesure de froment 24 s., barrique de vin 14 liv.

Le grand et gros vent.

Au premier février 1647, la barrique vin 12 liv. et ne fesait aucun froid de ce mois. Mesure de froment à 24 s. mais il se changea en peu de temps. Le 21 de février 1647, il fit un grand et si gros vent, qu'il rompit et dérassina grande quantité et grand nombre d'arbres et maisons et fit tomber grande quantité de chênes par tout le pays, et même à Luguespin plus de vingt mille chênes et hays (hêtres), et le pin de Saint-Cricq se rompit qui était le plus grand de la France; plusieurs églises tombèrent par terre et même le clocher du Mus tomba. Les ponts de Bayonne se rompirent; plusieurs personnes et bateaux se noyèrent sur les grandes rivières, tellement que l'on ne saurait dire ni croire le grand dommage qu'il fit, et personne n'en avait jamais vu un si grand et fit aussi de grands dommages et bareys aux églises et maisons et bétail. Plusieurs personnes moururent et l'église du Bizoc tomba aussi.

Pourriture du vin

Toute cette année 1647, la barrique du vin valut 12 liv. jusqu'à la Saint-Jean, mais après la Saint-Jean le vin se pourrit presque partout, tellement que la barrique de bon vin valait, au 15 août 1647, 24 liv. Il y eut assez de froment; il se vendait au commencement 22 s., mais il fit une grande sécheresse tant que le millet était quasi mort par les champs, ce qui fut cause qu'au 20 août 1647, mesure de froment valait 25 s., mesure de blé 20 s., le bon vin se vendit tout. Le bois de barrique se vendait 40 s.; il y avait grande abondance de bois à vendre, à cause que ledit vent avait mis les chênes par terre, et à la fin du mois d'août 1647 la barrique de vin valut 30 liv.

Grand chaud.

Mais la première semaine de septembre 1647 il fit grand chaud qui brûla grande partie des raisins par les bygnes. Audit an 1647, il y eut assez de vin; il se vendait du commencement à 15 liv. rendu à Mugron, mesure de froment à 27 s., mesure de blé 20 s., mesure de millet 15 s.

En janvier 1648, la barrique du vin valait 12 liv., mesure de froment 28 s. Pour lors, il s'y fesait grandes accusations des faux monoyeurs en Chalosse, et entr'autres M. Lacouture de Cerresloux fut accusé et pris prisonnier, et y demeura deux mois, et après il fut trouvé innocent et mis en liberté, et Poutenx de Souslens fut pendu. *Accusation de faux monnoyeurs.*

En mars 1648, la barrique de vin à 13 liv., mesure de froment à 30 s.; et en juin 1648, la barrique de vin à 18 liv., mesure de froment à 27 s., mesure de blé à 21 s.; il demeura jusqu'en septembre au même prix. Audit an 1648, il n'y eut pas fort vin; le bois de barrique de vin à 40 s. En décembre 1648, la barrique de vin valait 14 liv., mesure de froment 28 s., mesure de blé 20 s., mesure de millet 15 s.

En février 1649, mesure de froment à 28 s., mesure de blé 22 s. et la barrique de vin se vendait à 18 liv. Pour lors à Paris y avait un grand bruit entre le Roi et le Parlement, mais en juillet 1649, le Roi et le Parlement se sont accordés. Mais pour lors M. le duc d'Epernon et le Parlement de Bordeaux ont commencé un grand bruit qui a bien duré longtemps, et ceux de Bordeaux ont posé le siége à Libourne. Mais M. d'Epernon en fit mourir beaucoup de ceux de Bordeaux, et entr'autres y mourut M. de Chambre conducteur des Bordelais, et aussy y mourut des gens de M. d'Epernon quelques-uns.

Le 26 juin 1649, il fit un grand et gros chaud, tellement qu'il y mourut plusieurs personnes et bétail (en travaillant). Barrique de vin valait alors 22 livres, mesure de froment 28 s., mesure de blé 21 s. Bouteille (barrique bois) de vin 40 s. Ce fut alors que mon frère Raymond et moi fesions faire le chai derrière Labourdette. Cette année 1649, le millet se fit fort bien, mais la brume fit grand dommage aux vins, mais il demeura vendangé encore assez de vin, loué soit Dieu, et y avait eu aussi assez de froment. A l'août 1649, mesure de froment valait 30 s., mais il grela en plusieurs lieux qu'il n'y eut pas fort de vin, car, au 10 novembre 1648, barrique de vin valait 24 liv., mesure de froment 36 s., mesure de blé 25 s.

Au mois d'avril 1650, mesure de froment à 35 s., mesure de blé 22 s., la barrique de vin 24 liv. Au mois d'avril 1650, le régiment de Navailles passa à Montaut et en plusieurs paroisses de Chalosse, et alla demeurer à Dax et aux environs dans le siége de Dax un espace de 20 jours et firent de grands domages : ceux de Montaut furent contrains de quitter la paroisse. En mai 1650, il y avait à Doazit de grandes maladies et y mourut plusieurs personnes, mais grâces à Dieu ne dura pas longtemps. Audit an 1650, il y avait assez de froment ; il valait à l'août dudit an 1650 35 s. la mesure, et mesure de blé 24 s.; barrique de vin 30 liv. En septembre 1650, la barrique de vin valait 33 liv., tout se vendit et y eut fort peu de vin nouveau, mais il y eut assez de millet au mois de septembre 1650. Lesdits Bordelais avaient encore grande guerre avec M. d'Epernon, et y mourut plusieurs personnes de toute part. Le désordre était si grand, que le roi Louis XIV, âgé de douze ans, fut contraint d'aller à Bordeaux en personne, pour faire la paix, et ledit M. d'Epernon ne fut pas depuis gouverneur de Guienne.

En janvier 1651, les princes sortirent de prison, car M. le cardinal Mazarin gouvernait pour lors le roy et les avait fait mettre en prison, et lorsque lesdits princes furent en liberté ledit Monseigneur Mazarin fut chassé de France; tout le monde désirait l'élargissement et la liberté desdits princes, il a bien causé de grands maux en France comme nous verrons ci-après. En février 1651, barrique de vin valait 24 liv., et au premier avril 1651 la barrique de vin valait 27 liv., mesure de froment valait 50 s., blé 42 s.,; à l'août 1651, mesure de froment 42 s., barrique de vin 30 liv. Le 17 août 1651, le Gave d'Orthez devint fort grand et si haut qu'il passait par dessus le pont d'Orthez et rompit les murailles du dessus ledit pont et emporta plusieurs personnes et maisons et meubles et fruits, tellement que jamais homme vivant ne l'avait pas jamais vu si grand, ni qui eut fait un si grand dommage; il emporta moulins, terres, arbres, tellement qu'il fit un incroyable dommage. Un homme de Ste-Suzanne nommé Grassion du Capdan, m'a dit et assuré qu'il était à Orthez pour lors, et qu'il voyait que le Gave emportait 14 barriques de vin l'une après l'autre.

A la fin de l'août 1651, barrique de vin valait 35 liv. et n'en y demeura pas une seule barrique du vieux à vendre ; mais il y en eut bien assez du nouveau, car bois de vin valait 55 s. ; le temps était fort bel pour la saison. Il y eut aussi assez du millet, qui valait, au premier d'octobre 1651, à 20 s. la mesure, et mesure de froment 40 s. La vendange était faite au commencement de septembre, mais personne n'achetait point de vin à aucun prix, à la fin d'août 1651. C'était que pour lors on commença à parler qu'il y avait dispute et grande guerre entre le roi de France et M. le Prince ; M. ledit Prince arriva pour lors à Bordeaux pour être reçu gouverneur de la Guienne. Le roi était alors en âge de treize ans, tout le monde désirait la venue de Monsieur le Prince, croyant être à la fin de la guerre, mais ce fut bien le contraire, car Monsieur le Prince se fit payer les tailles par force et envoya grand nombre de cavaliers en Chalosse et même en Doazit demeurant deux jours et firent de grands dommages, et entr'autres allèrent de nuit voler la maison d'Espaunic, mais M. de Doazit de tout son pouvoir épargna fort Doazit, car autrement il s'y en fut fait beaucoup plus de maux, car M. de Doazit travailla fort pour Doazit.

Le commandant de Monseigneur le prince se tenait à Tartas et le receveur des tailles, et quand on manquait de porter les tailles à Tartas, ils envoyaient les cavaliers par les paroisses. La ville de Tartas se tenaient tous pour le prince.

Lesdits cabaliers de Monseigneur le Prince arrivèrent à Doazit en décembre 1651, et y furent retournés, s'il n'eût été M. de Doazit, lequel travailla fort pour Doazit. M. de Justes, archiprêtre de Doazit, fit tirer un monitoire, disant que lesdits cavaliers l'avaient pris argent papiers et linge, et un cheval et autres meubles.

Lesdits cavaliers demeurant longtemps sur le pays fesant de grands ravages. En janvier 1652, M. de Poyanne alla avec ses cavaliers attaquer les cavaliers de M. le Prince, en la Lande, au lieu nommé d'Arengosse, et en tua 10 et en mena prisonniers 50 à Dax; ce fut bien cause de plusieurs maux par depuis en Chalosse. A la fin de janvier 1652 la barrique de vin se vendait 12 liv., mesure de froment à 2 liv., blé 24 s., mesure de millet 20 s. L'on craignait beaucoup des gens de guerre, et dans ce temps il n'y avait point d'argent sur le pays. Pour lors l'argent d'Espagne était tout perdu et n'en fallait point payer, car tout était argent de France et pièces de 7 s. En mars 1652, mesure de froment valait 50 s., mesure de blé 40 s., barrique de vin 13 liv. Mais les gens de guerre fesaient toujours grand dommage. Monseigneur le Prince avait mis garnison à Tartas et à Mont-de-Marsan et à Grenade et fesaient toujours des courses, car le 19 de février 1652 les cavaliers de Tartas allaient à Singresse et firent plusieurs ravages, et même aux métayers de M. de Poyanne et portèrent tout à Tartas.

Le 21 dudit février 1652 M. de Poyanne s'alla présenter au Mont-de-Marsan, mais les gens de M. le Prince le firent retirer, et un de ses plus grands, nommé M. de Rolly, y mourut.

Le 2 mars 1652, une compagnie de cabaliers de Monseigneur le Prince arrivèrent à Doazit et allèrent attaquer les gens de M. de Poyanne à Puyallé, et se battirent, et un des plus grands de Monseigneur le Prince y demeura mort sur la place, devant le château de Puyallé, et les gens de Monseigneur le Prince s'en retournèrent droit à Grenade, du lieu d'où ils étaient venus, et en passant dînèrent à Doazit, sur le champ de Mariote près l'ou Commengé. Le capitaine se nommait M. Darricou, à Doazit, lui baillèrent 700 liv. sur la promesse qu'il leur fit de n'y retourner plus, et le lendemain ils passèrent le cavalier mort par Doazit et le portèrent à Grenade.

Sur la fin de mars 1652, lesdits cavaliers de M. le Prince se retirèrent tous vers Bordeaux, à cause que M. le comte d'Harcourt qui était pour le roi et fort puissant, arriva sur le pays ; lesdits cavaliers de M. le Prince se retirèrent.

Arrivée du comte d'Harcourt.

Et pour lors M. de Doazit alla trouver ledit comte à Agen et y demeura dix-neuf jours, fesant pour le siége de Saint-Sever des compositions avec ledit comte qu'il ne viendrait point dans ledit siége de Saint-Sever avec ses gens, à condition que ledit siége de Saint-Sever lui baillera 45 mille livres.

A la fin du mois d'avril 1652, la barrique de vin valait 18 liv., mesure de froment 55 s., mesure de blé 40 s., mesure de millet 25 s. Alors à Doazit se fit grande quantité d'eau-de-vie ; en ce temps l'argent haussa, savoir le louis de 6 sols.

En juin 1652, le temps était fort humide et pluvieux, qu'à peine fit-on le millet. Le 11 juillet 1652, il fit grêle à Saint-Cricq et la pluie dura vingt-deux jours sans faire un beau jour. Alors le froment était presque coupé par les champs, tellement que ladite pluie le gâta et le fit pourrir. Tellement qu'il n'y eut pas fort de froment, il ne valait pas guères, tellement que tout le monde criait la faim. Nous sommes à la grande faim ce qui ne manqua pas, car le grain haussa tout à coup. Mesure de froment valait 3 liv., mesure de blé 50 s., barrique de vin 18 liv.

Pluie et faim en Chalosse

A la fin de septembre 1652, mesure de froment valait 3 liv. 15 s., mesure de blé 3 liv. 2 s. A la vendange 1652, il y eut assez de vin, mais il y eut bien peu de millet, tellement que tout le monde criait la grande faim. Alors en Chalosse n'y avait point gens de guerre, loué soit Dieu. En novembre 1652, les cavaliers de M. de Poyanne vinrent en Chalosse et firent de grands ravages en Chalosse. Alors la mesure de froment valait 3 liv. 10 s., mesure de blé 3 liv., et le vin à bon compte, personne n'en achetait point. L'on fesait de l'eau-de-vie à Doazit et s'y brûlait grand vin de jour et de nuit. En décembre 1652, le temps était fort beau et le froment sorti par les champs, et sur la fin dudit décembre 1652, il arriva à Tartas un commandant de M. le Prince nommé M. Balthazar avec grand nombre de cavaliers, et d'abord qu'il fut à Tartas, il alla au Sabla de Dax

Balthazar à Tartas.

Prend le château de Cauna.

mettre le feu à la maison de M. de Poyanne et fit de grands ravages et s'en retourna à Tartas, et se saisit aussi du château de Cauna.

Et à la suite arriva M. de Candalle, fils de M. d'Epernon, avec fort grand nombre de gens fesant pour le roi, et se retira au Mont-de-Marsan et à Saint-Sever.

. de Doazit prisonnier.

Le 28 décembre 1652, M. de Doazit en compagnie de M. de Bonnaguet son fils, partit de Doazit pour aller rendre visite audit M. de Candalle, mais malheur fut pour eux, car, étant au bois de Mauco, ils furent pris prisonniers par un commandant de Balthazar nommé Lartot et les mena audit Tartas ; et au bout de six jours, M. de Doazit eut permission d'aller jusqu'à Doazit.

Les cavaliers de Balthazar font tous les jours des courses par toute part et font de grands ravages Alors mesure froment valait 3 liv. 19 s., mesure de blé 3 liv. 4 s., millet 55 s., mesure d'avoine 2 liv., le quintal de foin 50 s. et n'y a point d'argent.

Faim et voleurs.

Le commencement de l'an 1653 est fort à craindre.. Nous avons le grain fort cher, la mesure froment 3 liv. 15 s., mesure blé 3 liv. 4 s., mesure millet 2 liv. 15 s., mesure avoine 2 liv., le quintal de foin à 3 liv., et il ne se trouve point ni grain ni fourrage ; nous sommes à la grande faim.

Encore de plus ce que nous avons n'est pas nôtre ; l'un dérobe le pain, l'autre la chair, l'autre les choux et d'autres meubles, l'autre le prend d'autorité ; il y a tant de voleurs, qu'il n'y a personne qui n'ose aller au marché, ni négocier les affaires à cause des voleurs et gens de guerre qui prennent tout.

A Saint-Sever, il y a grand nombre de gens de guerre qui mangent tout ce qui se trouve dans le siége ; ils sont gens à M. de Candalle.

A Tartas aussi grand nombre de gens de Balthazar qui font de grands ravages et menacent de perdre le pays et font plusieurs prisonniers, et entre autres était Monseigneur de Doazit, comme nous l'avons dit sur la fin de l'année passée. Mais encore lui ont fait la faveur de le laisser aller jusqu'à Doazit avec condition qu'il laisserait M. son fils à

Tartas et qu'il retournerait dans huit jours. M. de Doazit arriva le vendredi troisième jour de janvier 1653 ; mais il ne demeura pas longtemps à Doazit, car, après qu'il eut parlé à sa famille et amis, s'en est allé en bon état ; il se retourna rendre prisonnier audit Tartas et y fut le jeudi 9 de janvier 1653. MM. de la noblesse purent y admirer la grande franchise de Monsieur de Doazit. Et le peuple de Doazit dut avoir une grande douleur de Monseigneur de Doazit, car j'en ai eu en mon particulier un grand regret. Ledit Monseigneur de Doazit se va rendre prisonnier pour soulager la paroisse de Doazit, et sans comparaison il m'a fait souvenir la passion de mon Sauveur Jésus-Christ qui voulut mourir pour nous.

A Doazit particulièrement sont coutisés pour les gens qui sont à Saint-Sever, dans douze jours 1,200 liv. et me crains que nous sommes au commencement. Tout le monde crie la grande misère ; les pauvres viennent à toutes heures à grande troupe devant les portes demander du pain. O grande misère ! celui qui a quelque chose n'ose pas demeurer en sa maison qu'avec grande crainte d'être prisonnier ou volé, mais il faut avoir recours au bon Dieu, et lui prier qu'il ait pitié de nous affin d'avoir le pain en France ; mais si Dieu ne fait la grâce à M. de Doazit de retourner bientôt, Doazit est bien dangereux d'être ruiné car il n'y a plus de quoi vivre ; il est vrai qu'en Doazit a encore du vin pas une pièce et quand viendrait un marchand pour en acheter et le vouloir faire tirer à Bayonne il serait impossible, car le quatrième jour de Pentecôte Balthazar fit prendre les bateaux d'Auribat et les a fait mener à Tartas.

Misère du pays.

Il s'y est fait encore d'autres ravages, car sur la fin de novembre de l'an 1652, les cavaliers de M. de Poyanne allèrent à Serresloux et firent de grands ravages et volèrent la maison de M. de Lacouture seigneur dudit Serresloux, et menèrent ledit Lacouture prisonnier à Dax ; et après il avait retenu environ un mois et trouvé qu'il n'avait aucun tort, le mirent en liberté et se retira audit Serresloux, et tant d'autres ravages que les cavaliers font tous les jours.

Cavaliers de M de Poyanne à Serresloux.

Le 12 janvier 1653, les cavaliers de Monseigneur de Can-

Balthazar battu à St-Justin. dale partirent un grand nombre de Saint-Sever pour se trouver à Saint-Justin où Balthazar se trouva aussi avec grand nombre de ses gens, tellement que le 11 dudit janvier ils se battirent; mais M. de Candale en eut du bon, car un commandant de Balthazar nommé Gaston y demeura mort sur la place, encore y demeura des gens de Balthazar morts et prisonniers jusqu'au nombre de trois cents.

Le 8 janvier 1653, les cavaliers de Balthazar allèrent à Nerbis et firent de grands ravages, et firent prisonnier un homme de Mugron nommé Lannefranc et le menèrent à Tartas, mais il fit composition avec 300 liv. qu'il leur bailla et se retira à Mugron.

Le 9 de janvier 1653, les cavaliers de M. de Poyanne en compagnie de plusieurs gens de Montfort allèrent au port du Nart pour garder que les gens de Balthazar ne passassent l'Adour; mais ils furent surpris en telle façon que les gens de Balthazar en tuèrent trois et menèrent vingt-trois prisonniers à Tartas.

Le 14 janvier 1653, de nuit, M. de Lugat juge de Montaut a été pris prisonnier par les gens de Balthazar et mené à Tartas.

Le même à Mugron. Le 16 janvier 1653, les cavaliers de Balthazar allèrent à Mugron pour voler et faire prisonniers ; mais ceux de Mugron se défendirent et en firent tomber un tout mort sur la place et un autre mourut en chemin et le portèrent mort à Tartas. Encore j'ai appris que M. le chevalier de Lassalle frère de Monseigneur de Mauyon, vieux seigneur de Montaut, était un chef de M. de Poyanne, a été tué par les gens de Balthazar à Magescq, le commencement de la présente année, lequel est fort regretté du pays.

Le 8 janvier 1653 la pluie a commencé en telle façon, que l'Adour est devenue un peu grande, en telle façon que les gens de Balthazar ne peuvent passer l'Adour à guai, ce qui a fort soulagé les maisons de deçà l'Adour.

Mais avec tout cela le peuple pâtit grandement, car il n'y a plus de grain ; il se vend encore au prix que nous avons dit et personne n'a point d'argent, et tout le fourrage que l'on peut avoir faut porter à Saint-Sever tous les jours ; ou

— 469 —

si on manque on envoie les cavaliers aux paroisses qui mangent tout ce qui s'y trouve. Les cavaliers de Balthazar ne s'arrêtent pas de faire des courses par les landes et vont jusqu'au Sablar (Dax), et font de grands ravages tellement que tout le monde fuit. A Montaut ont quitté tous et remuent tous les meubles ; les uns sont réfugiés à Hagetmau et d'autres dans d'autres endroits aux environs, tellement que la misère est si grande que le pauvre monde n'en peut plus. Il n'y a plus de marchés aux lieux accoutumés ; les chemins ne sont pas libres, tout le monde crie la grande misère. Ceux de Saint-Sever ne laissent pas de faire imposition tous les jours par les paroisses du siége pour nourrir les gens de Monseigneur de Candale qui sont à Saint-Sever et font aussi de grands ravages, tellement que le pauvre monde ne peut plus résister à fournir fourrage, et ils n'ont plus de quoi vivre. Mesure de froment vaut 3 liv. 15 s., mesure de blé 3 liv. 2 s., mesure de millet 55 s., barrique de vin 15 liv., et il ne s'y trouve plus de grain. Tout le monde est en grande nécessité. Les maîtres de famille sont contraints d'abandonner une partie des métayers et bailets à cause qu'ils n'ont pas de quoi les nourrir. Tout cela est réduit à mendier le pain, mais personne n'en a pour leur en donner. {Ravages des cavaliers de Balthazar.}

O grande misère ! je veux encore parler du baillant M. de Doazit qui est allé se rendre prisonnier comme nous avons dit, et demeura à Tartas huit jours, et après il se retira à Doazit et laissa M. de Bonnaguet son fils encore à Tartas. C'était le 10 janvier 1653 qu'il arriva à Doazit, mais il n'arrêta pas longtemps à Doazit, car il travaille fort, non pour son intérêt, mais pour tout le siège de Saint-Sever, afin d'en faire sortir les gens de justice de guerre, et c'était l'homme seul qui travaillât de tout son pouvoir pour tout le peuple et allait tantôt à Saint-Sever et aussi à Dax parler à M. de Poyanne, et au Mont-de-Marsan parler à M. de Trasy pour remédier aux grands désordres du pays. {Encore M. de Doazit.}

Si je voulais mettre tout ce qui est fait et passé, tout ce qui s'est passé de ces ravages de guerre et d'autres bouleries qui fut fait en ce mois de janvier, je ne pense pas trouver assez de papier ; c'est donc assez pour ce mois de janvier qui a été très mauvais. Le 1ᵉʳ février 1653 à Montaut, arriva un grand nombre de cavaliers de ceux de M. de Candale, mais à cause que tout Montaut avait quitté et vidé, les cavaliers ne trouvèrent ni foin, ni avoine, ni rien pour manger ; ils firent de grands ravages aux meubles et à tout ce qu'ils trouvaient, et au bout de deux jours ils allèrent les uns à Saint-Sever, les autres à Mugron, et une partie se retirèrent à Gaujacq, et menèrent M. de Moringlane de Montaut et un son métayer prisonnier, à cause que ledit Moringlane était accusé qu'il avait indiqué M. de Lugat aux gens de Balthazar qui le tiennent prisonnier à Tartas depuis quelques jours, comme nous l'avons dit ci-dessus.

Voleries à Montaut.

Balthazar à Castillon.

Les cavaliers de Balthazar vont tous les jours faire des courses par la lande voler tout ce qu'ils trouvent, et entre autres sont allés voler le château de Castillon et ont porté tout à Tartas et fait d'autres ravages qu'ils font tous les jours par tout le pays de la lande jusqu'à Dax.

Environ le 8 février 1653, une partie des gens de Saint-Sever se sont retiré, ce qui fut cause que ledit siége de Saint-Sever fut un peu soulagé, mais je crois que ce fut par l'entremise de M. de Doazit.

Le 16 février 1653, ledit M. de Bonnaguet eut congé de Balthazar, il s'en vint à Doazit et fut fort bien reçu à la grande joie de ceux de Doazit. Je ne puis arrêter de parler toujours du noble et vaillant Monseigneur de Doazit, parce qu'il travaille toujours pour tout le peuple, et c'est l'homme seul qui hasarde sa peine et sa vie pour tout le pays ; car le 17 de février 1653, sans avoir égard au mauvais temps ni aux mauvaises rencontres qui lui put arriver en chemin, il est parti devers Agen pour parler à M. de Candale afin de soulager le pays et mettre ordre aux grandes misères que le pauvre peuple souffre, cause des grands ravages qui se font tous les jours par les gens de guerre.

Voleurs au pays.

Il y a encore d'autres voleurs dans le pays qui sont cachés, qui font grand dommage de jour et de nuit, tellement qu'il n'y a plus moyen de vivre. Nous sommes à la grande faim et réduits à la grande misère, il n'y a plus rien pour manger; car si un homme va au marché avec de l'argent, il est dangereux d'être volé, et s'il a un bon cheval ou un bon habit, on lui ôtera, et s'il fait porter du grain ou d'autres marchandises, on lui prend tout et encore est-il dangereux d'y perdre sa vie, et celui qui a quelque chose en sa maison ne l'a pas assuré; s'il a une bonne maison, il y a toujours quatre-vingt-dix pauvres devant la porte demandant le pain.

Les gens de Balthazar sont allés voler le château de Castillon et la lande et ont tout porté à Tartas; et le 27 de février 1653, les cavaliers de Balthazar sont allés à Grenade et ont tué quatre hommes et mis le feu à quelques maisons et pillé tout ce qu'ils ont trouvé et ont porté tout à Tartas en leur garnison. Sur la fin de février 1653, il est arrivé à Dax un homme nommé le chevalier d'Aubeterre qui est commandant de M. de Candale, lequel est assez courageux contre Balthazar et a fort belle compagnie de cavaliers. Il est venu au secours de M. de Poyanne, au contre du cruel et tyran Balthazar, et on dit qu'il est aussi puissant et davantage que Balthazar. *Cavaliers à Castillon.* *Arrivée de M. d'Aubeterre.*

Le 1er de mars 1653, les cavaliers de Balthazar allèrent à Lamothe et ont mis le feu au château de Lamothe, et ont pris tout ce qu'ils ont trouvé de bon et s'en sont allés dîner à Cauna, et après ils ont passé l'Adour au lieu nommé lou Goua de Laguilloun à Gua et allèrent droit au Cazeliou et par le grand chemin jusques auprès de l'espitaoü de Mugron, et là étant se birent droit à la lande de Mounon et droit à Soube, et sont descendus en bas près l'Adour sur une plane de champ près du moulin de Castelmerlon. Ceux de Mugron et de Nervis les suivirent, et d'autre part les gens de M. de Poyanne et d'Aubeterre se rencontrèrent et là fut faist bataille et y mourut de ceux de Mugron et de Nerbis trois ou quatre, entr'autres y demeura mort sur la place un commandant de M. de Poyanne, fils de Monfort, nommé Lanoyaa, lequel ne fut pas fort regretté des paroisses de Chalosse, à cause des grands ravages et voleries qu'il y avait fait auparavant. *Balthazar à Lamothe* *Bataille à Mugron.*

En cette bataille en y mourut un grand nombre de gens de Balthazar, mais je n'ai point pu savoir à cause que les gens de Balthazar s'emportèrent leurs morts à Tartas. Audit Balthazar y demeura un fort bon cheval que l'on lui a pris; on m'a dit que Balthazar avait donné nom à ce cheval *Demi-Diable*.

Ledit Monseigneur de Doazit a demeuré dix jours en son voyage d'Agen, mais il n'a pas pu encore obtenir le logement des gens de guerre à cause qu'ils demandent trop grande somme d'argent. Le monde est si pauvre qu'il ne peut plus résister aux grandes impositions qui se font tous les jours par toutes les paroisses du siége de Saint-Sever. La ville de Saint-Sever, pour la dépense qu'ils ont fait aux gens de guerre, demande grande somme d'argent, tant que la paroisse de Doazit y a de son particulier 1,440 liv.; mais il est impossible de trouver tant d'argent à cause de la grande pauvreté qui est dans tout le pays. La disette est si grande que tout le monde pâtit et font fort ravages de guerre. Mesure de froment vaut 4 liv. 10 s.; mesure de blé 3 liv. 8 s., mesure de millet 3 liv. 2 s., la barrique de vin à 14 liv. La pauvreté est si grande que dans le diocèse d'Aire a été promis de manger de la chair en temps de Carême, excepté le mercredi, vendredi et samedi. Toutes les paroisses sont ravagées excepté les terres de Monseigneur de Gramont qui n'y a point eu logement; mais ils payent imposition aussi bien que les autres paroisses et partout le pays a grande pauvreté. Il y a une garnison à Mugron, et une autre à Saint-Sever, et une autre à Gaujacq; il faut que les paroisses du siége de Saint-Sever entretiennent toutes ces garnisons et se font bien payer à leur discussions (discrétion), et si les paroisses manquent au payement au jour qu'ils mandent, ils s'en y vont les ruiner tout à fait; il y a encore d'autres garnisons lesquelles s'entretiennent par les habitants de ce lieu, comme est à Hagetmau, à Doazit, à Nerbis, à Poyalé. La misère est si grande, qu'il y a déjà plusieurs personnes de mortes à cause de la grande faim, mais si l'on pouvait avoir la paix le monde serait un peu soulagé.

Misère et pauvreté

Ledit Balthazar est si puissant et si cruel que tout le monde le craint ; il est allemand et non point noble, sinon pour ses armes ; il n'a point aucune religion de bonne. On dit qu'il est magicien ; il ne parle jamais familièrement à personne, mais parle toujours de tuer et de pendre ; il est un grand homme fort farouche et a environ quarante-cinq ans à ce qu'on m'a dit. Ledit Balthazar ne cesse de faire tous les maux incroyables, car tous les jours il fait des prisonniers et de grands ravages, tant en la lande que par de çà l'Adour et tout le monde le redoute fort. Il me serait impossible d'écrire tous les grands ravages que les gens de Balthazar font tous les jours, car il est le plus cruel qui fut venu en ce pays depuis quatre-vingts ans, et d'autre part les autres garnisons de M. de Candale qui sont en plusieurs lieux comme nous avons dit, nous ruinent tout à fait, tellement que nous sommes réduits à la grande misère. Mesure de froment vaut 4 liv 15 s., mesure de blé 3 liv. 10 s., mesure de millet 3 liv. 4 s., barrique de vin 15 liv. rendu à Lahosse, car on ne peut passer le vin par autre chemin à cause des gens de guerre.

Le 9 mars 1653, Balthazar a fait partir une compagnie de ses cavaliers et les a envoyés à Grenade, mais M. le chevalier d'Aubeterre avec ses gens s'en est parti le lendemain devers Grenade, et là étant ont fait quitter la place aux gens de Balthazar, et en ont pris une partie de ceux de Balthazar, et les autres gens de Balthazar s'en sont retournés à Tartas au lieu de leur retraite. *Balthazar à Grenade.*

Le 12 mars 1653, les cavaliers de M. d'Aubeterre sont arrivés à Montaut venant de Grenade, mais à cause que ceux de Montaut avaient quitté et vidé tout, ne trouvèrent rien pour manger. Ce qui fut cause qu'ils ont fait grand dommages aux meubles et à ce qu'ils ont trouvé, et ont tué deux hommes et en ont battu d'autres, et après y avoir demeuré deux jours se retirèrent à Dax et font de grands ravages en passant.

Environ le 15 mars 1653, il est arrivé, par la grâce de Dieu, du côté de Bayonne une grande abondance de grain, ce qui a été cause qu'il a un peu rabaissé. En ce temps le froment *Abondance de grain.*

était fort beau en Chalosse, c'est-à-dire par la campagne, et on espère qu'avec l'aide de Dieu on recouvrera le bon temps, après que la cœillette sera faite si Dieu nous fait la grâce de chasser les gens de guerre de ce pays.

Mais il est impossible à présent de payer la grande imposition et coûtise qui sont imposées par toutes les paroisses du siége de Saint-Sever, et je crois que aux autres siéges n'en sont pas de moins. Il y a beaucoup de paroisses qui sont tout à fait ruinées et ravagées. Mais à Doazit, grâces à Dieu et à Monseigneur de Doazit n'a point eu aucun logement du tout cet hiver ; c'est pourquoi les habitants de Doazit ont bien occasion de remercier M. de Doazit.

Rencontre des cavaliers au Cauteré.

Le 17 mars 1653, les cavaliers de M. de Poyanne et ceux de M. d'Aubeterre firent rencontre avec les gens de Balthazar, de la l'Adour sur la lande dou Cauteré et là se battirent, et là mourut un commandant de Balthazar nommé Faget fils de Salis ; et ledit jour les gens de M. de Poyanne et d'Aubeterre se retirèrent à Montaut.

Le 17 mars 1653, les cavaliers de M. de Poyanne et d'Aubeterre se retirèrent à Montaut et y demeurèrent une nuit et après se retirèrent les uns à Gaujac et d'autres à Ségarret, et une compagnie s'en allèrent à Saut de Navailles; ils étaient environ soixante cavaliers bien montés et passèrent chez nous à Peboué et nous firent ravage, savoir : une paire de bottes avec des éperons, deux paires de souliers, 4 liv. argent, trois agneaux et trois poules ; ils amenaient une vache je ne sais où ils l'avaient prise, elle ne pouvait plus marcher, ce qui fut cause que lesdits cavaliers la tuèrent devant notre porte, et la chair de ladite vache fut partie aux pauvres. D'autres cavaliers passèrent à Labeyrie et La Hibade et firent aussi grands ravages partout où ils passaient.

Péboué ravagé

Le cruel Balthazar ne s'arrête jamais de faire tous les maux incroyables et même dans Tartas, il a pris les plus grands et les a fait rançonner à sa volonté, leur accusant qu'ils sont du contraire parti.

Le 20 mars 1653, Balthazar a pris deux fils de M. (de) Vidart et les a menacés de les faire mourir jusqu'à ce qu'on lui eut baillé 5,000 liv. de rançon, et ledit Balthazar est le plus cruel qu'il se fut parlé.

Le 22 mars 1653, les cavaliers de Balthazar allèrent jusques auprès de Dax et tuèrent deux ou trois hommes et en firent des prisonniers de ceux qui allaient au marché de Dax jusqu'au nombre de 130 hommes et les menèrent à Tartas, et Balthazar les traite fort cruellement et fait défense que personne ne leur parle de composition, à peine de perdre la vie. Ne vous étonnez pas si je vous dis que Balthazar est tant cruel, car si vous parlez à un de ceux qui sont bien informés de lui, il vous dira qu'il est bien plus méchant que je ne saurais dire, car en ces prisonniers qu'il a pris auprès Dax entr'autres, il y en est mort un depuis avoir payé son rançon. Ces prisonniers disent qu'il vaudrait mieux être en purgatoire. *Cruauté de Balthazar.*

On dit que Balthazar n'a plus que 5,000 hommes tant à cheval qu'à pied, mais il est fort redouté, tant que tout le monde fuit de la grande peur qu'ils ont. M. de Poyanne et M. d'Aubeterre ont beaucoup plus de gens que lui, mais ils n'osent point l'attaquer ni l'attendre. M. de Vidart de Tartas s'est réfugié au château de Doazit, de peur d'être prisonnier de Balthazar qui le menace fort.

Le 27 mars 1653, M. d'Aubeterre ayant été averti que M. de Vidart était à Doazit, il envoya trente-cinq de ses cavaliers au château de Doazit parce que M. de Vidart était de Tartas. M. d'Aubeterre disait qu'il était du contraire parti, c'était le jour du Convan du Mus alors que M. de Doazit dînait au Mus avec les autres confrères, et les autres cavaliers étaient au château demander Monseigneur de Doazit, et six de ces cavaliers sont venus au Mus, et M de Doazit croyant que ce fut des gens de Balthazar se cacha et lesdits cavaliers s'emmenèrent M. de Vidart à Saint-Sever, mais Monseigneur de Doazit les suivit et s'emmena M. de Vidart. Je vous assure que ceux de Doazit croyaient que ce fut gens de Balthazar, eurent une grande peur et tout le monde fuyait et se cachait dans les buissons; mais ces cavaliers de M. d'Aubeterre n'ont point fait aucun mal à Doazit ni en chemin, et tout incontinent les nouvelles allèrent *M. d'Aubeterre à Doazit.*

à Hagetmau ; là on avait une garnison que M. de Gramont y avait ordonnée, et le même heure les cavaliers dudit Haget allèrent au château de Doazit pour donner secours à M. de Doazit, croyant que ce fut des gens de Balthazar ; offrirent leurs services à M. de Doazit et se retirèrent audit Hayet.

Le 27 mars 1653, les cavaliers de Balthazar allèrent à Hinx mettre le feu à quelques maisons et ont fait de grands ravages et prisonniers et ont mené le tout à Tartas.

Le 29 mars 1653, Balthazar manda à M. de Doazit qu'il se retirat à Tartas où qu'il l'irait quérir prisonnier avec tous les bons maîtres de famille de Doazit, et le ferait mettre en prison à Tartas et qu'il s'en prendrait aux cautions ; mais M. de Doazit n'y est point allé, ladite caution étant M. de Bidart.

Ceux qui sont sortis des prisons de Balthazar disaient qu'ils ont été au purgatoire. La plupart des bons paysans n'osent dormir en leurs maisons de la grande peur qu'ils ont à Balthazar.

Ravages des cavaliers

Les cavaliers de Gaugeac et les autres garnisons passent tous les jours et font de grands ravages, et vident les moulins et les maisons, et prennent les moutons et agneaux par la lande et tout ce qu'ils trouvent, tellement qu'il n'y a personne qui ose apporter de l'argent ni tenir rien dans les maisons, car ces gens n'ont aucune pitié de personne. Nous sommes à la grande misère ; les pauvres meurent tous les jours de peur et de faim.

Les cavaliers de M. d'Aubeterre passent aussi tous les jours et emportent tout ce qu'ils trouvent. Les impositions sont si grandes que le monde n'en peut plus, et la plupart du monde sont réduits à mendier.

La mesure de froment vaut 4 liv. 5 s., mesure de blé 3 liv. 5 s., mesure de millet 3 liv., barrique de vin 14 liv. Il s'y trouve du grain à vendre parce qu'à Bayonne en est arrivé grande quantité, mais il n'y a point d'argent pour en acheter. Balthazar fait toujours des courses et ne passe pas un jour que ses cavaliers ne fassent de grands ravages.

Le 6 du mois d'avril 1653, les cavaliers de Balthazar allèrent jusqu'au cap du Pouy de Saint-Sever et prendirent deux charrettes de blé et les portèrent au château de Cauna, parce que ledit Cauna se tient pour Balthazar. *Balthazar à Saint-Sever*

Le 7 avril 1653, les cavaliers de Balthazar allèrent au Greil prendre le nombre de vingt-cinq têtes de bétail et le menèrent à Tartas et à Cauna.

Ledit Balthazar fait couper le blé par la lande et le fait donner à ses chevals ; et ce qui est bien grande pitié, il n'y a plus moyen de résister aux grands dommages qu'il fait tous les jours.

Balthazar a taxé toutes les paroisses de la lande à sa boulounté et les curés particulièrement, et se fait bien payer.

Ledit 7 avril 1653, à Serresloux est arrivé un grand nombre de cavaliers des ceux de M. de Poyanne et de M. d'Aubeterre, et y ont demeuré quatre jours tellement qu'ils n'y ont rien laissé. Ces cavaliers étaient maîtres audit Serresloux, car toutes les garnisons avaient quitté et d'autant qu'ils n'y ont trouvé de quoi vivre, ils sont allés voler au Biélé du Mus, et en Hagetmau et à Segarret ; et au Biélé de Marquebielle ; et sont allés jusqu'à Bedoura et à Cot et Sallebat et y ont fait de grands ravages ; sont aussi allés à Lahibade et y ont pris dix agneaux et un gros pain et d'autres meubles, et sont aussi allés vider le moulin de Hescaux, tellement qu'ils ont fait de grands ravages et ont porté tout à Serresloux.

Le 8 avril 1653, M. d'Aubeterre avec ses cavaliers alla à Cauna, et là étant a pris un grand nombre de gens et chevaux de ceux de Balthazar et amenaient tout à Saint-Sever ; et lui est demeuré prisonnier un cavalier des siens, prisonnier qui est le fils de Soubaigné de Segarret de Saint-Cricq. Ledit Balthazar menace fort ceux de Doazit de les faire prisonniers et de les ruiner tout à fait à cause qu'il ne peut avoir en sa puissance M. de Doazit et M. de Vidart, et qu'il ne peut pas avoir tous les grands rançons qu'il demande. *M. d'Aubeterre à Cauna.*

Le 10 avril 1653, arriva à Saint-Cricq, un régiment de guerre à pied du nombre environ trois cent quarante hommes qui étaient Irlandais ; ils avaient la route à Montaut, *Irlandais à Saint-Cricq* mais à cause que le Lous était fort grand, ils logèrent audit Saint-Cricq. Ce régiment était à Monseigneur le Prince qui allait en Espagne pour faire guerre au roi de France. Mais M. le comte de Toulonjeon les a pris à Bayonne et les a envoyés en Chalosse. Ils partirent de Saint-Cricq le 11 avril 1653, jour du Vendredi-Saint, et passèrent à Doazit et achetèrent tous les pains qui s'y trouva à vendre, mais on n'entendait point leur langage et s'en allèrent à Montaut; et deux jours après, jour de Pâques, ils allèrent dix ou douze à Doazit acheter du pain à cause qu'ils n'avaient trouvé rien à Montaut, et le 14 dudit avril lesdits Irlandais mandèrent à ceux de Doazit qu'ils leur envoyassent de quoi vivre ou autrement ils s'en iraient tous à Doazit, à cause qu'ils ne trouvent rien à Montaut, car tout Montaut avait quitté, et le 15 dudit avril 1653, à Doazit on porta grande quantité de pain auxdits Irlandais à Montaut, et aussi deux moutons, et ceux de Doazit pour leur désintéressement ont pris à ceux de Montaut quantité de bétail et autres meubles que ceux de Montaut avaient réfugié à Doazit et entr'autres ont pris cinq têtes de bétail qui étaient de Galères et desquelles à Doazit en ont envoyé deux auxdits Irlandais; mais à ceux qu'elles étaient maigres, ils ne les ont point voulues Ce Galères les a retirées et les autres sont demeurées à Doazit; et en ce dit bétail qui a demeuré à Doazit, il y avait un bœuf qui valait 50 liv., lesquels ceux de Doazit ont tué et mangé.

Le 14 avril 1653, M. d'Aubeterre a pris à Castillon (*) le nombre de quarante cavaliers de ceux de Balthasar.

Le 16 avril 1653, à Serresloux est arrivé grand nombre de cavaliers de ceux de M. de Poyanne et ont tout ruiné tant à Sarresloux que autres lieux circonvoisins aux environs, et les ont tout à fait perdus et ruinés à jamais. La misère est si grande en ce pays qu'il n'y a rien à manger et je crois que nous sommes au commencement et même crains que ce pays sera tout entièrement perdu. L'abondance du grain du côté de Bayonne continue toujours, grâces au bon Dieu, car autrement la plus grande partie du monde serait déjà mort. Mesure de froment vaut encore

(*) Château d'Arengosse.

4 liv. 4 s., mesure de blé 3 liv. 4 s., mesure de millet 59 s. et la barrique de vin 15 liv. en Doazit; mais encore qu'il y ait beaucoup de grain le pauvre monde pâtit grandement à cause que les gens de guerre en ont porté tout l'argent et les ont tout à fait ruiné. Le monde est tout à fait à la grande misère et pauvreté.

Le 23 avril 1653, les cavaliers de M. d'Aubeterre sont allés à Montaut quérir le régiment desdits Irlandais et les ont menés à Saint-Sever, alors que les cavaliers de M. d'Aubeterre sont allés audit Montaut, ont fait grande peur à ceux de Doazit, car tout le monde s'est mis en fuite croyant que ce fussent des gens de Balthazar qui allaient à Doazit. Ledit 23 avril 1653, lesdits cavaliers de M. d'Aubeterre en allant quérir lesdits Irlandais, firent rencontre de deux hommes de Montaut : l'un se nomme Cabiro et l'autre Laborde, tous deux fils de Montaut, lesquels lesdits cavaliers de M. d'Aubeterre ont fait prisonniers, disant qu'ils étaient messagers pour lui bailler lesdits Irlandais et les ont mis en prison à Saint-Sever.

Cavaliers d'Aubeterre à Montaut.

Le 4 mai 1653, lesdits Irlandais sont arrivés à Doazit et y ont demeuré deux jours aux dépens de ceux de Doazit, les ont baillé 55 liv. en argent comptant. En ces jours, les cavaliers de Balthazar sont allés au chemin de Saint-Sever et ont pris grande quantité de blé à ceux qui le portaient à Saint-Sever et l'ont porté tout à Tartas.

Le 7 mai 1653, à Hagetmau, s'y est fait une grande assemblée de la noblesse pour arrêter ce qu'ils feraient avec Balthazar. Le même jour ils s'assemblèrent à Doazit sur la lande de Meylis et burent une barrique vin à Peguiraout. Ledit 7 mai 1653, les cavaliers de M. d'Aubeterre venant de ladite assemblée de Meylis, passèrent à Toulouzette et firent rencontre d'un grand nombre de cavaliers de ceux de Balthazar qui faisaient ravage à Toulouzette, desquels les gens de M. d'Aubeterre en tuèrent une partie et firent prisonniers les autres et les menèrent en prison à Saint-Sever. Ledit (7) mai 1653, les cavaliers de Balthazar sont allés à Doazit et ont mis le feu à la maison de Galipau et ont fait de grands ravages dans ladite maison ; ils ont

Combat entre cavaliers des deux partis.

rompu meubles et pris bétail tant que tout le dommage vaut de 1,000 liv. en ladite maison. On fit aussi de grands ravages au boisinage de la Coste, d'Aulès et à la maison du Puts et en Banous, et en Montaut, et s'en ont mené des personnes prisonniers, tant de Doazit que Banous et Montaut, douze hommes ; et entr'autres ont pris deux prêtres de Doazit savoir : maître Ramond de Justes archiprêtre, et M. de Cès ; ont aussi pris environ de cinquante ou soixante têtes de bœufs et vaches et menaient tout à Tartas. Mais ledit M. l'archiprêtre a été mal traité par lesdits cavaliers, et ont maltraité une femme à Galipau.

Balthazar fait prisonnier deux prêtres de Doazit.

Grêle.

Le 11 mai 1653, il a grelé en plusieurs endroits savoir : à Momuy et Haget et en plusieurs autres paroisses et aussi en une partie du Béarn qui a fait un grand dommage aux vignes et au froment et est aussi tombée en plusieurs lieux jusqu'auprès d'Arzacq et une partie en Tursan.

Le 12 mai 1655, les cavaliers de Gaujacq sont partis dudit Gaugeacq droit à Saint-Sever ; mais étant à Audignon, ils ont eu mandement de retourner à Gaugeacq, et en se retirant ils ont fait de grands ravages en Audignon, en Aulez et à Meylis et au Biélé du bourg et ont porté tout à Gaujac. Alors la barique de vin valait 16 liv., mesure de froment 3 liv. 10 s., mesure de blé 50 s., mesure de millet 45 sols.

Ravages

Voleurs.

Ledit Balthazar fait toujours des courses et prend tout ce qu'il trouve en homme et en bétail et grain et mène tout à Tartas. La plus grande partie du monde n'ose pas demeures en leur maison, et même Mademoiselle de Doazit s'est réfugiée à Orthez depuis le commencement de mai présent 1653. Et le 16 dudit mai, ladite demoiselle envoyait un saumon par un baylet au château de Doazit ; en passant à Brassempouy, un homme de Brassempouy lui ota ledit saumon, de quoi ledit M. de Doazit a été offensé et a mandé à ceux de Brassempouy de lui envoyer le voleur dudit saumon qui était Camescasse, lequel Camescasse ceux de Brassempouy ont mené à M. de Doazit pour en faire sa volonté.

Le 13 mai 1653, lesdits Irlandais passèrent à Doazit et Larbey et s'en allèrent à Saint-Aubin et Poyalé.

Le même jour de l'an 1653, à Doazit passa un régiment de cavalerie de ceux de M. d'Aubeterre, et allèrent tous loger à St-Aubin et Poyalé, et font toujours de grands ravages. Tout le monde croit qu'ils veulent assiéger Balthazar à Tartas. Alors la barrique de vin valait 20 liv., la mesure de blé, à Dax, valait 42 s. Il y a une grande abondance de grain, du côté de Bayonne, grâces à Dieu, car autrement la plupart du monde serait mort. Lesdits cavaliers et les Irlandais ont demeuré à St-Aubin et Poyalé trois jours, ou jusqu'au 22 mai 1652, ils ont fait de grands ravages et n'y ont rien laissé de ce qu'ils ont trouvé de bon, et s'en sont allés du côté de l'Adour, à Mugron, Souprosse, Nerbys et à Pouypatin, et à Toulouzette et en plusieurs autres lieux au long de l'Adour, mais ils viennent tous les jours faire de fort grands ravages, même en Doazit, à la coste d'Aulès et à Maylis ont fait de grands dommages ; ils n'assiègent pas encore Balthazar qui est toujours à Tartas.   *Ravages de St-Aubin et Poyalé.*

Lesdits cavaliers de M. de Poyanne et M. d'Aubeterre demeurent auprès de l'Adour, comme nous l'avons dit, et font de grands ravages; et le 27 dudit mai 1653, ils allèrent faire ravages à Maylis et au Biélé du Bosc et entr'autres allèrent voler la maison noble de Labeyrie et y firent de grands dommages.

Le 28 mai 1653, lesdits cavaliers de M. d'Aubeterre allèrent piller dans plusieurs maisons de Doazit, et entr'autres allèrent à Espaunic, à Coudicane et à Péboué et à Lahibade, et firent partout de grands ravages et emportèrent tout ce qu'ils y ont trouvé de bon, tellement que nous sommes à la grande misère. Le peuple de ce pays a si grand peur des gens de guerre, qu'il n'ose tenir dans les maisons aucune chose bonne à manger, ni linge, ni grain.   *Ravages en Doazit par les gens de M. d'Aubeterre.*

Tous les jours, il faut remuer les lits et tout ce qui est dans les maisons, et les cacher dans le taillis, au lieu plus éloigné du passage, tellement que nous sommes à la grande misère et tout à fait ruinés.

Je ne puis penser ni connaître tant de maux pourquoi nous arrivent tout à un coup; il me fait souvenir les afflictions de Job qui lui arrivaient tout à un coup, mais ce bon

Job était juste, et nous sommes, entre tous, grandement pécheurs, et je crois qu'à cause de nos grands péchés Dieu envoie tant de maux et afflictions à un coup. O la grande misère ! O bon Dieu, puisqu'il vous plaît nous envoyer tant de maux et adversités en ce monde, faites-nous la grâce que nous puissions les porter patiemment, et qu'après cette vie nous puissions avoir repos en l'autre monde.

O glorieuse Vierge Marie ! Je m'adresse à vous comme étant la plus favoride de la cour céleste ; jamais personne qui vous ait réclamé n'a été esconduit. Mère de J.-C., je vous prie très humblement qu'il vous plaise intercéder pour tout le peuple qui tant pâtit.

Grande peur en Doazit. Ledit 28 may 1653, tout le monde avait une grande peur, parce qu'il arriva une nouvelle disant que cette nuit tout Doazit serait pillé par des gens de guerre, tellement que tout le monde de Doazit demeurèrent cette nuit dehors, avec les lits et tous les meubles, et moi-même demeura cette nuit dedans un taillis que l'on nomme à la Marlère du Jounquas, et je gardais lesdits meubles et lits. Ez ladite nuit fit de grand tonnerre, et le matin environ le soleil levé fit grêle à Brassempouy, à St-Cricq, à Cerres, Haget et Horsarrieu, et autres endroits qui fit grand mal.

Le jour suivant, 29 mai 1653, les cavaliers de M. d'Aubeterre sont allés à Doazit et à Meylis et à St-Aubin et en plusieurs autres endroits ; ils ont fait de grands ravages, tellement qu'ils n'y laissent rien de ce qu'ils trouvent de bon. Il y a quatre ou cinq mille hommes, tant à cheval qu'à pied, tout le monde croit qu'ils veuillent assiéger Balthazar à Tartas, mais avant que de commencer ils ont ruiné tout le pays. Cassiet de Montaut avait à Toulouzette 44 barriques de vin, lesdits cavaliers y ont tout pris. Le 30 dudit (mai) 1653, lesdits cavaliers s'en sont allés une partie delà l'Adour, et les autres s'en sont allés auprès de Dax.

Ravages de guerre à Dax. Le 31 dudit mai 1653, les cavaliers de M. de Poyanne et de M. d'Aubeterre sont allés au chemin de Dax, sur la lande de Hinx, et ont vollé à ceux qui allaient au marché de Dax. Il y en avait de plusieurs paroisses, et même il y en avait de Doazit plusieurs, entr'autres y était mon neveu, l'aîné de Péboué, qui l'ont aussi volé et pris son poulain et les souliers des pieds et esperons et la bride de son cheval ; tellement qu'ils ont volé ce jour là plus de 5,000 liv., et à Angoumeau, marchand de Doazit, ont pris douze barriques de vin qu'il avait à Hinx.

Le premier juin 1653, jour de Pentecôte et le lendemain, à l'église de Larbey, ne s'y est point célébré messe à cause que quelques personnes d'autorité avaient menacé de tuer M. le Curé de Larbey. <small>Larbey.</small>

Le second jour de juin 1653, lesdits cavaliers de M. de Poyanne et de M. d'Aubeterre sont tous passés delà l'Adour.

Le 5 juin 1653, à Doazit sont assez menacés qu'un grand commandant de M. de Candalle, nommé le grand Maître, s'en venait loger à Doazit ; mais le noble et vaillant M. de Doazit a détourné le coup. <small>M. le grand Maître.</small>

Cette nuit, à Doazit, ont tout vidé et quitté leur maison de grande peur qu'ils avaient. Le 6 dudit juin 1653, les gens dudit M. le grand Maître sont arrivés à Montaut, et y ont demeuré une nuit, ils étaient 1,700 cavaliers, ils ont tout ruiné : Montaut et les environs.

Le 8 juin 1653, les paroisses ont été mandées d'emmener de bonnes paires de bœufs pour aller tirer le canon qui était parti de Dax, qui venait par Goust pour aller assiéger Tartas et Cauna. Doazit a fourni dix paires de bœufs, notre maison de Péboué en a fourni une paire, avec le bouvier qui se nomme Payhirat.

Le soir, 12 de juin 1653, ledit canon est arrivé à Saint-Sever avec toute l'armée, savoir : l'armée de M. le grand Maître et celle de M. d'Aubeterre et celle de M. de Poyanne et les Irlandais. Ils ne laissent rien aux environs où ils passent. Il y a environ dix mille hommes qui ruinent tout le pays. A une lieue de chemin d'où le canon passe, n'y demeure rien de bon.

Le 13 dudit juin 1653, toutes lesdites armées avec le canon sont parties de bon matin pour Saint-Sever et sont allées jusqu'auprès de Cauna pour l'assiéger, mais étant à port du canon, M. d'Aubeterre y envoya pour les sommer, mais étant audit château de Cauna ils trouvèrent les portes ouvertes et n'y avait personne, mais s'étaient tous retirés à Tartas.

Sur la même heure, ladite armée et canon sont partis droit pour St-Justin pour l'assiéger, qui tenait pour M. le Prince.

En partant de St-Sever, quelques capitaines et chefs de guerre demeurèrent derrière, lesquels les cavaliers de Balthazar rencontrèrent et les menèrent prisonniers à Tartas. Le même jour, 13 juin 1653, les cavaliers de Balthazar allèrent du Narp et s'en allèrent au port de Pontonx, où ils firent brûler deux bateaux sur le bord de la rivière et prirent un grand nombre de bouviers qui portaient du vin ; ils le firent décharger le vin et firent passer à la nage les bouviers et bœufs, hormis qu'il se noya quelques bouviers, et ce qui resta fut conduit à Tartas.

<small>Ravages de Balthazar.</small>

Alors le temps était fort beau ; la barrique de vin valait 28 liv., mesure de blé 2 liv., et y avait bonne espérance de y avoir fruit, grâces à Dieu.

<small>Armée de M. d'Aubeterre.</small>

Le 14 dudit juin 1653, ladite armée et canons était arrivés du soir à Villenave, et là étant, ceux de Saint-Justin se rendirent à M. d'Aubeterre, et lui envoyèrent les clefs du fort de Saint-Justin.

Le même jour, 14 juin, lesdits bouviers de Doazit eurent congé de s'en venir, et le 15 dudit juin ledit Payhirat arriva à Péboué avec les bœufs en bonne disposition grâces à Dieu, lequel avait demeuré en tout le boyage l'espace de huit jours, et nous comptait plusieurs nouvelles des gens de guerre ; un homme nommé Lailheugue de Garros était toujours celui que M. de Doazit y avait envoyé conduire les bouviers lequel, retourna aussi avec ledits bouviers. Ledit 13 juin, Lartot commandant de Balthazar s'en retourna en garnison à Cauna. Ledit 15 juin, à St-Sever, arriva un régiment de M. de Ste-Mesmes, et se logea au foubourg de St-Sever et demandait au siége de St-Sever 20,000 liv. avant de partir dudit St-Sever ; mais il en alla bien autrement, vous entendrez ci-après. Le 16 dudit juin, ledit Lartot fut blessé auprès de l'Adour, je ne sais ce qui fit le coup. Ledit

16 juin, les cavaliers de Balthazar passèrent l'Adour au pont (goua) du Narp, et allèrent jusqu'à Gamarde et mirent le feu à quelques maisons, et firent de fort grands ravages et prisonniers.

Le 17 juin 1653, Balthazar en propre personne se leva de grand matin et passa l'Adour à Toulouzette, et arriva deux heures avant le jour à St-Sever et attaqua ledit régiment de M. de Ste-Mesmes, qui était à St-Sever, comme nous l'avons dit, en telle façon que Balthazar et ses gens en tuèrent environ trente et en firent plus de cinquante de prisonniers et les menèrent droit à Tartas ; mais ceux de St-Sever, auparavant que Balthazar ne fût arrivé, ils en eurent nouvelle et en grande hâte ils envoyèrent la nouvelle à M. d'Aubeterre qui était avec ses gens à St-Justin et à Villenave (Villeneuve de Marsan).

Ravages de Balthazar.

Aussitôt que M. d'Aubeterre eut entendu l'affaire et que Balthazar passait l'Adour, il prend cinq cents cavaliers des meilleurs et s'en alla vitement à St-Sever. Mais ayant trouvé que Balthazar s'en était déjà parti, il fut fort doulent et il ne fit aucune demeure à St-Sever, mais suivit Balthazar et il l'attrappa au Greil ; mais le rusé Balthazar le vit de loin, lequel Balthazar se sauva en fuite avec cinquante cavaliers ; mais ledit M. d'Aubeterre attrapa le gros de l'armade qui menait les prisonniers, ce qu'ils avaient volé ce jour. Les prisonniers se mirent avec M. d'Aubeterre contre les gens à Balthazar, desquels ils tuèrent environ cinquante et firent des prisonniers cinquante-trois. Je crois que Balthazar fut bien étonné de cette prise. Le 18 dudit juin, tous les gens de guerre de M. d'Aubeterre sont arrivés à St-Sever, et le lendemain, 19 dudit juin 1653, M. d'Aubeterre avec toute l'armée et le canon a posé le siége devant Cauna, en compagnie de dix mille hommes, tant à cheval qu'à pied. Le 30 dudit juin, nous entendîmes aussi tirer sans cesse et nous eûmes nouvelle que les gens de M. d'Aubeterre étaient au pied du château de Cauna, et que les maçons et plusieurs pionniers travaillaient au pied de la tour sans s'arrêter pour la mettre bas.

Corps de M. d'Aubeterre.

Ledit 21 juin, les cavaliers de Balthazar allèrent au che-

Siége de Cauna.

min (Dax) et pillèrent et volèrent tous ceux qu'ils trouvèrent qui allaient au marché de Dax, et avait un homme de Mugron nommé Michel Bladier. Le 22 dudit juin, il arriva nouvelle que le canon avait enfoncé les portes du château de Cauna et brisé le bout des tourettes, et qu'il n'avait fait aucun mal à la tour.

Le 23 dudit juin nous entendîmes tirer le canon sans cesser tout le jour, car il n'y a qu'une lieue de Doazit à Cauna.

Prise de Cauna.

Le 24 dudit juin 1653, ledit Cauna a été pris par les gens de M. d'Aubeterre et de M. de Poyanne, et ce fut les gens de M. de Poyanne qui les premiers donnèrent l'assaut. Cela fut le jour de saint Jean que Cauna fut pris, et ledit M. d'Aubeterre y entra et fit prisonnier le commandant qui se nomme Lacroix. Dedans s'y est trouvé grande quantité de grain et de vin, de chair et pain.

Le 25 dudit juin, les cavaliers de Balthazar passèrent l'Adour, et allèrent à Mugron et à Montaut et firent de grands ravages et un nombre de prisonniers, entr'autres ont pris M. de Beyris de Mugron et le fils de M. d'Arblade et Cabirau juge de Montaut et Moringlane de Montaut, et tournés descendant, ils s'approchent de Lahosse et plusieurs autres, et les menèrent à Tartas avant que les gens de M. d'Aubeterre le puissent savoir.

Alors la barrique de vin valait 30 liv., la mesure de blé valait à Dax 35 s., car à notre lieu n'en avait pas à vendre, car les marchés accoutumés étaient perdus à cause des gens de guerre, et on n'osait tirer rien par l'Adour et encore y avait danger par terre, et toujours s'y faisait grands ravages et voleries

Condition de Lartot.

Le 27 dudit juin 1653, ledit Lartot étant un commandant de Balthazar sortit de Tartas et s'en alla à St-Sever se rendre à M. d'Aubeterre, lui prie de lui priant de le bouloir sauber la bie ; ledit d'Aubeterre lui a saubé la vie, avec promesse de ne porter jamais les armes, sinon au service du roi. Ledit Lartot est demeuré quelques jours dans le conban des pères capucins et puis s'est retiré ; je ne sais où il est allé, mais il me semble qu'il lui fallait faire rendre compte des grands maux et bouleries qu'il a fait et fait faire au siége de St-Sever, car il est la cause que plusieurs personnes sont mortes, et même crains qu'il soit aussi la cause de la perte de plusieurs âmes et a causé la ruine de plusieurs maisons ; il est fils de Bascons.

Après que Cauna fut prins, toutes les armées de M. d'Aubeterre sont allées en les Landes, au siége de Tartas et y ont fait de grands ravages, jusques à mettre le feu aux mèdes (*meules*) et prins le bétail et ce qu'ils y ont troubé de bon et ont ruiné le pays. Le second de juillet 1653, Balthazar sortit de Tartas avec un nombre de cavaliers et alla attaquer les gens de M. d'Aubeterre et se battirent ; mais à la fin, M. d'Aubeterre en eut du bon, car il fit grand nombre de prisonniers à ceux de Balthazar, et ledit Balthazar fut blessé à la couisse.

Le 5 dudit juillet, les gens de Balthazar allèrent aux métairies de M. de Poyanne faire de grands ravages et prendèrent grand nombre de blé et portèrent tout à Tartas.

Le 8 dudit juillet 1653, les gens de M. d'Aubeterre sont encore dans les landes et font de grands ravages en le siége de Tartas et aussi en autres lieux. Alors le temps était fort beau, les froments étaient presque tous fauchés ; y en avait assez de froment, mais à cause des gens de guerre il est encore bien cher, car la mesure de froment baut 3 lib., mesure de blé 2 liv., barrique de vin 30 liv. Les vignes étaient fort belles mais en plusieurs endroits ne sont point assez travaillées à cause des gens de guerre. Alors il y avait grande maladie et grande mortalité de gens.

Le 8 juillet, les cavaliers de Balthazar ont passé l'Adour et sont allés jusqu'aux faubourgs de Saint-Sever, et ont fait beaucoup de prisonniers entr'autres ez ont pris cinq de ceux de Saint-Sever et ont fait plusieurs autres ravages et ont tout conduit à Tartas.

Le 13 dudit juillet, Balthazar s'en est parti de Tartas avec cent cinquante de ses cavaliers et a prins le chemin devers Bourdeaux et a laissé encore garnison à Tartas. *Départ de Balthazar.*

Le 15 dudit juillet, le Gabe d'Hourthèz est devenu fort grand, il est passé par dessus le pont d'Orthez et a fait de *Débordement du Gabe.*

grands dommages au pont d'Orthez et aux maisons de la rue des Augustins; il y avait aygue plus haut que la hauteur d'un homme, et on boyait passer les bros chargés de gerbes de froment capbat le Gabe. Il a rompu le bout du pont d'Orthez; il est allé aussi haut comme il avait fait en l'an 1651, et à ce coup a fait plus grand dommage; il est monté jusqu'au pourtal de Baure, cette fois-ci, tellement qu'il a fait fort grand dommage au froment qui estait au long du Gave, il demeura l'espace de vingt heures que aucun ne pouvait passer par dessus le pont d'Orthez.

<small>Ravages de guerre.</small>

Le 23 dudit juillet, les cavaliers de Tartas se battirent avec les gens de M. d'Aubeterre auprès de Tartas, et y en mourut plusieurs d'une part et d'autre et demeurèrent toujours dans les landes et ruinèrent entièrement tout ce pays.

<small>Mort de ceux du Martin.</small>

Alors il y avait en ce pays grande maladie et y en mourut grande quantité de personnes, et entre autres au Martin. y mourut six enfants en une semaine, et au bout de huit jours mourut le père desdits enfants; il y avait jour qu'à Haget en y mourut sept ou huit, et la pauvreté était fort grande partout que le plus paubre de puble mourut de nécesssité.

<small>Ravages de guerre.</small>

Le 25 dudit juillet à Montaut est arribé une compagnie de cabaliers qui sont à M. de Poyanne et se sont barricadés à l'église de Brocas et font de grands rabages partout et entr'autres sont allés brûler la maison de Lestage de Larbey. Ils font tous les jours de grands ravages, car les gens de guerre et bouleurs prennent tout ce qu'ils troubent; il n'y a point de justice, ils ont mangé la plupart de bétail. La terre demeurant sans labourer font que le pauvre monde périssent. Ces gens ont ainsi mangé les moutons et agneaux et chapons et poules, tellement qu'il ne s'y troube rien pour les pauvres malades. La paire de poulet vaut 50 s. et les œufs 2 ardits la pièce. Le monde est perdu et tout à fait ruiné sans espérance, si non celle du bon Dieu auquel nous faut avoir recours. O bon Dieu! je sais bien que bous êtes tout-puissant et que rien ne bous est impossible; et c'est pourquoi je m'adresse à bous pour bous prier très humblement, mon bon Dieu, qu'il bous plaise avoir pitié de boustre paubre puble, et qu'il vous plaise de bos grâces vous envoyer la paix en France, et principalement ez pauvre pays de Chalosse.

Et advenant le 26 juillet 1653, la nouvelle est arribée à Doazit que la ville de Bourdeaux s'est rendue à l'obéissance du roy, et que M. de Candalle y était dedans, ce qui est une bonne nouvelle. En les derniers jours dudit juillet, ledit Balthazar est arrivé à Tartas, lequel a porté la noubelle, assuré que ledit Bourdeaux s'était rendu et que la bille de Tartas était aussi comprinse dedans le traisté dudit Bourdos. Grâces au bon Dieu soit rendue ; grâces à Dieu ! *Bordeaux rendu au roi.*

Les cabaliers de M. d'Aubeterre ne cessent pas de faire de grands rabages en la lande et en le Maransin, et sont allés entre Dax et Bayonne et sont entrés dans les terres de M. de Gramont, mais les paysans du pays se sont levés et attaqués lesdits cavaliers de M. d'Aubeterre et en ont fait mourir quelques-uns desdits cavaliers.

La première semaine d'aoust 1653, on m'a assuré que ledit Balthazar s'est rendu du côté du roy et M. de Candalle l'a fait son commandant ; et les quatre siéges ont promis à M. d'Aubeterre, et à M. de Poyanne, et à M. de Balthazar 40,000 écus ; et sur cette condition ont fait partir les troupes, savoir celles de M. de Candalle, et de M. de Poyanne et de Balthazar s'en sont allées en Catalonne, et celles de M. d'Aubeterre s'en sont allées en Flandre ; mais M. d'Aubeterre et ledit Balthazar sont demeurés avec une partie de leurs gens pour prendre ladite somme de 40,000 écus, c'est qui est cause que le public est fort fatigué pour truber cette somme et ne bulent pas partir qu'ils n'ayent ladite partie. *Balthazar s'est rendu au roi.*

Les maladies sont si dangereuses partout le pays qu'il est déjà mort grand nombre de personnes et principalement aux paroisses où les gens de guerre ont demeuré, et on m'a assuré qu'à Toulouzette n'y est demeuré que quatre hommes en vie, et à Mugron et à Nerbis en y est mort tous les jours grande quantité. A Hagetmau douze ou treize ou quatorze le jour ; à Dax y en est mort en un jour vingt-neuf. On m'a dit qu'au Mas-d'Aire sont presque tous morts, et en plusieurs autres lieux en y est encore mort *Mort des gens du pays.*

davantage, tellement que la maladie et mortalité est si grande par tout le pays, que homme qui sont biban ne l'avait jamais bue si grande. Nous avons dit ci-devant que au Martin y est mort six enfants et à présent je bous dis qu'il y est mort sept enfants, le père et la mère qui est en tout neuf personnes. En Doazit a aussi grande maladie et grande quantité de morts. Nous sommes attaqué de tous les trois fléaux, savoir : peste, guerre et famine, tellement que le pauvre monde est à la grande misère.

C'était au 15 août que cette maladie et mourt estait partout. Pour lors la mesure de froment balait 3 liv., mesure de blé 45 s., mesure aboine 20 s., la barrique de vin 30 liv., le bois de barrique 3 liv. Il y avait assez de froment; le millet était assez beau, mais les terres n'étant pas bien travaillées à cause de la paubreté et maladies, et mort, et gens de guerre, les bignes sont demeurées à travailler; les champs ne sont pas cultibés à cause de la grande pauvreté. Je me crains qu'il ne s'y troube pas de gens pour trabailler et assembler les fruits qui sont à présent sur la terre.

Deslogement des gens de guerre.

Environ le 26 d'aoust 1653, M. d'Aubeterre et Balthazar sont partis droit en haut, excepté deux compagnies de pied qui sont demeurées à Tartas pour quelques jours, mais il a bien coûté cher avant qu'ils ne sont pas partis, car il leur a fallu bailler tout l'argent qu'ils ont demandé, tellement que le pays est demeuré entièrement ruiné et misérable.

Grandes maladies et mort.

Lesdits gens de guerre ont laissé le pays empesté; car sur la fin d'aoust 1653, le monde mourait à grand nombre. On m'a assuré qu'à Pontonx y en est mort en un jour vingt-six, et un autre jour à Mugron et à Nerbis, vingt-sept, et à Saint-Sever y est la peste, et aussi en plusieurs autres endroits où les gens de guerre ont demeuré et en y meurt grande quantité de mort subite, tellement qu'il y a grande mortalité de gens partout. La paubreté est si grande, que le paubre puble n'ont de quoi se traiter, et c'est pourquoi la mortalité est si grande. C'était sur la fin d'aoust 1653, alors la barrique de vin valait 32 liv., mesure de froment 3 liv., mesure de blé 45 s., bois de barrique 3 liv., paire de chapons 3 liv., paire de poules 50 s., paire de pigeons 20 s., paire de poulets 16 s., les œufs à 2 ardits la pièce. En ce temps, le temps était pluyous car il plabait toujours, les terres ne se labouraient pas tant à cause du temps que de la pauvreté du puble qui sont morts ou malades, et les gens de guerre ont mangé les bœufs et les vaches, et s'en ont porté tout ce qu'ils ont troubé de bon. Estant au commencement du mois de septembre 1653, la mortalité et maladie est plus grande que jamais ; on m'a assuré qu'en la ville d'Agen en est mort six mille en peu de temps. On m'a aussi dit que en Condoumois y en est mort en grande quantité, en telle façon qu'il y est demeuré biens de bacans qui n'ont pas aucun héritier et ballent de huit millions ou davantage.

Comme aussi en ce pays de Chalosse il en y est mort en deux jours quarante à Montaut et à Saint-Aubin. Y en a toujours eu grandes troupes de morts, tellement que les biens demeuraient à travailler, et une grande partie du peuple sont morts à cause qu'ils n'ont pas de quoi se sustancer. La misère est grande ; la guerre a tout mangé. *Grandes maladies et mourt.*

Au 15 septembre 1653 ; la mort et maladie du puble continuent plus grande que jamais.

Alors les gens de guerre s'en sont tous allés, tous au pays de haut, grâces à Dieu ; mais ils en ont porté tout l'argent que tout le paubre peuple a pu trouver ; mais là où il y a eu logement de gens de guerre est la grande misère, car ils en ont pourté le grain, meubles, linge, besselle et tout ce qu'ils ont troubé dans les maisons, et cela a été par toutes les paroisses, excepté les terres de M. de Gramond qui n'y a point eu aucun logement, mais ils ont eu coutises aussi bien comme les autres paroisses. La paroisse de Saint-Cricq aussi n'a point eu aucun logement, parce que M. de Poudenx seigneur dudit Saint-Cricq est fort puissant et a grande créance ; qu'il les a toujours espargnés, mais avec tout cela Saint-Cricq est un paubre lieu.

Au 1er octobre 1653, nous faisons bendange ; il n'y a pas tant de bin par un quart comme l'année passée, et cela à cause une grande partie parce que les bignes n'ont pas été traballées à cause de la guerre ; mais à présent n'y a point de gens de guerre en tout Chalosse, grâces à Dieu et s'en sont tous allés au cousté de haut. La bendange quoique petite est un peu longue à cause que la plupart du puble qui trabaillait sont morts et malades et continue encore de mourir, et y a fort de malades, tellement que la plus grande partie des terres demeurent à travailler. On m'a assuré qu'à Mugron la présente année y en est mort quatre cent septante ; à Toulouzette, Montaut, Poyallé, Saint-Aubin, en y est mort tant qu'on n'a pas pu savoir le nombre. Alors la barrique de vin vieux balait 30 liv., bois de barrique 3 liv. 10 s., mesure de froment 3 liv., mesure de blé 45 s, mesure d'avoine 20 s., traque de fève 20 s., libre de chair de mouton 10 s., libre de chair de bœuf 4 s. Les terres pour faire le froment en ce temps sont fort mal en ordre à cause que tout l'esté a plu et continue encore de plaber toujours, tellement que la bandange ne se fait pas bien et me crains qu'il ne fera pas bon faire le froment. Il n'y a rien que de l'herbe par les champs.

Baillance de M. de Doazit. — Le nouble et baillant M. de Doazit ne s'arrête pas à trabailler toujours pour le puble, car sur la fin de septembre, il est allé à Bordeaux en compagnie de quelques autres des premiers de la bille de Saint-Sever pour avoir soulagement pour le pays. Au bout de quinze jours il est revenu et est arrivé à Doazit pourtant noubelle de la part de M. de Candalle que en le siége de Saint-Sever il n'y aura point de logement ni quartier d'hiver l'espace d'un an, moyennant 47,000 liv. que le siége de Saint-Sever baillera.

Et environ le demi octobre 1653, le beau temps s'est bien commencé et a duré, par la grâce de Dieu, l'espace de cinq semaines, duquel temps les laboureurs se sont servi et ont bien fait le froment, grâces à Dieu.

Desmouliment des tours et murailles de Tartas. — En ce temps-là, à Tartas est arribé un commissaire de par le roi nommé Perreferré qu'il a bonne compagnie, qui a ordre de desmolir et abattre toutes les tours et murailles et forteresses de Tartas, ce qu'il a exécuté tout de bon durant le beau temps que nous avons dit. Y travaillent grande quantité et grand nombre de gens tous les jours.

Cherté de la volaille. — Au 15 novembre 1653, le temps est fort beau, par la grâce de Dieu. Le froment est presque tout fait ; la barrique de vin se vend pour 25 liv., mesure de froment 3 liv. 5 s., mesure d'avoine 24 s., livre de chair de mouton 12 s , livre de chair de bœuf 5 s., paire de chapons 3 liv. paire de poules 40 s., paire de poulets 16 s., paire de pigeons 20 s., les œufs 2 liards la pièce.

En ce temps, il y a encore grande maladie et mort en tout le pays, en telle façon qu'il y demeure une grande partie des biens à travailler, et le pauvre monde ont grande nécessité d'argent pour payer les coutises qui sont estés ci-devant coutisés et imposés tellement qu'il y a grande misère partout. *Maladie.*

Enbiron la bandange 1653 les louis qui balaient 3 liv. 10 s. Il y eut un esdit que le louis ne s'employerait que 3 liv. 6 s. et ce jusqu'au premier de l'an 1654, et depuis ne valait que 3 liv. 3 s., ce qui fut cause que sur la fin de décembre 1653 il s'y fit plusieurs payements et grande quantité de consignations, parce que tout le monde boulait employer son argent avant que le rabais fut venu. *Rebas d'argent.*

Ce qui fut cause que la mesure de froment valait 3 liv. 15 s., mesure de millet 40 s., barrique de vin 25 liv., mesure de blé 50 s. Alors les maladies sont si grandes que jamais, et y meurt tous les jours grande quantité de personnes partout. Le monde est si paubre qu'il est impossible de payer les impositions et taxes qui sont imposées jusqu'à la fin de l'an 1653. Alors la paroisse de Doazit doit des impositions et taxes 3,000 liv., et encore Doazit est fort soulagé à cause de la grande baillance de M. de Doazit qui a toujours trahaillé pour la paroisse de Doazit. *Cherté du grain.*

Il y a d'autres paroisses qui sont encore plus paubres. Je crois que Cerres et Marquebielle et Cazalis, ne payeront de longtemps, car la paubreté est si grande qu'ils n'ont de quoi bibre. A Montaut et en plusieurs autres lieux grande quantité de biens demeurent sans trabailler à cause du monde qui est mort par toutes les paroisses. *Les terres demeurent sans travail surtout à Tolouzette et à Montaut.*

Depuis le 15 janvier 1654 jusqu'au 1ᵉʳ de mars 1654, le temps était fort beau, en telle façon qu'il n'y a plu goutte. Alors les maladies étaient un peu appaisées mais non pas *Mort par toutes les paroisses.*

tout à fait, car il en y mourait encore toujours en grande quantité. Alors barrique de vin ballait 25 liv., mesure de froment 3 liv. 8 s., mesure de blé 48 s , mesure de millet 2 liv. Le temps était fort beau et les froments avaient beaux semblants, et n'y avait point de guerre en ce pays de Chalosse, loué soit Dieu ! Mais les arrérages des taxes et impositions de l'année passée se doivent encore et le monde est fort paubre.

Le beau temps a duré jusqu'aux derniers mars 1654, et les maladies sont un peu apaisées. Loué soit Dieu, et n'y a point de guerre en ce pays de Chalosse. En ce temps, la barrique de bin balait 25 liv., mesure de froment 2 liv. 10 s. mesure de blé 44 s., mesure de millet 40 s. et arriva grande quantité d'abondance de grain, du cousté de Bayonne. Sur la fin d'avril 1654, il fit une grande et bonne pluie, ce qui fit fort réjouir les fruits de la terre ; et alors la barrique de bin balait 25 liv., mesure de froment 55 s., mesure de blé 45 s., mesure de millet 35 s.; les bignes et les froments étaient fort beaux et n'y avait point de maladie, ni de guerre en ce pays. Loué soit Dieu !

Grêle à Doazit et à St-Cricq.

Mais le 3 mai 1651, il fit grêle à Doazit et à Saint-Cricq et à plusieurs autres endroits qui fit fort grand dommage ; mais pour cela le bin n'enchérit point, et le grain devint à meilleur compte ; car, au 1er juillet 1651, la barrique de vin estant à 24 liv., mesure de froment à 50 s., mesure de blé à 36 s., mesure millet à 32 s. Le temps était fort pluvieux, mais il n'y avait point de guerre en ce pays, ni de maladie. Loué soit Dieu !

Logement des gens de guerre de M. de Tricon.

Les gens de guerre, depuis qu'ils sont partis de Chalosse, ont toujours demeuré en la Bigourre, et y font tous les maux imaginables. Le pays de Bigorre estait perdu. Sur la fin de juin 1654, il fit mauvaise brume en telle façon qu'il emporta presque tout le raisin de vigne. En Chalosse alors barrique de vin valait 27 liv., mesure de froment 3 liv., mesure de millet 32 s., mesure de blé vaiait 38 s.

Ravages de guerre chez nous à Péboué.

Mais, hélas ! nous ne sommes pas encore à la fin de nos maux ; nous n'avons pas demeuré longtemps en paix, car au commencement de juillet le bruit est partout, disant que tous les gens de guerre s'en benaient en Chalosse, ce qui est bien arrivé ; car le 12 juillet 1654, à Doazit est arrivé une compagnie de cavaliers qui étaient à M. d'Aubeterre, lesquels sont demeurés à Doazit l'espace de huit jours entiers, et étaient environ cent vingt chevals, et plusieurs à pied. Le capitaine se nommait M. de Tricon qui était lougé chez nous à Peboué avec tout son train qui estait seize chevals et seize hommes, lesquels nous ont fait faire grande dépense et entr'autres choses ont tué et mangé deux génisses de lait que j'avais à Jouanicon en gazaille, desquelles je n'eusse pas voulu la mort pour 25 liv. et nous ont ainsi print quantité de meubles et linge et a fallu que la paroisse de Doazit baillat au capitaine, avant de partir la somme de 150 fr. et encore a fallu que M. de Doazit aye emprunté M. de Gramond qui estait pour lors à Hagetmau, et avons envoyé deux messagers à Bordeaux pour chercher le deslogement à un nommé Costerade, a donc par l'entremise de M. de Gramond et de M. de Doazit; ils partirent au bout de huit jours et s'en allèrent à Bonnut c'était le 20 juillet 1654.

Et le 15 juillet 1654 à Brassempoy est aussi arrivé une compagnie de cavaliers aussi de M. d'Aubeterre qui ont demeuré longtemps et ont tout ruiné tout Brassempoy. A St-Sever en est aussi arrivé grande quantité et par toute Chalosse et font de grands ravages partout; et le 26 dudit juillet à Doazit est arrivé deux courriers de cavalerie de M. de Saint-Simon, auxquels à Doazit donnèrent 400 liv. pour n'y loger et s'en allèrent à Mant. J'entends aussi qu'il y en a en plusieurs paroisses de Chalosse ; ils font toujours de grands maux. On dit que toutes les armées descendent en Chalosse ; je ne sais ce qu'ils veulent faire, je crois qu'ils ruineront le pays avant de sortir. O la grande misère ! il est impossible que le paubre puble puisse plus bibre et résister à tant d'impositions et ravages qui se fesait tous les jours. Durant le temps que le capitaine a demeuré chez nous à Peboué, nous avons eu grande dépense des autres capitaines, des cavaliers des gens de Saint-Sever, et entr'autres M. de Comet de Larbey benait tous les jours pour y faire bonne chère.

Ravages de guerre.

Il y a encore grande quantité de bin a bandre, mais personne n'en achète pas une pièce ; il n'y a point d'argent ; le pays est réduit à la grande misère à cause de la pauvreté et des gens de guerre. Je prie le bon Dieu qu'il lui plaise y mettre sa sainte bénédiction, et qu'il aye pitié du paubre puble et qu'il lui plaise appaiser son courroux et à nous pardonner tous nos péchés, et qu'il nous préserve du grand danger dont nous sommes menacés par une éclipse de soleil qui doit arriver dans peu de temps, comme nous verrons ici après.

De l'esclipse de soleil le 12 août 1654. Ors, bous faut savoir que au mois de juillet 1654, il arriva une nouvelle fort affligeante, disant que le 12 août 1654 il adviendrait une grande obscurité et que le soleil serait éclipsé l'espace de trois heures. L'armanach en parle et nous menace de grands dangers. De Paris et aussi de Bordeaux est venu l'arrêt disant qu'il y a un prophète en la ville de Paoun (ou Laoun) en Allemagne, lequel a prophétisé depuis vingt-huit ans et que ce qu'il a dit est casi tout arrivé ; il se nomme Andréas. Ces noubelles sont dans tout le pays et je vous assure que tout le monde a grand peur et appréhension. Le prophète (dit) qu'il se craint que Dieu fera jugement ce jour ou qu'il le fera dans deux ans. Le bon Dieu nous veuille nous préserver et nous faire la grâce de mourir dans sa sainte grâce et nous préserver de tout mauvais danger dont nous sommes menacés. Car les uns disent que ce jour fera de grands vents et tonnerre ; d'autres disent que tout l'air sera pestiféré, d'autres se craignent qu'il mourra grande quantité de monde et bétail, d'autres disent que nous serons accablés de guerres comme déjà elle est commencée ; d'autres disent que nous serons attaqués de religion contraire ; d'autres disent que nous sentirons ce jour une grande frayeur ; d'autres disent que la terre fera ouverture en quelques endroits à cause du grand benin de ce jour, tout le monde en parle aussi avec grande crainte. J'entends déjà on a fait partout probision d'eau pour ce jour. comme aussi d'herbes et de fruitage, afin d'empêcher le benin de ce jour. Je ne sais ce qu'il en adviendra ; j'en remets tout à la boulounté de Dieu, et lui prie qu'il nous beuille à tous faire pardon et miséricorde et que sa sainte boulounté soit faite ; mettons-nous tous en sa sainte garde et ne perdons pas courage, car le bon Dieu est toutpuissant pour remédier à tout danger. A donc étant à la honzième jour d'août, beille dudit jour de l'éclipse, tout le monde redoute cette éclipse, tous font provision pour trois jours d'oint, d'herbes et de fruits, comme nous l'avons dit ; tout le peuple prie Dieu en attendant sa sainte boulounté.

Mais ledit treizième jour dudit aoust, à Doazit est arribée la nouvelle à Saint-Sever que deux compagnies de cabaliers s'en venaient louger à Doazit, ce qui étonna fort ceux de Doazit, mais ils firent composition, moyennant 25 pistoles, que en Doazit n'y aurait point de logement.

Et encore ce même jour à Doazit passa un régiment de gens de guerre et passèrent au château de Doazit ; je vous assure qu'on avait bien grande peur d'avoir logement, mais tout passa et s'en allèrent à Montgaillard. Le baillant Monseigneur de Doazit les alla accompagner jusqu'au bout de la paroisse afin d'éviter les ravages en Doazit. *Passage des gens de guerre.*

A donc ce jour je demeurai bien tard à me retirer à cause d'une affaire que j'avais, et en me retirant j'ai bu le temps fort beau et passayais le ciel, grâce à Dieu. Et estant benu ledit douzième jour d'août 1654, c'était un jour de mercredi, marché à Hagetmau, je me levai d'assez bon matin et fis une promenade d'environ un quart de lieu, et en m'en retournant je regardais le soleil qui estait assez beau et le ciel clair et le temps fort passient ; je me livrai en attendant à la boulounté de Dieu auquel je prie qu'il aye pitié de nous.

O Jésus-Christ! mon Rédempteur, chacun vous doit pourter honneur, chacun bous doit craindre et serbir, car pour nous avez boulu souffrir en présence de vostre mère, mourt et passion instamment et au tiers jour ressuscité, et puis au ciel m'onté pour nous ouvrir voustre paradis duquel nous étions entredits pour le péché de nos parents ; humblement grâces vous remercie des biens que bous m'abez fait en ma bie et outre plus, je vous supplie qu'il bous plaise *Belle prière du chroniqueur.*

nous préserver cejourd'hui de tout danger et péril dont nous sommes menacés, et pardonnez-nous nos péchés, car les astres nous ont fort menacés.

O glorieuse Bierge Marie, mère de Dieu, je say que bous estes la Reine du ciel, et avez un très grand crédit auprès mon Seigneur Jésus-Christ boustre fils ; je vous prie très-humblement, ô grande Dame du paradis, qu'il bous plaise prier et intercéder pour tout le peuple. O sainte Dame, monstrez, monstrez à mon Saubur Jésus-Christ les mamelles avec lesquels vous l'avez allaité, et par ce moyen bous obtiendrez pardon et miséricorde pour nous. Je vous prie aussi sainte Dame prier et intercéder pour nous, mais principalement à l'heure de noustre mourt.

O glorieux saint Joseph, il a déjà longtemps que je vous ai choisi pour mon particulier avocat pour Marie, et bous invoque tous les jours ; je vous prie, priez et intercédez pour nous, mais principalement à l'heure de noustre mourt et au jour du jugement.

O glorieux saint Laurent, le premier jour du présent mois je bous ai print et choisi pour mon avocat durant ce mois présent. Je vous prie donc grand martyr saint Laurent, qu'il vous plaise prier et intercéder pour nous, mais principalement aujourd'hui et à l'heure de noustre mourt.

Et environ les neuf heures, une brume s'est mise en l'air et le soleil a commencé à s'esclipser et a esclipsé environ la moitié du cousté du nord, mais dans peu de temps le soleil se remit en son entier et le temps a été aussi beau comme auparavant, grâces à Dieu, sans aucun accident que l'on sache.

<small>Ravages de guerre.</small> Les gens de guerre, comme nous avons dit, continuent tous les jours à faire tous les maux immaginables et font de grands ravages par toute la Chalosse et entr'autres ont tout à fait perdu Brassempoy et Serreslous, tellement qu'il n'y a pas une maison qui aye du pain à manger et sont ruinés à jamais.

<small>Accident de Poy-Patin.</small> J'entends qu'il s'y fait de grands désordres tous les jours, et entr'autres causes à Poy-Patin. Un nommé Pigé de Gouarride amassait coutises et un autre homme nommé Cabiro

du Patin lui a coupé l'un des bras. Oh! grand malheur, et encore la femme de celui qui a le bras coupé, ladite femme a l'une des jambes de bois. Ces deux personnes sont fort à plaindre; cela a été fait le 17 août 1654.

Et le 18 aoust 1654, à Montaut, passa grand nombre de gens de guerre, en telle sorte qu'ils burent trois barriques de vin de celui de M. de Ribes, curé de Montaut, et font toujours de grands désordres partout. Il est impossible de résister à tant de maux. Alors la mesure de froment vaut 32 s., barrique de vin 24 liv. Le temps était pour lors fort chaud; la pluie tardait fort pour les fruits et fesait de grandes chaleurs, en telle sorte que le grand chaud estouffa un pauvre homme demeurant à Pebos, près de Brocas. Ce fut le 19 aoust 1654. *Ravages de guerre.*

Je vous assure que les gens de guerre font de grands maux et de grands ravages par toute la Chalosse, et entr'autres ont demeuré en la paroisse de Brassempouy l'espace de quarante jours, et à Serresloux dix jours, et à Dume longtemps. En d'autres endroits dont ces pauvres habitants sont fort pauvres, et tout ce pays est réduit à grande pauvreté, et d'autre part il y a grande quantité de malades partout, et la plupart n'ont pas de quoi se faire traiter. A donc, par la grâce de Dieu, environ le 23 et 24 d'aoust, les gens de guerre sortirent tous de ce pays de Chalosse et s'en allèrent tous du cousté de haut; Dieu les veuille conduire et éloigner de ce pays. *Idem.*

Je vous assure que pour lors le temps était fort chaud, car depuis environ St-Jean n'a point plu, et en tout ce pays le millet est quasi perdu et plusieurs arbres sont déjà mourts. Le paubre peuble ne peut guères trabailler à cause du grand chaud. La barrique de bin baut 24 liv.; c'est à savoir le bon, car il y en a grande quantité de pourri. La mesure de froment baut 33 s. *Pourriture du vin.*

A donc, environ le 20 septembre dudit an 1654, la plupart du bin en Chalosse se truba pourri, et celui qui était bon balait 30 liv. la barrique. Mesure de froment balait 2 liv., mesure de blé 30 s., le bois de barrique ne balait alors que 40 s., à cause que aux vignes n'avait pas pour lors que fort peu de raisin, et le bruit estant par toute la Chalosse que ce serait la plus paubre bendange qu'il y eut eu de longtemps, car tout le monde criait il n'y aura pas bin seulement pour la probision du pays en Chalosse. Alors on coupait quelques bignes, car partout alors les bignes étaient en fort paubre estat, à cause qu'elles avaient été mal travaillées, à cause de la guerre et de la mourt et maladie du pauvre peuple. Mais le millet estait demeuré fort bas à cause de la grande sècheresse, mais les terres des champs et laborables étaient bien coultivées et laborées pour lors, grâces à Dieu. Le beau temps continua jusques au mois d'octobre, et le millet meurit de force sans pluye, et on explia (récolta) avant de vendanger, mais il y en eut fort peu, mais il estait fort bon et bien fait. Au 10 dudit octobre 1654 on ne commençait pas encore de vendanger, parce qu'on attendait une pluie pour vendanger.

Cherté du bin

Alors, une bonne barrique de vin se vendait 36 liv., et ne s'en trouvait pas pour les malades du bon, et tout le monde criait qu'il y aurait bien peu du noubeau. Mesure de froment balait 35 s., mesure de blé 26 s., millet 18 s.

Maladie contagieuse à Hagetmau.

En la première semaine dudit octobre 1654, il arriba un bruit disant qu'à Hagetmau y avait maladie contagieuse, et que en six jours y était mort trois ou quatre personnes subitement, et que personne ne s'y approchait pour les ensebelir, en telle sorte qu'ils furent enterrés en un jardin et l'on s'y approchait que de fort loin, et quand un prestre y allait pour les confesser, il ne s'approchait pas à cent pas du malade. Et le 7 dudit octobre estait marché dudit Hagetmau. Ce matin, à Doazit, firent défense que personne de Doazit n'allât pas ce jour au marché de Hagetmau, ou qu'il ne retournerait pas à Doazit à cause du grand danger qu'il y avait de la contagion. Ce jour-là au château de Doazit, ne boulurent pas s'approcher jusqu'au chemin pour prendre le payage à ceux qui benaient du marché de Hagetmau, et entr'autres un homme menait un pourçon qu'il avait acheté audit marché de Hagetmau, et estant audit château de Doazit, il appela au payage, mais personne n'osa y aller pour prendre argent, à cause de la contagion, et l'homme qui menait le pourçon laissa ledit payage du pourçon au pied d'un chêne sur le chemin.

Grande cherté et grande disette de vin.

A donc, sur la fin dudit octobre 1654, on fit vendange, mais cela fut bientôt fait, car ce fut la plus petite vendange qu'il y eut de longtemps. Tout le monde, en Chalosse, criait la rareté du vin ; il n'y avait point de bin. Le temps était fort beau, et disait-on que le peu de vin qui estait serait fort bon. On fit aussi le froment à temps et fort bien, et le temps était toujours fort beau.

Maladie de Hagetmau

La maladie que nous avons dit de Hagetmau continua l'espace d'un mois et en y mourut quinze ou seize, et durant ce temps personne ne s'approchait de Hagetmau. A Doazit faisait toujours bonne garde, et n'en passait pas aucun de Haget ; les chanoines de St-Guirons fermèrent l'église, et n'y entrait personne de ceux de Hagetmau, et ceux qui moururent durant ce temps les enterrèrent aux jardins ; et à la fin du mois d'octobre à Hagetmau, est arrivé un parfumeur qui parfumait les maisons pestiférées, pour chasser la maladie. Donc ce mal s'apaisa, grâces à Dieu, mais quelques jours après il y eut encore quelques malades, et il en mourut cinq ou six successivement, et principalement à Juanchicot, en y mourut quatre ; l'on fit brûler cette maison. Pour lors, personne ne s'osait approcher de Haget de peur de danger de mort. Et estant au commencement de décembre, l'on dit que la maladie estait apaisée et qu'il n'y avait plus de danger, grâces à Dieu. Alors la barrique de vin se vendait 27 liv., mesure de froment 24 s., mesure de blé 25 s., mesure de millet 18 s. ; mais il n'y avait point argent, à cause que les impositions et gens de guerre en avait tout emporté.

Peu de profit des marchands.

Cette année 1654, le négousse des marchands ne sont pas fort bons, car je crois qu'il n'y a guère de marchands en ce pays qu'ils ne fassent perte, comme aussi les fermiers n'y ont pas trubé leur counte. Cette année, j'étais clavier à la frairie du Mus, et fîmes marché, ladite année, de faire un tabernacle pour le mettre au grand autel de l'église du Mus, lequel tabernacle coustait 400 liv ; je fis aussi carreler l'église et y fis faire une croix et la fis mettre au cimetière du Mus, ce qui fut tout en ladite année 1654.

Nous finirons le discours de ladite année 1654, en bous disant que en ce pays de Chalosse n'y a point de gens de guerre à présent; mais les arrérages des impositions ci-devant faites sont encore à payer, et n'y a point d'argent sur le pays, ce qui est cause que le grain est à bon counte, car la barrique de vin ne vaut que 24 liv., mesure froment 30 s., mesure blé 22 s., mesure millet 16 s., et n'y a point maladie grâces à Dieu.

Ravages des gens de guerre à Tartas. Pour l'an 1655 et estant environ le 10 de janbier dudit an 1655, j'apprends que à Tartas estait arribé un régiment de gens de guerre, qui sont pour le roi, et au nombre de 1200, tous à pied, sauf les officiers, lesquels font grands désordres et maux et ravagent fort Tartas, et ce, à cause que Tartas avait été ci-devant du contraire parti contre le roi, comme nous l'avons dit ci-dessus. Lesdits gens de guerre ont demeuré à Tartas l'espace de seize jours, et après, la moitié desdits gens de guerre s'en sont allés du cousté de Mont-de-Marsan, et le 29 de janvier, tant ceux qui étaient à Tartas que ceux qui étaient à Mont-de-Marsan s'en sont allés en haut. Dieu les veuille conduire.

Bon temps du grain. Estant au mi du mois de février 1655, le bon temps continue encore, car la mesure de froment estait à 25 s., mesure de blé à 20 s., et mesure de millet 16 s., et barrique de vin à 21 liv., et il n'y avait, pour le pays de Chalosse, de maladie ni gens de guerre, grâces à Dieu; mais les marchandises estaient à bon compte à cause que en ce pays ne abaient point d'argent, car de mémoire de bibant, en ce pays de Chalosse, n'y avait point eu si grand manquement d'argent. Et estant en mars 1655, le bon temps continua, grâces à Dieu, car la barrique de vin est à 20 liv., mesure de froment à 20 s., mesure de blé à 16 s., mesure de millet estait à 16 s., mais c'était à cause de la grande manque d'argent qui estoit pour lors sur le pays. Et pour lors le temps estait fort beau pour la saison et le froment était fort beau par la campagne, grâces à Dieu.

Et estant à la fin de mars, il fit quelques gelées qui firent beaucoup de mal aux lieux bas, en plusieurs endroits, mais pour ce le bin n'enchérit point.

Mais le 14 avril 1655, il fit une grande gelée qui fit grand mal aux lieux bas partout le pays, et le bin enchérit un peu, car au 20 d'avril la barrique de bin balait 28 liv., mesure de froment 32 s., mesure blé 20 s., mesure millet 16 s.

En ce temps, le cartier d'hiver arriva sur le pays. Je bous assure qu'il eut bien de la peine à recoubrer cette partie, car le monde estait alors si paubre qu'il ne s'y trubait pas une pièce d'argent ; je ne saurai dire autre chose de noubeau sinon que le monde est fort paubre.

Au 15 juin 1655, la barrique de bin valait 33 liv., mesure froment 30 s., mesure blé 19 s., mesure millet 16 s. ; et aux bignes n'avait point de raisin que fort peu, et avait grelé en plusieurs endroits, et le temps était fort pluvieux, tellement qu'on ne pouvait pas travailler aux terres pour faire du millet car tous les jours plubait. Ce temps fâchait fort à cause du travail à faire le millet. Mais il fit après beau temps que le millet se fit assez bien, et fit aussi beau temps pour arecapter le blé et le froment. Estant au 20 de juillet 1655, le temps était encore assez beau et le millet avait beau semblant par la campagne. Alors mesure de froment valait 32 s., mesure de millet 16 s., mesure de blé 21 s., barrique de vin 36 liv.; mais aux bignes n'avait point du raisin, ce qui était cause que tout le monde criait la rareté du bin. Et c'est partout, généralement, que tout le monde criait : n'y aura point de vin cette vandange, n'y aura point de bin.

Le beau temps continua toujours et fesait grande sècheresse, tant que le millet retardait fort à manquer d'une arrosée, car étant au 24 août 1655, on criait que le millet était casi mort par les champs, et on criait aussi partout généralement qu'il n'y aurait point de bin, et pour lors n'y avait point de gens de guerre en ce pays ni de maladies, grâces à Dieu.

Alors la barrique de bin balait 45 liv., mesure de froment 25 s., mesure de blé 18 s., mesure de millet 16 s., *Grande chéreté du vin.*

mesure aboine 12 s., et au 28 aoust 1655, il a grelé à Poyalé et en Doazit et à Castelnau de Bas, et grand dommage tout a fait, et étant au commencement de septembre il fit une bonne pluie fort profitable pour les fruits de la terre, ce qui réjouit fort le peuple. Et estant au commencement et mercredi du mois d'octobre 1655, la bendange était casi faite par toute la Chalosse et fut bientôt faite, car c'était la plus petite vendange que l'on eût vue, car chacune journade de bigne l'un pour l'autre ny avait pas un quart de barrique de vin, et disait-on qu'il serait fort cher. Alors le temps estoit fort beau pendant ladite bendange et pour faucher le millet ce qui réjouissait fort le peuple, mais tout le monde criait à la rareté du bin. Le froment se fit fort bien, sans aucune pluie ; il ne se parlait point de guerre en tout ce pays, ni de grandes maladies, loué soit Dieu ! Et estant au commencement de novembre 1655, la barrique de vin balait 36 liv., mesure de froment 30 s., mesure de blé 20 s., mesure de millet 15 s.

Bruit en l'église de St-Aubin. — Je vous beux ors parler d'un bruit qui a été fait à l'église St-Aubin entre les prestres. Un nommé M. de Cafarre, fils de Bigourre, a esté curé et a joui du rebenu l'espace de trois ou quatre ans, sur la nomination que M. de Benacq avait faite en faveur dudit Cafarre, car ledit sieur de Benacq estait patron de ladite cure de Saint-Aubin, mais la seigneurie de ce lieu avait esté laissée par testament, par feu Madame de Poyalé, à une sienne fille nommée Mademoiselle de Navailles, et ladite Mademoiselle se disant maîtresse suivant le testament a nommé un autre curé nommé M. de Moncucq, lequel, par un arrêté de la Cour, en a tiré ledit Cafarre et y a demeuré quelque temps et a jui du bin et du millet l'an 1655 ; mais Cafarre boulant jouir par force y est allé un jour de dimanche, environ la fin d'octobre 1655, et a trubé que Moncucq voulait dire la messe parouchelle à Saint-Aubin. Ledit Cafarre avait mené des gens avec lui et en a chassé Moncucq par force, et a battu et maltraité Moncucq et ses gens jusqu'à ce qu'il y eut effusion de sang, dont l'église de Saint-Aubin a été entredite qu'il n'y a eu messe de huit jours, jusqu'à ce que M. d'Aire y a envoyé un prêtre pour bénir l'église et a entredit Cafarre et Moncucq de ne dire messe à Saint-Aubin ni à Hauriet jusqu'à ce qu'il en soit dit autrement, et y a mis pour vicaire un prêtre nommé M. Dumartin de Montaut; mais M. Moncucq en a fait infourmer et poursuivre à Cafarre en telle sorte, qu'il a esté remis par arresté de la Cour, curé dudit St-Aubin, et y est allé dire messe le 27 du mois de décembre 1655, et le premier jour après a fait faire prisonniers audit Cafarre et à deux de ses neveux et les a fait mener à Bourdeaux, et encore, dans trois jours après, il a envoyé saisir au lougis dudit Cafarre pour la dépense, mais le frère dudit Cafarre a payé ladite dépense qui estait de 52 escus. On ne peut encore dire qui sera le maître, d'autant que Monseigneur de Benacq a nommé à Cafarre comme se disant seigneur du lieu de Pouyallé, et d'autre cousté ladite demoiselle de Navailles se disant maîtresse suivant ledit testament, elle a nommé audit Moncucq. Ledit sieur de Benacq a aussi toujours proucès avec ladite demoiselle de Nabailles, sur la seigneurie et rentes dudit Poyalé, mais ladite demoiselle n'a point encore joui de rien, car M. de Benacq a toujours emporté les fruits par force.

Donc le château de Pouyalé a été prins plusieurs fois par force, tantôt par l'un tantôt par l'autre, mais les gens de M. de Bénacq sont encore demeurés maîtres et sont à présent audit Poyallé, et en ont chassé ladite damoiselle de Nabailles.

Château de Poyallé.

Et le 22 de mars 1656, ledit Cafarre et ses deux neveux sont arrivés à Saint-Aubin, mais on ne peut savoir lequel des deux demeurera curé. M. de Moncucq est encore jouissant, et les gens que M. de Benacq avaient envoyés au château dit Pouyallé s'en sont retournés et ont laissé le château tout seul; et après cela, ladite demoiselle de Navailles a affermé le moulin à un nommé Gassinet de Montaut, mais ce n'a pas été pour longtemps, car le 27 de juin 1656 est arrivée à Pouyallé Madame la marquise de Benac en voiture, laquelle dame a pris tous les fruits et droits seigneuriaux sans aucun contredit, et ledit Moncucq demeure curé dudit St-Aubin.

Et étant au commencement de décembre 1655, il a fait une grande tourrade l'espace de huit jours ; au reste, le temps estait beau. Alors la barrique de bin valait 32 liv., mesure de froment 28 s., mesure de blé 20 s., mesure de millet 15 s., et n'y avait point de gens de guerre en ce pays, grâces à Dieu, mais le monde estait encore fort paubre à cause qu'il n'y avait pas eu de bin et ny avait point d'argent pour payer les deptes. Bous eussiez bu casi tous les débiteurs, ou la plus grande part, demander terme en justice et chicaner fort. Et estant au commencement de janvier 1656, la barrique de bin balait 35 liv., mesure de froment 30 s., mesure de blé 24 s., mesure de millet 18 s.

Ravages des gens de guerre. Mais bientôt après il arriva des nouvelles maubaises, c'est que les gens de guerre s'en benaient en ce pays, ce qui fut bien bray, car le 22 de janvier 1656, à St-Sever, arriva trois compagnies de cabaliers, à Aire deux compagnies, à Dax deux compagnies, à Tartas deux compagnies, au Mont-de-Marsan deux compagnies, et à Peyrehorade aussi deux compagnies, ce qui étonna fort le public, et ce, pour y rester trois mois ou davantage.

Grande peur en Doazit aux gens de guerre. Mais, dans peu de jours, il arriba une autre noubelle qui estait encore plus maubaise, car le cri allait partout que l'une compagnie de Peyrehorade s'en benait à Doazit, et l'autre allait à Montgaillard, ce qui estonna fort Doazit, et de fait, le 15 de février 1656, à Doazit les attendait pour les louger, mais pas la grâce de Dieu il en alla bien autrement, car le noble et baillant Monseigneur l'évêque d'Aire, qui estait pour lors à Paris, il sut en quelque façon que le deslogement des cabaliers à Peyrehorade estait baillé, et qu'ils avaient le logement à Doazit. Ledit Monseigneur fit tant avec ses amis qu'il obtint les deslougements de Doazit et de Montgaillard et l'envoya incontinent, qui arriba à St-Seber le 18 dudit février 1656, et par bonheur le baillant *Grande baillance de M. de Doazit.* M. de Doazit fut à St-Seber qui pourta cette bonne nouvelle avant que les cabaliers fussent arribés. A donc, il envoya M. de Doazit incontinent à Peyrehorade pourter le deslogement aux cabaliers, et leur pourter autre logement à Lahontang et à Magescq ; mais ils ne le boulurent prendre jusqu'à ce que M. de Doazit les eût allé truber. Mais après que M. de Doazit les eût parlé et leur bailla 300 liv. pour les ustensiles, ils prirent le deslogement de Doazit et le logement de Magescq et de Lahontang. Certes, en cette occasion Messieurs de Doazit ont grande obligation à M. d'Aire. Alors barrique de bin balait 40 liv., mesure de froment à 34 s., mesure de blé 33 s., mesure de millet 20 s.

Et estant au 15 de mars 1656, j'entends que les cabaliers fesaient grands ravages partout où ils étaient, et mesme autour de St-Sever, fesaient grandes bouleries à ceux qui allaient au marché le samedi ; il ne s'y parle pas encore que les paroisses du siége y contribuassent ; je ne sais ce qu'il en adviendra. *Ravages des gens de guerre.*

Alors la barrique de bin balait 43 liv., mesure de froment 36 s., mesure de blé 23 s., mesure de millet 20 s., mesure de panis 16 s. Les affaires du pauvre monde se fesaient autant mal que jamais à cause de la grande paubreté du puble, car il n'y avait point d'argent ni marchandises à prester en tout ce pays. *Cher le bin.*

Et estant au 20 dudit mars 1656, à St-Sever ont obtenu d'imposer sur les paroisses du siége, à cause de la dépense qu'ils avaient faite, et mesme à Doazit y ont pour leur côte part 1,000 liv. sur la taille, et encore, outre tout cela, font pourter grande quantité de fourrage à St-Sever pour payer les ustensiles qu'ils ont fourni aux gens de guerre, et si on ne porte pas ce qu'ils demandent ils emboient les cavaliers par les paroisses, et même à Doazit, le 26 dudit mars 1656 y est arribé quatre cabaliers et deux desquels ont demeuré à Caudicanne un jour et une nuit. Nous sommes tous à la grande paubreté à cause que les gens de guerre ne nous laissent rien. J'apprends encore qu'une autre compagnie du pays de haut demande un présent à ceux de Doazit, à cause qu'il avait le logement à Doazit ; mais pour la considération de M. de Doazit n'y est pas benu ; certes il est impossible que le pauvre puble puisse payer tant d'impositions. O la grande misère ! Au reste je bous dis que le temps est assez beau. Le monde réparent fort les biens, il n'y a point grandes maladies grâces à Dieu. Alors la mesure *Ravages des gens de guerre.*

de froment balait bien 36 s., mesure de blé 27 s., millet 22 s.. et barrique de vin 45 liv.

Et estant au onzième d'avril 1656, tous les cabaliers sortirent de St-Seber et s'en allèrent par les paroisses, pour recoubrer les ustensiles, suibant le partage qui en a été fait par ceux de St-Sever, et allèrent premièrement à Montaut, puis à Larbey et à Mugron, et après, par toutes les paroisses du siége de St-Seber, jusques à ce qu'ils ont recoubré leur partage.

Ravages de guerre.

Mais en faisant ces courses, ils ont fait de grands rabages par les paroisses et partout où ils passaient. Et le 18 abril 1656, ils sont allés à Casalis et y ont mangé et emporté tout ce qu'ils y ont trubè; tant, que la paroisse de Marquebielle, comme estant un membre de Cazalis, y ont eu de leur côté part de dépense la somme de 50 liv.

Ravages de guerre et cherté du bin.

Et estant au 20 dudit avril 1656, j'apprends que les cabaliers qui estaient à Lahontang sont arribés à Brassempoy et qu'ils sont là jusqu'à nouveau ordre. O la grande misère du paubre puble ! Ces enragés cabaliers ruinent tout ce qu'ils trubent et n'ont point aucune pitié ni considération du pauvre monde qui murent de faim, car il s'y passe déjà grande famine et il ne s'y trube rien à prester ; le pays est fort paubre. Alors, barrique de bin baut 48 liv., mesure de froment 38 s., mesure de blé 28 s., mesure de millet 22 s., et c'était alors que à Doazit fesait le jubilé général qui se commença à Doazit le 16 avril 1656, jour de Pâques, et dura quinze jours. Et le 3 de may 1656, les cabaliers qui estaient à Brassempoy s'en sont allés debers Labatut, moyennant 1,300 liv. que ceux de Brassempoy leur ont promis. Et estant au 15 de may 1656, tous les gens de guerre qui estaient en Chalosse s'en sont allés du cousté de haut, comme aussi ceux qui estaient à Labatut s'en sont allés le 22 dudit may, tellement que en toute Chalosse ny aux enbirons n'en est point demeuré aucun grâces à Dieu.

Pour lors, il n'y abait point de maladies grâces à Dieu, mais il y abait bien d'autres incommodités, car le grain abait haussé. La mesure de froment balait 45 s., mesure de blé 32 s., barrique de vin 42 liv., mesure de millet 25 s. Alors s'y passait grande famine par tout le pays, le monde estait fort paubre, n'y abait point ni rien à prester, le paubre monde estait tout à la faim. Le temps estait fort beau, et les fruits avaient beaux semblans, surtout aux bignes, avec grande quantité de raisins qui commençaient à fleurir.

Et estant au 1ᵉʳ de juin 1656, il arriba noubelle que une compagnie de cabaliers s'en venait à Montaut et une autre compagnie à Brassempoy. Ce qui fut bien bray, car le 15 dudit juin 1656 ils arribèrent à Montaut et à Brassempouy. Ces gens estaient à M. de Conty et c'estait pour et à cause de quelques sommes d'argent que lesdits Montaut et Brassempoy debaient de quelque rançon, et les habitants de Montaut et Brassempoy ayant entendu que ces gens debaient arriber, ils quittèrent et bidèrent lesdites paroisses, et alors que lesdits cabaliers furent arribés, ils ne trubèrent rien ni personne pour les adresser, ce qui fut cause qu'ils firent de grands dommages, car ils faisaient tomber plusieurs maisons, couper et brûler les meubles, et faisaient prisonniers ceux qu'ils pubaient trouber, et ruiner et gaster les grains et les autres fruits, et les ont tout à fait perdus.

<small>Ravages de guerre.</small>

O grande misère de paubre puble de perdre tous les fruits et les meubles et maisons ruinées, et encore sont pribés de traballier les biens, et qui plus est ne pubent semer le millet, car le paubre puble ne s'ose pas à retirer. Je vous laisse à penser comme ce paubre puble est fort à plaindre, car c'estait une saison bien maubaise, car la famine était presque par toutes les maisons, excepté quelques bonnes maisons, et n'y abait à prester, car alors la barrique de bin balait 45 liv., mesure de blé ballait à Mugron le 25 dudit juin 1656 45 s., mais grâces à Dieu, dans l'huitaine après la mesure devint audit Mugron à 20 s., ce qui réjouit fort le paubre puble, et pour lors on espérait de faire une bonne coueilhude de fruits, car le froment estait alors en bon estat et les millets estaient casi tous bien faits. Les bignes avaient aussi assez de raisins; les bois de barrique balaient 50 s. tous comptant.

Lesdits cabaliers sont demeurés audit Montaut et

<small>Ravages de guerre.</small>

Brassempouy l'espace de birt jours, jusqu'au 7 du mois de juillet 1656. Le capitaine de cette compagnie s'appelait M. de Guillebagne, qui estait de Bourdox. Ils ont tout à fait ruiné ledit Montaut et Brassempouy, et rompu les meubles et plusieurs maisons et ruiné et gasté les fruits, et ledit jour de juillet, lesdits cabaliers s'en sont allés et ont passé l'Adour au port de Toulouzette.

Alors la barrique de vin se vendait 42 liv., mesure de froment ballait 25 s., et mesure de blé 20 s, et l'on esperait une bonne vendange Dieu aidant.

Et estant au 20 de juillet 1656, on m'a assuré que le roy d'Espagne estait demeuré maître dans la Catalogne, qu'il en avait chassé le roy de France et ses armées. On m'a aussi assuré que Balthazar y était pour le roi de France, mais qu'il s'était rebouté et rendu du côté de l'Espagnol. M. le prince de Conty y était aussi, lequel conduisait l'armée d'Espagne, car il y a longtemps que ledit prince a guerre avec le roy de France, comme nous avons dit ci-dessus en parlant de Tartas et dudit Balthazar.

Bouleries de guerre. Et estant au 24 juillet 1656, il est arribé en Chalosse une compagnie de cabaliers; le capitaine s'appelait M. Lamon Castillon, lequel fit de grandes bouleries, car il abait poubouer d'aller par toutes les paroisses où bon lui semblait; il alla premièrement à Amou, et lui baillèrent grande rançon, plus en plusieurs autres paroisses, casi par toutes les paroisses, et entr'autres M. de Bonnaguet traita pour ceux de Doazit à 25 pistoles. C'est une grande misère du paubre puble qui est si foulé, sans qu'il soit nécessaire que ces gens viennent en tout ce pays sinon pour bouler les paroisses. Et après qu'ils ont demeuré quelques jours en Chalosse, ils s'en sont allés par delà l'Adou, bers le Marancin.

Et étant au mois d'aoust 1656, la mesure de froment balait 25 s., mesure de blé à 20 s., barrique de bin 43 liv. bois de barrique 3 liv., car pour lors on espérait une bonne bandange. Le temps estait fort beau et fort chaud et la pluie tardait fort pour arrouser le millet; il n'y avait de grandes maladies grâces à Dieu, et n'y avait point grêle du tout cette année, jusqu'alors, loué soit le bon Dieu, mais le monde estait fort paubre à cause des grands rabages que les gens de guerre ont fait par tout le pays de Chalosse. alors les gardes de M. le prince de Conty, goubernur de ce pays, arribèrent à Dax.

Et estant au commencement de septembre dudit an 1656, le bin debint fort cher et ne s'en trubait plus à bendre ; il se bendait pour lors à 70 liv. la barrique, et le 12 dudit septembre 1656, barrique de vin était bendue à Mugron à 72 liv. la barrique ; j'y étais présent, et pour lors, on commençait à vendanger quelque peu du piquepout, afin de pourvoir plusieurs lieux qui n'en avaient aucune goutte, et le 10 dudit septembre 1656, je en fis bendanger deux barriques à la place, et le fis pourter le lendemain à Ourtez, et les ai vendues à 27 liv. chacune barrique, et les charrois et payages et huilhages payés d'autre part. *Cherté du bin*

Et le 16 dudit septembre 1656, plusieurs firent pourter grande quantité de bins mous à Dax pour le bendre, et en bendirent la plus grande partie à 24 liv. la barrique tout mous. Alors le temps était fort beau et l'on ne bendangeait pas encore, sinon lesdits piquepout. Alors, mesure de froment se vendait à 25 s., mesure de blé à 17 s., bois de barrique 3 liv.. L'on espérait pour lors bonne bendange, et aussi assez de millet. Et estant près de la fin de septembre, la bandange a été faite par toute Chalosse ; il y a eu assez de bin partout, mais personne n'en achetait pas encore ; il a aussi fait beau temps pour faucher et espiquer le millet. Il s'est fort bien fait mais il n'y a pas eu grande quantité de millet. Pour lors, mesure de froment balait 26 s., mesure de blé à 18 s., mesure de millet à 15 s, et personne ne parle de acheter du bin à aucun prix, ce qui tarde fort au paubre puble. Et estant au novembre 1656, au Sabla à Dax se bendait communément la barrique de bin à 20 liv. Et estant au commencement de décembre 1656, barrique du bin se bendait à Dax à 16 liv. la barrique ; alors mesure de froment se bendait à 24 s,, mesure de blé à 17 s., mesure de millet à 14 s ; plus au 15 mars 1657 la barrique de bin se bandait 12 liv., mesure de froment 25 s. ; à Mugron, mesure blé 16 s., mesure de millet 12 s. Mais il n'y abait point d'argent pour lors, ce qui était cause que les marchandises estaient à bon compte, et il y abait pour lors quelque maladie. Et estant au dernier mars 1657, il fit une grande gelée, tant que aux bignes qui estaient aux lieux bas y eut grand dommage en plusieurs endroits, mais pour cela le bin n'enchérit point, car au 15 abvril 1657 la barrique du bin se bendait à 12 liv., et la mesure de froment à 25 s., mesure de blé 15 s., mesure de millet 12 s.; il n'y abait point de gens de guerre en ce pays, grâces à Dieu, sinon pour recoubrer les tailles et le quartier d'hiber, et pour lors il fesait fort beau temps, tous les fruits étaient alors en bon estat grâces à Dieu.

Et estant au 15 may 1657, le beau temps continuait encore; la barrique de bin se bendait à 12 liv., mesure de froment à 22 s., mesure de blé à 14 s., mesure de millet à 12 s.; mais il n'y avait point d'argent non pas seulement pour payer les tailles du roy.

Grêle à St-Cricq.

Et estant au 20 may 1657, jour de la Pentecouste, il fit grêle en plusieurs endroits, et entr'autres lieux il en a fait au bourg de St-Cricq et a emporté casi tout le bin et aussi a fait grand domage au froment. Ces pauvres gens de St-Cricq sont fort affligés à cause de la perte de leurs fruits. Dieu par sa sainte grâce les veuille réparer !

Et estant au commencement de juin, il fesait encore fort beau temps, les fruits estaient en fort bon estat, le grain et bin estaient à bon counte, car mesure de froment estait à 20 s., mesure de blé à 14 s., mesure de millet à 10 s., et y avait grande quantité de bin sur le pays à vendre, de sorte qu'on disait publiquement qu'il avait du grain sur le pays à bendre pour bibre six mois. Depuis St-Jean le bin estait aussi fort à boun counte, c'est-à-dire à 12 liv. la barrique, et tout le monde criait la rareté de l'argent.

Cette année 1657 il y eut assez bien froment, il se bandait à l'aoust dudit an 1657 à 18 s., la mesure de blé à 12 s., et pour lors le millet estait fort beau par les campagnes,

Le bin à boun counte.

et pour lors le bin estait aussi fort à boun counte, car il y en abait, en ce pays, pour lors grande quantité de pourri.

Le bin se vendait à 12 liv. la barrique et les bignes estaient assez belles et en bon estat pour y avoir bonne bendange. Toutes marchandises estaient alors assez à boun counte, à cause de la grande rareté d'argent; les tailles et autres impositions estaient fort grandes, tellement que l'on abait bien de la peine à y remédier. Et estant à la fin de septembre 1657, la mesure de froment estait à 16 s., et pour lors la bendange estait presque achabée et y abait encore grande quantité du vieux.   *Le bin à boun counte.*

Mais, pour lors, on fesait de l'eau de bie à Aulès, il donnait du bon bin à 12 liv. la barrique, rendue à Aulès, et du pourri à 8 liv., et personne ne parlait encore d'en acheter du noubeau. Pour lors le bois de barrique se bendait à 3 liv. tout comptant, et le temps estait fort beau pour faucher le millet, grâces à Dieu. Mais estant au commencement de noubembre, audit an 1657, il se commença une pluie qui continua fort longtemps, et qui fut cause que l'on eut bien de la peine à semer le froment, car la pluie continuait casi toujours, dont le froment se fit fort mal.   *Eau de bie à Aulès.*

Pour lors, le bin se bendait à 14 liv. la barrique sur le lieu, et estant au 15 décembre dudit an, personne n'achetait point du bin, ce qui estait cause que le paubre monde avait grande nécessité d'argent par toute la Chalosse, et pour lors il s'en fut trouvé à 13 liv. 10 s. la barrique, et il fesait toujours des pluies en abondance et encore on continuait toujours à faire de l'eau-de-vie à Aulès, et pour lors mesure de froment se bendait à 18 s., mesure de blé à 12 s., mesure millet à 10 s., et n'y abait point pour lors de guerre ni de maladie en Chalosse, grâces à Dieu.

Et estant au 15 janvier de l'an 1658, il se commença un temps fort terrible, savoir pluie, bens, neige et de grandes tourrades si fortes que le bin glaçait dans le berre, et ce temps continua encore longtemps, car estant au 15 février dudit an 1658, il tomba grande quantité de neige, tellement que on disait que longtemps n'y avait pas eu autant de neige en une fois. Mais à moi me subien comme estant homme en âge, que en l'an 1615, en semblable temps, au mois de février, qu'il y abait une grande neige, plus grande   *Neiges.*

que n'est celle du présent, donc il fait à présent 43 ans, mais elle ne fit pas grand mal ni aux fruits ni aux arbres, grâces à Dieu ; mais du depuis, en l'an 1629, le jour de Noel et environ ces jours dont il y a eu la Noël dernier passé 28 ans. C'est pour lors que je puis vous dire qu'il tomba de grandes neiges et fit de grandes et si fortes tourrades qu'il fit mourir grandes quantités de bignes et d'arbres casi par tout le pays. Les figuiers et lauriers moururent tous autant qu'il en parut sur la terre. Mais du despuis ledit an 1629 il n'y avait pas eu si grandes neiges ni si grandes tourrades qu'il fait à présent. Je ne saurais encore dire si ces effets auront fait mal aux fruits. Au reste le temps est fort bon et les fruits à boun coumpte, mais il y a grandement manque d'argent, et à présent la barrique de bin se vend à 12 liv., mesure de froment 20 s., mesure de blé 12 s., mesure de millet 10 s. grâces à Dieu ; mais il n'y a pas grand mal au bignes, sinon en quelques lieux bas, mais pour les figuiers et lauriers en mourut grande quantité.

Estant au mois d'abril dudit an 1658, la barrique de bin se bendait à 13 liv., mesure de froment à 20 s., mesure de blé de à 12 s., mesure de millet à 10 s.

Meylis.

Ce fut pour lors qu'on commença à parler de tout de bon de faire avec la grâce de Dieu une fort belle dévotion à l'église de Noustre-Dame de Meylis et, pour la feste de la Pentecouste dudit an 1658 toutes les paroisses circonvoisines y biendèrent en proucession, tellement qu'il y avait grande quantité de puble de toutes parts. Ce fut pour lors qu'on acheta la maison qui est auprès de ladite église de Meylis, et on la fit réparer et mettre en boun estat pour commencer à y louger lesdits MM. prestres. Un prestre, nommé M. Dufau, estait celui qui commença ladite dévotion qui estait fort habile homme. C'est un missionnaire, fils de Gondrin, lequel résidait audit Meylis et faisait plusieurs sermons et catéchismes et enseignait fort bien le puble, et y en a beaucoup de bonnes personnes qui ont donné beaucoup d'argent et autres biens à ladite église pour l'augmentation d'icelle, et aussi aux fêtes de la Pentecouste 1659 il est aussi venu plusieurs paroisses et proucessions. Et estant au commencement de l'aoust 1659, ledit sieur Dufau a fait faire à ladite église de Meylis un gros appentis du cousté du nourd, et a aussi fait faire une belle image de Nouste-Dame, et fait mettre devant le gros autel, et a fait bénir des indulgences pour Nouste-Dame 15 aoust. Estant sur la fin de juin 1658, le beau temps se commença en telle sorte que l'on sema fort bien le millet cette dite année 1658. Les fruits estaient fort tardieux, car estait au jour de Saint-Jean les raisins n'estaient pas encore enfleuris, dont les brumes firent grand dommage, tellement que le 1ᵉʳ juillet 1658 barrique de bin balait 17 liv., mesure de froment 22 s., mesure de blé 13 s. mesure de millet 13 s. En cette moisson n'y eut guères froment; il se bendait sur la fin d'aoust 1658 à 30 s. la mesure; mais par la grâce de Dieu ne dura pas, car dans un mois, à la fin de septembre 1658, mesure de froment estait à 25 s., mesure de blé à 25 s., millet à 12 s., et la barrique de vin à 16 liv.

La bendange dudit an 1658 fut fort tard, car c'estait au milieu du mois d'octobre, mais elle fut bientôt faite car il n'y eut pas que peu de bin. Mais en cette année 1658 il y avait assez de millet en Chalosse grâces à Dieu. N'y avait point pour lors de gens de guerre en Chalosse. Et estant au 9 novembre, il commença à tomber des neiges, l'hiber commença assez à bonne heure, car au mois de décembre 1658 il tomba grande quantité de neige à Bordeaux.

Alors la barrique de bin se bendait à 19 liv., rendeu au port de Mugron, mesure de froment 28 s., mesure de blé 16 s., mesure de millet à 12 s.; mais la pluye continua jusques en février, et faisait mauvais temps pour trabailler et touyager. Et estant audit février 1659, il ne se bendait plus du bin à aucun prix. Je vous assure que pour lors il s'en fut trouvé grande quantité à 15 liv. la barrique, mais il n'y abait point d'argent. Mesure de froment balait pour lors 32 s., mesure de blé 17 s., mesure de millet 11 s. Et pour lors, en Armagnac, y avait grand ravage de gens de guerre, mais en Chalosse n'y en avait point, pour lors,

Neiges

grâces à Dieu. Et estant à la fin dudit febvrier 1659, le grain haussa, de sorte que mesure de froment valait à Mugron 38 s., mesure de blé 24 s. Mais ce n'a pas duré, car il s'en tourne peu à peu, car au 15 avril 1659 mesure de froment estait à 22 s., mesure de blé à 18 s., mesure de millet à 15 s ; et estant au 20 avril 1659, la mesure froment valait aussi 32 s., et la barrique de vin valait aussi 24 liv. Et estant au 15 juillet 1659, la barrique de bin balait 25 liv., et pour lors il y eut assez de froment, de blé, et le millet était assez beau par la campagne. Alors mesure de froment balait 30 s., mesure de blé 20 s.; le temps estait fort beau.

Le roi.
M. le cardinal Mazarin.
En ce temps, on parlait partout journellement que la paix se contractait entre le roy de France et le roy d'Espagne, et aussi que ledit roy de France se mariait avec la fille du roy d'Espagne, et que Mʳ le Cardinal Mazarin, qui goubernait pour lors le roy de France, s'en benait pour Bayonne pour traiter toutes ces affaires, et de fait, ledit M. le Cardinal passa à Dax et y lougea le 19 juillet 1659, et tira debers Bidache, et puis s'en alla audit Bayonne, et plusieurs gentilhommes de ce pays et d'autres gens y allèrent pour penser boir ledit Mʳ le Cardinal en passant tous à Tartas, Dax et Bidache, mais leur boyage fut en vain, car ils s'en retournèrent presque tous sans le pouvoir voir à cause de la grande quantité des gens qui estaient avec lui, et il allait toujours en carrosse, et descendait, ou pour mieux dire se faisait descendre auprès de la porte du lougis qu'il devait louger, et estant dedans, il faisait fermer bien ledit lougis. On m'a dit qu'il estait incommodé de la goutte et estait âgé d'environ 60 ans. Dieu par sa sainte grâce le beuille conduire à exploiter bien son entreprise selon la boulonté de Dieu.

Le roy.
Et advenant le 19 aoust 1659, le roy estait arribé à Bourdeaux avec la reyne sa mère et Mᵍʳ le duc d'Anjou, frère dudit roy, et M. le prince de Conty, et l'on tient que le roy de France et le roy d'Espagne sont d'accord, tant pour ledit mariage que pour la paix. Dieu en soit loué !

Alors, on murmure contre les Huguenots ; je ne sais ce

(*) Blé, *blad*, c'est-à-dire seigle.

qu'il en adviendra, Dieu les beuille inspirer. En l'année 1659 il fit assez beau temps, alors qu'on bendangeait, mais la bendange de cette année ne fut pas fort grande, mais le bin vieux estait presque tout bendu.

Et estant au commencement d'octobre 1659, on m'a dit que le roy s'en estait parti de Bordeaux et s'en allait debers Toulouse. Alors mesure de froment balait 32 s., mesure de blé 34 s., mesure de millet 16 s., mais personne n'achète pas encore de bin. *Le roi de France.*

Et estant au commencement de noubembre, le bin s'est bendu à 20 liv. la barrique, rendeu sur le port de Mugron, et ont bendu à ce prix tout ce qu'ils ont boulu bendre du bin. Et alors, mesure de froment balait 36 s., mesure de blé 25 s., mesure de millet 17 s.

Et estant au 16 dudit nouvembre 1659, M. le Cardinal Mazarin est passé à Dax et s'en allait debers Toulouse pour aller truber le roy, et en ce jour-là M. de Grammont est arrivé d'Espagne parce qu'il y avait été emboyé en ambassadeur debers le roy d'Espagne, et a esté receu du roy d'Espagne fort honorablement. *M. le cardinal Mazarin.*

A la fin dudit noubembre, barrique de bin balait à Montaut sur le tain 20 liv., mesure de froment 38 s., mesure de blé 27 s., mesure de millet 18 s., et le temps estait fort bon, et on avait bien semé le froment grâces à Dieu.

Nous avons parlé ci-devant comme M. de Lacouture de Serresloux, et en l'an 1648 il avait été prins et accusé d'être faux monnoyeur. Mais je vous dirai que pour ce même cas il a été prins lui et son fils, le 26 octobre 1659, et mené à Dax, et les ont fort maltraités en ce voyage. Je prie Dieu qu'il lui beuille conserver. Estant au commencement du mois de décembre 1659, on parla de rabaler l'or et l'argent, ce qui ne fut pas fait, mais cette descride d'argent et le mauvais temps que fit cette saison, fut cause que le grain et le bin haussa un peu, comme nous dirons ci-après, car le 11me dudit décembre il commença une pluie continuelle qui dura quatre jours sans cesser; mais le 15 dudit décembre, et quelques jours tout de suite, tomba grande quantité de neige et fesait grand froid et grande *Grande neige* tourrade, en telle sorte que depuis ledit 15 décembre, jusques durant vingt-quatre jours, il y avait 24 tourrades l'une sur l'autre, et fort grandes et profondes, tellement que longtemps y a on n'avait point eu si grand froid, mais ladite neige dura sur la terre l'espace de 60 jours, et y mourut fort de bétail tant grand que menu, et tous les chevaux moururent. Alors la barrique de bin balait sur le tin 22 liv. mesure de froment à Mugron balait 42 s., et pour lors, fesait fort mal bouyager, tant à pied qu'à cheval. Ce fut au temps de cette grande froidure, que M. de Justes d'Espaunic, archiprestre de Doazit tomba malade et mourut, car le mal le prend le 15 décembre de l'an 1659, et mourut, à ce qu'on m'a dit, le 10 janvier de l'an 1660. Ceste et grande et longue neige causa fort le tardibement des trabails, et comme nous abons dit, il y mourut grande quantité du bétail tant du grand que du menu, surtout à Lannegrand en mourut fort, mais il ne pleut depuis le commencement de ladite neige jusqu'en mars. Mais le froid fit grand mal en quelques endroits, aux bignes basses, et le 5 mars 1660,

Grêles. il tomba à Doazit et en d'autres endroits grande quantité de grêle grosse comme de gros noix, mais il ne fit point de mal à cause que les fruits n'étaient point encore en apparence. Alors la barrique de bin balait 26 liv., mesure de froment 42 s., mesure de blé 30 s., mesure de millet 31 s.

La paix. Et ce fut aussi en ce temps que l'on fit la procession générale pour la paix entre noustre roy de France et le roy d'Espagne, grâces à Dieu. Et estant au 1ᵉʳ may 1660, le roy de France en compagnie de la reine sa mère, de M. son frère et M. le Cardinal Mazarin passèrent tous à Dax et tirèrent devers Bayonne pour aller espouser la fille du roy d'Espagne. Ce dit jour, 1ᵉʳ may 1660, à Doazit, lougea une compagnie de cabaliers de la garde de notre roi de France, et chez nous, à Péboué, en lougea quatre cabaliers et deux baylets; ils ne firent point de rabages sinon bonne chère.

M. de Lacouture. Je vous veux à présent parler de M. de Lacouture. Comme nous avons dit ci-dessus qu'il a esté fait prisonnier le 26 d'octobre dernier passé ; mais, par la grâce de Dieu, comme notre bon roi est passé à Dax ledit 1ᵉʳ mai 1660, il a fait délibrer tous les prisonniers qui estaient à Dax, et ce dit jour, 1er mai 1660, lesdits Lacouture père et fils se retirèrent à Serresloux, par la grâce de Dieu. Alors, la barrique de vin vaut 27 liv., mesure de froment 40 s., mesure de blé 27 s., et la mesure millet 22 s. Et advenant le 12 dudit may 1660, il tomba de la grêle en plusieurs endroits de la Chalosse, savoir à Banous, à Audignon, Houssarrieu, Haget, Saint-Cricq et à Brassempoy, et même à Doazit, chez nous; mais en Doazit ne fit pas mal noutable.

Et encore je beux vous dire que M. Bidart de Tartas debait prendre de la communauté de Doazit arrérages de taille 700 liv., et a fait plusieurs prisonniers en diverses fois sans pouvoir retirer son compte; mais par malheur, ledit sieur Bidart bint chez nous à Péboué, le 21 may 1660, et fit prisonnier Jean de Laborde, mon neveu, l'aisné à Péboué, et le mena au château de Labatut dans les Landes; mais il en sortit au bout de cinq jours, moyennant 500 liv. que en Doazit pourtèrent, et encore il demande 300 liv. *M. de Vidart.*

Or, parlons de nostre roi de France qui a demeuré à Bayonne et à Saint-Jean de Luz l'espace d'un mois ou davantage, avant d'espouser, par Don Louis de Haro, espagnol, son procureur. Ce fut le 3 juin 1660, jour de l'ouctave du Corpus Christi, et le 6 dudit juin, notre roy et le roy d'Espagne s'entre visitèrent et aussi se bisitèrent la royne, tant de France que d'Espagne, et noste roy de France fit boir au roy d'Espagne la noblesse de France, fort bien habillée et en belle ordonnance, dont le roy d'Espagne s'en est fort émerveillé de boir si bien et en si bon estat la noublesse de France, et le 13 dudit juin 1660 l'on mena à nostre roy de France l'infante d'Espagne son épouse, et en ce jour furent faits entr'eux la cérémonie des épousailles par M. l'ébesque de Bayonne. Et le 16 dudit juin 1660, le roy de France avec toute son armée partit de Bayonne et passa à Dax et y lougea ledit jour, et il estait à Tartas ledit jour de juin 1660 là où je fus exprès et présent, et j'eus l'honneur moi-même de boir le roy et la reyne sa *Le roi de France.*

femme. et aussi la reyne sa mère, et M. le Frère du roy et toute la cour de France, et tous en ma présence ; et environ le midi s'en partirent vers le Mont-de-Marsan. Je ne désire plus sinon boir le roy des roys, au ciel, Dieu m'en fasse la grâce ! Alors fesait grand chaud.

M. de Lataulade.

Or, veux vous parler du noble M. de Lataulade, seigneur de la juridiction de Marquebielle. Mais avant passer outre, je beux vous dire l'estat dudit M. de Lataulade. Il vous faut croire que estait un fort grand gentilhomme et de fort noble extraction ; sa renommée estait si grande, qu'il estait cognu par toute la France, d'autant qu'il a demeuré à la cour du roy de France l'espace de 27 ans. Un sien domestique, qui a demeuré à son service l'espace de trente-deux ans, m'a assuré avoir esté présent pendant toutes ses belles actions de guerre. Ledit sieur estait capitaine au régiment de Picardie, en grande réputation, pendant le temps des belles occasions de guerre qui sont passées. Il faut remarquer que ledit sieur fit paraître son courage à Tonneins, où il fit de grands combats, et entr'autres, un jour le maréchal de la Force, qui tenait le parti de la religion, y bint avec 2,000 hommes pour secourir la bille. M. de Lataulade fit commandement de mener les enfants perdus du régiment de Picardie ; on lui donna quarante mousquetiers et trois régiments d'hommes tous choisis. Et en faisant son attaque dans un grand chemin où les ennemis estaient retirés estant soutenu de quatre cents hommes, il emporta le fort de ses ennemis, mais on lui tua vingt-deux sourdats et deux sergents, et ledit sieur Lataulade y fut blessé de trois mousquetades, l'une qui lui perça toute la jambe, et les deux autres fort légèrement blessé, et ladite ville de Tonneins se rendit le jour même, et ledit sieur de Lataulade se fit porter à Navarrenx dans un brancard ; où il demeura deux mois dans le lit, et fut réduit de pourter les potences l'espace de deux ans entiers, et du depuis, il alla truber le roy qui estait à assiéger Montauban, et fut pris après six mois de siége. Ledit sieur de Lataulade s'est trouvé en fort d'autres occasions de guerre où il a eu plusieurs autres blessures fort légères et heureuses. Il s'est trubé pendant la guerre en France contre ceux de la religion en cinquante-deux siéges; il a esté en Italie, en Allemagne, en Flandre avec les armées, et aujourd'hui qu'il se porte fort bien et en bonne santé, et en grand repos d'esprit, il est en âge de 60 ans. Il a environ... auquel s'est retiré de la cour, mais il est devenu si gras et gros qu'il ne se peut pas truber en ce pays un cheval capable de le pourter, tant il est pesant, et surtout il a le ventre fort grand; on m'a assuré qu'il pèse de quatre à cinq quintaux, mais avec tout cela il est homme de grand crédit ; mais d'autant qu'il est si pesant, il se fait conduire dans son carrosse par un bon et gros paires de bœufs; il a deux de ses fils auprès du roy tellement qu'il est un grand seigneur. Il est parti de son beau château de Lataulade, le 15 dudit juin 1660, et alla entendre une messe à Meylis et passa à Hauriet et à Leyrit (Labeyrie) parce que tous ces messieurs estaient ses parents, et après, alla tout droit au Mont-de-Marsan, et toujours avec ses bœufs et carosse, tellement qu'il s'y truba audit Mont-de-Marsan, ledit 18 juin 1660, lorsque le roy arribait là. Mais il est homme si puissant et en la bonne grâce du roy, qu'il entrait en la chambre où le roy estait lougé, audit Mont-de-Marsan, à toute heure que bon lui semblait, tellement que l'on peut dire que M. de Lataulade est un grand gentilhomme et en grande estime. Il est fort bien reçu du roy et de tous les grands du royaume. Ledit domestique m'a aussi parlé de M. Donyson, son frère capdet, lequel a esté aussi durant les guerres que nous avons parlé ci-dessus, lequel M. de Donyson estait un des meilleurs mousquetaires de la France et des plus heureux ; c'estait un fort bon soldat, et en grande estime et en bonne réputation des plus assurées ; mais à présent ledit sieur Douysson se trube en grande incommodité à cause des grandes fatigues et peines qu'il a souffertes à la guerre. Il s'est battu plusieurs fois et a toujours eu du bon ; c'est un fort bon ami. A présent, lesdits MM. de Lataulade et Douysson demeurent tous deux ensemble, audit château de Lataulade, en bonne amitié.

M. Donyson.

Et advenant environ la fin du mois de juillet 1661,

ledit M. de Lataulade benant du cousté de Béarn tomba malade à Oloron, et dans peu de jours il est mort. Je prie Dieu qu'il lui fasse paix.

Et estant au 21 juin 1660, barrique de bin balait 26 liv., mesure de froment 30 s., et le quintal de foin balait à Bayonne, du temps que le roy y estait, audit juin 1660, 3 liv., et la boulaille y estait aussi fort chère.

<small>Tremblement de terre.</small> Et estant au 21 juin 1660, il arriba à Doazit, et généralement par toute la Chalosse et embirons, un peu abant le soleil lebé, un grand tremblement de terre, tellement que tout le monde qui estaient dans les maisons avaient une grande peur, car toutes les maisons tremblaient ; mais, grâces à Dieu, en ce pays, je n'ai pas entendu dire que personne eût aucun mal. J'étais ce jour-là à Serres et à Hagetmau où j'entendais partout crier le puble qui estait dans les maisons, disant qu'ils avaient eu grande peur que les maisons leur tombassent dessus ; pour moi, je n'en eus aucune connaissance, grâces à Dieu. Mais hélas ! je me crois que noustre bon Dieu soit irrité contre nous à cause de nous péchés ; mais, hélas, fesons la paix avec Dieu, s'il est possible, bibons mieux que nous n'abons pas fait le temps passé. Hélas ! hélas ! faisons tous pénitence car Dieu est courroucé contre nous. Dieu nous menace, nous approchons de la mort, elle nous arribera à l'heure où nous y penserons le moins. Je me crains que nous serons alors mal disposés. Ah ! mettons tous la main à l'œuvre, faisons donc pénitence, et bibons comme nous voudrions avoir biscu à l'heure de noustre mourt, et ayons bonne espérance en Dieu.

On m'a assuré qu'à Bagnères a fait grand dommage, le tremblement de terre, et a duré audit Bagnères l'espace de huit jours au plus ; il y est tombé audit Bagnères quantité de maisons et murailles, et y est mort grand nombre de personnes, et les habitants ont casi tous quitté la ville, de peur de mourir, et les capucins ont aussi quitté leur conban et ont dressé un autel dans leur jardin auprès de leur fontaine ; les montagnes dudit lieu sautaient haut en bas, et se sont enfoncé, lesdites montagnes, de en bas de plus de dix piques à ce qu'on m'a dit, et les fontaines se sont changées en couleur de sang, et plusieurs autres ont perdu leurs sources, en telle fayçon que ceux de Bagnères ont couché plusieurs nuits par les bignes et campagnes. Je prie au bon Dieu qu'il lui plaise nous donner sa sainte bénédiction, et nous préserber de mourt subite ! Ainsi soit. Jésus Maria.

Et estant au 3 juillet 1660, il a grelé en plusieurs endroits savoir à Brassempoy, au Gaujeac, à Castelsarrazin à Bastennes et à Bouzacq, et en plusieurs autres paroisses aux environs, et y a tout à fait grand mal, mais à Doazit n'a pas fait grand mal noutable, grâces à Dieu. Grêle à Brassempoy, Gaujac, Castelsarrazin et Douzacq, etc.

Et estant au commencement de l'aoust 1660, barrique de bin à 25 liv., mesure de froment 38 s., mesure de blé 22 s. L'on parlait, pour lors, que du cousté de Saint-Jean de Luz et à Bayoune y avait grandes maladies contagieuses et y est mourt grande quantité de personnes.

Et le 24 aoust, jour de saint Barthélemy, (Bertholomé), il tomba grêle en plusieurs endroits, et entr'autres lieux, aux environs du bout du bourg de Doazit fit grand mal.

Nous avons parlé ci-devant de la dévotion de Maylis, laquelle dévotion réussit et réussira avec l'aide de Dieu. Il arrive grande quantité de monde tous les jours, de toutes parts, et M. Dufau y réside toujours, et M. Dubernet de Toulouzette et un autre prestre du cousté de haut ; mais il y a longtemps que M. le curé dudit Maylis et M. Dufau ne sont pas bien ensemble. Je ne say pas leur dispute, pour moi je crois que cela est sur le profit du couban, tant y a que M. le curé n'y est pas entré long temps y a audit couban. Et advenant le 21 septembre 1660, jour de saint Matthieu, Messieurs les évesques, M. l'évesque d'Aire et M. l'évesque de Dax, le tout ensemble audit Meylis pour se rendre visite l'un à l'autre entr'eux, et aussi bisiter ledit Meylis, là où je fus présent et eus l'honneur d'entendre toutes deux les messes desdits évesques. M. le curé n'y a point paru de tout ce jour, mais il y avait un grand nombre de prestres, tant d'une part que d'autre, et plusieurs gentilshommes, entr'autres M. de Poyanne y Maylis.

passa le matin, en s'enbvenant de Hagetmau, pour rendre visite à Mgr l'évesque d'Aire; M. de Doazit et M. de Lataulade y estaient aussi tout le jour et dînèrent audit comban avec lesdits évesques, et plusieurs autres, tant prestres que noublesse. Ledit M. de Lataulade s'y fesait conduire dans son carrosse avec un bon paire de bœufs.

La bendange de l'an 1660 a esté bientôt faite, car il n'y eut que fort peu de bin, mais il y a eu assez de millet, mais il y a eu grande peine pour arecapter ledit millet parce qu'il plubait casi tous les jours. Alors la barrique de bin balait 20 liv., mesure de froment 35 s., mesure de blé 26 s., mesure de millet 17 s.

Et estant au mois de novembre 1660, tout le monde bendait du bin au prix de 20 et 21 liv. sur le ten, c'est-à-dire celui qui boulait bendre bendait audit prix. Alors, il a fait plusieurs jours de pluye, ce qui causa qu'on fit le froment à mal aise, et tarda fort à sourtir; mais le grain ne haussa point grâces à Dieu.

Et estant au 29 dudit noubembre 1650, il tomba grande quantité de neige et fesait grand froid, et le 7 de décembre dudit an 1660 il tomba aussi grande quantité de neige, mais ni l'une ni l'autre ne demeura pas guères sur la terre. Mais ce mauvais temps causa que le froment ne put pas sortir de longtemps comme nous avons dit. Je vous dis encore, que environ le 14 de novembre, 1660 à St-Seber, arriba une compagnie de gens de guerre, et estant au 4 de décembre dudit an 1660, les gens de guerre sourtirent dudit St-Sever, s'en allant à Peyrehorade en garnison; mais, par malheur, le Lous fut si grand, qu'ils ne purent pas passer au moulin de Fescaus et se lougèrent au Biélé des Bosc de Lahibade, à Cambat, le lundi matin, passèrent ledit Lous; Dieu les conduise! Alors le bin et le grain est comme nous abons dit, grâces à Dieu.

Justice de Mugron.

Je bous beux parler d'un accident qui est arribé à Mugron car il y a un métadier dans une métairie de M. Lamoulié, juge de Mugron, un peu plus bas que du bourg de Mugron, appelé au Mouchon, lequel métadier avait une fille, qu'il a mariée avec un homme, et demeuraient tous deux dans ladite métairie, et il est advenu que la fille, après avoir eu deux enfants dudit mariage, elle est morte, et les hommes tant beau-père que beau-fils estaient ensemble dans ladite métairie, mais ils ne bibaient pas bien ensemble, et fesaient souvent du bruit entr'eux ; et advient que le soir du 28 nouvembre de l'année 1660, le beau-père estant au lit, l'a allé murtrir dans le lit de coups sur la teste, et enfin l'a estranglé, et l'a chargé sur lui et l'a pourté à l'Adour, un peu plus bas du port du Mugron, là estant, il l'a dépouillé tout nud et l'a mis dans l'Adour. Ils avaient une chambrière qui estait à l'ore de ce meurtre couchée dans un autre lit avec lesdits deux enfants, qui entendaient crier l'homme qui morait. Elle se leva de bon matin, elle va dire qu'elle avait entendu crier l'homme. La justice alla prendre le meurtrier, et l'ayant mis en prison l'homme confessa son crime, et dit qu'il était bray qu'il l'avait tué et porté à l'Adour, et le 9 décembre 1660 le mort s'est trouvé dans l'Adour tout nud, comme le meurtrier l'avait dit, et a esté enterré dans le cimetière de Mugron, et le meurtrier est en prison. La justice de Mugron l'a condamné à être escouartéré ; il a été mené à Bourdeaux en appel et a esté roué à Mugron le 26 de janvier 1661, à la place auprès d'oun venden les pourçons.

Et estant à la fin de janvier 1661, le temps estait fort beau et ne fesait point de froid. Alors, les froments estaient fort beaux par les campagnes. Alors, barrique de bin balait 18 liv., mesure de froment 32 s., mesure de blé 22 s., mesure de millet 15 s. Et depuis, et estant au 8e de mars 1661, on m'a dit et assuré que M. le Cardinal Mazarin estait mourt : Je prie Dieu qu'il lui fasse paix.

Nous sommes bien tenus de prier Dieu pour lui, car c'est lui qui a fait la paix entre le roy de France et le roy d'Espagne, comme nous avons dit ci-dessus. On m'a aussi assuré que au faubourg de Pau, le 30 de mars 1661, le feu y a brûlé deux cent quinze maisons, qui est grand dommage ; et le 7 avril 1661, à Mugron y a eu grand désordre, car à ce qu'on m'a dit, il y a eu quelque dispute entre M. Lamoulié juge de Mugron et le fils de M. Darbo, en telle sorte que M. Darbo et M. de Roy et aussi M. de Larrhède, avocat, s'y sont rencontrés, de façon que deux fils de M. Darbàu sont esté tués en cette mauvaise rencontre et ledit Darbo blessé et mourt.

MM. de Doazit ont eu l'honneur d'avoir cette année pour leur prédicateur un des conseillers et prédicateur ordinaire du roy, appelé le Revérend Père Raphaël Dupuy, religieux de l'Observance de Saint-François, de la province de Guienne, lequel entretint leurs Majestés, par ses prédications à St-Jean de Luz, pendant le séjour qu'elles y firent pour la célébration des nouces qui durèrent environ six semaines. Et estant au mois d'abvril et de may, le temps estait fort pluvieux et dura jusqu'au huitième de juin, ce qui fut cause que le froment par les champs estait fort paubre, car en cette année 1661 il n'y eut pas que fort peu de froment, et se bendait au commencement à 35 s. la mesure, mais il fit beau temps pour faire le millet, car au 20 juillet les millas estaient fort beaux et avancés et grands, et pour lors les bignes estaient en bon estat, mais il n'y avait pas guères de raisin à cause que la brume y avait fait grand mal, et aussi avait gelé en plusieurs endroits.

<small>Raphaël Dupuy, prédicateur.</small>

La barrique de bin pour lors balait 20 liv., et estant au commencement de septembre 1661, la barrique de bin balait 24 liv., c'est-à-dire le bon, car il y en avait grande quantité de pourri. Mesure de froment balait 34 sols, mesure de blé 23 sols. Pour lors il y avait grande maladie, et surtout au Biellé du Mus où il estait mourt depuis le 15 d'aoust jusqu'au dernier de septembre dudit an 1661, en tout Doazit, près de 30 personnes. La bandange de l'an 1661 a été bientôt faite, car il n'y a eu que fort peu de bin, mais il y a eu assez de millet grâces à Dieu. La barrique de vin se bendait pour la St-Martin à 21 liv. Sur la fin, mesure de froment à 34 s., mesure de blé 23 s., mesure de millet à 15 s., et depuis on m'a assuré nouvelle certaine, que noustre reine de France s'estait accouchée d'un Dauphin, c'estait le jour de Touts Saints entre l'une heure et les deux heures du matin. Dieu le veuille conserver par sa sainte grâce. Et estant en février 1662 le grain haussa un peu, car le 23 dudit février la mesure de froment valait à Mugron 48 s., et mesure de blé 30 s., mesure de millet 20 s. La barrique de bon vin valait pour lors 23 liv. Et estant au 15 avril 1662, mesure de froment se bendait à 46 s., mesure de blé 26 s., mesure de millet à 19 s., barrique de vin à 23 liv.

Et le 16 dudit avril 1662, il tomba grande quantité de grêle en plusieurs endroits, et surtout fit grand mal à Bergoey, à Labasquère, à Joanborde, et passe vers l'ou plan à Gaucharret, à Meylis, et fit aussi grand mal. Faut nouter que outre cela, aux vignes, partout, généralement partout il n'y avait que fort peu de raisin, de façon qu'on commença à crier partout qu'il n'y aurait pas cette année que fort peu de bin. Et estant au 15 mai 1662, la barrique de bin se bendait tout comptant 30 liv. sur le tain et la mesure de froment 45 s., mesure de blé 28 s., mesure de millet 20 s. C'était pour lors à l'abril et en mai 1662, que M. Bonnaguet(*) estait fort malade, et moi-même y fut trois diverses fois, le pensant visiter, mais M. de Doazit ne me laissa point entrer. Je prie au bon Dieu qu'il lui emboie santé, et mourut le 16 juin 1662.

Maladie de M. de Bonnaguet, may 1662.

Et à la fin de juin 1662, barrique de bin balait 33 liv., mesure de froment 40 s., mesure de blé 28 s., mesure de millet 20 s., et pous lors aux bignes n'y abait que fort peu de raisin, et pour lors le temps estait fort beau pour assembler le blé et pour faire le millet. Et estant au 15 d'aoust 1662, barrique de bin vaut 34 liv., mesure de froment 38 s. mesure de millet 20 s., et pour lors le millet était fort beau par la campagne, et au 20 septembre 1662 la barrique de bin ballait 40 liv., mesure de froment 42 s., mesure de blé 32 s., mesure de millet 22 s. Cette vendange dudit an 1662 feut fort petite, car il n'y eut pas que fort peu de bin. On craint qu'il ne soit fort cher, à cause qu'il n'y en a pas que fort peu. Alors, mesure de froment balait 44 s., mesure de blé 33 s., mesure de millet 22 s. Et estant au commencement de janvier 1663, la barrique de bin se bendait

(*) Gilles de Candalle, sieur de Bonnaguet, fils de noble François de Candalle et Louise de Vidart, damoiselle.

Du loup.

24 liv., rendue au port de Mugron, mais le bin n'est pas fort assuré la présente année, car il n'a pas grande force et pour lors mesure de froment balait 42 s., mesure de blé 23 s., mesure de millet 20 s.

Je bous beux à présent parler de loups qui ont fait grands dommages en ce pays depuis le mois de septembre dernier passé, car d'ordinaire, et casi tous les jours, on boet (voit) des loups en les paroisses d'environ du Lous, et ont déjà fait de grands ravages depuis Castelnau jusques à Cerreslous, et ont mangé ou tué des chebals et baches, brebis et chèvres et oies, et entr'autres choses ont tué un cheval qui estait d'Eyliot de Doazit, l'ayant trouvé sur le bout de la lande appelée de la Hourque ; ce fut le cinquième jour de janvier 1663, mais le plus gros de deux loups y est demeuré, car le 8 dudit janvier 1663, un homme de Poyalé, de la maison du Lon, lui lâcha un coup de serpe dont lui fit une grande blessure sur le dos, puis un autre homme dudit Poyalé lui lâcha un coup de fusil, et alors lui donnèrent la chasse et le firent mourir à Malabat ; et audit juillet 1663, les loups ont tué et mangé tout une cabale de M. Justes d'Espaunic, et dans la métairie de Gauchard de nuit.

Gabaleurs.

Je vous beux parler des gabaleurs qui ont fait de grands dommages en ce pays, car environ le mois de mai 1661, ils ont fait des courses en ce pays, tantôt au chemin de Hagetmau et autrefois au chemin de Dax, en plusieurs diverses fois, à la dérobée, et biennent à troupes par lesdits chemins, bien armés, et mis à mourt grande quantité de chevals et cabales et asnes, de ceux qui portaient sel, et plusieurs paires de bœufs, tellement qu'ils tuent tout le bétail qu'ils trubent porter du sel. Lesdits gabaleurs se tiennent à la bile d'Aire et biennent tantôt au bout d'un mois, tantôt au bout de vingt jours et de quinze jours, et ne s'arrêtent guère, sinon qu'en prenant tout ce dit bétail, et se saubent à la fuite, parce qu'ils sont bien montés et bien armés.

Mais advient que le 22 janvier 1663, et un peu avant le jour, cinq ou six de ces dits gabaleurs allèrent, à ce que je crois, pour continuer de tuer bétail au chemin de Hagetmau; mais estant près le bout de la lande que l'on appelle à Moundose, ils firent une rencontre de je ne sais quelles gens, en telle sorte y firent au plus fort, mais un des gabaleurs y demeura mourt, et un autre s'en alla fort blessé, je ne sais s'il est mourt; on a ensebeli celui mourt sur le chemin. Mais quatre jours après, enbiron 29 ou 30 gabaleurs sont benus où estait ledit gabaleur mourt, et ont pris trois garçons du boisinage dudit lieu où le gabaleur estait mourt, et ont aussi trubé par rencontre un homme de Donzac nommé Lescudé, et ont mené par force tous quatre à Ayre. Mais après les avoir ouïs et interrogés du meurtre dudit mourt, ils les ont renboyés sans leur faire autre mal.

Je bous ai parlé ci-devant des désordres de la débotion de Maylis; mais à présent, par la grâce de Dieu, M. Despouy, curé de Larbey et dudit Meylis, est fort bien d'accord avec M. Dufau et aussi avec les autres chapelains. La paix a esté faite le 15 janbier en 1663, par l'entremise de bons amis, et la débotion réussira avec la grâce de Dieu, grâces à Dieu.

La paix de Meylis.

Alors la barrique de bin balait 24 liv. sur les teins, mesure de froment 42 s., mesure de blé 32 s., mesure de millet 22 s.

Neiges.

Et estant au commencement de fébrier 1663, il faisait grandement froid, et estant au 13 du fébrier, il tomba grande quantité de neige, tellement qu'il y en abait jusques à la hauteur d'une grousse coudée et encore plus. Il faisait grandissime froid; ce fut alors que M. de Banos (1) mourut et s'enterra le jour de la plus grande neige qui était le jeudi 22 dudit fébrier 1663.

M. de Banos.

Cette neige dura quinze jours, et enfin elle en sourtit à cause qu'il fit une grosse pluie, et alors il y avait par les chemins si grande abondance d'eau et de neige tout en coup, qu'il n'y avait personne qui pouvait marcher; car, le 24 dudit fébrier, jour de Saint-Mathias, moi-même et la plus part de nouste famille pensaient à aller à la messe au Mus. Mais estant sur le gros chemin et au-delà de la maison de Coudicanne, nous ne peumes plus marcher à cause

(1) Zacharie de Navailles écuyer, baron de Banos et Dume.

du maubais chemin, et fumes contraints de nous en retourner, et cette grande neige et pluie feut cause de grand débordement des ribières qui ont fait grands dommages aux terres des embirons et aux ponts, et même on m'a assuré qu'une galuppe de Came s'est noyée près de Bayonne et noya vingt personnes, et encore on m'a dit qu'il s'y est noyé plusieurs autres bateaux et quantité de personnes.

Alors barrique de bin balait 25 liv., mesure de froment 44 s., mesure de blé 33 s., mesure de millet 24 s.

Et sur la fin du mois d'avril 1663, le temps estait pour lors fort beau et les fruits de la terre avaient pour lors belle apparence, et alors barrique de bin balait 30 liv., mesure de froment 42 s., mesure de blé 32 s., mesure de millet 25 s.

Grêles. — Le 19 mai 1663, tomba grande quantité de grêle en plusieurs endroits, savoir à Labatut, Habas, Misson, Estibaux, Tilh et Arsague, Castel-Sarrasin, Amou et à Momuy, à Hagetmau et en haut à plusieurs autres endroits, et encore par delà l'Adou on m'a dit qu'il avait fait grand mal surtout au grain, et aussi en quelques endroits à Doazit, et même à noustre bigne de Labayrie a fait un peu de mal, grâces à Dieu.

Ceste grêle fut cause que le grain haussa un peu, car le 26 mai dudit an 1663, mesure de blé valait 29 s. à Saint-Sever, et alors la barrique de bin balait 25 liv., et pour lors l'argent estait fort rare ; et le 22 mai 1663, à Mugron, mesure de blé valait 39 s., mesure de froment 48 s., mesure de millet 30 s.; et le 2 abril 1663, à Saint-Sever, mesure de blé balait 33 s. Le monde estait alors fort estonné car il n'y avait point d'argent ni de grain à prester ni autres marchandises.

Justice à Hagetmau. — Le 6 de juin 1663, à Hagetmau, fut fait grande étranglerie. Une fille estait accusée de s'avoir tué un sien enfant, et pour lors il y avait dix-neuf ans que audit Hagetmau avait aussi fait pendre une autre femme pour semblable crime de s'avoir aussi tué un enfant sien.

Gabaleurs. — Le 21 juin 1663, mesure de blé valait à Mugron 33 s., mesure de millet 28 s.

Nous abons parlé des gabaleurs, mais ils ne s'arrêtent pas encore ; car le 20 de juin 1663 lesdits gabaleurs allèrent au chemin de Hagetmau sur la lande près de Mondose et tuèrent un bœuf et quinze ou seize chevals et ânes qui pourtaient du sel. Je me crains qu'ils veuillent pouser le bureau de la gabelle, ce qui sera une grande charge pour le pauvre pays de Chalosse. Oh ! la grande misère. Je prie le bon Dieu qu'il lui plaise y mettre sa sainte bénédiction. Amen.

Or maintenant bous bus-je parler des choses que je ne bous ai jamais parlé. C'est à savoir des huguenots ; car, d'autant que j'ai bu plusieurs fois en Béarn pour rendre bisite à M. mon frère curé de Lanneplan, j'ai bu soubent le puble à grandes troupes en la bille d'Ourthez sortir et entrer au prêche des huguenots dont j'ai grand mal au cœur, car la pluspart du peuple du Béarn sont des huguenots, et comme j'étais à Sainte-Suzanne le 11 juin 1663, jour de la fête de saint Barnabé, et là estant je entendis que M. Dubourg, curé dudit Sainte-Suzanne, fesait procédure contre le sieur Magendi, ministre d'Orthez, à cause que ledit sieur ministre abait été prêcher audit Sainte-Suzanne le jour auparavant, contre les ordonnances de M. Tabié premier président de Pau, et cela m'a douné occasion de mettre la main à la plume pour écrire le sujet des huguenots. Il vous faut saboir que cette religion des huguenots n'est pas de fort longtemps ; car Luther et Calvin commencèrent cette religion prétendue réformée environ l'an 1540. Luther était allemand, et Calvin était français du près de Dijon en Bourgogne, et Luther était religieux en l'Ordre des Augustins, et de son temps il y eut un différend entre les Jacobins et entre les Augustins sur la prééminence de leurs ordres. Ce différend fut porté par devant le pape de Rome, et Luther fut député pour aller par devant sa sainteté pour soutenir la cause desdits Augustins. Mais Luther fut trompé en son opinion, car le Pape prononça en faveur des Jacobins, ce qui fâcha si fort l'esprit de Luther qu'il tourna cazaque et se révolta, prêchant contre la braie religion catholique et contre l'autorité de l'Eglise et du Pape. Il quitta son habit

Des Huguenots

Luther.

et se maria, fesant leçon publique de son hérésie de laquelle il infectait grandement l'Allemagne et tout le boisinage.

<small>Calvin.</small> Calvin ne feut pas moins méchant que Luther, duquel il fut disciple. Mais ne pouvant pas s'accorder, ils firent à part; car Luther accordait la réalité du Saint-Sacrement, c'est que Calvin ne faisait pas. Calvin était de Dijon en Bourgogne prestre séculier et recteur d'une fort bonne paroisse. Il se rébolta parce qu'il ne peut pas parbenir à estre archidiacre. Il se banda contre son évesque, quitta sa cure et s'en alla à Genève, où il prêcha sa fausse doctrine, de laquelle la république de Génève est tellement infectée, pour le jourd'hui, qu'il ne reste pas un seul catholique. De sorte que ceux de Genève ont chassé leur évesque de leur ville et le chapitre des chanoines et tous les ordres des religieux, tous tant curés et prêtres et finalement tous ceux qui faisaient profession de la braie religion catholique furent chassés et bannis de ladite république de Genève.

Depuis avoir escrit, on m'a dit et assuré que Luther se révolta l'an 1518, et Calvin se rébolta en l'an 1536.

Ces deux hérésiarques furent donc grandement dissidans en leur fausse doctrine, aussi bien que ceux qui les ont suibis, puisqu'ils ne peubent s'accorder en rien, que seulement pour s'opposer à la bérité de la créance de la sainte Eglise catholique, apostolique, roumaine, et contre le Pape et contre ses adhérans.

<small>La messe détruite en Béarn l'an 1569.</small> Calvin après avoir establi sa fausse religion à Genève, il envoya de ses ministres de la religion prétendue réformée dans le pays de Béarn, de laquelle mauvaise religion tout le Béarn fut casi tout empoisonné, de telle façon que la sainte messe fut défendue dans le Béarn au mois de septembre 1569, par la reine Jeanne.

<small>La reine Jeanne.</small> Ceste reyne était la mère du feu roi de France, c'est-à-dire mère du roy Henry IVme, qu'on dit Henri-le-Grand ; elle estait héritière du royaume de la Navarre et de la Bigorre et de Lavedan, et de la duché d'Albret et d'autres places; elle estait veuve à feu Antoine de Bourbon et ledit Antoine était sourti de Louis de France comte de Clermont.

Et audit temps 1569, ladite reyne Jeanne fit saisir tous

les biens des églises et des ecclésiastiques et fit bannir les prestres, et les religieux et les chanoines, et généralement tous les Ordres ecclésiastiques, et il y en eut plusieurs qui furent mis à mort par la cruauté du comte de Montgommery, que ladite reyne fit benir du cousté de Genève. Ce comte estait fort maubais et tant cruel, qu'il fit brûler grande quantité des églises tant en Béarn qu'en Chalosse.

Ceste reyne laissait jouir aux prestres de leurs revenus durant leur bie, à la charge qu'ils se fissent huguenots, et leur donnait permission de se marier, et y en eut quelques-uns qui se firent huguenots et se marièrent ; mais il y en eut bien de ceux qui souffrirent mort et martyre, car entr'autres il y eut un bon prêtre à Orthez qui fut pris par les huguenots, lequel fut ferme et constant en la religion catholique. Les huguenots le menèrent sur le pont du Gabe d'Ourthez qui estait un pont fort haut, de la hauteur d'environ 50 coudées ou plus. Le Gabe fort rapide est bourdé de roucher de part et d'autre et sur lequel pont y avait une fenêtre et y est encore aujourd'hui toute de pierres taillées au garde fou, par laquelle fenêtre le bon prêtre fut jetté de haut en bas par les huguenots, avec promesse qu'ils lui firent de lui laisser la bie s'il se poubait sauber.

Le paubre prestre alla au fond de l'eau qui est fort profonde, et en peu de temps y parut environ trente pas du précipice, et se prenant à grimper sur quelque rocher, il se feut saubé sur la promesse que lui abaient faite de lui laisser la bie s'il se poubait sauber. Mais comme ils n'ont point de foi, ils ne lui tinrent point promesse ; mais ils l'allèrent couper les mains avec leurs épées, si bien que le paubre prestre feut envoyé par une seconde fois au fond de l'eau et pourté par la rapidité du Gabe parmi les rochers où il mourut et fut mangé des poissons, et cette fenestre porte encore pour le jourd'hui la fenestre d'ous capérans et n'a autre nom que la fenestre d'ous capérans.

Un autre prestre, le curé de Départ et fils de la maison de Hargues de Castet-Tarbe, quitta sa cure et son pays quoiqu'il lui fut promis de jouir de sa cure et des revenus d'icelle durant sa bie par l'édit de ladite reyne, s'il eut boulu quitter la religion, ce qu'il ne boulut pas faire, mais aima mieux quitter le pays et le bénéfice et s'en alla à Saint-Jean-de-Luz où il feut bien reçu des prêtres du lieu et l'associèrent en leur compagnie où il a biscu fort longtemps de sa messe, et estait encore bibant lorsque le roi Louis XIII bient dans le Béarn, qui estait l'an 1620, pour y remettre l'exercice de la sainte messe, et qu'ayant parvenu à la noutice de M. l'Evesque de Lescar, il lui escribit pour bénir prendre son bénéfice, ce qu'il refusa disant qu'il aimait mieux mourir en son exil que de voir tous ses parents s'être rendus huguenots, et n'en boulut jamais boir aucun à Saint-Jean-de-Luz, et cette maison de Hargous est pour le jourd'hui maison des métayers de ce quartier, et les plus obstinés huguenots du Béarn. Quelques temps après, ce bon prestre est mort fort religieusement en la confession de la sainte foi catholique à Saint-Jean-de-Luz.

En ce temps de désordres, il y avait un chanoine à Lescar nommé Audigeos qui ne boulut point quitter la bille ni sa chambre canonicale, ni même obéir aux édits de ladite reyne Jeanne. Les huguenots le prindent et firent brûler l'église cathédrale de Lescar, et pendirent le beau chanoine au devant de ladite église à un l'orme qui est encore aujourd'hui devant ladite église, et ledit chanoine mourut saintement et martyrisé pour la foi de la religion catholique.

Un feu Monsieur de Bourre, (1) grand'père de feu M. de Larroque qu'est ici bien cognu, c'est-à-dire ledit Larroque; mais ledit feu grand'père dudit Larroque bon catholique qui ne boulut pas obéir aux ordonnances des huguenots, ils le firent brûler en effigie sur le canton de la bille d'Orthez.

Ladite reyne Jeanne avait fait une ordonnance que tous ceux qui allèrent à la messe aurait d'amende pour chaque fois la somme de 10 fr.; et advient qu'une bonne femme de la bille de Pau, bonne catholique, estait la grand'mère de M. de Capdeville de Pau qui est aujourd'hui seigneur de Brassempouy. Cette femme alla une fois à la

(1) De Navailles de Baure.

messe, de quoi ladite reyne fâchée l'envoya à quérir. Cette bonne femme il alla et lui dit : Oui, madame, je y suis estée une fois et vous apporte 10 livres comme vous avez ordonné, et y veux encore retourner deux fois et vous apporte le payement de tout. Bah! dit la reyne, n'en parle plus.

Pour lors il y avait un prestre qui estait prébendier d'une prébende de Belloc, nommé Jean de Laborde, lequel se fit huguenot et se maria et jouit de la prébende suivant l'édit de la reyne, et ses enfants en jouirent aussi pendant longtemps comme héritiers dudit prêtre leur père.

Mais de depuis comme M. mon frère le prestre demeurait en Béarn après le retour de la sainte messe, et ayant appris que ladite prébende venait de cette sorte, il impétra ladite prébende et l'emporta de haute lutte en parlement de Pau, et en jouit encore pour le jourd'hui qui baut environ 40 ou 50 liv., et jusqu'à présent les héritiers du mauvais prestre ont joui du restant des autres biens; mais à présent les héritiers des parents dudit prestre demandent les biens dudit prestre aussi que ladite prébende et beulent faire déclarer le mariage dudit prestre clandestin, et les enfants dudit prestre bastards.

En ce temps de ces grands désordres, les huguenots allaient en Chalosse faire de grands bruslements des églises et tuèrent grand nombre de personnes. En une matinée en tuèrent, à ce qu'on m'a dit, au Bielé de Marquebielle sept hommes, depuis la Hitte de Cerre jusqu'au plan; et entr'autres en tuèrent un à la maison de Chose nommée le Priou de Chose, maistre de laditte maison. Une autre matinée les Huguenots et au temps dudit désordre rencontrèrent un bon prestre sur la lande Busquet, près la maison de Haza; ce prestre se nommait de surnom Bernole, fils de la maison du Haydet de Doazit, ils le prindent et le boulurent faire renier la sainte foi catholique, c'est qu'il refusa et aima mieux mourir. Ils l'attachèrent à un chêne les mains croisées derrière le dos, et le firent mourir à coup d'arquebuse comme qui tire au blanc.

De la mort d'un prêtre en la maison de Haydet.

Laditte année 1620, comme le roy avait rétabli l'exercice de la sainte messe et remué la garnison de Navarrens, il y

La messe est retournée en Béarn 1620

La trahison de Navarrens. mit des gens de France, d'autant qu'il ne se fiait point en les Béarnais, et boyant lesdits Béarnais que le roy les abait pribés de rentes et pribiléges qu'ils abaient auparabant, ils ourdissent une trahison entr'eux, c'est à faire mourir et tuer tous les chefs des souldats de la garnison de Nabarrenx; mais Dieu permit qu'ils fussent descouberts et furent prins par les sourdats de la garnison et en pendirent quelques-uns. Les autres se sauvèrent, tellement, que du depuis le roy ne s'est point fié en les Béarnais.

Environ le temps que ces désordres se faisaient, et comme le roy se feut retiré en France, les Béarnais firent une grande armée entr'eux, dont M. de Laforce était le général.

Siège d'Ayre. Ils allèrent poser le siége à Ayre et y demeurèrent environ deux mois. Mais l'ayant pris, M. de Gramont et M. de Poyanne les allèrent assiéger et en tuèrent une partie; les autres se saubèrent en fuite, et les Français demeurent les maistres de la place d'Ayre, mais non pas sans peine; car les canons de Bayonne ou Dax marchaient par l'Adour pour abattre Ayre. M. le Biscomte d'Ourthe estait le conducteur desdits canons et estait à Saint-Sever lorsque Ayre fut prins par les Français, et de là étant s'en tournèrent en bas, je m'en soubiens.

Tour de Mongiscar Et encore de plus, les Béarnais allèrent aussi prendre la bille de Sordes; mais aussitôt les Français les en firent sourtir et encore s'en allèrent à Berenx, et tenaient le fort dans une tour appelée à Mongiscar, sur le bout d'une lande, dont il fallut que M. de Poyanne y amenât de grandes compagnies de gens de guerre pour les en tirer; il les en fit sortir et fit raser ladite tour. J'y suis esté plusieurs fois depuis le rasement.

Il me souvient aussi je crois, que ce fut en l'an 1620, quand le roi fait poser le siége devant Montauban et y demeura longtemps, de sorte que le peuple de Montauban résistèrent longtemps, et le roi fit lever ledit siége; mais après du depuis le roy fit couper tous les grains et fruits des environs de Montauban, durant quelques années; et par ce moyen ceux de Montauban furent fort paubres et furent contraints d'avoir recours à la clémence de noustre bon roy et se rendirent à son obéissance, mais ils sont huguenots.

Et estant au mois de juillet 1663, le bin et grain rabala, grâces à Dieu; car pour lors la barrique de bin estait à 27 liv., mesure de blé à 28 s. à Mugron; mais pour lors y pleut et fit de si grandes pluies tellement, que à peine l'on assembla le froment, mais il y eut grande quantité de froment. Et estant à l'aoust, 1663, mesure de froment baut 28 s., mesure de blé à 26 s., la barrique de bin à 24 liv.

On m'a assuré que, estant au commencement de juillet 1663, que au Mont-de-Marsan estait arribé grand nombre de cabaliers gabaleurs qui boulaient pouser la gabelle tant audit Mont-de-Marsan qu'à Saint-Sever; mais ceux de Saint-Sever sourtirent un beau nombre et les allèrent arrêter à l'Adou, et là firent quelques petits désordres entr'eux, ce qui feut mal pour ceux de Saint-Sever. Car sur la fin d'aoust 1663 à Saint-Sever, est arribé un grand nombre de cabaliers par ordre du roy et ont dit qu'ils ont obtenu prise de corps contre ceux de Saint-Sever qui estaient sourtis contre les gabaleurs, tellement que ceux de Saint-Sever, sont en peine et une partie se cachent, et lesdits cabaliers demeurent audit Saint-Sever et font de grands désordres.

Des Gabaleurs.

La gabelle est déjà posée à Mont-de-Marsan, je ne sais ce qui arribera audit Saint-Seber.

Et advenant le 9 d'octobre 1663 en tout ce pays de Chalosse a fait un grand ban, en telle sorte qu'il a fait un grand dommage au millet en tout ce pays, de sorte que le grain a un peu haussé; car, à Saint-Sever, le 13 d'octobre 1663, mesure de froment à 38 s., mesure de blé à 34 s. et mesure millet à 34 s,

Les gabaleurs né sont pas encore las, car le 15 dudit octobre 1663 ils allèrent sept ou huit cabaliers gabaleurs au chemin de Hagetmau, tant sur lanne Meylis que sur lanne Mayon près de Mondose et en d'autres endroits par les chemins et tuèrent quinze ou seize chebals de ceux qui portaient du sel. Lesdits gabaleurs et gens de guerre sont démeurés audit St-Sever, jusques au mois de janvier 1664, et ce, à l'intention de poser la gabelle à St-Sever, et à cause que ceux de Saint-Sever ne l'ont boulu prendre, je bous assure qu'ils ont fait de grands désordres audit Saint-Sever, et avant d'en sourtir il a fallu que les quatre sièges, savoir, Saint-Seber, Dax, Tartas et Mont-de-Marsan leur ont donné 36,000 s., et après avoir reçu tant de ruines.

La bandange de l'an 1663 a esté fort tard, car elle a esté faite en octobre, et il n'y a eu que fort peu de bin; il se bendait déjà au 15 dudit octobre 1663 à 20 fr. la b/que rendu sur le port de Mugron, et à ce prix poubait bendre tout ceux qui boulaient bendre; il n'y eut que peu de millet à cause du bent et des pluies qu'il abait faites en l'esté.

Il estant à St-Martin 1663 la barrique de bin se bendait à Doazit sur les teins à 20 liv. comptant; mesure froment ballait à Mugron 30 s., mesure blé 32 s.; mesure millet 24 s. et pour lors fesait fort beau temps, de sorte que l'on sema fort bien le froment, grâces à Dieu.

Il estant en février 1664 la b/que de vin ballait à Doazit sur les teins 24 liv. mesure froment, 35 s.; mesure blé à Mugron 28 s.; mesure millet, 24 s. et en mars 1664 b/que de vin à 22 liv., mesure froment 35 s., mesure blé 26 s., mesure millet 23 s.

<small>Neiges du 1er avril 1664</small> Et le matin du 1er avril 1664 il y eut une grande nébade qui avait un pan de hauteur, pour lors les raisins commençaient à paraître aux vignes; mais Dieu promit qu'il n'y fit point dommage.

Et estant au commencement de juillet 1664 la barrique de bin se bendait 25 liv.; mesure froment 32 s.; mesure millet 24 s.; audit an 1664 il y eut fort peu de froment, mais il y eut grande quantité de blé. Le millet a esté l'an 1664 tout semencé depuis Saint-Jean, après estre semencé il n'a point plu de cinq semaines, ce qui a esté cause qu'il n'en est sourti que fort peu, et au 1er aoust 1664, mesure froment valait 32 s., mesure blé 27 c., barrique de bin balait 22 liv.; il y avait alors fort pauvre apparence de millet, car je me crains qu'il sera cher cette année : je prie Dieu qu'il aye pitié du paubre puble.

<small>Gabaleurs.</small> Les gabaleurs ne s'arrêtent pas, car au commencement

— 539 —

de l'abril 1664, sont arribés à Hagetmau environ de 18 ou 20 gabaleurs, ils sont demeurés audit Hagetmau deux mois, sans qu'ils aient osé poser la gabelle, et se sont retirés. Mais quelques-uns tant des environs que de Hagetmau sont esté accusés d'être du parti des gabaleurs, et même il y a eu quelque bruit de nuit de sortes que deux hommes de Hagetmau sont estés tués, et ce par des gens inconnus et masqués ; les tués sont Labat, sa femme, son fils et leur maison boulée entièrement.

Mais le matin du 20 juillet 1664 une grande compagnie de gabaleurs sont arrivés audit Haget, et en arrivant ils ont tué trois ou quatre hommes de ceux de Haget et ont pillé et volé casi tout le bourg de Haget et aux environs, et le 21 dudit juillet trois gabaleurs sourtirent pour aller vers Horsarieu et furent tués.

Le 22 juillet jour de Magdelaine, 17 gabaleurs sourtirent de Haget et s'en allèrent pour charger du pillage de Haget, mais le lendemain ils tournèrent à Haget, et menèrent avec eux plus grand nombre de gabaleurs, et en arribant pillèrent la maison du moulié de Saint-Girons, et le 24 dudit juillet, menacèrent d'aller piller à Doazit, et le 25 dudit juillet il y eut quelque conférence, et fut dit qu'il y avait trêve pour trois jours. Cependant à Doazit se barricadèrent et disaient qu'ils se boulaient défendre ; mais ce fut bien le contre, car le 29 dudit juillet 1664 casi tous ceux de Doazit ou la plus grande part se cachèrent, tant les personnes que tous les meubles, et lesdits gabaleurs allèrent grand nombre au biélé du Mus, et boulèrent plusieurs maisons, entr'autres au château de Doazit : ils y prendirent les poules, les dindes et tous les harnais des chebals, et menèrent M. de Lacouture de Cerres prisonnier, qui trubèrent au château de Doazit, et passèrent au bourg de Doazit, mais ils n'y trubèrent pas grand cas ; ils se retournèrent audit Haget, et le 30 dudit juillet, sur la noeit, les gabaleurs allèrent à la maison de M. de Cerres, à Serres-Lous, et y trubèrent M. Julien Dutournier de Montaut et l'amenèrent prisonnier à Hagetmau, car ledit Tournier estait au contre d'un grand nombre de personnes qui ont prinse de corps parce que lesdits gabaleurs disent que plusieurs personnes tant de Hagetmau que des environs, les ont attaqués et pour cette cause sont criminels et n'ose paraistre, et de plus les gabaleurs disent que lesdits criminels tant de Hagetmau que des environs, ont tué Labat, son fils et sa femme, et ont volé la maison dudit Labat. Je bous dis encore que lesdits gabaleurs ont mis à feu deux ou trois maisons, au bout du bourg de Haget, et ont fait brûler grande quantité de meubles, et entr'autres choses, huit ou neuf cents barriques, qui estaient de la Mourelle, et font tous les jours de grandes bouleries et prisonniers et plusieurs morts, tellement qu'il y a un très grand désordre au pays de Chalosse, à cause des gabaleurs, et personne ne les contredit. Je me crains qu'ils sont favourisés des grands ! Oh la grande misère, je prie le bon Dieu qu'il lui plaise appaiser son courroux, car je crois que tous ces malheurs sont à cause de nos péchés. Pensons donc à faire pénitence, mais qu'il plaise à Dieu y mettre quelque bon remède. De plus, j'apprends que ces gens de guerre ne beulent pas être appelés gabaleurs, mais ils se disent cabaliers du roy; et le second jour d'aoust, ledit Tournier a esté mis en liberté, à cause qu'il s'est trubé innocent, et il s'en est retiré au Mus parce qu'il estait marié avec Mademoiselle du Mus; et ledit Lacouture marchait toujours avec eux, parce que lesdits gabaleurs le menèrent avec eux par les paroisses, pour faire information contre ceux qui sont accusés d'avoir levé les armes contre lesdits cabaliers, et en tiennent déjà quelques-uns. Le pays parle de traiter la paix avec eux, mais cependant les paroisses du siége de Saint-Sever les nourrit, jusqu'à ce qu'il y aye un accommodement, de sorte que l'on leur pourte tous les jours à Haget, pour leur entretien, tant biande que fourrage, pour 25 escus, chacun jour, et Doazit et Montaut ont commencé le dimanche 3 aoust 1664, et les autres paroisses continuent; une partie de ces cabaliers se nomment dragons, mais ils sont hommes comme les autres; et le 6 aoust 1664, M. l'intendant est arribé à Saint-Seber et a mené grandes troupes de cabaliers, et est arribé à Haget le 7 dudit aoust; ils tiennent quelques prisonniers audit Haget et les menacent de les faire pendre. Ledit intendant a mené deux conseillers avec lui pour condamner les criminels, et a mené deux bourreaux. Ledit intendant se nomme M. Pellot; ils font tous les jours des prisonniers et de grandes bouleries, même le matin du 9 aoust 1664, un nombre de cabaliers sont allés au bourg de Doazit, et ont prins deux hommes, savoir, lou Per Baylet et un sien frère, et tant d'autres maux, et personne n'ose demeurer en sa maison, et aussi chacun cache ses meubles tant qu'ils pubent, ils sont audit Haget et au château de Dumes.

Le 20 dudit aoust 1664, comme aussi une partie desdits cabaliers et dragons s'en sont allés, mais il en est demeuré à Haget environ trente ou quarante, et font toujours quelque desourdre. Je me crains encore qu'ils veuillent pouser le bureau de la gabelle, qui sera une grande charge pour le paubre puble.

Et advenant le mercredi, 27 dudit aoust 1664, et jour qui devait estre marché dudit Haget, selon la coustume, audit Haget avait encore douze, tant dragons que gabaleurs. Mais comme j'ai apprends qu'ils ne veulent pas être gabaleurs en aucune façon, parce que cela les échoque en quelque façon, mais ils se disent et nomment gens du comboi du roy, et pour ce je ne les nommerai plus que gens du comboi du roy.

Ce dit jour, 27 dudit aoust 1664, audit Haget un fort petit marché, car il n'y avait qu'un fort petit troupeau de pourceaux et aussi un petit troupeau de bétail, car tout le monde a peur à ces gens du comboi; il est brai que pour lors ils ne faisaient aucun mal à personne, sauf qu'ils cherchaient encore ceux qui étaient criminels. Mais grâces à Dieu, ledit M. Decès juge de Doazit, comme baillant et habile homme a si bien et baillamment exploité et trabaillé qu'il ne s'y est point trubé en Doazit aucun criminel, mais ils ont fait de grands désordres audit Haget, et ce auparabant que M. l'Intendant ne fut arribé, de sorte que l'on dit que ledit Hagetmau ne saurait estre réparé tant la perte des meubles et bruslement des maisons de soixante ans ni jamais. Et estant en septembre 1644, la barrique de bin se bendait 30 liv., mesure de froment 30 s., mesure de blé 23 s.; l'on espère cette année grande bendange.

Vaillance de M. Decès, juge de Doazit.

Je entends encore que les gens du comboi font toujours quelque désordre et cherchent les criminels tellement qu'on n'est pas en repos.

Je bous assure que du temps de ces désordres moi-même, sans être criminel en aucune façon, ni coupable, ni comprins en aucun de ces désordres, mais encore j'abais une grande peur parce qu'ils tuèrent du commencement tous ceux qu'ils pubaient attrapper; de sorte que durant quinze jours je n'osais pas demeurer chez nous à Péboué, mais je lougais dans les cabanes des vignes et dans de paubres maisonnettes, et la plupart du temps je demeurais du cousté de Saint-Cricq et Marquebielle, car en ce lieu tout le monde m'honorait comme si j'eusse été leur supérieur, et pour lors ma neboude Anne estait à la Masquère et à Bergouey avec toute sa famille et avaient pour lors remué tous les meubles et grains et linges et vins et bétails.

Et advenant le 10 de septembre dudit an 1664, jour de marché à Hagetmau, le marché fut fort petit à Haget; mais les gens du comboi et dragons allèrent au château de Dumes et commencèrent à desmoulir ledit château; mais ayant commencé, ils firent quelque accommodement et y firent domage pour 200 ou 300 liv.; comme aussi ils boulurent desmoulir la maison de M. Lartigue de Sainte-Colombe. Mais par le moyen de M. Dulau, ils firent accommodement avec de l'argent, et de plus ce dit jour de septembre 1664 ils firent pendre en effigie les susdits criminels, jusqu'au nombre de trente ou davantage au lieu de Hagetmau. Les gens du comboi sont encore quinze ou seize audit Haget, et la nuit du 14 septembre 1664, il allèrent à Mourgans et firent un prisonnier de ceux qui avaient été pendus et roués en efugie; c'estait un nommé Laborde surnommé Balay de Haget, ils le menèrent à Mont-de-Marsan.

Je bous beux dire de plus que ce mois de septembre 1664, M. Lacourt, curé de Coudure et son bicaire sont estés tués de nuit au lieu de Coudure en deux diverses nuits, et ce par des gens incognus.

Et despuis avoir écrit, l'on m'a dit que ledit bicaire n'a pas esté tué mais oui bien ledit curé.

On m'a dit aussi que le premier dudit octobre dudit 1664, deux des gens du convoi ont esté tués à Aubagnan aussi par des gens inconnus. Comme aussi la troisième nuit dudit octobre 1664, M. de Fescaux, noutaire royal de Larbey, a esté boulé, tant ses papiers que argent par des gens inconnus.

Or, parlons de la bandange de l'an 1664. Ceste bandange fort grande généralement partout Chalosse, il n'y eut un tiers de bin plus qu'on ne croyait. Cette bandage dura un mois ou dabantage, mais à peine trubait-on en quoi mettre le bin ; on en a mis grande quantité dans les tonneaux ou barriques de raspeöu ; je me crains qu'il en aye de mal accoumoudé.

Le bois de barrique se bendait 5 liv. tout couramment ; mais en ce pays de Chalosse il y a fort peu de millet, mais il y a partout le pays grande abondance de glandage et en la lande il y a grande quantité de millet et autre grain comme est blé et panis, grâces à Dieu.

Nous abons dit ci-dessus que M. de Lacouture et deux hommes du bourg de Doazit ont été prins par ces gens du comboi, mais les ayant troubés du tout non coupables ont été mis en libeté.

Et advenant, ledit Laborde Balay a esté roué à Hagetmau le 14 d'octobre 1664.

Et en ce temps la maison de Bégué de Castel-Sarrazin a esté boulée entièrement par des gens incognus, et y celui Bégué est un de ceux dudit comboi, et de tous ces désordres à Haget n'a point eu marché ; mais ceux de Momuy ont commencé au 21 mois d'aoust 1664 à tenir un marché au lieu de Momuy, et ce le jeudi de quinze en quinze où il y assez un bon marché, comme des bœufs et baches, pourceaux, draps, grains et autres marchandises.

Marché à Momuy, 1664.

Je entends que les gens du comboi allèrent le 17 d'octobre 1664 à Toulouzette et tuèrent grande quantité de bétail de ceux qui portaient du sel et versèrent le sel. Et le 21 dudit octobre allèrent à Momuy bouler en trois maisons, et le lendemain ils allèrent bouler dans la maison de Joannin les poules.

M. de Sanguinet, curé de Caupenne et fils de M. le baron de Doazit, a fait faire à Cames un moulin, et il a commencé à faire travailler au camieu dudit moulin le 5 mai 1664, et les bastiments et maison dudit moulin a esté levé et basti et massonné au mois d'octobre dudit an 1664.

Moulin de Cames.

Mais par malheur le 19 décembre commençant à moudre, tout l'empied dudit moulin tomba et roumpit l'arroudet, et le bastiment dudit moulin chancela un peu, mais l'on y fit incontinent un empied de bois, et retourna commencer de moudre le dernier dudit décembre 1664. Je le bis moudre tout de bon et faire bonne farine pourbu qu'il aye bon grain. On tient qu'il sera un bon moulin. Et advenant le 28 octobre 1664, les gens du comboi qui sont à Hagetmau s'en allèrent à la messe à Saint-Guirons; mais à leur retour ils trubèrent, entre Haget et Saint-Girons, une compagnie ou escadron de gens inconnus, de sorte qu'ils attaquèrent auxdits gens dudit comboi et tuèrent le commandant Boisier et un autre homme, de sorte que ceux deux hommes du comboi demeurèrent morts sur la place et les encognus empourtèrent leurs habits et de plus allèrent au bourg de Haget prendre huit chebals de ceux du comboi et s'en allèrent je ne say en quelle part.

Choc entre les gens du convoi se retirant de la messe de St-Girons, 1664.

Et alors mesure de froment valait, à Mugron, 31 s., mesure de blé 21 s., mesure de millet 16 s., mais personne n'achetait point encore du vin.

De l'arrasin de Labourdette. — Je vous dirai de plus que la nuit du samedi du 8 octobre 1664, moi-même estant couché dans moun lit en la chambre de Labourdette, je entendis quelque petit bruit dans ladite maison, et croyant que ce fut le chat et me croyant qu'il ne fit quelque désourdre, je me lève et ayant trubé que mes armoires estaient fermées et croyant que ce ne fut rien, je m'en retourne couché et m'enferme dans la chambre; et cependant que j'ai esté sourti, un larron avait rompu une parois et entré dans la maison et même dans ma chambre; et moi croyant qu'il n'y eut personne que moi, me mis dans le lit et demeurai longtemps sans dourmir. Mais cependant le larron m'a prins deux demi-louis

Du larcin de Labourdette.

dans mon pouchet, et oubrant la porte pour s'en bouloir sourtir, je l'entendis et me lève bitement tout en chemise et attrappe ledit larron et le fis prisonnier corps à corps, et appelai au secours à mon frère Ramond et à ceux de Peboué et de Peyran et de Coudicanne et Coudassot, et tous y biendairent sur l'hure embiron la minuit pour boir le larron, lequel déclara, sans aucune contrainte, ce qui s'ensuit : Pierre Dupouy a confessé avoir desrobé de nuist à Henry de Laborde dans sa chambre de Labourdette, en premier lieu 26 louis lorsqu'il demeurait Baylet en la maison de Péboué qui estait enbiron les fêtes de Noël de l'an 1663, plus environ un mois aussi de nuit en rompant une parois, lui a prins 42 liv. argent, une paire de souliers tout neufs et un bonnet aussi tout neuf qui balait 50 s., plus une pièce de drap de l'atrama qu'il porta à un homme nommé Jeanchinon, métadier de M. Darricau, plus a prins quatre rabats et 4 sous de clous de sabots, plus 7 sous de clabets et sept muscades et un pain noir un peu commencé et 2 sous de pain blanc et une cuisse d'oie cuite et bu du bin tant qu'il en boulut; de plus, ladite nuit au 8me novembre 1664, il confesse avoir rompu la même paroi et entrant dans la maison de Labourdette et dans la chambre de Henry de Laborde, aurait pris deux demi-louis dans le pouchet dudit Laborde et le pain et un couteau qu'il a trubé dans l'armoire, et boulant sourtir de ladite chambre et oubrant la porte, ledit Laborde a entendu et s'est lebé tout en chemise, la print prisonnier, et de plus dit que quand il avait desrobé les vingt-six louis, il demeurait dans la maison de Péboué, et que ledit larron fit cela par l'indication de Jean d'Angoumeau pour lors baylet de la maison de Péboué, et que ledit Anguomeau estait allé plusieurs fois prendre les choses et clefs dudit Henry de Laborde pour lors couché dans la maison de Péboué, et allèrent tous deux chercher plusieurs fois dans la maison de Labourdette pour desrober l'argent dudit Laborde; et quelques nuits après, ledit Dupouy y alla tout seul et truba et emporta ledit argent et le communiqua audit Angoumeau, et lui donna deux louis parce qu'il était complice avec lui, et dit qu'il a demeuré dans le grenier de la paille de Labourdette depuis jeudi soir, et que l'autre coup y avait demeuré deux jours et deux nuits, et dit qu'il estait parti le jeudi de Cazalis. Présents à ce : M. de Bic de Coudicane et Jean de Laborde son baylet, et Pierre et Benjamin de Laborde de Peyran, et François d'Angoumeau demeurant à Péboué, et Ramond de Tounartigue dit de Camezat, Jean de Dezès de Coudacot, et après l'aboir mené au château de Doazit en prison.

<small>Evasion du voleur de Labourdette.</small>
Et advenant le 13 novembre 1664, ledit larron s'est échappé et a droumi deux nuits, est benu à Labourdette rompre la même paroi, mais il n'a point pu entrer à cause que j'avais attaché des lattes par dedans, et s'en est allé je ne sais en quelle part.

Je puis bien dire comme disait le roi Charlemagne quand il avait prins Maugis et s'échappa, lors le roy lui dit : Ha ! larron Maugis, je n'ai guerre gagné à t'attraper, car il empourtait la couronne du roy et les épées des douze pairs de France. J'en puis dire de même de mon larron : il m'est échappé, je n'y ai rien gagné, j'y ai eu des frais et despenses ; je prie Dieu qu'il soit homme de bien.

Le trois décembre 1664, Soubagné de Joannin de Segarret a esté prins prisonnier par les gens du comboi et mené au Mont-de-Marsan ; mais dans peu de jours il a esté mis en liberté.

<small>Assassinat d'un homme du convoi a Aire.</small>
Le 8 décembre 1664, les gens incognus et invisibles sont allés de nuit au-dessus de la bille d'Ayre et ont tué un lieutenant des gens du comboi nommé Casanche et ont bruslé et pillé la maison.

Les gens du comboi demeurent encore à Hagetmau, et logent au château dudit Haget et sont encore 15 ou 16 qui font toujours quelque désordre ; car le 26 décembre 1664, ils sont allés prendre d'autorité du foin et du grain à Horsarieu et tant d'autres désordres qu'il y a toujours, car à Coudures à une compagnie de dragons qui bibent aux dépens du pays et même les paroisses du siége de Saint-Sever contribuent, et entr'autres à Doazit pour leur cote part sont coutisés d'y pourter chaque jour un quintal de foin, et de plus nous sommes menacés de gens de guerre ; certes, le pays de Chalosse est fort paubre. Il est bray qu'il y a eu cette bendange passée grande quantité de bin, mais personne n'en achette encore une pièce ; c'est cause que le paubre pâtit grandement ; il est bray le grain est encore à bon compte, car la mesure froment est à 30 s., mesure blé à 21 s., mesure millet est à 17 s., mais personne n'a point d'argent pour en acheter, ce qui est cause que plusieurs personnes sont nécessiteux et passent déjà famine, tellement qu'il y a grande misère sur le pays. Je vous dirai au plus que durant tout le mois de décembre 1664, il y a une estelle au ciel du cousté du midi, laquelle mounstre grands signes, car elle a devant elle une longue lance qui est fort luisante, tellement que l'on se craint de quelques grands désordres ; cette estelle se lève environ la minuit et ne va fort haut. Et advenant et estant au commencement de l'année 1665, laditte estoile n'a plus paru, mais il a paru une autre estoile qui se lève le soir ; elle ba beaucoup plus haut que l'autre et quelques-uns l'appellent la comète. Ceste estoile a aussi une longue lance qu'elle mène au derrière d'elle ; je me crains de quelque grand désordre.

La comète.

Pour lors je entends que les gens du comboi qui sont à Hagetmau font plusieurs désordres, car ils sont allés à Horsarrieu et à Segarret et à Momuy de leur autorité et ont prins du fourrage et ce qui bon leur a semblé, et de plus les dragons qui sont à Coudures y demeurent encore, et les paroisses leur portent probision, et à Doazit y portent chacun jour un quintal de foin ; comme aussi à Saut de Nabailles, à aussi une autre compagnie de dragons qui font aussi de grands désordres. Alors on parle de faire eaux de bie à Aulez, mais on n'en beut donner que 10 liv. la barrique. Et le 17 janbier 1665 à Montaut, il est arribé une compagnie de cabaliers ou gens de guerre et y sont jusqu'à noubeau ordre.

Gens du convoi à Horsarrieu et Momuy

Et de plus les gens du comboi font de grands désordres, car ils allèrent à Saint-Cricq le 20 de janbier 1665 et pensèrent faire prisonniers Labat et autres criminels de Saint-Cricq, mais ils ne les trubèrent point et y firent plusieurs rabages dans les maisons desdits criminels, et en outre nous sommes menacés des gens de guerre. Oh! la grande misère du paubre puble, car il n'y a point d'argent ni grain; il est bray qu'il y a grande quantité de bin, mais personne n'en achète aucune pièce sinon pour faire de l'eau-de-bie et n'en donnent que 10 liv. rendu à Aulèz, et encore n'en peut-on bendre à ce prix que rarement.

Alors mesure de froment se bendait, au marché de Mugron, 32 s., mesure de blé à 22 s., mesure de millet à 18 s.

<small>Tremblement de terre, 4 février 1665</small> Le 4 fébrier 1665, il y a eu un tremblement de terre partout Chalosse durant un petit espace de temps, ce fut embiron le point du jour.

J'entends aussi que les gens du comboi font toujours quelque désordre, car ils bont chercher du fourrage où bon leur semble.

Alors la barrique de bin baut 10 liv. rendu à Aulez, mesure froment 32 s., mesure blé 22 s., mesure millet 18 s.

Les gens du convoi font toujours des courses et font des prisonniers tant à Hagetmau qu'aux paroisses aux environs et mènent tout à Mont-de-Marsan et en tiennent déjà, à ce qu'on m'a dit, plus de soixante prisonniers et en est mort quelques-uns en la prison, de sorte qu'il y a de grands désordres en toute Chalosse.

A Saut de Navailles a demeuré une compagnie de dragons l'espace de deux mois, de sorte que ledit Saut est tout ruiné.

Et à Coudures a aussi une autre compagnie de dragons qui ont aussi demeuré audit Coutures plus de dix mois et sont entretenus aux dépens des paroisses, et à Doazit y ont de leur côte-part chacun jour un quintal de foin, et de plus à Dax et à Saint-Sever a des compagnies de cabaliers de gens de guerre, et encore à Montaut et une autre compagnie de cabalerie qui ont ruiné tout Montaut.

<small>Fils de Jean de Bic pris par les gens du convoi.</small> Et le 17 février 1665, jour de mardi-gras, les gens du comboi allèrent à Doazit et firent prisonnier Man le métayer et le menèrent à Mont-de-Marsan. Et encore ce qui me fâche de plus, ce que le soir du 22 de février 1665, les gens du comboi est prins prisonnier le fils de Jean, de Bic, noustre nebeu qui est un enfant de quatorze ou quinze ans

et le tiennent à Hagetmau sans qu'il aye jamais fait aucun mal, et en tiennent aussi d'autres qui ne sont pas criminels.

Le 1ᵉʳ mars 1665, on m'a assuré que M. l'intendant est arrrivé au Mont-de-Marsan pour juger lesdits prisonniers et qu'il doit benir bientôt à Saint-Sever et à Hagetmau, et M. de Saint-Luc bient aussi. O la grande misère ! car personne ne ose demeurer en sa maison, et de plus nous sommes à la faim, car il n'y a point d'argent ni de grain ; il est brai qu'il y a bin, mais on n'en peut aboir que 10 livres rendu à Aulez pour brûler, et encore les marchands n'ont pas encore que fort peu d'argent.

M. Pellot à Mont-de-Marsan.

Alors la mesure de froment balait à Mugron 36 s., mesure de blé 24 s., mesure de millet 18 s.

Le 26 février 1665, une compagnie de gens de guerre à pied sont lougés à Caupenne et à Bergoey, et le matin après s'en sont allés à Saint-Sever.

Et moi-même, voyant tous ces désordres et me craignant d'être prins prisonnier sans avoir fait aucun mal, et entendant les mauvais traitements qu'on fait aux prisonniers, moi, comme estant vieux, âgé de soixante trois ans et tout incommodé, et jugeant que si j'étais prins je serais ou fatigué, ou mal couché ou mal nourri.

Alors je m'en suis allé en Béarn, devers M. mon frère, le prestre et le curé de Lanneplan, et suis arrivé au lougis dudit M. mon frère le dimanche second dimanche de Carême et premier jour de mars 1665.

Et estant eu Béarn, j'entendis dire que M. de Saint-Luc et M. l'Intendant estait à Lourdes avec leurs troupes, et là estant ceux de Lourdes se mirent en armes et ne boulaient pas être obéissans audit M. de Saint-Luc et M. l'Intendant et ils demeurèrent là environ vingt jours, et ils s'accordèrent avec ceux de Lourdes, et ceux de Lourdes furent pardonnés, mais cela fut par l'entremise du comte de Toulongeon qui les accorda ; et après cela M. de Saint-Luc s'en alla du cousté de Dax et de Bayonne, et M. l'Intendant s'en est allé à Pau et y a demeuré huit jours pour régler ceux de la religion prétendue réfourmée à ce qu'on m'a dit ; et après cela, M. de Saint-Luc s'en est allé du cousté de Bourdeaux, et M. l'Intendant s'en est allé à Saint-Sever et y a demeuré un mois ou davantage, et durant ce temps ledit M. l'Intendant en a condamné à mourt plusieurs et sont estés pendus à Saint-Sever, et d'autres roués, et d'autres condamnés aux galères, et d'autres sont estés élargis ; mais entr'autres un nommé M. Bourit a esté pendu, c'estait le prévost de la ville de Saint-Sever ; puis M. l'intendant s'en est allé à Agen, et les troupes des gens de guerre sont demeurées à Saint-Sever en Chalosse et y ont fait de grandes dépenses.

Pendaison de M. de Borrit, juin 1665.

Et estant au commencement de juillet 1665, les gens de guerre et gens incognus ont fait rencontre entr'eux à Ste-Colombe et à Cerres de dessus, et se sont battus et en y est mourt de chaque cousté cinq ou six et plusieurs de blessés. Pour lors il y avait garnison à Saint-Sever et à Momuy et Cazalis et à Brassempouy et à Bonnut et à Lahosse et en d'autres paroisses du siége, en sorte que le paubre puble ne peut plus résister à si grandes dépenses, et si passe déjà grande faim en Chalosse et n'y a point argent, ni grain ; il y a du bin, on le bend à 7 liv. et le bois rendu, et ce pour le faire brûler. Alors mesure de froment baut à Mugron 45 s., mesure de blé 25 s., mesure de millet 21 s. Le quintal de foin partout Chalosse se bend 40 s., la mesure aboine 20 s., et les paroisses qui n'ont pas de logement sont aydés des autres, de sorte que tout le monde est réduit à la grande misère. Je prie Dieu qu'il lui plaise y donner sa sainte bénédiction.

A Ste-Colombe rencontre de gens de guerre et de gens incognus, juin 1665.

Je vous peux bien dire que pour lors, ceux de Doazit n'estaient pas encore bien à leur aise, d'autant que ci-devant ils avaient estés accusés d'avoir esté à Hagetmau du temps de la mort de Labat, et d'une attaque que les invisibles avaient donné aux gens du comboi dans une maison du bourg de Hagetmau et entr'autres au temps des rogations en l'an 1664.

Il se truba un homme de Doazit un matin tout mourt sur la lande, entre Doazit et Haget, à Lannehoussat. L'homme se nommait lou Bourdet, sergent ordinaire dudit Doazit, et pour ces grands désordres la jeunesse de Doazit n'est pas bien en repos. Je ne puis pas savoir qui estaient ces gens invisibles, mais les gens de guerre et les gens du comboi disaient que les gens imbisibles estaient un nommé Audigeos fils de la maison de Hareou de Coudures (1) qui estait un capdet, lequel je n'ai ni bu ni connu ; c'était un homme fort adret, je bous assure qu'il lui a bien serbi, car premièrement, il a esté cherché par tous les endroits depuis Saint-Sever jusqu'aux montagnes. Défendu de par le roy par toutes les billes de ne lui aboir à bailler ni pain, ni bin, ni logement, ni munition.

Audigeos.

Je ne sabais pas ce que cela boulait dire. Je croyais que c'estait quelques dragons soubages ou infernals ; mais estant benus louger chez nous à Peboué, j'ai bu que c'étaient hommes comme les autres, et les ay fait boire de mon bin dans ma maison de Labourdette.

Et ledit 20 dudit juillet à Doazit a lougé une compagnie des gens de guerre à pied, et le lendemain s'en sont allés et ont lougé une nuit à Poyalé.

Le 27 de juillet 1665, à Doazit est arribé une compagnie de dragons bien montés, et nous en avons deux à Peboué, et alors j'entends que partout casi le siége de Saint-Sever avait gens de guerre et fesaient de grandes dépenses, et le monde estait fort paubre en ce pays de Chalosse.

O la grande misère de ce paubre pays de Chalosse ! hé-

---

(1) Antonin de Laborde Peboué, petit neveu de Henri, épousa en 1711 Marguerite de Lassalle de Bordes, fille de M. le baron d'Ossages et de Jeanne Dubourdieu. Cette Jeanne de Dubourdieu avait épousé en premières noces feu M. d'Audigeos dont elle n'eut point d'enfants. D'Audigeos fut très renommé dans le royaume et principalement dans cette province à cause de sa révolte contre le roi qui voulait introduire de nouvelles impositions sous le nom de gabelle, ce à quoi M. d'Audigeos s'opposa, tuant avec sa troupe et les receveurs et ceux qui les protégeaient; puis il passa en Espagne avec les siens, mais il en fut rappelé, fit un traité de paix avec le roi comme un autre souverain, en reçut un régiment qu'on envoya à Messine où il mourut. — (*Généalogie de Peboué.*)

Jean-François de Bourrousse, officier de dragons, né en 1655 lorsque son régiment dont M. d'Audigeos était colonel, voulut tourner ses armes contre Louis XIV et s'embarqua pour l'Espagne. Jean-François de Bourrousse de Laffore fut du petit nombre de ceux qui ne suivirent pas cet entrainement. — (*Nobiliaire de Guienne*, t. II.)

las! il n'y a cette année que fort peu de froment à cause d'une grande sécheresse, car il n'y a point plu depuis le mois de février. La barrique de bin se bend à présent 10 liv., mesure de froment 32 s., mesure de blé 21 s., mesure aboine 31 s., le quintal de foin 40 s., le bin ne se bend que 10 liv. pour le faire brûler.

Un homme nommé Jean Duplanté surnommé Lébraut, boucher du bourg de Doazit, estait celui qui achetait le bin pour les marchands de l'eau-de-bie, mais tout cet argent s'en allait pour les gens de guerre, car il fallait porter tous les matins à Doazit la somme de 90 liv., et ce dura tout autant que les gens de guerre y demeurèrent. Et un homme nommé M. de Montauzé estait celui qui prenait l'argent de tous les habitants de Doazit, et chacun matin le distribuait aux gens de guerre. Je bous assure qu'il y abait bien de la peine à faire le compte, car il prenait chacun matin argent de quatre cent maisons, et le distribuait par bon ordre tout aux dragons.

Cette année 1665, les gens de guerre empourtèrent à Doazit, tant en dépenses qu'en argent, plus de 10,000 liv. Et si les habitants manquaient de pourter chacun matin leurs coutises, les dragons allaient par les billages et empourtaient tout ce qu'ils trubaient de bon dans les maisons, car ils lougoient tous dans le bourg, et durant ce temps ils faisaient toute semaine quelque course pour prendre Audigeos et quelques autres criminels, et le 2 de septembre 1665 à Hagetmau en a esté trois de criminels de pendus, et deux de roués, et un autre a esté estranglé, lequel estait mourt près de quinze jours auparavant et se nommait Pilate.

Trois criminels roués et pendus à Hayet.

Et environ le demi septembre, les dragons ont fait une course jusqu'aux montagnes pour chercher Audigeos et autres criminels (1), et après avoir fait cette grande justice

(1) Du mois de may 1665, lettre du roy Louis-le-Grand pour M. le vicomte de Poudenx, dans laquelle est l'ordre d'arrêter Audigeos.
A Monsieur le vicomte de Poudenx (suscription en marge), *du 31 mars 1665. Ordre du Roy au vicomte Bernard de Poudenx de s'assurer pour Sa Majesté du nommé Audijos et de ses complices rebelles.*

Monsieur le vicomte de Poudenx, désirant m'assurer de la personne à Hagetmau, M. l'Intendant s'en est allé à Dax. On dit que là il a fait pouser le bureau de la Gabelle et a demeuré à Dax environ vingt jours, et jusques à la fin de septembre et s'en est tourné à Saint-Seber et y a demeuré quelques jours ; s'en est allé vers le cousté de Montauban, mais les gens de guerre sont demeurés en Chalosse et font de grandes dépenses.

La bendange de l'an 1665 feut assez grande, encore plus que celle de l'année passée. Le bois de barrique ballait 4 liv., mais il y eut fort peu de millet, de sorte que au 15 d'octobre 1665, mesure de froment ballait 36 s., mesure de blé 26 s., mesure millet 26 s., le quintal de foin 3 liv., mesure aboine 30 s., de sorte que le monde estait alors si

du nommé Audijeos et de ses complices accusés du soulèvement excité dans le pays de Chalosse, et de s'estre opposés à l'establissement des bureaux de mes fermes dans ledit pays et lieux voisins. Or, sçachant que luy et ses complices pour la plus part sont présentement en mon pays de Béarn et que personne ne peut s'employer avec plus de succès que vous à l'arrêt de leurs personnes, par le pouvoir et le crédit que vous avez parmy la noblesse et dans le pays, que pour l'affection que vous avez pour mon service et aux choses qui regardent le maintien de mon autorité, je vous adresse un ordre que j'ay faict expédier pour arrester ledit Audijos et ses complices on quelque part qu'ils se trouvent, et j'ay bien voulu l'accompagner de ceste lettre pour vous dire que mon intention est que vous ayez à jetter les yeux sur un prevost des maréchaux ou à un officier de robe courte que vous cognoistrez fidèlle et le plus capable de bien exécuter ledict ordre, que vous remplissiez son nom dans le blanc que j'y ay faict laisser, et que vos amis l'appuyent pour ceste fin, en sorte qu'il n'y rencontre aucune difficulté, vous recommandant de me donner compte de ce que vous aurez faict en exécution de ce qui est en cela de ma volonté, et vous asseurant que vous ne sçauriez me rendre ung service ny me donner des marques de votre affection en chose que j'aye plus à cœur.

Sur ce, je prie Dieu qu'il vous aye, Monsieur le vicomte de Poudenx, en sa sainte garde.

Escrit à Saint-Germain-en-Laye, le XXXIe may 1665.

LOUIS.

Contre-signé plus bas (original) :

LE TELLIER.

paubre qu'il n'y abait pas de froment pour ensemencer la terre.

Oh ! la grande paubreté partout la Chalosse !

Et advenant le 21 octobre 1665, les cabaliers dragons s'en sont allés, mais par malheur au bout de dix jours qui est le 1er novembre 1665, une autre compagnie de dragons sont arribés à Doazit pour y demeurer jusqu'à noubeau ordre. Je puis bous assurer que Doazit ne peut plus résister à une si grande dépense, et ne se bend point de bin en aucun prix et n'y a point de grain ; le paubre monde est déjà à la faim.

Et advenant le 3 de septembre 1665, les dragons de Doazit s'en sont allés, grâces à Dieu. Mais ça esté après avoir fait une grande despense, tant à Doazit qu'en d'autres paroisses ; car en même jour tous les gens de guerre sont tous sourtis à tout Chalosse. Durant le temps que les dragons sont demeurés à Doazit, ledit Montauzé leur baillait tous les matins à chacun 15 sous, mais sur la fin ils sont estés réglés à 11 sous, et le fourrage venait d'autre cousté, sinon que au commencement qu'à Doazit fournit le tout.

Durant ce temps, les dragons fesaient tous les jours des courses pour prendre Audigeos et autres criminels, et tous les prisonniers qu'ils attrapaient menaient à Mont-de-Marsan, mais il fallait aussi bien payer les jours absents comme les présents.

Je bous assure que ledit Montauzé avait grande peine à leur faire le compte, et si le puble manquait à leur pourter la coutise, eux-mêmes y allaient et leur faisait bien payer le vouyage ; ils désiraient de prendre toujours ledit Audigeos, car il leur était le plus contraire, et qui s'opposait à l'establissement de la gabelle, mais il leur feut impossible de le prendre. On dit qu'il est passé en Espagne.(1)

---

(1) D'Audijeos ne fut jamais pris. Pendant plusieurs années il lutta avec son escadron invisible contre quatre régiments de dragons, détruisant les troupes qui lui étaient opposées, allant braver le convoi jusques dans la ville de St-Sever, monté sur un cheval ferré devant derrière, enfin il fallut traiter avec ce terrible adversaire (On lit en effet dans la préface des sermons de monseigneur de Fromentières,

Je vous dis aussi que sur la fin de novembre 1665, les dragons sont allés du cousté d'Arzacq et ont prins un nommé M. Lugon et son frère, disant qu'ils étaient faux-monnoyeurs et les ont menés à Montauban, et le 17 de décembre 1665, depuis que les dragons sont estés partis de Chalosse, une brigade de gens masqués et incognus sont allés de nuit à Samadet et ont tué le boucher dudit Samadet, et s'en sont allés je ne say en quelle part. Gens masqués à Samadet.

Au premier jour de l'année 1666, il est aribé un rabas d'argent, saboir : la pistole a rabaissé de 5 sous et les louis de 2 sous.

Le jour de la Purification de Noustre-Dame 1666, à Saint-Aubin, fesait de l'eau-de-vie avec six chaudières qui bruslaient sans cesse; et advient ledit jour de la Purification, l'eau-de-bie debient fort maubaise et fort amère et ce dura trois jours, durant ces trois jours ils ne firent pas la besogne d'un jour seul, et ne fesaient rien qui ballut. Le maistre n'y estait point. Ah donc les baylets boyant le désordre, ils eurent recours à M. le curé de Saint-Aubin, il y alla et là estant aux garçons savoir s'il y avait de la manque de leur coûté; ils répondirent que non, mais qu'ils étaient bien assurés que la manque ne venait pas de leur défaut. Ah! donc le curé y alla bénir la maison et le bin et puis fit une autre exorcisme comme si la maison estait poussédée du démon. Après tout cela il alla dire messe, et après tout cela l'eau-de-bie devient fort bonne et firent autant de besogne comme à la coustume, grâces à Dieu. Eau-de-vie à Saint-Aubin. Purification.

Et estant au premier de mars 1666, la barrique de bin ne ballait en Chalosse que 6 livres et le bois rendu, et ce pour faire de l'eau-de-bie, car pour lors il n'y abait point

---

que d'Audijeos, ramené par cet évêque d'Aire, fit une retraite au séminaire de son diocèse et que le roy lui rendit ses places et un régiment). La tradition ajoute que Audigeos nommé colonel fut présenté au roi dans une galerie du Louvre, et quelques années après, une armée française ayant fait une expédition à Messine, ordre fut donné au maréchal de France qui commandait d'exposer Audigeos à l'attaque la plus périlleuse, où ce fameux personnage trouva la mort (1674).

La famille d'Audijeos s'est perpétuée jusqu'à nos jours, sous le nom de Bourdeau d'Audijeos de Castera (Voir l'Armorial de 1865).

autre bente de bin, mais je bous puis assurer que pour lors il y avait en Chalosse soixante chaudières pour brûler le bin pour faire d'eau-de-vie, et brûlait chacun jour cent barriques. Mais avec tout cela le monde estait réduit en grande paubreté, d'autant que les gens de guerre avaient mangé et empourté tout ce qu'ils abaient trubé. Mesure froment balait 40 s., mesure de blé 32 s., et mesure de millet 33 s. Tout le monde estait à la faim, et la plus grande partie du puble mendiait le pain, mais il n'en trubait que fort peu, et c'estait une grande misère que de boir tant de puble réduit à si grande misère ; et alors moi-même voyant une si grande paubreté sur le pays de Chalosse, et ne pouvant ni supporter, ni remédier à une si grande nécessité, pour lors je m'en suis allé demeurer en Béarn avec M. mon frère le curé de Lanneplan, et y ai demeuré depuis le 3 mars 1666 jusqu'au 16 de juin 1666 que je me suis retiré à mon petit lougis de Labourdette.

<small>Sédition à Salies.</small>

<small>Gabelle de St-Barnabé.</small>

Je vous dirai aussi que en Béarn y a eu de grands désordres entr'autres choses le jour de Saint-Barnabé de l'an 1665. Il y arriba une sédition entre le public à cause de la gabelle, de sorte qu'à Salies, aux Geous de Lanneplan et en plusieurs autres bielages, le menu puble se leva l'un contre l'autre, en accusant plusieurs personnes d'être du parti des gabeleurs, et entr'autres à Salies accusèrent un homme nommé..... et l'assiégèrent dans sa maison. Mais ne le trubant pas, prendirent tout ce qu'ils trubèrent dans ladite maison et la pillèrent tout entièrement. Ces nouvelles furent pourtées à M. l'Intendant qui estait en Chalosse, de sorte qu'il fit informer contre ceux qui avaient fait cette sédition, et pour faire la paix avec M. l'Intendant, fallut que le pays de Béarn donnât audit M. l'Intendant 50,000 liv. et encore ne furent-ils pas en repos, car les officiers du lieu de Béarn en ont décrété plusieurs et en ont tiré beaucoup d'argent du menu puble, de sorte que les actions dudit jour de Saint-Barnabé 1665 coustent dans le Béarn plus de 150,000 livres.

Toute cette année 1666 jusqu'à Saint-Jean, la disette estait grande partout Chalosse. Pour lors mesure de froment ballait 42 s., mesure de blé 32 s., mesure de millet 34 s., le quintal du foin 40 s., la barrique de bin ne ballait que 6 liv. et le bois rendu, de sorte que tout le pays de Chalosse estait à la graude paubreté. La gabelle estait sur le sel et celui qui achetait une conque de sel à Dax il en payait de gabelle 55 s.

Pour lors les gens du comboi se tenaient une partie à Dax et une partie à Saut de Navailles, une autre partie à Habas, et la grande compagnie estait à Mont-de-Marsan et à Ayre. Il n'y avait autres gens de guerre sur le pays de Chalosse, mais il y avait d'autres désordres ; car le 27 avril mardi de Pâques 1666, les gens invisibles incognus allèrent de nuit à la maison de Lacourt de Coudures et la brûlèrent tout à fait, entr'autres choses trente barriques de bin, et le pain, chair et tout ce qu'ils y trubèrent et empourtèrent le tout, et je ne say en quelle part.

Et de plus, le 18 juin 1666, les gens incognus le nombre de plus de cent tant à pied qu'à cheval, allèrent de noeit au bourg de Hagetmau à la maison d'un marchand riche et roumpirent la porte à coup de destrauc et prindent tout ce qui estait dans la boutique qui ballait plus de mille escus et prindent tout les meubles et le linge et argent de ladite maison, de sorte on dit qu'ils ont prins dans ceste maison qui baut plus de 2,000 escus, et ont pris et amené ledit Larrieu tout en chemise et l'ont mené et empourté le tout je ne say en quelle part. On craint qu'il ne soit mourt après esté boulé et ruiné.

Et estant au 24 juin 1666, jour du Saint-Sacrement et de Saint-Jean tout en un même jour, le prévost de Bayonne est arrivé audit Hagetmau pour informer de ces désordres. Ou m'a dit qu'il avait à sa suite quatorze personnes, tout à pied et bonnet rouge.

Vol à Castelnau en Tursan.

Et de plus le 25 juillet 1666, les gens incognus allèrent de nuit en une maison de Castelnau en Tursan et boulèrent ladite maison et amenèrent le maistre et s'en allèrent je ne say en quelle part.

Et encore en ce même jour, les gens incognus ont mis le feu à une maison près d'Arzacq nommée au Chalabar, et ladite maison est brûlée. Ah ! que je me crains que ce désordre nous causeront de plus grands désordres en ce pays de Chalosse.

Pour lors la barrique de bin ballait 9 liv., mesure de froment 28 s., mesure de blé 20 s., le quintal de foin 16 s. C'était au temps que l'on commençait à faucher le froment, et on espère qu'il y aura ceste année assez bonne coueillude de froment, mais il ne fait guère beau temps pour l'assembler.

Et advenant ledit juillet 1666 à Saint-Sever est arribé grande quantité de gens de guerre tous à pied, et sont allés louger à Coudures; on dit qu'ils biennent prendre Audigeos.

Et le 23 juillet à Brassempouy y est arribé deux compagnies de gens de guerre à pied pour y demeurer jusqu'à noubeau ordre, et au bout de huit jours l'une compagnie s'en est allée à Montgaillard et l'autre compagnie à Cazalis et à Marquebielle et y a demeuré dix-sept jours, puis s'en sont allés en Tursan. Et environ la mi-juillet 1666. M. de Poyanne est arribé à Saint-Sever avec un commissaire qui se nomme M. Dubourg et ils ont fait plusieurs prisonniers, les accusant d'être participants aux susdites bouleries et autres maubaises actions, et entr'autre le 10 d'août 1666 en a esté pendu un d'iceux nommé lou pourqué de Samadet.

M. de Poyanne à St-Sever.

Et le 17 dudit aoust 1666, M. de Poyanne et M. Dubourg ont fait prendre la mère d'Audigeos et une sœur dudit Audigeos et ont aussi prins des prestres savoir : M. le curé et M. le bicaire de Montgaillard et le curé de Bahus, et ont tout mené à Saint-Sever et aussi plusieurs autres prisonniers qui sont bien tous gardés audit Saint-Sever par des gens de guerre.

On dit que Audigeos est passé en Espagne et qu'il n'était pas à la boulerie de Larrieu de Hagetmau.

Et la présente année 1666, il y a grande quantité de froment, grâces à Dieu ; il se vend au marché de Mugron 24 m. et pour lors il y a bonne apparence de millet et de bin. Le bin se vend à présent à 6 liv. la barrique et le bois rendu pour le faire brûler ; mais l'argent est aussi rare sur ce pays de Chalosse qu'il fut esté depuis longtemps, car il n'en y a point du tout seulement pour acheter de l'huile.

La bendange de l'année 1666 s'est commencée enbiron vers la mi-septembre et a duré quinze jours au plus ; mais durant toute cette vendange, il fit de grandes plûyes, de sorte que à peine pouvait-on vendanger ni moins assembler le millet, car les raisins estaient touts pourris par les bignes et le millet gasté sur les champs. Il y eut encore assez de bin, mais personne ne parlait point d'en acheter d'autant qu'il y a deux années ou plus qu'il y a une grande guerre sur la mer entre la France et l'Angleterre, et cette guerre a esté cause que le bin ne s'est pas bendu à cause du passage, d'autant que la plus grande partie du bin en Chalosse s'en ba par mer en Flandre et ailleurs. Alors la barrique de bin bieux se bendait à 10 liv., la mesure de froment à 25 s., et ceste année 1666 il y eut encore assez de millet quoique un peu gâté. Il fit encore assez beau temps sur la fin de septembre et octobre, pour assembler et espiquer ledit millet, et aussi ensemencer le froment, et au 20 octobre 1666 mesure de froment valait à Mugron 23 s., mesure de blé 18 s., mesure aboine 16 s. à cause des gens de guerre, et mesure millet à 11 s.

Je bous dirai de plus que le 15 de septembre à Doazit une grande compagnie de cabalerie de gens de guerre où il y a 60 chevals et environ 70 hommes, qui font grande despense à Doazit et ce jusqu'à noubeau ordre. Nous nourrissons le lieutenant au bourg, au logis de M. de Montauzé ou Sartou, et avons pour aider Peyran, Coudicanne et Lescamps. Il y a trois chevals et trois hommes, mais il est vrai que Castelnau et Donzacq sont aydés de Doazit et font de grandes despenses.

Et le 20 septembre 1666, un homme des prisons de St-Seber a esté roué au lieu nommé à La Loubère de Saint-Seber, et le même jour le baylet de M. de Justes de Mariotte de Doazit allait avec une paire de bœufs et la charette, charger du blé audit Saint-Sever, faisant pour son maistre, on le contraint étant arribé audit Saint-Seber, de traîner ledit criminel sur sa charrette jusqu'au supplice, et en outre l'on le fit attendre jusques au lendemain pour le

Criminel roué à La Loubère de Saint-Sever.

pourter à Hagetmau auquel lieu il a esté mis sur une roue sur un champ ensemencé de millet qui estait de M. Lagrueller; c'était tout auprès de l'auspital de Haget. Ledit criminel avait le nom Ballet fils de Vielle, et a demeuré sur la roue deux jours et puis a esté enterré de nuit dans ledit champ de millet, et ledit boubier qui avait pourté ledit Ballet s'en retourna de Haget à Saint-Seber pour charger ledit blé.

Et le 4 octobre 1666, M. de Poudenx a pris un homme prisonnier et la mené à Saint-Cricq, auquel lieu de Saint-Cricq 13 carabiniers de ceux qui estaient à Doazit l'ont allé prendre et l'ont mené le même jour à Saint-Seber, et sont passés debant notre maison de Peboué avec le prisonnier, mais ils ne nous ont rien touché.

On m'a dit aussi que les prestres qui estaient prisonniers dudit Saint-Seber sont estés mis en liberté, et aussi la mère et sœur dudit Audigeos ont été mis en liberté, mais huit hommes de ceux qui estaient prisonniers sont estés condamnés aux galères.

Mais de cës huit, les six se sont échappés de la prison et s'en sont allés je ne say en quelle part. Ce esté fait le 1er octobre 1666, et de nuit et ont battu la geolière.

Labaissière capitaine à Péboué.

Et le 5 dudit octobre 1666, M. le capitaine des gens de guerre qui se nomme M. Lavaissière, s'en est benu louger à noute maison de Péboué, qui estaient 7 hommes et 9 chevals et 3 lévriers et 2 chiens; et le 11 dudit octobre 1666, M. ledit capitaine s'en est allé à Bordeaux, (je prie Dieu qu'il le conduise) avec un sien homme, et tout le reste hommes, chabals et chiens est demeuré à Péboué, lesquels nous font une grande despense.

Et en ce temps les louis sont retournés à trois liv. chacun, et la pistole à 11 liv.

Et le 19 d'octobre 1666, M. de Poudenx s'en venant du cousté du Béarn avec son homme de chambre et estant auprès de Garos sur la frontière de Béarn, il fit rencontre d'un homme incognu et armé. Je ne sçay qu'elle dispute ils eurent entr'eux, de sorte que l'homme de M. de Poudenx et l'homme incognu sont demeurés tous deux mourt sur la place.

Et le 25 d'octobre, ledit M. Lavaissière s'en est parti pour Bayonne où il a demeuré huit jours, et il a fait l'achapt de 50 beufles pour les cabaliers pour 2,400 liv.

Et le 7 novembre dudit an 1666 et du temps que M. de Lavaissière, capitaine de gens de guerre estait à nouste maison, noustre neboude Anne et maistresse de ladite maison s'est accouchée d'un enfant mâle, d'un heureux accouchement, grâces à Dieu ; et le lendemain a esté baptisé, et furent parrain et marraine Jean-Pierre et Jeanne de Laborde, frère et sur du petit né.

Accouchement d'Anne de l'Péboué 7 novembre 1666.

Et le 9 novembre 1666, M. ledit capitaine m'a fait l'honneur à moi d'entrer dans mon petit lougis de Labourdette et est allé jusqu'à la porte du jardin et y a fait collation en compagnie de M. de Ladou et m'a donné deux morceaux de buffle pour une paire de gants.

Et le 10 dudit noubembre 1666, M. Labezières m'a fait l'honneur de me faire souper avec lui à sa table, et me servait lui-même des viandes le premier.

Et le 12 dudit noubembre 1666, ledit M. Labezières a quitté noustre maison de Peboué avec tout son trein, et s'en est allé au bourg de Doazit, au lougis de M. Juste de Mariotte, là où il avait demeuré debant que bénir à Péboué, l'espace de vingt jours ; et nous lui abons fait pourter toutes ces hardes et les 50 just'aucorps de beufle avec deux paires de bœufs sur des charrettes. Lesdits just'aucorps ont été coupés par un homme nommé Pascal de Saint-Martin, maistre tailleur de Castelnau de Bas.

Je vous puis assurer que ledit M. Labezière est fort honnête homme ; il est de religion prétendue réformée, et est de noblesse, frère à M. de Raysaq seigneur d'Ebjabmont en Languedoc ; il a demeuré à Péboué trente-huit jours.

Nous avons fort parlé ci-dessus des baillances de M. de Doazit comme il a toujours soulagé la paroisse de Doazit en la préservant des gens de guerre, mais à présent je bous beux parler du baron de Doazit son petit-fils, qui est un fort genti jeune homme, il n'a pas encore vingt ans, il a demeuré depuis quelques temps à Bordeaux, toujours parmi ses parents et amics qui en font grand cas ; et lors-

M. le jeune baron de Doazit.

que M. de Labezières, capitaine d'une companie de cabalerie est arribé à Doazit. M. notre baron estait encore à Bordeaux, et comme il a entendu que cette companie estait à Doazit jusqu'à noubel ordre et en apparence pour tout cet hiber. Il parla à M. de Saint-Luc pour avoir le deslogement, mais M. de Saint-Luc le renvoya à M. le marquis de Poyanne.

M. le baron de Doazit se retire d'abord de Bordeaux et ba trouber M. le marquis de Poyanne pour avoir le deslougement, mais M. le marquis de Poyanne s'excuse et lui fait connaître que la chose dépendait absolument de M. de Saint-Luc, de sorte que le nouble et baillant baron de Doazit, après trois boyages à Poyanne et Clermont, s'en est parti de Doazit le dernier d'octobre 1666.

Je vous assure que pour lors il fait un fort maubais temps de pluie, tempêtes et ribières estaient débourdées. Mais le noble jeune homme fait paraître en ce boyage un bon esprit et hardi courage ; car le premier de noubembre audit an 1666, il a pris la poste par la petite lande au lieu nommé de Labouheyre et s'est rendu à Bordeaux en toute diligence, et n'y ayant pas trubé M. de Saint-Luc, sans perdre de temps il partit soudain vers Montauban où ledit M. de Saint-Luc estait, pour lui demander encore le deslougement de la companie de M. Labezière ; et ne l'ayant point obtenu, il s'en retourna à Bordeaux sans perdre courage, où le même seigneur se debait rendre en deux

M. de St-Luc aux Jaubertes.

ou trois jours. M. de Saint-Luc à son retour de Montauban alla aux Jaubertes qui est un lieu de plaisance des héritiers de feu M. Du Besle à six lieues de Bordeaux où noustre généreux gentilhomme fut le truber pour obtenir le deslougement des gens de guerre de sa paroisse. Alors M. de Saint-Luc lui donna quelqu'espérance, mais il arriba sur le soir un paquet de Mgr l'évêque d'Agen à M. de Saint-Luc qui fut cause qu'il partit bon matin pour Agen, ce qui obligea le noble jeune gentilhomme de le suivre à Agen, où enfin ledit seigneur de Saint-Luc lui acccorda de bonne grâce le deslougement ; il fut de retour à Doazit de ce fâcheux et long voyage le 15 noubembre dudit an 1666. Il fut le lendemain bon matin truber M. le marquis de Poyanne pour lui pourter ledit deslogement que M. de Saint-Luc lui avait fait la grâce de lui donner, afin que M. ledit marquis de Poyanne plaçât la compagnie de M. Labezière selon l'ordre de M. de Saint-Luc, à la campagne en quelque endroit que ledit M. marquis jugerait. De sorte que M. le marquis de Poyanne lui bailla le deslogement de Doazit pour aller louger à Gaujacq jusqu'à noubel ordre.

M. le baron de Doazit fit signifier le deslogement à M. de Labezière, capitaine, le 17 septembre dudit 1666. Mais à cause du maubais temps et du desbordement des ribières, ils prièrent M. notre baron de leur permettre de arrester à Doazit, en payant, un ou deux jours. Et le 19 dudit novembre 1666, ils s'en sont allés audit Gaujac et ont passé la rivière du Lous aux ponts de Saint-Cricq, encore avec grande peine, à cause que ladite arribière du Lous estait desbourdée. Ils sont passés chez nous à Péboué, et quelques-uns ont fait collation; ils estaient 70 cabaliers bien montés. C'estait une companie de chebals légers, ils ont demeuré à Doazit 65 jours et y ont fait une grande despense. Je vous assure que la paroisse de Doazit a une grande obligation à M. nostre baron de Doazit.

Le 20, jour de novembre 1666, Larrature de Brassempouy, chirurgien, rasant la barbe à M. le curé dudit Brassempouy, dans la maison dudit Larrature, mais malheur arriba, car en même temps une grande partie tomba sur eux, dont ledit Larrature mourut subitement, et M. ledit curé fut blessé et demeura quelques jours malade sans danger de mourt.

Et advenant, le 2 dudit septembre 1666, lesdits gens de guerre sortirent tous dudit Gaujacq et s'en sont allés au Mont-de-Marsan pour quartier de cet hiver, et sont tous passés près de notre maison de Peboué, et 5 ou 6 cabaliers y ont fait collation sans descendre de leurs chebals, et c'estait le jour que noustre dite Anne faisait sa levée, et à cette même heure que lesdits cabaliers passaient audit Péboué, à cette même heure tous les prestres de Doazit disnaient à table dans ladite maison de Péboué.

Alors la mesure froment ballait à Mugron 22 s., mesure de blé 18 s., mesure millet 11 s., mesure aboine à cause des gens de guerre ballait 15 s., mais personne n'achetait point de bin sinon seulement quelque barrique pour la faire brusler à 6 fr. la barrique rendue.

<small>Noblesse de Chalosse. Ordre du roi de produire leurs titres.</small>

Et en ce temps la noublesse de Chalosse a esté assignée de par du roy pour produire leurs titres de noublesse valablement, et a, faute de produire titres valables, il y en a eu plusieurs de déclarés roturiers et condamnés à de grandes amendes.

Je vous dis de plus qu'à Coudures et à Samadet y a encore des gens de guerre; ils sont à pied mais ils font de grandes despenses.

<small>Duplantier de Serres.</small>

Je bous dis aussi que le 27 de décembre 1666, un homme nommé Duplantier qui avait esté ci-devant agent de M. l'Evesque d'Aire, fils d'Aire et marié à Cerres de dessus, lequel avait esté longtemps y a décrété à cause qu'il avait esté ci-devant compagnon dudit Audigeos, et estant retiré audit Cerres de dessus, ledit 27 décembre 1666, il a esté prins et tué par des gens que je ne say point, et a esté pourté tout mort à Saint-Sever; et quelques-uns disent qu'il s'est tué lui-même. Mais enfin le 3 de janvier 1667, il a esté mis et pourté sur une poutence par la main d'un bourreoü.

Je vous dis de plus que en ce temps en environ la Noël 1666, il a fait de grandes et fâcheuses tourrades durant environ dix-huit ou vingt jours; je vous assure que ce temps a fort incommodé les biux et les mal bestus.

Pour lors la barrique de vin se bendait à 6 fr. et le bois rendu, et c'est pour le faire brusler; car il n'y avait pour lors autre bente de vin, et la mesure de froment se bendait pour lors à Mugron 22 s., mesure de blé 15 s., mesure millet 11 s., mesure aboine 15 s., mesure panis 9 s.; mais il n'y abait point argent, non pas seulement pour faire un petit payement et même pour acheter de l'huile. Pour lors on payait d'une conque de sel à Dax 35 s. primachat et 3 francs de gabelle. Et la livre de pèbe (poivre?) vallait aussi 3 francs.

<small>Mourt de M. de Poyanne</small>

Nous abons parlé dans plusieurs endroits de ce M. le

marquis de Poyanne, lequel estait un grand seigneur et fort puissant. Il s'en est demeuré dans la bille de Saint-Seber et y est arribé sur la fin de noubembre 1666, mais il est devenu malade et est mort audit Saint-Sever, le 3 fébrier 1667 ; son corps a esté pourté à Pouyanne le lendemain, pour l'enterrer.

Dieu lui fasse paix ! il avait de grandes charges, car il estait lieutenant du Béarn et gouverneur de Navarrenx et sénéchal des Landes, goubernéur dudit Saint-Seber et Dax.

Au commencement de febrier 1667, partout Chalosse est benu un mandement de par le roy qu'il fallait faire accoumouder les chemins par toutes les paroisses du siége de Saint-Sever, de sorte que l'on y a fort trabaillé, mais à cause d'une pluye et maubais temps, ils ne peuvent pas encore estre en bon estat ; car le 18, le 19 et le 20 mars de l'an 1667, durant ces trois jours, je bous assure qu'il tomba une grande quantité de neige, de l'espaisseur d'un gros pam. Ce temps estoit fort fâcheux, mais il ne fit pas grand mal, grâces à Dieu ! *Ordre du roi. Accomoder les chemins de Chalosse.*

Alors la barrique de bin se bendait à 6 liv. et le bois rendu pour le faire brûler. Le maistre qui faisait l'eau-de-bie estait un marchand de Bayonne nommé Matthieu de Laffond.

Pour lors mesure de froment se vendait à Mugron 21 s., mesure de blé 15 s., mesure de millet 15 s., mais il n'y avait pas d'argent, grâces à Dieu.

Et estant au premier de may 1667, à Doazit est arribé une compagnie de gens de guerre d'environ 55 hommes pour demeurer à Doazit jusqu'à nouvel ordre. Le capitaine se nomme M. de Cabalepge. En cette compagnie il y a..... chebals, le reste est à pied.

A Doazit lui baillent chacun jour 25 liv. ; c'est une grande misère et grande dépense pour la pauvre paroisse de Doazit, grâces à Dieu.

Au commencement du mois de juin 1667, un homme nommé Bégué de Castel-Sarrazin a esté tué par des gens incognus. Ce Bégué estait un des gens du comboi.

Et le 22 dudit juin 1667, un homme nommé Laforcade, fils de Tursan, a esté roué à Hagetmau, lequel estait accusé *Lafourcade roué.*

d'avoir esté à la boulerie et meurtre de Larrieu de Hagetmau.

Lesdits gens de guerre ont demeuré à Doazit depuis le 1ᵉʳ de may jusques au 5 de juillet qui est en tout 66 jours, et durant ce temps, un des souldats a tué un homme à Perras, à la couste d'Aulez, et le meurtrier s'est saubé. Cette companie, outre le meurtre, en a fait à Doazit plus de 2,000 liv. et en sont sortis par le moyen de M. le baron de Doazit; car il est allé pour ceste affaire deux fois à Bordeaux et à Montauban pour parler à M. l'Intendant, afin d'avoir le deslougement, ce que à la fin il a obtenu avec grande peine et s'en sont allés louger à Monségur. Alors le temps estait fort beau et bon, grâces à Dieu. La charrette de blé se vendait à ce jour à Mont-de-Marsan 23 liv., la barrique de bin se bend 9 liv., mesure froment 23 s., mesure millet 11 s., et il y a belle apparence de millet aux champs.

Mais au commencement dudit juillet 1667, il a grelé casi partout Doazit, non pas pour lors grand mal, grâces à Dieu.

Mais dans peu de temps après a grelé par deux fois savoir : le 26 dudit juillet 1667, il a grelé en Doazit et Horsarrieu et en autres paroisses qui a fait grand mal en plusieurs endroits surtout à la Barrère et aux environs. Mais encore le plus grand mal est que le 12 aoust 1667 y tomba tant de grêle à Doazit, Saint-Cricq, Cerres et Horsarieu, à Dumes, à Coudures et en Tursan qui en a empourté en plusieurs lieux casi toute la vendange, et en Doazit plus de la moitié; et en outre la grêle, le ban et la grande pluye ont fait plus grand mal que la grêle, et jamais homme bibant n'abait jamais bu tomber tant d'eau en si peu de temps, car les ruisseaux sont debenus si grands que personne n'abait jamais bu; à L'arresenon (1) et à la Guaougue, s'y est noyé grande quantité de bétail et même dans nouste aouga de Péboué s'y nouyèrent deux cabales qui estaient de Chose; cet orage a tiré des champs et bignes tant de terre, que les hommes bibants ne les répareront jamais. En un mout il est impoussible et incrouyable

Grêle à Doazit.

(1) Voir carte d'état-major.

de dire le grand dommage fait en Chalosse; et même à noustre pré de Larrieu qui est près du Barrouithet y avait à l'heure de ce mauvais temps environ de 20 quintals de foin tout sec et accluqué. Cet ourage et débourdement de ruisseaux en empourta tout ledit foin, et n'y laissa pas dans ledit pré ni peu ni fort.

Et estant au demi-septembre 1667, le bin a un peu haussé, car sur la fin dudit septembre 1667, la barrique de bon bin se bendait 20 liv., c'est-à-dire celui qui estait bon, car il en y abait fort de pourri. Pour lors il n'y avait point de gens de guerre en Chalosse, grâces à Dieu,

Je bous dirai aussi qu'audit septembre 1667 il est benu un mandement de part noustre roy de France de bailler le dénombrement de tout le bétail grand et menu partout Chalosse, je ne say à quel dessein.

Pour lors noustre dit roy avait grande guerre avec le roy d'Espagne; les armades estaient pour lors du cousté de Flandre. Mais on m'a assuré que noustre roy en abait eu du bon contre les Espagnols, et cette guerre feut cause, à ce qu'on m'a dit, que le roy d'Espagne a chassé tous les hommes français qui estaient fils de France et qui habitaient pour lors en Espagne, et plusieurs sont estés au passage mal traités en sourtant d'Espagne. Alors le grain estait, comme nous l'avons dit, à bon conte. Guerre entre la France et l'Espagne.

La bendange de l'année 1667 feut fort petite au lieu grelé; mais où il n'y abait pas grelé, il y abait tant de bin que jamais.

Il estait au commencement de noubembre 1667, personne n'achetait point encore de bin, et on commençait déjà à parler de faire de l'eau-de-bie, car il n'y abait point d'argent du tout sur le pays de Chalosse; et à cause de la rareté d'argent le grain estait : la mesure froment 20 s., mesure blé 14 s., mesure millet 10 s., le tout au marché de Mugron.

Et M. de Pellot intendant estait à Pau, et M. de Gramont y estait aussi, et M. de Cazelon; je ne sais pour qu'elle affaire. M. de Pellot.

La gabelle de sel persiste toujours. Noustre roy de France abait, pour lors, grandes guerres avec les Espagnols et aussi avec les Hollandais ; mais on m'a assuré que la paix entre le roy de France et le roy d'Angleterre estait faite, grâces à Dieu. Et noustre dit roy de France depuis la mourt de M. le cardinal Mazarin, estait conseillé par un certain nommé M. Cazebert (Colbert), fils de France à ce qu'on m'a dit.

M. de Colbert

Et en ce temps la pluie a duré et continué si longtemps, que à grande peine on a ensemencé le froment. Et estant à la Noël dudit an 1667, il y en abait encore en plusieurs endroits qui n'estait pas encore sourti, et pour lors personne n'achetait point du bin sinon seulement 7 liv. la barrique pour faire de l'eau-de-bie et le bois rendu, mais il fallait rendre le bin à la chaudière à ce prix ; l'eau-de-bie se faisait à Laysit et au Balen. La mesure froment se bendait 20 s., mesure blé à 14 s., mesure millet à 14 s., mesure blé à Saint-Sever à 9 s., et barrique de bin, bois et bin à 8 liv., en février 1668, grâces à Dieu.

Et estant à l'abril dudit an 1668, il fit quelques gelées ; mais, par la grâce de Dieu, il ne fit pas grand mal, et pour lors le temps estait fort beau pour la saison. Barrique de bin se bendait à 6 liv. 10 sols le bois rendu, et personne n'achetait du bin sinon seulement pour faire eau-de-bie, la mesure de froment se bendait pour lors à Mugron 22 s., mesure blé 15 s., mesure millet 10 s.

Nous avons ci-dessus parlé de ceux de la religion prétendue réformée, et à présent on m'a assuré de 43 temples qui ci-devant avaient dans le Béarn, à présent il n'en y a que 10 et noustre roy et le Parlement les a réduits à cela.

Et de plus M. Dufau de Castetis m'a dit, estant à Péboué le 16 avril 1668, qu'à Pau y avait un homme de Saint-Jean-Pied-de-Port qui estait accusé d'estre faux monnoyeur et estait condamné à Pau à estre pendu et estranglé. C'estait au commencement du Carême 1668, et estant mis entre les mains du bourreoü pour le pendre, un Père exhortait le criminel. Le criminel dit au Père qui l'exhortait : Mon Père, j'ai sur moi l'habit de l'escapulaire. Eh bien, dit le Père, cela te serbira pour mieux mourir. Et après estant monté sur l'échelle avec le bourreoü, l'échelle

Miracle opéré par le scapulaire.

se rompit et tombèrent tous deux à terre ; ils eurent une autre échelle, et comme le bourreoü attachait la corde à la potence, il donna la boulade au pauvre criminel pour le pendre et l'estrangler. Mais d'aussitôt la corde se rompit et le criminel tomba à terre sans avoir aucun mal, de sorte que les amis du criminel lui délièrent les mains et se sauva heureusement, et donnèrent quelques bastonnades au bourreau qui feut bien ayse de s'en fuir. Et on attribue cela à un miracle, à cause de la vertu de l'habit du scapulaire, grâces à Dieu.

Et estant en juillet 1668, la barrique de bin se bend à 6 liv. et le bois rendu, mesure froment à 24 s., mesure blé à 15 s., mesure millet à 11 s.; il n'y eut pas cette année que fort peu de froment. Au commencement de l'aoust 1668, la mesure de froment se vendait 24 s., mesure blé 15 s.; pour lors le millet n'estait pas fort beau par les champs, le vin comme nous avons dit.

Et estant à demi aoust 1668, il se commença un fort beau temps et se continua jusques à la fin du mois d'octobre. La bendange de cette année se fit au commencement dudit octobre de fort bonne façon ; car le temps estait fort beau, et les raisins n'estaient point gastés, comme aussi le millet s'assembla fort bien ; mais il en y eut fort peu. Et estant à la fin dudit octobre 1668, mesure froment vallait à Mugron 27 s. et mesure de blé 20 s., mesure millet 13 s.

Et estant en novembre dudit an 1668, il fit un temps fort pluvieux et dura jusques en février 1669. Pour lors la barrique de bin sé bendait à 10 liv., mesure froment à 28 s., mesure blé à 17 s., et pour lors il y abait tant de boue par les chemins que à grand peine pouvait-on vouyager.

Je bous beux encore parler de M. de Doazit et vous dire *M. de Doazit mort 1669.* que le 10 d'avril 1669 il est mourt, (1) après avoir demeuré l'espace de six ans ou environ estroupié dans son lit, et le lendemain il a esté enterré dans l'église d'Aulez, fort honorablement. J'estais à ses honneurs, grâces à Dieu.

Je prie Dieu qu'il lui fasse paix ; et pour lors il faisait fort beau temps ; et la barrique de bin se bendait 10 liv.,

(1) Jean-François de Foix.

la mesure de froment 32 s., la mesure blé 18 s., la mesure millet 14 s.

La présente année 1669, à Doazit, eurent l'honneur de avoir pour prédicateur un Révérend Père Bénoit de Cassiet, cordelier, natif de la bille de Mont-de-Marsan, et conventuel depuis deux ans, s'est démis à Bayonne ; il est âgé d'environ 32 ans. Je bous dis qu'après plusieurs personnes savantes que ce Révérend Père a esté estimé un rare prédicateur en Doazit ; on reste tout-à-fait content et satisfait, et désirait l'avoir pour d'autres années de tant qu'ils en sont satisfaits.

Et estant à l'aoust 1669, il n'y eut en Chalosse que fort peu de froment, ce qui fut cause que le grain haussa un peu, car au 15 dudit aoust 1669, mesure de froment vallait 36 s., mesure de blé 25 s., et alors le millet estait fort beau aux champs. Et pour lors il fit de grandes chaleurs, car le juillet ne l'aoust ni jusqu'à la fin de septembre dudit 1669, il n'a guères plu, de sorte que le temps estait si chaud et surtout audit aoust, que ce grand chaud causa grandes maladies partout le pays, et en y mourut grande quantité, et moi-même j'ai demeuré longtemps malade, grâces à Dieu.

Maladie de Henry de Laborde.

Je vous dis encore que ces grandes chaleurs bruslèrent les raisins par les vignes, de sorte qu'il y avait grand dommage à cause du grand chaud ; mais durant ces chaleurs, il fit quelques arrousets qui furent profitables pour le millet. On commença à vendanger sur la fin de septembre 1669, et le millet était pour lors la plus grande partie assemblé, et audit septembre 1669 le bin bieux se bendit tout ; et se bendait sur la fin de septembre 1669 à 14 liv. la barrique, mais il y en avait de pourri qui se bendait à 6 liv. les bois rendus, et on fesait de l'eau-de-vie de ce bin pourri. En cette saison, il y eut assez bonne quantité de millet et se bendait à 15 s. la mesure, comme aussi il y eut assez bonne bandange de bin ; mais estant encore au commencement de novembre 1669, personne n'achetait point de bin ; seulement on m'a dit qu'au marché de Dax se bendait le doux à 16 liv. la barrique. Et estant au commencement de l'année 1670, la barrique de bin se vendait à 12 liv., mesure de froment à 34 s., mesure de blé à 24 s., mesure de millet à 15 s.; et on m'a dit que pour lors que la île de Candie a esté prise et rendue à l'oubéissance du Turcq.

Nous avons ci-dessus parlé du grand chaud de l'esté passé. Maintenant je vous beux parler des grands froids qui s'est fait au commencement de l'année 1670.

Je vous assure, en vérité, que au commencement de janvier 1670, il tomba si grande quantité de neige et fit si grande froidure et si grande tourrade que la plus grande partie des vignes se tourrèrent surtout aux lieux bas et du cousté de la pente du nord, comme au lamon de Nerbis, Mugron et Pouyalé et Montaut et au bas de Saint-Aubin, et même dans le Béarn; et on dit généralement partout qu'il n'y avait jamais eu si grande froidure, et on m'a dit que tout le Tursan est gelé et ailleurs aussi, de sorte qu'en le pays ne se parle autre chose que du grand dommage que cette grande gelée a causé aux bignes et mêmes beaucoup de personnes en sont malades; grande quantité de figuiers et lauriers sont morts. Cette grande froidure continua encore le mois de febrier et aussi tomba grande quantité de neige, de sorte que tout le monde criait et se plaignait de ceste grande et dommageable froidure, car il n'y avait jamais eu aucune grêle ni même aucune guerre qui eut tant fait tant de dommage que cette gelée a fait, et même à Doazit, il y a trente-neuf ans qu'il avait fait grande tourrade mais non pas comme à présent. Mais je vous dis que pour cela le bin n'enchérit pas guères; car au 20 dudit février 1670, le bin se vendait sur les lieux à 13 liv. la barrique, mesure de froment 40 s., mesure de blé 26 s., mesure de millet 19 s. Tout cet hyver fut fort froid et beau sans guères pluie; mais le monde voyant que les fruits des bignes estaient perdus, ils firent grande quantité de millouc. Et estant au commencement du mois de may 1670, le bin haussa, car au 8 de may 1670, la barrique de bin se bendait sur les lieux à 18 liv., et pour lors mesure de froment ne ballait que 35 s., mesure blé 24 s., mesure millet 16 s., et pour lors le froment et blé estaient fort

Grand froid 1670.

— 572 —

Maison de Péboué 1670.

beau par les champs, de sorte qu'on espérait bonne cœillette de grain gros la présente année 1670. Je veux vous présentement parler de noustre maison de Peboué ; il y a longtemps qu'il y a trois prestres, savoir : un mien frère et deux de mes nebeux ; mais par la grâce de Dieu, il y en a présent quatre, car un autre mien neveu, le plus jeune nommé Laborde de Chinon, a dit sa première messe à Maylis le lundi de la Pentecouste, 26 du mois de may 1670, où il y avait grand peuple. M. Decès et archiprestre de Doazit estait le maistre des cérémonies, et un mien neveu surnommé M. le Gouverneur estait diacre et M. de Ribes frère de nouste neboude Anne et curé d'Arcoucabe estait sous-diacre ; et M. Despouys curé dudit Maylis fils de Cassiet, et noustre confls fit alors un beau sermon. Et tous ces Messieurs avec nos parents et amis après avoir entendu la messe, allèrent tous dîner à Peboué où nous fîmes assez bonne chère, là où il y avait 50 personnes ou d'avantage. Mon frère Ramond et mon cadet estaient le parrain, et ma neboude qui est mariée à Bic estait la marraine ; et mon neveu le premier et maître de Peboué avec sa femme noustre Jeanne de Ribes se mirent au lieu de père et de mère, et tous ceux que mon dit frère et moi offendimes les premiers après que les prestres eurent offert, et nous tous ceux dits de Peboué avons mis à l'offrande chacun un louis blanc de trois livres et chacun un flambeau, et nous rejouimes tout le jour à Peboué, grâces à Dieu. Et estant au commencement de juillet 1670, on coueillit le froment. Je bous assure qu'il y en eut grande quantité, grâces à Dieu. Et aussi en la lande y eut grande quantité de blé et aussi le millet se fit fort bien, de sorte que au commencement de l'aoust 1670, la mesure de froment estait à 20 s., mesure de blé 13 s., et la barrique de vin se vendait 24 livres.

Mort du curé de Lanneplan

Je bous dit aussi que mon frère prestre le curé de Lanneplan mourut audit Lanneplan sans demeurer malade que environ 22 heures. Car le dimanche 3 aoust 1670, il célébra messe à Lanneplan et fait sermon, il dina audit Lanneplan en companie de M. de Candau seigneur dudit lieu, mais après avoir diné une mauvaise coulique lui prend, de sorte qu'il en mourut le lendemain et fut enterré audit Lanneplan le 5 dudit aoust 1670. Je prie à mon Dieu qu'il lui fasse paix; il avait dit sa première messe en l'année 1613.

Et advenant, le dimanche 22 juillet 1670, M. de Monqucq curé de Saint-Aubin voulut publier quelque mandement de la part de M. l'Evêque d'Aire, et la plupart du puble de Saint-Aubin qui estait alors à la sainte messe, crurent fermement qu'il boulut publier tout à fait la gabelle, et par ce moyen estre perdus. Le peuble et surtout les femmes et filles qui estaient là, commencèrent a crier contre ledit curé et lui tirèrent plusieurs coups de pierre en fesant son prosne, de sorte qu'il quitta et fut contraint de se mettre dans la sacristie; et s'il n'eut été M. de Saint-Germain de Labeyrie qui estait là et qui empêcha, il y aurait eu plus grand désordre. Et de fait le curé n'acheva point la sainte messe et demeurèrent là en cette counteste jusqu'à ce qu'il fut fort bespe, et dans peu de jours après le prévost Dax y bient, et en fit huit de prisonniers qui estaient la plupart de d'iceux innocents dudit désordre, lesquels prisonniers en sourtirent dans deux mois. Mais c'est après avoir fait grandes dépenses et du depuis il y en a eu plusieurs qui ont eu assignation. Je ne say ce qu'il en arribera, et en la dite église ne fut point dit de messe depuis longtemps, ni donné aucun coup de cloche, de sorte que au 15 d'octobre dudit an 1670, on ne sait point encore quand cette église sera remise et ceux qui murent en la paroisse dudit Saint-Aubin, on les ba enterrer à Hauriet, et à Larbey, et à Meylis.

Un grand désordre à Saint-Aubin et Saubrigues.

On m'a dit aussi que à Saubrigues au diocèse d'Ax, il y a eu désordres pour le même cas, et en y a dudit Saubrigues deux ou trois d'enfermés.

TABLE DES NOMS

A.

l'Abadie, 349.
d'Abadie d'Espaunic, 292, 293, 294.
d'Abbadie d'Araux, 360, 394, 395.
d'Abadie ou d'Abbadie de Saint-Germain, 180, 286, 287.
d'Abbadie d'Arboucave, 56, 59, 60, 155, 189, 238, 242, 360, 365, 366, 379, 382, 383, 393, 394, 395.
d'Abadie d'Oroignen, 312, 323, 326, 328, 329, 331.
d'Abidos, 296, 298, 299, 301.
d'Abzac de La Douze, 332.
d'Acqs, 6, 7, 8, 25.
d'Agès, 185
d'Agos, 223, 238, 381.
d'Aguesseau, 182, 298, 300.
d'Aïdie, 169.
d'Ailhencq ou Dailenc, 36, 82, 135, 139, 143, 147, 280, 281, 425
Airossa, 218.
d'Ajot, 69.
Albret, 1, 3, 4, 6, 10, 11, 33, 156, 202, 203, 312, 321, 341, 343, 345, 373, 376, 381.
d'Aleman, 120, 329.
Alexandre (cardinal), 221.
d'Aligre, 113.
d'Alon, 96.
d'Alvy, 194.
Amilhau, 198.
d'Amorots, 197.
d'Amou, 95, 155, 190, 194, 202, 205, 215, 218, 337, 361, 389, 410.
d'Andouins, 34, 46, 164, 193, 212, 213, 274, 275, 276, 329.
d'Anduran, 408, 409.
d'Anglade, 116, 209, 254, 445.
Angos de Villeneuve, 43.
Angoulême (duc), 41.
d'Anjou, 44.
T. Anne, 190, 258.
P. Anselme. 276
d'Antichamp, 441.
d'Antin, 195, 202, 229, 247, 248, 255, 268, 377, 396, 411.
d'Aons de Hontans, 22, 73, 174, 309.
d'Appatté, 252, 253.
d'Arberats, 200, 228.
d'Arbide, 393.
d'Arblade, 128.

	pages
d'Arbo,	404.
d'Arche Lassalle,	338.
d'Argagnon,	329.
d'Argelouse,	408, 426, 428.
d'Argoubet,	357.
d'Arimbez.	344.
d'Arlon,	406.
d'Armaignac,	23, 28, 32.
d'Armau de Bernède,	445.
d'Armendarits,	200, 228.
d'Arnaud,	196.
d'Arnaudat,	329.
d'Arrac,	355.
d'Arracq de Vignes,	28, 385.
d'Arrérac,	423.
d'Arribehaude,	161.
d'Arricau,	57, 155, 156.
d'Arricault,	185.
d'Arrivère ou d'Arribère,	318, 319
d'Arros,	64, 65, 186, 265, 268, 379.
d'Arsac	119, 305.
d'Artaignan,	351
Arthe,	228.
d'Art de Luzanet,	103, 126, 127, 128, 129, 130, 131, 132.
d'Arthèz,	300.
d'Artiguenave,	40, 404, 405.
d'Artois,	330.
Arvault,	283.
d'Aspremont,	197, 219, 266, 268, 320, 328, 450.
Astanove,	273.
d'Assat,	328, 329.
d'Aster,	276.
d'Aubigné,	185, 398.
d'Audaux,	297, 299.
d'Audigeos,	379.
d'Audignon,	285, 286.
d'Auga,	340.
d'Augar,	210.
Audijos,	214
d'Aujeard,	430.
Auffray,	86.
d'Aulin d'Audissart,	427.
d'Aure,	45, 46, 47.
d'Aurice,	199, 337.
Autran,	197.
d'Auzielle,	398.
d'Auzolle,	130, 131.
d'Avaray,	237, 243.
d'Avescat,	316.
Avice,	398.
d'Aydie,	16, 169, 275, 374.
Ayrine,	273.
d'Ayrose;	29, 30, 35.

B.

	pages
de Baas,	169.
de Bachelier,	200.
Bachoué de Barraute,	96, 382.
de Badet,	188, 218.
de Badie,	78.
de Badz,	388.
de Baffoigne,	125, 379, 380. 389.
Bagoureur,	165.
de Bailenx-Poyanne,	9, 10, 27, 35, 38, 70, 95, 103, 219, 226, 243, 267, 306, 308, 342, 343, 344, 345, 355, 356, 357, 364, 374, 377, 381, 385.
de Balansun,	204, 207.
Balosre,	140
Banos,	165.
de Baradat,	13, 14, 187, 352.
de Baran,	417.
Baratte,	291.
Barbier,	163.
de Barbotan,	21, 28, 65, 66, 112, 113, 114, 120, 121, 425, 426, 429, 433.
de Barciet,	449.
Barhenne	404.
Baritaut,	311.
Baron,	174.
Barrère,	83.
de Barreyre,	213, 214.
de Barrouillet,	153.
de Barry,	54, 55, 106, 139, 155, 159, 195, 222, 223, 237, 242, 266, 281, 386, 402, 452.
de Basquiat,	155, 248, 279, 386, 451.
de Basteguy,	218.
Bastére,	291.
de Batbédat,	40.
de Batis,	142.
de Batz,	8, 64, 70, 99, 115, 181, 201, 327, 402, 450.
de Batz d'Aurice,	7, 70, 71, 75, 96, 109, 113, 199, 250, 338.
de la Baume,	379.
de Baure,	164.
Bayard du Terrail,	380.
de Bayle,	218.
de Bazillac,	43, 354.
Bazin de Besons,	63, 70, 77, 86, 103, 244, 246, 308, 364, 366, 368, 369, 384, 390, 391, 394.
de Béarn,	33, 50, 184, 188, 191, 192, 193, 194, 195, 202, 204, 205, 206, 207, 212, 216, 220, 231, 237, 242, 269, 273, 274, 303, 305, 343, 346, 371.

	pages		pages
de Beaujeu,	255, 256, 262.	de Boisgelin,	351.
de Beaumont,	118, 182, 183, 189, 217, 228.	de Bonloc,	39.
		de Bonnefont,	3.
de Beaupol,	212.	de Borda,	35, 95, 96, 103, 119, 120, 179. 180, 189, 195, 237, 242, 245, 257, 261, 324, à 330.
de Beauregard,	409.		
du Becq,	253, 258, 260.		
de Bedora,	40, 89, 411.	Bordeaux de Castera,	180.
de Bedorède,	2, 36, 195, 214, 222, 223, 236 à 242, 261, 334, 335, 338, 381, 389.	de Bordenave,	8, 12. 13, 28, 101, 112, 113, 400 à 406.
		de Bordères,	299.
de Bedouich,	326, 329.	de La Borderie,	58.
de Bedoult,	163.	de Bordes,	15.
de Begolle,	316, 317.	du Bordieu,	167.
de Begua,	400, 401.	de Boreto,	344.
de Behic,	452.	de Borrit,	106, 248, 285, 294.
de Belcier,	167.	La Borye,	168.
de Bellegarde,	59	du Boscq.	253.
de Bellepeyre,	257.	de Boucaud,	69.
de Bellièvre.	454.	de Bouchier,	307.
de Belloc,	42, 210.	de Boucosse,	38.
de Belrieu,	309, 430, 482.	de Bouillon,	82.
de Belsunce,	28, 59, 228.	de Boulin,	158.
de Benac,	187, 352.	de Boulogne,	303.
de Benesse,	78, 85, 87, 206.	de Bourbon,	44, 87, 95, 305, 307, 387.
de Benquet,	52, 98, 101, 108, 128.		
Bergeret,	329.	Bourbon-Lavedan,	44.
de Bergeron,	254.	Bourdeau-d'Audejos,	151, 166, 286.
Bergoing,	81, 101.		
de Bergoignan,	306.	Bourdeau de Riscle.	392, 12.
de Beringhem,	366.	de Bourdeilles,	
de Bernage,	87, 88.	Bourdette,	177.
Bernède,	89, 119.	du Bourdieu,	38. 386.
de Berry,	303.	du Bourg,	2, 96, 97.
de Bertheuil,	8.	de Bourgogne.	255.
de Besaudun,	1, 96, 194, 229.	de Bourouillan,	33.
de Bessabat,	1, 2, 11. 13, 51, 78, 85, 89, 96, 201, 335, 337, 397.	Bousquet,	235.
		de Boust,	13, 14.
de Betbeder,	61, 81, 82, 83, 93.	du Bouzet,	327, 420, 421.
de Betuy,	92.	Boyer,	410.
de Beynac,	186.	de Boyrie,	6, 110, 111.
de Beyries,	407.	du Boys,	85.
de Beyriou,	343.	de Brana,	91.
de Beziade d'Avaray,	243, 381.	de Brancas,	243.
de Bezolles,	54, 188, 217, 218, 226, 424, 425, 427, 429.	de Brassenx,	407.
		Brassalay,	365.
de Biaudos,	1, 2, 36, 78, 84, 94, 96, 237, 242.	de Brat,	221, 235.
		de Brequigny,	345, 346.
de Bielenave,	212.	de Bretaigne,	166.
de Bigorre (comte),	45.	de Breteuil,	143.
Binatier,	125.	de Brethous,	18, 199, 248, 258, 280, 294, 436, 437, 450.
de Bineu,	200.		
Biphor,	90.	de Brimon ou Beaumont,	188.
de Biran,	376.	de Brion,	243.
de Biron.	342, 367, 372, 375.	du Broca,	154, 161.
de Bisanos,	314.	de Brocha,	3.
Bissouse,	453.	de Brosser,	169, 176, 267, 268.
de Blachon,	182, 189, 320, 329.	de Brossier Saint-Simon,	423, 424.
de Boeil,	329.		

	pages
Broustet,	451.
Broyé,	311.
de Bruix,	22, 66, 67.
de Brulard,	326, 327.
de Brutails, 25, 78, 80, 85, 94, 95. 98, 195.	
du Buc,	139, 150, 173.
de Bure,	334.
de Burguerieu, 174, 400, 402, 403.	
de Bury,	376.
de Busquet.	287, 350, 438.
de Bustarret,	162, 287.
Byssouse,	453.

C.

de Cabannes, 55, 143, 155, 179, 180, 181, 248, 249, 258, 277, 290 à 292, 309, 401, 403, 438, 450, 452, 453.	
Cadroy de Pelanne,	442.
de Caillau,	400.
de Calomonte,	344.
Camain,	120.
Camescasse,	163.
Camguillem,	175.
de Camiade,	338.
de Campaigne, 194, 206, 207, 230.	
de Campanse,	5.
de Campet,	248.
Campet du Lion,	388.
de Camps,	170.
de Candalle de Foix, 62, 106, 146. 150, 156, 158, 184, 287.	
de Candau, 176, 358 à 363, 382, 405.	
de Canolle,	190, 452.
de Canteloup,	105.
Caoure.	177.
de Capdeville, 64, 102, 126, 253, 348, 386, 410.	
de Capfaget, 13, 399, 401, 404, 407.	
de Caplane, 264, 265, 268, 269, 271 à 273, 410.	
de Cappus,	39.
de Captan, 17, 71, 96, 112, 119. 181, 182, 285, 337, 338, 387, 408.	
de Cardaillac,	35.
de Cardenau, 117, 121, 134, 179, 180.	
de Cardona,	348.
Cardonne,	257.
de Caresse,	207.
de Carmaing, 165, 193, 202, 213.	
de Carmentran,	54, 282, 283.
de Carrère,	104, 118, 119, 309.

	pages
de Carrière,	43.
Casamajor de Charritte, 136, 180, 243.	
Casamajor de Tresville,	208.
de Casautets, 164, 165, 167, 168, 170, 171.	
de Casaux,	349.
de Casellis.	203.
de Casenave,	269, 299, 432, 435.
de Casenoue,	254.
de Cassaighne,	350.
de Cassaing.	132.
de Cassaignet, 217, 219, 396, 397.	
de Cassen,	135, 153.
du Cassou,	400.
de Castaing,	109, 111, 360.
Castaignet,	290, 291.
de Castaignos, 61, 83, 155, 167, 281.	
Castaings,	61.
de Castel,	7.
de Castelbajac,	32 à 34, 43, 320.
de Castelnau, 15, 16, 31, 35, 41, 43, 44, 96, 195, 237, 397, 400, 401, 409, 410, 430.	
de Castera, 71, 161, 337, 400, 401, 436, 437, 439.	
de Casterens,	334.
de Castetja,	218.
de Castille,	397, 398.
de Castillon, 48, 49, 195, 274, 275, 424.	
Castin,	58, 59.
de Castres,	254.
Catel,	143.
Catherine, reine (1493),	301.
Catinat,	441.
de Caucabanes.	100.
de Caumon Dade, 320, 324, 325, 326, 329 à 331, 398, 452.	
de Caumon-Lauzun,	46.
de Cauna, 1, 9, 180, 193, 195, 220, 275, 276, 332, 333. 349, 374.	
de Caupenne, 8, 28, 33, 46, 60, 70, 80, 85, 91, 96, 258, 276, 332, 337, 338, 344, 369, 372, à 374, 384, 450.	
de Caux,	327.
Cazalets,	451.
Cavaignac,	258.
Cazaban,	175.
de Cazault,	405.
de Cazaux,	64.
de Cedilhac,	415, 416.
Centulle V,	341, 371
de Cès Caupenne, 29, 60, 121, 288, 353, 376, 440.	
de Chabannes,	237.

	pages
de Chabange,	258.
de Chaleron,	447.
de Chambre,	38, 79, 82, 83, 85, 89, 90, 96, 140, 161, 196, 233, 237, 242, 411, 445.
Chamillard,	393.
de La Chapelle,	119, 406.
de Chapotot,	264.
de Charitte,	136.
Charles Le Chauve,	45.
Charles VI,	303.
Charles VII,	303.
Charles VIII,	10, 303.
Charles IX,	216, 224, 226, 274, 354, 376.
de Chastenay,	143.
Chastellier,	378.
Chateaubriant,	275
de Chauton,	115, 120, 121, 411, 453
Chauvet,	99.
Cheberry,	423.
de Chédebas,	177.
Cherac,	265.
Chérin,	37, 58, 69, 323.
de Chèze,	39, 245, 248, 249.
Chicoyneau,	265, 266.
Chicon ou Chacon de Saint-Pée,	192, 195, 213, 216, 227, 228.
de Chimbault,	423.
de Chinans,	12, 13.
de Chivré,	47.
de Choiseul,	327.
Cibiel,	442.
de Cintreries,	414.
de Cist,	104, 257, 401, 405.
de Ciza,	386.
de Clarmont,	209, 210.
du Claux,	264, 265, 266.
de Claverie,	440.
de la Claverie,	164, 167, 169, 171, 297, 299, 338.
de Claye,	200.
de Clermont,	46.
de Cloche,	18, 20, 21, 39, 75, 99, 119, 125, 156, 278, 283.
de Coaraze,	35, 202, 274, 374.
Cocard d'Orly,	384, 391.
de Cocorron,	252, 253.
de Coigny,	431.
de Colbert,	237, 242, 448.
de Colom,	358.
de Collonques,	154.
de Comarque,	184.
de Commarrieu,	165, 180, 245, 391
de Comminges,	45, 47, 202, 375.
de Compaigne,	77, 105, 112, 114, 117, 118, 134, 177, 200, 311, 405, 409.

	pages
de Condé,	255, 260, 446.
Conduilh,	270.
de Conegliano,	450.
de Conègre,	254.
de Conty,	57, 386, 387.
de Corade,	168.
du Cor de Duprat,	116.
du Corn de Rivière,	423.
de Corneillan,	403.
Costedoat,	18, 350, 352.
Couder,	181.
de Couhin,	352.
de Coudroy,	72, 73, 155, 167, 181, 283, 403.
de Coulon,	156.
de la Couot,	441.
de Courbons,	323, 326, 329, 330.
de Courcelles,	41.
du Cournau,	128, 441.
de Courrèges,	291, 301.
de Cours-Lussagnet,	28, 55, 73, 111, 410.
de Courtade,	156.
de Courtomer,	367.
de Cousteau-Barenne,	451, 452.
La Couture,	163.
de Crabos,	125.
de La Crauste,	400, 402.
de Croy,	143.
de Crussol,	51.
de Cursol,	407.

D.

Dabadie,	188, 248
Dabany,	250.
de Dado,	24, 320.
Dagès,	406.
Daguerremajor,	216.
Daluchaux,	451.
Damasquette,	192.
de Dampierre,	28.
Dandieu de Cazalis,	100.
Dangon,	218.
Daracq,	174.
Darbins,	99, 100.
Darblade,	411.
Darbo,	99, 293, 403, 404.
Darcet,	55, 114.
Dardoy,	204.
Daribehaulde,	145.
Darimore,	220.
Darivo,	42
Darmé,	403,
Darracq,	176, 177.
Darribère,	29.
Darricau,	183

Darricau,	183.
Darrigan,	120, 253, 254
Darrigrand,	223.
Darrose.	291.
Daubacquier,	221.
de Day,	328, 329.
Dechanay,	387.
Deigts de Saint-Go,	16.
Dembidonnes,	107, 250, 438.
Denis,	71.
de Derval,	43.
Desan,	162
Desbordes,	411·
Desclaux,	181.
Desfeux de Bernilly,	200.
Desmè-Dubuisson,	439.
Despats,	75.
Despiubet,	128.
Despouys,	128.
Despoys,	177.
Desquibes,	125.
Dessans,	174.
Destaings,	374.
de Dessus,	186.
Destenave,	249.
Destonnes,	98, 100.
de Devèse,	46.
Deyrenx,	180.
d'Hugla,	102.
Diesse,	14, 435.
Dieuayde,	23.
de Diusse,	100, 326, 327, 435.
de Divielle (abbé),	2, 10.
de Doat,	341.
de Doazit,	24, 158.
de Domec,	436.
Domenger,	42.
de Domesain,	194, 206, 208, 228, 230.
Dompnier de Sauviac,	333, 398.
Doria,	363.
Dorty,	14, 419.
Dossadgers,	344.
Dosque,	441.
Doureau,	401.
Doyhenard,	253.
Dubernet,	109.
Dubois,	13, 14.
Dubourdieu,	29.
Dubroca,	405.
Dubucq,	127.
Du Camp,	257.
Du Camp d'Orgas	15.
Ducasse,	390.
Duclerq,	257.
Ducos,	407.
Ducros,	257.
Ducung,	273.

Dufau,	1, 57, 171, 300, 384.
Dufaur,	295.
Dufaur de Girardie,	262.
Dufour,	290, 386.
Dufourcq,	150, 155.
Dufraysse,	97, 293, 337.
Du Hart,	196.
Duhau de Berenx.	352, 374.
Duhaut,	103, 109, 113, 401, 403.
Dulin de Marsan,	16.
Dulau,	409.
Dumaine,	172.
Dumartin.	294, 295, 404.
Dunogué,	418.
Dupin,	89, 106, 252, 253, 438.
Dupin de Juncarot,	29.
Dupleix,	416.
Dupont,	15.
Dupouy,	120, 177.
Dupoy,	83, 109, 110, 132, 249.
Dupruilh,	335.
Dupuyau de Bouneau,	115, 245.
Dupuyo,	119, 132.
de Durfort,	46, 320.
Duris,	73, 109.
Duron ou Dhuron,	121, 277.
Durou,	99, 132, 156, 290, 291, 311.
Dussault,	173, 294.
Dutournier,	155, 162, 174, 177, 386.
Duval.	406, 408, 409.
Duval d'Abbeville,	434.
Duviella,	121.
Dyzès,	384.

E.

d'Echaux,	196.
Edouard, roi,	23, 24, 25, 48, 76, 204, 341, 372.
d'Escabat,	202.
d'Eschars,	20.
d'Esclignac,	73.
d'Escoubleau de Sourdis,	236, 237.
d'Esgarrebaque,	12.
d'Espaigne,	43, 46, 317.
d'Espalungue,	28, 43, 46, 189, 329.
d'Esquille,	168, 169, 326, 329.
d'Estaings,	374.
d'Estalenx,	59, 62.
d'Estang (Seguin),	303.
d'Estibeaux,	2.
d'Estignos,	126, 127.
d'Estouesse,	39, 355.
d'Estoupignan,	61, 135, 140, 145, 155, 158, 160, 161, 282, 386, 387, 409.

	pages		pages
d'Estrac,	84.	de Gassion,	188, 196, 225, 235,
d'Estrées,	327, 374.		237, 238, 242, 381, 382, 383,
d'Estremau,	159.		389, 397, 398, 409.
d'Etchaux,	228.	de Gaubert-Courbons,	323, 326,
Etchecon,	215.		330.
Etchegaray,	234, 235.	de Gaujacq,	228, 382.
d'Etchegoyen,	216.	Gauzère,	312.
		de Gaxie,	153, 154.
		de Gaye,	132.
		de Gayrosse,	222, 223, 304, 337.
F.		Genestet de Chayrac,	204, 205, 206 à 221.
de Fanget,	258.	de Gennes,	232.
de Farbaust,	13.	de Gentes,	134, 177, 410.
de Fargues,	13, 89.	de Germenaud,	67.
de Farthoat,	164, 165.	de Gestède,	209.
de Faudoas,	421, 422.	Gigounoux de Verdon,	61.
de Fauthous,	62, 158.	de Girard,	66, 103, 126 à 132, 278,
de Favars,	209.		284, 292.
de Fazar,	343, 348.	de Goalard,	222.
de Fécheux,	269, 271	Gobert de Beaujeu,	255.
de Ferragut,	441.	de Goheben,	222.
de Ferron,	15.	de Gontaud,	352.
del Feugar,	412.	de Gos,	5.
Feuillerade,	37.	de Goualard,	95.
de Finxiis,	343, 348.	de la Goueite,	148.
de Flot,	208.	de Gourgues,	309, 310, 408, 418.
de Foix,	12, 33, 43, 46, 67, 146, 156, 189, 193, 194, 204, 207, 212, 218, 274, 296, 298, 303, 312, 313.	de Goyonno,	341.
		de Gramont-Guiche,	4, 7, 165, 166, 192, 194, 195, 208 à 212, 228 à 230, 243, 255, 274 à 276, 303, 312, 320, 321, 327, 329, 396.
de Fontenays,	218.		
de Fontaine-Marie,	37.	Gras,	125.
de Forge,	90, 91, 178, 182, 277, 295.	de Grateloup,	258.
		de Gravessous,	299.
de Fortisson,	36, 71, 74, 410.	Gros,	407.
de Fos,	13.	de Guardelane.	291.
Foucaud,	21.	de Guichaner,	409.
de Fouert de Sion,	21, 55.	de Guichené,	299.
de Foxa,	38.	de Guichenère,	423.
du Francq,	418.	de Guimont,	140, 160.
Froissard,	204, 222, 398.	de Guiraud,	297, 299.
de La Futzun,	359, 360, 361, 363, 389.	de Guiraut,	234, 235.
		de Guilhemane,	80, 85.
		de Guiton,	348.
		de Guyon,	102.
G.		**H.**	
de Gabarroque,	193.	de Halduc,	193.
de Gaces,	381.	Harismendy,	219.
de Galard-Brassac,	38, 184, 190.	Harispe,	196.
de Galles (prince),	222.	de Harsan,	80, 84, 94.
de Gans,	371.	du Haü de Berenx,	375.
de Garnit,	101.	du Hault,	403.
de Garralon,	66.	d'Havré,	143.
de Garrisson,	430.	Henri II de Navarre,	34, 51, 58, 215, 296, 354.
de Garro,	219, 220, 221.		
de Gascq,	78, 85.		

	pages		pages
Henri III (France),	218, 219.	de Labasse,	400, 402, 403, 405, 407, 408.
Henri IV, 221, 270, 317, 396, 453, 454.		Labassin,	350.
Hens,	199.	de Labat,	350, 352.
de Heugars,	210.	de Labatut, 2, 175, 194, 318, 401, 407.	
de Hinx,	2, 45.	de Labaulme,	3, 184.
de la Hitte,	56.	Labbay de Viella,	169.
de Hitton, 196, 237, 272, 323, 326, 327, 329.		de Labayen,	228.
d'Homs ou d'Oms,	61.	de Labernade,	269.
de Hon,	205.	de Labeyrie,	247.
de Hosta,	200.	Labeyrie, 150, 175, 276, 312, 441, 442.	
de Houche de Bruix,	93.		
d'Hozier, 141, 142, 265, 270, 438.		de Laborde, 14, 16, 18, 28, 61, 74, 95, 106, 107, 108, 128, 133, 141, 144, 145, 154, 156, 163, 164, 170, 180, 186, 250, 291, 292, 294, 410.	
Huchet de Cintré,	43.		
Huchet de la Bedoyère,	262.		

I.

		de Laboudart de Beaumanoir, 243.	
		Labourd,	269.
Imbernard,	158, 253.	de Labourdonnaye,	63.
d'Isle,	202.	Le Laboureur,	35, 44.
d'Issor,	196.	de Labrit,	343.
		de Laburthe,	13, 404, 405.
		Lacadé,	301.

J.

		de Lachapelle, 119, 132, 406, 409.	
		de Lachassagne,	363.
de Jasse,	96.	de Lachèze,	70, 402.
de Javel,	136, 174.	de Lacour de Beauval,	87.
Jean de Navarre,	3, 8.	de Lacourt,	125.
de Jeannin,	95.	de Lacouture,	29, 151.
de Jegun,	282.	de Lacroix,	253, 254, 330.
de Joantho,	116.	Lacroix,	45.
de Jossis,	37.	de Ladoue,	116, 180.
de la Journade,	92.	de Ladouze,	95, 332.
de Jumilhac,	244.	Lafaille,	174.
de Juges,	103, 308.	de Lafargue, 51, 52, 167, 188, 402, 403.	
de Julliac,	273.		
de Jullien-Lassalle,	115.	de Lafaurie,	179, 181.
de Joussineau de Tourdonnet, 324, 330.		de Laferrère,	406.
		de Lafaysse,	106.
de Joye,	249.	de Lafitau,	30, 386.
de Junca,	428.	Lafite,	71, 125.
de Juncar, 12, 29, 74, 75, 100, 294, 406.		de Lafitte, 102, 125, 132, 145, 153, 156, 248, 249, 439, 440.	
de Jussan,	32.	de Lafont,	22, 23.
		de Laforcade,	221, 436.
		Lafosse,	119.

L.

		de Lafutsun, 359, 360, 362, 363, 382, 389, 393, 394, 395.	
de Laas,	257.	de Lagarde,	59, 218.
de Laas (voir Lataulade),	196.	Lagardère,	138, 149, 158.
de Labadie,	79, 85, 183, 186.	de Lagerle,	93.
Labacque,	257.	de Lagoeyte, 93, 135, 138, 147, 148, 149, 172, 389.	
de Labarbe,	12.		
Labarre de Larivaux,	287.	de Lagoffun,	95, 98, 106, 185.
de Labarrère,	435.	de Lagruere, 139, 148, 150, 172, 173, 174.	
de Labarthe,	420.		

de Lahet,	192.
de Lahitte,	56.
de Lair,	244, 271.
de Lalande, 81, 89, 92, 222. 307, 308.	
de La Lande d'Olce, 243, 336, 338.	
de Lalanne, 3, 27, 28, 29, 59, 80, 85, 95, 100, 102, 125, 135, 151, 153, 163, 165, 166, 200, 204, 211, 222, 249, 386, 422.	
Lalaude,	173.
de Laluque,	257, 261, 326, 445.
de Lambert,	42.
de Lambès-Marambat,	424.
Lamacq d'Arodes,	84.
de Lamarque,	73, 382, 387.
Lamarque de Sort,	452.
de Laminsans,	13, 95.
de Lamoignon,	87, 336.
de Lamolië,	72, 73.
Lamore,	174.
de Lamorère,	147, 151.
de Lamote-Lupé.	92, 253.
de Lamothe,	25, 26.
de Lamothe-d'Izeaux,	95.
de Lamothe-d'Appatte,	252, 223.
de Landrieu.	402, 404.
de Lane,	342, 343.
de Lanne-Montolieu, 1, 2, 3, 4, 5, 9, 78, 79, 85, 95.	
de Lannevère, 108, 125, 249, 258, 260, 261.	
de Lapalière,	23.
de Larbeix,	209.
de Larbourd,	220.
Larna,	342.
de Larocheguyon,	253.
de Larréteguy,	37.
de Larrey, 135, 139, 150, 257, 450	
de Larrezet, 133, 140, 141, 144, 164, 165, 167.	
de Larrhède, 72, 73, 108, 110, 155, 168, 175, 278, 452.	
de Larribau,	140, 160, 170.
de Larrieu,	108, 113, 249, 250.
de Larrivau,	167, 168.
de Larrotheure,	163.
de Lars,	412.
de Lartet,	386.
de Layard ou Loyard,	176.
de Lartigue, 21, 24, 53, 55, 61, 72, 102, 106, 107, 108, 112, 113, 126, 129, 135, 139, 150, 153, 155, 159, 175, 247, 248, 249, 250, 292, 293, 298, 300, 337, 386, 402, 406, 409.	
de Larue,	220.
Lasaugue,	177.
de Lassalle, 97, 111, 186, 308, 309, 399 à 407, 410.	
de Lasseran-Massecomme.	424.
de Lasserre,	35, 171.
Latarcarre.	218.
de Lassus,	13.
de Lataulade, 96, 158, 159, 168, 196, 233, 237, 242, 243.	
de Latour,	256.
de Latrau,	50, 51.
de Lau,	21, 156, 159.
Launet,	89.
de Laur,	52, 320, 321, 328, 329.
de Laurens,	95, 428.
de Laval-Chateaubriand,	275.
de Laval,	109, 128, 175, 293, 439.
de Lavardac,	34, 419, 420, 421.
de Lavau,	37.
de Lavedan,	32, 44, 45, 375.
de Lavergne,	120, 121, 432.
de Lavie,	74, 78, 88, 87.
Lavielle,	198.
de Leaumont,	54.
Leberton,	74.
Leblanc de Labatut, 70, 80, 134, 407, 410, 426, 427, 428, 432.	
Leblond,	450.
Leclercq,	408.
Lecomte de Latresne,	198, 233.
Lefebvre-Desfontaines,	117.
Léglise,	118, 119.
de Léheac,	186.
Leleu,	370.
de Lenterrade,	59.
de Lesbats,	96.
de Lescar,	254.
Lescarret,	391.
de Lescours,	410.
de Lescun,	374.
de Lesparre,	243, 275.
de Lespès, 77, 79, 85, 86, 89, 107, 108, 109, 155, 248, 283, 284. 293, 294, 437, 439.	
de Lespès de Hureaux,	224, 232.
de Lesseline,	86.
de Lesseville,	149.
Lestage,	391.
de Lestudey,	412.
Letchegaray,	234, 235.
Letellier de Louvois, 326, 327, 387, 388.	
de Leuville,	398.
de Lezay,	185.
de Lichigaray-Parabère,	152.
de Lié d'Agès,	28.
de Lille,	294.
du Lin de Marsan,	19.
de Linx ou Lynx,	193, 194.

de Lobit de Monval, 135, 401, 403, 439.
de Lomagne, 413 à 415.
de Lonné, 37, 257.
de Lons, 186, 187, 257.
de Lorraine, 138, 141.
de Los, 419, 423, 435.
de Loubère, 119.
Louis XI, 303.
Louis XII, 303.
Louis XIII, 25, 270, 378, 445.
Louis XIV, 122, 271, 381, 387, 388, 428, 445, 448.
Louis XV, 69, 445.
Louis XVI, 189, 258, 259.
Louis XVIII, 137.
de Loustalot, 138, 148, 149.
de Loze, 334.
de Lubet, 436.
de Lucat, 253.
de Luchon, 49, 50.
de Lucmajou, 120.
de Lucmau, 13.
de Lucmau de Classun, 187, 188, 262.
de Lugat, 161.
de Luppé, 1, 2, 81, 196, 218, 233, 235 à 237, 242, 419.
de Lur d'Uza, 51, 193.
de Lussaignet, 73.
Lussagnet, 269.
de Lux, 45, 228.
de Luxe, 192, 303, 305, 341, 372.
de Luxembourg (duc), 327.
du Lyon de Campet, 104, 323, 388, 432.

M.

de Madaune, 282.
de Magen, 441.
Magenties, 56, 310, 325, 351, 369, 397, 432.
de Maintenon, 185.
de Maisons, 366.
de Malause, 305.
de Mallard, 57.
de Malvin, 53.
de Malvirade, 367.
de Manas, 32.
Manry, 219.
Mant, 167.
de Marambat, 424.
Marca, 341.
de Marcellus, 200.
de Marestaing, 378, 386.
Marguerite (reine), 377.

de La Marigue, 155.
de Marmon, 322.
de Maroc, 101.
de Marque, 188, 360.
de Marreingh, 29, 247, 248.
de Marrenx-Montgaillard, 328.
de Marsan, 13, 51, 62, 68, 72, 95, 99, 101, 109, 155, 158, 168, 175, 184, 290, 294, 403, 405.
Martianay, 266, 284.
de Martigues, 275.
de Martin, 209.
du Martin, 295, 399, 401, 405.
Martunc, 150.
de Mas, 213.
du Mas, 413.
de Massencomme, 23, 378, 379, 385, 386.
de Massiot, 195, 360, 361.
de Matignon, 187.
de Maubourguet, 311.
de Mauléon, 5, 46, 56.
de Maumen, 164, 452, 453.
de Maure, 189.
de Mauré, 189, 385.
de Maureillan, 16
Maurès, 450.
de Maurian, 80, 85, 87, 90, 91, 228.
de Maury, 177.
Mauté, 385.
de Mauvoisin, 257.
de Mayrans, 158.
de Mehari, 401, 402.
de Meilhan, 439.
de Mellet-Labarthe, 1, 26, 72, 73.
de Menar, 180, 181.
de Menou, 199, 243, 244, 246, 369.
de Mercier, 71 à 73.
Méricamp, 62, 283.
de Merjendeau, 185.
de Mérignac, 90.
de Meriteins, 195, 220, 221, 274.
de Meriteng, 356 à 359, 363, 381, 385, 386.
de Mesmes, 187, 402 à 404, 407 à 410, 427.
de Mesplès, 102, 273, 330.
de Mibielle, 29, 250.
de Mimiague, 40.
Mimot, 444.
Minvielle, 259.
de Miossens, 270, 309, 312, 321.
de Mirail, 1.
Miressou, 174.
de Momas, 67, 96, 133, 154, 168, 169.

	pages
Marrast,	588.
de Monbet,	210.
Monbeton de Bourouilhan,	17.
de Moncaup,	188.
de Mondenard-Roquelaure,	417, 419 à 421.
de Mondos,	24.
de Monduteguy,	219.
de Mongauze-des-Moulins,	438.
de Mongrand,	194.
Monlezun,	392, 398.
de Monlezun ou Montlezun,	12, 13, 424.
de Monluc, 98, 193, 194, 216.	
Monrevel,	146.
de Mons.	310.
de Mont,	42.
de Montalier	296.
Montauroy,	38.
de Mont-d'Uzer,	32.
de Montespan,	212.
de Montesquiou,	379.
de Montferrand,	184.
de Montgaillard de Lanne, 81, 85, 92.	
de Montgommery,	95.
de Montgrand,	1, 95, 194, 222.
de Montillet,	136.
de Montmorency,	46, 327.
de Montmurat,	224.
de Montolieu, 25, 26, 53, 91, 218. 334.	
de Montoser,	5.
de Montpezat,	46.
de Monval,	135, 153.
de Moralhez,	74, 412.
de Morancy,	452, 594.
de Morar,	95.
de Moras,	13.
de Moreau,	101.
Moreri,	276.
Morlan.	442.
de Morlanne,	371.
de Morlans,	161, 162.
Moulas,	42.
du Moulin,	269, 271.
Moulinié,	453.
de Mouraeufh,	143.
de Mucidan,	203.
Munier,	300.
de Muret,	438.

N.

de Navailles,	183, 190, 202, 206, 209, 218, 258, 303, 304, 346, 353, 357, 358, 366, 577, 383, 384, 389,

	pages
de Navarre (Jean),	28.
de Négrepelisse,	46.
de Neufville,	216, 221.
de Neurisse,	338.
de Neys,	319.
de Noé,	56, 184.
de Nogué,	410, 448.
de Nogues,	590, 591.
de Norton,	2, 3, 195.
de Novailles ou Nouailles,	202.
de Nozeilles,	177, 410.

O.

Odet,	303.
O'Gilvy,	37, 41
d'Oms ou d'Homs,	74.
d'Onnès,	294,
d'Orange,	271.
d'Orbessan,	45.
d'Orléans,	383, 393.
d'Ornezan,	44.
d'Oro de Pontonx,	326.
d'Ossun,	327, 328, 376.
Oullié,	197, 198.
d'Oyson ou Doysens,	158, 159, 169.

P.

de Paissan,	36.
de Parage,	12.
de Paraige,	254.
de Pardaillan, 31 à 34, 43, 49, 50, 187, 217, 227, 375, 429.	
de Pardies,	170.
de Pas,	209, 211
de Pas-Feuquières,	323.
de Pausader,	107, 155. 386, 387.
de Payries,	5.
Pedarzacq,	127.
de Pelaty,	306.
le Pelletier,	54.
Pellot,	36, 100, 281, 283.
de Pemolier,	36, 67.
de Perès,	249, 250, 269.
de Pereyra,	74.
du Perier,	41, 272.
de Périgord,	342.
de Perissault,	66.
de Pérolh,	348.
Perrotte,	38.
de Peyrecave-Lamarque,	80, 91, 96.
de Peyret,	230.
de Peyruc,	149.
Phelippeaux,	122, 381.

	pages
de Philip,	12.
de Pic,	188, 592, 593.
de Pichard,	71.
Pichot,	36.
de Pierre,	169, 170.
de Piis,	174.
Piraube,	200.
de Plaff de Plaffenhoffer,	261.
de Plantey,	342.
de Podenas,	49.
de Pœy,	270.
de Pomiez,	13, 50, 242.
de Pommiers,	113, 120, 203, 237, 277, 450.
de Pons,	147.
de Ponsan-Lartet,	15.
de Pontac,	71, 74, 301.
de Ponteils,	222.
de Porages,	311.
de Portets,	108, 109, 112, 124, 292, 293, 450 à 452, 588 à 594.
de Poudenx,	28, 80, 85, 86, 95, 96, 169, 196, 200, 219, 223, 237, 240 à 242, 257, 276.
de Pouy,	48, 85, 91.
du Poy,	125, 167, 215.
de Poy,	53, 110, 228.
de Poyartin,	1.
de Poyanne et Puyanne,	95, 219, 226, 237, 278, 342, 354, 355, 357, 358, 361, 374, 377, 381, 385, 386, 410.
de Poyferré	15, 28, 110, 111, 400, 401, 404, 405.
de Poyloault,	7, 194, 204, 205, 211, 212.
de Poymiro,	96.
de Poyusan,	593.
du Prat,	65, 66.
de Preyssac,	415, 416.
de Provence (comte),	383.
de Prugue,	13, 15, 21, 103 à 105, 112, 119, 250, 308, 309, 335, 237, 432.
de Pruret,	63, 65, 361.
de Pujoller,	20 à 22, 54, 65, 96, 276, 309.
de Punctous,	315, 318.
du Puy,	4, 5.
du Puy de Sauvescure,	36.

R.

de Rabat-Foix,	274.
de Raffin,	418.
de Raguenau,	422, 424, 425.
du Rau,	29.
Raymond,	454.

	pages
Remy,	170, 300.
du Repaire,	392.
Reulin,	119.
de Reventlow,	42.
Revest,	340.
Ribes,	177.
Richard (roi),	192.
Rigaud de Vaudreuil,	35.
de Rivière,	588, 589.
de Rivière-Labatut,	33, 38, 39, 57, 315, 317, 318, 319.
de Roll,	40.
de Rolly,	56, 95.
de la Roque,	53.
de Roquefeuil,	34, 35.
de Roquefort,	396.
Roquelaure,	46.
Roques,	116.
du Rou,	96.
de Roux-Gaubert,	323, 324, 326.
Roux,	431.
du Roy,	72.
de Rozes,	187.
Rugner,	228.
de Rulhia,	413.
Rymer,	392.

S.

de Sabine,	390, 391.
de Saint-Angel,	110.
de Saint-Cricq,	319.
de Sainte-Croix.	254.
de St-Cristau,	219, 253, 254, 261.
de Saint-Esteben,	228.
de Saint-Gassie,	219.
de Saint-Geniez,	187.
de Saint-Gervasi,	111.
de Saint-Griède,	52.
de Saint-Julien,	13, 52, 55.
de Saint-Lanne,	23.
de Saint-Laurens,	92 à 94.
de Saint-Légier,	288.
de Saint-Macary,	322.
de Sainte-Marthe,	44
de Saint-Martin,	78, 79, à 85, 92 à 94, 196, 242, 323.
de Saint-Martin de Seignanx,	1.
de Saint-Paul,	89, 326.
Saint-Pé,	419.
de Saint-Pée,	315, 219, 223, 227, 228.
de Saint-Pouange,	194.
de Saint-Simon,	69.
de Salettes,	74, 269.
de Salier,	314.
de Salha,	37.
de Salinis,	167, 169, 189.

	pages		pages
de la Salle,	97, 206.	de Tauzin,	118, 128, 176, 250, 294, 295.
de Salles,	254.	de Terride,	226.
de Sanguinet,	106, 125.	de Testemale,	290, 291.
de Sarraguzan.	35.	de Themines-Lauzières,	193.
de Sarran,	419.	Thibault,	155.
de Sarraute-Lassalle,	22, 23.	du Tilh,	141, 167, 168.
de Sarraziet,	186.	de Tingry,	327.
de Sarret-Gaujacq,	147, 148, 150.	de Tisnès,	63 à 65.
Sarrouelle,	176, 177.	de Tissandier,	39.
de Sauboères,	4.	de Tourdonnet,	330.
de Saubusse,	101.	de Tournier,	154, 155, 166, 282, 284.
de Saugles,	386.	Trabay,	203.
de Sault,	234, 235.	de Trensac,	593.
du Sault,	113, 121, 148.	de Tuquoy,	107, 108, 110, 293, 273.
de Seguin,	163.	de Tursan,	273.
de Ségur,	194, 307.	de Tutel,	86 à 88.
du Seigneur,	271.		
de Seissan de Marignan,	190, 452, 594.		
de Seize,	116, 118, 120, 179.	**U.**	
Seniean,	119.		
de Serres,	5, 12, 16, 20, 279.	d'Urtubie,	192, 243.
de Serilly,	113.	d'Urtubie de Garro,	84, 88.
de Sers,	28.	d'Uzer,	320.
de Siest,	255.		
du Sire,	22.	**V.**	
de Siri de Savignies,	196.		
de Six-Goalard,	255.	du Vacquier,	29.
de Sorberio,	329.	Vallée,	79, 91.
Sorbets,	174.	de Vallier,	97.
de Sorhainde,	83, 84, 93.	Valois,	185.
de Sossionde,	217.	Van-Duffel,	80, 84, 93.
de Souhy,	69.	Vasserot,	336.
de Sourdis,	237.	de Vayre,	265, 266.
de Sousbie,	66, 73.	de Vendôme,	381.
de Spens,	103, 126 à 131, 180, 215, 284, 594.	de Ventadour,	193, 332.
de Strada,	255.	de Verdelin,	243.
de la Sudrie,	594.	de Vernède,	50.
de Sully,	187.	de Vernon,	266.
de Sus,	329.	de Vianne,	7.
		de Vidart,	40, 261.
		de La Vie,	59, 74, 78, 79, 85, 87, 166.
T.		de la Vigne,	166.
de Tachusin,	264, 267.	de Vignes,	235.
de Talance	3, 7, 209.	de Vignolles,	1, 235.
de Talauresse,	4, 5, 10.	de Villèle,	185.
de Talazacq,	67, 68, 269.	de Villemayan,	255.
Taphanel de la Jonquière,	56.	de Villenave,	211.
de Taret,	18.	de Vincens,	18.
de Tartas,	3, 4, 7, 11, 12.	de Vios,	89.
de Tastet,	309, 400, 401, 406, 588.	de Vivonne,	185.
de Tauziède,	13.	de Wignacourt,	143.

TABLE DES MATIÈRES

ET PRINCIPALES NOTICES.

	pages		pages
Hommages et dénombrements	1, 26	de Larrhède	291
		de Larrieu	294
d'Abadie	27	de Lavigne (Béarn)	296
d'Antin	31	du Lyon de Campet	302
d'Aster Gramond	45	Lobit de Monval	310
de Barbotan	48	de Lons (Béarn)	312
de Barry de Puyol	58	de Melet	331
de Bedorède St-Laurens	76	de Peyrecave Lamarque	334
de Cabannes de Cauna	98	Pic de Blays	592
de Capdeville	133	de Poudenx	339
de Captan	179	de Poyanne	395
de Caucabane	181	de Prugue	399
de Caumon d'Ade	182	de Pujollé de Julliac	412
de Caupenne d'Amou	191	de Puyau (Béarn)	436
de Cloche Lahouse	246	du Rou de Lanneplan	437
Despériers de Lagelouse	251	de Saint-Félix	440
de Cheverry	263	du Tastet	444
de Fortisson	264	Notes nécrologiques	450
de Béarn d'Ussau	270	Lettres d'Henri IV	453
de Gabarret d'Andoins	273	Relation véritable par Henri de Laborde Peboué	455
d'Huron	277		
de Laborde Lassalle	278		
de Lannevère	289		

NOTES ET ADDITIONS.

De Caupenne.

L'an 1837 et le 20 janvier, à trois heures de l'après-midi, par devant nous Antoine Lacaze, adjoint de la ville de Mont-de-Marsan, est comparu le sieur Jacques-Rigobert-Eugène de Caupenne d'Aspremont, propriétaire, âgé de quarante-neuf ans, lequel nous a présenté un enfant du sexe masculin, né le 19, à sept heures du soir, fils de lui déclarant et de dame Marthe-Hélène-Elisa de Rivière, mariés, auquel il a déclaré donner les prénoms d'Augustin-Maurice.

Témoins : les sieurs Fort-Charles de Carrère, âgé de quarante-quatre ans, et Matthieu-Eugène du Tastet, âgé de trente-quatre ans, habitants de Mont-de-Marsan.

LACAZE, *adjoint ;* Vte DE CARRÈRE ; E. DE CAUPENNE ; E. DUTASTET.

L'an 1839 et le 7 juin, à deux heures de relevée, par devant nous Antoine Lacaze, adjoint de la ville de Mont-de-Marsan, s'est présenté sieur Jacques-Rigobert-Eugène de Caupenne d'Aspremont, officier de la Légion-d'Honneur, âgé de cinquante-et-un ans, lequel nous a présenté un enfant du sexe masculin né ledit jour, à six heures du matin, fils de lui et de dame Marthe-Hélène-Elisa de Rivière, mariés, auquel il a déclaré donner les prénoms d'Augustin-Melchior.

Témoins : sieurs Fort-Charles comte de Carrère, chevalier de la Légion-d'Honneur, âgé de cinquante-sept ans, et Matthieu-Eugène Dutastet, juge au tribunal.

LACAZE, *adjoint ;* Cte DE CARRÈRE ; E. DE CAUPENNE ; E. DUTASTET.

L'an 1856 et le 31 juillet, par devant nous Annet Tastet, adjoint délégué par M. le Maire, sont comparus le sieur Amédée-Hector-Gaston marquis du Lyon, propriétaire, âgé de cinquante-quatre ans, domicilié à Campet, et Pierre-Léon Subervie, avocat, âgé de cinquante-six ans, domicilié à Mont-de-Marsan, lesquels nous ont déclaré que M. le comte de Carrère (Fort-Charles), profession de propriétaire, chevalier de la Légion-d'Honneur, époux de dame Joséphine-Antoinette-Adèle de Barbot, âgé de soixante-quatre ans, natif de Mont-de-Marsan, fils de Joseph-Marie comte de Carrère et de dame Gracieuse Marrast, est décédé ledit jour à une heure du matin.

   A. Tastet, *adjoint*; Mis du Lyon; Subervie.

L'an 1858 et le 6 mars, par devant nous Armand Dulamon, conseiller municipal de la commune de Mont-de-Marsan, sont comparus les témoins soussignés, lesquels nous ont déclaré que M. Jacques-Rigobert-Eugène de Caupenne d'Aspremont, veuf de dame Marthe-Hélène-Elisa de Rivière, âgé de soixante-dix ans, capitaine en retraite, officier de la Légion-d'Honneur, natif de Peyrehorade, fils de défunt Léonard de Caupenne d'Aspremont et de Luce-Etiennette d'Aspremont, est décédé ce dit jour, à sept heures du matin.

   A. Dulamon; Saint-Pée; Lassalle.

L'an 1868 et le 29 du mois de février, par devant nous Louis Lartigau, premier adjoint, sont comparus les témoins soussignés, lesquels nous ont déclaré que le sieur Henri-Siméon de Caupenne, âgé de quatre-vingt-deux ans, chevalier de la Légion-d'Honneur, natif de Peyrehorade (Landes), fils de défunts Léonard de Caupenne et de Luce-Etiennette d'Aspremont, est décédé ledit jour, à trois heures du matin.

   Lartigau, *adjoint*; Tixier (Michel); Brettes (Joseph).

De Lons. (*Voir page 313, ligne 15.*)

Esterlo, Esterle. — Ce nom vient-il d'*externus* (étranger)? Dans ce cas un enfant externe ou exterle ou esterle, voudrait dire un enfant naturel. Esterle en provençal signifie galopin; ou bien un fils esterle peut être né d'un mariage d'abord légitime, mais dont la légalité est affaiblie par une répudiation, un divorce. De nombreux exemples se présentent dans l'histoire de l'Ancien-Testament et celle du Moyen-Age : Agar et Ismaël, Jacme ou Jacques d'Aragon, Eléonore de Castille et l'infant Alfonse tous deux renvoyés. Ismaël était fils esterle mais pour faire place à l'enfant de la promesse. Alfonse d'Aragon et de Barcelone fut aussi esterle (externus), quoique légitime, et dut céder la place à une alliance dictée par l'ambition politique moins justifiable devant Dieu.

Le Franc. (*Guyenne 884-974.*)

885. — Pierre-Paul Le Franc, prêtre-docteur en théologie et curé de la paroisse de Sarbazan. — Facé d'or et d'azur de six pièces à un franc quartier d'argent.

974. — Barthélemy Le Franc (bourgeois), procureur du roy de la communauté de Mont-de-Marsan. — D'azur à un écusson d'or chargé d'un moineau de gueules.

De Guilloutet (n'existe pas en 1700).

Onnès.

Entre nous soussignés Antoine-Vincent Noguès, Marie Dabadie son épouse et de luy duement authorisé, domiciliés de la commune de Saint-Loubouer, d'une part; et le cytoyen Mauromec, domicilié de la commune d'Aurice, faisant et agissant pour la citoyenne Marie Noguès veuve Monestier, domiciliaire de ladite commune d'Aurice suivant sa procuration du 9 prairial de l'an V, retenue par Méricamp, notaire à Saint-Sever, registrée audit Saint-Sever le 12 prairial par Sauviac, a été convenu que quoiqu'il soit dit dans l'acte de ce jour, contenant transport de l'immeuble de Saint-Loubouer, en payement des quatre-vingt mille livres constituées à ladite Marie Noguès, pour tous droits paternels et maternels par ses articles de mariage avec Jean-Arnaud-Germain Dabidos, du 19 may 1785, registrées à Saint-Sever le 25 nivôse an V, par Sauviac, qu'elle pourra retirer et reprendre la possession desdits biens et cella quand il luy plaira; néanmoins elle consent :

1° Que ses dits père et mère jouissent desdits biens baillés en payement leur vie durant et en en payant les charges, et à condition qu'ils luy laisseront jouissance des eaux et biens adjacents pour répondre de la rente de vingt-cinq mille livres ;

2° Que quoique ledit acte contenant transport de la totalité de l'immeuble de Saint-Loubouer, néanmoins le transport demeure restreint aux objets ci-après détaillés, sçavoir : les cinq métairies de Jouanique, celle de Sarraillot, les eaux minérales et biens adjacents, lesquelles eaux la citoyenne Dabadie-Noguès pourra retirer en payant vingt-cinq mille livres, la maison principale située dans le bourg, jardin, basse-court, grange et la prairie qui est derrrière ladite grange, lesquels objets paraissent suffisants pour répondre des quatre-vingt mille livres constituées à ladite Marie Noguès veuve Monestier, tant sur les biens paternel que maternel, et demeurent affectés et hypothéqués pour répondre de ladite constitution ; mais si après une vérification amiable les biens ci-dessus désignés étaient reconnus insuffisants, les citoyen Noguès et Dabadie son épouse promettent et s'obligent d'assigner des fonds pour remplir le défaillant;

3º Qu'au moyen de cet assignat la citoyenne Noguès veuve Monestier déclare qu'elle renonce à toute espèce de prétention sur les biens du citoyen Noguès son père, qui se trouvent annihilés par les dettes et les évènements de la révolution, en considération de quoy elle reduit la rente de deux mille cinq cents livres portée par le contrat de ce jour pendant la vie de ses père et mère, à la jouissance des eaux et fonds adjacents, que lad................
.... contre lettre, il s'ensuit que la femme exerce tous les droits qui furent stipulés en sa faveur par le premier contrat de mariage, et qu'ainsi elle peut réclamer le payement de la dot aux pactes et conditions alors convenues ;

5º La diminution de la fortune qui peut être survenue depuis la révolution chez les constituteurs, n'autorise pas à demander le retranchement de la dot. Lors surtout..... présenter un cédule au juge-de-paix pour appeler les constituteurs en conciliation sur la demande de la dot et des arrérages d'après le premier contrat. Ensuite on les faira assigner au tribunal civil. Si les constituteurs opposent la contre-lettre, on faira valoir la nullité.

Délibéré à Pau le 17 fructidor an V de la République. Honoraire douze livres.

BARBET, CLAVERIE-CAILLAU.

L'acte ci-dessus avec des lacunes et la fin d'une consultation originale ont été trouvés par nous sur le comptoir d'un négociant.

Dax, 15 mai 1869. A. C. C.

Antoine-Vincent de Noguès écuyer, baron de Gerderest, était marié à dame Marie Dabadie, héritière en sa partie de la seigneurie de Saint-Loubouer, et fut présent à l'assemblée de la noblesse de Dax en 1789.

Leur fille Marie de Noguès, alliée en premières noces au seigneur Germain d'Abidos, convola ensuite avec le représentant Monestier, possesseur par les voies révolutionnaires de la seigneurie d'Onnès, et y mourut misérablement peu d'années après l'an V.

(Cabinet d'Hozier.) — Notice **Pic de Blais, Fontblais, La Mirandolle, de Las Cabannes, de Luzanet, Luzan** et **Caraignet**. — Trois pièces.

PIC DE LA MIRANDOLLE, *en Italie et en Guyenne*.

Armes : Ecartelé au 1 et 4 d'or à l'aigle de sable, couronnée membrée et becquée d'or ; au 2 et 3 fascés d'argent et d'azur, au lion de gueules, armé, lampassé et couronné d'or brochant sur le tout ; l'écartelure divisée par une fasce en divise de gueules. (Jouffroy d'Eschavannes, t. I, p. 305.)

Pièce I.

Louis Pic comte de la Mirandolle en Italie.
N. Pic.

Pierre Pic de Blais, trésorier, fut reconnu avec Romain Pic, arrière petit-fils de Louis comte de la Mirandolle, par lettres patentes accordées par le roi qui les confirme dans la qualité d'écuyer que leurs descendants ont pris du mois de septembre 1577, épousa Marie Nidouanne.

Romain Pic de Blays.

Charles Pic de Blais, baptistaire du 20 avril 1578, épousa Marguerite Castandet.

Blaise Pic de Blais écuyer, épousa, par contrat du 9 août 1620, Catherine de Castaignède.

Alexandre Pic de Blais, juge royal de juridiction et baronnie de la Boheyre, le 23 novembre 1650, et était marié alors avec Marie de Castaignède.

Bernard Pic de Blais écuyer, juge de la Boheyre, baptistaire du 23 janvier 1630 ; il épousa, par contrat du 26 septembre 1651, Jeanne de Bordes demoiselle, et fit son testament le 8 décembre 1694.

Jean Pic de Blais écuyer, légataire de son père de la charge de juge-royal de la Boheyre, le 23 novembre 1650, épousa, par contrat du 8 mai 1672, demoiselle Denise Dart, nièce de noble Jean-Bertrand Dard sieur de Caragnet.

Siméon Pic de Blais, légataire de son père le 23 novembre 1650.

Raymond Pic de Blais écuyer, baptistaire du 20 avril 1669, fut déchargé par M. de Bezons de l'assignation à lui donnée le 7 mai 1698, et maintenu dans la qualité d'écuyer.

Matthieu Pic de Blais.

PIÈCE II. *Répétition avec quelques variantes ici notées :*

Alexandre Pic de Blays, juge royal de la Boheyre, épouse Marie de Castaignède ; il fit son testament le 23 novembre 1653 et ne vivait plus en 1672.

. . . .

Mᵉ Jean de Castagnède, sieur Jean-Bertrand de Castagnède, juge de Sabres en 1672.

Mᵉ Bernard Pic de Blays, juge de la Boheyre, est dit en 1672 *oncle paternel* de Jean Pic de Blays et son cousin germain maternel.

PIÈCE III. *Répétition avec quelques variantes, sauf :*

Jean de Cast. auquel son père donne sa charge de juge de la Boheyre par son testament de 1653, voulant que Bernard Pic de Blays, neveu de son dit père l'exerce jusqu'à ce qu'il soit majeur, épouse, par contrat du 8 mai 1672, Denise Dart.

Mᵉ Jean Pic de Blais sieur de Las Cabannes, épousa, par contrat du 1ᵉʳ juin 1712, Marie Berlin (?)

Siméon Pic de Blais, auquel son père donne en 1653 sa métairie du Hau.

Joseph de sieur de Caraignet, capitaine dans Meuze (?), épouse, par contrat du 29 novembre 1714, Fleurette de la Barthe.

N. Pierre de Trensac, capitaine dans Meuse, † 1714.

Noble Alexander Dart sieur de Luzanet eut trois filles de son mariage avec Marthe de Girard d'Onnès damoiselle :

1º Jeanne Dart de Luzanet, mariée à noble Raymond de Cabannes, écuyer (1669-1671) ;

2º Marie Dart, jugesse de Sabres, marraine de noble Louis de Cabannes, fils de Raymond en 1676 ; était mariée au sieur Jean-Bertrand de Castagnède, juge à Sabres en 1672 ;

3º Denise Dart de Luzanet damoiselle, mariée le 8 mai 1672 à Jean Pic de Blais écuyer.

(*Voir les notices de Cabannes et Pic de la Mirandolle, tomes II et III de l'*Armorial).

C. C.

MARIAGES.

Du 30-31 mars 1869. — Mariage à Saint-Pandelon de M. Augustin-Maurice de Caupenne d'Aspremont, capitaine au 93e, chevalier de la Légion-d'Honneur, et Mademoiselle Marie de Gauville.

—

29 juin 1869 à Dax et au château de la Bataille, mariage de M. Patrice Laurence, homme de lettres, fils de M. Justin Laurence, officier de la Légion-d'Honneur, député des Landes, avec Mademoiselle Caroline de Poyusan, fille de M. Phocion de Poyusan.
(Voir dans la *Revue d'Aquitaine* et la *Revue d'Auch* 1868-69 la biographie de M. Laurence et la patrie du valet de cœur Lahire, par M. Alphonse Castaing).

—

Le 11 août 1869, à Eyres-Moncube, mariage de Mademoiselle Victorine-Marie de Laborde-Lassalle, avec Monsieur Charles d'Aussac de Saint-Palais. *(Précédemment, page 288)*.

NÉCROLOGIE.

Le 1er février 1868 est décédée dame Joséphine-Jeanne Pauline de la Sudrie baronne de Spens, au château d'Estignols-Aurice.

—

Le 6 janvier 1869 est décédée à Auch Madame la baronne Anne-Catherine-Adèle de Seissan de Marignan née de Caumon-Blachon, fille du contre-amiral comte de Caumon-Dade-Blachon, à l'âge de quatre-vingts ans.

—

Le 7 janvier 1869 est décédé au château de Marcotte (Gers), Monsieur Bertrand-Justin d'Antin, ancien garde du corps, âgé de soixante-huit ans, fils du baron Jean de Dieu d'Antin d'Ars et Sauveterre et de Mademoiselle de Castelnau.

—

Le 12 du mois de février 1869 est décédé à Souprosse M. Henri-Pierre-Marguerite de Laussat, fils de feu M. Antoine-Barnabé de Laussat, président du tribunal de Saint-Sever, et de dame Elisa-Marguerite Labeyrie.

Le 30 avril 1869 est décédée au château de l'Hermitage (Saint-Martin de Seignanx), Madame Marie-Catherine-Paméla de Basquiat-Mugriet, veuve de Monsieur François de Morancy, âgée de soixante-neuf ans.

—

Dans la nuit du 15 au 16 juin 1869 est décédé dans sa maison de St-Sever M. Marc-Alexis-Antoine de Portets, fils puîné de M. Michel de Portets et de dame Catherine de Batz, à l'âge de cinquante-neuf ans, laissant de son mariage avec dame Louise de Morancy :

M. Alexis de Portets ; — Demoiselle Marie de Portets ; — M. Hippolyte de Portets.

N. B. M. de Portets était frère puîné de M. Michel-Henri Xavier de Portets † 27 juin 1868.

ERRATA

Page 14 ligne 14 : Dryssc, *lisez* Dyesse.

Page 45 lignes 12, 13 : *lisez* : se succédèrent Arnaud-Guillaume, Auger son fils, et Ispanus son petit-fils.

Page 54 ligne 12, *lisez* : Carmentran.

Page 78 ligne 1, de Tey, *lisez* du Tey.

Page 81 ligne 5, *lisez* Jean III et non Jean II.

Page 90 ligne 22, Biphor, *lisez* Biphos.

Page 92 ligne 6, 1557, *lisez* 1647.

Page 94 ligne 29, *lisez* de Ayrosa.

Page 95 ligne 40, *lisez* Lamiucens.

Page 96 ligne 4, *lisez* Brassenx.

Page 96 ligne 6, *lisez* Barran.

Page 190 ligne 13, Saissan, *lisez* de Seissan.

Page 197 ligne 14, Luce-Antoinette, *mieux* Luce-Etienette.

Page 246 ligne 3, *lisez* : communion de l'église.

Page 288 ligne 11, *lisez* Alice de St-Légier au lieu de Mathilde.

Page 313 ligne 16, *esterlo*, voir à la fin du volume l'interprétation du mot esterle, par M. Henri de Bouillé.

Page 436 ligne 24, *lisez* parsan.

Page 442 ligne 17, *lisez* Marcoul.

TABLE DES MATIÈRES ET TABLE SUPPLÉMENTAIRE RÉUNIES

DU MANUSCRIT DE HENRI DE LABORDE PEBOUÉ DE DOAZIT

Le siége de Fontarabie...... 455
Les raisins brûlés.......... 456
L'argent se trouve rogné.... id.
Le vin fort cher............ id.
Mort du Cardinal de Richelieu.................... 457
Débordement des rivières ; — Marché à Montaut en 1643 id.
Mort du roi Louis XIII...... 457
Trahison de Lavalette....... 458
Emprisonnement des sorciers id.
Grêle à Doazit.............. 459
Grande grêle à Doazit....... id.
Bon marché du vin.......... id.
Grand chaud................ id.
Longue pluie............... 460
Le grand et gros vent....... id.
Pourriture du vin.......... id.
Grand chaud................ id.
Accusation de faux-monnoyeurs................. 461
Désaccord du Roi et du Parlement.................. id.
M. d'Epernon et le Parlement de Bordeaux.............. id.
Grand chaud en 1649........ 461
Siége de Libourne (1649).... id.
Régiment de Navailles ; — Siége de Dax (1650)........ 462
Maladie à Doazit (may 1650). id.
Guerre des Bordelais avec M. d'Epernon (1650)..... id.
Arrivée du roi Louis XIV, âgé de douze ans, à Bordeaux. id.
Liberté des princes (1651)... id.
Desbordement du Gave (17 août 1651)................. 462
Le roi âgé de treize ans (1651) 463
Pillage de la maison d'Espaunic...................... 464
Cabaliers de M. le Prince à Doazit (1651)........... id.
M. de Justes, archiprestre (1651).................. id.
M. de Poyanne (janvier 1652) id.
Garnison de M. le Prince à Tartas (1652)............ id.
M. de Poyanne devant Mont-de-Marsan (1652)......... id.
Combat à Poyallé (2 mars 1652).................... 464
Départ des cavaliers de M. le Prince pour Bordeaux.... id.

Arrivée du comte d'Harcourt. 465
Composition de M. de Doazit avec le comte d'Harcourt. id.
Eau-de-vie à Doazit (1652).. id.
Grêle à Saint-Cricq (1652)... id.
Pluie et faim en Chalssse ... id.
Cabaliers de M. de Poyanne en Chalosse (1652)....... id.
Balthazar à Tartas (décembre 1652).................... id.
Prise du château de Cauna (1652).................... 466
M. de Candalle, fils de M. d'Epernon à Mont-de-Marsan id.
M. de Doazit prisonnier..... id.
Misère en Chalosse, faim et voleurs (1653)........... id.
Misère du pays............. 467
Cavaliers de M. de Poyanne à Serresloux............. id.
Balthazar battu à Saint-Justin (11 janvier 1653).......... 468
Cavaliers de Balthazar à Nerbis..................... id.
Cavaliers de M. de Poyanne au port d'Ounard........ id.
Prise de M. de Lugat, juge à Montaut.................. id.
Combat entre les gens de Balthazar et ceux de Mugron (16 janvier).............. 469
Ravages des cavaliers de Balthazar.................... id.
Pauvreté en Chalosse (1653). id.
M. de Doazit se rend prisonnier (1653)................ id.
Cavaliers de M. de Candalle à Montaut (1er févr. 1553). 470
Voleries à Montaut......... id.
Vol du château de Castillon par les gens de Balthazar (1653).................... id.
Retour de M. de Bonnaguet à Doazit.................... id.
Encore M. de Doazit (1653).. id.
Voleurs au pays (1653)...... id.
Cavaliers de Balthazar à Grenade (1653).............. id.
Cavaliers à Castillon........ 471
Arrivée de M. d'Aubeterre (fin de février 1653)...... id.
Incendie du château de Lamothe par Balthazar (1er

mars 1653)........	471
Bataille près Mugron (1er mars 1653)................	id.
M. de Doazit (1652).......	472
Demande d'une grande somme par la ville de Saint-Sever................	id.
Permission de manger de la viande dans le diocèse d'Aire (1653)........	id.
Garnison à Mugron, Saint-Sever et Gaujacq.......	id.
Garnison à Doazit, Hagetmau, Nerbis, Pouyalé........	id.
Famine, misère et pauvreté (1653)................	473
Portrait de Balthazar......	id.
Balthazar et d'Aubeterre à Grenade (1653).........	id.
Cavaliers de d'Aubeterre à Montaut (1653).........	473
Abondance de grain........	474
MM. de Poyanne et d'Aubeterre rencontrent Balthazar à la lande du Cauteré (1653)................	id.
Cavaliers de MM. de Poyanne et d'Aubeterre à Montaut, Gaujacq, Segarret et Sault de Navailles............	id.
Peboué ravagé............	id.
Cruauté de Balthazar (22 mars 1653)................	476
M. de Vidart de Tartas (1653).	id.
M. d'Aubeterre envoye au château de Doazit prendre M. de Vidart (2 juin 1653)	id.
Cavaliers de Balthazar à Hinx (27 mars 1653).........	id.
M. de Doazit mandé à Tartas par Balthazar (29 mars 1653)................	476
Frayeur qu'inspire Balthazar (1653)...............	id.
Passage et ravages des cavaliers de la garnison de Gaujacq...............	id.
Passage des cavaliers de M. d'Aubeterre (1653)......	id.
Cavaliers de Balthazar au cap du Poüy de Saint-Sever..	id.
Blé coupé par Balthazar....	477
Cavaliers de M. de Poyanne et d'Aubeterre à Serresloux (1653).............	id.
M. d'Aubeterre à Cauna (8 avril 1653).............	id.
Menaces de Balthazar à ceux de Doazit...............	id.
Grande guerre à Saint-Cricq (10 avril 1653)..........	477
Irlandais................	478
340 Irlandais à Doazit (11 avril 1653)..............	id.
Irlandais menaçant de se retirer à Doazit..........	id.
Prise par M. d'Aubeterre de 40 cavaliers à Castillon (1653)................	id.
Cavaliers de M. de Poyanne à Serresloux (16 avril 1653)................	id.
Cavaliers de M. d'Aubeterre à Montaut (23 avril 1653)...	479
M. Cabiro et Laborde (de Montaut), prisonniers (1653)................	id.
Irlandais à Doazit (4 mai 1653)	id.
Cavaliers de Balthazar au chemin de Saint-Sever.....	id.
Assemblée de la noblesse à Hagetmau (7 mai 1653)...	id.
Combat à Toulouzette entre les cavaliers des deux partis (7 mai 1653).....	id.
Maison de Galipau incendiée	id.
Ravages à la coste d'Aulez, à la maison de Puts, Banos, Montaut...............	480
Balthazar fait prisonniers deux prêtres de Doazit: Maîtres Raymond de Justes et de Cès...........	id.
Femme de Galipau maltraitée (10 mai 1653).......	id.
Grêle à Momuy, Hagetmau (11 mai 1653)..........	id.
Départ des cavaliers de Gaujacq; — ravages (12 mai 1658)................	id.
Voleurs, saumon enlevé à Brassempouy par Camescasse (1653)............	id.
Irlandais à Doazit, Larbey, Saint-Aubin............	id.
Ravages de Saint-Aubin et Poyalé (1653)..........	481
Ravages en Doazit par les gens de M. d'Aubeterre..	id.
Grande peur en Doazit......	482
Ravages de guerre à Dax....	id.
Larbey................	483
M. le grand Maître.........	id.
Ravages de Balthazar......	484
Armée de M d'Aubeterre à Saint-Justin............	id.
Ravages de Balthazar à Saint-Sever................	485

Ravages des cavaliers de Balthazar au faubourg de Saint-Sever	485
Corps de M. d'Aubeterre	id.
Siége de Cauna	id.
Prise de Cauna	486
Condition de Lartot	487
Cavaliers de Balthazar aux métayries de M. de Poyanne	id.
M. d'Aubeterre dans les landes (8 juillet 1653)	id.
Départ de Balthazar	id.
Débordement du Gave d'Orthez	id.
Ravages de guerre	488
Mort de ceux de Martin	id.
Ravages de guerre Brocas	id.
Bordeaux rendu au roi	489
Balthazar s'est rendu au roi	id.
Mort des gens de ce pays	490
Deslogement des gens de guerre	id.
Grande maladie et mort	id.
Cherté des grains	491
Grande maladie et mourt	id.
M. de Poudenx (15 septembre 1653)	id.
Baillance de M. de Doazit	492
Desmouliment des tours et murailles de Tartas	id.
Cherté de la volaille	id.
Maladie	493
Rebas d'argent	id.
Cherté du grain	id.
Les terres demeurent sans travail, surtout à Toulouzette et à Montaut	id.
Mort par toutes les paroisses	id.
Grêle à Doazit et à Saint-Cricq (1654)	494
Logement des gens de guerre de M. de Tricon	id.
Ravages de guerre chez nous à Peboué	id.
Ravages de guerre (1654)	495
De l'éclipse de soleil (12 août (1654)	496
Passage des gens de guerre (aoust)	497
Belle prière du chroniqueur	id.
Ravages de guerre	498
Accident de Poy-Patin	id.
Ravages de guerre (Montaut)	499
Ravages à Dume, etc	id.
Pourriture du vin	id.
Cherté du vin (octobre 1654)	500
Maladie contagieuse à Hagetmau	id.
Grande cherté et grande disette de vin	501
Maladie de Hagetmau	id.
Peu de profit des marchands	id.
Eglise du Mus	id.
Ravages des gens de guerre à Tartas (1655)	502
Bon temps du grain (février)	id.
Grande cherté du vin (24 aout)	503
Bruit en l'église de St-Aubin	504
Château de Poyallé (1656)	id.
Ravages des gens de guerre	506
Grande peur en Doazit aux gens de guerre	id.
Grande baillance de M. de Doazit	id.
Ravages des gens de guerre	507
Le vin cher (mars 1656)	id.
Ravages des gens de guerre	id.
Ravages de guerre (avril 1656)	508
Ravages de guerre et cherté du vin	id.
Ravages de guerre (1656)	509
Ravages à Montaut	id.
Boulerie de guerre	510
Cherté du vin	511
Grêle à Saint-Cricq	512
Le vin à boun counte	id.
Eau-de-vie à Aulès (1657)	513
Neiges (1658)	514
Maylis (1658)	id.
Neiges (1658)	id.
Le roi	516
M. le cardinal Mazarin	id.
Le roi (1659)	id.
Le roi de France	517
M. le Cardinal Mazarin à Dax	517
M. de Lacouture (1659)	id.
Grande neige	id.
Grêles (mars 1660)	id.
La paix	id.
M. de Lacouture (1er mai 1660)	518
Le roi de France	519
M. de Vidart	id.
Mariage du roi de France (juin 1660)	id.
M. de Lataulade (18 juin 1660)	520
M. Donyson	521
Tremblement de terre	522
Grêle à Brassempouy, Gaujacq, Castelsarrazin, Donzacq	523
Meylis	id.
Justice de Mugron	524
Raphaël Dupouy, prédicateur à Doazit (1661)	526
Grêle à Bergouey (16 avril 1662)	527

Maladie de M. Bonnaguet (may 1662)	527
Du loup	528
Gabaleurs	id.
La paix de Meylis	529
Neiges	id.
M. de Banos (22 févr. 1663)	id.
Grêles	530
Justice de Hagetmau	id.
Gabaleurs (20 juin 1663)	531
Des Huguenots	id.
Luther (1518)	id.
Calvin (1536)	532
La messe détruite au Béarn, l'an 1569	id.
La reine Jeanne	533
De la mort d'un prêtre en la maison de Haydet	534
La messe est retournée en Béarn, en 1620	535
La trahison de Navarrenx	536
Siége d'Ayre, de Sordes	id.
Prinse et rasement des tours de Mongiscar (1620)	id.
Des gabaleurs	537
Neiges du 1er avril 1664	538
Gabaleurs	id.
Assassinat de Labat de Hagetmau (juillet 1664)	539
Vaillance de M. de Cès, juge de Doazit	541
Abandon de Peboué par l'auteur (septembre 1664)	542
Gens du convoi au château de Dume (16 septembre 1664)	id.
Gens du convoi à Morgans (24 septembre 1664)	id.
Assassinat du curé de Coudures (septembre 1664)	id.
Gens du convoi tués à Aubaignan (1er octobre 1664)	543
Vol chez Fescaux, notaire (3 octobre 1664)	id.
Prise de M. de Lacouture (octobre 1664)	id.
Laborde Balay roué à Hagetmau (14 octobre 1664)	id.
Marché à Momuy (1664)	id.
Vol de la maison de Begué de Castelsarrasin (14 octobre 1664)	id.
Gens du convoi à Toulouzette (17 octobre 1664)	id.
Moulin de Cames (19 octobre 1664)	544
Choc entre les gens du convoi se retirant de la messe de Saint-Girons (23 octobre)	id.
Du larcin de Labourdette	544
Evasion du voleur (13 novembre 1661)	546
Soubaigné de Segarret, prisonnier (3 décemb. 1664)	id.
Assassinat d'un homme du convoi près la ville d'Aire (8 décembre 1664)	id.
Vol à Horsarieu (26 décembre 1664)	id.
Etoile ou comète	547
Arrivée des gens du convoi à Horsarieu, Segarret, Momuy (décembre 1664)	id.
Cavaliers à Montaut (16 janvier 1665)	id.
Gens du convoi à St-Cricq	id.
Tremblement de terre (4 février 1665)	id.
Soixante prisonniers par les gens du convoi	548
Ruine de Sault de Navailles et de Coudures	id.
Montaut ruiné par la cavalerie	id.
Prise de Man à Doazit, le 17 février 1665	id.
Prise par les gens du convoi du fils de Jean de Bic	id.
M. l'intendant à Mont-de-Marsan (1er mars 1665)	
Henry de Laborde Peboué en fuite (26 avril 1665)	id.
Henry de Laborde chez son frère à Lanneplan (1665)	id.
Pendaison de M. de Borit (juin 1665)	550
Rencontre à Sainte-Colombe de gens de guerre et gens inconnus (juin 1665)	id.
Crainte et peur à Doazit	551
Audigeos	id.
Note sur le même	id.
Gens de guerre à Doazit (20 juillet 1665)	id.
Jean Duplantier à Doazit	552
Montausé payeur des gens de guerre	id.
Trois criminels pendus et roués à Hayet (2 septembre 1665)	ip.
Lettre du roi Louis XIV à M. de Poudenx	id.
Dragons à Doazit (21 octobre 1665)	554
Deuxième note sur Audijeos	id.
Gens marqués à Samadet (17 décembre 1665)	555
Eau-de-vie à Saint-Aubin Pu-	

rification 1666) 555
Sédition à Salies entre le peuple à cause de la gabelle (St-Barnabé 1665).. 556
Gens du convoi à Dax, Saut de Navailles, Habas, Mont-de-Marsan et Aire (avril 1666)................ 557
Vol à Hagetmau chez M. de Larrieu (18 juillet 1666).. id.
Vol à Castelnau en Tursan (25 juillet 1666)........ id.
Gens de guerre à Coudures (10 juillet 1666) .... id.
Prévôt de Bayonne à Hagetmau (24 juin 1666) ...... id.
M. de Poyanne à Saint-Sever (juillet 1666) 558
Prise de la mère et sœur à Audigeos, du curé et du vicaire de Montgaillard (17 août 1666) .... id.
Cavaliers à Doazit (15 septembre 1666) 559
Criminel roué à Laloubère de Saint-Sever (20 septembre 1666)................ id.
Baylet de M. de Justes de Doazit porte un criminel à Hagetmau............ 560
M. de Poudenx (4 octobre 1666)................ id.
Liberté du curé et vicaire de Montgaillard........... id.
Labaissière, capitaine à Peboué (5 octobre 1666).... id.
M. de Poudenx à Garros (19 octobre 1666)........... id.
M. de Labessière à Bayonne (27 octobre 1666) 561
Accouchement d'Anne de Peboué (7 novembre 1666).. id.
Invitation d'Henry de Laborde par le capitaine Labessière (9 novembre 1666).. id.
Labessières part de Peboué (12 novembre 1666)...... id.
M. le jeune baron de Doazit . 561
M. de Saint-Luc aux Jaubertes 562
Départ des gens de guerre de Gaugeacq (décembre 1666) 563
Cavaliers de Gaugeacq entrant à Mont-de-Marsan, passant à Peboué........ id.
Noblesse de Chalosse et ordre du roi de produire

leurs titres de noblesse.. 564
Gens de guerre à Coudures et Samadet............. id.
Duplantier de Serres de Dessus, prisonnier (1666).... id.
Grand froid (Noël 1666) ..... id.
Sel à Dax 35 sols la mesure et 3 livres de gabelle....... id.
Mourt de M. de Poyanne (3 février 1667).......... id.
Ordre du roi de réparer les chemins en Chalosse (1667) 567
Gens de guerre à Doazit (1er mai 1667)............. id.
Bégué de Castelsarrasin assassiné (juin 1667)....... id.
Lafourcade de Tursan roué à Hagetmau (22 juin 1667). id.
Mort d'un homme de Doazit, coste d'Aulès........... 566
Gens de guerre ont quitté Doazit et sont allés à Monségur................... id.
Grêle à Doazit et à St-Gricq (juillet 1667)........... id.
Serres, Horsarieu, Dumes, Coudures .... id.
Desbordement de Larresenon, Lagouague, bétail noyé et une jument de Chose s'est noyée au Gua de Peboué. id.
Trente quintaux foin enlevés au pré de Larrieu....... 567
Dénombrement de bétail en Chalosse (septembre 1667) id.
Guerre entre la France et l'Espagne................ id.
MM. de Pellot, de Gramont, de Cazalon à Pau........ id.
Mort du Cardinal Mazarin ; M. de Colbert........... id.
Miracle opéré par le scapulaire.................. 568
M. de Doazit mort (avril 1669) id.
Du Cassiet, Cordelier, prédicateur à Doazit (1669).... 570
Maladie de Henry de Laborde id.
Grand froid (janvier 1670)... 571
Maison de Peboué (1670).... 572
Mort du curé de Lanneplan (4 août 1670)............ id.
Un grand désordre à Saint-Aubin, et à Saubrigues (22 juillet 1670 — 15 octobre 1670)............. 573
Saubrigues................ id.

ERRATA et NOTES.

Page 456, ligne 9 : bien des cris d'argent; lisez : descri. L'argent décrié, discrédité, descridé, abaissé de titre.

Page 496, ligne 36 : provision d'eau pour ce jour; à l'original : provision d'ou. Nous pensons que c'est de l'eau, de peur que l'éclipse tarisse les sources.

Page 534, ligne 32 : aurait d'amende pour chaque fois; l'original porte : aurait de loty mayou pour chaque fois la somme de 10 livres. Loty mayou, sorte d'amende.

P. S. — La chronique de Henri de Laborde Peboué faisait partie des archives de cette maison ancienne à Doazit, et dont les titres filiatifs développés dans un autre document, s'étendent de 1400 à 1789. La généalogie de famille est écrite dans la langue claire et trop châtiée de la première moitié du XVIIIe siècle. La relation de Henri de Peboué appartient encore à la langue du XVIe siècle; l'auteur s'exprimait dans l'idiome de son père, singulier mélange du langage français et gascon. La forme seule de ce document démontre son originalité et son caractère authentique, et les divers épisodes qui remplissent les dates de 1638 à 1670 sont exposés conformément aux données historiques reçues. L'abbé Monlezun a puisé dans Peboué une partie de ses récits de la campagne de Balthazar, et le lecteur désire-t-il d'autres détails, il les trouvera dans la *Guerre de Guienne* du célèbre colonel et dans la *Chronique de Dax* de M. Dompnier de Sauviac.

La correspondance administrative de M. Depping contient des éclaircissements sur le traité du capitaine Audijeos ; nous y renvoyons.

Les poursuites contre les sorciers ne sont que trop véridiques.

Les tremblements de terre de 1660 et autres appartiennent à l'histoire. Henri de Peboué les décrit fidèlement, et les faits qu'il rapporte ont été relevés par les historiens du mariage de Louis XIV, les *Mémoires de la grande Mademoiselle* et les *Essais sur la Minéralogie des Pyrénées,* par l'abbé Palassou. — Une autre remarque d'un intérêt plus local et agricole, c'est le haut prix du vin de Chalosse au XVIIe siècle. En évaluant l'argent en 1640-1660 à quatre fois le taux de 1869, la barrique de vin 6 liv. (vil prix) fait 24 liv.; à 24 liv. en 1663, elle vaudrait aujourd'hui 116 liv.; à 30 fr., 120 fr.; à 44 liv. en 1640 (fort cher) 176 fr.

Nous présentons avec confiance cette chronique aux ecclésiastiques du diocèse, sachant qu'elle renferme de précieux matériaux pour l'histoire de leurs paroisses.

www.ingramcontent.com/pod-product-compliance
Lightning Source LLC
Chambersburg PA
CBHW051323230426
43668CB00010B/1128